GRUNDRISSE DES RECHTS

Ulrich Eisenhardt · Deutsche Rechtsgeschichte

# Deutsche Rechtsgeschichte

von

**Dr. jur. Dr. jur. h. c. Ulrich Eisenhardt**
em. o. Professor der Rechte
an der Fernuniversität Hagen

6., überarbeitete Auflage



Verlag C. H. Beck München 2013

www.beck.de

ISBN 978 3 406 65690 3


Wilhelmstraße 9, 80801 München
Druck: Nomos Verlagsgesellschaft
In den Lissen 12, 76547 Sinzheim

Satz: Thomas Schäfer, www.schaefer-buchsatz.de

Gedruckt auf säurefreiem, alterungsbeständigem Papier
(hergestellt aus chlorfrei gebleichtem Zellstoff)

# Vorwort zur 6. Auflage

Einen Grundriss der Deutschen Rechtsgeschichte für Studierende der Rechtswissenschaft zu schreiben, ist wegen der Fülle des Stoffes einerseits und des realen Anteils des Faches Rechtsgeschichte am heutigen Rechtsstudium andererseits ein schwieriges Unterfangen geblieben. Die Schwerpunkte der rechtshistorischen Forschung haben sich nicht unerheblich verlagert. Seit der Wiedervereinigung Deutschlands hat sich die juristische Zeitgeschichte als der Teil der Rechtsgeschichte, der sich mit der jüngeren Vergangenheit befasst, intensiv mit der Entwicklung der DDR beschäftigt. Aber auch die Rechtsgeschichte des westlichen Deutschlands nach 1945 ist gründlich und kritisch aufgearbeitet worden. Die Darstellung des 19. und 20. Jahrhunderts nimmt in diesem Buch deshalb ebensoviel Raum ein wie die der Zeit davor.

Ich halte dies für gerechtfertigt, weil der Bezug zum modernen Recht die Existenz des Faches Rechtsgeschichte in der juristischen Ausbildung eher zu behaupten vermag als ein Lehrbuch, das seine Schwerpunkte im Mittelalter und in der Zeit davor setzt. Bei dieser Gewichtung musste daher die Beschäftigung mit der germanischen und fränkischen Zeit weiterhin ausgespart bleiben. Nicht unerheblich ergänzt sind die Ausführungen zur Rechtsentwicklung in Europa.

Die Literaturhinweise am Ende der Einzelabschnitte sollen dem Leser die Möglichkeit geben, den Weg zu einer vertiefenden Befassung mit einzelnen Problemen zu finden.

Hagen, im August 2013 *Ulrich Eisenhardt*

# Inhaltsverzeichnis

# Abkürzungsverzeichnis einschließlich der abgekürzt zitierten Literatur

| | |
|---|---|
| AGBG | Allgemeines Bürgerliches Gesetzbuch für die gesamten Deutschen Erbländer der Österreichischen Monarchie von 1811 |
| AcP (Band, Jahrgang, Seite) | Archiv für die civilistische Praxis |
| AGB | Allgemeines Gesetzbuch für die Preußischen Staaten von 1791 |
| ALR | Allgemeines Landrecht für die Preußischen Staaten von 1794 |
| AöR | Archiv des öffentlichen Rechts |
| AuR (Band, Jahrgang, Seite) | Arbeit und Recht |
| Bader/Dilcher | K. S. Bader/G. Dilcher, Deutsche Rechtsgeschichte. Land und Stadt – Bürger und Bauer im Alten Europa, 1999 |
| Beitr. z. Rechtsgesch. | Beiträge zur Rechtsgeschichte. Gedächtnisschrift für Hermann Conrad, 1979 |
| BGB | Bürgerliches Gesetzbuch vom 18. August 1896 |
| CCB | Constitutio Criminalis Bambergensis = Bambergische Halsgerichtsordnung von 1507 |
| CCC | Constitutio Criminalis Carolina = Peinliche Halsgerichtsordnung Karls V. von 1532 |
| Coing, Epochen | H. Coing, Epochen der Rechtsgeschichte in Deutschland, 3. Aufl. 1976 |
| Coing, Europ. PrivatR | H. Coing, Europäisches Privatrecht (s. Literaturhinweise II. 2) |
| Conrad | H. Conrad, Deutsche Rechtsgeschichte.<br>Bd. I: Frühzeit und Mittelalter, 2. Aufl. 1962<br>Bd. II: Neuzeit bis 1806. 1966 |
| DBA | Deutsche Bundesakte von 1815 |
| DDR | Deutsche Demokratische Republik |
| DJ (Jahrgang, Seite) | Deutsche Justiz |
| DR (Jahrgang, Seite) | Deutsches Recht |
| DRiZ (Jahrgang, Seite) | Deutsche Richterzeitung |

| | |
|---|---|
| Dt. VerwG I | G. A. Jeserich, H. Pohl u. G.-C. von Unruh (Hrsg.), Deutsche Verwaltungsgeschichte, Bd. I–V, Bd. VI (Register), 1983–1988 |
| DtZ (Jahrgang, Seite) | Deutsch-Deutsche Rechts-Zeitschrift |
| Dulckeit-Schwarz-Waldstein | Dulckeit-Schwarz-Waldstein, Römische Rechtsgeschichte, 9. Aufl. 1995 |
| Ebd. | Ebenda |
| Ebel, Wilhelm | Ebel, Die Geschichte der Gesetzgebung in Deutschland mit Nachträgen, hrgs. V. Friedrich Ebel (Erw. Neudruck der 2. Aufl., Göttingen 1958) 1988 (Göttinger Rechtswissenschaftliche Studien 24) |
| EGV | Vertrag zur Gründung der Europäischen Gemeinschaft in der nach dem 1.5.1999 geltenden Fassung |
| FS Bader | Festschrift Karl Siegfried Bader, Rechtsgeschichte, Rechtssprache, Rechtsarchäologie, rechtliche Volkskunde, 1965 |
| FS Bemmann | Festschrift für Günter Bemmann. Zum 70. Geburtstag am 15. Dezember 1997, 1997 |
| FS Diestelkamp | Geschichte der Zentraljustiz in Mitteleuropa. Festschrift für Bernhard Diestelkamp zum 65. Geburtstag. Herausgegeben von F. Battenberg und F. Ranieri. 1994 |
| FS Eisenhardt | U. Wackerbarth/Th. Vormbaum/H.-P. Marutschke (Hrsg.), Festschrift für Ulrich Eisenhardt zum 70. Geburtstag, 2007 |
| FS Erler | Rechtsgeschichte als Kulturgeschichte. Festschrift für Adalbert Erler zum 70. Geburtstag, 1976 |
| FS Gitter | Festschrift für Wolfgang Gitter. Festschrift anläßlich des 65. Geburtstages, 1995 |
| FS Gmür | Festschrift für Rudolf Gmür zum 70. Geburtstag 28. Juli 1983, 1983 |
| FS Hämmerle | Festschrift für Hermann Hämmerle zum 75. Geburtstag, 1972 |
| FS Kleinheyer | Festschrift für Gerd Kleinheyer zum 70. Geburtstag. Herausgegeben von F. Dorn und J. Schröder, 2001 |
| FS Krause | Festschrift für Hermann Krause, 1975 |
| FS Kroeschell | Wege europäischer Rechtsgeschichte. Karl Kroeschell zum 60. Geburtstag dargelegt von Freunden, Schülern und Kollegen. Herausgegeben von G. Köbler. Rechtshistorische Reihe, Bd. 60. 1987<br>Wirkungen europäischer Rechtskultur. Festschrift für Karl Kroeschell zum 70. Geburtstag, 1997 |
| FS Leser | Brücken für die Rechtsvergleichung. Festschrift für Hans G. Leser zum 70. Geburtstag, 1998 |

| | |
|---|---|
| FS Mallmann ............ | Festschrift für Walter Mallmann, 1979 |
| FS Mikat .................. | Staat, Kirche, Wissenschaft in einer pluralistischen Gesellschaft. Festschrift zum 65. Geburtstag von P. Mikat. Herausgegeben von D. Schwab, 1989 |
| FS Raisch .................. | Unternehmen, Recht und Wirtschaftsordnung. Festschrift für Peter Raisch zum 70. Geburtstag. Herausgegeben von K. Schmidt und E. Schwark. 1995 |
| FS Reichsjustizamt .. | Festschrift zum hundertjährigen Gründungstag des Reichsjustizamtes am 1. Januar 1877, 1977 |
| FS Schieder ............... | Festschrift für Theodor Schieder, 1968 |
| FS Schmaus ............. | Wahrheit und Verkündung, Michael Schmaus zum 70. Geburtstag, 1967 |
| FS Schröder ............. | Festschrift für Jan Schröder zum 70. Geburtstag. Herausgegeben von A. Kiehnle, B. Mertens und G. Schiemann, 2013 |
| FS Scupin ................. | Recht und Staat im sozialen Wandel. Festschrift für H. U. Scupin zum 80. Geburtstag. Herausgegeben von Norbert Achterberg. 1983 |
| FS Sellert .................. | „Zur Erhaltung guter Ordnung". Beiträge zur Geschichte von Recht und Justiz. Festschrift für Wolfgang Sellert zum 65. Geburtstag. Herausgegeben von J. Hausmann und Th. Krause, 2000 |
| FS Thieme ............... | Rechtshistorische Studien. Hans Thieme zum 70. Geburtstag zugeeignet von seinen Schülern, 1977 |
| FS Wieacker ............ | Festschrift für Franz Wieacker zum 70. Geburtstag, 1978 |
| Gestapo .................... | Geheime Staatspolizei |
| GewO ....................... | Gewerbeordnung vom 21. Juni 1869 |
| GG ........................... | Grundgesetz für die Bundesrepublik Deutschland v. 23. Mai 1949 |
| GS ............................ | Gedächtnisschrift |
| Handbuch PRG (Band, Seite) ............ | Handbuch der Quellen und Literatur der neueren europäischen Privatrechtsgeschichte, hrsg. v. Coing<br>Bd. I: 1973<br>Bd. II/1: 1977<br>Bd. II/2: 1976<br>Bd. III/1: 1982<br>Bd. III/2: 1982 |
| Hattenhauer ............ | H. Hattenhauer, Die geistesgeschichtlichen Grundlagen des deutschen Rechts, 4. Aufl. 1996 |

| | |
|---|---|
| HDG (Band, Paragraph) | Handbuch der deutschen Geschichte. Hrsg. v. Gebhard u. Grundmann, Bd. 1–4, 9. Aufl. 1970, Nachdr. 1973 ff. |
| HdbStR | Handbuch des Staatsrechts der Bundesrepublik Deutschland. Herausgegeben von Josef Isensee. 1992 |
| Henning | F. W. Henning, Wirtschafts- und Sozialgeschichte Bd. 1: Das vorindustrielle Deutschland 800–1800, 5. Aufl. 1994<br>Bd. 2: Die Industrialisierung in Deutschland 1800–1914, 9. Aufl. 1995 |
| HGR I | D. Merten und H.-J. Papier (Hrsg.), Handbuch der Grundrechte in Deutschland und Europa. Band I Entwicklung und Grundlagen. 2004 |
| Hist. Jb. (Band, Jahrgang, Seite) | Historisches Jahrbuch der Görres-Gesellschaft |
| Hist.-Lex. | Geschichtliche Grundbegriffe. Historisches Lexikon zur politisch-sozialen Sprache in Deutschland |
| HRG I (Band, Seite) | Handwörterbuch zur Deutschen Rechtsgeschichte, 2. Aufl. Herausgegeben von A. Erler u. E. Kaufmann, ab 1971 |
| HRG II | Handbuch zur deutschen Rechtsgeschichte. Herausgegeben von A. Cordes, H. Lück, D. Werkmüller und R. Schmidt-Wiegand, 2. Aufl. ab 2008 |
| Hrsg. | Herausgeber |
| Huber | E. R. Huber, Deutsche Verfassungsgeschichte seit 1789 (siehe Literaturhinweise II. 1) |
| Huber, Dokumente I | E. R. Huber, Dokumente zur Deutschen Verfassungsgeschichte, Bd. I, 3. Aufl. 1978 |
| HZ (Band, Jahrgang, Seite) | Historische Zeitschrift |
| IC (Band, Jahrgang, Seite) | Ius Commune. Veröffentlichungen des Max-Planck-Instituts für Europäische Rechtsgeschichte, Frankfurt/Main |
| IPO | Instrumentum Pacis Osnabrugense = Westfälischer Frieden von 1648 |
| JJZG | Th. Vormbaum (Hrsg.), Jahrbuch der Juristischen Zeitgeschichte |
| JoJZG | Journal der Juristischen Zeitgeschichte. Zeitschrift für die Rechtsgeschichte des 19. bis 20. Jahrhunderts |
| JRA | Jüngster Reichsabschied von 1654 |
| Jura (Jahrgang, Seite) | Juristische Ausbildung |
| Jur. Zeitg. | Juristische Zeitgeschichte |
| JuS (Jahrgang, Seite) | Juristische Schulung |
| JW (Jahrgang, Seite) | Juristische Wochenschrift |

| | |
|---|---|
| JZ (Jahrgang, Seite) .. | Juristenzeitung |
| Kaser ........................ | U. Kaser, Römische Rechtsgeschichte, 5. Nachdr. der 2. Aufl. 1994 |
| Kaser/Knütel ............ | M. Kaser/R. Knütel, Römisches Privatrecht, 17. Aufl. 2003 |
| KDP ........................... | Kommunistische Partei Deutschlands |
| Kroeschell ................. | Kroeschell, Deutsche Rechtsgeschichte (s. Literaturhinweise I. 2) |
| K.-S. .......................... | Kleinheyer-Schröder (Hrsg.), Deutsche Juristen aus neun Jahrhunderten, 4. Aufl. 1996 |
| Kunkel ...................... | W. Kunkel, Römische Rechtsgeschichte, 12. Aufl. 1990 |
| LPG ........................... | Landwirtschaftliche Produktionsgenossenschaft |
| MIÖG (Band, Jahrgang, Seite) .............. | Mitteilungen des Instituts für österreichische Geschichtsforschung |
| Mitteis, Der Staat ..... | H. Mitteis, Der Staat des hohen Mittelalters, 11. Aufl. 1986 |
| Mitteis-Lieberich ..... | Mitteis-Lieberich, Deutsche Rechtsgeschichte, 19. Aufl. 1992 |
| Mod. dt. Sozialgesch. | Moderne deutsche Sozialgeschichte, hrsg. v. H. U. Wehler, 4. Aufl. 1973 |
| Mod. dt. Verf. Gesch. ....................... | Moderne deutsche Verfassungsgeschichte (1815–1914), hrsg. v. W. Böckenförde, 2. Aufl. 1981 |
| N. F. .......................... | Neue Folge? |
| NJW (Jahrgang, Seite) .......................... | Neue Juristische Wochenschrift |
| NS (Band, Seite) ...... | Neue und vollständigere Sammlung der Reichsabschiede, Bd. 1–4, 1747 |
| NSDAP .................... | Nationalsozialistische Deutsche Arbeiterpartei |
| OGH ........................ | Deutscher Oberster Gerichtshof für die britische Zone |
| Planitz-Eckhardt ...... | Planitz-Eckhardt, Deutsche Rechtsgeschichte, 4., gegenüber der 3. unveränderte Auflage 1981 |
| PRG .......................... | siehe Handbuch PRG |
| QFHG ...................... | Quellen und Forschungen zur höchsten Gerichtsbarkeit im alten Reich, hrsg. v. B. Diestelkamp, U. Eisenhardt, G. Gudian, A. Laufs, W. Sellert |
| QuS .......................... | K. Zeumer (Hrsg.), Quellensammlung zur Geschichte der Deutschen Reichsverfassung in Mittelalter und Neuzeit, 2. Aufl. 1913 |
| RA ............................ | Reichsabschied |
| Rabel ........................ | E. Rabel, Grundzüge des römischen Privatrechts, 2. Aufl. 1955 |

| | |
|---|---|
| Recht und Rechtspflege in den Rheinlanden | J. Wolffram/A. Klein (Hrsg.) Recht und Rechtspflege in den Rheinlanden. Festschrift zum 150jährigen Bestehen des Oberlandesgerichts Köln, 1969 |
| RGBl. (Jahrgang, Seite) | Reichsgesetzblatt |
| RGSt. (Band, Seite) | Entscheidungen des Reichsgerichts in Strafsachen |
| RGW | Rat für gegenseitige Wirtschaftshilfe |
| RGZ (Band, Seite) | Entscheidungen des Reichsgerichts in Zivilsachen |
| RhR (Band, Jahr) | Rechtshistorische Reihe |
| röm. | römische |
| RPO | Reichspolizeiordnung |
| RV | Verfassung des deutschen Reiches von 1871 |
| SA | Sturmabteilung |
| Schlosser | H. Schlosser, Grundzüge der neueren Privatrechtsgeschichte, 10. Aufl. 2005 |
| E. Schmidt | E. Schmidt, Einführung in die Geschichte der deutschen Strafrechtspflege, 2. unveränderter Nachdruck der 3. Aufl. 1983, 1995 |
| Schwerin-Thieme | Schwerin-Thieme, Grundzüge der deutschen Rechtsgeschichte, 4. Aufl. 1950 |
| SBZ | Sowjetische Besatzungszone |
| SD | Sicherheitsdienst |
| SED | Sozialistische Einheitspartei Deutschlands |
| M. Senn | M. Senn, Rechtsgeschichte – ein kulturhistorischer Grundriss, 4. Aufl., 2007 |
| SMAD | Sowjetische Militäradministration in Deutschland |
| SPD | Sozialdemokratische Partei Deutschlands |
| Sprandel, Verfassung und Gesellschaft | R. Sprandel, Verfassung und Gesellschaft im Mittelalter, 5. Aufl. 1994 |
| SS | Schutzstaffel |
| StGB | Strafgesetzbuch (Reichsstrafgesetzbuch) vom 15. Mai 1871 |
| Stolleis, Geschichte | M. Stolleis, Geschichte des öffentlichen Rechts in Deutschland<br>Bd. 1: Reichspublizistik und Policeywissenschaft 1600–1800, 1988<br>Bd. 2: Staatsrechtslehre und Verwaltungswissenschaft 1800–1914, 1992<br>Bd. 3: Staats- und Verwaltungsrechtswissenschaft in Republik und Diktatur 1914–1945, 1999<br>Bd. 4: Staats- und Verwaltungsrechtswissenschaft in West und Ost 1945–1990, 2012 |

| | |
|---|---|
| StUG ........................ | Gesetz über die Unterlagen des Staatssicherheitsdienstes der ehemaligen Deutschen Demokratischen Republik vom 20. Dezember 1991 |
| TRG (Jahrgang, Seite) ........................ | Tijdschrift voor Rechtsgeschiedenes |
| USPD ........................ | Unabhängige Sozialdemokratische Partei Deutschlands |
| URH ........................ | Quellen und Forschungen zur höchsten Gerichtsbarkeit im alten Reich. Hrsg. v. B. Diestelkamp, U. Eisenhardt, G. Gudian, A. Laufs, W. Sellert, Sonderreihe. Urkundenregesten zur Tätigkeit des deutschen Königs- und Hofgerichts bis 1451. Herausgegeben von Bernhard Diestelkamp |
| VF (Band, Jahrgang, Seite) ........................ | Vorträge und Forschungen, hrsg. v. Konstanzer Arbeitskreis für mittelalterliche Geschichte |
| VjhZG ........................ | Vierteljahreshefte für Zeitgeschichte |
| VSWG (Band, Jahrgang, Seite) .............. | Vierteljahresschrift für Sozial- und Wirtschaftsgeschichte |
| VVDStRL (Heft, Jahrgang, Seite) ........ | Veröffentlichungen der Vereinigung der deutschen Staatsrechtslehrer |
| Wehler ........................ | H.-U. Wehler, Deutsche Gesellschaftsgeschichte, Bd. 1, 3. Aufl. 1996 |
| Wesenberg-Wesener | G. Wesenberg/G. Wesener, Neuere deutsche Privatrechtsgeschichte im Rahmen der europäischen Rechtsentwicklung, 4. Aufl. 1985 |
| Wieacker .................. | F. Wieacker, Privatrechtsgeschichte der Neuzeit, 2. Aufl. 1967, 2. unveränderter Nachdruck 1996 |
| H. A. Winkler .......... | H. A. Winkler, Der lange Weg nach Westen. Erster Band. Deutsche Geschichte vom Ende des Alten Reiches bis zum Untergang der Weimarer Republik, 2. Aufl. 2001<br>Zweiter Band. Deutsche Geschichte vom „dritten Reich“ bis zur Wiedervereinigung, 2. Aufl. 2001 |
| Wiss. Kod. PR (Band, Seite) ........................ | Wissenschaft und Kodifikation des Privatrechts im 19. Jahrhundert, hrsg. v. Coing und Wilhelm Bd. I: 1974 |
| WRV ........................ | Weimarer Reichsverfassung vom 11. August 1919 |
| WSA ........................ | Wiener Schlußakte |
| ZfA (Jahrgang, Seite) | Zeitschrift für Arbeitsrecht |
| ZfgRW (Band, Jahrgang, Seite) .............. | Zeitschrift für geschichtliche Rechtswissenschaft |

| | |
|---|---|
| ZfhF (Jahrgang, Seite) | Zeitschrift für historische Forschung |
| ZGB | Zivilgesetzbuch der DDR vom 19.6.1975 |
| ZGR (Jahrgang, Seite) | Zeitschrift für Unternehmens- und Gesellschaftsrecht |
| ZHR (Band, Jahrgang, Seite) | Zeitschrift für das gesamte Handelsrecht und Konkursrecht |
| ZNR (Jahrgang, Seite) | Zeitschrift für Neuere Rechtsgeschichte |
| ZOV | Zeitschrift für offene Vermögensfragen |
| ZRG Germ. Abt. (Band, Jahrgang, Seite) | Zeitschrift für Savigny-Stiftung für Rechtsgeschichte, Germanistische Abteilung |
| ZRG Kan. Abt. (Band, Jahrgang, Seite) | Zeitschrift der Savigny-Stiftung für Rechtsgeschichte, Kanonistische Abteilung |
| ZRP (Jahrgang, Seite) | Zeitschrift für Rechtspolitik |

# Literaturhinweise

## I. Gesamtdarstellungen zur deutschen Rechtsgeschichte

### 1. Umfangreiche Gesamtdarstellungen


K. S. Bader/G. Dilcher, Deutsche Rechtsgeschichte. Land und Stadt – Bürger und Bauer im Alten Europa, 1999

H. Conrad, Deutsche Rechtsgeschichte.
Bd. I: Frühzeit und Mittelalter, 2. Aufl. 1962, Neudruck 1982
Bd. II: Neuzeit bis 1806, 1966, Neudruck 1982

H. Hattenhauer, Europäische Rechtsgeschichte, 4. Aufl., 2004

R. Schroeder – E. Frhr. von Künßberg, Lehrbuch der deutschen Rechtsgeschichte, 7. Aufl. 1932, Nachdruck 1966

U. Wesel, Geschichte des Rechts. Von den Frühformen bis zur Gegenwart, 4. Auflage, 2013

Derselbe, Geschichte des Rechts in Europa. Von den Griechen bis zum Vertrag von Lissabon, 2010


### 2. Grundrisse und Lehrbücher (Auswahl)


R. Gmür/A. Roth, Grundriß der deutschen Rechtsgeschichte, 13. Aufl., 2011

S. Hähnchen, Rechtsgeschichte. Von der Römischen Antike bis zur Neuzeit, 4. Aufl., 2012

H. Hattenhauer, Die geistesgeschichtlichen Grundlagen des deutschen Rechts, 4. Aufl. 1996

G. Köbler, Deutsche Rechtsgeschichte, 6. durchges. Aufl. 2005

K. Kroeschell, Deutsche Rechtsgeschichte
Bd. 1: Bis 1250, 13. Aufl. 2008
Bd. 2 (mit A. Cordes und K. Nehlsen-von Stryk): 1250–1650, 9. Aufl. 2007
Bd. 3: Seit 1650, 5. Aufl. 2008

S. Meder, Rechtsgeschichte, 4. Aufl. 2011

H. Mitteis – H. Lieberich, Deutsche Rechtsgeschichte, 19. Aufl. 1992

M. Schmoeckel, Auf der Suche nach der verlorenen Ordnung. 2000 Jahre Recht in Europa. Ein Überblick, 2005

H. Schlosser, Neuere Europäische Rechtsgeschichte, 2012

R. Schröder, Rechtsgeschichte, 9. Aufl. 2013

M. Senn, Rechtsgeschichte – ein kulturhistorischer Grundriß, 4. Aufl. 2007

M. Senn/L. Gschwend/R. P. de Mortanges, Rechtsgeschichte auf kulturgeschichtlicher Grundlage, 3. Aufl. 2012

M. Senn/L. Gschwend, Rechtsgeschichte II – Juristische Zeitgeschichte, 3., 2010

## II. Darstellungen einzelner Disziplinen der deutschen Rechtsgeschichte (Auswahl)

### 1. Verfassungsgeschichte
(unter besonderer Berücksichtigung der Verfassungsgeschichte der Neuzeit)

H. Boldt, Deutsche Verfassungsgeschichte.
Bd. 1: Von den Anfängen bis zum Ende des älteren Deutschen Reiches 1806, 3. Auflage 1994
Bd. 2: Von 1806 bis zur Gegenwart, 2. Aufl. 1993
M. Botzenhart, Deutsche Verfassungsgeschichte 1806–1949, 1993
H. Duchhardt, Deutsche Verfassungsgeschichte 1495–1806, 1991
W. Frotscher/B. Pieroth, Verfassungsgeschichte, 11. Aufl. 2012
D. Grimm, Deutsche Verfassungsgeschichte 1776–1866, 3. Aufl. 1995
E. R. Huber, Deutsche Verfassungsgeschichte seit 1789
Bd. 1: Reform und Restauration 1789–1830. Rev. Nachdr. d. 2. verb. Aufl. 1967, 1995
Bd. 2: Der Kampf um Einheit und Freiheit 1830 bis 1850. 3. überarb. Aufl. 1988
Bd. 3: Bismarck und das Reich. 3. wes. überarb. Aufl. 1988
Bd. 4: Struktur und Krisen des Kaiserreiches. (Rev. d. 2. Aufl. 1982) 1994
Bd. 5: Weltkrieg, Revolution und Reichserneuerung 1914–1919. (Rev. d. Aufl. 1978) 1992
Bd. 6: Die Weimarer Reichsverfassung. (Rev. d. Aufl. 1981) 1993
Bd. 7: Ausbau, Schutz und Untergang der Weimarer Republik, 1984
Bd. 8: Register, 1991
M. Kotulla, Deutsche Verfassungsgeschichte. Vom Alten Reich bis Weimar (1495 – 1934), 2008
D. Willoweit, Deutsche Verfassungsgeschichte. Vom Frankenreich bis zur Wiedervereinigung Deutschlands. 6. Aufl. 2009
R. Zippelius, Kleine deutsche Verfassungsgeschichte. Vom frühen Mittelalter bis zur Gegenwart, 7. Aufl. 2006

### 2. Privatrechtsgeschichte

H. Coing, Europäisches Privatrecht
Bd. 1: Älteres Gemeines Recht (1500–1800), 1985
Bd. 2: 19. Jahrhundert (1800–1914). Überblick über die Entwicklung in den ehemals gemeinrechtlichen Ländern, 1989
H. Schlosser, Grundzüge der Neueren Privatrechtsgeschichte, 10. Aufl. 2005
G. Wesenberg – G. Wesener, Neuere deutsche Privatrechtsgeschichte im Rahmen der europäischen Rechtsentwicklung, 4. Aufl. 1985
F. Wieacker, Privatrechtsgeschichte der Neuzeit (2. Aufl. 1967) 2. unveränderter Nachdr. 1996

### 3. Strafrechtsgeschichte

H. Rüping/Jerouschek, Grundriß der Strafrechtsgeschichte, 6. Aufl. 2011
E. Schmidt, Einführung in die Geschichte der deutschen Strafrechtspflege, 3. Aufl. 1983, 2. unveränderter Nachdr. 1995
Th. Vormbaum, Einführung in die moderne Strafrechtsgeschichte, 2. Aufl., 2011

## III. Geschichte der Rechtswissenschaft und Methodenlehre

G. Kleinheyer – J. Schröder, Deutsche und Europäische Juristen aus neun Jahrhunderten, 5. Aufl. 2009
P. Raisch, Juristische Methoden. Vom antiken Rom bis zur Gegenwart, 1995
R. Stintzing – E. Landsberg, Geschichte der deutschen Rechtswissenschaft, 3 Bände, 1880–1910, Neudruck, 4 Bände 1957 und 1978
M. Stolleis, (Hrsg.), Juristen. Ein biographisches Lexikon. Von der Antike bis zum 20. Jahrhundert, 2001
E. Wolf, Große Rechtsdenker der deutschen Geistesgeschichte, 4. Aufl., 1963

## IV. Quellensammlungen (Auswahl)

### 1. Zur Verfassungsgeschichte

A. Buschmann (Hrsg.), Kaiser und Reich. Klassische Texte zur Verfassungsgeschichte des Heiligen Römischen Reiches Deutscher Nation vom Beginn des 12. Jahrhunderts bis zum Jahre 1806, 2. Auflage 1994
H. Duchhardt (Hrsg.), Quellen zur Verfassungsentwicklung des Heiligen Römischen Reiches deutscher Nation (1495–1806), 1983
G. Dürig – W. Rudolf (Hrsg.), Texte zur deutschen Verfassungsgeschichte, 3. Aufl. 1996
E. R. Huber (Hrsg.), Dokumente zur deutschen Verfassungsgeschichte
Bd. 1: Deutsche Verfassungsdokumente 1803–1850, 3. Aufl. 1978
Bd. 2: Deutsche Verfassungsdokumente 1851–1900, 3. Aufl. 1986
Bd. 3: Dokumente der Novemberrevolution und der Weimarer Republik 1918–1933, 3. Aufl. 1991
Bd. 5: Registerband 1997
D. Willoweit/U. Seif, Europäische Verfassungsgeschichte (Texte zur Europäischen Verfassungsgeschichte), 2003
Zeumer (Hrsg.), Quellensammlung zur Geschichte der Deutschen Reichsverfassung in Mittelalter und Neuzeit
Teil 1: 1913
Teil 2: Neudruck der 2. Aufl. 1913, 1987

### 2. Zur Privatrechtsgeschichte

H. Hattenhauer – A. Buschmann, Textbuch zur Privatrechtsgeschichte der Neuzeit, 2. Aufl. 2008
W. Ebel, Quellen zur Geschichte des deutschen Arbeitsrechts (bis 1849), 1964

### 3. Zur Strafrechtsgeschichte

A. Buschmann (Hrsg.), Textbuch zur Strafrechtsgeschichte der Neuzeit. Die klassischen Gesetze, 1998

W. Sellert – H. Rüping, Studien- und Quellenbuch zur Geschichte der deutschen Strafrechtspflege.
Bd. 1: W. Sellert: Von den Anfängen bis zur Aufklärung, 1989
Bd. 2: H. Rüping: Von der Aufklärung bis zur doppelten Staatsgründung, 1994

Th. Vormbaum (Hrsg.), Texte zur Strafrechtstheorie der Neuzeit
Bd. I: 17. und 18. Jahrhundert, 1993
Bd. II: 19. und 20. Jahrhundert, 1993

## V. Wörterbücher und Nachschlagewerke (Auswahl)

G. Köbler, Lexikon der europäischen Rechtsgeschichte, 1997

G. Köbler, Zielwörterbuch europäischer Rechtsgeschichte, 5. Aufl. 2009

R. Lieberwirth, Latein im Recht, 4. Aufl. 1996

A. Erler – E. Kaufmann (Hrsg.), Handwörterbuch zur deutschen Rechtsgeschichte, 1. Aufl., Bd. I–IV, 1. Aufl. ab 1971

A. Cordes-H. Lück-D. Werkmüller-R. Schmidt-Wiegand (Hrsg.), Handwörterbuch zur deutschen Rechtsgeschichte, 2. Aufl., Bd. I und II, ab 2008

## VI. Handbücher (Auswahl)

### 1. Zur Geschichte des öffentlichen Rechts

G. A. Jeserich, H. Pohl u. G.-C. von Unruh (Hrsg.), Deutsche Verwaltungsgeschichte, 6 Bde, 1983–1988

M. Stolleis, Geschichte des öffentlichen Rechts in Deutschland
Bd. 1: Reichpublizistik und Policeywissenschaft 1600 bis 1800, 1988
Bd. 2: Staatsrechtslehre und Verwaltungswissenschaft 1800 bis 1914, 1992
Bd. 3: Staats- und Verwaltungsrechtswissenschaft in Republik und Diktatur 1914 bis 1945, 1999
Bd. 4: Staats- und Verwaltungswissenschaft in West und Ost 1945 – 1990, 2012

### 2. Zur Geschichte des Privatrechts

H. Coing (Hrsg.), Handbuch der Quellen und Literatur der neueren europäischen Privatrechtsgeschichte
Bd. I: Mittelalter (1100–1500). Die gelehrten Rechte und die Gesetzgebung, 1973
Bd. II: Neuere Zeit (1500–1800). Das Zeitalter des Gemeinen Rechts.
1. Teilband: Wissenschaft, 1977
2. Teilband: Gesetzgebung und Rechtsprechung, 1976

3. Teilband: Die Institutionen der Staaten und der Kirchen, Einflüsse des Gemeinen Rechts in Rechtsgebieten anderer Tradition sowie die Rechtsentwicklung unter dem Einfluß der Aufklärung (in Vorbereitung)
Bd. III: Das 19. Jahrhundert.
1. Teilband: Gesetzgebung zum allgemeinen Privatrecht. Einführung, Süd- u. Westeuropa, 1982
2. Teilband: Gesetzgebung zum allgemeinen Privatrecht und zum Verfahrensrecht. Allg. Privatrecht: Mitteleuropa, Länderberichte: England, Rußland. Verfahrensrecht. 1982
3. Teilband: Gesetzgebung zu den privatrechtlichen Sondergebieten. 1986
4. Teilband: Die Nordischen Länder, 1987
5. Teilband: Südosteuropa, 1988

## VII. Rechtsikonographie

G. Kocher, Zeichen und Symbole des Rechts. Eine historische Ikonographie, 1992

## VIII. Rechtsgeschichte der Wirtschaft

M. Schmoeckel, Rechtsgeschichte der Wirtschaft, 2008

# Einleitung

Die Rechtsgeschichte beschäftigt sich mit der Entstehung, dem Wandel und dem Vergehen von Rechtsformen und Rechtseinrichtungen, aber auch mit den Ursachen und Kräften, den Gedanken und geistigen Strömungen, welche die Entwicklung des Rechts beeinflusst haben und im Gegenwartsrecht fortwirken. Rechtsgeschichtliche Forschung und Lehre machen das Jahrtausende währende Ringen um Recht und Gerechtigkeit deutlich. Sie zeigen den „Gang der Rechtsidee durch die Geschichte"[1] und leisten damit einen „unschätzbaren Beitrag zur Festigung des Rechtsgedankens".[2]

Es ist eine inzwischen banal gewordene Erkenntnis, dass sich Geschichte nicht einfach wiederholt. Wir können deshalb auch der Rechtsgeschichte nicht ohne weiteres praktische Anweisungen für richtiges Handeln in aktuellen Situationen entnehmen. Sinn des Aufzeigens rechtshistorischer Entwicklungen, sei es auf den Gebieten des Verfassungsrechts, des Privatrechts oder des Strafrechts, sollte es auch sein, deutlich zu machen, dass wir uns heute nicht an einem Endpunkt befinden, sondern inmitten einer Entwicklung stehen, die uns in weitere Veränderungen führen wird. Für den Juristen kann die Erkenntnis von der Verschiedenartigkeit von Rechtszuständen in der Geschichte befreiend wirken, indem er das historisch Entwickelte als wandelbar versteht und dadurch eine „unbefangene Haltung zu den rechtsgestaltenden Aufgaben des Juristen gewinnt".[3] Mit dieser Erkenntnis kann der Jurist auch dem heutigen Rechtssystem aufgeschlossen und kritisch zugleich gegenüberstehen, Unzulänglichkeiten und Mängel entdecken und damit zu weiteren Entwicklungen angeregt werden.

In Deutschland sind das 19. und das 20. Jahrhundert geprägt durch das Bestreben, Rechtseinheit her- bzw. wiederherzustellen. Einheitlichkeit des Rechtswesens setzt staatliche Strukturen voraus, die in Deutschland vor der Reichsgründung im Jahre 1871 nicht existierten. Dass diese Strukturen weitgehend fehlten, hat seine Ursache nicht zuletzt darin, dass föderalistische Elemente bereits den Beginn der

---

1 H. Mitteis, Vom Lebenswert der Rechtsgeschichte, S. 128.
2 H. Conrad, Bd. I, S. XVIIf.
3 P. Landau, VSWG 61, 1974, S. 164.

geschichtlichen Entwicklung in Deutschland prägen. Die Weiterentwicklung einer föderalistischen Struktur erfolgte konsequent, ohne dass eine reelle Möglichkeit sichtbar geworden wäre, in Deutschland einen Einheitsstaat zu schaffen. Die entscheidende Wendung zum Partikularismus vollzog sich mit der Ausbildung von Landesherrschaften der Fürsten – der Herzogtümer, Grafschaften etc. –, aus denen die deutschen Territorialstaaten der Neuzeit wuchsen; eine Entwicklung, die von *Mitteis-Lieberich*[4] als das bedeutsamste Ereignis der deutschen Verfassungsgeschichte bezeichnet wird. Deutschland war also stets weit davon entfernt, ein Einheitsstaat zu sein. Die Weiterentwicklung vorhandener föderativer Elemente erfolgte ohne Umschlag in unitarische Tendenzen.

Dass es trotz des Fehlens entsprechender staatlicher Strukturen einheitliche Elemente einer Rechtsordnung gab und gemeinsame Rechtsüberzeugungen wachsen konnten, ist nicht zuletzt europäischen Entwicklungen zu danken, die sich auf Deutschland auswirkten. Viele Rechtsentwicklungen sind gesamteuropäische, jedenfalls aber mittel- oder westeuropäische Phänomene, wie z. B. die Rezeption des kanonischen und des römischen Rechts am Ende des Mittelalters und zu Beginn der Neuzeit mit der Ausbildung eines Ius Commune, das auf einheitlichen gemeinsamen Rechtsvorstellungen basierte. Auch die Ausbreitung und Umsetzung des Gedankenguts der Aufklärung im Bereich des Rechts, die in Kodifikationen, wie dem Allgemeinen Landrecht für die preußischen Staaten von 1794 und dem Code civil (1804), äußerlich in Erscheinung traten, ist ein gesamteuropäisches Phänomen. Die Erkenntnisse darüber haben dazu geführt, dass seit langer Zeit die Europäische Rechtsgeschichte verstärkt als Forschungsgebiet, aber auch als Gegenstand der Lehre begriffen wird.[5] Eine Deutsche Rechtsgeschichte hat deshalb die europäischen Bezüge der Rechtsentwicklung zu berücksichtigen.

Die Überwindung des Rechtspluralismus begann mit der Kodifikationsbewegung in der zweiten Hälfte des 18. Jahrhunderts. Die wichtigsten Rechtsquellen mit ihren vielschichtigen Anwendungsmöglichkeiten wurden abgeschafft und durch Gesetzbücher ersetzt, die ausschließliche und umfassende Geltung beanspruchten.

Im 20. Jahrhundert hat es in Deutschland mehrfach tiefe Einschnitte in die politischen und sozialen Entwicklungen gegeben, u. a.

4 Kap. 35 I.
5 R. Schulze, in: R. Schulze (Hrsg.), Deutsche Rechtswissenschaft und Staatslehre, S. 3 ff.

1918 mit dem Ende des 1. Weltkrieges und den damit verursachten Umwälzungen und 1945 mit der militärischen und politischen Niederlage verbunden mit dem Zusammenbruch der staatlichen Ordnung; dazwischen liegt noch der Übergang von der Weimarer Republik zum sogenannten Dritten Reich. Schließlich hat auch das Auseinanderleben zweier Gesellschaftsordnungen in der Zeit nach 1945 und der damit verbundene Verlust der Rechtseinheit in Gesamtdeutschland tiefe Spuren hinterlassen.

Trotz der Brüche in der Entwicklung und den damit verbundenen gravierenden Veränderungen und Wandlungen ist in der Zeit nach 1945 ein Kontinuitätsstrom festzustellen, der am ehesten in den Kernfächern des Privatrechts zu erkennen ist. Hier konnte an den hohen Standard, den diese Disziplin im 19. Jahrhundert erreicht hatte, angeknüpft werden. Staatsrecht, Verfassungs- und Verwaltungsgerichtsbarkeit haben hingegen in der Nachkriegszeit (nach 1945) im Westen eine Wandlung und Fortentwicklung erfahren, bei der eine Kontinuität nachzuweisen Schwierigkeiten bereitet. Diese Veränderungen, die insbesondere auf einer Wandlung des Verhältnisses zwischen Staat und Bürger sowie einem geänderten Demokratieverständnis und -verhalten beruhen, lassen sich ohne Rezeptionsvorgänge, d. h. die Übernahme von Wert- und Rechtsvorstellungen der westlichen Alliierten nach 1945, kaum erklären.

In der Bedeutung kaum zu überschätzen ist schließlich der Einfluss der Harmonisierung auf die nationalen Rechtsordnungen, wie sie von der Europäischen Gemeinschaft/Union betrieben wurde und fortgesetzt wird. Die im 19. Jahrhundert und auch noch weit in das 20. Jahrhundert hinein vertretene Ansicht, dass das nationale Recht von nationalen Wertentscheidungen geprägt werde, die fest verwurzelte nationale Grundsätze zum Ausdruck bringen, ist spätestens mit der Gründung der Europäischen Gemeinschaft/Union und ihrem Ziel der Harmonisierung des Rechts in wesentlichen Teilen gegenstandslos geworden. Die Europäische Union versteht sich nicht nur als Wirtschafts-, sondern auch als Rechtsgemeinschaft, die immer stärker in die nationalen Rechte eingreift.

Alle diese Entwicklungen, die die Rechtsordnung im Westen Deutschlands wesentlich verändert haben, dürften nicht unerheblich beeinflusst worden sein von der seit den fünfziger Jahren zu beobachtenden schwindenden Bedeutung der Kirchen und von der abnehmenden Bindung an Ideologien. Die ebenfalls nachlassende Bedeutung von Autoritäten und Autoritätengläubigkeit ließen einen starken Individualismus entstehen, der sich auch in der Rechtsordnung niedergeschlagen hat.

Nach 1990 musste diese Rechtsordnung in der ehemaligen DDR in einem schwierigen Prozess auf eine Gesellschaft übertragen werden, die im Vergleich mit dem Westen eine ganz andere soziale und ökonomische Struktur aufwies und in der das Recht im Bewusstsein der Menschen einen anderen Stellenwert eingenommen hatte.

Das alte deutsche Reich hat sich im Mittelalter – im 10. Jahrhundert – herausgebildet, in einer Epoche, welcher der Mensch der Gegenwart meist fremd gegenübersteht; letzteres ist eine Erscheinung, die Spörl als den „Verlust des Mittelalters“ bezeichnet.[6] Die Gründe dafür werden u. a. darin gesehen, dass das Mittelalter als eine Geschichtsperiode eingeordnet werde, über die der Fortschritt hinweggegangen sei und die deshalb „dem modernen Gebildeten im existentiellen Bereich kaum mehr etwas zu sagen habe, es sei denn als Objekt gelehrter Spezialforschung“. Dafür, dass das Mittelalter dem modernen Denken so ferngerückt ist, mag es noch andere mehr oder weniger einleuchtende Gründe geben. Trotz der weitverbreiteten Indifferenz gegenüber diesem Zeitalter kann man das Mittelalter als die zentrale Mitte im Werden der abendländisch-europäischen Kulturgemeinschaft ansehen, die der neuzeitlichen Kultur Mitteleuropas tiefer und nachhaltiger verbunden ist als die Antike. Eine Geschichte des deutschen und europäischen Rechts muss deshalb spätestens mit dem Mittelalter beginnen.

**Schrifttum:** P. Landau, Rechtsgeschichte und Soziologie, VSWG 61, 1974, S. 145 ff.; H. Mitteis, Vom Lebenswert der Rechtsgeschichte, 1947; R. Schulze, Europäische Rechtsgeschichte und nationale Rechtskulturen im 19. Jahrhundert, in: R. Schulze (Hrsg.), Deutsche Rechtswissenschaft und Staatslehre im Spiegel der italienischen Rechtskultur während der zweiten Hälfte des 19. Jahrhunderts, Schriften zur Europäischen Rechts- und Verfassungsgeschichte Bd. 1, 1990, S. 3 ff.; J. Spörl, Gedanken zum Verlust des Mittelalters, in: FS Bader 1965, S. 439 ff

---

6 J. Spörl, in: FS Bader 1965, S. 439.

# 1. Abschnitt. Rechtsvielfalt im Heiligen Römischen Reich Deutscher Nation

## 1. Kapitel. Staatliche Strukturen – Der Weg zum Föderalismus

### § 1. Das Mittelalter

#### I. Der Beginn des deutschen Reiches

Dass der deutsche Staat der Gegenwart, die Bundesrepublik 1
Deutschland, eine föderalistische Struktur aufweist, hat frühe historische Wurzeln. Föderalistische Elemente kennzeichnen bereits den Beginn der geschichtlichen Entwicklung in Deutschland.[1] Die Grundlage für die moderne Staatlichkeit in Deutschland wurde im Mittelalter geschaffen. Zutreffend wird davon gesprochen, in Deutschland habe das Territorium, die Zelle des modernen Staates, im 13. Jahrhundert begonnen, politische Wirklichkeit zu werden.[2] Damit stellt sich die Frage, ab wann von einem deutschen Staat oder von deutschen Staaten gesprochen werden kann.

Ob es im Mittelalter bereits einen deutschen Staat gegeben hat[3], ist eine heftig diskutierte Streitfrage.[4] Dabei ist zu berücksichtigen, dass „Staat“ ein Begriff aus der politischen Welt der Neuzeit ist.[5]

Der Zeitpunkt, von dem an von der Existenz eines deutschen Rei- 2
ches gesprochen werden kann, ist nicht exakt zu bestimmen, zumal während des Mittelalters durchgängig nur vom „Reich“ bzw. regnum oder (sacrum) imperium, nicht aber von einem deutschen Reich die Rede war. Erst von der Mitte des 15. Jahrhunderts an wurde die Formulierung „Heiliges Römisches Reich deutscher Nation“ üblich.[6]

Die Bildung eines deutschen Reiches begann mit dem Zerfall des *fränkischen Reiches*, das in seiner Blütezeit neben den Stämmen der

1 Mitteis-Lieberich, Kap. 35 I.
2 O. Brunner, S. 165 ff.; H. Conrad, Bd. I, S. 309.
3 So von Below.
4 Vgl. O. Brunner, S 146.
5 O. Brunner, S. 111.
6 H.G. Walther, in: Der Staat. Beiheft 18, 2010, S. 23 ff.

Franken u. a. die der Alemannen, Bayern, Friesen, Sachsen und Thüringer umfasste. Seine Blütezeit erlebte das Frankenreich unter *Karl dem Großen (768–814)* aus dem Herrscherhaus der *Karolinger*, der am Weihnachtstag des Jahres 800 in Rom von *Papst Leo III. (795–816)* zum Kaiser gekrönt wurde, nachdem er – vom Papst zu Hilfe gerufen – diesen gegen die aufständischen Römer verteidigt hatte. Zu dem von *Karl dem Großen* beherrschten Reich gehörten auch romanische Gebiete in Gallien und Italien.

3 Im September 813 ernannte *Karl* seinen *Sohn Ludwig, genannt der Fromme (813–840)*, zum Mitregenten und damit zum Erben der kaiserlichen Macht. Nachdem sich *Ludwigs Söhne Pippin (814–838), Lothar I. (840–855)* und *Ludwig II. der Deutsche (840–876)* schon zu seinen Lebzeiten gegen ihn erhoben hatten, kam es nach seinem Tod im Jahre 840 zum Bruderkrieg zwischen *Lothar I.* auf der einen und *Karl dem Kahlen (840–877)* und *Ludwig dem Deutschen,* die sich verbündet hatten, auf der anderen Seite. Diese Auseinandersetzungen wurden vorübergehend durch den *Vertrag von Verdun 1843* beendet. Dieser sah eine Aufteilung des Reiches *Karls des Großen* unter den Streitenden vor: Das *Ostfrankenreich*, zu dem Ostfranken, Schwaben (Alamannien), Bayern, Sachsen und Thüringen gehörten, fiel an *Ludwig den Deutschen*. Das Westfrankenreich mit den fränkischen Kernländern nördlich der Loire und Aquitanien im Süden erhielt *Karl der Kahle*. Der mittlere Teil, der später *Lotharingen* genannt wurde, und die italienischen Reichsteile fielen mit der Kaiserwürde an *Lothar*.

Das Ostfrankenreich wurde nach dem Tode *Ludwigs II. des Deutschen* unter seine Söhnen aufgeteilt: Bayern und die östlichen Marken fielen an *Karlmann (876–880)*, Mainfranken, Thüringen und Sachsen an *Ludwig III. 876–882)* und Alamannien (Schwaben) an *Karl III. den Dicken (876–887).*

4 Nach weiteren Wirrungen und Teilungen wählten die Großen der rechtsrheinischen Stämme *Arnulf von Kärnten (887–899)*, einen Sohn *Karlmanns*, zum König, der auf einem Romzug 896 vom Papst zum Kaiser gekrönt wurde. Nachfolger *Arnulfs* wurde 900 sein Sohn *Ludwig IV. genannt das Kind (900–911),* unter dessen Herrschaft die königliche Gewalt zerfiel, insbesondere unter dem Ansturm äußerer Feinde (Ungarn und Normannen). Die innere Schwäche des Ostfrankenreiches führte zur Bildung starker Stammesherzogtümer, wie Sachsen, Schwaben, Thüringen, Lothringen, Bayern und Franken, die für die weitere Entwicklung große Bedeutung gewinnen sollten. Hier werden bereits die Anfänge der Entwicklung zu einem später

entstehenden Föderalismus sichtbar. Als der letzte unmittelbare Nachkomme der Karolinger auf dem Thron des Ostfrankenreiches starb, wählten die Stämme des Ostfrankenreiches im Jahre 911 den Führer des fränkischen Stammes, *Konrad von Franken (911–918)* zum König. Im Westfrankenreich regierten weiter die Karolinger.

Man kann den in der Wahl *Konrads von Franken* zum Ausdruck 5
kommenden Willen als eine Entscheidung der germanischen Stämme im Ostfrankenreich werten, die sich gegen die Herrschaft der westfränkischen Karolinger im Ostfrankenreich richtete. Damit zerbrach der Zusammenhalt des Karolingerreiches endgültig. Die nationale Trennung zwischen West- und Ostfrankenreich war vollzogen.

Als im Jahre 919 der Sachsenherzog *Heinrich* als Nachfolger Konrads zum König gewählt wurde, bedeutete dies einen weiteren Schritt von der fränkischen zur deutschen Geschichte. *Heinrich I. (919–936)* und der Herrscher des Westfrankenreiches, *Karl III., d. Einfältige (893–923),* trafen sich 921 auf einem bei Bonn in der Mitte des Rheins verankerten Schiff und erkannten mit einem Freundschaftseid den gegenseitigen Besitzstand an (*Vertrag von Bonn, 921*).

Das deutsche Reich, das erst am Anfang des 19. Jahrhunderts sein 6
Ende fand, ist nicht auf Grund eines Ereignisses, wie z. B. einer Königswahl oder eines Vertragsschlusses, entstanden. Es ist vielmehr in einem fortschreitenden Prozess begründet worden. Dieser Prozess mag mit einem der Teilungsverträge des 9. Jahrhunderts begonnen haben. Er wurde im weiteren Verlauf gefördert durch die Trennung in Ostfrankenreich und Westfrankenreich, die schon gewisse nationale Züge erkennen ließ. Mit der Wahl *Konrads I.* zum König im Jahre 911 fiel das fränkische Reich auseinander. Der 921 in Bonn geschlossene Vertrag erkannte die Selbstständigkeit des neuen Staatsgebildes im Osten des ehemaligen Frankenreiches an. Gleichzeitig wurden Grenzen zwischen dem deutschen Reich und Frankreich festgelegt. Damit war die Ausbildung zweier Staaten auf dem Boden des ehemaligen Karolingerreiches abgeschlossen. Spätestens zu diesem Zeitpunkt muss man das Ende des fortschreitenden Prozesses, der zur Entstehung des deutschen Reiches geführt hat, annehmen.

**Schrifttum:** G. von Below, Der deutsche Staat des Mittelalters, 1914; O. Brunner, Land und Herrschaft, 5. Aufl.,unveränderter Nachdruck 1990; H. Conrad, Bd. I, S. 71–81 und S. 176–178; H. Mitteis, Der Staat des hohen Mittelalters, 7. Aufl. 1962, Kap. 5 und 6; R. Schneider, Die Anfänge der deutschen Geschichte, ZRG Germ. Abt. 124, 2007, S. 1 ff.; H.G. Walther, Heiliges Römisches Reich und Nationalstaat im Mittelalter, in: Der Staat. Beiheft 18, 2010, S. 9ff.

## II. Ordnung, Verfassung und Staat im Mittelalter

7 Nach modernem Verständnis ist eine Verfassung die rechtliche Grundordnung für ein Gemeinwesen. Sie enthält die Leitprinzipien, auf Grund derer sich eine politische Einheit bildet und staatliche Aufgaben wahrgenommen werden können. Die Verfassung hat auch die Aufgabe zu regeln, auf welche Art und Weise Konflikte innerhalb eines Gemeinwesens bewältigt werden können. Sie ordnet ferner die Organisation des Staates und schafft die Grundlagen für eine auf Recht gestützte Gesamtordnung. Der Ausdruck Verfassung ist allerdings ein Produkt der Neuzeit. Er kann nicht ohne weiteres für die Zeit des Mittelalters verwandt werden.

Den modernen Verfassungsbegriff ohne Einschränkungen auf das Mittelalter zu übertragen, ist schon deshalb nicht möglich, weil nach Auffassung der Zeit vorhandene Ordnungen vorgegeben und durch Regeln bestimmt waren, deren Änderung nicht die Aufgabe von Menschen war.

8 Im mittelalterlichen Europa lebten die Menschen in Ordnungen als Systemen von zusammenhängenden Normen. Unter Normen wird hier all das verstanden, was das gruppenweise Leben von Menschen dauerhaft regelt, wie z. B. Rechtsgewohnheiten, Ämter, Privilegien, Herrschaftsverträge etc..[7] Diese Ordnungen des Mittelalters sind untrennbar mit dem Recht verbunden, das von der ständischen Gliederung des Volkes geprägt wurde. Jede Person gehörte einer Gemeinschaft an, aus der heraus ihre Rechtsstellung bestimmt wurde. Deshalb existierten im Mittelalter viele *Rechtskreise*, die unabhängig voneinander entstanden waren und sich auch in ihrem Aufbau mehr oder minder stark unterschieden. Diese Rechtskreise schlossen einander bisweilen aus, wie z. B. Landrecht und Stadtrecht; sie konnten sich aber auch überschneiden, so dass manche Menschen mehreren dieser Rechtskreise angehörten.[8]

Die mittelalterliche Gesellschaftsordnung war bestimmt von Monarchie, Lehnsverhältnissen, der ständischen Gliederung des Volkes, Privilegien, Herrschaftsverträgen und den übrigen – ungeschriebenen oder aufgeschriebenen – Rechten. Das so entstandene „Gefüge von Ordnungen“[9] kann nur mit großen Vorbehalten als Verfassung bezeichnet werden. Wenn im Folgenden von Verfassung und Verfas-

7 R. Sprandel, Verfassung und Gesellschaft, S. 23.
8 K. Kroeschell, Bd. 2, S. 9.
9 R. Sprandel, Verfassung und Gesellschaft, S. 23.

sungsverhältnissen in Bezug auf das Mittelalter die Rede ist, so geschieht das stets mit den geschilderten Einschränkungen.

Nicht nur der Begriff der Verfassung, sondern auch der Staatsbegriff, wie er sich im 19. und 20. Jahrhundert herausgebildet hat, unterscheidet sich erheblich von dem der mittelalterlichen Epochen. Es ist sogar in Frage gestellt worden, ob man, jedenfalls für das frühe Mittelalter, überhaupt von der Existenz eines Staates sprechen kann.[10] Nach dem Untergang des Weströmischen Reiches war die römische Staatsidee in den unruhigen Zeiten der Invasionen und Wanderungen schnell in Vergessenheit geraten. Es wird die These vertreten,[11] eine Gemeinschaft von Menschen müsse in Raum und Zeit Bestand haben, wenn daraus ein Staat werden solle; nur dann, wenn eine Gemeinschaft von Menschen in einem bestimmten Gebiet viele Generationen lang zusammenlebe und -arbeite, könne sie die Organisationsformen entwickeln, die zur Ausbildung eines Staates nötig seien. Über die Kontinuität in Raum und Zeit hinaus ist das nächste Anzeichen für die Entstehung eines Staates in der Schaffung überpersönlicher, relativ dauerhafter politischer Institutionen zu sehen, die Wechsel in der Führung und Schwankungen im Grad der Zusammenarbeit zwischen den Untergruppen überdauern.[12] Ebenso wichtig wie die bloße Existenz dauerhafter Institutionen sind die Zeichen dafür, dass sie durch ihr Wirken an Ansehen und Autorität gewinnen. Als Beispiel dafür gelten Gerichte, die letztinstanzliche Urteile fällen können, jedweden in einem bestimmten Gebiet binden und die niemand außer Kraft setzen darf.[13] 9

Folgt man dem, so entsprachen diesen Anforderungen in Europa zunächst das Frankenreich des 8. und 9. Jahrhunderts und das angelsächsische Königreich des 10. und 11. Jahrhunderts. Wurde im Gebiet derselben die Sicherheit zunächst auch nicht allein vom König, sondern von der Familie und vom Nachbarschaftsverband garantiert, so erfüllten die beiden Königreiche in der genannten Zeit doch die oben genannten Voraussetzungen. Sie hatten sich in einem festen Raum etabliert und eine beachtliche Zeit überdauert. Darüber hinaus hatte der König in beiden Reichen die allgemeine Verantwortung für die Bewahrung des Friedens und in diesem Zusammenhang auch die Rechtsprechung übernommen. Um dieser Verantwortung zu genü- 10

10 F.-R. Erkens, in: Der Staat. Beiheft 20, 2012, S. 11 ff.
11 J. R. Strayer, S. 3.
12 J. R. Strayers, S. 4.
13 So J. R. Strayer, S. 6.

gen, hatte der König jeweils ein einheitliches System lokaler Gerichtshöfe geschaffen.[14]

In den frühen europäischen Staaten des Mittelalters lag eine starke Betonung auf dem Recht,[15] eine Tatsache, die für die Zukunft von größter Bedeutung sein sollte. Denn der Staat war auf das Recht gegründet und existierte, um das Recht durchzusetzen; der Herrscher war moralisch und oft auch politisch durch das Recht gebunden. Der vielleicht letzte Anstoß für die Entstehung des europäischen Staates mag im 12. Jahrhundert in der raschen Zunahme der Gebildeten zu sehen sein, unter denen den – meist in Oberitalien ausgebildeten – Juristen ein besonderes Gewicht zugemessen werden muss (vgl. dazu unten Rdnr. 215 ff.).[16]

Dass die von Königen beherrschten, in starkem Maße als Personenverbände strukturierten und vom Adel mit seinem Rangdenken und Machtstreben beeinflussten Reiche Staatswesen waren, dürfte inzwischen nicht mehr streitig sein.[17]

**Schrifttum:** F.-R. Erkens, Teilung und Einheit, Wahlkönigtum und Erbmonarchie: Vom Wandel gelebter Normen, in: Der Staat. Beiheft 20, 2012, S. 9 ff.; R. Koselleck, Begriffsgeschichtliche Probleme der Verfassungsgeschichtsschreibung, in: Der Staat, Beiheft 6, 1983, S. 7 ff.; K. Kroeschell, Verfassungsgeschichte und Rechtsgeschichte des Mittelalters, in: Der Staat, Beiheft 6, 1983, S. 47 ff.; H. Mitteis, Der Staat des hohen Mittelalters, 7. Aufl. 1962, Kap. 14; R. Sprandel, Perspektiven der Verfassungsgeschichtsschreibung aus der Sicht des Mittelalters, in: Der Staat, Beiheft 6, 1983, S. 105 ff.; J. R. Strayer, Die mittelalterlichen Grundlagen des modernen Staates, 1975.

## III. Das König- und Kaisertum

11 **1. Die Stellung des Königs (Kaisers).** Im Verfassungsgefüge des mittelalterlichen Staatswesens nahm das König- bzw. Kaisertum eine herausragende Stellung ein.

Nach mittelalterlichem Staatsrecht erlangte der gewählte König die volle Gewalt und den Titel eines römischen Kaisers erst, nachdem er vom Papst mit der Kaiserkrone gekrönt worden war. Es galt der im Sachsenspiegel[18] verankerte Grundsatz, wonach der gewählte deutsche König „königliche Gewalt und königlichen Namen“ hat, er

14 J. R. Strayer, S. 11.
15 J. R. Strayer, S. 21.
16 J. R. Strayer, S. 21 ff.
17 F.-R. Erkens, in: Der Staat. Beiheft 20, 2012, S. 11 ff.
18 Landrecht III 52 § 1.

„des Reiches Gewalt und kaiserlichen Namen" aber erst erhält, wenn ihn der Papst geweiht hat.

Bezugspunkt des mittelalterlichen Kaisertums war das Römische Reich der Antike seit *Caesar (gest. 44 v. Chr.)* und *Augustus (31 v. Chr. Bis 14 n. Chr.)*. Die Kaiser verstanden sich seit *Karl dem Großen (768 bis 814)* als Nachfolger der römischen Imperatoren und regierten nach ihrem Verständnis das Römische Reich (imperium Romanum).[19] Aus der Stellung des Kaisers als weltlichem Oberhaupt der Christenheit und des Römischen Reiches wurde die Formel vom „Heiligen Römischen Reich" abgeleitet. Die seit dem 15. Jahrhundert gebräuchliche Formel *„Heiliges Römisches Reich Deutscher Nation"* wurde als eine Beschränkung des Reiches auf das deutsche Sprachgebiet verstanden. Die Verwendung des Begriffes „Nation" darf allerdings nicht darüber hinwegtäuschen, dass es im Mittelalter kaum ein Nationalgefühl in den breiteren Schichten der Bevölkerung gegeben hat. Lediglich beim Adel dürfte so etwas wie ein Nationalbewusstsein vorhanden gewesen sein. Die übrigen Teile der Bevölkerung fühlten sich in erster Linie als Angehörige der verschiedenen Sozialstände. Nach mittelalterlicher Anschauung wurde die königliche Gewalt von Gott hergeleitet. Dementsprechend bestimmte das Christentum maßgeblich das Idealbild des mittelalterlichen Herrschers. Beeinflusst wurde diese Auffassung von dem Werk des *Augustinus (gestorben 430)* „De civitate dei". Danach übt der König Gerechtigkeit aus und lässt Gnade walten; er sorgt für Frieden und ist der Beschützer der Kirche, der Armen und Schwachen. 12

**2. Die Wahl des Königs.** Der König wurde gewählt. König konnte allerdings nur werden, wer königlichen Geblütes war (Geblütsrecht). Bestrebungen, das Königtum erblich zu machen, blieben bis zum Ende des Reiches im Jahre 1806 erfolglos. Die ursprüngliche Beteiligung des Volkes an der Königswahl wurde auf eine rechtlich bedeutungslose Akklamation reduziert, sobald nur noch die geistlichen und weltlichen Fürsten des Reiches die Wahl vornahmen. 13

Reichfürsten waren diejenigen, die vom König unmittelbar ein Lehen erhalten hatten und keines anderen weltlichen Herrn Lehnsmann waren. Der Reichsfürstenstand war also lehnrechtlich bestimmt. Außerdem musste ein Reichsfürst eine Gebietsherrschaft mit bestimmten Hoheitsrechten, wie z. B. die Gerichtshoheit, innehaben.[20] Zu

19 B. Schneidmüller, Kaiser, Kaisertum (Mittelalter), HRG II (2. Aufl.), S. 1496 ff.
20 H. Conrad, Bd. 1, S. 299 mit Nachw.

den Reichsfürsten zählten die Herzöge, ein Teil der Markgrafen, Landgrafen, Pfalzgrafen und Grafen, aber auch viele Erzbischöfe, Bischöfe und Äbte. Die letzteren bildeten die Gruppe der geistlichen Reichsfürsten, zu denen u. a. die Erzbischöfe von Köln, Mainz und Trier gehörten.

14 Schließlich wählte nur noch das *Kurfürstenkollegium* den König. Die *Goldene Bulle von 1356,* das grundlegende Verfassungsgesetz des Heiligen Römischen Reiches, in dem die Königswahl seine endgültige Regelung fand,[21] nennt sieben Kurfürsten: Die Erzbischöfe von Mainz, Trier und Köln, die gleichzeitig Landesherren in ihren Territorien waren, sowie den König von Böhmen, den Pfalzgrafen bei Rhein, den Herzog von Sachsen und den Markgrafen von Brandenburg. Sie alle wurden später zu mächtigen Landesherrn. Damit war der Kreis der Königswähler festgelegt.[22]

15 **3. Kaiser (König) und Volk.** Wenn auch nach mittelalterlicher Anschauung die königliche Gewalt von Gott hergeleitet wurde, so schloss das nicht aus, dass der König dem Volke verantwortlich war. In diesem Zusammenhang ist jedoch zu beachten, dass im Mittelalter der Begriff des politisch handelnden Volkes vage ist. Er ist nicht gleichzusetzen mit einer sich aus gleichberechtigten Individuen zusammensetzenden Einheit. Volk im staatsrechtlichen Sinne konnten sein: Die Fürsten, die übrigen Adligen, die Bewohner einer Stadt oder Landschaft, ein Stamm etc.[23]

16 Das Verhältnis von Königtum und Volk war Gegenstand eines Meinungsstreits in der mittelalterlichen Staatslehre. Die *Lehre von der Volksherrschaft* (wesentlich begründet durch *Manegold von Lautenbach, gest. nach 1103*) sah in dem Volk das Werkzeug, mit dem Gott einem König die Herrschaftsgewalt verlieh; mit der Übertragung der Herrschaftsgewalt auf den König entäußerte sich das Volk jeglicher staatlicher Macht, was zu einer Lösung des Herrscheramtes von seinen Grundlagen führte. Demgegenüber verblieb nach der *Lehre von der Volkssouveränität* die staatliche Gewalt beim Volk; lediglich ihre Ausübung wurde dem Herrscher übertragen. Das souveräne Volk konnte auf Grund der stets bei ihm verbleibenden Hoheitsrechte den König ein-, aber auch wieder absetzen. Als Teil des Staatsganzen unterstand auch der König dem Gesetz. Vertreter der

21 P. Landau, ZRG Germ Abt. 125, 2008, S. 18 ff.
22 M. Lanzinner, in: Der Staat, Beiheft 20, 2012, S. 45, 67.
23 H. Fuhrmann, in: FS Krause, S. 22.

*Lehre von der Volkssouveränität* waren u. a. *Marsilius von Padua (gest. 1342/43)* und in abgewandelter Form der *Kardinal und Philosoph Nikolaus von Cues (gest. 1464).*

**4. Die Regierung und die Rechte des Kaisers (Königs).** Da das Reich stets weit davon entfernt war, ein Einheitsstaat zu sein, war die Rechtsstellung des Königs entsprechend beschränkt, auch wenn er als Oberhaupt des Reiches bezeichnet wurde. 17

Der König hatte das Recht, den *Reichstag* als die Versammlung der weltlichen und geistlichen Großen des Reiches, die bei der Regierung des Reiches mitwirkten, einzuberufen. Nach der zunächst noch auf den karolingischen Grundlagen beruhenden mittelalterlichen Gerichtsverfassung war der König Inhaber der obersten Gerichtsgewalt. Er war auch oberster Lehnsherr im Reich. Seit dem 12. Jahrhundert bildete das Lehnrecht auch die rechtliche Grundlage für das Wehrwesen im Reich (Feudalisierung des Heerwesens); die Wehrhoheit im Reich stand deshalb dem König zu, der oberster Führer des deutschen Reichsheeres war.

Neben den genannten Rechten standen dem König noch eine Reihe von nutzbaren Hoheitsrechten zu, zu denen u. a. zählten: 18

- das *Marktrecht* als das Recht, Märkte zu errichten und dabei anfallende Einkünfte einzuziehen;
- das *Zollrecht*, die Befugnis, Zollstellen einzurichten, Zölle zu erheben oder davon zu befreien;
- das *Münzrecht*, das Recht, Münzen zu prägen und daraus Nutzen zu ziehen;
- das *Geleitrecht* als das Recht, Reisenden, insbesondere Kaufleuten, sicheres Geleit zu gewähren und dafür ein Entgelt zu erheben.

Die nutzbaren Hoheitsrechte wurden als *Regalien (jura regalia)* bezeichnet. Die Regalien waren nicht nur eine Einnahmequelle, sondern durch ihre ordnende und regelnde Funktion auch dazu bestimmt, dem öffentlichen Wohl zu dienen. Darüber hinaus waren sie für denjenigen, dem sie zustanden, ein wertvolles Instrument zur Ausübung der Regierungsgewalt.[24]

Die *Verwaltung des Reiches* durch den König fand vom königlichen Hof aus statt, der keinen festen Aufenthaltsort hatte. Zum Königshof gehörte die zunächst von Geistlichen, später auch von Laien besetzte *Reichskanzlei (königliche Kanzlei)*, in der die königlichen 19

24 H. Thieme, ZRG Germ. Abt. 62, 1942, S. 5, 19f.

Urkunden ausgefertigt wurden. Leiter der *Reichskanzlei* war der *Erzkanzler des Reiches*, ein Amt, das dem Erzbischof von Mainz als einem der Kurfürsten zustand.

Wenn auch die Präsenz des Königs für die Herrschaftsausübung wichtig gewesen sein mag, so war sie doch nicht das alleinige Mittel, den königlichen Willen im Reich zur Geltung zu bringen. Der herrscherliche Gestaltungswille konnte sich vor allem in der Form schriftlicher Rechtsakte betätigen. Ein wichtiges Instrument der Herrschaftsausübung war auch die rechtliche Privilegierung mit der eine Bindung an den Herrscher erzielt oder bekräftigt werden konnte.[25]

20 **5. Kaisertum und Papsttum.** Das Verhältnis von Reich und Kirche, von Kaisertum und Papsttum, war im Mittelalter spannungsgeladen. Die Kirche beanspruchte den Vorrang der päpstlichen Gewalt gegenüber der kaiserlichen. Schließlich empfing der Kaiser die Krone des Reiches mit der Kaiserweihe vom Papst. Letztere wurde nach der Lehre der älteren Scholastik als ein kirchlicher Akt, ja als ein Sakrament angesehen.[26] Streitpunkt war vor allem das vom Papst in Anspruch genommene Recht der *Approbation*. Bei der *approbatio* handelt es sich um ein kanonisches Rechtsinstitut. Es umfasst die rechtsbegründende oder rechtsbekräftigende Bestätigung einer Person als (rechtlich) geeignet.

21 Zunächst fehlten noch die kirchenrechtlichen Grundlagen für ein päpstliches Approbationsrecht. Diese schufen in der Folgezeit die *Kanonisten*. Sie knüpften dabei an einzelne canones im *Decretum Gratiani* an. Schließlich stützten sie sich auf die *Zweischwerterlehre*, nach der das gladium saeculare, die weltliche Zwangsgewalt, dem Kaiser durch den Papst verliehen wird, und auf die päpstliche Doktrin der *translatio imperii*.[27] Diese beruht letztlich auf der an der Kurie angefertigten so genannten *„Konstantinischen Schenkung"*, die besagt, dass *Konstantin der Große (306 bis 307)* dem römischen Bischof, dem *Papst Silvester (314 bis 335)*, die Herrschaft über Rom, Italien und die westlichen Länder mit den kaiserlichen Ehren übertragen, also die kaiserliche Rangstellung abgetreten habe; deshalb stehe dem Papst kraft apostolischer Einsetzung die Sorge für die Kirchen und kraft kaiserlicher die Einsetzung des römischen Herrschers zu. Als Erben der Griechen und Franken sollte den Deutschen die Kaiserkrone gebühren.[28] Damit schien der Papst dem Kaiser übergeordnet zu sein, denn das Kaisertum sollte auf päpstlicher Einset-

25 B. Diestelkamp, HZ Beiheft 7, S. 247, 268.
26 K. G. Hugelmann, ZRG Kann. Abt. 40, 1919, 1 ff.
27 D Unverhau, S. 185 ff.
28 Feine, § 27 II.

zung beruhen. Auf dieser Grundlage entwickelte *Papst Innocenz III. (1198 bis 1216)* seine Rechtsauffassung zum päpstlichen Approbationsrecht, die in der *Dekretale Venerabilem von 1202*[29] ihren Niederschlag gefunden hat. Darüber hinaus leiteten die Päpste aus ihrer Gewalt über das Kaisertum die Befugnis ab, deutsche Kaiser zu bannen und abzusetzen und bei Vorliegen entsprechender Voraussetzungen den Deutschen das Reich zu entziehen und es anderen Völkern zu übertragen.

Die kaiserliche Seite hat die Abhängigkeit der kaiserlichen Gewalt von der päpstlichen bestritten und sich auch gegen die Einmischung der Kurie in die deutsche Königswahl gewandt.[30] Bis zum Ende des 13. Jahrhunderts scheint aber die Auffassung respektiert worden zu sein, nach der die Erlangung der kaiserlichen Machtvollkommenheit von der Krönung durch den Papst abhängig war.[31]

**Schrifttum:** B. Diestelkamp, König und Städte in salischer und staufischer Zeit Regnum Teutonicum, HZ Beiheft 7 (Neue Folge), 1982, S. 247 ff.; U. Eisenhardt, Die Annahme des Titels „Erwählter Römischer Kaiser", in: Chiusi/Gergen/Jung (Hrsg.), FS für Elmar Wadle, 2008, S. 175 ff.; H. E. Feine, Kirchliche Rechtsgeschichte. Die katholische Kirche, 5. durchgesehene Aufl. 1972; H. Fuhrmann, „Volkssouveränität" und „Herrschaftsvertrag" bei Manegold von Lautenbach, in: FS für Hermann Krause, 1975, S. 21 ff.; K. G. Hugelmann, Die Wirkungen der Kaiserweihe nach dem Sachsenspiegel, ZRG Kan. Abt. 40, 1919, S. 1 ff.; derselbe, Die deutsche Königswahl im corpus juris canonici. Neudruck der Ausgabe Breslau 1909; P. Landau, Eike von Repkow und die Königswahl im Sachsenspiegel, ZRG Germ Abt. 125, 2008, S. 18 ff.; M. Lanzinner, Recht, Konsens, Staatsbildung. Die Goldene Bulle im Verfassungsleben des Alten Reiches, in: Der Staat. Beiheft 20, 2012, S. 45 ff.; B. Schneidmüller, Kaiser, Kaisertum (Mittelalter), HRG II (2. Aufl.), S. 1496 ff.; H. Thieme, Zur Funktion der Regalien im Mittelalter, ZRG Germ. Abt. 62, 1942, S. 45 ff.; D. Unverhau, Approbatio – Reprobatio. Studien zum päpstlichen Mitsprachrecht bei Kaiserkrönung und Königswahl vom Investiturstreit bis zum ersten Prozess Johanns XXII. gegen Ludwig IV., 1973.

## IV. Lehnrecht und Lehnsverfassung

Das germanische Charakterzüge aufweisende, in der fränkischen Zeit entstandene Lehnswesen gestaltete maßgeblich die mittelalterliche deutsche Staats- und Gesellschaftsordnung. Als sich das Lehnswesen im 12. Jahrhundert in vollem Umfange entwickelt hatte, waren schließlich fast alle Ämter und öffentlichen Funktionen auf ein 22

29 QuS Nr. 27.
30 H. Conrad, Bd. 1, S. 231 mit Nachw.
31 Zur Problematik insgesamt siehe U. Eisenhardt, in: FS Wadle, S. 175 ff.

Lehnsverhältnis gegründet. Das deutsche Reich war damit auf Lehnsverhältnissen aufgebaut.

Nicht nur im deutschen Reich wurde das Lehnswesen zum prägenden Element. Das Lehnswesen beherrschte im Hochmittelalter das westliche Europa, insbesondere Frankreich und England. In der Art, in der sich die europäischen Staaten mit dem Lehnswesen auseinandergesetzt haben, liegt nach *H. Mitteis*[32] gar der „Schlüssel zum Verständnis der Verfassungsgeschichte des Spätmittelalters und der Neuzeit". Das Lehnswesen ist unserer heutigen Sozialordnung fremd und deshalb nur schwer verständlich.

23 Ein Lehnsverhältnis wurde zwischen dem Lehnsherrn und einem Vasallen begründet. Der Vasall erhielt vom Lehnsherrn ein Lehen (benefizium, feudum). Das Lehen bestand sehr häufig aus Grundbesitz, an dem der Vasall allerdings kein Eigentum, sondern lediglich ein Nutzungsrecht erwarb. Als Lehen konnten aber auch *Regalien,* nutzbare Hoheitsrechte, wie z. B. das Zollregal oder das Münzregal, gewährt werden, deren Erträgnisse dann dem Vasallen zuflossen. Neben den genannten Lehen gab es im Mittelalter noch die *Ämterlehen.* Das Lehen bildete zunächst das zum Unterhalt eines Beamten vorgesehene Gut. Schließlich wurde das Amt selbst samt den damit verbundenen Rechten und Erträgen zum Lehen (*Amtslehen*).

Die Gewährung des Grundbesitzes oder die Übertragung der nutzbaren Hoheitsrechte stellte allerdings nur einen Teil der dem Lehnsverhältnis innewohnenden rechtlichen Beziehungen dar. Daneben bestand zwischen Lehnsherrn und Vasall noch eine personenrechtliche Beziehung, die auf einem gegenseitigen Treueverhältnis beruhte und sowohl dem Lehnsherrn als auch dem Vasallen einen Anspruch auf gegenseitige Treue gewährte. Das bedeutete konkret u. a.: Der Lehnsherr hatte seinen Vasallen zu schützen, der Vasall hatte dem Lehnsherrn dafür Dienste zu leisten, die häufig in Kriegsdiensten bestanden. Das dem Vasallen gewährte Lehen wurde mit dem Zweck übergeben, ihm aus dem Ertrag der überlassenen Gegenstände die geschuldeten Dienste zu ermöglichen.

24 Der Vasall war – mit Einschränkungen – berechtigt, das, was er als Lehen empfangen hatte, an einen Untervasallen als Lehen weiterzugeben (sogenannte Weiterverlehnung). Allerdings bedurfte er dazu in der Regel der Zustimmung des Lehnsherrn. Belehnte der Vasall mit dem Gut, das er selbst als Lehen empfangen hatte, einen Untervasallen, entstand zwischen ihm und dem Unterva-

32 Der Staat des Hohe Mittelalters, S. 435.

sallen ebenfalls ein Lehnsverhältnis. Daraus war der Untervasall allerdings nur dem Vasallen als seinem Lehnsherrn zu Dienst und Treue verpflichtet, nicht aber dem Lehnsherrn des Vasallen.

Dem Vasallen war es trotz des Treueverhältnisses zu seinem Lehnsherrn gestattet, sich auch von anderen Herren Lehen gewähren zu lassen, wodurch er in weitere Treueverhältnisse eingebunden wurde.

Da sowohl von der Weiterverlehnung als auch von der Mehrfachbelehnung häufig Gebrauch gemacht wurde, kam es zu vielen Interessenkonflikten zwischen aufeinander aufbauenden und sich überschneidenden Lehnsverhältnissen. 25

Das Lehnsverhältnis wurde ursprünglich durch den Tod des Lehnsherrn oder durch den Tod des Vasallen beendet. Starb der Lehnsherr, fiel das Lehen an die Erben des Herrn. Beim Tode des Vasallen fiel es an den Lehnsherrn zurück (sogenannter Heimfall). Es wurde üblich, Lehnsverhältnisse mit dem Erben des Verstorbenen erneut zu begründen. Daraus entwickelte sich schließlich die *Erblichkeit des Lehnsverhältnisses.* Erben konnten nur männliche Nachkommen werden. Wegen der personenrechtlichen Beziehungen zwischen Lehnsherrn und Vasallen mit den daraus erwachsenden Treuepflichten war stets eine Lehnserneuerung (renovatio feudi) zwischen Lehnsherrn und Lehnserben notwendig.

Ein das deutsche Lehnrecht prägender und für die Reichsverfassung bedeutsamer Grundsatz bestand darin, dass der König als Lehnsherr die im Wege des Heimfalls an ihn zurückgelangenden Fürstenlehen (= ein vom König einem Reichsfürsten gewährtes Lehen) nicht behalten durfte, sondern binnen Jahr und Tag wieder ausgeben musste. Dieser *Grundsatz des Leihezwangs* entsprach den Interessen der Reichsfürsten, die sowohl eine Verringerung ihres Gesamtbestandes an Lehen als auch eine Stärkung der Königsmacht durch heimgefallene und behaltene Lehen verhindern wollten.

Ob jemand berechtigt war, Lehen auszugeben oder anzunehmen 26
oder Lehen anzunehmen und „weiterzuverlehen", richtete sich nach seinem Rang in der Lehnshierarchie, die in der für das Mittelalter typischen Symbolik durch die *Heerschildordnung* bestimmt wurde. Den ersten Schild hatte der König; er nahm allein den ersten Rang ein. Er selbst konnte keine Lehen annehmen, sondern nur Lehen ausgeben. Die zweite Stufe nahmen die geistlichen (zweiter Heerschild), die dritte die weltlichen Fürsten (dritter Heerschild) ein. Darunter folgten die Grafen etc. Niemand durfte von jemandem, der nach der Heerschildordnung gleichrangig oder unterrangig war, ein Lehen annehmen. Bürger, Bauern und Frauen hatten keinen Rang in der Heer-

schildordnung, konnten jedoch in eingeschränkter Weise belehnt werden. Nicht lehnsfähig waren Geächtete und Juden.

Viele das Lehnrecht betreffende Grundsätze wurden zu verbindlichem Gewohnheitsrecht. Manche dieser Grundsätze entstanden im 11. und 12. Jahrhundert in Italien. Sie wurden in den *Libri Feudorum* aufgezeichnet und im 13. Jahrhundert in Deutschland rezipiert. Darin kommt die Tendenz zum Ausdruck, die Rechte der Vasallen stärker zu betonen als ihre Pflichten gegenüber dem Lehnsherrn.

27 Bedeutsam sind die unterschiedlichen verfassungsrechtlichen und politischen Auswirkungen, welche die verschiedenartigen Ausprägungen des Lehnrechts in den europäischen Staaten hervorgerufen haben. In Frankreich und in England hat das Lehnswesen die Zentralgewalt der Könige gestärkt. Im Gegensatz dazu führte es in Deutschland zu einer Dezentralisierung der Macht. Das deutsche Lehnswesen ermöglichte es den Reichsfürsten als den mächtigsten Lehnsträgern, zu Gegenspielern der Königsgewalt zu werden und den König am Aufbau einer einheitlichen zentralen Staatsgewalt zu hindern. Das Lehnrecht gab den Landesherrn im Spätmittelalter die rechtlichen Mittel an die Hand, ihre Herrschaftssphäre zu festigen[33]. Etwas vereinfacht kann man sagen: In England und Frankreich führte das Lehnrecht zum Zentralismus, in Deutschland trug es wesentlich dazu bei, den Partikularismus, das Entstehen einer Vielzahl von immer mehr erstarkenden Territorialstaaten, also föderalistische Tendenzen, zu fördern. Die Gründe für die letztgenannte Entwicklung dürften nicht zuletzt im Grundsatz des Leihezwanges und in der Betonung der Rechte des Vasallen im deutschen Lehnrecht zu suchen sein.

28 Während es dem König (Kaiser) nicht gelang, eine zentrale Staatsgewalt zu errichten, schufen die Reichsfürsten innerhalb des ihnen durch die Belehnung eingeräumten Herrschaftsgebietes, z. T. gestützt auf die ihnen verliehenen Sammelprivilegien, eine eigenständige Herrschaftsgewalt, die zu einem Teil von der lehnrechtlichen Grundlage gelöst war; sie richteten nicht lehnsgebundene Ämter ein, die sie mit Beamten besetzten, die sie auch wieder absetzen konnten. Die Lösung von der lehnrechtlichen Grundlage ermöglichte es den Reichsfürsten, unmittelbar – d. h. ohne die Zwischenschaltung weiterer Lehnsträger – auf das in ihrem Herrschaftsgebiet lebende Volk einzuwirken, dieses Volk zu regieren. Mit der Ersetzung der lehnrechtlichen Ordnung durch eine straffe Verwaltungsorganisation

33 B. Diestelkamp, in: VF Bd. 13, S. 85 f.

schufen die Reichsfürsten später die Voraussetzungen für eine eigenständige Herrschaftsgewalt, die die Ausbildung von Gebiets- und Flächenstaaten ermöglichte.

Die aufgezeigte Entwicklung darf jedoch nicht darüber hinwegtäuschen, dass das Lehnswesen ein wichtiges Element in der verfassungsmäßigen Ordnung des Heiligen Römischen Reiches Deutscher Nation bis zu seinem Ende im Jahre 1806 blieb. Der Kaiser behielt seine Stellung als oberster Lehnsherr im Reich. Er verlieh und erneuerte die Reichslehen.

**Schrifttum:** B. Diestelkamp, Lehnrecht und spätmittelalterliche Territorien, in: VF Bd. 13, 1970, S. 65 ff.; derselbe, Das Lehnrecht der Grafschaft Katzenelnbogen. Untersuchungen zur deutschen Staat- und Rechtsgeschichte, NF, Bd. 11, 1969; H. Mitteis, Lehnrecht und Staatsgewalt. Untersuchungen zur mittelalterlichen Verfassungsgeschichte, Weimar 1933. Nachdruck Darmstadt 1958; derselbe, Der Staat des hohen Mittelalters, 7. Aufl. 1962, Kap. 36.

## V. Reich und Territorialstaaten

Wie schon erwähnt, kennzeichnen föderalistische Elemente bereits 29
den Beginn der geschichtlichen Entwicklung in Deutschland.[34] Zutreffend wird davon gesprochen, in Deutschland habe das Territorium, die Zelle des modernen Staates, im 13. Jahrhundert begonnen, politische Wirklichkeit zu werden.[35]

Das deutsche Reich des Mittelalters wurde geprägt von dem eigenartigen Gegeneinander und Miteinander von Reichsgewalt und landesherrlicher Gewalt, die sich zu einer nur schwer begreifbaren Reichsverfassung verbanden. Die weltlichen und geistlichen Fürsten, von denen viele zu Gegenspielern des Reiches und der Königsgewalt wurden, waren mit Erfolg bestrebt, innerhalb der ihnen durch das Lehnsverhältnis (Lehnrecht) eingeräumten Herrschaftsgebiete und -rechte eine eigenständige Herrschaftsgewalt aufzurichten. Sie versuchten, sich von der Reichsgewalt weitgehend zu lösen und gegenüber ihren Untertanen eine einheitliche Staatsgewalt auszubauen.[36] Diese Entwicklung wurde u. a. begünstigt durch Eigenarten des deutschen Lehnrechts, die die Königsgewalt wesentlich schwächten. Der Leihezwang und die Vererblichkeit der Ämterlehnen stärkten die Stellung der Fürsten (vgl. dazu oben Rdnr. 23, 25). Die ihnen zu-

34 Mitteis-Lieberich, Kap. 35 I.
35 O. Brunner, S. 165 ff.; H.Conrad, Bd. I, S. 309.
36 H. Conrad, Bd. I, S. 309 f.

nächst noch vom Reichsoberhaupt verliehenen Rechte, zu deren u. a. grundherrliche Rechte, die Gerichtsgewalt, das Befestigungsrecht, Münz- und Zollrecht sowie andere Regalien zählten, wurden, in ihrer Hand zusammengefasst, zu den tragenden Bestandteilen einer stetig wachsenden *landesherrlichen Staatsgewalt.*

30 Das Gegeneinander und Miteinander von Reich und Territorialstaaten, von Kaiser und Reich, wird als *dualistische Lösung* bezeichnet, die realpolitisch unausweislich war;[37] sie verfestigte sich um 1500 und blieb für die darauf folgenden Jahrhunderte bestimmend.

Wesentlich gestärkt wurde die Stellung der Landesherrn durch das 1232 von Kaiser *Friedrich II. (1211–1250)* bestätigte *Statutum in favorem principum,* das u. a. den Verzicht des Königtums auf die Ausübung seiner Hoheitsrechte über Burgen und Städtebau auf dem Gebiet der Fürsten regelte.

Die Landesherren und später auch die freien Reichsstädte haben ihre verschiedenartigen Rechte zu einer Einheit verbunden und an die Stelle einer feudalen Organisation des Staates einen Beamtenstaat mit einer straffen Verwaltungsorganisation gesetzt. Die entstehenden Landesherrschaften umfassten ein Gebiet, innerhalb dessen der Landesherr jede von außen kommende Hoheitsgewalt auszuschließen suchte.[38] In einer sich über Jahrhunderte hinziehenden Entwicklung wurden ihre Territorien wurden zu Gebiets- und Flächenstaaten.

31 Das Ringen zwischen zentraler Gewalt und regionalen Kräften vollzog sich überall in Europa. Auch die Tatsache, dass das Ergebnis dieses Ringens ein Kompromiss war, weil keiner der beiden Pole den anderen zu überwinden vermochte, wird nicht als ein speziell deutsches Phänomen angesehen, allenfalls der Grad dieses Kompromisses.[39]

Es besteht keine einhellige Meinung darüber, welches die Grundlagen der Landesherrschaft, die später zur *Landeshoheit* wurde, gewesen sind. Zunächst sah man in dem fürstlichen Grundbesitz das wesentlichste Element der Landesherrschaft. Wenn auch der Grundbesitz einen starken Rückhalt zu geben vermochte, so war er doch so lange nicht von ausschlaggebender Bedeutung, wie er nicht mit Herrschaftsrechten verbunden war. Staatsbildend konnten Grundbesitz und Grunderwerb erst werden, als Herrschaftsrechte, wie z. B. die Gerichtsgewalt, daran geknüpft wurden.[40] Zutreffend spricht O.

37 P. Moraw, in: Der Staat, Beiheft 12, S. 22.
38 H. Conrad, Bd. I, S. 310.
39 P.-J. Heinig, in: Der Staat Beiheft 10, 1993, S. 7, 30.
40 Mitteis-Lieberich, Kap. 35 II 1.

*Brunner*[41] davon, dass eine wesentliche Wurzel des modernen Staates im „Phänomen der Herrschaft“ liege, deren innerster Kern in „Gebot und Verbot“ und „Zwing und Bann“ zu sehen sei.

Im Mittelalter wurde der alte Dualismus zwischen Königtum und Fürstentum nicht im Sinne moderner, abschließender Klärungen gelöst. Deshalb gab das Mittelalter nur eine mehr oder weniger weit entwickelte Staatlichkeit der Territorien an die Neuzeit weiter. Jedoch existierte am Ende des Mittelalters eine Gesamtverfassung in Deutschland, die mehr staatliche Elemente als jemals zuvor besaß und in hohem Maße entwicklungsfähig, aber auch entwicklungsbedürftig war. Man kann in der Entwicklung der Verfassung Deutschlands im Mittelalter durchaus einen „Weg von einfacheren zu höheren Formen staatlicher Organisation“ sehen.[42] 32

**Schrifttum:** G. von Below, Der deutsche Staat des Mittelalters, 2. Aufl. 1925; O. Brunner, Land und Herrschaft, 5. Aufl. 1965, unveränderter Nachdruck 1973; P.-J. Heinig, Die Vollendung der mittelalterlichen Reichsverfassung, in: Der Staat, Beiheft 10, 1993, S. 7 ff.; P. Moraw, Zur staatlich-organisatorischen Integration des Reiches im Mittelalter, in: Der Staat, Beiheft 12, 1998, S. 7 ff.; D. Willoweit, Spätmittelalterliche Staatsbildung im Vergleich. Zur Erforschung der deutschen hoch- und spätmittelalterlichen Territorialstrukturen, in: G. Chittolini/D. Willoweit (Hrsg.), Hochmittelalterliche Territorialstrukturen in Deutschland und Italien, 1996, S. 23 ff.

## VI. Die ständische Gliederung des Volkes

**1. Überblick.** Der heutzutage das Recht in den zivilisierten Staaten beherrschende Grundsatz, dass alle Menschen vor dem Gesetz gleich sind, war der mittelalterlichen Rechtsauffassung fremd. Das gilt in gleichem Maße sowohl für das materielle Recht, nach dem heute allen Bürgern die gleichen Rechte zustehen und die gleichen Schranken auferlegt werden, als auch für den Rechtsschutz, der nach moderner Auffassung allen Bürgern in gleicher Weise und in gleichem Maße garantiert sein muss. 33

Der Gedanke, dass alle Menschen frei und grundsätzlich gleichberechtigt sind, war im Abendland überhaupt unbekannt. Besonders krass trat die Rechtsungleichheit, verbunden mit der Unfreiheit, bei der *Sklaverei* zutage, die in der *Antike* weit verbreitet war. Nach *römischem Recht* waren Sklaven Rechtsobjekte und Personen zugleich; 34

41 S. 113.
42 Vgl. zu alledem P.-J. Heinig, in: Der Staat Beiheft 10, 1993, S. 7, 30 f. mit Nachw.

sie waren rechtsunfähig und standen in der Regel im Eigentum ihres Herrn.[43] Römische Rechtsvorstellungen sind auch auf das *Sklavenrecht* in den Germanenreichen, u. a. in den Reichen der Franken, Alemannen, Bayern, nicht ohne Einfluss geblieben.[44] Die Gesellschaftsordnung des Mittelalters ist geprägt von der *ständischen Gliederung des Volkes.* Man dachte und handelte in ständischen Gemeinschaften: Jede Person stand in einer Gemeinschaft, aus der heraus auch ihre Rechtsstellung bestimmt wurde. Die rechtliche Stellung der Personen war also in die ständische Ordnung der Gemeinschaften eingeordnet. Die mittelalterliche Gesellschaftsordnung war nicht nur durch berufsständische Unterschiede geprägt, sondern auch durch die auf Geburt zurückgeführte Freiheit oder Unfreiheit der Menschen, die auch die christliche Lehre von der Gleichheit aller Menschen vor Gott nicht hatte beseitigen können.[45]

**35** Zwar waren schon die Gesellschaftsordnungen vor dem Mittelalter durch stark ausgeprägte soziale und rechtliche Unterschiede gekennzeichnet, doch findet sich eine voll ausgebildete ständische Ordnung erst im Mittelalter. Diese Ordnung hat ihre Wurzeln in der germanischen und fränkischen Zeit. Das gilt insbesondere für die Unterscheidung zwischen Freiheit und Unfreiheit, die auch im Mittelalter grundsätzlich bestehen blieb. Die soziale Ordnung des Mittelalters wird allerdings dadurch komplizierter, dass zu den geburtsständischen Schranken nun berufsständische Unterschiede traten, die bei der Einordnung der Personen in die ständische Gliederung Berücksichtigung fanden. Die ständische Gliederung des Volkes war nach mittelalterlicher Auffassung etwas Gottgegebenes; Kritik an der Unfreiheit blieb ergebnislos.[46] Die drei großen Stände waren: Adel, Bürger und Bauern.

**36** Die ländliche Sozialverfassung des Hoch- und Spätmittelalters ist angesichts großer Vielgestaltigkeit schwer überschaubar und in den verschiedenen Regionen des deutschen Sprachgebietes verschiedenartig ausgebildet worden. Dagegen ist das Bild, das die neu entstandenen Städte abgeben, klarer und einheitlicher.

Die Spannungen zwischen den Ständen nahmen gegen Ende des Mittelalters stark zu. Bei den Bauern führte die Erbitterung über

43 Kaser/Knütel, § 15 I 2.
44 Dazu ausführlich H. Nehlsen.
45 H. Conrad, Bd. I, S. 395.
46 H. Conrad, Bd. I, S. 296.

den Ausschluss von ständischen Einrichtungen und die Überheblichkeit von Adel und Bürgern zu ersten Empörungen[47]

**2. Der Adel.** Der *Adel* war der bevorrechtigte Stand. Das bedeutet, der Adel genoss einen Vorrang der Rechte und Pflichten gegenüber dem Volk. Dieser Vorrang beruhte auf Ansehen, Herrschaft und Besitz. Der Stand war erblich.[48] 37

Adelige waren die Träger aller wesentlichen Ämter in Reich und Kirche. Sie waren die Inhaber der Grundherrschaften mit den daran geknüpften Rechten, wie etwa die Gerichtsbarkeit. Da alle wesentlichen politischen Entscheidungen von Adeligen getroffen wurden, ist es gerechtfertigt, das Reich als einen Staat unter Adelsherrschaft (Aristokratie) zu bezeichnen.[49] Zum Adel zählten die Reichsfürsten – der Reichsfürstenstand (siehe oben Rdnr. 25) hatte sich im 12. Jahrhundert vornehmlich auf Grund der lehnrechtlichen Verhältnisse herausgebildet – sowie die Grafen und Freiherren.

Im Mittelalter trat mit dem Rittertum neben der *geburtsständischen* eine *berufsständische* Gliederung auf.[50] Als der *Ritterstand,* zu dessen vornehmstem Recht die Leistung des Kriegsdienstes zu Pferde zählte, zum Berufsstand wurde, konnten ihm nicht nur Mitglieder des alten – geburtsständischen – Adels angehören, sondern auch freie Leute, die wegen ihres Grundbesitzes so gestellt waren, dass sie Reiterdienste leisten konnten, und Unfreie in Gestalt von *Ministerialen* (Dienstmannen). Dadurch wurden beim Ritterstand geburtsständische und berufsständische Elemente miteinander verbunden. Die *Ministerialität* entwickelte sich in der fränkischen Zeit dadurch, dass der König und freie Herren auch Unfreie zu Kriegs- und Verwaltungsdiensten heranzogen. Die Unfreiheit beruhte auf unfreier Geburt oder entstand z. B. durch Kriegsgefangenschaft. Bis zum 13. Jahrhundert vermochten die *Ministerialen* ihre soziale und rechtliche Situation unablässig zu verbessern. Ihre Stellung wurde schließlich derjenigen der freien Ritter angeglichen, was seinen Ausdruck darin fand, dass sie Lehen annehmen und ausgeben konnten[51] 38

**3. Die Bürger.** Der zweite große Stand wurde seit dem Hochmittelalter von den *Bürgern* in den Städten gebildet[52] Die Bedeutung der Bürger wuchs mit der Entwicklung der wirtschaftlichen Sonderstellung, welche die Städte gegenüber dem Land gewannen. Diese Stellung beruhte u. a.: 39

47 K. S. Bader, in: Dilcher/Bader, S. 172 f.
48 J. Eckert, HRG I (2. Aufl.), S. 69.
49 Mitteis-Lieberich, Kap. 30 I 4.
50 Mitteis-Lieberich, Kap. 30 II.
51 Zu Rittertum und niederem Adel siehe R. Scheyhing, HRG I, S. 48 ff.
52 Zur Entwicklung siehe K. Kroeschell/A. Cordes, HRG I (2. Aufl.), S. 738 ff.

- auf dem *Marktrecht* als einer wichtigen Voraussetzung für die Entwicklung des Handels;
- auf der *Konzentration der handwerklichen Produktion* in den Städten mit dem organisatorischen Zusammenschluss der im Handwerk Tätigen in den Zünften[53]

40 Mit der aufstrebenden wirtschaftlichen und politischen Macht vollzog sich die Entwicklung zum rechtlich *freien Bürger*, der persönlich nicht abhängig war. Die Stadtrechte erkannten seit dem 12. Jahrhundert den Rechtssatz an, dass derjenige, der in einer Stadt ansässig wurde, nach Ablauf eines Jahres die Freiheit erwarb („Stadtluft macht frei").

Die Bürgerschaft in der Stadt des Mittelalters stellte einerseits eine Rechts- und Privilegsgenossenschaft dar, andererseits eine in der Form der *coniuratio* verbundene *Eidgenossenschaft*. Der Neubürger hatte einen Beitrittseid zu schwören. Mit seiner Stellung als Bürger erwarb er eine eigene ständische Rechtsstellung, aus der die Teilhaberschaft an den Privilegien und den daraus abgeleiteten Rechten der Stadt, wie z. B. an den Markt- und Gewerberechten, erwuchs.[54]

41 In den Städten entwickelte sich eine vom Lande unterschiedliche Sozialstruktur, die auf einer beruflichen Schichtung beruhte und im Laufe der Zeit zu einer *ständischen Schichtung innerhalb der Stadt* führte:[55]

- Aufgrund ihres Reichtums und der damit verbundenen wirtschaftlichen und politischen Macht errangen die *Kaufleute* eine Vorrangstellung, aus der die Ratsfähigkeit und das Recht, den Bürgermeister zu stellen, abgeleitet wurden (*Patrizier*).
- Da die Handwerker für den Absatz ihrer Produkte, die sie in der Stadt und ihrem Umfeld nicht veräußern konnten, von den Kaufleuten abhängig waren, befanden sie sich in einer sozial weniger günstigen Lage. Die im Handwerk Tätigen schlossen sich in *Zünften* (Gilden, Einungen) zusammen, deren wichtigste Aufgaben die Rohstoffbeschaffung, die Produktionskontrolle, die Festlegung von Produktionstechniken, das Betreiben von gemeinsamen Einrichtungen (wie z. B. Mühlen) und die Unterstützung in Krankheitsfällen sowie von Witwen und Waisen waren. Zu den im Handwerk Tätigen zählten Meister, Gesellen und Lehrlinge. Die Zünfte

53 F.-W. Henning, Bd. 1, S. 71 f.
54 G. Dilcher, in: Dilcher/Bader, S. 447 ff.
55 F.-W. Henning, Bd. 1, S. 71 f.

erhoben einen Ausschließlichkeitsanspruch, d. h. sie verboten die handwerkliche Produktion durch Nichtmitglieder.[56] Wegen der Abhängigkeit der Handwerker von den Handel treibenden Patriziern bestimmten letztere häufig die Bedingungen für Herstellung und Absatz der Produkte. Im Laufe der Zeit wurden die Zünfte auch Sammelbecken der Unzufriedenheit und Basis für die Vorbereitung von Aufständen.[57] Soziale Spannungen zwischen Patriziern und Handwerkern führten seit dem 14. Jahrhundert in vielen Städten zu Auseinandersetzungen, die auch „Zunftrevolutionen" genannt wurden.[58]

Die Stellung der Zünfte im Reich war nicht einheitlich, sondern unterschiedlich geordnet. Die Unterschiede werden insbesondere an der Möglichkeit deutlich, sich die Statuten selbst zu geben.[59] Im Südwesten des Reiches konnten sich die Zünfte ihre Statuten selbst schaffen, im Norden, wie z. B. in Hamburg im Jahre 1375, wurden den Zünften Privilegien durch den Rat der Stadt verliehen. Auch der Umfang der *Zunftgerichtsbarkeit* war innerhalb des Reiches unterschiedlich.[60] 42

**4. Die Bauern.** Den dritten großen Stand bildeten die *Bauern.* Von Bauern im Sinne eines Rechtsstatus für einen Stand neben den anderen kann man erst seit dem Hochmittelalter sprechen.[61] Die vielen regional und örtlich verschiedenartigen Rechtsquellen unterschieden zwischen freien, halbfreien (hörigen) und unfreien Bauern. Dem Bauernstand wurden alle Personen zugerechnet, die bäuerliche Arbeiten verrichteten, und zwar ohne Rücksicht darauf, ob sie frei, hörig oder unfrei waren. Der Bauernstand wurde schließlich zu einem *Geburtsstand*, dem eine Person kraft Geburt angehörte[62] 43

Dass es nicht gelang, die Unfreiheit bei den Bauern zu beseitigen, mag darin begründet liegen, dass sich die ländlichen Verhältnisse in Westdeutschland einerseits und in Ostdeutschland andererseits in sehr unterschiedlicher Weise entwickelten. In *Ostdeutschland* bildete sich im Spätmittelalter die *Gutsherrschaft* aus, durch die die bäuerliche Abhängigkeit verschärft wurde (Entstehung der sogenannten zweiten Leibeigenschaft). Entstanden ist die Gutsherr- 44

---

56 F.-W. Henning, Bd. 1, S. 87.
57 R. Sprandel, Verfassung und Gesellschaft, S. 226.
58 H. Conrad, Bd. I, S. 331.
59 D. Peitsch, S. 45 f.
60 Zu alledem D. Peitsch, S. 47.
61 B. Schildt, Bauern, HRG I (2. Aufl.), S. 458.
62 H. Conrad, Bd. I, S. 298 und 303.

schaft aus der *Grundherrschaft,* für die die persönliche Abhängigkeit des Bauern vom Grundherrn einschließlich eines Unterstehens unter die grundherrliche Gerichtsbarkeit typisch war.[63] Kennzeichnend für die Gutsherrschaft waren u. a.:

– das Entstehen einer größeren Eigenwirtschaft des Gutsherrn,
– eine weitgehende territoriale Geschlossenheit von gutsherrlicher Eigenwirtschaft und abhängigen Bauernwirtschaften,
– die rechtlichen Beziehungen des Gutsherrn als Grund-, Gerichts- und Leibherr zum Bauern[64]

45 Die *grundhörigen Bauern* erhielten – in die Grundherrschaft eingegliedert – von ihren Grundherren Land zur Nutzung, wofür sie Abgaben und Dienste zu leisten hatten, die sich zum Teil aus der persönlichen Abhängigkeit vom Grundherrn ergaben. Der hörige Bauer durfte den Hof nicht ohne Zustimmung des Grundherrn verlassen, konnte davon allerdings auch nicht ohne hinreichenden rechtlichen Grund vertrieben und nur mit dem Hof gemeinsam veräußert werden. Die dem Hörigen an Grund und Boden eingeräumten Rechte waren vererblich.[65] Die *unfreien Bauern* waren die zum Hausgesinde gehörenden unfreien Personen und die nicht angesiedelten ländlichen Arbeiter. Sie hatten Dienst zu leisten und erhielten dafür Unterhalt. Die besondere Härte der Unfreiheit (Leibeigenschaft) wird darin deutlich, dass die unfreien Bauern eine Ehe nur mit Zustimmung des Herrn eingehen durften; sie waren selbst vermögensunfähig und konnten von ihrem Herrn verkauft werden.[66]

46 Anders ist die Entwicklung in *Westdeutschland* verlaufen. Abgesehen davon, dass sich in manchen Regionen, wie z. B. in Norddeutschland und Sachsen, sogenanntes altfreies Bauerntum erhalten hatte, ist eine relative Minderung der bäuerlichen Lasten festzustellen, die auf eine Verbesserung der Flächen- und Arbeitsproduktivität unter gleichzeitiger Vermehrung der bäuerlichen Rechte und auf das Wachsen der Hofesgröße zurückgeführt wird.[67]

Freie Bauern bewirtschafteten auch Land, das ihnen von einem Grundherrn überlassen worden war. Viele Bauern konnten im Mittelalter ihre herrschaftlichen Bindungen abstreifen und frei werden, weil sie sich Rodungssiedlungen anschlossen und so Land erwarben, das sie weitervererben konnten.[68] Überwiegend wird das freie Bauerntum auf Landesausbau und Siedlung zurückgeführt.[69]

47 **5. Die Juden.** Keinem der oben genannten drei Stände gehörten die *Juden* an, die damit eine Ausnahmestellung innehatten. Die Entwick-

63 F.-W. Henning, Bd. 1, S. 136.
64 F.-W. Henning, Bd. 1, S. 136.
65 H. Conrad, Bd. I, S. 304.
66 H. Conrad, Bd. I, S. 304.
67 F.-W. Henning, Bd. 1, S. 139.
68 K. Kroeschell, Bd. 2, S. 139.
69 K. S. Bader, Hist. Jb. Bd. 61, 1941, 15.

lung der Rechtsstellung der Juden im Mittelalter verdient nicht zuletzt deswegen besondere Beachtung, weil sie die mittelalterliche Auffassung von der Rechtsstellung des Menschen deutlich macht, eine Auffassung, der die heutige Vorstellung von der Rechtsfähigkeit, der Gleichheit und der Toleranz fremd war.

Seit der römischen Zeit lebten Juden in Europa, im Mittelalter vor allem am Rhein und am Main. Ihr Anteil an der Gesamtbevölkerung betrug kaum mehr als 1 % in den Städten und wohl nirgends mehr als 5 %.[70]

Wenn hier vom *Judenrecht* die Rede ist, ist damit *nicht* das mosaisch-jüdische Recht gemeint, wie es die Tora und der Talmud darstellen. Unter Judenrecht werden vielmehr diejenigen besonderen Rechtsnormen verstanden, welche die rechtliche Stellung der Juden in den mittelalterlichen deutschen Gemeinwesen bestimmten. Das sog. Judenrecht regelt das Verhältnis der Juden zum Kaiser als dem Reichsoberhaupt, zum Territorial- und Stadtherrn und zu den christlichen Mitbürgern.[71] Man kann auch sagen: Das Judenrecht war maßgeblich für die Beziehungen zwischen den Juden und ihrer christlichen Umwelt.[72]

Die besondere Rechtsstellung der Juden im Mittelalter und in der **48**
darauf folgenden Zeit bleibt ohne die theologischen und sozialen Bezüge und Hintergründe unverständlich. Religiöse Toleranz war den mittelalterlichen Menschen fremd. Da staatliches und religiöses Leben im Mittelalter eng miteinander verknüpft waren, blieb kein Raum für Andersdenkende, die von der Lehre der Kirche abwichen. Sie wurden als Ketzer verdammt und verfolgt. Nur in der Diaspora konnten die Juden ihre Existenz behaupten.

Nach der auf *Augustinus* zurückzuführende Lehre der Kirche, wonach der Existenz der Juden in der Welt eine besondere Bedeutung zugemessen wurde, sollten die über die ganze Welt verstreuten Juden schon durch ihr Dasein den historischen Ursprung des Christentums aus Palästina und seine Bindung an die Person Jesu als des geborenen Juden bezeugen; die Existenz der Juden wurde als Beweis für die Kreuzigung Christi und für die Wahrheit der christlichen Lehre angesehen.[73] Daraus wurde die Lehre von der beständigen *Judenknechtschaft* abgeleitet, die seit der ersten Hälfte des 13. Jahrhunderts zum festen Bestandteil des *kanonischen Rechts* (kirchlichen Rechts) gehörte: Die Juden bleiben gewissermaßen als Sühne für die Kreuzigung Christi bis zum

70 H.-P. Benöhr, JuS 1989, 8 mit Nachw.
71 F. Battenberg, ZfhF 1979, S. 132.
72 H.-P. Benöhr, JuS 1989, 8, 10.
73 F. Battenberg, ZfhF 1979, S. 133.

jüngsten Tag in politischer Knechtschaft und in einem Zustand der offenbaren Erniedrigung.[74] Diese Grundgedanken fanden ihren Niederschlag auch in der staufischen Gesetzgebung Kaiser *Friedrichs II. (1212 bis 1250)* und führten zur Ausbildung der sog. *Kammerknechtschaft,* einem Schlüsselbegriff zum Verständnis der Rechtsstellung der Juden im mittelalterlichen Deutschland.[75] Aus der theologisch begründeten Judenknechtschaft wurde die politisch und juristisch wirksame Kammerknechtschaft gebildet, aus der u. a. *Schutzrechte* abgeleitet wurden, die eine schier unerschöpfliche Einnahmequelle darstellten, weil sie die Möglichkeit eröffneten, Schutz gegen Entgelt zu gewähren.[76] Dass die soziale Stellung der Juden abgewertet wurde und ein sich verfestigender Judenhass wuchs, ist nicht zuletzt darauf zurückzuführen, dass die Juden Darlehensgeschäfte betrieben, die wegen des Kreditbedürfnisses im Mittelalter große Bedeutung genossen. Den Christen waren wegen des im kanonischen Recht begründeten Zinsverbotes Darlehensgeschäfte nicht gestattet. In der Mitte des 14. Jahrhunderts kam es zu großen Verfolgungen. Die Juden wurden zu einer zwar geduldeten, meist aber gemiedenen sozialen Randgruppe.

49 Der schon erwähnte Schutz wurde den Juden im 12. und 13. Jahrhundert durch Privilegien erteilt, die den damit Bedachten eine Vergünstigung gewährten. Mit dem von *Friedrich II.* 1236 verliehenen Privileg wurden alle Juden in Deutschland als königliche Kammerknechte dem königlichen Schutz unterstellt, für den sie allerdings ein Entgelt zu zahlen hatten. Das Novum an dem *Judenprivileg* Friedrichs II. bestand in der Vereinheitlichung der bis zu diesem Zeitpunkt von Judengemeinde zu Judengemeinde unterschiedlichen privilegialen Bestimmungen. Im Kern wurde im Hinblick auf den Status der Juden geregelt, was *seit Friedrich I. (Barbarossa, 1152–1190)* eine gewachsene Rechtsüberzeugung geworden war. Alle Juden des Königs standen zu ihm in dem gleichen Rechtsbezug und zwar im Verhältnis von Herr zu Knecht.[77] Die Umwandlung des Judenschutzrechtes in ein nutzbares Recht wird dadurch deutlich, dass der Judenschutz weitgehend als *Judenregal* den Landesherrn und Städten überlassen wurde. In Kapitel IX der Goldenen Bulle von 1356 wird den Kurfürsten zusammen mit dem Bergwerksregal (Bergregal) das Judenregal bestätigt, was den Charakter einer Einnahmequelle besonders eindringlich hervorhebt.

Die Territorialisierung des Reiches erfasste auch das Judenrecht. Seit dem späten Mittelalter hat es seine Einheit verloren. In den Territorien und Städten bildeten sich unterschiedliche judenrechtliche Bestimmungen heraus.[78]

**Schrifttum:** K. S. Bader, Bauernrecht und Bauernfreiheit im späteren Mittelalter, in: Hist. Jb. Bd. 61, 1941, S. 51 ff.; F. Battenberg, Zur Rechtsstellung der Juden am Mittelrhein, ZfhF 1979, S. 129 ff.; derselbe, Judenordnungen der frühen Neuzeit in Hessen, in: Neunhundert Jahre Geschichte der Juden in Hessen, 1983, S. 83 ff.; H.-P. Benöhr, Judenverfolgung, Judensteuern und Ju-

74 F. Battenberg, ZfhF 1979, S. 134; G. Kisch, S. 70 ff.
75 G. Kisch, S. 70 ff.
76 F. Battenberg, ZfhF 1979, S. 134.
77 A. Patschovsky, ZRG Germ. Abt. 1993, 331, S. 365 f.
78 F. Battenberg, ZfhF 1979, S. 130; G. Kisch, S. 194.

denrecht im Mittelalter und in der Neuzeit, JuS 1989, S. 8 ff.; H. Conrad, Bd. I, S. 296 ff. u. S. 395 ff.; J. Eckert, Adel, HRG I (2. Aufl.), S. 69 ff.; G. Kisch, Forschungen zur Rechts- und Sozialgeschichte der Juden in Deutschland während des Mittelalters, 1955; K. Kroeschell/A. Cordes, Bürger, HRG I (2. Aufl.), S. 738 ff.; H. Nehlsen, Sklavenrecht zwischen Antike und Mittelalter. Germanisches und römisches Recht in den germanischen Rechtsaufzeichnungen. Göttinger Studien zur Rechtsgeschichte Bd. 7, 1972; A. Patschovsky, Das Rechtsverhältnis der Juden zum deutschen König (9.–14. Jahrhundert), ZRG Germ. Abt. 113, 1996, S. 331 ff.; D. Peitsch, Zunftgesetzgebung und Zunftverwaltung Brandenburg-Preußens in der frühen Neuzeit, 1985; R. Scheyhing, Adel, HRG I (1. Aufl.), S. 42 ff.; B. Schildt, Bauern, HRG I (2. Aufl.), S. 455 ff.

## VII. Staat und Kirche im Mittelalter

Das Verhältnis des Staates zur Kirche ist in Europa bis in die moderne Zeit hinein eine Quelle von Konflikten gewesen. Die dabei aufgetretenen Probleme sind nicht nur solche, die speziell auf die christliche Lehre zurückzuführen sind. Dass es dabei um grundsätzliche Fragen ging, die über das Christentum und sein Verhältnis zum Staat hinausreichen, zeigen ähnliche Konfliktlagen in der islamischen Welt.[79] 50

Im Mittelalter bildete die römische Kirche eine mächtige allumfassende Rechtsgemeinschaft, die das ganze Abendland umspannte und im deutschen Rechtsleben einen beherrschenden Platz einnahm.[80] Dass die Kirche die gesamte Rechts- und Gesellschaftsordnung stark beeinflusste, entsprach der mittelalterlichen Weltanschauung. Die christliche Welt galt als ein *Gottesstaat (Civitas Dei)*, in dem weltliche und kirchliche Gewalt vereint zusammenwirkten. Der Staat, in Gestalt des Kaisers als Oberhaupt des Reiches, hatte die Aufgabe, die Kirche und den christlichen Glauben zu schützen. Das Reichsoberhaupt beanspruchte allerdings weitgehende Rechte gegenüber der Kirche, wie z. B. die Befugnis, Bischöfe einzusetzen und ihnen das Amt zu übertragen. Dass der Staat in kirchliche Angelegenheiten hineinregierte, wurde bis in das 11. Jahrhundert hinein nicht als außergewöhnlich für das Verhältnis zwischen weltlicher und kirchlicher Gewalt angesehen. Das änderte sich von dem Zeitpunkt an, in dem die cluniazensische Kirchenreformbewegung in der Weltkirche Anklang gefunden hatte.

Die kirchliche Reformbewegung, die ihren Ursprung in der 910 gegründeten burgundischen Abtei *Cluny* hatte, verfolgte das Ziel, das Mönchtum zu 51

79 Zum Verhältnis Staat und Kirche H. E. Feine, in: Reich und Kirche, S. 101.
80 K. Kroeschell, Bd. 2, S. 9.

reformieren, insbesondere viele im Laufe der Zeit eingetretene Mißstände zu beseitigen, sowie die Kirche vom Einfluss der weltlichen Macht zu befreien. Darunter fiel vor allem das bis dahin dem König nicht bestrittene Recht, Bischöfe und Äbte einzusetzen (sog. Laieninvestitur). Als Papst *Gregor VII. (1073–1085)* dem deutschen König verbot, deutsche und italienische Bistümer zu besetzen, kam es zur offenen Auseinandersetzung (sog. *Investiturstreit*). Dieser Streit gefährdete die Machtstellung des Königtums. Abgesehen davon, dass mit dem Verbot der Laieninvestitur dem König die Möglichkeit genommen wurde, solche Männer zu Bischöfen zu erheben, die sein Vertrauen genossen und ihn bei der Regierung des Reiches unterstützten, berührte der Streit grundsätzlich das Verhältnis von Staat und Kirche. Der Investiturstreit wurde durch das zwischen *Kaiser Heinrich V. (1106–1125) und Papst Kalixtus II. (1119–1124)* im Jahre 1122 abgeschlossene *Wormser Konkordat* beendet. Mit dem Wormser Konkordat verzichtete der König auf die Investitur unter Verwendung geistlicher Symbole. Der neue Bischof sollte durch Klerus und Volk gewählt werden. Damit war die Herrschaft des Königs über die Reichskirche beendet. Die Bischöfe, die auch Fürsten des Reiches waren, wurden im Laufe des 12. Jahrhunderts zu Lehnsträgern. Viele Bischöfe wurden, konkurrierend mit den weltlichen Fürsten, zu mächtigen Fürsten des Reiches. Immerhin waren von den sieben in der Goldenen Bulle von 1356 genannten Kurfürsten drei Erzbischöfe, nämlich die von Mainz, Köln und Trier.

**52** Bei dem *Investiturstreit* wurde ein Streit um grundsätzliche Fragen ausgetragen, die in der theoretischen Diskussion schon längere Zeit erörtert worden waren. Es ging letztlich um die – für das Mittelalter typische – Frage nach dem Verhältnis zwischen Staat und Kirche, Kaiser und Papst, ein Problem, um das auch nach 1122 heftig weitergestritten wurde. Weltliche und kirchliche Gewalt wurden unter dem Sinnbild der zwei Schwerter gesehen (sog. Zweischwerterlehre)[81].

Der *kurialistischen Theorie* lag die Auffassung zugrunde, Gott habe beide Schwerter, sowohl das geistliche als auch das weltliche, auf die Kirche übertragen, die das weltliche an den König weitergebe. Damit wurde die Vorrangstellung der Kirche gegenüber dem Staat begründet, aus der die Rechte des Papstes, in staatliche Angelegenheiten einzugreifen – wie z. B. die Bestätigung der Königswahl durch den Papst und die Absetzung von Herrschern – abgeleitet wurden. Demgegenüber vertrat die sogenannte *imperiale Theorie* prinzipiell die Gleichrangigkeit von weltlicher und kirchlicher Gewalt. Geistliche Gewalt und weltliche Gewalt seien unmittelbar von Gott verliehen worden. Diese Theorie hat am Anfang des 13. Jahrhunderts auch der *Sachsenspiegel* übernommen. Im Sachsenspiegel (Landrecht I.1) heißt es: „Zwei Schwerter ließ Gott auf Erden, um die Christenheit zu beschirmen. Dem Papste ist das geistliche Schwert bestimmt, dem Kaiser das weltliche."

---

81 Siehe dazu oben Rdnr. 21.

Nachdem es den Kirchenreformern gelungen war, den Einfluss des Staates auf die Kirche zurückzudrängen, beanspruchte die Kirche den Vorrang der päpstlichen Gewalt gegenüber der kaiserlichen. Das wurde insbesondere mit dem vom Papst in Anspruch genommenen Approbationsrecht zum Ausdruck gebracht.[82] Letztlich strebte das Papsttum mit dem Approbationsanspruch mit seiner rechtlichen Tragweite an, über jede deutsche Königswahl das entscheidende Urteil zu fällen und sie nach Form und Inhalt ähnlich einer Bischofswahl zu konfirmieren. 53

Im 14. Jahrhundert entstanden völlig neue – im Verhältnis zu denen des 13. Jahrhunderts radikale – Theorien über das Verhältnis von Staat und Kirche. In seiner Schrift „Defensor pacis" vertrat der Staatstheoretiker *Marsilius von Padua (gest. 1342/43)* die These, dass die Allgewalt beim Staat liege, dem die Kirche als eine staatliche Anstalt und zu staatlichem Zwecke unterworfen sei.

Eine entscheidende Auseinandersetzung um die nach wie vor strittige Frage nach der Rolle des Papstes bei der Erlangung der kaiserlichen Gewalt führte König *Ludwig der Bayer (1314 bis 1347)* mit den zu dieser Zeit in Avignon residierenden Päpsten. Nach der *Volkssouveränitätslehre* des *Marsilius von Padua* nahm Ludwig auf seinem Romzug 1327 die Kaiserkrone aus der Hand des römischen Volkes entgegen. Das Papsttum erkannte allerdings die Kaiserwürde nicht an. Am 16. Juli 1338 schlossen die Kurfürsten ein Bündnis (*Kurverein zu Rhense*) und gaben eine Erklärung zugunsten Ludwigs ab.[83] In einem Weistum über die Königswahl vom selben Tage[84] erklärten sie, dass der von den Kurfürsten zum König Gewählte keiner päpstlichen Approbation oder sonstigen Bestätigung bedürfe, um den Königstitel zu führen, das Reichsgut zu verwalten und die Reichsrechte ausüben zu können. 54

Das *Rhenser Kurfürstenweistum* beschränkte sich darauf, den Anspruch der römischen Kurie auf Einwirkung auf die Königswahl zurückzuweisen und dem rechtmäßig gewählten König die Regierungsgewalt im gesamten Reich zuzuerkennen. In einem am 6. August 1338 auf dem Frankfurter Reichstag verkündeten Gesetz, das mit den Worten „Licet iuris" beginnt,[85] wird zum Ausdruck gebracht, dass der Kaiser allein durch die Wahl der dazu Berufenen wahrer Kaiser wird und nicht die Zustimmung oder Bestätigung von irgendwem benötigt, weil er auf Erden in weltlichen Angelegenheiten keinen Höheren über sich hat, sondern alle Nationen ihm unterworfen 55

82 Vgl. dazu oben Rdnr. 20 f.
83 QuS Nr. 141.
84 QuS Nr. 141.
85 QuS Nr. 142.

sind. Danach begründete also allein die Wahl durch die deutschen Fürsten den Anspruch auf das universale Kaisertum. Die bislang von der Kurie aus der Kaiserkrönung abgeleiteten Rechte des Papstes auf Prüfung der Wahl und der Person des Gewählten wurden scharf zurückgewiesen.[86]

**Schrifttum:** U. Eisenhardt, Die Annahme des Titels „Erwählter Römischer Kaiser", in: Chiusi/Gergen/Jung (Hrsg.), FS für Elmar Wadle, 2008. S. 175 ff.; H. E. Feine, Staat und Kirche, in: H. E. Feine, Reich und Kirche. Ausgewählte Abhandlungen zur deutschen und kirchlichen Rechtsgeschichte, eingeleitet und herausgegeben von F. Merzbacher, 1966, S. 101 ff.; derselbe, Die Approbation der Luxemburgischen Kaiser in ihren Rechtsformen an der Kurie, ebendort, S. 77 ff.; E. Stengel, Die Kirchenverfassung in Westeuropa im Mittelalter, in: Abhandlungen und Untersuchungen zur mittelalterlichen Geschichte, 1960, S. 1 ff.

## VIII. Die Verfassung in den Territorien und Städten

56 **1. Die Verfassung in den Landesherrschaften.** Zu den die mittelalterliche deutsche Geschichte prägenden Ereignissen gehört die Ausbildung der *Landesherrschaften* als Staaten im Staate (dem Reich), das Entstehen des eigenartigen Gegeneinander und Miteinander von Reichsgewalt und landesherrlicher Gewalt als Grundlage für eine föderalistische Struktur. Der Versuch, die Gründe für diese Entwicklung aufzuzeigen, ist bereits unternommen worden (vgl. oben Rdnr. 29 ff.).

Die Herrschaft der Landesherren in den Territorien war allerdings trotz des Bestrebens, Flächen- und Gebietsstaaten mit einer einheitlichen Herrschaftsgewalt zu schaffen, von Beginn an nicht unbeschränkt. Die Landesherrschaften entwickelten sich zu *Ständestaaten*, weil die *Landstände* einen mehr oder minder großen Anteil an der Macht im Staate (in der Landesherrschaft) für sich in Anspruch nahmen.

57 Zur Ausbildung von Landständen kam es erst im Laufe des Mittelalters. Die Entwicklung wurde gefördert durch einen Reichsspruch über die Mitwirkung der Stände an der Gesetzgebung aus dem Jahre 1231, demzufolge constitutiones vel nova iura nicht ohne Zustimmung der meliores et maiores terrae erlassen werden durften. Dass *Hoftage* üblich geworden waren, auf denen die Landesherren die wesentlichen Angelegenheiten mit den „Großen des Landes" berieten, hatte seine Ursachen wohl einerseits in dem Machtstreben der Stände, andererseits in dem Interesse der Landesherrn an einem Organ, das

86 Zu alledem U. Eisenhardt, in: FS Wadle, S. 175 ff. mit Nachw.

für die Landesherrschaft verbindliche Beschlüsse fassen, insbesondere Steuern festsetzen konnte.[87] Zu dieser Zeit hatte sich ohnehin in einzelnen Landesherrschaften ein Eigenleben der späteren Stände entwickelt, das ihnen Einflussmöglichkeiten auf Verwaltung und Gerichtsbarkeit sicherte.[88] Die Landesherren waren auf die militärische Kraft der Ritter und die Steuerkraft der Städte angewiesen. Von besonderer Bedeutung war die Steuerbewilligung durch die Stände, weil die Landesherren, die mit den Einkünften aus Grundbesitz und Regalien (nutzbaren Hoheitsrechten) nicht auskamen, Steuern erhoben, um ihren steigenden Geldbedarf zu decken. Die als Zwangsabgabe erhobene Steuer war ohne Unterstützung der Landstände nicht durchzusetzen.

Zu den Rechten, welche die Stände den Landesherrn im Laufe der Zeit abringen konnten, gehörte die Mitwirkung bei Entscheidungen über Krieg und Frieden und bei der Gesetzgebung. Bei der Einrichtung und Besetzung von landesherrlichen Behörden und Gerichten erhielten sie ein Mitspracherecht.[89]

Die wichtigsten *Stände* in den Landesherrschaften bildeten der 58
Adel (Ritter und Herren einschließlich der Ministerialen des Landesherrn), die Geistlichkeit (Prälaten), die Städte und in wenigen Regionen – wie z. B. in Baden, Ostfriesland, der Schweiz und Tirol – die Bauern. Die Stände schlossen sich zu Einungen zusammen und bildeten auf den Landtagen, auf denen sie zusammentraten, *Kollegien (Kurien)*. Wegen ihrer militärischen und wirtschaftlichen Macht waren in den meisten Territorien die Kollegien des Adels und der Städte die einflussreichsten.

Der Landesherr verwaltete sein Territorium von seinem Hofe aus. Im Laufe des Spätmittelalters entwickelte sich die *landesherrliche Kanzlei* zu einer zentralen Behörde, an deren Spitze der *Kanzler* stand. Das wichtigste Organ zur Regierung des Landes wurde der *fürstliche Rat,* der zunächst keinen fest umrissenen Aufgabenbereich besaß und aus den jeweils am Hofe gerade anwesenden Räten – Mitglieder des Landesadels und römisch-rechtlich gebildete Juristen – bestand. Im 15. und 16. Jahrhundert bildete sich ein ständiger („stehender“) Rat (= Hofrat) heraus, dem eine Kanzlei beigegeben wurde.

**2. Die Verfassung in den Städten.** Im späten Mittelalter gab es im 59
deutschen Reich 8 Städte mit mehr als 20 000 Einwohnern (u. a. Bremen, Nürnberg, Straßburg und Köln, das mit 40 000 Einwohnern die größte Stadt Deutschlands war), 12 Städte mit 10 000–20 000 Einwohnern, 250 Städte mit 2000–10 000 Einwohnern und 3700 Städte mit weniger als 2000 Einwohnern.[90] Die Entstehung dieser Städte als

87 Schwerin-Thieme, § 56, IV.
88 Planitz-Eckhardt, § 55, III.
89 H. Conrad, Bd. I, S. 314.
90 Quelle: F.-W. Henning, Bd. 1, S. 172.

politische Körperschaft mit Rechtsetzungsgewalt und Selbstverwaltung fällt in das Mittelalter.[91]

Wegen der Vielfalt, in der die mittelalterliche Stadt in Erscheinung trat, ist eine präzise Definition des Stadtbegriffes nicht möglich.[92] Wenn man den Begriff der *Stadt im Rechtssinne* mit einem für die Stadt eigentümlichen Recht verbindet, kann erst seit der Wende vom 11. zum 12. Jahrhundert von Städten gesprochen werden.[93] *Städte im siedlungsgeschichtlichen Sinne* als eine Ansammlung von Wohnstätten in und außerhalb einer Ummauerung mit und ohne Markt gab es in Deutschland schon länger. Topographisch sind als Grundlagen für künftige Städte Burgen und Kaufmannssiedlungen zu erkennen. In der Zeit vom 9. bis 11. Jahrhundert ist weder von einer Stadtgemeinde noch überhaupt von einer Stadt die Rede.[94]

60 Die Entwicklung der Stadt zu einem Gemeinwesen mit *eigener Verfassung* und häufig auch *eigenem Recht* ist mit dem Aufschwung von Handel und Gewerbe verbunden. Der Handel bildete die wichtigste Quelle der wirtschaftlichen Macht der Städte. Dabei nahmen die Fernhändler eine besonders wichtige Stellung ein, weil sie nicht nur Beschaffer von Rohstoffen und Nahrungsmitteln sowie von Fertigwaren fremder Produzenten waren, sondern von ihnen – z. T. indirekt – die Anbieter auf dem örtlichen Markt (Handwerker etc.) abhängig waren.[95]

Ursprünglich hatte der König das *Marktregal* inne (vgl. oben Rdnr. 18), d. h. er hatte das Recht, Märkte zu errichten und die dabei anfallenden Einkünfte einzuziehen; der Markt stand gleichzeitig auch unter dem Königsfrieden. Im Hinblick auf die auf königlichem Gut errichteten Märkte mit städtischen Siedlungen war der König der *Stadtherr.* Im Mittelalter standen die meisten Städte unter der Stadtherrschaft von weltlichen oder geistlichen Fürsten des Reiches. Diese übten Rechtsetzung, Rechtsprechung und Verwaltung aus, die sie durch ihre Beamten wahrnehmen ließen. Bei den Stadtherrn lag auch die Zoll-, Münz-, Finanz- und Wehrhoheit.

61 Die Einwohner der Städte waren die *Bürger* (vgl. oben Rdnr. 39 ff.), in erster Linie Kaufleute und Handwerker, in der Früh-

91 H. Conrad, Bd. I, S. 322; Planitz-Eckhardt, § 52.
92 R. Sprandel, S. 107 f.; siehe dazu B. Diestelkamp, ZRG Germ. Abt. 81, 1964, S. 168 mit Hinw.
93 G. Köbler, in: Beiträge zum hochmittelalterlichen Städtewesen, S. 3.
94 H. Planitz, ZRG Germ. Abt. 63, 1943, S. 2 f.; H. Jakobs, in: Beiträge zum hochmittelalterlichen Städtewesen, S. 14 ff.
95 F.-W. Henning, Bd. 1, S. 154.

zeit der Stadt allerdings auch Ministeriale und unfreie Leute des Stadtherrn. Auch in der Zeit, in welcher der Bürgerschaft eine verfassungsähnliche Organisation noch fehlte, gab es Ansätze zur Selbstständigkeit, etwa in Gestalt eigener Markt- und Stadtgerichte.

Bis zum Beginn des 12. Jahrhunderts waren die meisten Städte der Herrschaft eines Stadtherrn unterworfen, der mit seinem Regiment die Selbstständigkeit mehr oder weniger stark beschnitt. Diejenigen Städte, die auf Reichsboden gelegen waren und den König zum Stadtherrn hatten, waren *Reichsstädte* (z. B. Frankfurt, Nürnberg, Dortmund). Dagegen waren Städte, die einen geistlichen oder weltlichen Fürsten zum Stadtherrn hatten, *landesherrliche Städte.*

Handel und Gewerbe kamen in der städtischen Wirtschaft im Spät- **62**
mittelalter zur Blüte. Nicht zuletzt technische Neuerungen, vor allem im Metall- und Textilbereich, beeinflussten die wirtschaftliche Entwicklung der städtischen Gewerbe.[96] Die den Bürgern damit zuwachsende politische Macht ermöglichte in vielen Städten eine mit „der Gewalt revolutionärer Kräfte" geführte Bewegung der Bürger gegen die Herrschaft der Stadtherren.[97] Die Bürger unternahmen den erfolgreichen Versuch, sich von der drückenden Last der Stadtherrschaft zu befreien und ihr Schicksal selbst in die Hand zu nehmen, indem sie eine auf *Selbstverwaltung* beruhende Ordnung errichteten.[98] Insbesondere viele Städte, die einen Bischof zum weltlichen Landesherrn hatten (sog. Bischofsstädte), versuchten sich zu lösen. Zu denjenigen, denen das gelang, gehören u. a. Bremen, Hamburg und Lübeck sowie Augsburg, Regensburg und Basel. Sie wurden zu sog. freien Reichsstädten. Ähnliche Versuche anderer Städte, die nicht Bischofsstädte waren, scheiterten in der Regel.

Die vom Landesherrn unabhängig gewordenen Städte bildeten sich **63**
aus zu Territorien im Sinne von *Territorialstaaten.*

Die Bewegung, die zur Befreiung der Städte von den Stadtherren führte, wurde zu einem wesentlichen Teil von den Kaufleutegilden (Kaufmannsgemeinden) getragen. Dies waren *genossenschaftliche Organisationen,* in denen sich die Kaufleute zusammenschlossen, um sich gegenseitig Hilfe zu leisten (Schutzgilden) und die gemeinsamen Interessen zu vertreten. Nach dem Vorbild der Kaufleutegilden schlossen sich die Bürger vieler Städte, wie z. B. in Köln und Worms, zu Eidgenossenschaften (coniurationes) zusammen, um in dieser Organisationsform den Kampf gegen die Stadtherrschaft zu bestehen.

---

96 F.-W. Henning, Bd. 1, S. 148 f.
97 H. Conrad, Bd. I, S. 326.
98 H. Conrad, Bd. I, S. 326.

Die deutschen Stadtgemeinden beruhen also auf einer *genossenschaftlichen Grundlage* in der Form der *Eidgenossenschaft* der Bürger.[99] Die so organisierten Stadtgemeinden waren in ihrem Bestreben, sich von den Fesseln der Stadtherrschaft zu lösen und an deren Stelle eine eigene Verwaltung mit eigenem Recht zu setzen, meist erfolgreich.

64 Die in den *städtischen Eidgenossenschaften* organisierten Bürger übernahmen nun selbst die Besorgung der wichtigsten Aufgaben. Dazu zählten vor allem die Wahrung des Friedens in der Stadt mit *Rechtsetzung* und *Rechtsprechung* und die Sicherung des Finanzwesens. Eine Gemeinschaftsaufgabe, die von Anfang an eine wesentliche und gemeinschaftsfördernde Pflicht der jungen städtischen Selbstverwaltung bildete, war die Befestigung der Stadt und die Verteidigung der Bewohnerschaft.[100] Diejenigen Aufgaben, welche die städtischen Eidgenossenschaften übernommen hatten, wurden durch die „Geschworenen" oder „Stadtschöffen" durchgeführt. Dabei nahmen die Kaufleute wegen ihres Reichtums mit der damit verbundenen wirtschaftlichen Macht und dank ihrer genossenschaftlichen Organisation eine bevorzugte Stellung ein.[101]

Im 13. Jahrhundert übernahm nach dem Vorbild der italienischen Städte der *Stadtrat* die Verwaltung der Stadt.[102] Nachdem im 14. und 15. Jahrhundert der Stadtrat in den Städten, die sich von der Stadtherrschaft gelöst hatten, eine Vielzahl von wesentlichen Hoheitsrechten, wie Wehrhoheit und Befestigungsrecht, Marktrecht, Zoll und Münze sowie die Gerichtsbarkeit – in einigen Städten sogar die Hochgerichtsbarkeit (sie umfasste das Recht, in wichtigen Zivil- und Straffällen zu richten) – ausübte, kann man von der Stadt als einer „selbstständigen Körperschaft mit eigenen Rechten und Pflichten" sprechen.[103]

65 Die Zusammensetzung des Stadtrats spiegelt die soziale Struktur in der Stadt wider. Mitglieder des Rates konnten zunächst nur die Angehörigen der Patrizierfamilien werden. In manchen Städten regelte das *Stadtrecht*, dass Handwerker nicht im Rat sitzen durften, obwohl gerade sie viele Pflichten gegenüber der Gesamtheit zu tragen hatten. Die von den in Zünften organisierten Handwerkern geführten Aufstände (vielfach auch „soziale Revolutionen" oder „Zunftrevolutionen" genannt, vgl. oben Rdnr. 41 f.) verfolgten das Ziel, die *Zünfte* an der Stadtregierung zu beteiligen. Dies gelang – in den Städten,

99 H. Conrad, Bd. I, S. 327; Planitz-Eckhardt, § 52 II.
100 B. Diestelkamp, ZRG Germ. Abt. 81, 1964, S. 213.
101 H. Conrad, Bd. I, S. 330.
102 Zur Entwicklung der italienischen Stadtverfassung siehe H. Keller, in: Beiträge zum hochmittelalterlichen Städtewesen, S. 55 ff.
103 H. Conrad, Bd. I, S. 333.

die noch einen Stadtherrn hatten, häufig im Bunde mit diesem – in mehr oder minder großem Rahmen. In manchen Städten ging die gesamte politische Macht auf die Zünfte über.

In vielen Städten bildete sich ein besonderes *Stadtrecht* heraus, das häufig auch von anderen Städten übernommen wurde (siehe dazu unten Rdnr. 166 ff.).

**Schrifttum:** B. Diestelkamp, Welfische Stadtgründungen und Stadtrechte des 12. Jahrhunderts, ZRG Germ. Abt. Bd. 81, 1964, S. 164 ff.; G. Dilcher, Das mittelalterliche Stadtrecht als Forschungsproblem, JuS 1989, 875 ff.; F.-W. Henning, Bd. 1, S. 147 ff.; H. Jakobs, Stadtgemeinde und Bürgertum um 1100, in: Beiträge zum hochmittelalterlichen Städtewesen, hrsg. v. Diestelkamp, 1982, S. 14 ff.; H. Keller, Der Übergang zur Kommune: Zur Entwicklung der italienischen Stadtverfassung im 11. Jahrhundert, in: Beiträge zum hochmittelalterlichen Städtewesen, hrsg. v. B. Diestelkamp, 1982, S. 55 ff.; G. Köbler, Mitteleuropäisches Städtewesen in salischer Zeit. Die Ausgliederung exemter Rechtsbezirke in mittel- und niederrheinischen Städten, in: Beiträge zum hochmittelalterlichen Städtewesen, hrsg. v. B. Diestelkamp, 1982, S. 1 ff.; H. Planitz, Frühgeschichte der deutschen Stadt (IX.–XI. Jahrhundert), ZRG Germ. Abt. 63, 1943, S. 1 ff.; derselbe, Die deutsche Stadt des Mittelalters, 2. Aufl. 1965; Planitz-Eckhardt, §§ 52, 54, 55; H. Rabe, Frühe Stadien der Ratsverfassung in den Reichslandstädten bzw. Reichsstädten Oberdeutschlands, in: Beiträge zum spätmittelalterlichen Städtewesen, hrsg. v. B. Diestelkamp, 1982, S. 1 ff.; W. Schlesinger, Die Entstehung der Landesherrschaft, 5. unveränderte Auflage, Nachdruck 1976; Schwerin-Thieme, § 56; D. Willoweit, Rechtsgrundlagen der Territorialgewalt, 1975.

## § 2. Die Neuzeit

### I. Das deutsche Reich und die Territorialstaaten

**1. Die Entwicklung der Reichsverfassung.** Die *Verfassung des Heiligen Römischen Reiches Deutscher Nation* wurde auch in der 66
Zeit nach 1500 in starkem Maße von dem Miteinander und Gegeneinander von Reich und Territorialstaaten bestimmt. Die Entwicklung der Reichsverfassung zielte nun immer mehr darauf ab, die Macht der Landesherrn und freien Städte auf Kosten der Reichsgewalt auszubauen. Die Versuche mehrerer Kaiser, die Reichsgewalt wieder zu stärken, waren zum Scheitern verurteilt.

Die Verfassung des Reiches hatte zum überwiegenden Teil in einer Reihe von *Reichsgrundgesetzen* (dieser Ausdruck wird erstmals 1636 in der Wahlkapitulation Ferdinands III. benutzt) ihren Niederschlag gefunden. Dazu gehörten jedenfalls die *Goldene Bulle von 1356,* der

*Ewige Landfrieden von 1495*, der *Augsburger Religionsfrieden von 1555* und der *Westfälische Frieden von 1648*. Später zählten auch noch die *kaiserlichen Wahlkapitulationen*, die *Reichskammergerichtsordnung von 1555* und die *Reichshofratsordnung von 1654* dazu. Mit Ausnahme des *Reichstages* ruhten damit alle zentralen Bereiche und Institutionen der Verfassung des Reiches auf einem reichsgrundgesetzlichen Fundament. Chronologisch betrachtet haben die Reichsgrundgesetze einen Bereich und eine Institution der Reichsverfassung nach der anderen erfasst; schließlich wurden sie einer schriftlichen Fixierung zugeführt.[104]

**67** Der *Westfälische Frieden von 1648* (Instrumentum Pacis Osnabrugense = IPO) regelte u. a. die territoriale Ordnung innerhalb des Reiches so, wie sie bis zum *Reichsdeputationshauptschluss 1803* von peripheren Änderungen abgesehen Bestand hatte. Von besonderer Bedeutung ist dass er den Reichsständen die sog. *ständische Libertät* zuerkannte und ihnen damit das Recht einräumte, unter sich, aber auch mit ausländischen Staaten Bündnisse einzugehen, allerdings mit der Einschränkung, dass diese nicht gegen Kaiser und Reich gerichtet sein durften. Die Bestrebungen, die Territorien auf Kosten der Reichsgewalt zu stärken, fanden damit einen vorläufigen Abschluss. Aus der spätmittelalterlichen Landesherrschaft war nun der Territorialstaat der neueren Zeit geworden.[105] Mit der Stärkung der reichsständischen Libertät beendete der Westfälische Frieden alle Bemühungen, das Reich zu einem stärker zentralisierten Einheitsstaat umzuformen. Trotz aller zentrifugalen Tendenzen blieb die Rechtseinheit des Reiches jedoch im Kern gewahrt; die Reichsinstitutionen blieben intakt, auch wenn sich ihre Wirksamkeit abschwächte.[106]

**68** Trotz des ständigen Drängens der Landesherrn, nicht nur machtpolitisch, sondern auch verfassungsrechtlich ihre Stellung auf Kosten der Reichsgewalt zu stärken, blieben die deutschen Territorialstaaten und die sog. freien Städte bis zur Auflösung des Reiches im Jahre 1806 unter der Oberhoheit des Reiches rechtlich eingebunden. Sowohl für die Ausübung der kaiserlichen Herrschaftsgewalt im Reich als auch für die Ausübung der Landesherrschaft in den Territorien war das *Reichsrecht* maßgebend. Kaiser und Landesherrn übten ihre Herrschaft also auf der Grundlage des Reichsrechts aus, der Kaiser

104 A. Buschmann, in: FS Baltl, S. 21, 46.
105 H. Conrad, Bd. II, S. 231.
106 C. Link, JZ 1998, S. 8.

im gesamten Reich, die Landesherrn in ihren Territorien. Bei der Herrschaft der Landesherrn handelte es sich reichsrechtlich gesehen um eine abgeleitete und territorial begrenzte Herrschaft, deren Rahmen und Grenzen durch das Reichsrecht gezogen wurden.[107] Die Territorialstaaten und Reichsstädte haben demnach bis zum Jahre 1806 nicht das erworben, was man unter Souveränität versteht.

Man hat die Aufteilung der Staatsgewalt zwischen Reich und Ter- 69
ritorien zutreffend als Doppelung der Staatsmacht im Reich bezeichnet.[108] Diese Doppelung bereitete für die theoretische Erkenntnis der Reichsverfassung sowie auch für das praktische Verhältnis von Reich und Territorien zueinander nicht unerhebliche Schwierigkeiten.

Als eines der wichtigsten Reichsgrundgesetze regelte und garantierte der Westfälische Frieden von 1648 nicht zuletzt die Friedensordnung des Reiches. Diese betraf nicht nur den äußeren Frieden im Verhältnis zu den den auswärtigen Mächten, sondern vor allem den Frieden im Inneren des Reiches, d. h. nicht zuletzt den Religionsfrieden. Die schwierigen und konfliktbeladenen konfessionellen Verhältnisse erfuhren eine verfassungsrechtliche Ordnung auf der Basis der Gleichberechtigung der anerkannten Bekenntnisse (vgl. dazu unten Rdnr. 110 ff.).

**2. Die Organe des Reiches im Verfassungsgefüge.** Es gab eine 70
Reihe von Organen und Einrichtungen, die das Reich bis zu seinem Ende im Jahre 1806 als Institution aufrechterhielten. Das wichtigste Organ des Reiches war der *Kaiser*, der die monarchische Spitze des Reiches bildete. Ein weiteres Organ, in dem die Bedeutung, später aber auch die Ohnmacht des Reiches ihren Ausdruck fand, war der *Reichstag*, die Vertretung der Reichsstände zur Mitwirkung bei der Regierung und der Gesetzgebung des Reiches. Weitere Institutionen waren die *Reichskreise*, die aus dem Bestreben gebildet worden waren, größere Gebietseinheiten zur Friedenssicherung zu schaffen.

Besonders wichtige Organe waren das *Reichskammergericht* und der *Reichshofrat* als oberste Gerichte des Reiches. Sie spielten für die Entwicklung des Rechts im Reich und für die Fortentwicklung der Reichsverfassung eine bedeutenden Rolle. Sie verkörperten wahrnehmbar die Reichsgewalt und übten auch politisch Einfluss aus. Die Existenz der Reichsorgane und ihre Tätigkeit widerlegen die These mancher Geschichtsschreiber, die meinen, das Reich sei schon vor seinem eigentlichen Ende im Jahre 1806 völlig zerfallen gewesen.

---

107 A. Buschmann, in: FS Quaritsch, S. 472.
108 H. Conrad, Bd. II, S. 114; D. Willoweit, S. 248 ff.

71 Die Abhängigkeit der Territorialstaaten vom Reich zeigte sich u. a. darin, dass sie an Reichskriegen teilnehmen und dazu Heereskontingente stellten mussten und der Steuerhoheit des Reiches unterstanden, also Reichssteuern aufbringen mussten.[109] Andere Verpflichtungen ergaben sich aus der Kreisverfassung des Reiches.

Es gab eine Reihe von Gebieten, die von deutschen Herrscherhäusern, wie z. B. den Habsburgern und den Brandenburgern (Preußen) regiert wurden, ohne dass sie zum Reichsverband gehörten. Sie blieben jenseits der Grenzen des Heiligen Römischen Reiches Deutscher Nation. Zu den wichtigsten dieser Gebiete gehörten: das Herzogtum Preußen (später zum Königreich Preußen erhoben), Teile Schlesiens, Westpreußen, Ungarn und Siebenbürgen.

72 **3. Die Grundlagen der Landesherrschaft (Landeshoheit).** Es ist bis heute nicht eindeutig geklärt, welches die rechtlichen Grundlagen der Landesherrschaft, später der Landeshoheit, sind.[110] Zunächst betrachtete man den fürstlichen Grundbesitz als das wesentliche Element der Landeshoheit. Wenn auch der Grundbesitz einen starken Rückhalt zu geben vermochte, so konnte er jedoch so lange nicht von ausschlaggebender Bedeutung sein, wie er nicht mit Herrschaftsrechten verbunden war. Staatsbildend konnten Grundbesitz und Grunderwerb erst in dem Moment werden, als Herrschaftsrechte daran geknüpft wurden.[111] Als eines dieser territorialen Herrschaftsrechte schlechthin sah schon die Rechtswissenschaft des 16. Jahrhunderts die *hochgerichtliche Jurisdiktionsgewalt* an.

73 Diese für die Rechtswissenschaft des 16. Jahrhunderts charakteristische Auffassung über den Zusammenhang zwischen Herrschaftsrecht und Territorialgewalt behielt auch für die kommenden Jahrhunderte ihre Gültigkeit.[112] So ist z. B. für *Dietrich Reinkingk (1590 bis 1664)*, einen der letzten Theoretiker der kaiserlichen Gruppierung innerhalb der Staatsrechtslehre des 16. Jahrhunderts – einer von denjenigen also, die die Vormacht des Kaisers gegenüber Reich und Reichsständen behaupteten –, die *Rechtspflege* eine Form des Landesschutzes und ein Symbol der Territorialhoheit.[113] Auch für Staatstheoretiker wie *Christoph Besold (1577 bis 1638)* und *Johann Limnäus (1592 bis 1665)* gehörte die Jurisdiktionsgewalt der Landesherrn zur Definition der Territorialgewalt. Der stets betonte Zusammenhang zwischen Jurisdiktion und Territorium blieb auch in der Staatsrechtslehre der folgenden Jahrhunderte erhalten.[114]

---

109 Zur Problematik siehe H. E. Feine, in: Territorium und Gericht, S. 239 ff.
110 Zur Bedeutung des Lehnrechts für die Entwicklung der Territorialstaaten siehe R. von Schönberg, S. 7 ff. und 13 ff.
111 Mitteis-Lieberich, Kap. 35 II 1.
112 D. Willoweit, Rechtsgrundlagen, S. 186 ff. mit Nachw.
113 D. Willoweit, Rechtsgrundlagen, S. 187 f.
114 D. Willoweit, Rechtsgrundlagen, S. 188 f. mit Nachw.

Einigkeit bestand und besteht darüber, dass zur Landesherrschaft als der Summe einzelner Rechte, aus der unter dem Einfluss des neuen Staatsdenkens des Absolutismus die Landeshoheit als die oberste Gewalt im Staate wuchs, von der die einzelnen Hoheitsrechte abgeleitet wurden, neben dem Recht der Gesetzgebung, der Landesverteidigung, der Polizeigewalt und dem ius foederis vor allem die Gerichtshoheit (Justizhoheit) zählte[115] Der Westfälische Frieden von 1648 charakterisiert die Landeshoheit als die einheitliche obrigkeitliche Gewalt des Landesherrn, als „ius territorii et superioritatis".[116] 74

**4. Die geistlichen Fürstentümer.** Nach wie vor bildeten die geistlichen Fürstentümer einen integralen Bestandteil der Reichsverfassung. Ihnen kam ein nicht unerhebliches Gewicht zu. Ihr geschätzter Anteil am Gesamtterritorium des Reiches wird für die Zeit vor der Reformation auf immerhin ein Sechstel oder ein Siebtel geschätzt.[117] Sie waren im Reichstag präsent und gestalteten die Reichpolitik mit. Die geistlichen Fürstentümer wurden auch als „geistliche Territorien" bezeichnet. Zu ihnen zählten relativ kleine, wie z. B. die Hochstifte Konstanz, Worms und Freising, aber auch große, wie z. B. Münster, und die Erzbistümer Trier, Mainz und Köln. 75

**Schrifttum:** A. Buschmann, Reichsgesetze und Reichsverfassung des Heiligen Römischen Reiches. Zur Entwicklung der Verfassungsgesetzgebung des Heiligen Römischen Reiches vom Spätmittelalter bis zum Jahre 1806, in: K. Ebert (Hrsg.) FS zum 80. Geburtstag von H. Baltl, 1998, S. 21 ff.; derselbe, Die Bedeutung des Westfälischen Friedens für die Reichsverfassung nach 1648, in: 350 Jahre Westfälischer Friede. Verfassungsgeschichte, Staatskirchenrecht, Völkerrechtsgeschichte, 2000, 43 ff.; derselbe, Kaiser, Reich und Landesherren. Reichsrecht und Landesherrschaft im Heiligen Römischen Reich, in: Staat – Souveränität – Verfassung, in: FS für H. Quaritsch zum 70. Geburtstag, 2000, 449 ff.; B. Braun, Die geistlichen Fürsten im Rahmen der Reichsverfassung 1648–1803, in: W. Wüst (Hrsg.), Geistliche Staaten in Oberdeutschland im Rahmen der Reichsverfassung. Kultur-Verfassung-Wirtschaft-Gesellschaft. Ansätze zu einer Neubewertung, 2002, S. 25 ff.; G. Christ, Kräfte und Formen geistlicher Territorialität im Hoch- und Spätmittelalter (am Beispiel des Erzstifts Mainz), in: G. Chittolini/D. Willoweit (Hrsg.), Hochmittelalterliche Territorialstrukturen in Deutschland und Italien. 1996, S. 173 ff.; H. E. Feine, Zur Verfassungsentwicklung des Heiligen Römischen Reiches seit dem Westfälischen Frieden, in: H. E. Feine, Territorium und Gericht, 1978, S. 237 ff.; C. Link, Die Bedeutung des Westfälischen Friedens in der deutschen

115 H. Conrad, Bd. II, S. 238.
116 IPO V § 30, Text: NS III, S. 585.
117 B. Braun, in: Geistliche Staaten in Oberdeutschland, S. 26 ff.

Verfassungsentwicklung, JZ 1998, 1ff.; W. Schlesinger, Die Entstehung der Landesherrschaft, 5. unveränderte Aufl., Nachdruck 1976; R. von Schönberg, Das Recht der Reichslehen im 18. Jahrhundert. Studien und Quellen zur Geschichte des deutschen Verfassungsrechts. Reihe A: Studien, Bd. 10, 1977; D. Willoweit, Rechtsgrundlagen der Territorialgewalt, 1975.

## II. Die theoretische Grundlegung der Reichsverfassung

76 Die Bezeichnung Heiliges Römisches Reich ist schon in Quellen des 12. Jahrhunderts nachweisbar, allerdings zunächst als „Sacrum Imperium". Erst ab der Mitte des 13. Jahrhunderts findet sich der Zusatz „Romanum".[118] Die vollständige Bezeichnung „Heiliges Römisches Reich Deutscher Nation" bedeutete im 15. Jahrhundert nichts anderes, als dass sich das Reich auf das deutsche Sprachgebiet, die deutsche Nation beschränkte.[119] In der Staatsrechtslehre des 17. und 18. Jahrhunderts wurde der Zusatz „Deutscher Nation" durchweg dahin interpretiert, dass dadurch die Herrschaft der deutschen Nation über das römische Reich zum Ausdruck gebracht werden sollte.

Die bereits genannte Doppelung der Staatsmacht im Reich, die Aufspaltung der Staatsgewalt zwischen dem Reich auf der einen und den Reichsständen auf der anderen Seite, stellte die Staatsrechtslehre vor die schwierige Frage nach deren Einordnung in die staatsrechtliche Systematik.

77 Unter dem Pseudonym *Severinus de Monzambano* setzte sich der Staats- und Naturrechtslehrer *Samuel Freiherr von Pufendorf (1632 bis 1694)* in seiner Schrift „De statu Imperii Germanici" (1667) mit der Verfassung des Reiches auseinander und stellte sie ernstlich in Frage. Pufendorf war stark beeinflusst von dem Souveränitätsgedanken, den der Staatstheoretiker *Jean Bodin (1530 bis 1596)* entwickelt hatte. Nach Bodin war Souveränität die höchste, von jeder anderen Macht unabhängige Gewalt im Staate, etwas, was im deutschen Reich nicht existierte.[120] Die Verteilung von Rechten und Gewalten auf das Reich (den Kaiser) einerseits und die Reichsstände andererseits machte die Anwendung eines starren Souveränitätsbegriffes unmöglich. Zwar anerkannte Pufendorf neben dem Einheitsstaat mit einer einheitlichen obersten Gewalt auch Staatenverbindungen als Vereinigungen mehrerer Staaten unter einem Herrscher (Personalunion) und als den Zusammenschluss mehrerer souveräner Staaten (Staatenbund). Ein solches Staatensystem konnte nach Pufendorf allerdings nur völkerrechtlicher und nicht staatsrechtlicher Natur sein. Da das Reich seiner Verfassung nach ein Mittelding zwischen Monarchie und föderativem Staatenbund darstellte, konnte Pufendorf es in sein System nicht

118 Al. Buschmann, in: Der Staat, Beiheft 16, S. 9, 14.
119 H. Conrad, Bd. II, S. 114.
120 Zu Bodin siehe R. Hoke, in: Jean Bodin, S. 315ff.

einordnen. Er bezeichnete das Reich deshalb als einen irregulären, einem Monstrum ähnlichen, Staatskörper, der unter der Krankheit leide, dass der Kaiser die monarchische Herrschaft wiederherstellen wolle, während die Reichsstände die völlige Unabhängigkeit anstrebten.[121]

Die führenden Staatsrechtslehrer sahen Deutschland in der zweiten Hälfte des 18. Jahrhunderts als ein einiges Reich an, als einen zusammengesetzten Staatskörper, dessen Mitglieder alle noch unter einer gemeinsamen höchsten Gewalt vereinigt waren. Aber auch die einzelnen Glieder dieses Staatskörpers, die Territorien, wurden bereits als Staaten bezeichnet. Der Staatsrechtslehrer *Johann Stephan Pütter (1725 bis 1807)* sprach vom Reich als einem „aus Staaten zusammengesetzten Staate".[122] 78

Nachdem der Westfälische Frieden von 1648 den Reichsständen das *Bündnisrecht (ius foederis)* zuerkannt und das des Kaisers der Zustimmung der Stände unterworfen hatte, war das föderative Element der Reichsverfassung wesentlich gestärkt, die Entwicklung der Territorien zu modernen Staaten begünstigt worden. Das Reich trug nunmehr Züge einer Staatenföderation. Nach 1648 lagen in dem Verfassungsaufbau des Reiches mehrere Schichten bei- und übereinander, die durch die geschichtliche Entwicklung aneinandergefügt und miteinander verbunden waren: königsherrschaftliche, ständisch-territoriale, lehnsrechtliche und die nunmehr verstärkt föderativen Strukturen bestimmten den Verfassungsbau des Reiches.[123]

Aus der Dialektik einer Staatsbildung im Reichsverband erwuchs ein staatsrechtliches Verständnis für die komplexe Struktur einer bundesstaatlichen Ordnung, in der dem Gesamtstaat wie auch den Einzelstaaten jeweils Staatsqualität zukam. Insofern kann man davon sprechen, dass der Westfälische Frieden die politische Gestalt Deutschlands auf Dauer bestimmt und damit die Grundlagen einer in Europa einzigartigen Staatsordnung gelegt hat.[124] 79

Versucht man die rechtliche Struktur des Reiches für die Neuzeit zu beschreiben, so ist festzuhalten, dass diese seit dem Hochmittelalter auf einer Königs- und Fürstenherrschaft beruhte, die auch noch in der Neuzeit die Grundlage der Reichsverfassung prägte. Man wird dem Reich die Eigenschaft einer auf Dauer angelegten, institutionalisierten und auf einer festen rechtlichen Grundlage beruhenden Orga-

121 H. Conrad, Bd. II, S. 115 f.
122 U. Schlie, S. 41 ff.
123 E.-W. Böckenförde, in: Der Staat, 1969, S. 477.
124 C. Link, JZ 1998, S. 8.

nisation nicht absprechen können, die man vielleicht als Staat, jedenfalls aber als einen Rahmenstaat bezeichnen kann.[125]

**Schrifttum:** E.-W. Böckenförde, Der Westfälische Frieden und das Bündnisrecht der Reichsstände, in: Der Staat, Bd. 81, 1969, S. 449 ff.; A. Buschmann, Heiliges Römisches Reich. Reich, Verfassung, Staat, in: Der Staat, Beiheft 16, S. 9 ff.; R. Hoke, Bodins Einfluss auf die Anfänge der Dogmatik des deutschen Reichsstaatsrechts, in: Jean Bodin. Verh. d. intern. Bodin Tagung München. Münchner Studien zur Politik, Bd. 18, 1973; C. Link, Die Bedeutung des Westfälischen Friedens in der deutschen Verfassungsentwicklung, JZ 1998, 1 ff.; U. Schlie, Johann Stephan Pütters Reichsbegriff. Göttinger rechtswissenschaftliche Studien, Bd. 38, 1961.

## III. Der Kaiser und die Regierung des Reiches

80 **1. Überblick.** Bis zum Ende des Reiches im Jahre 1806 bildete der Kaiser die monarchische Spitze. Seine Wahl erfolgte weiterhin nach den in der Goldenen Bulle von 1356 niedergelegten Grundsätzen durch die sieben Kurfürsten, deren Zahl später auf acht, zeitweilig auf neun und gegen Ende des Reiches gar auf zehn stieg.

Obwohl von den Kurfürsten gewählt, führten die Kaiser keinen Hinweis auf die Wahl im Titel. Erst *Maximilian I. (1493 bis 1519)* nahm 1508 den Titel „Erwählter römischer Kaiser" an, nachdem sein Versuch, sich in Rom von *Papst Julius II. (1503–1513)* krönen zu lassen, nicht zuletzt am Widerstand des Papstes gescheitert war. Am 4. Februar 1508 ließ sich Maximilian mit Zustimmung des Papstes im Dom zu Trient zum „Erwählten römischen Kaiser" ausrufen. Mit einer Erklärung vom 8. Februar 1508[126] rechtfertigte er diesen Schritt. Diese Erklärung dokumentiert letztlich einen grundsätzlichen Verzicht auf die päpstliche Bestätigung der Kaiserwürde, auch wenn Karl V. 1530 in Bologna als letzter noch einmal die Kaiserkrone vom Papst empfing. Der Titel *„Erwählter römischer Kaiser"*, den bis zum Ende des Reiches im Jahre 1806 alle gewählten Könige nach der Krönung annahmen, wird als unverkennbare Distanzierung des Kaisertums vom Papsttum gewertet.[127]

81 **2. Die Wahlkapitulationen.** Die kaiserliche Gewalt wurde in zunehmendem Maße durch die Reichsstände eingeschränkt. Dies geschah vor allem durch die *Wahlkapitulationen*, derer sich die Stände zum ersten Mal im Jahre 1519 bei der Wahl *Karls V. (1519 bis 1558)* bedienten und die seitdem ein Mittel zur Beschränkung der kaiserlichen Macht wurden.

---

125 A. Buschmann, in: Der Staat, Beiheft 16, S. 9, 38 f.
126 QuS. Nr. 178, S. 307.
127 Zu alledem U. Eisenhardt, in: FS für E. Wadle S. 175 ff. mit Nachw.

Die Wahlkapitulationen der deutschen Kaiser haben ihre Vorläufer in den Wahlversprechen mittelalterlicher deutscher Herrscher und Kirchenfürsten, die Versprechungen und Zusagen der Gewählten an die Wähler enthielten.[128] Die Wahlkapitulationen, die seit der Wahl Karls V. von 1519 bei jeder Wahl neu ausgehandelt wurden, waren Verträge, die zwischen dem König und den Kurfürsten abgeschlossen wurden. Sie enthielten Zusagen des Gewählten (des Königs), die dieser beschwor. Zugleich war die Wahlkapitulation ein Gesetz, dessen Errichtung sich in den Formen der dualistischen Rechtsetzung des Ständestaates vollzog. Sie war ein Reichsgrundgesetz, ein Teil der Verfassung des Reiches. Der Charakter als Reichsgrundgesetz (dieser terminus wurde allerdings erst seit dem Jahr 1636 offiziell gebräuchlich) ergab sich aus der vertragsmäßigen Errichtung zwischen Kaiser und Ständen, der verfassungsrechtlichen Materie und ihrem beständigen Geltungszweck.[129]

In den Wahlkapitulationen als Teil der Reichsverfassung wird das Ringen zwischen der kaiserlichen Gewalt einerseits und den ständischen Machtinteressen andererseits deutlich. Sie lassen den Prozeß einer fortschreitenden Einschränkung der kaiserlichen Gewalt im Interesse der reichsständischen Libertät erkennen.[130] Die Kurfürsten hatten schließlich ihr Interesse an der alleinigen Entscheidung über die Königswahl durchsetzen können. Bei der Wahl scheinen sie als Repräsentanten aller Reichsstände fungiert zu haben.[131] 82

Um den Kurfürsten die Möglichkeit zu nehmen, den Inhalt der Wahlkapitulationen alleine zu bestimmen, schrieb der Westfälische Frieden von 1648 vor, dass auf dem nächsten Reichstag eine *Ständige Wahlkapitulation* beraten werden sollte[132] Allerdings entstand erst 1711 nach langen Vorarbeiten ein von Fürsten und Kurfürsten vereinbarter Entwurf einer Ständigen Wahlkapitulation (capitulatio perpetua) mit einigen angefügten Konstitutionen Diese Ständige Wahlkapitulation wurde zwar nicht zum Reichsgesetz erhoben; sie diente in der darauf folgenden Zeit bei der Abfassung der Wahlkapitulationen jedoch als Richtschnur.[133]

**3. Die kaiserlichen Rechte.** Weder die Ständige Wahlkapitulation noch die in der darauf folgenden Zeit entstandenen Kapitulationen hatten die gesamte Rechtsstellung des Kaisers zum Gegenstand. Sie stellten keineswegs eine Art Gesamtverfassung des Reiches dar, fixierten aber einen beachtlichen Teil der kaiserlichen Macht und der aus ihr resultierenden Regierungsrechte. 83

128 Dazu R. Schneider, in: FS für E. Wadle, S. 1037 ff.
129 G. Kleinheyer, Wahlkapitulationen, S. 101 ff.
130 H. Conrad, Bd. II, S. 72.
131 H.-M. Empell, ZNR 1994, 11, 23.
132 IPO Art. VIII, § 3, NS III, S. 574 ff.
133 Zu alledem G. Kleinheyer, Wahlkapitulationen, S. 86 ff.

Der Kaiser hatte in der neueren Zeit im Wesentlichen noch folgende Rechte:

- Er konnte das Reich nach außen vertreten; allerdings durfte er Verträge oder Bündnisse mit anderen Staaten nur mit Zustimmung der Reichsstände abschließen. Das Gleiche galt für Kriegserklärungen.
- Er konnte den Reichstag einberufen, solange dieser noch nicht zu einer ständigen Einrichtung geworden war.
- Er musste den vom Reichstag beschlossenen Gesetzen, den sog. Reichsgutachten, die Ratifikation erteilen und sie damit wirksam werden lassen.
- Als Oberhaupt des Reiches blieb er auch nach 1500 Träger der obersten Gerichtsgewalt im Reich, obwohl das *Reichskammergericht* teilweise dem Einfluss der Stände unterworfen war. Im Wesentlichen vom Kaiser abhängig war hingegen der *Reichshofrat*, der nicht nur ein in Wien residierendes kaiserliches Regierungs- und Verwaltungsorgan, sondern zugleich – eine Doppelfunktion erfüllend – ein mit dem Reichskammergericht konkurrierendes Reichsgericht (seit 1527) war.
- Er war weiterhin oberster Lehnsherr im Reich mit der Befugnis, Reichslehen zu verleihen und zu erneuern. Zur Wiederverleihung bedeutender heimgefallener Reichslehen bedurfte er der Zustimmung der Kurfürsten.

**84** Darüber hinaus standen dem Kaiser eine Reihe von zum Teil nicht unbedeutenden Rechten zu, die er teils allein (= jura reservata illimitata), teils mit Zustimmung der Kurfürsten (= jura reservata limitata) ausüben konnte. Zu den *Reservatrechten*, die der Kaiser allein ausüben konnte, gehörten u. a. das Recht der Standeserhöhung und das Recht, Notare zu ernennen.

Ein wesentliches *kaiserliches Reservatrecht* war die Befugnis des Kaisers, den Reichsständen *privilegia de non appellando* zu verleihen, die die Gerichtsverfassung im Reich und in den Territorien in entscheidender Weise prägten. Mit den privilegia de non appellando wurde die Appellation nicht schlechthin untersagt. Lediglich die Appellationen an Gerichte, die nicht Gerichte des privilegierten Reichsstandes waren, wurden mit den privilegia illimitata ganz und mit den privilegia limitata in einem begrenzten Umfange ausgeschlossen. Damit schränkte der Kaiser den Spielraum für die Reichsgerichtsbarkeit im Laufe der Zeit immer mehr ein.[134]

134 Zu alledem U. Eisenhardt, privilegia, S. 12 ff. u. 51 ff.

Andere Reservatrechte, nämlich das *kaiserliche Bücherregal* und das Recht, Druckprivilegien (privilegia impressoria) zu erteilen, gaben dem Kaiser die Möglichkeit, Einfluss auf die Entfaltung des geistigen Lebens in Deutschland zu nehmen. 85

Aus dem Bücherregal wurde die kaiserliche Aufsicht über Buchdruck, Buchhandel und Presse abgeleitet. Der Kaiser übte also die Oberaufsicht über das Bücher- und Pressewesen einschlielich der *Zensur* im gesamten Reich aus. Zur Wahrnehmung dieses Aufsichtsrechts bediente sich der Kaiser im Wesentlichen seines Reichshofrates und der kaiserlichen Bücherkommission in Frankfurt a. M. Der Hauptzweck einer strengen Beaufsichtigung des Bücher- und Pressewesens war es über zwei Jahrhunderte hinweg, den 1555 mühsam errungenen Religionsfrieden zu bewahren, um auf diese Weise eine der Voraussetzungen zu schaffen, die es erlaubten, dass die Angehörigen zweier ursprünglich untereinander völlig verfeindeter großer Konfessionen im Reich miteinander leben konnten.[135]

**4. Das Reichsvikariat.** Für den Fall, dass der Kaiser, etwa bei längerer Abwesenheit, verhindert war, die Regierung des Reiches selbst zu führen, vor allem aber für den Fall des Todes eines Kaisers, musste, solange noch kein Nachfolger als römischer König gewählt war, sichergestellt werden, dass das Reich regiert werden konnte. In den beiden geschilderten Situationen traten *Reichsvikare* an die Stelle des Kaisers, um das Reich eine Zeit lang zu regieren. 86

Verfassungsrechtlich war streng zu unterscheiden zwischen den Reichsvikaren, die nach dem Tode des Kaisers für den Fall, dass noch kein römischer König vorhanden war, die Verwaltung des Reiches bis zur Wahl des neuen Herrschers und dessen Regierungsantritt durch Beeidigung der Wahlkapitulation übernahmen (Reichsvikariat vacante imperio), und denjenigen Reichsvikaren, die die Reichsgeschäfte bei Abwesenheit oder Verhinderung des Kaisers führten (Reichsvikariat absente rege oder vivente imperatore). Die reichsgrundgesetzlichen Regelungen über das Reichsvikariat finden sich vor allem in der Goldenen Bulle von 1356 und den späteren Wahlkapitulationen. Die Goldene Bulle bestimmte den Pfalzgrafen bei Rhein und den Herzog von Sachsen – mit einer räumlichen und sachlichen Aufteilung der Befugnisse – zu Reichsvikaren.[136]

**5. Die schwindende Macht des Kaisers.** Insgesamt war die Macht des Kaisers in starkem Umfange eingegrenzt. Man kann im Vergleich zum Mittelalter auch von einem Machtzerfall sprechen. Dass der Kaiser politisch dennoch eine nicht zu unterschätzende politische Kraft darstellte, hängt weniger mit der Institution Kaiser zusammen, als 87

135 Zu den Einzelheiten siehe U. Eisenhardt, Die kaiserliche Aufsicht.
136 Zu den Einzelheiten siehe W. Hermkes, S. 3f. u. 6ff.

vielmehr damit, dass im Regelfall eines der mächtigsten Herrscherhäuser Europas, die Habsburger, mit der ihnen nicht zuletzt aus nicht zum Reich gehörenden Landen zufließenden Machtfülle den deutschen Kaiser stellten.

Trotz alledem ist angesichts des Bestandes an kaiserlichen Rechten einerseits und an reichsständischen Rechten andererseits festzuhalten: Auch gegen Ende des Reiches hatte der Kaiser noch eine beherrschende verfassungsrechtliche Stellung inne; von einem verfassungsrechtlichen Übergewicht der Reichsstände kann keine Rede sein. Der Kaiser war nach wie vor das Oberhaupt des Reiches; die Fülle der Rechte, die in seiner Person vereinigt waren, erhoben ihn weit über die Reichsstände, auch wenn die politische Durchsetzung dieser Rechte schwierig war und blieb.[137] Wenn auch der Kaiser bis zum Ende des Reiches im Jahre 1806 unangefochten das Oberhaupt desselben blieb, so war damit zu keinem Zeitpunkt eine souveräne Herrschaftstellung verbunden.[138]

**Schrifttum:** A. Buschmann, Die Rechtsstellung des Kaisers nach dem Projekt einer Capitulatio perpetua vom 8. Juli 1711, in: Gedächtnisschrift H. Hofmeister, S. 89 ff.; derselbe, Kaiser und Reichsverfassung. Zur verfassungsrechtlichen Stellung des Kaisers am Ende des 18. Jahrhunderts, in: Heiliges Römisches Reich und moderne Staatlichkeit, 1993, S. 41 ff.; U. Eisenhardt, Die kaiserlichen privilegia de non appellando. QFHG, Bd. 7, 1980; derselbe, Die kaiserliche Aufsicht über Buchdruck, Buchhandel und Presse im Heiligen Römischen Reich Deutscher Nation (1496–1806). Ein Beitrag zur Geschichte der Bücher- und Pressezensur. Studien und Quellen zur Geschichte des deutschen Verfassungsrechts, Reihe A: Studien, Bd. 3, 1970; derselbe, Die Annahme des Titels „Erwählter Römischer Kaiser“, in: Chiusi/Gergen/Jung (Hrsg.), Das Recht und seine historischen Grundlagen, in: FS für E. Wadle zum 70. Geburtstag, 2008, S. 175 ff.; H.-M. Empell, De eligendo regis vivente imperatore. Die Regelung in der Beständigen Wahlkapitulation und ihre Interpretation in der Staatsrechtsliteratur des 18. Jahrhunderts, ZNR 1994, 11 ff.; W. Hermkes, Das Reichsvikariat in Deutschland. Reichsvikare nach dem Tode des Kaisers von der Goldenen Bulle bis zum Ende des Reiches, 1968; G. Kleinheyer, Die kaiserlichen Wahlkapitulationen. Geschichte, Wesen und Funktion. Studien und Quellen zur Geschichte des deutschen Verfassungsrechts, Reihe A: Studien, Bd. 1, 1968; R. Schneider, Königliche Wahlkapitulationen des Früh- und Hochmittelalters, in: Chiusi/Gergen/Jung (Hrsg.), Das Recht und seine historischen Grundlagen, in: FS für E. Wadle zum 70. Geburtstag, 2008, S. 1037 ff.; B. Stollberg-Rilinger, Kaiser, Kaisertum (Neuzeit), HRG II (2. Aufl.), S. 1505 ff.

137 A. Buschmann, in: Heiliges Römisches Reich, S. 41, 58.
138 B. Stollberg-Rilinger, in: HRG II (2. Aufl.), S. 1505.

## IV. Der Reichstag

Der Reichstag hatte sich aus den *Hoftagen* entwickelt, zu denen sich seit der fränkischen Zeit die weltlichen und geistlichen Großen des Reiches zur Beratung des Königs an dessen Hof versammelten. Seit dem 12. Jahrhundert setzte sich die Auffassung durch, dass der König in wichtigen Angelegenheiten des Reiches der Zustimmung der Großen des Reiches auf den Hoftagen bedurfte. Seit 1495 sollte der Reichstag jährlich für mindestens einen Monat zusammentreten. Wegen der großen Zahl der unerledigt gebliebenen Geschäfte wurde der Reichstag 1663 bis zum Ende des Reiches zu einem ständigen Kongress der Reichsstände (sog. *Immerwährender Reichstag*) umgewandelt, der mit unbedeutenden Unterbrechungen in Regensburg tagte. 88

Der Reichstag war kein Parlament im modernen Sinne, auch kein Parlament in einer konstitutionellen Monarchie. Er wurde weder gewählt, noch repräsentierte er das Volk. Basierend auf der ständischen Gliederung des Volkes mit ihrer Ungleichverteilung von Rechten setzte sich der Reichstag in der neueren Zeit aus drei Kollegien zusammen: 89

1. dem Kollegium der Kurfürsten,
2. dem Kollegium der Fürsten, Prälaten, Grafen und Herren (sog. Fürstenrat) und
3. dem Kollegium der Reichsstädte.

Man kann den Reichstag (auch allgemeine Reichsversammlung, Comitia Imperii universalia genannt) als die Vertretung der Reichsstände zur Mitwirkung bei der Regierung und Gesetzgebung des Reiches bezeichnen.[139] Letztlich vertraten die *Reichsstände* nur sich selbst.[140] Die *Reichsstandschaft* war das Recht, auf dem Reichstag Sitz und Stimme (sessio et votum) zu haben.

Den *Reichsstädten* wurde die Reichsstandschaft zunächst bestritten. Erst auf dem Reichstag zu Augsburg 1582 konnten sie sich durchsetzten und erlangten volles Stimmrecht (votum decisivum). Im Westfälischen Frieden von 1648[141] wurde die Gleichberechtigung der Reichsstädte mit den anderen Reichsständen anerkannt. 90

139 H. Conrad, Bd. II, S. 88.
140 K. Schlaich, ZfhF 1983 (Bd. 10), S. 299, 339.
141 IPO Art. VIII § 4; Text: NS III, S. 591.

Die Eröffnung des Reichstages erfolgte nach einem Gottesdienst mit der Verlesung der kaiserlichen Proposition, die diejenigen Gegenstände enthielt, über die auf dem Reichstag beraten und beschlossen werden sollte.

Die Beratschlagung erfolgte getrennt in den drei Kollegien. Zunächst berieten das Kurfürstenkollegium und der Fürstenrat. Fällten diese einen übereinstimmenden Beschluss, wurde dieser dem Kollegium der Reichsstädte zur Beratung und Entscheidung vorgelegt. Kam eine Einigung der drei Kollegien zustande (ein entsprechender Beschluss wurde *Reichsgutachten* genannt), so stand es dem Kaiser frei, dazu seine Zustimmung (Sanktion) zu erteilen oder dieselbe zu verweigern. Durch die Zustimmung des Kaisers wurde das Reichsgutachten zum *Reichsschluss (conclusum Imperii)* erhoben. Derselbe wurde bis 1654 in einem *Reichsabschied*, später durch kaiserliche Verlautbarung bekanntgemacht.[142]

Die Abstimmung im Reichstag geschah so, dass zunächst innerhalb der einzelnen Kollegien abgestimmt wurde. Dabei entschied nach dem Westfälischen Frieden (zuvor hatte es durchaus auch ein Mehrheitsverfahren gegeben) bis auf einige Ausnahmen Stimmenmehrheit. Danach gaben die drei Kollegien ihre Stimme ab. Jedes Kollegium hatte eine Stimme. Ein Beschluss im Reichstag selbst kam nur durch übereinstimmende Stimmabgabe zustande.

91 Auf dem seit 1663 ständig tagenden Reichstag wurde es zur Regel, dass der Kaiser sich durch den *Prinzipal-Kommissar*, die Reichsstände durch eigene Gesandte (*Komitialgesandte*) vertreten ließen.

Die Zuständigkeit des Reichstages für die Beratung und Beschlussfassung in Reichsangelegenheiten ergab sich später aus dem Westfälischen Frieden und vielen Vorschriften der Wahlkapitulationen, beides Reichsgrundgesetze. Der Reichstag wirkte bei der *Reichsgesetzgebung* mit. Der Westfälische Frieden legte fest, dass der Reichstag nicht nur bei der Schaffung, sondern auch bei der Auslegung von Gesetzen mitzuwirken hatte. Außer bei der Reichsgesetzgebung spielte der Reichstag eine wichtige Rolle in auswärtigen Angelegenheiten, im Heerwesen, in Justizangelegenheiten betreffend die Reichspolizei, die Reichsacht und die Reichssteuern.

92 Neben dem Reichstag gab es noch reichsständische Versammlungen, die keine Reichstage waren, nämlich Reichsdeputationstage und Reichskreistage.[143]

Nach den Intentionen des Westfälischen Friedensschlusses sollte der *Immerwährende Reichstag* rechtssichernde und gewährleistende Funktionen wahrnehmen. Bis in die Mitte des 18. Jahrhunderts hinein konnte er diese Aufgaben auch erfüllen, bis er angesichts des seit 1740 offen ausgetragenen

142 H. Conrad, Bd. II, S. 90.

143 Zur Bedeutung derselben und zur Abgrenzung zum Reichstag siehe H. Neuhaus u. M. Schnettger.

Konflikts zwischen Preußen und Österreich in immer größere Schwierigkeiten geriet. Er setzte seine Tätigkeit jedoch bis zum Beginn des Auflösungsprozesses des Reiches fort.

Eine Würdigung des Wirkens des Reichstags, später des Immer- 93
währenden Reichstages, fällt wie bei vielen anderen Institutionen des alten Reiches schwer. Auf dem Gebiete der Gesetzgebung spielte der Reichstag zunächst eine wichtige Rolle; später war er angesichts der Umstände nicht mehr sehr produktiv. Immerhin bildete er im Zusammenwirken mit dem Kaiser ein Gesetzgebungsorgan, wenn auch kein demokratisches. Der Reichstag war darüberhinaus im Reich eine maßgebliche Kontakt- und Kommunikationsstelle zwischen dem Kaiser und den Reichsständen sowie zwischen den Reichsständen selbst. Der Reichstag regelte schließlich auch Konflikte, verbürgte Rechtssicherheit und ermöglichte auf diese Weise einen verrechtlichten Interessenausgleich; dabei war die Gewährleistung des Religionsfriedens von besonderer Bedeutung.[144]

**Schrifttum:** H. Neuhaus, Reichsständische Repräsentationsformen im 16. Jahrhundert. Reichstag – Reichskreistag – Reichsdeputationstag. Schriften zur Verfassungsgeschichte Bd. 33, 1982; K. Schlaich, Die Mehrheitsbestimmung im Reichstag zwischen 1495 und 1613, ZfhF 1983 (Bd. 10), S. 299ff.; M. Schnettger, Der Reichsdeputationstag 1655–1663. Kaiser und Stände zwischen Westfälischem Frieden und Immerwährendem Reichstag, 1996; U. Wolter, Der Immerwährende Reichstag zu Regensburg (1663–1806), JuS 1984, 837ff.

## V. Die oberste Gerichtsbarkeit im Reich. Reichskammergericht und Reichshofrat

*Reichskammergericht* und *Reichshofrat* gehörten zu den Klam- 94
mern, die das Reich bis zu seinem Ende im Jahre 1806 – wenn z.T. auch nur noch lose – zusammenhielten. Beide waren höchste Reichsgerichte.

Das Reichskammergericht war seit 1495 an die Stelle des *königlichen Kammergerichts* getreten und teilweise dem Einfluss der Reichsstände unterworfen. Es war insofern kein völlig neues Gericht als es nahtlos an die Tätigkeit des königlichen Kammergerichts anknüpfte. Das gilt nicht nur für das Verfahrensrecht.[145]

144 U. Wolter, JuS 1984, 837, 839ff.
145 J. Maurer, QFHG Bd. 45, S. 80 und 115.

95 Der *Reichshofrat* war nicht nur ein mit dem Reichskammergericht konkurrierendes oberstes Reichsgericht; er war zugleich – eine Doppelfunktion erfüllend – ein in Wien residierendes kaiserliches Regierungs- und Verwaltungsorgan, das eine von der Geschichtsschreibung lange Zeit verkannte Rolle in der verfassungsrechtlichen und politischen Wirklichkeit des Reiches gespielt hat.

Die Wirkungsmöglichkeiten der obersten Reichsgerichte waren durch *Exemtionsprivilegien* und die schon erwähnten *privilegia de non appellando* nicht unerheblich eingeschränkt. Aufgrund von Exemtionsprivilegien waren einzelne Reichsteile, wie z. B. Österreich, Böhmen, Burgund und die Niederlande, von der höchsten Reichsgerichtsbarkeit ausgeschlossen.[146] Mit der häufigen Verleihung von privilegia de non appellando (zum Begriff siehe oben Rdnr. 84) an die Reichsstände begab sich der Kaiser eines Teiles seiner Rechte und stärkte die Gerichtsgewalt der Landesherrn und Städte, denn die privilegia schnitten den Untertanen des privilegierten Reichsstandes den Rechtsweg an die obersten Reichsgerichte ganz oder teilweise ab. Gleichwohl behauptete er seine Stellung als oberster Gerichtsherr im Reich. Dies konnte allerdings nicht darüber hinwegtäuschen, dass die häufige Vergabe von Appellationsprivilegien einen weitgehenden Verzicht des Kaisers auf die eigentliche Kontrolle der Rechtspflege in den Territorien bedeutete.[147]

96 Reichskammergericht und Reichshofrat haben sich bis zum Ende des Reiches als Gerichte eine große politische Bedeutung erhalten können.[148] Beim Reichskammergericht nahmen dessen gelehrte Juristen durch gezielte Initiativen Einfluss auf die Veränderung des Rechts.[149] Wenn auch in der großen Mehrzahl der Fälle beide Gerichte zuständig waren und dem Betroffenen ein Wahlrecht darüber zustand, welches Gericht er anrufen wollte, so gab es doch eine Reihe von Fällen, in denen der Reichshofrat in der 1. Instanz allein zuständig war. Dazu zählten u. a. Reichslehnsachen, Streitigkeiten über kaiserliche Privilegien und Reservatrechte sowie Kriminalsachen gegen Reichsunmittelbare außer Landfriedensbruch.

**Schrifttum:** B. Diestelkamp, Das Reichskammergericht im Rechtsleben des 16. Jahrhunderts, in: A. Fink/H. J. Becker/G. Dilcher/G. Gudian/E. Kaufmann/W. Sellert (Hrsg.), Rechtsgeschichte als Kulturgeschichte. FS für A. Er-

146 W. Sellert, Zuständigkeitsabgrenzung, S. 15 ff.
147 Zu den Einzelheiten siehe U. Eisenhardt, privilegia, S. 60 ff.
148 F. Hertz, MIÖG 69, 1961, S. 331 ff.
149 B. Diestelkamp, in: FS Erler, S. 449.

ler zum 70. Geburtstag, 1976, S. 453 ff.; U. Eisenhardt, Die kaiserlichen privilegia de non appellando. QFHG, Bd. 7, 1980; F. Hertz, Die Rechtsprechung der höchsten Reichsgerichte im römisch-deutschen Reich und ihre politische Bedeutung, MIÖG 69, 1961, S. 331 ff.; J. Maurer, Das Königsgericht und sein Wirken von 1451 bis 1493, in: B. Diestelkamp (Hrsg.), Das Reichskammergericht. Der Weg zu seiner Gründung und die ersten Jahrzehnte seines Wirkens (1451–1527), QFHG, Bd. 45, 2003, S. 79 ff.; W. Sellert, Über die Zuständigkeitsabgrenzung von Reichshofrat und Reichskammergericht insbesondere in Strafsachen und Angelegenheiten der freiwilligen Gerichtsbarkeit. Untersuchungen zur deutschen Staats- und Rechtsgeschichte. NF Bd. 4, 1965.

## VI. Die ständische Ordnung in der Zeit nach 1500

**1. Die Grundzüge.** Die ständische Ordnung, die sich im Mittelalter herausgebildet hatte (vgl. oben Rdnr. 33 ff.) und im Wesentlichen auf der Einteilung in die drei großen Stände – Adel, Bürger und Bauern – beruhte, bildete auch die Grundlage für die ständische Ordnung in der Zeit nach 1500. Der Stand wurde in der neueren Zeit allerdings immer stärker zu einem sozialen Begriff, der auf die Rechtsordnung übergriff. Man kann den *Stand* auch als einen Rechtsbegriff sehen:[150] Die Mitglieder eines Standes hatten die gleichen Rechte und Pflichten, während die Mitglieder verschiedener Stände durchaus unterschiedliche Rechte und Pflichten haben konnten. Die *Ungleichheit im Recht*, die zum Charakter des Ständestaates gehört, überdauerte also das Mittelalter und setzte sich in der Neuzeit fort.[151] 97

Die *Ständeordnung* prägte das tägliche Leben so stark, dass ständische Unterschiede auf Grund gesetzlicher Regelungen in der Kleidung sichtbar zum Ausdruck kommen mussten (Kleiderordnung). Solche Bestimmungen dienten nicht zuletzt dem Zweck, die Unterschiede zwischen den Ständen besonders deutlich zutage treten zu lassen. 98

Die ständische Ordnung bestimmte den Staat und seine Verfassung so stark, dass man von einem *Ständestaat* sprechen muss. Die Zugehörigkeit zu einem bestimmten Stand war häufig ausschlaggebend für den Zugang zu vielen Berufen und Gewerben. Auch die Privatrechtsordnung war in vielfältiger Weise durch die *Ständeordnung als Sozialmodell* geprägt. Das wird besonders augenfällig in der Bodenordnung. Adelsland oder das dem Bürgertum der Städte vorbehaltene Grundeigentum waren nicht frei veräußerlich.[152]

150 H. Conrad, Bd. II, S. 206.
151 Mitteis-Lieberich, Kap. 43 III 1.
152 H. Conrad, Bd. II, S. 206.

99 Wie weit die ständische Ordnung in der Rechtsordnung ihren Niederschlag gefunden hat, macht in besonderem Maße das Allgemeine Landrecht für die Preußischen Staaten von 1794 (ALR) deutlich, das immerhin unter dem Einfluss des Gedankengutes der Aufklärung entstanden war, die sich zum Ziel gesetzt hatte, den Menschen aus den überlieferten, seine Freiheit und Entfaltung hemmenden Bindungen zu befreien und das menschliche Leben in allen seinen Bereichen vernunftgemäß zu ordnen. Diejenigen, die das ALR schufen, nahmen das Sozialmodell des Ständestaates als vorgegeben hin und machten es zum Maßstab für große Teile des Gesetzbuches, indem sie die Bausteine der ständischen Hierarchie – Königtum sowie Adels-, Bürger- und Bauernstand – als die wichtigsten Bezugspunkte – selbst für die Stoffanordnung in dem Gesetzbuch – anerkannten.[153] So wird jeder Stand mit dem ihm zuerkannten Recht beschrieben, wie z. B. das Handelsrecht bei den Titeln, die den Bürgern gewidmet sind.[154] Das wird am Anfang des ALR so gerechtfertigt:

§ 6. Personen, welchen, vermöge ihrer Geburt, Bestimmung, oder Hauptbeschäftigung, gleiche Rechte in der bürgerlichen Gesellschaft beygelegt sind, machen zusammen einen Stand des Staats aus.

§ 7. Die Mitglieder eines jeden Standes haben, als solche, einzeln betrachtet, gewisse Rechte und Pflichten.

§ 8. Andere kommen ihnen nur in so fern zu, als mehrere derselben zusammen eine besondre Gesellschaft ausmachen".[155]

100 **2. Der Adel.** An der Spitze der sozialen Pyramide stand nach wie vor der Adel, eine durch Rechte und Pflichten herausgehobene Herrenschicht von erblichem Stand. Das alte Reich wird deshalb auch als „adliger Personenverbandsstaat mittelalterlicher Prägung" oder als „gestufte, große Aristokratie mit monarchischer Spitze" bezeichnet.[156]

Das Hauptkennzeichen des reichsunmittelbaren Adels war die direkte Beziehung zum König bzw. Kaiser, den er als einzigen Herrn über sich hatte. Der reichsunmittelbare Adel war unterteilt in den Reichsfürstenstand – dazu zählten die Kurfürsten, Fürsten und reichsunmittelbaren Grafen – und die Reichsritterschaft. Der reichsunmittelbare Adel besaß zwar die Reichsstandschaft (vgl. dazu oben Rdnr. 37f.), es gab jedoch Abstufungen. Die Mehrheit der Reichsfürsten war mit jeweils einer Stimme auf dem Reichstag vertreten (Virilstimmen); den Reichsrittern und kleineren Reichsfürsten wurden nur vier Kollektivstimmen (Kuriatstimmen) zugestanden.

Die Mehrzahl der deutschen Adelsfamilien gehörte zum landsässigen Adel mit mittelbarem Status. Viele dieser Adelsfamilien, die wirtschaftlich oft besser

153 H. Hattenhauer, Landrecht, Einführung, S. 33.
154 Zweiter Teil, 8. Titel, 7. Abschnitt ff.
155 ALR, Erster Teil, 1. Titel. „Von Personen und deren Rechten überhaupt".
156 H. Pohl, in: Dt. VerwG I, S. 244.

gestellt waren als die Reichsritter und kleinen Reichsfürsten, waren Nachfahren von Ministerialen oder von Männern, die wegen ihrer Verdienste geadelt worden waren.[157]

Hauptbetätigungsfelder des Adels waren Militär- und Verwaltungsdienst in den oberen Regierungskollegien. In letzteren wirkten sie zusammen mit bürgerlichen Juristen, die in der frühen Neuzeit den adligen Juristen vielfach vorgezogen wurden. Den Verlust an politischer Macht konnte der Adel nur durch den Dienst für den Landesherrn kompensieren. Dabei geriet er allerdings häufig in Konkurrenz mit dem aufstrebenden Bildungsbürgertum.[158] 101

Hatte der Adel im Spätmittelalter noch eine beherrschende Rolle gespielt, so musste er in der neueren Zeit Einschränkungen hinnehmen. In der Zeit des *Absolutismus* (dazu oben Rdnr. 74) wurde der Adel politisch weitgehend entmachtet, weil die Teilhabe der Stände an den politischen Entscheidungen reduziert wurde.[159]

**3. Die Bürger.** In den Städten setzte sich innerhalb der Bürgerschaft die Entwicklung zu einer ständischen Schichtung innerhalb der Stadt, die bereits im Mittelalter begonnen hatte, fort. Es bildeten sich innerhalb des Bürgertums verschiedene soziale Gruppen heraus, denen unterschiedliche Rechte und Pflichten zuerkannt wurden. Dies fand seinen Niederschlag auch in Reichsgesetzen, wie z. B. in der Reichspolizeiordnung von 1530, die drei Kategorien von Bürgern unterschied. Es heißt dort: 102

> "Nachdem in Städten gemeiniglich dreyerley Bürger und Inwohner sind, als gemeine Bürger und Handwercker, Kauff- und GewerbsLeut und andere, so im Rath von Geschlechten, oder sonst ehrlichs Herkommens und ihrer Zinß und Renthen sich ernehren".[160]

Es wird also deutlich unterschieden, wobei die führende Schicht der Patrizier – auch Stadtadel genannt – sich durch Reichtum und politischen Einfluss auszeichnete.[161]

**4. Die Bauern.** Der Bauernstand der Neuzeit gliederte sich in freie und unfreie Bauern. 103

*Freie Bauern* auf eigenem Grund und Boden hatten sich in geschlossenen Siedlungen nur in wenigen Teilen Deutschlands, wie

157 H. Pohl, in: Dt. VerwG I, S. 244 ff.
158 H. Pohl, in: Dt. VerwG I, S. 245 mit Nachw.
159 J. Eckert, in: HRG I (2. Aufl.), S. 75.
160 RPO von 1530 XI § 1, Text: NS II, S. 337.
161 H. Conrad, Bd. II, S. 216.

z. B. in Westfalen, Schleswig-Holstein und Württemberg, erhalten können. Häufiger anzutreffen waren freie Bauern, die fremdes Land bearbeiteten und dafür Abgaben an den Grundherrn leisten mussten.

Eine große Zahl von Bauern lebte in der *Leibeigenschaft*. Dieser Begriff wird auch in der Reichsgesetzgebung verwendet, so z. B. in dem Reichsabschied von 1555.[162] Für das Entstehen der neuzeitlichen Leibeigenschaft, die im Westen Deutschlands eine mildere Ausprägung erfuhr als im Osten, waren in erster Linie politische und wirtschaftliche Entwicklungen, nicht aber die Rezeption des römischen Rechts maßgeblich.

104 Mit der Leibeigenschaft war für die davon betroffenen Bauern in der Regel eine große Zahl von Pflichten und Bindungen zugunsten der Herrschaft verbunden. Die Leibeigenen schuldeten Dienste, Abgaben, Treue und Gehorsam. Sie durften ohne Einwilligung ihres Herrn das Gut, auf dem sie arbeiteten, nicht verlassen und auch nicht heiraten. Der Herr durfte die Leibeigenen züchtigen, verkaufen, verschenken und vererben. Begründet wurde die Leibeigenschaft durch die Abstammung von unfreien Eltern.[163]

In der frühen Neuzeit bildete sich ein *Bauernrecht* heraus, weil in den Territorialstaaten des Reiches durch den Erlass von umfassenden Landes- oder Spezialordnungen, welche die Regelung von Fragen des bäuerlichen Rechtsstatus, der Dienste, des Schutzes der Bauerngüter und des Erbrechts zum Gegenstand hatten, die territorialen Rechtsbräuche zunehmend systematisiert worden waren. Damit reagierten die Territorialstaaten auf die zunehmenden Auseinandersetzungen zwischen Bauern und Grundherrn. Man kann darin die Verrechtlichung der grundherrlich-bäuerlichen Konflikte sehen.[164]

105 **5. Die Juden.** Wie schon im Mittelalter, gehörten die Juden auch in der neueren Zeit keinem der drei großen Stände an. In den einschlägigen Quellen findet sich der Begriff der Judenbürgerschaft, der darauf hindeutet, dass es in den Städten eine speziell auf Juden bezogene Bürgerschaft gegeben hat.[165]

Das auf dem Judenregal basierende Schutzbriefsystem (vgl. für das Mittelalter oben Rdnr. 48 f.) weitete sich zunächst noch aus, verlor aber später an Bedeutung.

106 Im 16. und 17. Jahrhundert wurde eine Reihe von reichsrechtlichen Regelungen getroffen, die die Rechtsstellung der Juden nachhaltig prägten. Diese

---

162 § 24; Text: NS III, S. 19.
163 H. Conrad, Bd. II, S. 218.
164 W. Schulze, ZNR 1990, 127 ff. mit Nachw.
165 F. Battenberg, ZfhF 1979, S. 161.

waren vor allem in den Reichspolizeiordnungen von 1530, 1548 und 1577 enthalten. Im Laufe des 16. und 17. Jahrhunderts wurden die entsprechenden reichsrechtlichen Regelungen, welche die Juden betrafen, in Landesordnungen übernommen und inhaltlich z. T. erheblich ergänzt. Man kann in diesem Zusammenhang von einer „Territorialisierung der Judenschaft" sprechen.[166] Damit ist insbesondere gemeint, dass sich ein „Abschichtungsprozess" der Juden vom Kaiser als Reichsoberhaupt vollzog. An die Stelle der alten kaiserlichen Schutzzusicherungen traten nun Abhängigkeitsverhältnisse der Juden zu ihren Landesherrn und Stadtobrigkeiten, was neue Momente der Unsicherheit in die Existenz von Juden und Judengemeinden brachte. Wenn nun vom „Schutzjuden" gesprochen wurde, so war damit der von den Landesherrn mehr oder minder gewährte Schutz gemeint. Hergebrachte Handels- und Gewerbebeschränkungen bestanden in unterschiedlichem Umfange fort.[167]

Ob die rechtliche Besserstellung, welche die Juden im 16. Jahrhundert erreichten, auch eine wirtschaftliche und soziale Besserung mit sich brachte, ist umstritten.[168] Von einer Emanzipation konnte jedenfalls nicht – auch nicht ansatzweise – gesprochen werden. Allerdings begannen im Laufe des 18. Jahrhunderts diejenigen Juden, die in Handel und Gewerbe zu Ansehen und Wohlstand gekommen waren, gestützt auf ihre verbesserte ökonomische Position, die bestehenden und unzeitgemäß gewordenen rechtlichen Schranken zu überschreiten. Dies gelang innerhalb des Reiches aber niemals vollständig, nicht einmal den wenigen *Hofjuden*, die sich kraft ihrer besonderen Beziehungen zu den jeweiligen Landesherrn aus einigen Fesseln hatten befreien können. Aus dieser Zeit sind auch Prozesse am Reichskammergericht bekannt, in denen Juden – bzw. die Judenschaft in einzelnen Städten – versucht haben, ihre Rechte durchzusetzen.[169] 107

Die Juristen der Rezeptionszeit, wie z. B. *J. Reuchlin (1455 bis 1522)*, begriffen die Juden als Bürger römischen Rechts, die, wie andere Bürger auch, gleichberechtigt am Rechtsverkehr teilnehmen sollten. Hingegen ließen die Kirchen allenfalls eine gewisse Duldung aber auch weitere Diskriminierungen zu.[170]

**Schrifttum:** F. Battenberg, Zur Rechtsstellung der Juden am Mittelrhein, ZfhF 1979, S. 129 ff.; derselbe, Juden am Reichskammergericht in Wetzlar – Der Streit um die Privilegien der Judenschaft in Fürth, in: QFHG, Bd. 24, 1993, S. 181 ff.; derselbe, Juden, in: HRG II (2. Aufl.), S. 1404 ff.; J. Eckert, Adel, HRG I (2. Aufl.), S. 69 ff.; H. Hattenhauer (Hrsg.), Allgemeines Land-

166 F. Battenberg, ZfhF 1979, S. 170.
167 F. Battenberg, ZfhF 1979, S. 167 ff.
168 Zum Stand der Forschung siehe F. Battenberg, ZfhF 1979, S. 171.
169 F. Battenberg, in: QFHG, Bd. 24, S. 181 ff.
170 F. Battenberg, HRG II (2. Aufl.), S. 1405 f.

recht für die preußischen Staaten von 1794. Textausgabe mit einer Einführung, 1970; K. Kroeschell/A. Cordes, Bürger, HRG I (2. Aufl.), S. 738 ff.; A. Laufs, Reichsstädte und Reichsreform, ZRG Germ. Abt. 84, 1967, S. 172 ff.; H. Pohl, in: Dt. VerwG I, S. 244 ff.; W. Schulze, Die Entwicklung des „teutschen Bauernrechts" in der Frühen Neuzeit, ZNR 1990, 127 ff.

## VII. Die Religionsverfassung

108 Mit der Reformation zerbrach die Einheit, die Staat und Kirche, repräsentiert durch Kaiser und Papst, am Ende des Mittelalters und am Beginn der Neuzeit gebildet hatten. Im deutschen Reich entstand eine komplizierte Religionsverfassung, die in der Folgezeit einem häufigen Wandel unterworfen war.

Die Religionsverfassung des alten Reiches unterschied sorgsam zwischen *Parität* und *Toleranz*. Parität bezeichnete eine weitgehende Gleichstellung und Gleichbehandlung. Toleranz bedeutete hingegen lediglich Duldung mit einem gewissen Spielraum, wobei den Tolerierten durchaus ein bestimmtes Maß an Rechten zugebilligt sein konnte.

Bei der Parität ist zu unterscheiden zwischen *staatsbürgerlicher und staatskirchenrechtlicher Parität*. Erstere bedeutet Gleichheit in den bürgerlichen und staatsbürgerlichen Rechten ohne Rücksicht auf das religiöse Bekenntnis. Die staatskirchenrechtliche Parität bezeichnet die weitgehende Gleichwertigkeit und Gleichbehandlung der verschiedenen Religionsgemeinschaften, also die gleiche Gewährung von Pflichten und Vorteilen, in der politischen Verfassungsordnung des des Reiches.[171]

109 Die Verteilung von Parität und Toleranz auf der Reichsebene einerseits und in den Territorien andererseits kennzeichnet ein kompliziertes System und wirkt auf den ersten Blick verwirrend. Auf der Reichsebene passte der *Religionsfrieden von 1555* die Rechtsstellung der „Augsburgischen Konfessionsverwandten" (Lutheraner, nicht das reformierte Bekenntnis = Calvinisten) derjenigen der Katholiken weitgehend an. Er gewährte den Reichsständen, die sich zur Augsburgischen Konfession bekannten, in religiösen Dingen eine beschränkte Parität (staatskirchenrechtliche Parität). Jeder Reichsstand war berechtigt, sich einer der zugelassenen Konfessionen anzuschließen und seinen Untertanen zu befehlen, dieselbe Religion anzunehmen (*Religionsbann*; cuius regio, eius religio).[172] § 24 des Augsburger

171 M. Heckel ZRG Kan. Abt. 49, 1963, S. 321.
172 H. Conrad, Bd. II, S. 174 f.

Religionsfriedens von 1555 eröffnete den Untertanen, die sich nicht zu der Religion des Landesherrn bekennen wollten, allerdings die Möglichkeit, ihr Land zu verlassen (*Emigrationsrecht*). Dieses freie Abzugsrecht gewährte den Andersgläubigen einen gewissen Schutz gegenüber dem Religionsbann des Landesherrn. Der Religionsbann schloss aber die Duldung eines anderen Bekenntnisses innerhalb eines Territoriums aus. Um das Emigrationsrecht wurde nicht selten bis zum Reichskammergericht prozessiert.[173]

Damit war den andersgläubigen Untertanen in einem Territorium noch keine Toleranz gewährt. Allerdings hatte die Idee der Toleranz durch die Gestaltung des freien Abzugs (§ 24 des Religionsfriedens) schon Eingang in die Verfassung gefunden.[174] 110

Der Westfälische Frieden verfestigte auf der Reichsebene den Grundsatz der Parität zwischen den großen Konfessionen (IPO Art. V) und dehnte ihn auf das reformierte Bekenntnis (Calvinisten) aus (IPO Art. VII). Nun standen das katholische, das lutherische und das reformierte Bekenntnis paritätisch, d. h. weitgehend gleichberechtigt nebeneinander.

Die Parität, welche die beiden großen Religionsgemeinschaften auf der Reichsebene genossen, fand nicht ihren Niederschlag in der Rechtslage, die der Westfälische Frieden für den Bereich innerhalb der Territorien festlegte. Dennoch erfuhr der Religionsbann des Landesherrn eine Einschränkung. Art. V § 34 IPO gewährte den Katholiken unter einem protestantischen Landesherrn und den Protestanten unter einem katholischen Landesherrn eine weitgehende Toleranz, ohne die Tolerierten der Konfession des Landesherrn gleichzustellen. Art. V § 34 IPO bestimmte, dass andersgläubige Landeskinder „geduldig toleriert werden" sollten („patienter tolerentur"). Der Rahmen der Toleranz wurde abgesteckt, indem den Geduldeten u. a. gestattet wurde, „mit freiem Gewissen zu Hause ihrer Andacht obzuliegen" (Art. V § 34 IPO). Die Religionsgemeinschaften genossen also innerhalb der Territorien keine staatskirchenrechtliche Parität (Art. V § 35 IPO). 111

Der Westfälische Frieden hat die verfassungsrechtliche Entwicklung zur paritätischen Relativierung der Religionsverfassung abgeschlossen.[175] 112

173 B. Ruthmann, Religionsprozesse, S. 296 ff.
174 H. Conrad, in: Röm. Quartalsschrift Bd. 56, S. 175. Zur Auswirkung der Religionsspaltung auf den Reichstag K. Schlaich, in: Der Staat 1972, S. 218 ff.
175 M. Heckel, ZNR 2006, 235, 253.

Unter dem Einfluss des Gedankengutes der Aufklärung wurde die Toleranz in der zweiten Hälfte des 18. Jahrhunderts in vielen Territorien auch auf die durch den Westfälischen Frieden nicht zugelassenen Religionen ausgedehnt. Damit war ein Bruch mit dem geltenden Reichsrecht vollzogen.[176]

Unter den bedeutenden Territorien war *Österreich* das erste, das die Toleranz gesetzlich auf Bekenntnisgemeinschaften ausdehnte, die nach dem Westfälischen Frieden nicht zugelassen waren. Am 20. Oktober 1781 erließ Joseph II. das *Toleranzpatent* für die österreichischen Länder. Die Vorzugsstellung der römisch-katholischen Religion blieb allerdings erhalten. Den Protestanten und einigen anderen wurde zugebilligt, „ein ihrer Religion gemäßes Privatexercitium" auszuüben. Sie erlangten jedoch keine staatskirchenrechtliche Parität. Auch nach dem Toleranzpatent Josephs II. von 1781 bedeutete Toleranz keineswegs Gleichstellung und Gleichberechtigung, also nicht Parität, sondern Duldung mit der Gewährung von gewissen Rechten an die Geduldeten.

113 Weiter als in Österreich ging die Toleranzgesetzgebung in *Preußen*. Auch hier war sie im Wesentlichen eine Folge der Aufklärung. Schon lange vor einer entsprechenden gesetzlichen Regelung wurden die nach dem Westfälischen Frieden nicht zugelassenen Religionsgemeinschaften in Preußen geduldet. Man verfuhr im Großen und Ganzen nach dem Grundsatz, den Friedrich II. am 22. 6. 1740 als Randverfügung schriftlich fixiert hatte: „Die Religionen müssen alle Tolleriret werden und mus der fiscal mehr das Auge darauf haben das keine der andern abbruch Tue, den hier mus ein jeder nach Seiner Fasson Selich werden." Das sog. *Wöllnersche Religionsedikt von 1788* legte die Rechte der Religionsgemeinschaften fest. Es nennt als „Hauptkonfessionen" die drei großen, nämlich die reformierte, lutherische und römisch-katholische. Ihnen wird die vollkommene Parität (auch die staatskirchenrechtliche) gewährt. Als „öffentlich geduldete Sekten" werden u. a. die Juden aufgeführt, die aber nicht mit den „Hauptkonfessionen" gleichberechtigt waren; sie genossen keine staatskirchenrechtliche Parität, sondern waren lediglich „toleriert".[177]

114 Die Glaubensspaltung hatte zunächst wegen der engen Glaubensverbundenheit des Rechtsdenkens zu einer tiefen inneren Spaltung der *Rechtsordnung im Reich* geführt. Diese wurde u. a. dadurch herbeigeführt und aufrechterhalten, dass beide Konfessionen die gleichen Begriffe unterschiedlich interpretierten. Die Spaltung des Rechtsverständnisses vollzog sich durch die theologisch bestimmte Interpretation des geltenden Rechts nach dessen Geltungsgrund, Geltungssinn und Geltungsgrenzen[178] Auch durch den Religionsfrieden

176 H. Conrad, in: Röm. Quartalsschrift Bd. 56, S. 175 ff.
177 Über das Verhältnis zwischen Staat und Kirche im aufgeklärten Absolutismus s. im Einzelnen: H. Conrad, in: Der Staat 1973, S. 45 ff.
178 M. Heckel, ZRG Kan. Abt. 77, 1991, S. 283, 311.

von 1555 wurde die Rechtseinheit nicht erzielt; das Reich blieb religiös und rechtlich gespalten.

**Schrifttum:** H. Conrad, Religionsbann, Toleranz und Parität am Ende des alten Reiches, in: Röm. Quartalsschrift für christl. Altertumskunde und Kirchengeschichte Bd. 56, 1961, S. 175 ff.; derselbe, Staat und Kirche im aufgeklärten Absolutismus, in: Der Staat 1973, S. 45 ff.; G. Frank, Das Toleranzpatent Kaiser Josephs II., 1881; A. Gotthard, Der Augsburger Relgionsfrieden, 2004; M. Heckel, Parität, ZRG Kan. Abt. 49, 1963, S. 261 ff.; derselbe, Die Religionsprozesse des Reichskammergerichts im konfessionell gespaltenen Reichskirchenrecht, ZRG Kan. Abt. 77, 1991, S. 283 ff.; derselbe, Vom alten Reich zum neuen Staat. Entwicklungslinien des deutschen Staatskirchenrechts in der Neuzeit, ZNR 2006, 235 ff.; B. Ruthmann, Religionsprozesse am Reichskammergericht (1555–1648). Eine Analyse anhand ausgewählter Prozesse. QFHG Bd. 28, 1996; K. Schlaich, Corpus Evangelicorum und Corpus Catholicorum, in: Der Staat 1972, S. 182 ff.; B. C. Schneider, Ius Reformandi. Die Entwicklung eines Staatskirchenrechts von seinen Anfängen bis zum Ende des Alten Reiches (Ius Ecclesiasticum 68), 2001.

## VIII. Die Reichsreform am Ende des 15. und am Beginn des 16. Jahrhunderts

Schon im 15. Jahrhundert entstanden Pläne für eine Reichsreform. **115**
Aber erst während der Regierungszeit *Maximilians I. (1493–1519)* versuchte man eine praktische Umsetzung, die u. a. den Ausgleich zwischen Kaisertum und Reichsständen zum Gegenstand hatte. Die Interessen der Letzteren nahm insbesondere der *Kurfürst und Erzbischof von Mainz, Berthold von Henneberg (1484–1504),* wahr.

Der Begriff Reform als „Verbesserung und Veränderung im Allge- **116**
meinen" kann in diesem Sinne auf die Reichsreform am Ende des Spätmittelalters und zu Beginn der neueren Zeit angewandt werden, denn bereits im 15. Jahrhundert wurden aus allen Schichten des Volkes Klagen über die öffentlichen Zustände im Reich und die Forderung nach Besserungen laut.[179] Der Wormser Reichstag hatte sich mit den 1495 beschlossenen Maßnahmen das Ziel gesetzt, den Landfrieden zu sichern. Dieses Ziel ist mit Frieden durch Recht und Gerechtigkeit umschrieben. Dass die Umsetzung dieses Konzeptes in der Realität etliche Zeit brauchte, liegt in den sozialen und politischen Verhältnissen der Reformationszeit begründet, aber auch in der noch

179 H. Angermeier, ZRG Germ. Abt. 75, 1958, S. 181.

mangelhaften Ausbildung der zur Wahrung des Reichsfriedens berufenen Organe[180]

Das eigentliche Problem der Reichsreform bestand in der Umgestaltung der obersten Reichsgewalt. Dabei blieb der konservative Grundcharakter der Reform unverkennbar. Alle Pläne zielten darauf ab, „der Reichsidee und ihren höchsten Maximen wieder zur Verwirklichung zu verhelfen".[181]

117 Die Reform bestand im Wesentlichen aus:

- dem „Landfrieden Anno 1495 zu Worms aufgericht"[182], dem sog. „*Ewigen Landfrieden*", und der „Handhabung Friedens und Rechtens"[183], mit deren Hilfe im Reich eine Rechtsgemeinschaft gebildet werden sollte. Durch diese sollte jegliche Eigenmacht – auch die der Reichsstände – ausgeschlossen werden. Da jedoch die politische Macht fehlte, um diese Landfriedensordnung durchzusetzen, gehörte auch noch im 16. Jahrhundert die Fehde zum politischen Alltag;[184]
- der Errichtung des *Reichskammergerichts* als einem vom Kaiser (König) und von den Reichsständen gemeinsam besetzten Gerichtshof. Die gesetzliche Grundlage, die das Gericht vom königlichen Hofe ablöste, bildete die *Kammergerichtsordnung von 1495*;[185]
- der Schaffung von *Reichskreisen* – zunächst 6 (1500) und später 10 (1512) –, die der Handhabung des Landfriedens und der Exekutionsordnung dienen und auf denen das Reichsheer und -steuerwesen basieren sollten;
- der Errichtung eines *ständischen Reichsregiments*, das an die Stelle des alljährlich stattfindenden Reichstages treten sollte, der sich als zu schwerfällig erwiesen hatte. Ein Reichsrat (des Heiligen Reiches Regiment) sollte für alle Geschäfte des Reiches zuständig sein, die nicht vor den Reichstag gehörten. Er trat an die Stelle des Kaisers, der auf den Vorsitz im Reichsrat beschränkt wurde und ohne das Reichsregiment nicht mehr handeln konnte.[186]

118 Die Beschlüsse des Wormser Reichstages waren für die Verfassungsentwicklung des Reiches bedeutsam, weil von ihnen wichtige Impulse für den verfassungsrechtlichen Diskurs und die politischen Auseinandersetzungen der nächsten Jahrzehnte ausgingen.[187]

Weder die Theoretiker noch die Praktiker der Reichsreform haben an die Ausbildung einer staatlichen Organisation im Geiste der Neu-

180 E. Wadle, in: Landfrieden, Strafe, Recht, S. 195.
181 H. Angermeier, ZRG Germ. Abt. 75, 1958, S. 188.
182 Text: NS II, S. 3 f.
183 Text: NS II, S. 11 ff.
184 Mitteis-Lieberich, Kap. 41 I.
185 Text: NS II, S. 6 ff.
186 Regimentsordnung vom 2. Juli 1500. Text: NS II, S. 56. Dazu H. Conrad, Bd. II, S. 74 ff.
187 P. Schmidt, QFHG, Bd. 45, 2003, S. 117 f.

zeit gedacht.[188] Wenn auch im Zuge dieser Entwicklung föderalistische Tendenzen gestärkt wurden, so traten doch bei der Neuordnung der Regierungsgewalt – etwa durch die Einführung des Reichsregiments – zentralistische Elemente in den Vordergrund. Die Reichsreform führte nicht zur Perfektion der Staatgewalt. Man kann sie vielmehr als einen Prozess der Konsolidierung auf dem Wege der Verteilung der Staatsgewalt und ihrer einvernehmlichen Ausübung durch die einzelnen Glieder werten. Schließlich kann man die Bedeutung der Reichsreform auch in der Verbindung zwischen Mittelalter und Neuzeit in Deutschland sehen[189]

**Schrifttum:** H. Angermeier, Begriff und Inhalt der Reichsreform, ZRG Germ. Abt. 75, 1958, S. 181 ff.; derselbe, Die Reichsreform 1410–1555. Die Staatsproblematik in Deutschland zwischen Mittelalter und Gegenwart, 1984; P. Schmidt. Die Reformbeschlüsse von 1495 und ihre politischen Rahmenbedingungen, in: B. Diestelkamp (Hrsg.), Das Reichskammergericht. Der Weg zu seiner Gründung und die ersten Jahrzehnte seines Wirkens (1451–1527), QFHG, Bd. 45, 2003, S. 117 ff.; E. Wadle, Der Ewige Landfriede von 1495 und das Ende der mittelalterlichen Friedensbewegung, in: E. Wadle, Landfrieden, Strafe, Recht. Zwölf Studien zum Mittelalter. Schriften zur Europäischen Rechts- und Verfassungsgeschichte Bd. 37, 2001, S. 183 ff.

## IX. Verfassung und Verwaltung der Territorialstaaten und Reichsstädte

**1. Die Territorialstaaten. a) Gerichtshoheit, Gesetzgebungsbefugnis und Staatsgewalt.** Bei der Ausbildung von Territorialstaaten in Deutschland wird in der neueren Zeit der Gerichtsgewalt und der Gesetzgebungsbefugnis der Landesherrn eine besondere Bedeutung zugemessen. 119

Nachdem der größte Teil der *Gerichtsgewalt* vom König (Kaiser) auf die Landesherren und freien Städte übergegangen war, stellte die vom Reich weitgehend unabhängige Rechtspflege mit der Möglichkeit, seinen Untertanen eine zügige Abwicklung der Prozesse zu garantieren, für einen Landesherrn einen gewichtigen Anteil staatlicher Macht dar. Diese Macht wurde durch die Eingriffsmöglichkeiten der Landesherrn in die Rechtspflege, die lange Zeit als rechtmäßige Ausübung eines Hoheitsrechts (*Machtspruch*) angesehen wurden, noch gestärkt.

188 H. Angermeier, ZRG Germ. Abt. 75, 1958, S. 189.
189 H. Angermeier, Reichsreform, S. 330 f.

120 Neben der Gerichtsgewalt war die *Gesetzgebungsbefugnis der Landesherrn,* die mit ersterer in einer nicht zu verkennenden Verbindung gestanden haben dürfte, ein weiterer wesentlicher Bestandteil staatlicher Macht, der die Verselbstständigung der Territorien gefördert hat. Man wird allerdings davon ausgehen müssen, dass die Landesherrschaft als die Zelle des modernen Staates in Deutschland mehr mit der Gerichtsbarkeit und der Verwaltung begonnen hat als mit der Gesetzgebung[190].

121 Eine *Verwaltung,* die das Land in Ordnung bringen und halten sollte, konnte nur funktionieren, wenn sie zunächst einmal eingerichtet war und ihre Aufgaben und Zuständigkeiten sowie ihre Arbeitsweise und das Verfahren festgelegt waren. Daneben standen die Aufgaben der allgemeinen Wohlfahrt, der wirtschaftlichen Ordnung und der Neugestaltung des Justizwesens mit der Sorge für eine wirksame und schnelle Vollstreckung der Urteile im Vordergrund. Die Gegenstände, deren Ordnung und Verwaltung der Landesherr als Obrigkeit übernahm, fasste man im Wesentlichen unter den Begriff „gute Polizei" zusammen. Das Mittel, die obrigkeitliche Fürsorge in diesem Bereich auszuüben, war das *Rechtsgebot.* Die *Polizeiordnungen* und *Landesordnungen,* die bis in das 18. Jahrhundert hinein die Hauptformen der Gesetzgebung blieben, enthalten in der Regel umfangreiche Rechtsgebote. Das *Rechtsgebot* trat nun wirksam und endgültig neben die alten Formen der Gesetzgebung.[191]

122 Nach der Auffassung der Zeit gehörten die Gerichtsbarkeit und die Ordnung des Justizwesens zu den Grundaufgaben guter Verwaltung. Schließlich hatte „jurisdictio" schon im Mittelalter nicht nur Justiz, sondern auch Verwaltung bedeutet. Daraus erwuchs die Befugnis, Gerichtsordnungen als Exekutivgebote zum Vollzug des Rechtes zu erlassen. Die älteren Landrechte sind deshalb überwiegend keine Kompilationen nur des Privat- und Strafrechts; in ihnen sind vielmehr Gerichts- und Prozessordnungen oder ganze Teile umfassender Landesordnungen eingebaut.[192] Gerichtsordnungen und Landesordnungen waren, weil zur Verwaltung gehörig, Gebotsrecht. Dieser Charakter teilte sich dem sozusagen beiläufig mitgeregelten Landrecht ohne weiteres mit, die Vorstellung von der Rechtsetzungsbefugnis des Fürsten verstärkend. Dieser berief sich nicht nur auf sein Recht, sondern geradezu auf seine Pflicht zum Erlass solcher Ordnungen.

123 **b) Landesherrschaft, Landstände und Landtage.** Die Landesherren (Territorialfürsten) waren zunächst bei der Regierung des Landes

190 W. Ebel, Geschichte der Gesetzgebung, S. 58.
191 W. Ebel, Geschichte der Gesetzgebung, S. 59ff.
192 W. Ebel, Geschichte der Gesetzgebung, S. 69f.

in mehr oder minder großem Maße von der Mitwirkung der *Landstände* abhängig, die sich zur Beratung und Beschlussfassung auf den *Landtagen,* der ständischen Vertretung des Landes, versammelten. *Landstandschaft* bedeutete das Recht, Sitz und Stimme auf dem Landtag zu haben. Zu den Landständen zählten in der Regel der höhere und niedere Adel, die Prälaten und die Städte (Bürger), soweit sie nicht Reichsstädte waren.[193] In einigen Territorien gehörten auch die Bauern zu den auf den Landtagen vertretenen Ständen.

Die Landstände wurden nicht von ihrer Beziehung zu den Untertanen her definiert – wie die modernen Parlamente von ihrer Beziehung zu den Staatsbürgern –, sondern von ihrer Beziehung zum Landesherrn. Die Landstände waren das Gesamtkorpus derjenigen im Land angesessenen Personen und Korporationen, die kraft Landesfreiheiten und Herkommen von Landesherrn in gewissen Angelegenheiten, insbesondere bei Steuererhebungen und Religionssachen, um ihre Bewilligung gebeten werden mussten.[194]

Zunächst waren die Mitwirkungsrechte der Landstände und damit 124
ihre Macht eine recht umfassende (vgl. oben Rdnr. 56 f.). Eines der wesentlichen Rechte der Landstände war das der Steuerbewilligung. Aus der verschiedenen Interessenlage von Landesherrn und Landständen heraus neigten die Landstände mehr dazu, die landesherrliche Gewalt einzuengen, als an derselben teilzunehmen. Schranken für die Landeshoheit wurden vorwiegend durch *Verträge* zwischen Landständen und Landesherrn und *Privilegien,* die die Landesherren den Ständen – in der Regel gezwungenermaßen – erteilten, errichtet. Eine Änderung zuungunsten der Landstände trat erst mit der Entwicklung zum *monarchischen Absolutismus* ein, die ihre stärkste Phase in der Zeit nach dem Ende des dreißigjährigen Kriegs erreichte und dazu führte, dass die Staatsmacht in der Hand des Landesherrn vereinigt wurde. Die monarchische Souveränität war zum konstitutiven Prinzip der innerstaatlichen Ordnung geworden. Diese Entwicklung löste allerdings auch Unsicherheit und Spannungen aus, die Staat und Herrscherrecht in eine tiefe ideologische Krise stürzten.[195] Dass der Staat nunmehr in der Person des Herrschers verkörpert wurde, macht in besonderer Weise ein Satz deutlich, der dem französischen König Ludwig XIV. zugeschrieben wird: „L'état c'est moi." Allerdings ge-

---

193 H. Conrad, Bd. II, S. 242 ff.
194 B. Stollberg-Rilinger, ZNR 2006, 279, 281.
195 W. Ogris, ZRG Germ. Abt. 98, 1981, S. 26.

lang es nicht allen Landesherrn, die Macht der Stände ganz zu brechen.

125 Für das Heilige Römische Reich Deutscher Nation war typisch, dass nicht etwa der Kaiser als Oberhaupt des Reiches, sondern die Landesherren, die Territorialfürsten, in die Stellung *absoluter Herrscher* hineinwuchsen. Dies verdeutlicht in besonderem Maße die Struktur des deutschen Reiches im Vergleich zu einem zentralistisch regierten Staat wie Frankreich mit einem absoluten Monarchen an der Spitze.

126 Bestrebungen, die man mit einiger Vorsicht als rechtsstaatlich bezeichnen kann und die aus dem Gedankengut der Aufklärung erwachsen sind, führten in den deutschen Territorialstaaten des 18. Jahrhunderts, insbesondere in Österreich und Preußen, zu einer Änderung der Regierungsform, die auf einer durch die Aufklärung bestimmten Staatsauffassung, dem *„aufgeklärten Absolutismus“*, beruhte. Der Staat war nun nicht mehr wie in der Zeit zuvor – in mehr oder minder großem Maße – ein Werkzeug der herrscherlichen Willkür; der Landesherr war vielmehr „der erste Diener des Staates“, wie dies Friedrich II. von Preußen von sich behauptete. Wenn auch der Herrscher weiterhin der alleinige und uneingeschränkte Träger der Hoheitsrechte (auch Majestätsrechte genannt) war, so war er in der Ausübung derselben doch durch die dem Staate vorgegebenen Zwecke gebunden. Zu diesen Zwecken des Staates zählten u. a. Wohlfahrt für die Untertanen und Bürger, Gemeinwohl und die Aufrechterhaltung von Recht und Sicherheit innerhalb der staatlichen Gemeinschaft. Dabei erlangte das Recht als ein Mittel, die gefährliche Allmacht des Staates zu beschränken, eine zunehmende Bedeutung. Im aufgeklärten Absolutismus verkörperte der Fürst nicht mehr den Staat. Er war vielmehr zu einer Staatsinstitution geworden.[196]

127 **c) Regierung und Verwaltung.** Hatte im Mittelalter an den Höfen der Landesherrn in der Regel ein fürstlicher Rat bestanden, der bei der Regierung des Landes mitwirkte und sich ohne festen Aufgabenbereich aus den jeweils am Hofe anwesenden Räten zusammensetzte, so bildete sich im 15. und 16. Jahrhundert, den veränderten Bedürfnissen entsprechend, ein ständiger (oder „stehender“) Rat heraus.[197] Diesem Rat, dem eine ständige Kanzlei beigegeben wurde, oblagen alle Verwaltungsgeschäfte einschließlich der Finanzverwaltung, die

196 H. Conrad, Rechtsstaatliche Bestrebungen, S. 313; F. Hartung, HZ 145, S. 46 ff.
197 F. Hartung, Verfassungsgeschichte, S. 72 ff.; H Conrad, Bd. II, S. 245 ff.

in vielen Territorien allerdings schon bald wieder abgespalten und einer *Hofkammer* übertragen wurde.[198]

In vielen Territorialstaaten wurde der ständige Rat bald mit dem Hofgericht vereinigt und nun *Hofrat* genannt (im Kurfürstentum Köln z. B. 1597). Ihm gehörten deputierte Adlige und juristisch gebildete – „gelehrte“ – Räte an.

Zu dem Aufgabenbereich des Hofrates gehörten im Wesentlichen: 128
- die oberste Landesverwaltung einschließlich der Polizei;
- die Vorbereitung der Landesgesetzgebung und
- die höchstrichterliche Rechtsprechung, soweit dieselbe nicht einem in manchen Territorialstaaten vorhandenen Hofgericht vorbehalten war.

Weil auch während der Abwesenheit des Landesherrn die wichtigsten Angelegenheiten erledigt werden mussten, wurde aus einem beratenden Gremium eine entscheidende Behörde.[199]

Die Entwicklung eines mit juristisch geschulten Räten besetzten Hofrates zu einem Zentralorgan für die Verwaltung und gleichzeitig auch für die Rechtspflege zeigt sich in fast allen bedeutenden Territorien des Reiches.[200]

Mit der Doppelkompetenz Regierungsgeschäfte einerseits und Justizsachen andererseits war der Hofrat schon im 16. Jahrhundert fest ausgebildet. Ebenfalls im 16. Jahrhundert spalten sich bereits eigene Räte ab, so etwa der Geheime Rat für Krieg, Religion etc. und die Kammer für eine umfassende Wirtschaftsverwaltung.[201]

Dass Verwaltungsgeschäfte und Rechtsprechung durch ein- und dasselbe 129
Organ durchgeführt wurden, war für die Zeit, in der die Trennung der Gewalten ein unbekanntes Problem war, nicht ungewöhnlich. Erledigte der Hofrat zunächst Verwaltungs- und Rechtsprechungsangelegenheiten ohne äußere Trennung so, wie sie gerade anfielen, so wurde in manchen Territorien (z. B. in Kurköln) gegen Ende des 18. Jahrhunderts eine nach außen sichtbare Trennung in Regierungs- und Verwaltungstätigkeit einerseits und Rechtsprechung andererseits deutlich. Beide Bereiche wurden, wie z. B. beim kurkölnischen Hofrat gegen Ende des 18. Jahrhunderts, getrennt voneinander an verschiedenen Tagen der Woche behandelt; die Protokolle wurden getrennt geführt.[202]

Trotz eines gleich bleibenden Musters der Behördenstruktur wandelt sich gegen Ende des 17. Jahrhunderts der Regierungs- und Verwaltungsstil. An die Stelle des „Gute-Ordnung-Haltens“ tritt die politische Gestaltung durch Monarchenwillen; es wurden nicht nur Missstände abgestellt, sondern auch neue Regeln gesetzt. Dies geschah auf Grund von „Ordnungen“ und „Instruktionen“.[203]

198 Für Kurköln G. Buhlmann, Hofrat, S. 25 ff.
199 H. Conrad, Bd. II, S. 246; vgl. D. Willoweit, in: Dt. VerwG I, S. 105 ff.
200 F. Hartung, Verfassungsgeschichte, S. 77 ff.
201 W. Brauneder, in: Der Staat, Beiheft 9, 1991, S. 47 ff.
202 U. Eisenhardt, Hofrat, S. 5 ff.
203 W. Brauneder, in: Der Staat, Beiheft 9, 1991, S. 47, 53, 56.

**Schrifttum:** W. Brauneder, Die Verwaltung im Beamtenstaat nach dem Dreißigjährigen Krieg, in: Der Staat, Beiheft 9, 1991, S. 47 ff.; G. Buhlmann, Der kurkölnische Hofrat 1597 bis 1692. Entstehungsgeschichte und Rechtsgrundlagen, Rheinisches Archiv Bd. 138, 1998; H. Conrad, Rechtsstaatliche Bestrebungen im Absolutismus Preußens und Österreichs am Ende des 18. Jahrhunderts, 1961. Neu abgedr. in: Absolutismus; hrsg. v. W. Hubatsch, 1973, S. 309 ff.; W. Ebel, Die Geschichte der Gesetzgebung in Deutschland, 2. Aufl. 1958, S. 57 ff.; U. Eisenhardt, Aufgabenbereich und Bedeutung des kurkölnischen Hofrates in den letzten zwanzig Jahren des 18. Jahrhunderts. Ein Abriss der Behördenorganisation und des Gerichtswesens im Kurfürstentum Köln. Veröffentlichungen des kölnischen Geschichtsvereins e. V., Bd. 27, 1965; F. Hartung, Deutsche Verfassungsgeschichte vom 15. Jahrhundert bis zur Gegenwart, 9. Aufl. 1969; derselbe, Die Epochen der absoluten Monarchie in der neueren Geschichte, HZ 145, 1932, S. 46 ff.; W. Ogris, Recht und Staat bei Maria Theresia, ZRG Germ. Abt. 98, 1981, S. 1 ff.; B. Stollberg-Rilinger, Ständische Repräsentation – Kontinuität oder Kontinuitätsfiktion?, ZNR 2006, 279 ff.; D. Willoweit, Rechtsgrundlagen der Territorialgewalt in Deutschland, 1975; derselbe. Die Entwicklung und Verwaltung der spätmittelalterlichen Landesherrschaft, in: Dt. VerwG I, S. 66, S. 92 ff. u. S. 289 ff.

130 **2. Die Reichsstädte. a) Reichsstädte und Reichsverfassung.** Im Laufe des Mittelalters waren viele Städte von den Landesherrn unabhängig geworden und hatten sich zu Territorien im Sinne von Territorialstaaten entwickelt. Eine große Zahl von Städten hatten sich nach und nach wesentlicher Rechte ihres Stadtherrn, meist eines Bischofs, über sie entledigt und damit dessen „Staatsbildung“ zugunsten ihrer eigenen durchbrochen. Die Rechte des Königs und die Zugehörigkeit zum Reich blieben erhalten.

Als Kategorie der *Reichsstädte* waren sie in der Verfassungsordnung des Reiches seit dem 13. Jahrhundert anerkannt. Wie die Territorialherren strebten sie nach politischer und rechtlicher Selbstständigkeit, nach *Landeshoheit.* Die wirtschaftliche Macht der Reichsstädte, die sich vornehmlich auf Gewerbefleiß, Erfindungskunst und Wagemut ihrer Bürger gründete, verlieh ihnen politisches Gewicht, das weder der Kaiser als Oberhaupt des Reiches, noch die Territorialfürsten übersehen konnten.[204]

131 Im Gegensatz zu den landesherrlichen Stadtgemeinden, die einem Landesherrn untergeordnet waren, unterstanden die Reichsstädte unmittelbar dem Reich; sie hatten keinen anderen Herrn als den Kaiser. Kaiser und Reich übten über die Reichsstädte die Aufsicht und die

204 A. Laufs, ZRG Germ. Abt. 84, 1967, S. 173.

Schutzherrschaft aus.[205] Das *Verfassungsprinzip der Reichsunmittelbarkeit* schrieb der Westfälische Frieden fest.

Innerhalb ihres Gebietes übten die Reichsstädte die ihnen im Westfälischen Frieden ausdrücklich zuerkannte Landeshoheit aus (Ius territorii et superioritatis).

Zur Landeshoheit der Reichsstadt als einer einheitlichen obrigkeitlichen Gewalt gehörten im Wesentlichen:
- die Rechte, Abgaben und Steuern zu erheben;
- die Ausübung der Gerichtsgewalt innerhalb des Stadtgebietes;
- die Wahrnehmung und Ausübung aller anderen Rechte, die sie von Kaiser und Reich erworben hatte;
- der Religionsbann (siehe oben Rdnr. 109)

Auf dem *Reichstag* waren die Reichsstädte seit Ende des 15. Jahrhunderts vertreten. Neben den Kollegien der Kurfürsten und Fürsten bildeten sie das 3. Kollegium. Im Westfälischen Frieden (1648) wurde den Reichsstädten die formale Gleichberechtigung mit den anderen Reichsständen zuerkannt. Gleichwohl vermochten sie in der Wirklichkeit bis zum Ende des alten Reiches eine volle Gleichberechtigung nicht zu erlangen. Das Kurfürstenkollegium und der Fürstenrat wurden stets als die „höheren Kollegien" bezeichnet. 132

Am Ende des 18. Jahrhunderts gehörten dem reichsstädtischen Kollegium nur noch 51 Städte an. Aus verschiedenen Gründen hatte ihre Zahl im Verlauf der Jahrhunderte ständig abgenommen. Etliche Reichsstädte fielen an Frankreich, wie z. B. Metz, Toul, Verdun und Straßburg (1552, 1648, 1681), und verloren damit ihre Zugehörigkeit zum Reich und die Reichsstandschaft. Andere büßten Reichsfreiheit und Reichsstandschaft ein, weil sie an eine deutsche Landesherrschaft fielen, wie z. B. Konstanz an Österreich (1548) und Magdeburg an Brandenburg (1666). Zu den mächtigen und bekannteren Reichsstädten zählten u. a.: Augsburg, Bremen, Frankfurt a. M., Hamburg, Lübeck und Nürnberg.

**b) Die Verwaltung der Reichsstädte.** Im Mittelalter hatten genossenschaftlicher Geist und Freiheitswille der Einwohner die Stadt als ein körperschaftliches Gemeinwesen mit Bürgerschaft, Rat und Bürgermeister, mit eigener Verwaltung und zum Teil eigener Rechtsetzung geschaffen. Mit Bürgermeister und Rat standen gewählte und nicht geborene Machthaber an der Spitze der städtischen Verwaltung.[206] Allerdings war die Beteiligung der Einwohnerschaft an der 133

205 H. Conrad, Bd. II, S. 193 f.
206 G. Dilcher, in: Der Staat, Beiheft19, 2010. S. 9, 28; A. Laufs, ZRG Germ. Abt. 84, 1967, S. 182.

Regierung der Stadt mancherorts Gegenstand vieler und heftiger Streitigkeiten, die man auch als *Verfassungskonflikte* bezeichnen kann. Diese hatten ihre Ursachen in den sozialen und politischen Spannungen innerhalb der Städte, vornehmlich in dem Gegensatz zwischen Zünften und Patriziat. Später kamen noch Streitigkeiten zwischen Bürgerschaft und den Behörden hinzu, nachdem fast in allen Städten eine ausgeprägte Herrschaftsgewalt des Magistrats gegenüber der Stadtbevölkerung etabliert worden war.[207]

**134** Auch in der neueren Zeit blieb der *Rat (Magistrat)* mit dem Bürgermeister an der Spitze das oberste Organ für die Regierung und Verwaltung der Stadt. Die Zusammensetzung des Rates war in den einzelnen Städten nicht einheitlich. Nachdem in vielen Städten Aufstände – insbesondere der in Zünften organisierten Handwerker – dazu geführt hatten, dass neben den Patriziern auch die nachdrängenden und aufsteigenden sozialen Kräfte an der Stadtregierung teilhatten, war die Vorherrschaft der Patrizier vielerorts gebrochen.

**135** Zu Beginn der Neuzeit war die Volksstimmung in einigen Reichsstädten derart gereizt, dass sich z. B. in Rothenburg, Heilbronn, Memmingen und anderen Orten die städtischen Kleinbürger während des Bauernkrieges (1524/25), in dem sich die Aufständischen gegen die fortschreitende Entrechtung der Bauern durch die Fürsten und Grundherren wandten, mit den Bauern zu revolutionären Aktionen verbanden.[208] In einigen Städten, wie z. B. Nürnberg, vermochten jedoch die Patrizier ihre Alleinherrschaft zu verteidigen. Ein Aufstand der Bürgerschaft in Lübeck gegen den patrizischen Rat führte zu einem Eingreifen des Kaisers, infolgedessen die Bürger an der Stadtregierung beteiligt wurden. Dieses Eingreifen des Reiches mit dem Ziel, Verfassung und Zusammensetzung des Rates zu verändern, blieb kein Einzelfall. Noch im 18. Jahrhundert wurden mit Hilfe kaiserlicher Kommissare Stadtverfassungen reformiert, um auf diesem Wege Missstände der patrizischen Herrschaft zu beseitigen und weiteren Bevölkerungskreisen eine Beteiligung am Stadtrat zu ermöglichen.[209]

**136** Bildeten Bürgermeister und Rat auch die Spitze der Stadtregierung, so war die eigentliche Verwaltung doch weitgehend dezentralisiert und nach Sachgebieten, wie z. B. Polizei (im weitesten Sinne), Kassen- und Rechnungswesen, Schulwesen, auf Ratsausschüsse und Ämter, die dem Rat nachgeordnet waren, verteilt.

Als Folge der Rezeption des kanonischen und des römischen Rechts und mit der zunehmenden Bedeutung, die dem Rechtsstudium beigemessen wurde, gelangten immer mehr Juristen in die städtischen Verwaltungen.

---

207 A. Laufs, ZRG Germ. Abt. 84, 1967, S. 182 f.
208 A. Laufs, ZRG Germ. Abt. 84, 1967, S. 183.
209 H. Conrad, Bd. II, S. 197 f.

Auch die Bürgermeister und die sonstigen Ratsmitglieder waren vielfach Juristen. Als Stadtschreiber, Konsulenten und Syndici waren ebenfalls Juristen tätig.

**c) Die Gerichtsgewalt der Reichsstädte.** Ebenso wie die Landes- 137
herren erwarben die Reichsstädte im Laufe der Zeit für ihr Gebiet die *Gerichtsgewalt,* aus der sie folgende Rechte ableiten konnten:

1. Gericht zu halten und Recht zu sprechen;
2. Gerichte einzurichten, auszugestalten und den Rechtszug zu regeln, soweit ihnen die vom Kaiser erteilten oder in den Reichsgesetzen garantierten *privilegia de non appellando* dies gestatteten, und
3. Gerichts- und Verfahrensordnungen zu erlassen.

Gerade dadurch, dass der größte Teil der Gerichtsgewalt auf die Landesherren und freien Städte überging, trug die Gerichtsgewalt erheblich zur Entstehung der Landeshoheit bei,[210] die ja auch den Reichsstädten als solchen zustand und von dem Rat der Stadt für diese wahrgenommen wurde.

Die allen bedeutenden Reichsstädten verliehenen *privilegia de non* 138
*appellando* förderten eine Abschließung der Justiz in den Reichsstädten gegenüber dem Reich.

**Schrifttum:** G. Dilcher, Zum Verhältnis von Autonomie, Schriftlichkeit und Ausblidung der Verwaltung in der mittelalterlichen Stadt, in: Der Staat Beiheft 19, S. 9ff.; U. Eisenhardt, Die kaiserlichen privilegia de non appellando. QFHG, Bd. 7, 1980; R. Gmür, Städte als Landesherren vom 16. bis zum 18. Jahrhundert, in: FS H. Thieme, S. 177ff.; F. W. Henning, Bd. 1, S. 229ff.; A. Laufs, Reichsstädte und Reichsreform, ZRG Germ. Abt. 84, 1967, S. 172ff.; P. Moraw, Zur Verfassungsposition der Freien Städte zwischen König und Reich, besonders im 15. Jahrhundert, in: Der Staat, Beiheft 8, 1988, S. 11 ff.

210 U. Eisenhardt, Privilegia, S. 61 f.

# 2. Kapitel. Wandlungen des Rechts – Tendenzen zu einer (frühen) Europäisierung

## § 3. Recht und Rechtsbildung im Mittelalter

### I. Rechtsquellen und Rechtskreise

139 **1. Rechtskreise und Rechtszersplitterung.** Im mittelalterlichen Deutschland lebten die Menschen in einem Gefüge von Ordnungen, das man als eine „Verschachtelung von kleineren Rechtsgemeinschaften mit Teilkompetenzen" verstehen kann.[1] Dazu gehörten z. B. die Städte und die Grundherrschaften. Es gab dementsprechend viele *Rechtskreise* mit unterschiedlichen Strukturen, die nebeneinander bestanden, sich allerdings auch teilweise überschnitten. Dies gilt z. B. für Kreise weltlichen Rechts und solche kirchlichen Rechts mit jeweils eigenständiger weltlicher und kirchlicher Gerichtsbarkeit. An die Stelle ehemaliger Stammesrechte traten *Landrechte* in den entstehenden Landesherrschaften, den späteren Territorialstaaten. Eine wichtige Rolle spielte das *Stadtrecht* in den vielen aufblühenden Städten.

140 Weil auch kleine mittelalterliche Gemeinschaften häufig ihr eigenes Recht entwickelten und fortbildeten, kam es zu einer fortschreitenden Rechtszersplitterung. Bewusste Bestrebungen, das Recht zu vereinheitlichen, waren im Mittelalter selten. Neuere Forschungen lassen allerdings erkennen, dass zunächst das Reichshofgericht, seit 1415 das Kammergericht und seit 1495 das Reichskammergericht mit ihrer Rechtsprechung Anstöße zu einer Vereinheitlichung und Fortbildung des ungeschriebenen und geschriebenen Partikularrechts gegeben haben könnten. Der zunehmende Einfluss römischen und kanonischen Rechtsdenkens verstärkte die Versuche zur Rechtsvereinheitlichung.

141 **2. Gewohnheit und Gewohnheitsrecht.** Das aufgezeichnete mittelalterliche Recht läßt verschiedenartige *Rechtsquellen* erkennen. Das „gute alte Recht" wird durchgängig als *Gewohnheitsrecht* bezeichnet. Die in den Quellen genannte *consuetudo* ist das Gewohnheitsrecht. Ein begrifflicher Unterschied zwischen Gewohnheit und

1 R. Sprandel, Verfassung und Gesellschaft, S. 23.

Gewohnheitsrecht in dem Sinne, dass erst das Hinzutreten bestimmter Faktoren die Gewohnheit zum Recht erhöbe, ist nicht erkennbar.[2] In der Praxis war die Berufung auf geschriebenes Recht äußerst selten.

Unter *Gewohnheitsrecht* wird hier das Recht verstanden, das sich ohne die Tätigkeit von Organen bildet, die in einer Rechtsgemeinschaft zur Rechtssetzung formell berufen sind. Nach der herrschenden Rechtsquellenlehre wird die Entstehung von Gewohnheitsrecht in der langandauernden Übung eines Rechtssatzes durch die Rechtsgemeinschaft auf Grund der Überzeugung der Gemeinschaft von der rechtlichen Qualität dieses Satzes gesehen. Die zuerst von der mittelalterlichen Kanonistik entwickelte Lehre zum Gewohnheitsrecht ging davon aus, dass die Geltung desselben auf einen stillschweigenden Zustimmungsakt des Gesetzgebers zurückgeführt werden müsse. Dies führte dazu, dass rechtsquellentheoretisch die Selbstständigkeit des Gewohnheitsrechts gegenüber dem Gesetzesrecht überhaupt geleugnet wurde.[3] 142

**3. Die Weistümer.** Für das Mittelalter typisch sind die Bestrebungen, Recht nicht in Gesetzen im heutigen Sinne festzuhalten, sondern mit Hilfe von *Weistümern* festzustellen. Im *Weistum* sollte das Recht nicht gesetzt oder geschaffen, sondern gefunden werden. Das Weistum ist also kein geschriebenes Recht im heutigen Sinne, sonderen aufgeschriebenes Recht.[4] Unter *Weistum* versteht man jedes Ergebnis einer *Rechtsweisung*, nämlich eine „Mitteilung über bestehende Rechtsverhältnisse durch eine dazu bestimmte Person oder Personengruppe auf eine erfolgte Anfrage hin“.[5] Die *Rechtsweisung* spielte auf allen Gebieten der mittelalterlichen Rechtspflege eine bedeutende Rolle, solange es an schriftlichen Aufzeichnungen und anderen Möglichkeiten zur Feststellung der Rechtslage mangelte. Streitigkeiten, die auf Grund von Rechtsweisungen entschieden wurden, konnten bei der bäuerlichen Bevölkerung, bei den Bürgern in den Städten und Märkten und zwischen Adeligen entstanden sein.[6] 143

Weistümer hingen häufig sowohl in der Art ihrer Gewinnung als auch in ihrem Inhalt mit Gebot und Verbot zusammen. Sie konnten ein Mittel der Rechtsgestaltung sein und erfüllten dann nach Form und Inhalt die Funktion von Gesetzgebung. Diese Weistümer sind ein wesentlicher Teil der Gesetzgebungsgeschichte, weil sich mit der Aufzeichnung des bis dahin nur mündlich tradierten Rechtszustandes 144

---

2 H. Krause, ZRG Germ. Abt. 82, 1965, S. 54f.
3 P. Landau, in: Handbuch des Staatskirchenrechts, § 10 I mit Nachw.
4 H. Conrad, Bd. I, S. 345.
5 T. Bühler, S. 189.
6 H.Feigl, in: VF Bd. 23, S. 428.

ein Wandel von der Rechtsfindung hin zur Rechtsanwendung des Textes wie bei der Gesetzesanwendung vollzog.[7]

145 Unter den Begriff Weistum werden unterschiedliche, bisweilen unabgegrenzte Erscheinungen gefasst.[8] Eine große Rolle spielten *bäuerliche Weistümer* („Bauernweistümer"), die zeigen, dass ein Weistum als Ganzes häufig weniger das Ergebnis sorgfältiger Überlieferung alten Rechts als vielmehr eine Schöpfung seiner eigenen Zeit ist. Das dürfte z. B. in den Fällen so sein, in denen die Einholung und Aufzeichnung eines Weistums der Klärung und Beilegung des Konfliktes zwischen einer Grundherrschaft und den Bauern dienen sollte; hier wird sich wegen der Beteiligung der Herrschaftsorgane an der Aufzeichnung des Rechts allerdings oft kaum leugnen lassen, dass die Herrschaft auf den Inhalt der Rechtsweisung Einfluss zu nehmen versucht hat.[9]

146 Ein *Reichsweistum* war die vom königlichen Hofgericht oder einer Reichsversammlung getroffene Feststellung eines Rechtssatzes. Die Unterscheidung zwischen Urteil und Weistum besteht im Wesentlichen darin, dass das Weistum – im Gegensatz zum Urteil – nicht nur die Entscheidung eines konkreten Einzelfalles enthält, sondern losgelöst vom Einzelfall oder darüber hinaus eine allgemeine rechtliche Regel findet. Vom Gesetz unterscheidet sich das Weistum durch die „streng prozeßmäßige Art seines Zustandekommens und – der Idee nach – dadurch, dass nur etwas klargestellt, nicht aber zielgerichtet neu geschaffen wird".[10]

147 **4. Privilegien.** Rechtsquellen konnten auch *königliche Privilegien* darstellen. Privilegien, die der König an Landesherrn, Städte und andere verlieh, gewährten dem Begünstigten Sonderberechtigungen oder Befreiungen, die von den allgemeinen Rechtsregeln abwichen. Indem der König Privilegien verlieh, bestätigte, erweiterte, einschränkte und widerrief, gestaltete er im Mittelalter das Recht auch ohne nennenswerte Gesetzgebung. Man kann die Privilegien als Herrschaftsinstrumente des Königs bezeichnen, ohne dass der König bei der Verleihung und Gestaltung von Privilegien schrankenlose Freiheit genossen hätte; denn auch er stand nach mittelalterlicher Rechtsanschauung unter dem allumfassenden Recht.[11] Die Rechtsma-

---

7 B. Diestelkamp, ZfhF 1983, S. 403 f.
8 H. Krause, ZRG Germ. Abt. 82, 1965, S. 35.
9 H. Feigl, in: VF Bd. 23, S. 440; vgl. auch E. Wadle, in: VF Bd. 23, S. 503 ff.
10 H. Krause, ZRG Germ. Abt. 82, 1965, S. 35.
11 H. Krause, ZRG Germ. Abt. 82, 1965, S. 95.

terien, die den Inhalt der Privilegien bilden, reichen von Gerichtszuständigkeit und Verfahren bis zu Handel und Gewerbe. In der nachmittelalterlichen Zeit – ab dem 16. Jahrhundert – maß die Staatsrechtslehre dem Privileg Gesetzeseigenschaft zu.[12]

Ein Beispiel dafür bilden die Privilegien, die von fremder Gerichtsbarkeit befreiten. Diese Privilegien verlieh der König an viele Landesherrn und Städte. Ihr Inhalt und Zweck war es, zu verhindern, dass die Untertanen des privilegierten Landesherrn oder der privilegierten Stadt schon in erster Instanz vor die Gerichte eines anderen Reichsstandes gezogen werden konnten. Diese Privilegien bewirkten zugunsten der Landesherrn und Städte, dass sich eine starke und schon weitgehend unabhängige Rechtspflege in ihrem Herrschaftsbereich entwickeln konnte. Für die Untertanen hatten sie den Vorteil, dass Prozesse nicht künstlich verschleppt werden konnten und vermeidbare zusätzliche Kosten nicht entstanden. Die rechtlichen Wirkungen eines solchen Privilegs standen denen eines Gesetzes gleich. 148

**5. Die Anfänge geschriebenen Rechts.** Im ausgehenden 12. und während des 13. Jahrhunderts ging man in immer stärkerem Maße dazu über, bislang ungeschriebenes Gewohnheitsrecht aufzuschreiben. Um 1220 beginnt im gesamten Europa ein Streben nach schriftlicher Festlegung des weltlichen Rechts,[13] das sich in Deutschland vor allem in den sog. Rechtsbüchern des Mittelalters, zu denen z. B. der *Sachsenspiegel* zählt, dokumentiert. Diese Rechtsaufzeichnungen entstehen in einer Zeit, in der eine besonders kodifikationsbewusste Kanonistik an Bedeutung gewann. Die zeitliche Aufeinanderfolge von kirchlichen und weltlichen Rechtssammlungen in der ersten Hälfte des 13. Jahrhunderts dürfte keine zufällige gewesen sein. Schon als Erzeugnisse der Schreibkunst sind die weltlichen Kodifikationen mit der kirchlichen Kultur verbunden.[14] 149

**Schrifttum:** T. Bühler, Gewohnheitsrecht und Landesherrschaft im ehemaligen Fürstbistum Basel, 1972; B. Diestelkamp, Einige Beobachtungen zur Geschichte des Gesetzes in vorkonstitutioneller Zeit, ZfhF 1983, S. 385 ff.; derselbe, Reichsweistümer als normative Quellen? in: VF Bd. 13, 1970, S. 287 ff.; H. Feigl, Von mündlichen Rechtsweisungen zur Aufzeichnung, in: VF Bd. 23, 1977, S. 425 ff.; S. Gagnér, Studien zur Ideengeschichte der Gesetzgebung, 1960; H. Krause, Königtum und Rechtsordnung in der Zeit der sächsischen und salischen Herrschaft, ZRG Germ. Abt. 82, 1965, S. 1 ff.; P. Landau, Das Gewohnheitsrecht im Staatskirchenrecht, in: Handbuch des Staatskirchenrechts der Bundesrepublik Deutschland, 2. Aufl. 1994, § 10; H. Mohnhaupt,

12 H. Mohnhaupt, in: IC V, 1975, S. 82 mit Nachw.
13 S. Gagnér, S. 302.
14 S. Gagnér, S. 305.

Untersuchungen zum Verhältnis Privileg und Kodifikation im 18. und 19. Jahrhundert, in: IC V, 1975, S. 71 ff.; E. Wadle, Über Entstehung, Funktion und Geltungsgrund normativer Rechtsaufzeichnungen im Mittelalter: Notizen zu einem Durchblick, in: VF Bd. 23, 1977, S. 503 ff.

## II. Die mittelalterliche Anschauung von Recht

150 Nach heutiger Auffassung besteht in jeder Rechtsordnung ein Spannungsverhältnis zwischen zwei Elementen, die dem Recht innewohnen. Das eine Element ist der Gedanke der Dauer und der Unveränderlichkeit des Rechts; das andere ist die Notwendigkeit, das Recht neuen, weil veränderten Umständen anzupassen, indem es verändert oder gar neu geschaffen wird.[15] Ob sich die Frage nach dem Verhältnis von Kontinuität und Neuerung, von Dauer und Vergänglichkeit im Mittelalter schon so gestellt hat, muss bezweifelt werden.

Die mittelalterliche Vorstellung vom Recht war stark religiös geprägt. Die Rechtsordnung war ein Teil der göttlichen Weltordnung, das Recht ein Werk Gottes.[16] Man kann auch sagen: Das mittelalterliche Weltbild war von der Idee des Rechts, und zwar eines in Gott entspringenden und in ihm endenden Rechts, geprägt.[17] Diese Vorstellung hat im Prolog des *Sachsenspiegels*, dem bedeutendsten Rechtsbuch des Mittelalters, seinen Niederschlag gefunden. Dort heißt es: „Gott ist selber Recht, darum ist ihm Recht lieb."

151 Die rechtshistorische Forschung geht davon aus, dass der mittelalterliche Rechtsbegriff sich seiner Struktur nach vom modernen und zugleich vom klassischen römischen Rechtsbegriff wesentlich unterscheidet.[18]

Die mittelalterliche Rechtsordnung beruhte jedenfalls zunächst zu wesentlichen Teilen auf der mündlichen Rechtsüberlieferung. Ausschnitte aus der mittelalterlichen Gesamtrechtsordnung waren jedoch seit dem ausgehenden 12. Jahrhundert schriftlich fixiert. So wurden zum Beispiel *Weistümer*, in denen überliefertes Recht ermittelt und festgehalten wurde, aufgezeichnet (siehe dazu oben Rdnr. 143 ff.). Aufgeschriebenes Recht ist allerdings nicht mit gesetztem Recht gleichzusetzen. Das niedergeschriebene Recht ist eine Aufzeichnung vorhandenen und erkannten Rechts. Die Rechtsbücher des Mittelal-

15 G. Dilcher, in: FS Diestelkamp, S. 1.
16 H. Conrad. Bd. I, S. 345.
17 K. W. Nörr, ZRG Kan.Abt. 79, 1993, S. 1.
18 G. Köbler, Das Recht im frühen Mittelalter; K. Kroeschell, in: Der Staat, Beiheft 6, S. 76.

ters, wie z. B. der *Sachsenspiegel* und der *Frankenspiegel*, waren Aufzeichnungen geltenden Rechts, enthielten aber wohl auch eigene rechtsschöpferische Gedanken der Verfasser.[19]

Auch das Mittelalter kennt *neues Recht* (nova jura), wie z. B. das 152
Kaiserrecht. Im späten Mittelalter hat sich der Gedanke einer Gesetzgebungsmacht des Kaisers endgültig durchgesetzt; er gehörte zum festen Bestandteil des staatlichen Denkens.[20]

Dem Mittelalter war auch der *Gedanke der Rechtserneuerung (renovatio)* nicht fremd. Daraus läßt sich ableiten, dass das Recht im Mittelalter nicht nur als vorgegebene, unveränderliche, überlieferte Ordnung angesehen worden ist; das Recht wurde vielmehr als etwas aufgefasst, das ohne ständige Bemühung der Menschen nicht aus sich heraus bestehen konnte.[21]

Im Spätmittelalter beginnen sich die Verhältnisse in dem Moment 153
zu wandeln, in dem Rechtsbücher wie der Sachsenspiegel als maßgebliches Schriftrecht verwandt wurden und die Niederschriften der ländlichen Weistümer eine neue Funktion erhielten. Mit der Aufzeichnung des gewiesenen Rechts vollzieht sich seine Anerkennung, die durch die Niederschrift perpetuiert wird. Der aufgezeichnete Rechtssatz wird zur kaum mehr anfechtbaren Regel und damit zur Norm für künftige Fälle. Das geschriebene Recht tritt an die Stelle des rechtsfindenden Schöffen. Damit wächst den mittelalterlichen Aufzeichnungen und Sammlungen normativen Rechts eine besondere Bedeutung zu: Sie bilden den Anfang einer Entwicklung zum modernen Normdenken.[22]

**Schrifttum:** G. Dilcher, Der Gedanke der Rechtserneuerung im Mittelalter, in: FS Diestelkamp, S. 1 ff.; G. Köbler, Das Recht im frühen Mittelalter. Untersuchungen zu Herkunft und Inhalt frühmittelalterlicher Rechtsbegriffe im deutschen Sprachgebiet, 1971; H. Krause, Dauer und Vergänglichkeit im mittelalterlichen Recht, ZRG Germ. Abt. 75, 1958, S. 206 ff.; derselbe, Kaiserrecht und Rezeption, 1952; K. Kroeschell, Verfassungsgeschichte und Rechtsgeschichte des Mittelalters, in: Der Staat, Beiheft 6, 1983, S. 47 ff.; K. W. Nörr, Recht und Religion über drei Schnittstellen im Recht der mittelalterlichen Kirchen, ZRG Kan.Abt. 79, 1993, S 1 ff.; E. Wadle, Frühe deutsche Landfrieden in: E. Wadle, Landfrieden, Strafe, Recht. Zwölf Studien zum Mittelalter. Schriften zur Europäischen Rechts- und Verfassungsgeschichte Bd. 37, 2001, S. 243 ff.

---

19 H. Conrad, Bd. I, S. 351.
20 H. Krause, Kaiserrecht, S. 67; G. Dilcher, in: FS Diestelkamp, S. 1, 12 f.
21 G. Dilcher, in: FS Diestelkamp, S. 12 f.
22 E. Wadle, in: Landfrieden, Strafe, Recht. S. 260.

## III. Reichsrecht, Landrecht und Stadtrecht

154 **1. Das Reichsrecht.** Wenn im Mittelalter von Reichsrecht gesprochen wird, so sind darunter vor allem die bereits erwähnten Reichsweistümer und Privilegien, aber auch lehn- und verfassungsrechtliche Quellen, wie z. B. die oben genannten *Libri Feudorum* (vgl. oben Rdnr. 26) und die *Goldene Bulle von 1356* (vgl. oben Rdnr. 14), zu verstehen. Von einer Gesetzgebung des Reiches kann bis in das 12. Jahrhundert hinein nicht gesprochen werden.

Bei der Entwicklung zu einem Reichsrecht wird der *Landfriedensbewegung* eine maßgebliche Rolle zugewiesen, die sich die kaum zu lösende Aufgabe gestellt hatte, angesichts der inneren Verhältnisse des mittelalterlichen Reiches, dessen politische, soziale und wirtschaftliche Grundlagen außerordentlich labil waren, Frieden im Lande zu schaffen.[23] Bei den vielfältigen Anstrengungen, die im Mittelalter zur Schaffung und Bewahrung des Friedens unternommen wurden, wird deutlich, dass die Geschichte der Friedensschaffung und -wahrung zugleich auch die Geschichte der Rechtsbildung und der Rechtsdurchsetzung ist. Denn Frieden meint zu allererst Rechtsfrieden, d. h. den Zustand eines rechtlich geordneten Zusammenlebens.[24]

155 Die Landfriedenstexte gehören in der Epoche des deutschen Königtums zu den frühesten Zeugnissen normativer Quellen.[25] Der von Kaiser *Friedrich II. 1235* in lateinischer Sprache publizierte *Mainzer Reichslandfrieden* zählt unbestritten zu den bedeutendsten Landfrieden, welche die mittelalterliche Landfriedensbewegung hervorgebracht hat. Abgesehen von dem sog. *Ewigen Landfrieden Maximilians I.* aus dem Jahre 1495, der die lange Reihe der Landfrieden beschließt, ist keinem Landfrieden von den Zeitgenossen so viel Bedeutung zugemessen worden wie dem Reichslandfrieden von 1235. Er gilt als der eigentliche Höhepunkt der aus den *Gottesfrieden* hervorgegangenen Landfriedensbewegung des Mittelalters.[26] In ihm finden sich über die Bestimmungen betreffend die Fehde hinaus Vorschriften strafrechtlichen Inhalts sowie Regelungen über Gerichts-, Münz- und Verkehrswesen.

156 Geltung und Wirkung des Mainzer Reichslandfriedens von 1235 beschränkten sich nicht auf die staufische Zeit, sondern erstreckten sich weit da-

23 A. Wolf, S. 97 ff.
24 W Sellert, in: FS Kroeschell, S. 453 mit Nachw.
25 E. Wadle, in: Landfrieden, Strafe, Recht. S. 75.
26 A. Buschmann, JuS 1991, 453 ff. mit Nachw.

rüber hinaus auf das gesamte 13. Jahrhundert. Sowohl die amtliche lateinische Fassung als auch die deutsche Fassung fanden Verwendung. Der Mainzer Reichslandfrieden bildete also nicht nur eine Grundlage für die Verfassung des Heiligen Römischen Reiches in staufischer Zeit, sondern auch für die Zeit in den Jahrhunderten danach. Deshalb wird er auch zu den Anfängen einer schriftlichen Fixierung der Verfassung des Heiligen Römischen Reiches gezählt und als „erstes Grundgesetz in der deutschen Verfassungsgeschichte überhaupt“ bezeichnet.[27]

Als später an der Schaffung von Reichsrecht auch die sog. Großen des Reiches mitwirkten, konnten darin verstärkt Vorschriften aufgenommen werden, die über den Rahmen des Landfriedens hinausgingen und im Wesentlichen verfassungsrechtliche Inhalte hatten.[28] Bei der Schaffung von Reichsrecht beriet der König mit den Fürsten, später mit den Mitgliedern des Reichstages darüber. Seit dem 15. Jahrhundert wirkten die *Reichsstände* auf dem Reichstag bei der Gesetzgebung des Reiches mit.

Die Landfriedensordnung des Mittelalters geht auf die *Gottesfriedensbewegung* zurück, die am Ende des 10. Jahrhunderts in Frankreich begann und sich von dort verbreitete. Gottesfrieden waren die von der Kirche veranlassten beschworenen Einigungen, die Gewalttaten, insbesondere die Fehde, aber auch Diebstahl und andere Taten, eindämmen und bekämpfen sollten.[29] Häufig geschah dies unter Androhung von Leibes- und Lebensstrafen. Die *Landfrieden* hatten ebenfalls die Bekämpfung von Gewalttaten und die Beseitigung der durch die Fehde bestehenden Rechtsunsicherheit zum Gegenstand. Um die Einhaltung der Landfrieden sicherzustellen, wurden sie beschworen. 157

**2. Landesrecht und Landrecht.** Mit der Ausbildung der Landesherrschaften (vgl. oben Rdnr. 56 ff.) beanspruchten die Landesherrn die Befugnis, Recht zu setzen. Das von den Landesherrn – z. T. unter Mitwirkung der Stände – gesetzte Recht kann man als *Landesrecht* einer frühen Phase bezeichnen.[30] Dieses Landesrecht ist allerdings *nicht* gleichzusetzen mit dem *Landrecht*, wie es etwa der *Sachsenspiegel* für die Zeit des hohen Mittelalters verstand. Das *Landrecht* umfasst das Recht der freien Leute, vom Adel bis zu den Gruppen der zinspflichtigen freien Bauern. Seine Gegenstände reichen von Königtum und Kaiserwürde bis zu den Rechtsverhältnissen im Dorf mit seinen Bauern und Hirten. Man kann das Landrecht des Mittelalters als eine Kompilation von konkreten Rechtsbestimmungen zu einzelnen Fra- 158

27 A. Buschmann, JuS 1991, 453, 460.
28 H. Conrad, Bd. I, S. 347 f.
29 K. Kroeschell, Bd. 1, S. 184 ff.
30 H. Conrad, Bd. I, S. 354.

gen bezeichnen, die wir heute den Bereichen des Verfassungs-, Straf-, Privat- und Verfahrensrechts zuordnen.[31] Der *Sachsenspiegel* enthält nur eines der aufgezeichneten Landrechte.

**159** Gegenüber den Landrechten bildeten die *Stadtrechte* selbstständige und eigene Rechtskreise. Auch dies weist auf eine starke *Rechtszersplitterung* im mittelalterlichen Deutschland hin. Bis zu einem gewissen Grade dürften die Rechtsbücher des Mittelalters einem weiteren Zerfall der Einheitlichkeit der Rechtsordnung entgegengewirkt haben. Dafür spricht die zunehmende enge Verbindung, die der Sachsenspiegel mit bedeutenden Stadtrechten, wie z. B. dem *Magdeburger Recht*, eingegangen ist.

Die Rechtsbücher waren private Sammlungen des geltenden Rechts; sie enthielten aber teilweise auch eigene rechtsschöpferische Gedanken der Verfasser.[32] Bedeutende Rechtsbücher neben dem Sachsenspiegel waren der in den Jahren 1275/76 entstandene *Schwabenspiegel* und der *Frankenspiegel*. Welche praktische Bedeutung diese Rechtsbücher gehabt haben, lässt sich nicht exakt ermessen. Ihre rechtsvereinheitlichende Wirkung in einigen Regionen des Reiches dürfte allerdings nicht zu unterschätzen sein.

**160** Verfasser des Sachsenspiegels ist der sächsische Ritter und Schöffe *Eike von Repkow* (geb. zwischen 1180 und 1190). Dieser wird als „Vermittler volkstümlicher Rechtserfahrung und zugleich als bedeutender Rechtsschöpfer, als ein selbstständiger und kraftvoller Rechtsdenker" charakterisiert.[33] Die Entstehungszeit des Sachsenspiegels ist nicht genau zu ermitteln. Sie liegt wahrscheinlich um 1230. Der Text ist zunächst lateinisch verfasst worden. Eike von Repkow hat den Sachsenspiegel jedoch später selbst in den niederdeutschen Dialekt übertragen. Das Werk lässt erkennen, dass es von einem Praktiker stammt, der über eine relativ große Erfahrung verfügt haben muss. Neben der Aufzeichnung des sächsischen Rechts enthält der Sachsenspiegel auch eigene Gedanken des Verfassers.

**161** Die Rechtsmaterien, die der Sachsenspiegel behandelt sind breit gefächert. Sie reichen vom Verfassungsrecht (Verhältnis König bzw. Kaiser und Papst), über das Strafrecht bis zum Privatrecht (z. B. Schadensersatz, Bürgschaft, Vormundschaft) und zum Verfahrensrecht.

31 M. Senn, Rechtsgeschichte, S. 114 f.
32 H. Conrad, Bd. I, S. 351.
33 K. Kroeschell, Bd. 1, S. 243.

Der Sachsenspiegel wird heute, trotz vieler eigenständiger Gedanken des Verfassers, mehr als eine rechtswahrende denn als eine rechtsschöpferische Leistung gewertet. Eike von Repkow ist von einer deutschtümelnden Geschichtsschreibung zu Unrecht als einer der letzten unverbildeten deutschrechtlichen Kämpfer gegen das aufkommende oberitalienisch-römische Recht dargestellt worden, denn im Sachsenspiegel lassen sich vereinzelt schon römisch-rechtliche Einflüsse nachweisen. Eike von Repkow scheint sogar mit dem kanonischen Recht einigermaßen vertraut gewesen zu sein.[34]

Gegen Ende des 13. Jahrhunderts hat man den Sachsenspiegel mit erläuternden Bildern versehen. Von diesen teilweise sehr interessanten Bilderhandschriften sind einige erhalten. Im 14. Jahrhundert beschäftigte sich die aus Oberitalien nach Deutschland vordringende Wissenschaft vom römisch-kanonischen Recht auch mit dem Sachsenspiegel und versah ihn mit Glossen, d. h. mit erläuternden Bemerkungen. 162

Die Wirkung, die der Sachsenspiegel entfaltete, war schon im 13. Jahrhundert groß. Sie reichte in ihrer räumlichen Streuung von Köln im Westen bis nach Breslau und Krakau im Osten, von Hamburg im Norden bis nach Augsburg im Süden. In der Rechtspraxis des 14. und 15. Jahrhunderts haben studierte Juristen den Sachsenspiegel in Gutachten und Schiedssprüchen genauso angeführt und zitiert wie die Quellen des kanonischen und römischen Rechts.[35]

**3. Stadtrecht und Stadtrechtsbücher.** Das deutsche *Stadtrecht* war über viele Jahrhunderte hinweg nur ein Teil der Gesamtrechtsordnung in Deutschland. Die Städte entstanden auf landrechtlichem Boden. Deshalb lebten die Einwohner der Städte zunächst im Wesentlichen nach Landrecht. Im 12. und verstärkt noch im 13. Jahrhundert entstanden Aufzeichnungen eigenen städtischen Statuar- und Gewohnheitsrechts, etwa in Gestalt umfangreicher Statutenbücher. Es handelt sich dabei fast ausschließlich um Rechtssätze, die vom Landrecht abweichen.[36] Mit der zunehmenden Bedeutung der mittelalterlichen Stadt wuchs auch die Bedeutung des *Stadtrechts.* Seit alters her galt die Schaffung eines eigenen, besonderen Stadtrechts als eine herausragende Leistung der Stadt. Die mittelalterliche Stadt wird deshalb auch als Rechtsstadt bezeichnet.[37] 163

Seit der zweiten Hälfte des 12. Jahrhunderts und noch zunehmend im 13. Jahrhundert kam es in den Städten zu einer „stürmischen, immer breiter werdenden Ausformulierung einzelner Rechtsnormen". Das Stadtrecht findet in immer umfangreicheren Dokumenten seinen 164

34 J. Schröder, in: Kleinheyer-Schröder, S. 123 f. mit Nachw.
35 K. Kroeschell, in: VF Bd. 23, S. 370 u. 375.
36 W. Ebel, in: Probleme, S. 146.
37 G. Dilcher, in: Dilcher/Bader, S. 600.

Niederschlag.[38] Dazu gehören Privilegien der Stadtherren, autonome Rechtssetzungen der Bürger, die Verleihung von Stadtrechten und Rechtsauskünfte von einer Stadt zur anderen. In diesen Aufzeichnungen sind, in der Regel nicht systematisch geordnet, sondern allenfalls assoziativ einzelnen Gruppen zugeordnet, Probleme der Gerichtsverfassung, der Stadtherrschaft, des persönlichen Freiheitsstatus, des Bodenbesitzes und der Abgaben, Strafrecht, Beweisrecht, Kaufrecht, Kreditsicherungsrecht sowie Familien- und Erbrecht geregelt.[39]

165 Häufig enthielten die Stadtrechte gewachsenes Gewohnheitsrecht. Die Ursprünge des für eine Stadt eigentümlichen Rechts sind verschieden. Oft verlieh der Stadtherr einer Stadt im 13. und 14. Jahrhundert mit einem Privileg die Rechte, die sie aus dem umgebenden Land heraushoben und zur Ausbildung eines selbstständigen Rechtskreises führten. Viele Rechtssätze sind ihrer Materie entsprechend typisch für das Stadtrecht. Dazu zählen insbesondere die Rechtssätze über Kauf und Handel, über die Ordnung von Handwerk und Gewerbe und auch über das Verfahren bei Klagen wegen Schuld.[40] Die Sprache der Stadtrechte war bis in das 13. Jahrhundert hinein lateinisch; erst danach wurde die lateinische Sprache von der deutschen abgelöst.[41]

Es entstanden auch private Aufzeichnungen von Stadtrechten die *Stadtrechtsbücher*, von denen etliche überliefert sind.

166 Manche Städte, die ein Stadtrecht hatten, das hohes Ansehen genoss, verliehen dieses Recht an andere daran interessierte Städte weiter. Es existieren auch viele Privilegien, mit denen ein Stadtherr den Bürgern einer Stadt das Recht einer anderen Stadt verlieh. Oft wandten sich jüngere Städte an ältere mit der Bitte um Rechtsmitteilung; wiederholte Rechtseinholungen befestigten die auf diese Art und Weise geschaffene Bindungen.[42] Dadurch entstanden *Stadtrechtsfamilien*, in denen die Rechtsentwicklung in den Mutterstädten für die Rechtsentwicklung in den sog. Tochterstädten richtunggebend wurde. In der Regel wurden im Zuge dieser Entwicklung die Gerichte in den Mutterstädten sog. *Oberhöfe*, d. h. eine Art Vorläufer von Obergerichten für die Gerichte in den Tochterstädten. Bedeutende *Mutterstädte*, die ihr Recht an eine Reihe von Tochterstädten

38 G. Dilcher, JuS 1989, 875 ff.
39 G. Dilcher, JuS 1989, 875, 876.
40 K. Kroeschell, Bd. 1, S. 254.
41 H. Conrad, Bd. I, S. 355 ff.
42 K. Kroeschell, Bd. 1, S. 254 f.

verliehen hatten und deren Gerichte auf diese Art und Weise zu Oberhöfen geworden waren, waren u. a.: Dortmund, Freiburg i. Breisgau, Frankfurt a.M., Magdeburg und Lübeck.

Von manchen der sog. Mutterstädte verbreitete sich deren Recht nach Osten, oft im Zusammenhang mit der deutschen Besiedlung des Ostens. Häufig überschritt es noch den deutschen Siedlungsraum. In der zweiten Hälfte des 12. Jahrhunderts sind wichtige Städte des Elbe-Saale-Raumes, wie z. B. Halle, Leipzig und Stendal, mit Magdeburger Recht bewidmet worden, das dem Namen nach schon lange bestand und in den Urkunden häufig als Vorbild erwähnt worden war.[43] Diese Städte übernahmen nun bald selbst die Funktion eines Oberhofes für andere Städte, so z. B. Halle und Leipzig für Dresden, Naumburg und Pirna. Auch Brandenburg, Berlin, Mittenwalde und Eberswalde wurden in diese Städtegruppe einbezogen.[44] So nahm z. B. das Magdeburger Recht seinen Weg über Brandenburg, Sachsen, die Lausitz, Schlesien, Polen, Litauen in den Südosten. Über den bedeutenden Osthandel der Stadt Lübeck verbreitete sich das lübische Recht an der gesamten Ostseeküste. 167

Mit dem Vordringen des römisch-kanonischen Rechts am Ende des 15. Jahrhunderts begann man die Stadtrechte zu reformieren *(sog. Stadtrechtsreformationen).* Bekannte Reformationen dieser Art sind die Nürnberger Reformation aus dem Jahre 1479 und die Wormser Reformation von 1498. In den Stadtrechtsreformationen wird der stärker werdende Einfluss des römischen und kanonishen Rechts auf Rechtsinhalte und Begrifflichkeit erkennbar.[45] 168

Die Nürnberger Reformation von 1479 wird als eine der wichtigsten deutschen Rechtsquellen angesehen, die in ihrer ausgewogenen Verbindung von Tradition und Moderne maßgeblich die deutsche Rechtsentwicklung beeinflusst hat. In wichtigen Teilgebieten behielt sie inhaltlich bis zum Inkrafttreten des BGB Geltung. Dass ihre Bedeutung weit über Nürnberg hinaus reichte, zeigt die Tatsache, dass ihr gedruckter Text sich auf fast alle später entstandenen Reformationen, wie u. a. die von Worms 1499, Bayern 1518, Dinkelsbühl 1536 und Kurpfalz, auswirkte.[46]

Auffallend ist, wie schnell sich das Stadtrecht im Verhältnis zum beharrenderen, in manchen Bereichen fast unbeweglichen Landrecht geändert hat. Dabei gewann schließlich das gesetzte, begrifflich also das gewillkürte, vereinbarte Recht Vorrang vor dem aus Sitte und Gewohnheit erwachsenen Recht. Die Willkür „überwuchert das Recht alten Stils, wird dann freilich selbst zum Recht neuen Stils".[47] Willkür bedeutete im Sprachgebrauch des Mittelalters nicht gesetzloses Verhalten, sondern – im Gegenteil – „Verwillkürung, durch 169

43 R. Lieberwirth, in: Sitzungsberichte, S. 22 ff.
44 R. Lieberwirth, in: Sitzungsberichte, S. 22 f.
45 G. Dilcher, JuS 1989, 875, 876.
46 G. Köbler, JuS 1984, 1329.
47 W.Ebel, in: Probleme, Probleme, S. 147.

den Bürgereid begründete und gerichtete Selbstunterwerfung unter das von den Bürgern rational gesetzte, vereinbarte, gekorene Recht".[48] Einige Stadtrechtsbücher wurden sogar als „Willkür" bezeichnet.

Es entstanden auch *Stadtbücher,* in denen Rechtssatzungen, Akte der freiwilligen Gerichtsbarkeit, Abschluss von Schuldverträgen, erbrechtliche Geschäfte etc. und Aufzeichnungen über die Rechtsprechung städtischer Gerichte enthalten waren. Es handelte sich dabei häufig um Mischtypen von Stadtbüchern, wie z. B. das von Koblenz, das den Charakter eines Statuten-, Verwaltungs- und Gerichtsbuches trägt.[49]

**Schrifttum:** A. Buschmann, Der Mainzer Reichslandfriede von 1235 – Anfänge einer geschriebenen Verfassung im Heiligen Römischen Reich, JuS 1991, 453 ff.; T. Buyken/H. Conrad, Die ältesten Stadtbücher von Koblenz, ZRG Germ. Abt. 59, 1939, S. 165 ff.; W. Ebel, Über die rechtsschöpferische Leistung des mittelalterlichen deutschen Bürgertums, in: W. Ebel, Probleme der deutschen Rechtsgeschichte, 1978, S. 145 ff.; W. Janssen, „... na gesetze unser lande...". Zur territorialen Gesetzgebung im späten Mittelalter, in: Der Staat Beiheft 7, 1984, S. 5 ff.; E. T. Gaupp, Deutsche Stadtrechte des Mittelalters. Mit rechtsgeschichtlichen Erläuterungen herausgegeben. Neudruck der Ausgabe Breslau 1851–52, 1966; K. Kroeschell, Rechtsaufzeichnung und Rechtswirklichkeit. Das Beispiel des Sachsenspiegels, in: VF Bd. 23, 1977, S. 349 ff.; R. Lieberwirth, Eike von Repchow und der Sachsenspiegel. Sitzungsberichte der sächsischen Akademie der Wissenschaften zu Leipzig, Bd. 122, H. 4, 1982; derselbe, Das Privileg des Erzbischofs Wichmann und das Magdeburger Recht. Ebenda Bd. 130, H. 3, 1990; H. Patze, Stadtgründung und Stadtrecht, in: VF Bd. 23, 1977, S. 163 ff.; W. Sellert, Friedensprogramme und Friedenswahrung im Mittelalter, in: FS Kroeschell, S. 453 ff.; E. Wadle, Frühe deutsche Landfrieden, in: E. Wadle, Landfrieden, Strafe, Recht. Zwölf Studien zum Mittelalter. Schriften zur Europäischen Rechts- und Verfassungsgeschichte Bd. 37, 2001, S. 75 ff.; A. Wolf, Gesetzgebung in Europa 1100–1500. Zur Entstehung der Territorialstaaten, 2. überarbeitete und erweiterte Aufl. 1996.

## § 4. Die Entstehung einer europäischen Rechtswissenschaft. Die Rezeption des römischen und kanonischen Rechts und die Folgen

### I. Die Anfänge einer Rechtswissenschaft in Deutschland

170 Eine nachhaltige literarische und wissenschaftliche Beschäftigung mit dem römischen und kanonischen Recht ist in Deutschland bereits für das Mittelalter in den Studienhäusern der Franziskaner und Do-

48 W Ebel, S. 146 f.
49 T. Buyken/H. Conrad, ZRG Germ. Abt. 59, 1939, S. 168.

minikaner nachweisbar. Die Beichtväter sahen sich häufig mit Rechtsfragen konfrontiert, zu deren Beantwortung sie auf das römische und kanonische Recht zurückgriffen. Die dazu notwendigen Kenntnisse vermittelten ihnen Handbücher der Beichtpraxis, sog. *Beichtsummen*, die eine ganze Literaturgattung darstellen. Die bedeutendste deutsche Beichtsumme entstand um 1290 in Freiburg. Vorbild für diese Literaturgattung der Summae confessorum war ein Werk des spanischen Dominikaners *Ramon de Penyafort.*[50]

Vom 12. Jahrhundert an kann man davon ausgehen, dass das römische Recht, das in Italien wiederbelebt worden war und von dort aus in andere europäische Rechtsordnungen übernommen wurde, Einfluss auf die Rechtsentwicklung in Deutschland genommen hat. Von einer Rezeption des römischen Rechts – einer Übernahme fremden Rechts in die eigene Rechtsordnung – kann zu diesem Zeitpunkt allerdings noch nicht die Rede sein.

171 Als wissenschaftliche Bearbeitung des deutschen Rechts kann man über die oben genannten Beichtsummen hinaus die Glossen zu den erwähnten Rechtsbüchern des Mittelalters, wie z. B. die zum Sachsenspiegel und einigen anderen Rechtsquellen, ansehen. Allerdings war das Vorbild für die Bearbeitung auch hier das römische und kanonische Recht. Gerade die Glosse zum Sachsenspiegel zeigt, dass römisch-kanonisches Recht in Deutschland bereits bekannt war und angewandt wurde.[51]

172 Als im 14. Jahrhundert die politischen Auseinandersetzungen zwischen Kaiser und Papst (vgl. dazu oben Rdnr. 20 f.) noch einmal zu einem theoretischen Streit zwischen weltlicher und kirchlicher Gewalt führten, entstanden auch in Deutschland staatstheoretische Schriften, die man durchaus als rechtswissenschaftliche bezeichnen kann. Dazu zählen u. a. die Schrift des *Lupold von Bebenburg (1297 bis 1363)* „De juribus regni et imperii Romanorum" und das Werk des Kardinals *Nikolaus von Cues* (gestorben 1464) „De concordantia catholica".

Mit aller Vorsicht kann man deshalb schon von den Anfängen einer Rechtswissenschaft in Deutschland sprechen.

**Schrifttum:** H. Coing, Bartolus und der Usus modernus pandectarum in Deutschland, in: Ges. Aufs. Bd. 1, S. 277 ff.

50 K. Kroeschell, Bd. 2, S. 56 ff. mit Nachw.
51 H. Coing, in: Ges. Aufs. Bd. 1, S. 281 f.

## II. Das römische Recht

173 **1. Überblick.** Das römische Recht überlebte den Untergang des römischen Reiches in unterschiedlichen Überlieferungen und gewann auf die Entwicklung des Rechts in Europa einen überragenden Einfluss. Bei dem Recht der weströmischen Provinzen, das sich nach einer Verflachung der klassischen römischen Rechtswissenschaft im Verlaufe des 3. und 4. Jahrhunderts herausgebildet und durchgesetzt hat, handelt es sich um sog. spätrömisches Vulgarrecht.[52] Unter Vulgarisierung des römischen Rechts wird hier das Eindringen der Denk- und Ausdrucksformen juristischer Laien in die geltende Rechtsordnung mit der Wirkung verstanden, dass „die verfeinerte, zu hoher Vollendung geführte Begriffswelt des klassischen Rechts in der Substanz wie in der Methode von diesen laienhaften„vulgaren' Rechtsanschauungen verdrängt" wurde.[53] Elemente aus dem spätrömischen Vulgarrecht verschmolzen mit germanischen Rechtsmaterien zu einer heute nicht mehr entwirrbaren Einheit.

174 Einzelne Germanenherrscher veranlassten eine Aufzeichnung des entstandenen und geltenden Mischrechts in den *Volks- und Stammesrechten*, den sog. *Leges romanae*, deren ältestes, das westgotische *Edictum Theodorici*, später auch als *Leges barbarorum* bezeichnet, ist.[54] Nachdem man jahrhundertelang in den leges Rechtsdenkmäler unverfälschten germanischen Rechts gesehen hatte, haben neuere Untersuchungen ergeben, dass sich die *Volksrechte*, was ihre substantielle Zusammensetzung aus germanischen Rechtsmaterien einerseits und Elementen spätrömischen Vulgarrechts andererseits angeht, schichtmäßig nicht genau voneinander absetzen lassen.[55]

175 **2. Die Justinianische Kompilation. a) Die Entstehungsgeschichte.** Gegenstand der mittelalterlichen Rechtswissenschaft, welche die Rezeption vorbereitete und bewirkte, war vor allem die sog. *„Justinianische Kompilation"*[56], das Ergebnis der Gesetzgebungsarbeit, die auf die Initiative des römischen Kaisers *Justinian (527–565)* zurückgeht. Die zusammenfassende Bezeichnung *„Corpus iuris civilis"* für das Gesamtwerk stammt nicht aus der Antike; sie findet sich

52 Dulckeit/Schwarz/Waldstein, § 40; H. Nehlsen, Sklavenrecht, S. 45.
53 M. Kaser, Das römische Privatrecht, 2. Abschnitt, S. 18.
54 H. Nehlsen, Sklavenrecht, S. 38 ff.
55 H. Nehlsen, Sklavenrecht; derselbe, in: VF Bd. 23, S. 449 ff.
56 P. Weimar, in: Handbuch PRG I, S. 155.

erst in der Gesamtausgabe des französischen Humanisten *Dionysius Gothofredus (1549 bis 1622)* aus dem Jahre 1583.[57]

Als *Justinian I.* 527 nach einer Periode innerer Schwäche des oströmischen Reiches die Regierung antrat, fühlte er sich berufen, das römische Weltreich wieder aufzurichten und in der Verfolgung dieses Zieles die Reichseinheit, die Glaubenseinheit und die Rechtseinheit herzustellen. Um das letztgenannte Ziel zu erreichen, nahm er einen Plan wieder auf, den ein Jahrhundert zuvor einer seiner Vorgänger, *Theodosius II. (408–450),* schon zu verwirklichen versucht hatte. Von Staats wegen sollte eine Zusammenstellung alles dessen geschaffen werden, was von den Kaiserkonstitutionen und den Schöpfungen der Rechtswissenschaft noch lebensfähig war.[58] Die Voraussetzungen für die Verwirklichung dieses Vorhabens waren unter Justinian günstiger als je zuvor, weil die Rechtsschulen das reichliche Material an Juristenschriften und Kaiserrecht, das in den oströmischen Bibliotheken und Archiven vorhanden war, gesammelt und erschlossen hatten. Es wird angenommen, dass von dieser Wiederentdeckung der klassischen römischrechtlichen Literatur durch die Rechtsschulen letztlich der Anstoß zur Sammlung des Juristenrechts ausgegangen ist. Eine solche Zusammenfassung sollte nicht nur für die Bedürfnisse der Rechtsschulen selbst, sondern auch für die Rechtspraxis bereitgestellt werden[59] 176

Das eigentliche Gesetzgebungswerk des Justinian begann 528 mit der Berufung einer zehnköpfigen Kommission, der *Tribonian (500–547),* der Vorsteher der kaiserlichen Kanzleien und spätere Justizminister, zwei Anwälte, sieben Beamte der höchsten Zentralverwaltung und *Theophilus,* Lehrer der Rechtsschule von Konstantinopel, angehörten. Diese Kommission erhielt den Auftrag, eine neue Sammlung von Kaisergesetzen herzustellen. Dabei sollten veraltete Gesetze ausgeschieden, Widersprüche beseitigt und der Text auf das sachlich Notwendige beschränkt werden.[60] Nach kurzer Zeit war dieses Werk vollendet. Es wurde am 7. April 529 durch die Constitutio „Summa" als „*Codex Justinianus*" mit Gesetzeskraft publiziert. 177

530 beauftragte Justinian – wohl auf Drängen der Rechtsgelehrten – den inzwischen zum Justizminister ernannten Tribonian, eine Kommission zu berufen und auch das Juristenrecht in einer umfassenden Sammlung zu vereinigen.[61] Die Kommission, der u. a. vier 178

57 H. E. Troje, S. 90 ff.
58 M. Kaser, Röm. Rechtsgesch., § 56 I u. II.
59 M. Kaser, Röm. Rechtsgesch., § 56 II.
60 Kunkel/Schermeier, § 11 II 2.
61 M. Kaser, Röm. Rechtsgesch., § 56 III.

Rechtslehrer und 11 Anwälte angehörten, erledigte ihre Aufgabe in drei Jahren. Am 16. Dezember 533 wurde das Werk in lateinischer und griechischer Fassung unter dem Titel „*Digesta*" (= Geordnetes) oder „*Pandecta*" (= Allumfassend) verkündet. Mit dem Inkrafttreten am 30. Dezember 533 verschwanden die Originalschriften der klassischen Juristen und die nachklassischen Elementarschriften aus dem Rechtsunterricht und der Gerichtspraxis des oströmischen Reiches.[62]

179 Die Schaffung des Codex und der Digesten machte auch eine Neuordnung des Rechtsstudiums erforderlich. Deshalb hatten schon während der Vorbereitung der *Digesten* die beiden Rechtslehrer *Theophilus aus Konstantinopel* und *Dorotheus aus Berytos* unter der Oberleitung *Tribonians* ein amtliches Anfängerlehrbuch für den Rechtsunterricht verfasst. Dieses Werk, das aus den Institutionen des Gaius und einigen anderen Elementarschriften der klassischen und nachklassischen Zeit geschöpft war,[63] trug den Titel *Institutiones* und diente vorwiegend dem Zweck, die Studierenden in der juristischen Denkmethode zu schulen, die den in die Digesten aufgenommenen Werken der Klassiker zugrunde lag.[64] Obwohl ursprünglich für das Rechtsstudium bestimmt, erhielten auch die Institutiones mit dem 30. Dezember 533 Gesetzeskraft.

Mit den Institutionen, den Digesten und dem Codex hatte Justinian 534 seinen großen Plan der Rechtsvereinheitlichung weitgehend erfüllt. Um weitere Reformen des Rechts durchführen zu können, erließ er seit 534 noch zahlreiche Nachtragsgesetze, *Novellen* (novellae leges). Diese wurden allerdings nicht mehr in einer amtlichen Sammlung vereinigt; sie sind lediglich in privaten Sammlungen erhalten geblieben.[65]

180 Es ist überliefert, dass die Gesetzgebungskommissionen am Wortlaut ihrer klassischen Vorlagen nicht unerhebliche Veränderungen vorgenommen haben, um die Texte den inzwischen teilweise andersartigen Bedürfnissen der Zeit anzupassen. Diese Veränderungen werden *Interpolationen* (= Einschaltungen, Veränderungen) genannt.[66]

Schon einige der großen Juristen der Humanistenzeit, wie z. B. die Franzosen *Jacobus Cuiacius (1522 bis 1590)* und *Anton Faber (1557 bis 1624)*, bemühten sich, die Interpolationen der Kompilatoren aufzufinden, um auf diese Weise das gereinigte klassische römische Recht wieder zugänglich zu machen.

---

62 Kunkel/Schermeier, § 11 II 2.
63 Kunkel/Schermeier, § 11 II 2.
64 M. Kaser, Röm. Rechtsgesch., § 56 IV 2.
65 M. Kaser, Röm. Rechtsgesch., § 56 VI.
66 Kunkel/Schermeier, § 11 III 2.

Eine nicht unerhebliche Zahl von Textveränderungen war bereits in der vorjustinianischen Zeit in die klassischen Schriften geraten.[67]

**b) Die überlieferten und benutzten Texte.** Als Justinian die Insti- 181
tutionen, die Digesten und den Codex repetitae praelectionis 533/34 in Konstantinopel publizierte, gehörte Italien nicht zu seinem Herrschaftsbereich. Erst nachdem seine Heere die Ostgoten in Italien vernichtend geschlagen hatten, konnte der Kaiser die drei Teile der Kompilation auch für Italien in Kraft setzen. Zwischen 568 und 650 gingen dem oströmischen Reich die größten Teile Italiens allerdings wieder verloren.

Die einzelnen Teile der Justinianischen Kompilation haben die nachfolgenden Jahrhunderte unterschiedlich überdauert.[68] Seit der zweiten Hälfte des 11. Jahrhunderts rückten die Quellentexte immer mehr in den Mittelpunkt des Interesses. Zum Gegenstand wissenschaftlicher Bearbeitung in Bologna und in den von Bologna beherrschten Zentren wurde eine Fassung des Textes, die nicht unerheblich von dem antiken Original abweicht. Diese Textfassung wird *Littera Bononiensis* oder *Vulgata* genannt. Zu einer verbindlichen Erstellung dieser Textfassung ist es allerdings nicht gekommen. Das hatte zur Folge, dass es leicht voneinander abweichende Vulgatahandschriften gibt.[69]

Die Glossatoren, welche die Justinianische Kompilation bearbeitt haben, 182
bezeichneten diese als „Corpus iuris" und teilten sie in fünf Bände ein, bestehend aus:

1. Digestum vetus (D. 1.1 bis 24.2),
2. Infortiatum (D. 24.3 bis 38.17),
3. Digestum novum (D. 39.1 bis 50.17),
4. Codex (Bücher 1 bis 9),
5. Volumen parvum oder Volumen
   (Bücher 10 bis 12 des Codex, Institutiones und Authenticum in neun Collationes).[70]

**c) Die einzelnen Teile der Kompilation.** Die *Institutionen* sind ein 183
aus vier Büchern bestehendes Lehrbuch, das für den Rechtsunterricht geschaffen wurde und ein amtliches Einführungslehrbuch darstellte.

Den umfangreichsten und inhaltlich bedeutsamsten Teil der Kompilation bilden die *Digesten (Pandekten).* Sie enthalten – eingeteilt in

67 Zur Interpolationenforschung Dulckeit/Schwarz/Waldstein, § 43 III mit Nachw.
68 P. Weimar, in: Handbuch PRG I, S. 155 ff. mit ausführlichen Hinw.
69 P. Weimar, in: Handbuch PRG I, S. 156.
70 H. Lange, Bd. I, S. 60 ff.; P. Weimar, in: Handbuch PRG I, S. 156.

50 Bücher – ausgewählte Teile aus den Schriften von etwa 40 bedeutenden Juristen, deren Mehrzahl der klassischen Epoche der römischen Jurisprudenz (2. und 3. Jahrhundert nach Christi Geburt) angehören.[71] Die Digesten lassen einen Querschnitt durch das gesamte Schaffen der klassischen römischen Rechtswissenschaft erkennen. Da die klassischen Juristen sich überwiegend mit dem Privatrecht und dem Zivilprozessrecht befasst hatten, nehmen diese Rechtsgebiete in den Digesten den breitesten Raum ein. Nur ein geringer Teil des Digestenstoffes befasst sich mit dem Strafrecht. Das erste Buch behandelt allgemeine Fragen über Recht und Rechtsquellen, außerdem das Personenrecht und den Zuständigkeitsbereich der Behörden. Die beiden letzten Bücher haben das Appellationsrecht, Fiskalrecht, verwaltungsrechtliche Bestimmungen, Worterklärungen und allgemeine Rechtsregeln zum Gegenstand.[72]

184 Den überwiegenden Inhalt des in 12 Bücher gegliederten Codex bilden ebenfalls das Privatrecht und das Zivilprozessrecht. Der Codex enthält daneben auch Kirchenrecht, einzelne Materien des Verwaltungsrechts, Strafrecht und Strafprozessrecht sowie Finanzrecht.[73]

**Schrifttum:** Dulckeit/Schwarz/Waldstein, Römische Rechtsgeschichte, 7. Aufl. 1981; M. Kaser, Das römische Privatrecht. 2. Abschnitt. Die nachklassischen Entwicklungen, 2. Aufl. 1975; derselbe, Römische Rechtsgeschichte, Nachdruck der 2. neubearbeiteten Aufl. von 1967, 1978; Kunkel/Schermeier, Römische Rechtsgeschichte, 14. Aufl. 2008; H. Lange, Römisches Recht im Mittelalter. Bd. I: Die Glossatoren, 1997; H. Nehlsen, Sklavenrecht zwischen Antike und Mittelalter. Germanisches und römisches Recht in den germanischen Rechtsaufzeichnungen. Göttinger Studien zur Rechtsgeschichte Bd. 7, 1972; derselbe, Aktualität und Effektivität der ältesten germanischen Rechtsaufzeichnungen, in: VF Bd. 23, 1977, S. 449ff.; H. E. Troje, Graeca leguntur. Forschungen zur neueren Privatrechtsgeschichte, Bd. 18, 1971; P. Weimar, Die legistische Literatur der Glossatorenzeit, in: Handbuch PRG I, S. 129ff.; derselbe, Die legistische Literatur und die Methode des Rechtsunterrichts in der Glossatorenzeit, in: IC II, 1969, S. 43ff.

### III. Die Wiederentdeckung des römischen Rechts in Oberitalien

185 **1. Überblick.** Die eigentliche Wiederentdeckung des römischen Rechts begann in Pavia und danach verstärkt in Bologna, dem Knotenpunkt des Fernhandels und dem wirtschaftlichen Zentrum Ober-

71 M. Kaser, Röm. Rechtsgesch., § 57 II.
72 M. Kaser, Röm. Rechtsgesch., § 57 III.
73 M. Kaser, Röm. Rechtsgesch., § 58 II 4.

italiens, das zugleich Sitz einer bedeutenden hohen Schule war, in der im Wesentlichen die drei Fächer des *Triviums*, Rhetorik, Dialektik und Grammatik, d. h. die Lehre von der lateinischen Sprache und Literatur, unterrichtet wurden.[74] Diese aus der Spätantike überkommenen Artes liberales bildeten die Grundlage aller scholastischen Wissenschaften, die sich mit der Anwendung der scholastischen Methode auf die entsprechenden autoritativen antiken Texte, wie z. B. die Bibel und das Corpus iuris, befassten. Dabei ging es in erster Linie um das Verstehen und Weitergeben der Inhalte der antiken Texte durch Auslegung in einem umfassenden Sinne.[75]

Die mittelalterliche Rechtswissenschaft entwickelte sich aus der **186** Anwendung der scholastischen Methode auf das Corpus iuris. Sie war ein Zweig der *Scholastik*, weil sie deren Methoden und Ziele teilte. Damit wird die Selbstständigkeit der mittelalterlichen Rechtswissenschaft nicht in Zweifel gezogen, denn sie hat die geistige Welt des Mittelalters ebenso mitgestaltet wie Theologie, Medizin und Philosophie.[76]

Von der modernen Wissenschaft unterscheidet sich die Scholastik u. a. dadurch, dass sie nicht voraussetzungslos ist. Sie hält die Glaubenssätze der Bibel für unantastbar und unterwirft sich auch anderen Autoritäten, wie z. B. den Kirchenvätern. Die Scholastik will die Glaubenssätze rational begreifbar machen und so eine systematische, organisch zusammenfassende Darstellung der Heilswahrheit ermöglichen, die vom Vernunftstandpunkt aus vorgebrachte denkbare Einwände entkräften kann. Die Scholastiker entwickelten jedenfalls eine Technik zur Systematisierung und Harmonisierung, die der Entwicklung der Rechtswissenschaft nützlich sein konnte.[77]

Die scholastische Rechtswissenschaft beschränkte sich nicht auf das Corpus iuris. Zu den bearbeiteten Rechtsquellen gehörte auch der Kern des kirchlichen Gesetzgebungswerkes, zu dem das etwa 1140 entstandene *Decretum Gratiani* und die jüngeren *Dekretalensammlungen* (Dekretalen = zu kirchenrechtlichen Rechtsquellen gewordene päpstliche decreta) zählten (vgl. dazu unten Rdnr. 198 ff.).

Die mit der wissenschaftlichen Bearbeitung des Decretum Gratiani **187** entstehende *Kanonistik* war zunächst Teil der Theologie, ehe sie sich in der wachsenden Auseinandersetzung mit dem Corpus iuris des Justinian von der Theologie trennte. Bereits in den letzten Jahrzehn-

74 P. Weimar, in: Handbuch PRG I, S. 129 ff.
75 P. Weimar, in: Handbuch PRG I, S. 130; zum Einfluss der Dialektik auf die Glossatoren siehe G. Otte, S. 227 ff.
76 1 P. Weimar, in: Handbuch PRG I, S. 131.
77 H. Lange, Bd. I, S. 111 ff.

ten des 12. Jahrhunderts bildete die Kanonistik eine eigenständige Wissenschaft.[78]

Die bei der Bearbeitung der römischen Rechtsquellen entstandene Literatur wird als *legistische Literatur* bezeichnet. Sie ist gelehrte, d. h. wissenschaftliche Literatur, weil sie den Regeln und Methoden folgte, die die mittelalterliche, an den hohen Schulen gelehrte Wissenschaft, die Scholastik, anerkannte.[79] Die *Legistik*, d. h. die Wissenschaft vom römischen Recht, bildete fortan den einen Zweig des *gelehrten Rechts*; den anderen bildete die *Kanonistik*. Es wird die Meinung vertreten,[80] dass erst in der „Einheit von Legistik und Kanonistik" die Eigenart und die Leistungen des mittelalterlichen gelehrten Rechts richtig begriffen werden können, wenn auch für die Entwicklung des Privatrechts die klassische Kanonistik in der Regel nicht dieselbe Bedeutung gewonnen habe wie die sich gleichzeitig entwickelnde Legistik.

**188** **2. Die Glossatoren.** Die Wiederbelebung des römischen Rechts ist untrennbar verbunden mit dem Wirken des *Irnerius* an der Rechtsschule in Bologna. Bologna ist die älteste Juristenfakultät; lange Zeit war sie auch die bedeutendste.[81]

*Irnerius (gestorben um 1140)* wird ausdrücklich als Grammatiker und Dialektiker bezeugt.[82] Seine juristische Tätigkeit ist bis 1125 belegt, sein Lebensschicksal im Übrigen wenig bekannt.[83] Nachdem sich Irnerius eingehend mit den Digesten befasst hatte, begann er, die Quellentexte mit Randerläuterungen (Glossen) zu versehen und begründete damit die Schule der *Glossatoren* (Glossatorenschule). Irnerius wird häufig als einer der größten und einflussreichsten Juristen aller Zeiten bezeichnet, nicht zuletzt deswegen, weil er die Konzentration ganzer Juristengenerationen auf das römische Recht eingeleitet hat. Er wird auch an der Spitze derer gesehen, die der europäischen Rechtsentwicklung die entscheidenden Impulse gegeben haben, z. B. als Begründer der Verwissenschaftlichung des Rechts.[84]

**189** Ähnlich wie in den oströmischen Rechtsschulen verfahren wurde, gaben auch die Glossatoren den Quellentexten kurze Erklärungen

78 K. W. Nörr, in: Handbuch PRG I, S. 366.
79 P. Weimar, in: Handbuch PRG I, S. 129.
80 K. W. Nörr, in: Handbuch PRG I, S. 365.
81 H. Lange, Bd. I, S. 36 ff.
82 F. Wieacker, Privatrechtsgeschichte, S. 57.
83 H. Lange, Bd. I, S. 154 ff.
84 H. Lange, Bd. I, S. 158 ff.

bei. Zunächst waren es lediglich Wortdeutungen, die den Sinn der Ausdrücke festhalten sollten. Dann kamen Hinweise auf andere Stellen der Quellen, in denen die gleiche oder eine gegensätzliche Rechtsansicht enthalten war, und die Versuche hinzu, die gefundenen Unterschiede zu begründen. So wuchsen die Glossen schließlich zu mehr oder minder umfangreichen Erläuterungen der Quellentexte.[85]

Die Glossatoren begründeten ihren Namen also mit der von ihnen angewandten wissenschaftlichen Arbeitsmethode, nämlich der fortlaufenden Erläuterung des Textes durch Randbemerkungen (Marginalglossen) oder zwischen die Zeilen eingefügte Notizen (Interlinearglossen).[86] Die Glossierung hat sowohl in quantitativer als auch in qualitativer Hinsicht mehrere Entwicklungsstufen durchlaufen. Zunächst überwogen einzelne Glossen, die dadurch zu einem Erläuterungswerk wuchsen, dass die Glossatoren vorhandene Glossen übernahmen, diese ergänzten und neue hinzufügten. Auf diese Art und Weise entstanden ganze Apparate, die den gesamten Text im Wesentlichen durchlaufend erläuterten.[87]

Der Bologneser Rechtsgelehrte *Accursius (um 1183 bis 1263)* fasste **190**
schließlich die Arbeiten der älteren Glossatoren in einem großen Sammelwerk, der sog. *Glossa ordinaria,* zusammen, das großes Ansehen erlangte und für spätere Zeiten grundlegende Bedeutung errang.[88] Seit der Mitte des 13. Jahrhunderts stellte die Glossa ordinaria des Accursius eine allgemein anerkannte Kommentierung des Corpus iuris dar, die zur Grundlage jeder Beschäftigung mit den Quellen und darüber hinaus jeder juristischen Erörterung wurde.

Die *Glossa ordinaria* besteht in der Erläuterung zu den Rechtsbüchern, die man schon zuvor als *Libri legales* zusammengefasst hatte. Darin enthalten sind 96 940 Glossen.[89]

Die Glossatoren haben verschiedene Literaturtypen entwickelt. Neben den einzelnen Glossen entstanden Glossenapparate in Gestalt von Erläuterungsschriften zu ganzen Teilen des Corpus iuris, die nach scholastischer Methode redigiert sind.[90] Darüber hinaus entstanden *Summen (summae)*, die als zusammenfassende Darstellungen des Gegenstandes eines Titels der Quellen oder Schriften aufgebaut sind und sich von den erklärenden Glossenapparaten unterscheiden.[91] Die Glossatoren schufen u. a. auch Argumentensammlungen für die juristische Problemlösung sowie Darstellungen begrifflicher Unterschei-

85 M. Kaser, Röm. Rechtsgesch., § 61 III 2.
86 Dulckeit/Schwarz/Waldstein, § 44 II 2.
87 H. Lange, Bd. I, S. 123 ff.
88 Zu Leben und Werk des Accursius siehe H. Lange, Bd. I, S. 335 ff.
89 H. Lange, Bd. I, S. 345.
90 P. Weimar, in: Handbuch PRG I, S. 168.
91 P. Weimar, in: Handbuch PRG I, S. 188.

dungen (Distinctiones) und Sammlungen von Kontroversen (Dissensiones dominorum).[92]

191 Die juristische Denk- und Argumentationsschulung durch die Glossatoren im Rechtsunterricht wurde in der praktischen richterlichen und anwaltschaftlichen Tätigkeit nutzbar gemacht.[93] Die Rechtsschule von Bologna errang bald europäische Bedeutung, weil sie von Studenten aus fast allen europäischen Ländern besucht wurde. Um das Jahr 1200 studierten in Bologna etwa 1000 Juristen.[94]

Die Bedeutung der Glossatoren liegt in den Vorarbeiten zu einem *Ius commune*, das später in mehr oder minder veränderter Gestalt in ganz Kontinentaleuropa rezipiert worden ist. Die Glossatoren haben die grundlegenden Rechtsinstitute, Rechtsbegriffe und Einteilungen des späteren Ius commune dem von ihnen aufgeschlossenen Corpus iuris entnommen. Sie schufen damit verbindende Elemente der kontinentalen Privatrechtssysteme. Dazu gehören z. B. die Einteilung in obligatorische und dingliche Rechte, Vertrags- und Deliktsrecht, sowie Kategorien wie z. B. positiver Schaden und entgangener Gewinn, ungerechtfertigte Bereicherung und Geschäftsführung ohne Auftrag, um nur einige zu nennen Die Glossatoren gelten zu Recht als die Begründer einer wissenschaftlichen Rechtskultur, die u. a. auch die Entstehung einer neuen Bildungs- und Führungsschicht gefördert hat.[95]

192 **3. Postglossatoren, Kommentatoren, Konsiliatoren.** Die rechtshistorische Literatur unterschied im Hinblick auf die mittelalterliche Legistik zunächst nur zwischen der Periode der Glossatoren und der dieser nachfolgenden Periode der *Postglossatoren.* Heute wird mehr auf bestimmte Kriterien, wie z. B. auf die stärkere Hinwendung zur Rechtspraxis, vor allem zur Konsiliarpraxis, abgestellt. Deshalb spricht man nun auch statt von Postglossatoren von „*Kommentatoren*" oder „*Konsiliatoren*".[96]

Kennzeichnend für die Postglossatoren bzw. Kommentatoren ist die Beschäftigung mit der Rechtspraxis. Da eine verbindliche obergerichtliche Rechtsprechung fehlte, nahm die Rechtslehre eine hervorragende Stellung ein. Die Rechtslehrer übten häufig auch eine umfangreiche Gutachtertätigkeit aus und wurden damit zu den Begründern einer praktisch arbeitenden Jurisprudenz in Europa. Die in-

92 Zu den einzelnen Literaturtypen siehe P. Weimar, a. a. O.
93 H. Schlosser,Privatrechtsgeschichte, S. 33 mit Nachw.
94 H. Coing, in: Handbuch PRG I, S. 81.
95 H. Lange, Bd. I, S. 461 ff.
96 Lange/Kriechbaum Bd. II, S. 4 ff.

tensive Beschäftigung mit der Rechtspraxis bedeutete vor allem eine wissenschaftliche Behandlung der verwirrenden Fülle der geltenden partikularen Rechte. Dazu zählten zunächst die statuta und consuetudines der italienischen Städte und der weltlichen Korporationen, wie z. B. der Kaufmannsgilden, später auch die partikularen Rechtsquellen außerhalb Italiens.[97] Als Praktiker hatten die Kommentatoren auch überall mit dem kanonischen Recht zu tun, das sie beherrschen mussten. Vieles von der Beschäftigung damit ist in die Kommentare zum Corpus iuris eingeflossen.[98]

Die Postglossatoren bzw. Kommentatoren fanden eine von den 193 Glossatoren bereits voll entwickelte exegetische Wissenschaft vor. Möglichkeiten zu neuer rechtswissenschaftlicher Initiative suchten und fanden sie nun in der intensiven Beschäftigung mit Einzelproblemen und in der Auseinandersetzung mit aktuellen Fragen der Rechtspraxis, was zu einer vertieften Exegese führte und bedeutende dogmatische Fortentwicklungen und eine Fülle praktikabler Lösungen mit sich brachte.[99]

Bei ihren Bemühungen um eine Anpassung des römischen Rechts an die Erfordernisse der Zeit arbeiteten die Postglossatoren bzw. Kommentatoren oft mit haarspalterischer Dialektik und kühnen Analogien, um neue Rechtsgedanken, die sich im praktischen Rechtsleben entwickelt hatten, durch Fundstellen aus dem Corpus iuris oder den Glossen zu stützen und ihnen auf diese Art und Weise Autorität zu verleihen.[100] Ihre besondere Leistung liegt darin, dass sie durch die Abstraktion der Entscheidung vom einzelnen Fall allgemeine Rechtsgrundsätze aus den Quellen ableiteten. Allerdings führten sie auch Rechtsgedanken auf das Corpus iuris zurück, die darin nicht direkt angesprochen sind. Ihre Arbeiten schließen oft enger an die *Glossa ordinaria* des *Accursius* an als an den Quellentext der justinianischen Kompilation.[101]

Die wissenschaftliche Tätigkeit der Postglossatoren/Kommentato- 194 ren ist dadurch charakterisiert, dass sie nicht mehr nur kurze Erläuterungen (Glossen), sondern eingehende und ausführliche Kommentare zum Corpus iuris erarbeiteten (deshalb Kommentatoren). Außerdem fertigten sie umfangreiche Rechtsgutachten an (sog. Consilia), mit de-

97 N. Horn, in: Handbuch PRG I, S. 262.
98 Lange/Kriechbaum Bd. II, S. 178.
99 N Horn, in: Handbuch PRG I, S. 262f.
100 Dulckeit/Schwarz/Waldstein, § 44 II 3.
101 Kunkel/Schermeier, § 12 II.

nen sie wesentlichen Einfluss auf die Gerichtspraxis ihrer Zeit nahmen.

Den rechtsschöpferischen Arbeiten der Postglossatoren bzw. Kommentatoren sind u. a. die Grundzüge des modernen Handelsrechts und des Internationalen Privatrechts zu verdanken.[102] Auch die Verwendung von Begriffen in der rechtswissenschaftlichen Arbeit wird den Postglossatoren bzw. Kommentatoren zugeschrieben.[103]

195 Die Postglossatoren bzw. Kommentatoren übten mit ihrer Arbeit, die den praktischen Bedürfnissen ihrer Zeit Rechnung trug, über die italienische Rechtswissenschaft (Mos italicus) hinaus einen überragenden Einfluss auf die Rechtsentwicklung in Europa aus. Mit der Anwendung ihrer wissenschaftlich-rationalen Methoden auf das Recht des Corpus iuris schufen sie ein europäisches gemeinsames Recht, das *Ius commune*.[104] Ius commune hebt zunächst auf die Weiträumigkeit einheitlicher Rechtsüberzeugungen ab. Als ein die Gesamtheit gemeinsamer Rechtsideen begreifendes Recht bildete es einen Gegensatz zu den sog. Partikularrechten, etwa in Gestalt von Landesrechten.

Bedeutende Postglossatoren bzw. Kommentatoren waren z. B. *Bartolus de Sassoferrato (1313 bis 1357)* und sein Schüler *Baldus de Ubaldis (1327 bis 1400),* die beide an verschiedenen oberitalienischen Universitäten, u. a. in Perugia, Pisa, Padua und Pavia, gelehrt haben.

**Schrifttum:** H. Coing, Die juristische Fakultät und ihr Lehrprogramm, in: Handbuch PRG I, S. 39 ff.; Dulckeit/Schwarz/Waldstein, Römische Rechtsgeschichte, 7. Aufl. 1981; N. Horn, Die legistische Literatur der Kommentatoren und der Ausbreitung des gelehrten Rechts, in: Handbuch PRG I, S. 261 ff.; M. Kaser, Das römische Privatrecht. 2. Abschnitt. Die nachklassischen Entwicklungen, 2. Aufl. 1975; derselbe, Römische Rechtsgeschichte, Nachdruck der 2. neubearbeiteten Aufl. von 1967, 1978; Kunkel/Schermeier, Römische Rechtsgeschichte, 14. Aufl. 2008; H. Lange, Römisches Recht im Mittelalter. Bd. I: Die Glossatoren, 1997; H. Lange/M. Kriechbaum, Römisches Recht im Mittelalter. Bd. II: Die Kommentatoren. 2007; K. W. Nörr, Die kanonistische Literatur, in: Handbuch PRG I, S. 365 ff.; G. Otte, Dialektik und Jurisprudenz, IC, Sonderheft 1, 1971; P. Weimar, Die legistische Literatur der Glossatorenzeit, in: Handbuch PRG I, S. 129 ff.

102 Dulckeit/Schwarz/Waldstein, § 44 II 3 a.
103 Zu den Literaturtypen der Kommentatorenzeit siehe N. Horn, in: IC II, S. 84 ff.; Lange/Kriechbaum Bd. II, S. 355 ff.
104 Dulckeit/Schwarz/Waldstein, § 44 II 3 c.

## IV. Das kanonische Recht

**1. Überblick.** Seit der Mitte des 12. Jahrhunderts ist ein Aufblühen der kirchlichen Rechtswissenschaft zu beobachten, denn die „Juridifizierung der Kirche" (Nörr) erforderte ein wissenschaftliches Durchdringen ihres Rechts. Bereits in der Glossatorenzeit gab es vielgestaltige Verbindungen zwischen *Legistik* und *Kanonistik.* Die Methoden der Stoffbeherrschung und die Literaturformen waren weitgehend die gleichen. So bediente man sich u. a. der Glosse.[105] 196

Die klassische Epoche der kanonistischen Wissenschaft beginnt mit dem *Decretum Gratiani* (um 1140). Die Literaturtypen der frühen Kanonistik sind, mit wenigen Ausnahmen, die gleichen wie in der Legistik. Auch bei der *Kanonistik* markiert die Glossierung den Beginn der Wissenschaftlichkeit. Auffallend ist die Praxisnähe der Kanonisten, von denen viele höchste Ämter in der Kirche als Päpste, Kardinäle und Bischöfe erhielten[106]

Auch die Kanonistik als die „zweite juristische Disziplin"[107] entwickelte sich in Bologna. Der Mönch *Gratian,* der um 1140 mit dem nach ihm benannten Decretum („Concordantia discordantium canonum" = Decretum Gratiani) den Grundstock für das spätere Corpus iuris canonici schuf, war ein Zeitgenosse des *Irnerius* und wirkte ebenfalls in Bologna. 197

In dem Dekret, das u. a. eine methodisch geordnete Sammlung kirchlicher Rechtsquellen enthält, an die eine wissenschaftliche Bearbeitung anknüpfen konnte, sind neben juristischen auch moraltheologische und dogmatische Fragen erörtert.[108]

**2. Die Dekretalen.** In der darauf folgenden Zeit wurden die päpstlichen *Dekretalen* (litterae, epistulae decretales) zu den Hauptquellen des neuen kirchlichen Rechts. Die Dekretalen sind päpstliche Rechtsäußerungen, die sich überwiegend an Einzelpersonen zu von ihnen an den Papst gerichteten Einzelfragen und Einzelfällen richteten. 198

Die einzigartige Bedeutung der Dekretalen für die Ausbildung auch des weltlichen Rechts in Europa, wahrscheinlich auch für den Gesetzesbegriff, ist noch immer unterbewertet.

Ihren Ursprung hat die päpstliche Dekretale in der Reichskirche des vierten Jahrhunderts, als die römischen Bischöfe Anfragen ande-

105 K. W. Nörr, in: Handbuch PRG I, S. 366; Kriechbaum/Lange Bd. II, S. 205.
106 K. W. Nörr, in: Handbuch PRG I, S. 367 ff.
107 K. Kroeschell, Bd. 1, S. 234.
108 K. W. Nörr, in: Handbuch PRG I, S. 836 ff.

rer Bischöfe des Okzidents in ausführlichen Reskripten beantworten. *Gratian* entwickelte in dem schon erwähnten Dekret eine Rechtsquellenlehre, die auf den Arbeiten von *Isidor von Sevilla*, eines Erzbischofs und Kirchenlehrers (um 600–636), aufbaute. Der von *Gratian* entwickelte Begriff der Dekretale ist auf die abstrakte Geltung der päpstlichen Anordnung als *regula* bezogen, die in der Genese jedoch offenbar regelmäßig durch eine Rechtsanfrage hervorgerufen worden war.[109]

**199** Im Wesentlichen können zwei Hauptgruppen von Dekretalen unterschieden werden. Zu der einen Gruppe zählen Antworten des Papstes auf consultationes von ordentlichen oder delegierten Richtern, wobei der Ratsuchende oft eine Reihe von Rechtsfragen vortrug, die sich bei ihm angesammelt hatten. Die zweite Gruppe besteht aus Rechtsakten zu Einzelfällen, d. h. päpstlichen Äußerungen gegenüber Einzelpersonen zu Einzelfragen und Einzelfällen (mandata). Die letztgenannten *päpstlichen mandata* hatten zuweilen nicht nur einen Einzelfall, sondern einen allgemeinen Missstand im Auge; sie wurden dann auch an eine Mehrzahl von Empfängern gerichtet.[110]

Inzwischen ist nachgewiesen, dass viele Dekretalen als Gesetzgebungsakte qualifiziert werden können. So hat Papst *Gregor VIII. (1187)* in seinem nur kurzen Pontifikat eine Reihe von Akten mit Gesetzescharakter erlassen. Sie betrafen u. a. den Wucher und das Verbot von Würfel- und Brettspielen.[111]

**200** Manche Dekretalen aus dieser Zeit behandelten Rechtsfragen im Wege konkreter Normenkontrolle, wenn man heutige Klassifizierungskriterien zugrundelegt.[112]

Nachdem die Zahl der Dekretalen stark angewachsen war, entstanden die ersten selbstständigen Dekretalensammlungen. Wissenschaft und Praxis verlangten schließlich nach einer in Auswahl und Ordnung der angewachsenen Dekretalenmasse verlässlichen Dekretalensammlung, die auch zur wissenschaftlichen Bearbeitung geeignet war.[113] Nachdem durch fünf aufeinander nicht abgestimmte Kompilationen das Recht der Dekretalen unübersichtlich und z. T. gar widersprüchlich geworden war, beauftragte Papst *Gregor IX. (1227–1241)* den spanischen Kirchenrechtler *Ramon de Penyafort (um 1175 bis*

109 P. Landau, ZRG Kan. Abt. 117, 2000, 86 ff.
110 K. W. Nörr, in: Studien zur europäischen Rechtsgeschichte, S. 53.
111 P. Landau, ZRG Kan. Abs. 117, 2000, 86 ff.
112 P. Landau ZRG Kan. Abs. 117, 2000, 86 ff. mit Nachw.
113 K. W. Nörr, in: Handbuch PRG I, S. 840.

*1275)*, eine bereinigte Sammlung der Dekretalen zu schaffen. Das Ergebnis waren die „Decretales Gregorii IX“, auch *Liber Extra* genannt, das eine offizielle Sammlung des päpstlichen Rechts von 1140 bis 1234 enthält. Die darin aufgenommenen Dekretalen oder Teile von solchen sind einer mehr oder minder umfangreichen Überarbeitung unterzogen worden. Texte sind gekürzt oder gar verändert worden, um Wiederholungen zu vermeiden und Widersprüche zu beseitigen sowie auch Zweifel an der Auslegung auszuräumen. Ein weiterer Grund für die Überarbeitung war es schließlich, die Dekretalen dem geltenden Recht und der Gerichtspraxis anzupassen.[114]

Man kann die im *Liber Extra* enthaltene Dekretalensammlung 201
durchaus als amtliches Gesetzeswerk bezeichnen. Inhaltlich beschränkt sich die Sammlung keineswegs auf innerkirchliche Regelungen. Mehr und mehr drangen die päpstlichen Dekretalen in Rechtsgebiete ein, die auch im Ius civile geregelt waren. So kam es, dass zu manchen Fragen zivilistische und kanonistische Quellen mit zum Teil unterschiedlichen Lösungen konkurrierten. Das warf die Frage auf, wann in Fällen der Divergenz römisches und wann kanonisches Recht anzuwenden war. In der Praxis setzte sich die Regel durch, dass bei sich widerstreitenden Rechtsgrundsätzen in weltlichen Angelegenheiten die kirchlichen Gerichte, die auch über einen nicht unwesentlichen Teil weltlicher Rechtsstreitigkeiten entschieden (vgl. unten Rdnr. 207, 484), kanonisches Recht anwandten, die weltlichen Gerichte hingegen das Ius civile. Dies alles führte in der Kommentatorenzeit dazu, dass die Juristen in der Praxis mit der Beherrschung nur eines der beiden großen Rechtsgebiete nicht mehr auskamen.[115]

Nachdem auf den Konzilien und von den Päpsten neues Recht 202
(„Novellae“) gesetzt und dieses in Sammlungen zusammengetragen worden war, die nicht aufeinander abgestimmt waren, entstanden in Praxis und Wissenschaft ähnliche Unsicherheiten über das geltende Recht wie vor Erlass des Liber Extra. Papst *Bonifaz VIII. (1294 bis 1303)* ordnete deshalb die Schaffung einer neuen Gesetzessammlung an, welche die Bezeichnung *Liber Sextus* erhielt. Die darin aufgenommenen Dekretalen wurden in radikaler Weise gekürzt, erweitert und sogar abgeändert. Die kasuistische Natur der Dekretalen wurde beseitigt. Stärker als in den bisherigen Sammlungen wurde nun der allgemeine und abstrakte Charakter der Texte ausgeprägt. Der Liber

114 K. W. Nörr, in: Handbuch PRG I, S. 842.
115 Kriechbaum/Lange Bd. II, S. 205 ff.

Sextus kommt bereits einer modernen Kodifikation nahe.[116] Dass römisches und kanonisches Recht viele Gemeinsamkeiten hatten, zeigt gerade der Liber Sextus. In ihn wurden 88 allgemeine dem römischen Recht entnommene Rechtsregeln aufgenommen und damit in das kanonische Recht integriert.[117]

203 Die letzte authentische Rechtssammlung des mittelalterlichen Papsttums bildeten die *Constitutiones Clementis V. (sog. Clementinen)* von 1317, die allerdings anders als der Liber Extra und der Liber Sextus keinen ausschließlichen Charakter trugen. Die darin aufgenommenen Dekretalen blieben unverändert.[118]

In der Folgezeit entstanden noch private Sammlungen von Dekretalen und Konstitutionen, von denen zwei (die Extravagantes D. Joannis Papae XXII. und die Extravagantes communes) für die Eingliederung in das „Corpus iuris canonici" 1500 und 1503 redigiert wurden.

204 **3. Das Corpus iuris canonici.** Die Bezeichnung *„Corpus iuris canonici"* für die Sammlung 1. des Decretum Gratiani, 2. des Liber Extra, 3. des Liber Sextus, 4. der Clementinen und 5. der Extravagantes (und zwar der Extravagantes Johannes XII. und der Extravagantes Communes) ist erst im Verlaufe des 16. Jahrhunderts nachweisbar. 1582 erschien eine von Papst *Gregor XIII. (1272 bis 1241)* abgeschlossene Neuausgabe im Druck (sog. *Editio Romana*). Darin ist zwar der Text der in den einzelnen Teilen des Corpus gesammelten Rechtsquellen offiziell festgelegt, das Corpus war als Ganzes aber weder eine authentische noch eine ausschließliche Rechtssammlung. Die einzelnen Teile behielten unabhängig voneinander und von der Zusammenfassung zum Corpus ihre jeweilige Rechtsqualität. So blieb z. B. der Charakter von privaten Sammlungen bei den Extravagantes erhalten.[119]

205 Die kirchliche Rechtswissenschaft des späteren Mittelalters bezeichnete das kirchliche Gesetzgebungswerk in bewusster Parallele zum Corpus iuris des Justinian als Corpus iuris canonici. Damit wurde der Justinianischen Kompilation eine zweite große Rechtsmasse zur Seite gestellt, die wie jene zum Arbeitsobjekt einer neuen Rechtswissenschaft wurde.[120]

Das kanonische Recht beruht sehr stark auf dem römischen Recht, denn die Kirche erkannte das römische Recht als auch für sie gelten-

116 K. W. Nörr, in: Handbuch PRG I, S. 844 f.
117 Kriechbaum/Lange Bd. II, S. 2215 f.
118 K. W. Nörr, in: Handbuch PRG I, S. 845.
119 K. W. Nörr, in: Handbuch PRG I, S. 845 f.
120 K. W. Nörr, in: Handbuch PRG I, S. 835.

des Recht an. Es bildete eine wesentliche Grundlage für das von ihr entwickelte Rechtssystem. Das gilt insbesondere für die Gebiete des Zivil- und Prozessrechts Allerdings änderte die Kirche auf römischem Recht basierende Rechtsregeln in verschiedenen Gebieten zum Teil erheblich ab.[121]

Die Texte des Corpus iuris canonici bilden die historisch wichtigsten Quellen des kanonischen Rechts und damit eine der Grundlagen des europäischen Rechts. Das kanonische Recht hat das weltliche Recht, und zwar das Zivilrecht, das öffentliche Recht, das Strafrecht und das Verfahrensrecht, wesentlich beeinflusst. Deshalb gehört es auch zu den Hauptquellen der weltlichen Rechtsentwicklung, denn das kanonische Recht hatte keineswegs nur rein kirchenspezifische Angelegenheiten zum Gegenstand. Es gestaltete in wesentlichem Maße auch den Zivil- und Strafprozess um, beeinflusste aber auch das materielle Recht erheblich, und zwar sowohl das Strafrecht wie auch das Zivilrecht. Ehe-, Testaments- und sonstige Erbrechtssachen sind durch das kanonische Recht wesentlich mitgeprägt worden.[122] Es gibt Bereiche, in denen der wichtigste Beitrag zur europäischen Rechtsentwicklung vom kanonischen Recht ausging. Dazu zählt das Eherecht. Der Anteil an der Entwicklung des Zivilprozesses ist so stark, dass er bis in die modernen Rechtsordnungen nachgewiesen werden kann.[123] 206

Als Recht der Kirche wandten zunächst die kirchlichen Gerichte mit ihren weit über kirchliche Fragen hinausreichenden Zuständigkeiten das kanonische Recht an, weil dieses an den Universitäten gelehrt wurde und den praktischen Verhältnissen der Zeit oft wesentlich näher stand als das römische Recht.

Im Corpus iuris canonici kann der Ausdruck eines tiefgreifenden Strukturwandels der Kirche gesehen werden, deren geistliche Autorität immer mehr die Züge einer im Recht gegründeten Hoheit annahm. Der Anspruch der Kirche wurde u. a. darin deutlich, dass kirchliche Gerichte, zu denen u. a. die *Offizialate* gehörten, in immer stärkerem Maße dazu übergingen, neben kirchlichen Prozessen auch solche Streitigkeiten zu entscheiden, die weltliche Angelegenheiten zum Gegenstand hatten. Mit Recht wird von einer weiten Kompetenz der kirchlichen Gerichte im Mittelalter gesprochen, die bewirkt 207

121 U. Wolter, S. 4 u. 27.
122 U. Wolter, S. 10ff.
123 K. W. Nörr, in: Studien zur europäischen Rechtsgeschichte, S. 57.

hat, dass praktisch jede Figur des Privatrechts vor das kirchliche Forum kommen und nach kirchlichen Maßstäben beurteilt werden konnte.[124] Dazu, dass sich kirchliche Gerichte in einigen Teilen Deutschlands zu einflussreichen Gerichten im Hinblick auf die Entscheidung weltlicher Angelegenheiten entwickeln konnten, dürfte wesentlich auch der Umstand beigetragen haben, dass diese Gerichte mit wissenschaftlich ausgebildeten Geistlichen besetzt waren, zu deren Spruch- und Urteilsvermögen die Bevölkerung im 14., 15., 16. und auch noch im 17. Jahrhundert häufig mehr Vertrauen hatte als zu den weltlichen Gerichten, weil diese oft mit nicht oder nur unzureichend vorgebildeten Laien besetzt waren. Bis in das 18. Jahrhundert hinein gab es in Deutschland – insbesondere in den sog. geistlichen Territorien – kirchliche Gerichte, die Zivilrechtsstreitigkeiten in Konkurrenz mit weltlichen Gerichten entschieden.[125]

Ähnlich wie das römische Recht war auch das kanonische Recht im Mittelalter Gegenstand der rechtswissenschaftlichen Bearbeitung. Noch vor dem römischen Recht bildete das kanonische Recht an den deutschen Universitäten den Gegenstand wissenschaftlicher Durchdringung und wissenschaftlicher Beschäftigung, und zwar in nicht geringerem Maße als das römische Recht.[126]

**Schrifttum:** U. Eisenhardt, Zur Inanspruchnahme der geistlichen Gerichte in Zivilrechtsstreitigkeiten, in: FS für G. Kleinheyer, 2001, S. 193 ff.; derselbe, Hofgericht und Offizialat. Machtkonzentration durch Gerichtsrecht, in: W. Wüst (Hrsg.), Geistliche Staaten in Oberdeutschland im Rahmen der Reichsverfassung. Kultur-Verfassung-Wirtschaft-Gesellschaft. Ansätze zu einer Neubewertung, 2002, S. 249 ff.; P. Landau, Rechtsfortbildung im Dektretalenrecht des 12. Jahrhunderts. Typen und Funktionen der Dekretalen des 12. Jahrhunderts, in: ZRG Kan. Abt. 117, 2000, 86 ff.; Lange/Kriechbaum, Römisches Recht im Mittelalter. Bd. II: Die Kommentatoren. 2007; K. W. Nörr, Die kanonistische Literatur, in: Handbuch PRG I, S. 365 ff.; derselbe, Die Entwicklung des Corpus iuris canonici, in: Handbuch PRG I, S. 835 ff.; derselbe, Päpstliche Dekretalen und römisch-kanonischer Zivilprozeß, in: Studien zur europäischen Rechtsgeschichte, hrsg. v. Wilhelm u. Walter, 1972, S. 57 ff.; P. Oestmann, Geistliche und weltliche Gerichte im Alten Reich. Zuständigkeitsstreitigkeiten und Instanzenzüge. QFHG Bd. 61, 2012; U. Wolter, Ius canonicum in iure civili. Forschungen zur Neueren Privatrechtsgeschichte, Bd. 23, 1975.

124 K. W. Nörr, in: Handbuch PRG I, S. 365.
125 U. Eisenhardt, in: FS G. Kleinheyer, S. 193 ff. und in: Geistliche Staaten, S. 249 ff.; P. Oestmann, Geistliche und weltliche Gerichte.
126 U. Wolter, S. 55.

## V. Die Rezeption und ihre Auswirkungen

**1. Der Begriff der Rezeption des gelehrten Rechts.** Der pauschale Begriff der *Rezeption* ist nicht unumstritten. Man kann in der Rezeption den Prozess des Eindringens und der Assimilierung des gelehrten römischen Rechts sehen, der mit der Entwicklung gelehrten kanonischen Rechts einhergeht und von dieser gefördert wird. Die so verstandene Rezeption ist zeitlich und in ihrer Intensität in den einzelnen europäischen Ländern nicht in gleicher Weise verlaufen und hat auch zu unterschiedlichen Ergebnissen geführt. Allerdings sind die Unterschiede lange Zeit überbetont worden. 208

Bei der Beantwortung der Frage nach dem Wert oder dem Unwert von Rezeptionen ist zu berücksichtigen, dass Rezeptionen große Austauschprozesse sind, die nach den bisherigen Erfahrungen den Nehmenden kaum Nachteile gebracht, im Gegenteil diese fast stets bereichert haben. Die ehemals gerade in Deutschland weit verbreitete Überzeugung, dass im eigenen Volke alle Kräfte ruhen, die es zu einem fruchtbaren Gedeihen benötige, hat sich als falsch erwiesen. Abkapselungen der eigenen Lebens- und Rechtsordnung von anderen, fremden Kulturen haben fast stets zur Vereinsamung und damit zur Verarmung geführt.[127] Typisch für die Engstirnigkeit gegenüber dem Phänomen der Rezeption des römischen und kanonischen Rechts ist die Kampfansage des nationalsozialistischen Parteiprogramms von 1920 an das „römische Rezeptionsrecht“ und den „Typus des rezeptionsgeschichtlich geprägten Juristen“. In diesem Programm wurde u. a. „Ersatz für das der materialistischen Weltordnung dienende römische Recht durch ein deutsches Gemeinschaftsrecht“ gefordert. 209

**2. Die Rezeption des römischen und kanonischen Rechts als gesamteuropäische Erscheinung.** Die Rezeption des römischen und kanonischen Rechts ist eine gesamteuropäische Erscheinung. Die Ausbreitung des gelehrten Rechts in Europa fand in der Kommentatorenzeit statt. Es handelte sich dabei in der Hauptsache um einen Bildungsprozess, nämlich um die Ausbildung gelehrter Juristen und um die Verbreitung der justinianischen Quellen (der Justinianischen Kompilation, vgl. oben Rdnr. 175 ff.) und der legistischen Literatur. Dabei fiel der Kirche eine bedeutende Rolle zu; sie war für das erste Vordringen des gelehrten Rechts in den einzelnen Ländern Wegbereiter und Vermittler, weil sie fast allein über die lateinische Schriftkultur 210

127 H. Hattenhauer, Die geistegeschichrlichen Grundlagen, Rdnr. 135.

verfügte, mit deren Hilfe sich die Ausbreitung des gelehrten Rechts nur vollziehen konnte. Außerdem hatte die Kirche bereits eine ausgebildete Gerichtsorganisation, die das gelehrte kanonische Recht entwickeln und verbreiten konnte. Dabei kommt dem römisch-kanonischen Prozess etwa seit dem frühen 13. Jahrhundert eine besondere Bedeutung zu.[128]

Die Ausbreitung des gelehrten römischen Rechts zeigte sich in den einzelnen Ländern Europas vor allem in dem allmählichen Eindringen gelehrter Juristen, die das Recht zumeist in Oberitalien studiert hatten, in die Gerichte und in die Verwaltungspositionen. Zutreffend wird von den „Juristen als Trägern der Rezeption" gesprochen.[129] Außerdem wurden verstärkt die Quellentexte und gelehrte Rechtsliteratur in die Bibliotheken aufgenommen und dort genutzt.

**211** Seit der ersten Hälfte des 13. Jahrhunderts entstanden in Italien, aber auch in Frankreich und Spanien, danach auch in anderen europäischen Ländern, Studienzentren des römischen Rechts, die Bologna zum Teil ebenbürtig waren.[130] Außerhalb Italiens entstand eine eigenständige juristische Literatur auf der Grundlage des gelehrten Rechts, die zum Teil einheimisches Recht, das unter dem Einfluss des gelehrten Rechts zunehmend schriftlich fixiert wurde, einschloss. Gegen Ende der Kommentatorenzeit war das gelehrte römische Recht in fast allen Ländern Kontinentaleuropas zu einem maßgeblichen Faktor des Rechtslebens geworden. Es bildete jedenfalls die begriffliche und methodische Grundlage der Jurisprudenz auch dort, wo nichtrömisches oder nur teilweise romanisiertes Partikularrecht eine wichtige Rechtsquelle für die Praxis blieb.[131] In den meisten transalpinen Ländern war im 14. und auch noch im 15. Jahrhundert das kanonische Recht wichtiger als das römische. Allerdings wurde im kanonischen Schrifttum häufig auf das ius civile verwiesen und somit zu dessen Verbreitung beigetragen.[132]

Hatte man die Geltung kanonischen Rechts im weltlichen Bereich zunächst kraft päpstlicher Autorität akzeptiert, so stützte man die Geltung infolge der fortschreitenden Säkularisierung und wegen der Haltung der Protestanten später auf die gewohnheitsrechtliche An-

128 N. Horn, in: Handbuch PRG I, S. 264; zur Praxis geistlicher Gerichte im deutschen Raum während des 13. u. 14. Jahrhunderts siehe H. J. Budischin.
129 Wesenberg/Wesener, § 12.
130 H.Coing, in: Handbuch PRG I, S. 39 ff. u. Lange/Kriechbaum Bd. II.
131 N. Horn, in: Handbuch PRG I, S. 264.
132 Lange/Kriechbaum Bd. II, S. 894.

wendung, die durch die weltlichen Herrscher ausdrücklich oder stillschweigend gebilligt worden war.[133]

**3. Die Vollrezeption in Deutschland. a) Überblick.** Zeitlich erheblich hinter anderen Ländern, wie z. B. Frankreich und Spanien, fand Deutschland Anschluss an die gelehrten Rechte. Erst spät entwickelte sich hier deshalb auch eine eigene legistische Wissenschaft. Andererseits fand das gelehrte Recht in Deutschland eine besonders intensive Aufnahme und verursachte eine tiefgreifende Veränderung der deutschen Rechtskultur. Das römische Recht erlangte schließlich den Rang einer „allgemein geltenden, wenngleich subsidiären Quelle des Reichsrechts".[134] 212

Der Vorgang, der als *Vollrezeption* oder *Totalrezeption* für Deutschland bezeichnet wird, fällt erst in die zweite Hälfte des 15. und in das 16. Jahrhundert. Dem ging eine Phase des allmählichen Eindringens und Einwirkens des gelehrten Rechts voraus, die allgemein als *Frührezeption* bezeichnet wird.[135] In dieser Phase waren es das kanonische Recht und die kirchliche Gerichte, mit deren Unterstützung das römische Recht in Deutschland eindringen konnte.[136]

**b) Die Rolle der Universitäten.** Zu den wichtigen Verbreitern des gelehrten Rechts im ausgehenden Mittelalter gehörten die *Universitäten*, die in Deutschland seit dem späten 14. Jahrhundert gegründet wurden. Die Geschichte der Rechtswissenschaft in Deutschland lässt sich von der Geschichte der juristischen Fakultäten an den deutschen Universitäten nicht trennen.[137] Mit der Gründung von Universitäten in Prag (1348), Wien (1365), Köln (1388) und anderen Städten, wie z B. Erfurt (1392), Leipzig (1409), Rostock (1419), Freiburg i. Brsg. (1457), Ingolstadt (1472) und Tübingen (1477), wurde die wissenschaftliche Pflege der gelehrten Rechte ermöglicht. Der ständige Unterricht im römischen Recht erhielt an deutschen Universitäten allerdings erst im Verlaufe des 15. Jahrhunderts neben dem kanonischen Recht einen selbstständigen Platz.[138] Sichtbaren Ausdruck fand diese Einheit der beiden schulmäßig zweigeteilten Rechte in der üblich gewordenen Bezeichnung als *utrumque ius*. 213

133 U. Wolter, S. 194.
134 N. Horn, in: Handbuch PRG I, S. 283.
135 N. Horn, in: Handbuch PRG I, S. 283 u. U. Wolter, S. 193 ff.
136 K. Kroeschell, Bd. 2, S. 45.
137 G. Köbler, ZRG Germ. Abt. 100, 1983, S. 75 ff.
138 N. Horn, in: Handbuch PRG I, S. 283 f.

214 Die mittelalterlichen Rechtsschulen in Europa waren, gleichgültig wo sich die einzelne Schule befand, an dem Unterrichtssystem orientiert, das an der Rechtsschule von Bologna, dem ersten großen europäischen Zentrum der Rechtsstudien, entwickelt worden war. Dort waren nicht nur Formen der Organisation, sondern vor allem auch die Methoden des Unterrichts und der Examina entwickelt worden, die für die anderen Rechtsschulen in Europa dann bestimmend geworden sind.

Es ist also eine *Einheitlichkeit der Juristenausbildung* im mittelalterlichen Europa festzustellen, die sowohl für die Rechtsentwicklung als auch für die Bildung eines einheitlich ausgebildeten Juristenstandes als soziologische Gruppe von großer Bedeutung gewesen ist. Darin wird zu Recht eines der Fundamente der Entwicklung des gemeinsamen Rechts in Europa gesehen.[139]

215 **c) Die Juristen als „Träger der Rezeption".** Seit dem frühen 13. Jahrhundert wurden in Deutschland in zunehmender Zahl legistisch ausgebildete Juristen, die vornehmlich aus dem Klerus stammten und in Italien, später auch in Frankreich studiert hatten, tätig. Sie gehörten den kirchlichen Gerichten, aber auch der kirchlichen Verwaltung an. Gleichzeitig fanden Quellentexte des Corpus iuris sowie italienische und später auch französische legistische Literatur in Deutschland Verbreitung.[140]

Die deutschen Juristen, die, beginnend schon im 12. und 13. Jahrhundert, an ausländischen Universitäten das gelehrte Recht studiert hatten, repräsentierten nach ihrer Rückkehr in die Heimat einen neuen Juristentyp, den gelehrten Juristenstand.[141] Sie drangen nun in die Verwaltung und Rechtspflege ein und wandten hier ihre Kenntnisse vom römischen und auch vom kanonischen Recht in der Praxis an. Diese Juristen waren an den fürstlichen Höfen und in der Landesverwaltung tätig. Sie traten in die Dienste der Städte und besetzten immer mehr Richterstellen an den Gerichten.[142]

216 Nachdem eine nennenswerte Anzahl römisch-rechtlich vorgebildeter Richter an den Gerichten tätig geworden war, kam auch das römisch-italienische Gerichtsverfahren in Übung und mit ihm u. a. die Rechtsmittel, wie z. B. die Appellation, die die Ausbildung von

139 H.Coing, in: Handbuch PRG I, S. 80.
140 N. Horn, in: Handbuch PRG I, S. 283.
141 Zum Juristenstand siehe F. Wieacker, Privatrechtsgeschichte, S. 152 ff.
142 Für Frankfurt siehe H. Coing, Die Rezeption, S. 152 ff.

Rechtsmittelinstanzen und damit die Einrichtung von Obergerichten notwendig machten. Auch Advokaten, Rechtskonsulenten und Notare waren nun römisch-rechtlich vorgebildet[143]

Mit der ersten Berührung Deutschlands mit dem gelehrten Recht ging die schriftliche Aufzeichnung einheimischen Rechts von privater Hand als ein weiterer, für die deutsche Rechtsentwicklung wichtiger Prozess einher. Die Beeinflussung des *Sachsenspiegel* (vgl. oben Rdnr. 158 ff.), des *Schwabenspiegel* und anderer Rechtsbücher des Mittelalters durch das gelehrte Recht muss als noch nicht hinreichend geklärt betrachtet werden. Jedenfalls wurden manche dieser Rechtsbücher bald Gegenstand von Bearbeitungen in Gestalt von Glossen und Kommentierungen im Stile des gelehrten Rechts.[144]

Wenn auch das römische Recht grundsätzlich nur subsidiär neben 217
dem einheimischen Partikularrecht gelten sollte, so gewann es in der Praxis durch die Tätigkeit der gelehrten Juristen auf vielen Gebieten doch schnell einen gewissen Vorrang, so vor allem im Bereiche des Privat- und Prozessrechts. Die Reichsgesetzgebung hat mit der Reichskammergerichtsordnung von 1495 die bereits weitgehend vollzogene Rezeption lediglich sanktioniert, indem sie dem Reichskammergericht vorschrieb, nach des Reiches Gemeinen Rechten, worunter auch das römische Recht verstanden wurde, zu richten.[145]

**Schrifttum:** H. J. Budischin, Der gelehrte Zivilprozeß in der Praxis geistlicher Gerichte des 13. und 14. Jahrhunderts im deutschen Raum, 1974; H. Coing, Die juristische Fakultät und ihr Lehrprogramm, in: Handbuch PRG I, S. 39 ff.; derselbe, Die Rezeption des römischen Rechts in Frankfurt am Main. Ein Beitrag zur Rezeptionsgeschichte, 1939; N. Horn, Die legistische Literatur der Kommentatoren und der Ausbreitung des gelehrten Rechts, in: Handbuch PRG I, S. 261 ff.; G. Köbler, Vorstufen der Rechtswissenschaft im mittelalterlichen Deutschland, ZRG Germ. Abt. 100, 1983, S. 75 ff.; Lange/ Kriechbaum, Römisches Recht im Mittelalter. Bd. II Die Kommentatoren. 2007; U. Wolter, Ius canonicum in iure civili. Forschungen zur Neueren Privatrechtsgeschichte, Bd. 23, 1975.

## VI. Der Einfluss des kanonischen Rechts auf die europäische Rechtskultur

Wenn es auch in erster Linie das römische Recht war, dessen Re- 218
zeption in Kontinentaleuropa zur Grundlage der neuzeitlichen

143 H. Conrad, Bd. II, S. 340.
144 N. Horn, in: Handbuch PRG I, S. 284 f.
145 H. Conrad, Bd. II, S. 341.

Rechtsordnungen, vor allem im Zivilrecht, partiell aber auch im öffentlichen Recht, geworden ist, so ist doch auch das gesamte kanonische Recht des Mittelalters als ein spätestens seit dem *Liber Extra* von Papst Gregor IX. (vgl. dazu oben Rdnr. 200ff.) voll entwickeltes Rechtssystem Vorbild für das neuzeitliche weltliche Recht geworden.[146] Nach neueren Forschungsergebnissen besteht die Bedeutung des kanonischen Rechts für die europäische Rechtsentwicklung u. a. darin, dass sich ein vom weltlichen Recht prinzipiell unabhängiges, System überhaupt herausbilden und lange Zeit als gleichrangig behaupten konnte.[147] Dass es im abendländischen Europa seit dem 12. Jahrhundert zwei Rechtssysteme gab, die sich ergänzten, die aber von unterschiedlichen rechtserzeugenden Instanzen Ursprung und Geltung ableiteten, ist ein Charakteristicum der europäischen Geschichte, das gegenüber anderen Rechtskulturen, etwa der islamischen und der ostasiatischen, eine Besonderheit darstellt.

219 Es sind weniger einzelne Rechtsgedanken oder Rechtsinstitute gewesen, die das kanonische Recht als Modelle für die weltliche Rechtsordnung bereitgestellt hat. Das kanonische Recht ist vielmehr die zeitlich erste Rechtsordnung gewesen, in der die heute selbstverständlichen Faktoren der Rechtsfortbildung – Gesetzgebung, Rechtsprechung und Rechtswissenschaft – für die Zeitgenossen erfahrbar geworden sind. Damit einhergehend vermittelte das im Hochmittelalter überhaupt erst geschaffene, aus einander ergänzenden Rechtssammlungen erwachsene *Corpus iuris canonici* der mittelalterlichen Gesellschaft zum Erstenmal die Erfahrung der Rechtssicherheit auf der Grundlage eines positiven Rechts.[148] Dies ist umso bemerkenswerter, als neuere rechtshistorische Forschungen ergeben haben, dass die Menschen des frühen Mittelalters keineswegs in einer Situation selbstverständlichen Wissens von einer stabilen göttlichen Rechtsordnung gelebt haben, wie das lange Zeit angenommen worden ist, sondern dass es eher eine tiefgreifende Rechtsunsicherheit gab.[149]

220 Dass das klassische kanonische Recht wohl zum ersten Mal in der europäischen Rechtskultur das Prinzip der Rechtssicherheit vermittelte, hat eine Reihe von Gründen. Eine wichtige Rolle spielte dabei die Formulierung von Recht in abstrakt generellen Normen, in denen man die Grundlegung des modernen Gesetzesbegriffs sehen kann.

146 P. Landau, Der Einfluss, S. 39, 41.
147 P. Landau, Der Einfluss, S. 39ff. mit Nachw.
148 P. Landau, Der Einfluss, S. 39, 41f.
149 P. Landau, Der Einfluss, S. 39, 43.

Wenn das kanonische Recht des 12. Jahrhunderts zunächst noch weitgehend einem *case law* entsprochen haben mag, so hatte die Tendenz zur Vereinheitlichung der kirchlichen Rechtsordnung doch zwangsläufig die Regelung zentraler Fragen durch abstrakt generell formulierte Gesetze zur Folge. Gesetze dieser Art sind häufig auf ökumenischen Konzilien des Mittelalters entstanden. Das kanonische Recht wurde zum Vorbild für die Entstehung großer staatlicher Gesetzbücher in ganz unterschiedlich organisierten europäischen Ländern im 13. Jahrhundert, wie z. B. die weltlichen Gesetzbücher *Friedrichs II. (1212 bis 1250).*[150]

Kanonistische Einflüsse sind im Staatsrecht und im Völkerrecht, 221
sowie in der Strafrechtsdogmatik deutlich erkennbar. Zur Entwicklung des Strafverfahrensrechts hat die Kanonistik u. a. die Offizialmaxime (die Durchführung des Strafverfahrens kraft Amtes) und die Instruktionsmaxime (die Erforschung der materiellen Wahrheit durch den Richter), die dem angelsächsischen Strafverfahren bis heute fremd sind, beigetragen. Der Einfluss des kanonischen Rechts auf das moderne Privatrecht ist besonders hoch einzuschätzen. Im Zivilrecht hat das kanonische Recht insbesondere das Vertragsrecht und das Eherecht geformt. Im Vertragsrecht haben die Kanonisten noch vor den Legisten Ansprüche auf Grund eines „nudum pactum" anerkannt und damit den Typenzwang des römischen Rechts durch das Prinzip der Vertragsfreiheit im Sinne einer Freiheit der inhaltlichen Gestaltung überwunden. Der Grundsatz, dass man Versprechen halten müsse, beruht nicht auf dem germanischen Treueprinzip, sondern auf der im kanonischen Recht zugrundegelegten Verbindung von Rechtspflichten mit sittlichen Rechtsgrundsätzen.[151]

Rechtssicherheit bedeutete aber auch für diese Zeit bereits, dass die Rück- 222
wirkung normativer Regelungen eingeschränkt wurde. Schon im römischen Recht, in den Kaiserkonstitutionen *Theodosius II. (408 bis 450),* war das Prinzip formuliert, dass Normen ohne spezielle Anordnung keine rückwirkende Kraft haben sollten. Das päpstliche Dekretalenrecht hat dieses Prinzip aufgegriffen und um den Gedanken ergänzt, dass Rückwirkungen deshalb ausgeschlossen seien, weil derjenige, der vorher von dem Verbot nichts habe wissen können, sonst Schaden erleiden würde.[152]

**Schrifttum:** P. Landau, Der Einfluß des kanonischen Rechts auf die europäische Rechtskultur, in: Europäische Rechts- und Verfassungsgeschichte. Er-

150 P. Landau, Der Einfluss, S. 39, 44 f.
151 P. Landau, Der Einfluss, S. 39, 47 ff.
152 P. Landau, Der Einfluss, S. 39, 45

gebnisse und Perspektiven der Forschung. Herausgegeben von R. Schulze. Schriften zur Europäischen Rechts- und Verfassungsgeschichte Bd. 3, 1991, S. 39 ff.

## VII. Der griechische Beitrag zur Europäischen Rechtsentwicklung

223 In Kontinentaleuropa wird im Hinblick auf die Entwicklung der gemeinsamen Rechtskultur über die Jahrhunderte hinweg der römische (lateinische) Einfluss sehr stark gewichtet; die griechischen Wurzeln werden hingegen vernachlässigt. Das gilt insbesondere für Deutschland, wo im Rechtsstudium außer in der Rechtsphilosophie eine Beschäftigung mit dem Griechischen weitgehend fehlt. Hingegen werden die römisch-rechtlichen Wurzeln insbesondere im Privatrecht stets betont.

Der griechische Beitrag zur europäischen Rechtsentwicklung wird häufig nur im Zusammenhang mit dem Naturrechtsgedanken und der Entstehung von Aufklärung und Vernunftrecht betont, obwohl die Griechen sich wie wohl niemand sonst mit Problemen der Gerechtigkeit und des Gesetzes beschäftigt haben. Auch zur Entstehung des europäischen Privatrechts haben die Griechen einen gewichtigen Beitrag geleistet. Im Vergleich mit dem römischen wird das griechische Privatrecht als im Gedanklichen verhältnismäßig einfach bewertet; in seinen praktischen Gestaltungen war es den Anforderungen des antiken Wirtschaftslebens allerdings nicht weniger gewachsen als das römische Recht.[153] Als Beispiele dafür seien genannt: Die Entwicklung des Vertrages zugunsten Dritter und der Zession. Darüber hinaus haben die Griechen noch viele andere wichtige Grundlagen des Vertragsrechts entwickelt.[154] Sie haben sich bereits mit so schwierigen und wichtigen Problemen wie der Behandlung von Willensmängeln bei Rechtsgeschäften beschäftigt.[155] Auch die Streitbeendigung durch Vergleich war den Griechen ein wichtiges Thema.[156]

224 Die griechischen Stärken liegen allerdings weniger im Bereich der privatrechtlichen iustitia commutativa wie bei den Römern, sondern mehr im Bereich der in öffentlich-rechtlichen Formen zu verwirklichenden iustitia distributiva und im Entwerfen, Erproben, Analysieren und synthetischen Deuten der Lebensformen eines gerecht verfassten Gemeinwesens. Als Beispiel seien herausgegriffen die 3 Bü-

153 H. J. Wolf, in: Berneker (Hrsg.), S. 533.
154 H. J. Wolf, in: Berneker (Hrsg.), S. 483 ff.
155 S. Simonetos, in: Berneker (Hrsg.), S. 455 ff.
156 A. Steinwerter, in: Berneker (Hrsg.), S. 434 ff.

cher des Aristoteles über die Untersuchung von 158 gesammelten Stadtverfassungen, die man als Anleitung zu optimaler Gesetzgebung verstehen kann.[157] S. Gagnér[158] äußert dazu: „Hier liegt ein ganz auf die empirische Welt eingestellter Leitfaden der Gesetzgebung vor".[159]

Im Vergleich zum Römischen, wo das Interesse für das klassische Privatrecht und für positivrechtliche Details ausgeprägter war, ist mehr griechisch also die Hinwendung zur Gesamtordnung des Gemeinwesens und zur Regulierung der öffentlichen Gewalt. Es ist eine stärkere Betonung der Grundfragen von Recht und Gerechtigkeit festzustellen.[160] Die Lehre von dem, was Recht ist, war ein Bestandteil der ethischen Lehren der Griechen. Die stoische Lehre verband den Gedanken vom natürlichen Recht mit der spekulativ gefundenen Vorstellung von dem einheitlichen, der Vernunft faßbaren Weltgesetz, das sowohl die natürliche wie die moralisch-soziale Welt beherrscht. In dieser Form haben auch die römischen Philosophen und Juristen die Theorie vom Naturrecht übernommen.

Eine intensivere Besinnung auf die griechischen Wurzeln setzte in **225**
Deutschland erst während der Aufklärung ein. Die Gründe für die auffällige Vernachlässigung des Griechischen sind vielfältig. Insbesondere die Epoche der Glossatoren und Kommentatoren wird als eine Zeit charakterisiert, in der die Ausweisung griechischer Elemente nicht nur aus dem Recht, sondern auch aus der Bildung und Literatur besonders krass gewesen sei. Als Grund für diese Unterdrückung des Griechischen wird nicht zuletzt die Abwehr demokratischer Modelle genannt. Auch andere griechische Vorstellungen, etwa diejenigen über Bodenreform, staatliche Daseinsvorsorge und Abwählbarkeit der Herrschaftsträger, galten später als Unruhe stiftend und wurden abgewiesen. Eine Phase besonders konsequenter Unterdrückung griechischer Staats- und Rechtsvorstellungen stellt das 19. Jahrhundert in Deutschland dar. Die von *Friedrich Carl von Savigny (1779 bis 1861)* in Deutschland dominierte Jurisprudenz ist in extremer Weise römisch (lateinisch) geprägt. Mit ihrer ausschließlichen Orientierung am Römischen gehen von ihr antigriechische Impulse aus. Mit der

157 H. E. Troje, S. 25 f.
158 S. 248.
159 Zur Gesetzgebung des klassischen Griechenland siehe auch G. Ries, in: Münchener Beiträge, S. 81 ff.
160 Zum Rechtsdenken der Griechen siehe J. Triantaphyllopoulos, in: Münchener Beiträge.

Durchsetzung der „Latinisierung" des Rechts entsteht die klassische Pandektistik mit ihrer Begriffsbildung und Systematik.[161]

226 Wider den Zeitgeist äußerte sich 1891 der Rechtswissenschaftler Ludwig Mitteis. Er schrieb: „Das hellenistische Recht ist, wenn auch nicht an formaler Vollendung, so doch an innerem Gehalt der Ideen dem römischen gleich, an ethischem Gehalt vielleicht überlegen." Diese erste Erschütterung der herrschenden Lehre blieb allerdings zunächst eine Ausnahme.

Zu berücksichtigen ist, dass das Studium des römischen Rechts und die Beschäftigung mit demselben jedenfalls in Deutschland bis zum Anfang des 20. Jahrhunderts das Studium des geltenden Rechts war und kein historisches Studium. Dabei blieb es bis zum Inkrafttreten der großen Kodifikationen, in Deutschland des BGB. Erst im 20. Jahrhundert wurde das römische Recht eine historische Disziplin.[162]

227 Die Überbetonung des Römischen ist verständlich, berechtigt ist sie nicht; und dies umso weniger, als das römische Rechtsdenken ohnehin stark von der griechischen Kultur beeinflusst worden ist. Ihren Charakter als eigentliche Rechtswissenschaft hat die römische Jurisprudenz erst um die Wende vom zweiten zum ersten Jahrhundert unter dem Einfluss der mit hellenistischer Bildung in Rom eindringenden Wissenschaftslehre gewonnen.[163] Ohnehin ist das römische Recht in keiner Periode völlig griechenfern gewesen. Die beiden letzten Jahrhunderte der Republik, in der die Auseinandersetzung der römischen Jurisprudenz mit dem Hellenismus besonders intensiv war, werden gar als die „Hellenistische Periode der römischen Rechtswissenschaft" bezeichnet.[164] Zum Einfluss der dialektischen Methode der griechischen Wissenschaftslehre vor allem im Bereich der Grammatik, der Philosophie und der Rhetorik bemerkt der Romanist *Fritz Schulz*:[165] Die griechische Bildung habe zweifellos maßgeblich dazu beigetragen, dass sich die römische Jurisprudenz aus einer bloßen Rechtskunde zu einer echten Wissenschaft entwickelt habe.

**Schrifttum:** S. Gagnér, Studien zur Ideengeschichte der Gesetzgebung, 1960; G. Ries, Prolog und Epilog in Gesetzen des Altertums, Münchener Beiträge zur Papyrusforschung und antiken Rechtsgeschichte Heft 76, 1983,

161 H. E. Troje, S. 19 f.
162 W. Selb, S. 19.
163 Dulckeit/Schwarz/Waldstein, § 24 II 4.
164 F. Schulz, S. 44 ff.
165 S. 81.

S. 81 ff.; F. Schulz, Geschichte der römischen Rechtswissenschaft, 1961; W. Selb, Antike Rechte im Mittelmeerraum. Rom, Griechenland, Ägypten und der Orient, 1993; S. Simonetos, Die Willensmängel in den Rechtsgeschäften nach altgriechischem Recht, in: E. Berneker (Hrsg.), Zur griechischen Rechtsgeschichte, 1968, S. 455 ff.; A. Steinwenter, Die Streitbeendigung durch Vergleich, in: E. Berneker (Hrsg.), S. 434 ff.; J. Triantaphyllopoulos, Das Rechtsdenken der Griechen, Münchener Beiträge zur Papyrusforschung und antiken Rechtsgeschichte Heft 78, 1985; H. E. Troje, Europa und das griechische Recht, 1971; H. J. Wolff, Die Grundlagen des griechischen Vertragsrechts, in: E. Berneker (Hrsg.), S. 483 ff.

## VIII. Rechtsschrifttum und praktische Rezeption vor dem Usus modernus

**1. Überblick.** Eine entscheidende Rolle für die Aufnahme des römisch-kanonischen Rechts in Deutschland kommt jenem Schrifttum zu, das versuchte, dieses Recht in gemeinverständlicher Form darzubieten. Zu dieser auch populärwissenschaftlich genannten Rechtsliteratur gehören u. a.: 228

- *Formelbücher* und *Urkundenbücher*, die Anleitungen für den Urkunden- und Geschäftsstil, aber auch Muster für Geschäfte und Klagen, schließlich sogar Rechtsbelehrungen enthielten. Ihre Tradition reicht in das frühe Mittelalter zurück. Das Aufkommen der Buchdruckerkunst förderte ihre Verbreitung.
- *Systematische Darstellungen des gelehrten römisch-kanonischen* 229 *Rechts*, die in ihrer Zielsetzung über die Formel- und Urkundenbücher hinausgingen und der Vermittlung des fremden Rechts in deutscher Sprache dienten.[166]

Die große Bedeutung des Schrifttums jener Zeit liegt darin, dass mit ihm der Versuch unternommen worden ist, das überlieferte Gedankengut des römischen und kanonischen Rechts und der italienischen Rechtswissenschaft in die deutsche Rechtspraxis umzusetzen. Auf diese Weise konnte es zum Wegbereiter der Rezeption des römischen und kanonischen Rechts werden, ohne damit wissenschaftlich schöpferische Leistungen hervorgebracht zu haben.

**2. Klagspiegel und Laienspiegel. a) Überblick.** Zu den bedeu- 230 tendsten populärwissenschaftlichen Darstellungen des gelehrten Rechts zählen der *Klagspiegel* und der *Laienspiegel*. Darstellungen dieser Art wurden durch den Zustand, in dem sich die Rechtspflege

166 H. Conrad, Bd. II, S. 350.

im 15. und 16. Jahrhundert befand, notwendig. Einen großen Teil der Spruchkörper in den Gerichten bildeten immer noch die Schöffengerichte, die sich nun vor das Problem gestellt sahen, das ihnen in vielerlei Hinsicht fremde römisch-kanonische Recht anwenden zu müssen. Viele der den Gerichten angehörenden halbgebildeten Juristen waren wegen ihrer unzureichenden Ausbildung nicht in der Lage, nach gelehrtem Recht zu entscheiden.

231 **b) Der Klagspiegel.** Der *Klagspiegel* ging bereits über die Ansprüche, die an ein Formelbuch gestellt wurden, hinaus, indem er sich weniger an den Privat- und Geschäftsmann als vielmehr an den nicht studierten Richter, Urteiler und Sachwalter wandte, um ihm das für seinen Aufgabenbereich notwendige juristische Wissen zu vermitteln.[167]

232 Der Klagspiegel wurde am Anfang des 15. Jahrhunderts von einem unbekannten Autor verfasst und zunächst in Handschriften verbreitet. 1516 gab der elsässiche Humanist und Rechtswissenschaftler *Sebastian Brant* (1458 bis 1521) einen Druck unter dem Titel „Der richterliche Klagspiegel" heraus, ohne den Text von seinen Verunstaltungen gereinigt zu haben. Das Werk enthält Zivilrecht, aber auch Straf- und Strafverfahrensrecht. Seine Aufgabe sollte darin bestehen, das römisch-kanonische Recht für die Praxis in Gestalt eines leicht fasslichen Handbuchs zu vermitteln.[168] Die Darstellung enthält im Wesentlichen gelehrtes Recht und nur wenig einheimisches deutsches Recht.

233 **c) Der Laienspiegel.** Auch der von dem Stadtschreiber und späteren pfälzischen Landvogt *Ulrich Tengler* (um 1447 bis 1511) verfasste *Laienspiegel* ist keine umfassende Darstellung des Rechts, sondern ein Hilfsbuch für Praxis und Studium. Ziel und Zweck des Werkes war es, die Laien „im gemeinen Rechte des Reiches" zu unterrichten.[169] Dem Leser wurde empfohlen, in Zweifelsfällen Unterricht bei den gelehrten Juristen zu suchen.

Dazu riet auch *Sebastian Brant (1458 bis 1521)*, der eine Vorrede zum Laienspiegel geschrieben hat. Das 1509 erschienene und 1511 bereits in einer erweiterten zweiten Auflage herausgegebene Werk ist – unsystematisch – in drei Bücher eingeteilt. Im zweiten Buch werden Klagen und Klageformeln, im dritten vor allem die peinliche Gerichtsbarkeit behandelt.[170]

---

167 F. Wieacker, Privatrechtsgeschichte, S. 172.
168 H. Conrad, Bd. II, S. 350.
169 H. Conrad, Bd. II, S. 350.
170 B. Pahlmann, in: K.-S., S. 418 ff.

## IX. Der juristische Humanismus

234 Die im 16. Jahrhundert aufkommende *Epoche des Humanismus* führte als europaweite Gelehrtenbewegung dazu, dass die seit dem 13. Jahrhundert von den Kommentatoren (Postglossatoren) dominierte Rechtswissenschaft in Frage gestellt und heftig kritisiert wurde.[171] Im Geist des *Humanismus* gebildete Rechtsgelehrte unterzogen die Quellen und Methoden des durch die Rezeption entstandenen Rechts einer kritischen Prüfung und begannen, aus Übernommenem Neues zu schaffen. Diese neue Richtung der Rechtswissenschaft entwickelte sich vor allem in Frankreich.

235 Während man in der italienischen Literatur (*Mos italicus*) zunächst auf der von den Postglossatoren bzw. Kommentatoren des Spätmittelalters entwickelten Argumentationsstufe stehen blieb, löste sich die *humanistische Jurisprudenz*, die ebenfalls aus der Kommentatorenjurisprudenz hervorgegangen war, durch ihr historisch-kritisches Textverständnis von diesen Wurzeln. Die humanistischen Juristen nahmen Abstand vom scholastischen Interpretationsschema und auch von der Autorität der gelehrten mittelalterlichen Überlieferung.[172] Sie protestierten gegen die überkommene Begrenzung der Quellen- und Problemkreise und beschäftigten sich u. a. mit *Ciceros* (106 v. Chr. bis 43 v. Chr.) Kritik an der römischen Jurisprudenz und an den griechischen Rechtsphilosophen. Humanistische Juristen machten Probleme der Moral und der religiösen Ordnung, aber auch in gewissem Umfange schon soziale und ökonomische Fragen zum Gegenstand ihrer Arbeiten.[173]

236 Zu besonderer Blüte gelangte die *französische humanistische Jurisprudenz*, nachdem sich die französischen Juristen an den Universitäten *Montpellier* und *Orléans*, den eigentlichen Zentren römischrechtlicher Studien, vom *Mos italicus* gelöst und diesem ein *Mos gallicus* entgegengesetzt hatten.[174] Mit ihrer Kritik an den Quellentexten der Justinianischen Kompilation bemühten sie sich, die Interpolationen aufzuspüren und das von Textveränderungen gereinigte klassische römische Recht wieder zugänglich zu machen. Dadurch machten sie sich um eine Überwindung der strengen Bindung an die

---

171 H. Schlosser, Neuere Europäische Rechtsgeschichte, S. 114.
172 E. Holthöfer, in: IC II, S. 133 ff.
173 H. E. Troje, in: Handbuch PRG II/1, S. 615 mit ausführlichen Nachw.
174 Wesenberg-Wesener, § 7 IV.

festgeschriebenen Texte verdient und führten neue Interpretationsmethoden ein.

Große Bedeutung erlangte die *Rechtsschule von Bourges,* als deren eigentlicher Begründer der Italiener *Andreas Alciatus* (1492 bis 1550) angesehen wird, und die mit dem Wirken des *Jacobus Cuiacius* (1522 bis 1590) ihren Höhepunkt erreichte. Cuiacius gilt als Meister der historisch-exegetischen Methode, der sich um die Textkritik an der Justinianischen Kompilation besonders verdient gemacht hat.

**237** Die Religionswirren in Frankreich führten dazu, dass viele bedeutende Vertreter der französischen humanistischen Jurisprudenz ihr Heimatland verließen und in Deutschland wirkten. Dazu zählt der bedeutende Systematiker und Dogmatiker *Hugo Donellus* (1527 bis 1591), der an den Universitäten Heidelberg, Leiden und Altdorf lehrte. *Carolus Molinaeus (Charles Demolin [1500 bis 1566])* lehrte in Tübingen, *Loriotus (Pierre Loriot [gest. 1574])* in Leipzig, *Franz Balduinus (François Baudouin [1520 bis 1573])* in Heidelberg und *Hotomanus (François Hotmann [1524 bis 1590])* in Straßburg und Basel. Nicht selten stießen die französischen Humanisten an den deutschen Universitäten auf den Widerstand der traditionellen Wissenschaftsrichtung. Ob und gegebenenfalls in welchem Umfange die französischen Humanisten, die nach Deutschland emigriert waren, die Entwicklung der Rechtswissenschaft in Deutschland zu beeinflussen vermocht haben, ist noch weitgehend ungeklärt.[175]

**238** Zu denjenigen Rechtsgelehrten, die zu den Begründern einer eigenständigen deutschen Rechtswissenschaft gezählt werden können, gehört *Ulrich Zasius (Huldreich Zäsy, 1461 bis 1535).* Zasius war Humanist – er soll enge Beziehungen zu *Erasmus von Rotterdam* (1466 bis 1536) unterhalten haben –, versah zunächst das Amt eines Stadtgerichtsschreibers in Freiburg im Breisgau und wurde 1506 Professor für Zivilrecht an der dortigen Universität. Zasius war in seiner juristischen Methode durch die intensive Beschäftigung mit dem *Mos italicus* stark beeinflusst. So sah er in den Vorschriften des *Corpus iuris* die „geronnene Rechtsvernunft"; deutsches Recht berücksichtigte er nur insoweit, als es durch Gewohnheit oder Aufzeichnung im Volk fest verwurzelt war.[176]

**Schrifttum:** E. Holthöfer, Literaturtypen des mos italicus in der europäischen Rechtsliteratur der frühen Neuzeit, in: IC II, 1969, S. 130ff.; B. Pahlmann, Ulrich Tengler, in: K.-S., S. 418ff.; derselbe, Ulrich Zasius, in: K.-S., S. 455ff.; P. Raisch, Juristische Methodenlehre 1995; H. E. Troje, Die Literatur

175 P. Raisch, Juristische Methoden, S. 41ff.
176 B. Pahlmann/Schröder, in: K.-S., S. 455ff.

des gemeinen Rechts unter dem Einfluss des Humanismus, in: Handbuch PRG II/1, S. 615 ff.

## X. Entstehung und Bedeutung des Usus modernus

**1. Der Usus modernus als gesamteuropäische Erscheinung.** Seit der Mitte des 16. bis zur Mitte des 18. Jahrhunderts entstand in Deutschland ein umfangreiches Schrifttum zum römisch-kanonischen Recht und zu den Partikularrechten jener Zeit. Diese neue Stilepoche der Rechtswissenschaft wird herkömmlicher weise als „*Usus modernus*" bezeichnet. Die Bezeichnung lehnt sich an den Titel eines die neue Richtung repräsentierenden Werks des Hallenser Professors *Samuel Stryk (1640 bis 1710)*, „Usus modernus Pandectarum", einer Sammlung von Disputationen, an. Der Usus modernus wird als eine lange und für die Entwicklung der einzelnen Rechtsinstitute des Privatrechts bedeutungsvolle, vielleicht sogar die folgenreichste Epoche der neueren Rechtsgeschichte angesehen.[177] **239**

Mit dem deutschen Usus modernus wurde die mittelalterliche Wissenschaft vom römischen Recht, vorwiegend also die Arbeit der Glossatoren und Kommentatoren, unter Einbeziehung der Kanonistik fortgesetzt. Trotz der Übernahme von Elementen des *Mos italicus* ist im Usus modernus ein Zusammenklang von *Humanismus* und *gemeinrechtlicher Jurisprudenz* festzustellen. Die humanistische Textkritik (vgl. oben Rdnr. 234 ff.) zielte darauf ab, die ursprünglichen Texte für eine Aktualisierung des theoretischen und praktischen *Ius commune* wiederherzustellen.[178]

Der *Usus modernus* charakterisiert einen Wissenschaftsstil, der sich *praxisbezogen* und *zeitgemäß* mit dem römischen Recht beschäftigte. Seine Repräsentanten versuchten, das römische Recht an die in Deutschland bestehenden Verhältnisse anzupassen, indem sie dabei eigenständiges deutsches Recht verarbeiteten. Deshalb wird das Verdienst des Usus modernus auch nicht in spektakulären Neuerungen, sondern in der „Konsolidierung der juristischen Praxis und in der dogmatischen Durchbildung und Ausformung dieser Praxis zu einer Privatrechtsordnung" gesehen.[179] **240**

Der deutsche Usus modernus war keine isolierte nationale Rechtswissenschaft. Das Rechtsstudium, die berufliche Tätigkeit der Juris- **241**

---

177 A. Söllner, in: Handbuch PRG II/1, S. 501.
178 A. Söllner, in: Handbuch PRG II/1, S. 506 f.; H. E. Troje, Graeca leguntur, S. 119 ff.
179 A. Söllner, in: Handbuch PRG II/1, S. 502.

ten, insbesondere die Lehrtätigkeit an den Universitäten gaben vielfach Anlass und Gelegenheit, die Landesgrenzen zu überschreiten. Man kann deshalb davon sprechen, dass der deutsche Usus modernus Teil der gemeinsamen europäischen Wissenschaft vom Ius commune ist, also in der Tradition des Mos italicus steht und deshalb an der Gemeinsamkeit des gelehrten Rechts in Kontinentaleuropa teilnahm.[180] Das Schrifttum des deutschen Usus modernus ist denn auch durch Charakteristika geprägt, die für die europäische Rechtsliteratur dieser Periode generell zutreffen:

– Die Autoren hielten zwar in modifizierter Weise an der Darstellungsart, wie sie aus dem Mittelalter überkommen war, fest, lösten sich aber weitgehend vom Text des Corpus iuris.
– Sie wandten sich verstärkt den *Partikularrechten* mit dem Bestreben zu, eine Synthese von gemeinem und partikularem Recht zu erreichen.
– Dabei nahm die forensisch-fallbezogene Literatur deutlich zu.[181]

242 **2. Der Einfluss von Reformation, Humanismus und beginnender Aufklärung.** Religiöse und geistige Strömungen des 16. und 17. Jahrhunderts, wie *Reformation, Humanismus* und die beginnende *Aufklärung*, hinderten den Usus modernus nicht an seiner Entfaltung.

Trotz der Anknüpfung des Usus modernus an die aristotelisch-scholastische Methode des Mos italicus und auch an die kanonistische Komponente des gemeinen Rechts lehnten *protestantische Autoren* ihn nicht ab. Obwohl *Martin Luther* seine Ablehnung des kanonischen Rechts mit der öffentlichen Verbrennung des Corpus iuris canonici dokumentiert hatte, benutzten protestantische Autoren des Usus modernus das Corpus iuris canonici und auch kanonisches Schrifttum, um bestimmte Auffassungen über rechtliche Regelungen – wie z. B. den Satz von der Verbindlichkeit der Verträge ohne Rücksicht auf die Form, der sich im Mittelalter unter dem Einfluss der Kanonistik gebildet hatte – zu begründen.[182]

243 Geistige Strömungen, wie Rationalismus und Aufklärung, aus denen die Forderung nach einem Vernunftrecht erwuchs, führten nicht zur Forderung nach Abschaffung des römisch-gemeinen Rechts. *Gottfried Wihelm Leibniz (1646 bis 1716),* einer der führenden Philo-

180 A. Söllner, in: IC II, S. 172f.
181 A. Söllner, in: IC II, S. 174.
182 A. Söllner, in: IC II, S. 169f.

sophen der Aufklärung, zog sogar in Erwägung, das in der Praxis angewandte, nicht in Gesetzen festgeschriebene gemeine Recht durch eine Kodifikation abzulösen, die allerdings nichts anderes als eine Neukodifikation des römischen Rechts unter Einschluss der Kanonistik sein sollte.[183]

Dass die Stilepoche des Usus modernus bereits von der geistigen Strömung des *Rationalismus*, der frühen Aufklärung, berührt wurde, hatte nicht nur Auswirkungen in methodischer Hinsicht. Auch der Gegenstand der Rechtswissenschaft, insbesondere das rezipierte römische Recht, wurde einer kritischen Betrachtung unterzogen.[184] Der bedeutende Rechtsgelehrte *Hermann Conring (1606 bis 1681)* verwarf, gestützt auf eigene Forschungen, in seinem Hauptwerk „De origine juris germanici" die damals noch vertretene Auffassung, Kaiser *Lothar III. (1125–1137, Kaiser seit 1133)* habe das Gesetzeswerk des *Justinian* als Ganzes für das Reich verbindlich gemacht. *Conring* vertrat die Auffassung, das römisch-italienische Recht habe nur gewohnheitsrechtliche Geltung erlangt; die Rezeption sei letztlich durch Lehre und Praxis bewirkt worden. Ein wichtiges Argument für die Auffassung von *Conring* hatte bereits die *Reichskammergerichtsordnung von 1495* geliefert, die das römische Recht nur unter dem Vorbehalt des Vorranges örtlichen Statuarrechts akzeptierte. **244**

Die Autorität des römischen Rechts litt nun zunehmend und nachhaltig darunter, dass die Zeitgenossen einen Gesetzgebungsakt vermissten, der die Geltung des römischen Rechts legitimierte. Es wird deshalb auch die These vertreten, im Usus modernus trete ein neues Verständnis für das Problem der Rechtsgeltung zutage, in dem sich der Rechtspositivismus des 19. Jahrhunderts ankündige.[185] **245**

Die allgemeine Veränderung der wissenschaftlichen Denkweise wirkte sich auch in der Rechtswissenschaft aus. Orientiert an den Forderungen der cartesianischen Methode suchte man nun nach obersten Grundsätzen, aus denen sich einzelne Regeln ableiten ließen. Man suchte nach allgemeinen Begriffen und Regeln. Manche gehen davon aus, dass die Methode, Einzelprobleme durch Subsumtion unter allgemeine Regeln und Prinzipien zu lösen, sich jedenfalls im 18. Jahrhundert durchsetzte.

---

183 F. Sturm, S. 8f.
184 A. Söllner, in: Handbuch PRG II/1, S. 508f.
185 D. Willoweit, in: Die Begründung des Rechts, S. 231.

246 In der Zeit nach 1500 entwickelte sich eine *juristische Interpretationslehre*, ohne dass von einem einheitlichen Interpretationsbegriff gesprochen werden kann. Etliche Autoren der Zeit verstehen unter Interpretation nicht nur die Auslegung und Sinndeutung von Rechtstexten, sondern fast alles, was ein Jurist sonst noch tut, wie z. B. die geordnete, lehrhafte Darstellung des Rechts.[186] Im späten 17. und im 18. Jahrhundert verengte die Rechtstheorie den bislang recht weiten Interpretationsbegriff erheblich. Insbesondere unter dem Einfluss von *Christian Thomasius (1655 bis 1728)* wurde die Interpretation nun auf die Ermittlung des Willens des Gesetzgebers beschränkt, den man mit dem Sinn des Gesetzes identifizierte.[187]

247 **3. Benedikt Carpzov und der Usus modernus.** Eine herausragende Persönlichkeit jener Epoche war in Deutschland der Leipziger Professor *Benedikt Carpzov* (1595 bis 1666). Er gilt als der eigentliche Begründer einer deutschen *gemeinrechtlichen Strafrechtswissenschaft*. Manche sehen in ihm den praktisch wie wissenschaftlich bedeutendsten deutschen Juristen der Epoche.[188] Als Strafrechtler, Zivilist und Prozessualist genoss er Ansehen in ganz Europa. Die wissenschaftliche Bedeutung Carpzovs ist eng mit seiner Tätigkeit an sächsischen Gerichten, insbesondere als Beisitzer am bedeutenden Leipziger Schöffenstuhl und als Rat am Appellationsgericht in Dresden, verbunden.

248 Vorgänger des 1574 vom sächsischen Kurfürsten neu ins Leben gerufenen *Leipziger Schöffenstuhls* war der *Leipziger Oberhof.* Letzterer war das angesehenste Spruchkollegium im Anwendungsgebiet des sächsischen Rechts. Der Leipziger Oberhof hat in seiner Rechtsprechung einheimisches sächsisches Recht, das im Wesentlichen auf dem *Sachsenspiegel* beruhte, mit dem rezipierten römischen Recht zum *„gemeinen Sachsenrecht"* verschmolzen.[189]

Das 1635 erstmals erschienene Hauptwerk Carpzovs, die „Practica nova Imperialis Saxonica rerum criminalium" und der 1638 veröffentlichte „Peinliche Inquisitions- und Achtprozess" enthalten eine geschlossene Darstellung der hoch geachteten Leipziger Spruchpraxis. Diese Werke erlangten eine fast gesetzliche Autorität. Ihre Überzeugungskraft beruhte auf der Wirklichkeitsnähe und der Berücksichtigung einheimischen Rechts, das nun neben der in Deutschland fast ausschließlich geltenden italienischen Doktrin – vor allem auch durch *Carpzov* – wissenschaftlich bearbeitet wurde.[190]

**Schrifttum:** H. Coing, Europäisches Privatrecht Bd. 1, S. 70 ff.; J. Schröder, Entwicklungstendenzen der juristischen Interpretationstheorie von 1500 bis

186 J. Schröder, ZNR 2001, 53.
187 J. Schröder, ZNR 2001, 55.
188 G. Kleinheyer, in: K.-S., S. 87 ff.
189 M. Lipp, JuS 1995, 387 ff.
190 G. Kleinheyer, in: K.-S., S. 87 ff.

1850, ZNR 2001, 52 ff.; G. Kleinheyer, Benedikt Carpzov, in: K.-S., S. 87 ff.; M. Lipp, Recht und Rechtswissenschaft im frühneuzeitlichen Kursachsen – Zur 400jährigen Wiederkehr des Geburtstags von Benedikt Carpzov (1595–1666), JuS 1995, 387 ff.; B. Pahlmann, Ulrich Tengler, in: K.-S., S. 418 ff.; M. Schmoeckel, Bendict Carpzov und der sächsische Prozess. Mündlichkeit und Konzentration im sächsischen Verfahren vor dem Hintergrund des Ius Commune und der Reformation, ZRG Germ. Abt. 126 (2009), S. 1 ff.; A. Söllner, Die Literatur zum gemeinen und partikularen Recht in Deutschland, Österreich, den Niederlanden und der Schweiz, in: Handbuch PRG II/1, S. 501 ff.; derselbe, Zu den Literaturtypen des deutschen Usus modernus, in: IC II, 1969, S. 167 ff.; F. Sturm, Das römische Recht in der Sicht von Gottfried Leibniz, 1968; H. E. Troje, Graeca leguntur. Forschungen zur neueren Privatrechtsgeschichte, Bd. 18, 1971; D. Willoweit, Der Usus modernus oder die geschichtliche Begründung des Rechts. Zur rechtstheoretischen Bedeutung des Methodenwandels im später 17. Jahrhundert, in: Die Begründung des Rechts als historisches Problem. Schriften des Historischen Kollegs. Kolloquien 45, 2000, S. 229 ff.

## X. Das Nebeneinander verschiedener Rechtsmassen

Die *Glossatoren* hatten die Grundlagen für das *Ius commune*, das später in mehr oder minder veränderter Gestalt in ganz Kontinentaleuropa rezipiert worden ist, geschaffen, wenn auch nicht vollendet.[191] Die *Postglossatoren bzw. Kommentatoren* nutzten dieses Fundament und schufen mit der Anwendung ihrer wissenschaftlich-rationalen Methoden schließlich ein *gemeinsames europäisches Recht,* das *Ius commune.* Dieses *Ius commune* gründet sich auf einheitliche gemeinsame Rechtsvorstellungen und Rechtsüberzeugungen. 249

Das *römisch-kanonische Recht,* auch *gelehrtes Recht* genannt, bildete von nun an als das *gemeine Recht,* d. h. das allgemein geltende Recht, einen Gegensatz zu den besonderen Rechten, den *Partikularrechten.* Die Quellen des letzteren bildeten das Gewohnheitsrecht (consuetudo) und das in Stadtrechts- und Landrechtsbüchern aufgezeichnete Recht.

Die Rezeption des römischen und des kanonischen Rechts führte zu einem *Nebeneinander verschiedener Rechtsmassen.* Althergebrachte Gewohnheiten, Stadt- und Landrechte standen dem gelehrten Recht gegenüber. Das gelehrte Recht trat als *Gemeines Recht* (Ius commune) neben die unsystematische, häufig kurzlebige Regelungsvielfalt des partikularen, einheimischen Rechts (Ius proprium). Die 250

191 H. Lange, Bd. I, S. 461.

*Reichskammergerichtsordnung von 1555*[192] legte fest, dass „in allen und jeden Fällen", in denen das Reichskammergericht zu entscheiden hatte, das „gemeyn Recht statthaben und vermög desselben gehandelt und procedirt werden soll".

251 Das Nebeneinander verschiedener Rechtsmassen – gelehrtes Recht (gemeines Recht) einerseits und althergebrachte Gewohnheiten, Stadt- und Landrechte andererseits – zwang die Gerichte, die nun weitgehend mit gelehrten Richtern besetzt waren, zu einer Entscheidung darüber, welches Recht im konkreten Fall angewandt werden musste. Die gemeinrechtliche Rechtsanwendungslehre, die sich herausgebildet hatte, schied das Recht in zwei Bereiche, nämlich den von Amts wegen zu berücksichtigenden Teil und einen anderen Teil, dessen Anwendbarkeit von bestimmten Parteihandlungen abhing. Zum von Amts wegen anwendbaren Recht zählte das generelle und universelle Ius scriptum, also das römische und kanonische Recht, aber auch das örtliche Statutarrecht (Partikularrecht), soweit es schriftlich fixiert oder allgemein bekannt war. Es bestand eine Vermutung für die Anwendung des an sich nur subsidiär geltenden gemeinen römischen Rechts, die von denjenigen widerlegt werden musste, die sich auf davon abweichende Rechtsnormen beriefen.[193]

252 Inzwischen ist nachgewiesen, dass es die von der gemeinrechtlichen Rechtsanwendungslehre betonte starre Gegenüberstellung von gemeinem und speziellem Recht, die von der „unvermischten Reinheit der Rechtsmassen" ausgegangen ist, praktisch nicht gegeben hat. Die Parteien beriefen sich im Prozess häufig auf Rechtssätze, die sowohl auf römisch-gemeines als auch auf partikulares Recht gestützt werden konnten. Es existierte also ein „Mischrecht", das sich keiner bestimmten Rechtsquelle zuordnen ließ. Auch das zeigt, dass in der Gerichtspraxis die Trennung, bzw. der Gegensatz zwischen partikularem und universalem Recht nicht allzu stark ausgeprägt war.[194]

Jedenfalls stand die Gerichtspraxis im Alten Reich im Zeichen eines kaum vorstellbaren *Rechtspluralismus*; die Zahl der möglicherweise einschlägigen Rechtsquellen nahm im Laufe der frühen Neuzeit ständig zu. Die Bewältigung dieser Rechtsvielfalt war über die Gerichtsbarkeit hinaus eine wichtige Aufgabe für die Verfassungsordnung des Alten Reiches.[195]

192 Tit. 3 LIV § 1. Text: bei A.Laufs, Die Reichskammergerichtsordnung von 1555, QFHG Bd. 3, 1976, S. 279.
193 W. Wiegand, Studien zur Rechtsanwendungslehre.
194 P. Oestmann, Rechtsvielfalt vor Gericht.
195 P. Oestmann, Rechtsvielfalt vor Gericht, S. 681 f.

**Schrifttum:** H. Lange, Römisches Recht im Mittelalter. Bd. I: Die Glossatoren, 1997; P. Oestmann, Rechtsvielfalt vor Gericht. Rechtsanwendung und Partikularrecht im Alten Reich. Rechtsprechung. Materialien und Studien, 2002; W. Wiegand, Studien zur Rechtsanwendungslehre der Rezeptionszeit, 1977.

## XI. Würdigung

Eine Würdigung der Rezeption des römisch-italienischen (unter Einschluss des kanonischen) Rechts ist schwieriger geworden, nachdem die Auffassung an Boden gewonnen hat, dass die Wissenschaft das Ausmaß der Rezeption seit dem 19. Jahrhundert vielleicht doch überschätzt habe. Mag man über den Umfang der Rezeption auch streiten, so bleibt doch, dass die Rezeption wesentlich mehr war als die Übernahme fremder Rechtssätze und eine Verwissenschaftlichung des Rechtslebens. Zutreffend ist der Übergang von dem im Wesentlichen nur mündlich überlieferten Recht zum geschriebenen Recht und von einer anschaulichen zu einer logisch-begrifflichen Rechtsfindung als der eigentliche Kern der Rezeption bezeichnet worden.[196] In der Rezeption ist auch insofern ein Modernisierungsprozess zu sehen, als sie nicht nur in Deutschland, sondern in ganz Europa eine Weiterentwicklung der alten lokalen, nationalen und starr gewordenen Rechte bewirkte. Die Rezeption hat das *Ius commune* ausgebildet und verbreitet und damit eine *europäische Rechtskultur* geschaffen. Darüberhinaus hat sie einen geistigen und technischen Rationalisierungsprozess gefördert, der die Voraussetzungen für einen modernen Staat mit Rechtsetzungs- und Gerichtsmonopol schuf.[197] 253

Die These, dass Verbreitung und Durchsetzung des gelehrten Rechts mit einer entsprechenden Rechtspflege unauflöslich mit dem Sieg des Fürstenstaates in Gestalt des territorialen Obrigkeitsstaates verknüpft gewesen sei, wird von den Verfechtern dieser These selbst widerlegt. Mit Recht wird darauf hingewiesen, dass das Bündnis zwischen Obrigkeit und römischem Recht zwar typisch, aber nicht notwendig gewesen sei; gelehrtes Recht hat sich schließlich auch in den Hansestädten und in den Städten der Schweiz, Gebieten also, die den Fürstenstaaten verschlossen blieben, weitgehend durchgesetzt.[198] 254

196 F. Wieacker, Privatrechtsgeschichte, S. 225.
197 F. Wieacker, Privatrechtsgeschichte, S. 243.
198 F. Wieacker, Privatrechtsgeschichte, S. 245.

## § 5. Die Anfänge einer Gesetzgebung

### I. Gesetz und Gesetzgebung

255 Im modernen Staat der Gegenwart wird die Rechtsordnung zum überwiegenden Teil durch Gesetze geprägt, während das *Gewohnheitsrecht* nur theoretisch gleichgestellt ist und in der Praxis eine lediglich untergeordnete Rolle spielt. Der uns heute geläufige Zustand, dass soziale Realität durch Rechtsgebote verändert und gestaltet werden kann, ist erst in einem Entwicklungsprozess erreicht worden, der sich über einige Jahrhunderte, beginnend mit dem Spätmittelalter, erstreckt hat.[199] Wenn hier von Gesetz und Gesetzgebungsgewalt die Rede ist, so ist damit noch nicht der moderne, erst durch die Gewaltenteilungslehre und das Gleichheitspostulat des bürgerlichen Rechtsdenkens im 18. und 19. Jahrhundert geprägte Begriffsinhalt des Gesetzes gemeint.[200] Allerdings wird bereits in der Epoche des Vernunftrechts, so z. B. von *Christian Wolff (1979 bis 1754)* und *Christian Thomasius (1655 bis 1728)*, das Gesetz als Vorschrift und Regel für menschliches Handeln mit dem Anspruch auf Allgemeinverbindlichkeit und Befolgung bezeichnet.[201]

**Schrifttum:** B. Diestelkamp, Das Verhältnis von Gesetz und Gewohnheitsrecht im 16. Jahrhundert – Aufgezeigt am Beispiel der oberhessischen Erbgewohnheiten von 1572, in: FS Thieme, S. 1 ff.; derselbe, Einige Beobachtungen zur Geschichte des Gesetzes in vorkonstitutioneller Zeit, ZfhF 1983, S. 385 ff.; H. Mohnhaupt, Grundlinien in der Geschichte der Gesetzgebung auf dem europäischen Kontinent vom 16. bis 18. Jahrhundert. Ein experimenteller Überblick, ZNR 2006, 124 ff.; R. Schulze, Geschichte der neueren vorkonstitutionellen Gesetzgebung, ZRG Germ. Abt. 98, 1981, S. 157 ff

### II. Gesetzgebungsgewalt und Gesetzgebungsakt

256 Eine *Gesetzgebungsgewalt* des Königtums hat sich im Zusammenwirken mit den sog. Großen des Reiches im Mittelalter aus Anlass der Landfriedensbewegung entwickelt (dazu oben Rdnr. 154 ff.). Wenn auch die Reichsgesetzgebung in Umfang und Wirkung nicht unterschätzt werden darf, so lag der Schwerpunkt der weiteren Ent-

199 B. Diestelkamp, in: FS Thieme, S. 1.
200 R. Schulze, ZRG Germ. Abt. 98, 1981, S. 157 ff.; B. Diestelkamp, ZfhF 1983, S. 385 ff.
201 H. Mohnhaupt, ZNR 2006, 124, 139.

wicklung der Gesetzgebungstätigkeit doch in den Territorialstaaten, in denen die Landesherren ihre obrigkeitliche Fürsorge unter dem Begriff „gute Polizei" mit Hilfe von *Rechtsgeboten* wahrnahmen. Diese Rechtsgebote waren vorwiegend in den landesherrlichen *Polizeiordnungen* und *Landesordnungen* enthalten, die bis in das 18. Jahrhundert hinein die Hauptformen der Gesetzgebung blieben.[202]

In den deutschen Landesherrschaften beginnt etwa im zweiten Drittel des 15. Jahrhunderts die Zeit, in der die polizeilich motivierten Gebote in größeren Gesetzeswerken zum Zwecke einer guten Landesordnung zusammengefasst wurden.[203] Dass die Rechtsgebote zu einem Hauptgestaltungsmerkmal wurden, wird auf die im römisch-deutschen Rechtskreis herrschende Lehre zurückgeführt, nach der die Rechtsordnung ausschließlich aus Imperativen besteht, d. h. aus Normen, die vorschreiben, was unter bestimmten Voraussetzungen geschehen soll.[204]

Seit dem 15. Jahrhundert wird in Deutschland der Begriff „Polizei" **257**
als Bezeichnung für die Frieden stiftende Aufgabe des Staates verwandt. Schon im 15. Jahrhundert versuchte man mit „*Polizei*" die der Sicherheit und dem friedlichen Zusammenleben der Menschen dienenden öffentlichen Einrichtungen zu bezeichnen. Im Zusammenhang damit wurden häufig die „guten Ordnungen" zitiert, womit sowohl der ordentliche Zustand eines Gemeinwesens als auch die Vorschriften selbst gemeint sein konnten.[205] Die Reichspublizistik bemühte sich im 18. Jahrhundert um eine Abgrenzung zwischen Polizeisachen einerseits und Justizsachen andererseits. Der Polizei sollte die Herstellung und Sicherung der allgemeinen Wohlfahrt, der Justiz hingegen der Schutz und die Sicherheit der wohlerworbenen Rechte obliegen. Es wurde auch schon die Auffassung vertreten, dass die Polizei sich nicht in Justizangelegenheiten zu mischen habe.[206]

Die Gesetzgebungsakte in der Zeit des frühen 16. Jahrhunderts bis **258**
zum Ende des 18. Jahrhunderts finden sich unter den verschiedensten Bezeichnungen, wie z. B. „Landesordnung" als eine mehr auf das öffentliche Recht bezogene Gesetzgebung und „Landrecht" als eine Gesetzgebung, die vorwiegend Privat- und Prozessrecht bezeichnete.

202 W. Ebel, Geschichte der Gesetzgebung, S. 57 ff.
203 D. Willoweit, Gesetzgebung, S. 139.
204 R. Gmür, Rechtswirkungsdenken, S. 27.
205 G. C. v. Unruh, in: Dt. VerwG I, S. 389 ff. mit Nachw.
206 L. Pahlow, S. 76 ff.

Es finden sich darüber hinaus Polizeiordnungen, Gerichtsordnungen, Reformationen, Konstitutionen, Edikte, Mandate, Deklarationen und Reskripte.[207]

Was das Zustandekommen dieser Gesetzgebungstypen angeht, so lassen sich wesentliche Unterschiede aufweisen. Bei der Gesetzgebung des Heiligen Römischen Reiches Deutscher Nation – hier lag die Zuständigkeit zur Gesetzgebung in erster Linie beim Kaiser und den Reichsständen bzw. dem die Reichsstände repräsentierenden Reichstag – handelte es sich um eine Übereinkunft zwischen Herrscher und Reichsständen. Man kann deshalb auch von einer geteilten Gesetzgebungszuständigkeit sprechen.

259 Den Charakter einer Übereinkunft zwischen dem Herrscher einerseits und den Ständen andererseits trugen zunächst auch viele Gesetze in den deutschen Territorialstaaten, wenn auch nicht in allen Fällen die Mitwirkung der Stände die Intensität erreichte, die es zuließe, von einer geteilten Gesetzgebungszuständigkeit wie bei der Reichsgesetzgebung zu sprechen. Die Beteiligung der Stände beschränkte sich häufig auf Bewilligung, Zustimmung und Einverständnis. Die schwächste Form ständischer Mitwirkung an der Gesetzgebung drückte sich darin aus, dass die Stände lediglich die Initiative zu einer gesetzlichen Regelung gaben.[208]

Der sog. Einungscharakter, den die Gesetzgebung in den Territorialstaaten zunächst trug, wurde jedoch in einem Kampf um die Mitwirkungsrechte der Stände an der Gesetzgebung weitgehend zugunsten des Herrschers zurückgedrängt. An die Stelle der vertragsähnlichen Vereinbarungen zwischen Ständen und Herrschern trat nun überwiegend der Gesetzesbefehl des Alleinherrschers. Der Wille des Herrschers wurde zum Gesetz.[209]

**Schrifttum:** R. Gmür, Rechtswirkungsdenken in der Privatrechtsgeschichte, 1981; H. Mohnhaupt, Potestas legislatoria und Gesetzesbegriff im Ancien Régime, in: IC IV, S. 188 ff.; G. Immel, Typologie der Gesetzgebung des Privatrechts und Prozessrechts, in: Handbuch PRG II/2, S. 3 ff.; L. Pahlow, Justiz und Verwaltung. Zur Theorie der Gewaltenteilung im 18. und 19. Jahrhundert, 2000; D. Willoweit; Gesetzgebung und Recht im Übergang vom Spätmittelalter zum frühzeitlichen Obrigkeitsstaat, in: O. Behrends/Chr. Link (Hrsg.), Zum römischen und neuzeitlichen Gesetzesbegriff, 1987, S. 123 ff.

207 G. Immel, in: Handbuch PRG II/2, S. 4 ff.
208 G. Immel, in: Handbuch PRG II/2, S. 10 ff.
209 H. Mohnhaupt, in: IC IV, S. 191.

## III. Die theoretische Grundlegung der Gesetzgebung

Die Gesetzgebung in der Zeit des frühen 16. Jahrhunderts stellt keine in sich geschlossene Gewalt im Sinne der modernen Gewaltenteilungslehre dar.[210] Nach der Lehre des Staatstheoretikers *Jean Bodin (1530 bis 1596)*, der mit seinem Souveränitätsgedanken die deutsche Staatsrechtswissenschaft nachhaltig beeinflusst hat, umschließt die Gesetzgebungsgewalt alle anderen Souveränitätsrechte. Galt zunächst die Gesetzgebung als Bestandteil der dem Regenten unbestreitbar zustehenden höchsten Gerichtsbarkeit, ohne dass Gleichrangigkeit und Selbstständigkeit zwischen rechtsprechender und gesetzgebender Tätigkeit bestanden hätte, so übernahm nun die „potestas legislativa“ als Teilfunktion der einheitlich gedachten Staatsgewalt in Theorie und Praxis die führende Rolle.[211] Damit rückte die Gesetzgebung an die Stelle der Gerichtsbarkeit in das Zentrum der hoheitlichen Gewalt.[212] Allerdings verschaffte erst die Überzeugung von der Realisierbarkeit des Vernünftigen dem Gesetz eine so einsichtige Legitimationswirkung, dass es für geeignet erachtet wurde, die Gesamtheit der rechtlich erheblichen Sozialbeziehungen in umfassenden Kodifikationen (Gesetzgebungswerken) zu regeln.[213] 260

Seit dem frühen 17. Jahrhundert bestand weitgehend Einigkeit darüber, dass der Wille des Herrschers das Gesetz hervorbrachte und die Verbindlichkeit des Gesetzes auf eben diesem Willen, dem Befehl des Herrschers, beruhte, mochte auch die Freiheit des Gesetzgebers durch das göttliche Recht und das natürliche Recht, aber auch durch die Staatszwecke eingeschränkt sein. 261

Die Konstituierung des Gesetzes durch den Willen des Gesetzgebers und die Ableitung des Gesetzes aus dem Willen des Gesetzgebers führten dazu, dass das Gesetz seine Bestimmung und Definitionsfähigkeit zunächst überwiegend über die Institution des Herrschers empfing und nicht über den Inhalt.[214] Später verlagerte sich der Schwerpunkt des Gesetzesverständnisses vom Gesetzgebungsakt zum Gesetzeswerk selbst, vom landesherrlichen Gesetzgebungswillen zur Autorität der Rechtsnorm.[215] Damit wurde ein langer Prozess beendet, in dem das Recht aus einer überlieferungsgebundenen Ord-

210 H. Mohnhaupt, in: IC IV, S. 188.
211 H. Mohnhaupt, in: IC IV, S. 189.
212 D. Willoweit, in: Beitr. z. Rechtsgesch., S. 601.
213 H. Conrad, Die geistigen Grundlagen, S. 10f.
214 H. Mohnhaupt, ZNR 2006, 124, 146.
215 D. Willoweit, in: Beitr. z. Rechtsgesch., S. 602.

nung zu einem durch Autorität und Vernunft bestimmten Normensystem geworden war, ein Prozess, in dem das römische und kanonische Recht für die Auffassung vom Gesetz als Ausdruck und Verkörperung des Herrscherwillens Vorbild, Begründung und Stütze gewesen sein dürfte.[216]

262 Die sich immer mehr verstärkende Stellung des Herrschers zeigte sich in der Konzentrierung aller die Rechtsetzung berührenden Tätigkeiten in seiner Person. Im Verlaufe der weiteren Entwicklung nahm er nicht nur die Setzung neuen Rechts, sondern auch die Erklärung des bestehenden Rechts für sich in Anspruch. Die *Interpretation des Gesetzes* bei Zweifeln über dessen Inhalt („interpretatio authentica" oder „Déclaration") galt nicht als Rechtsanwendung, sondern als Rechtsschöpfung, war gleichsam auch Gesetz; sie wurde aus der „potestas legislatoria" abgeleitet und erstreckte sich auch auf alle diejenigen Gesetze, die die Vorgänger des Herrschers erlassen hatten. Das auf den Willen des Gesetzgebers zugeschnittene Gesetzgebungsmonopol ist auch der Grund für die scharfe Ablehnung der Präjudizienbindung in der Zeit des aufgeklärten Absolutismus.[217]

263 Die *Interpretation des Gesetzes* war also nicht Aufgabe des Richters, sondern des Gesetzgebers in Gestalt des Herrschers. Man kann von einer Subordination des Richters gegenüber dem Gesetzgeber sprechen, in welcher der politische Machtanspruch des Souveräns im absolutistisch geführten Staat seinen Ausdruck fand.[218]

**Schrifttum:** H. Conrad, Die geistigen Grundlagen des Allgemeinen Landrechts für die preußischen Staaten von 1794, 1958; H. Mohnhaupt, Grundlinien in der Geschichte der Gesetzgebung auf dem europäischen Kontinent vom 16. bis 18. Jahrhundert. Ein experimenteller Überblick, ZNR 2006, 124 ff.; derselbe, Potestas legislatoria und Gesetzesbegriff im Ancien Regime, in: IC IV, S. 188 ff.; U. Müssig, Geschichte des Richterrechts und der Präjudizienbindung auf dem europäischen Kontinent, ZNR 2006, 79 ff.; D. Willoweit, Gesetzespublikation und verwaltungsinterne Gesetzgebung in Preußen vor der Kodifikation, in: Beitr. z. Rechtsgesch., S. 601 ff.

## IV. Die Reichsgesetzgebung

264 Von einer neuen Epoche der Reichsgesetzgebung, an der Kaiser und Reichstag beteiligt waren, kann man seit dem Wormser Reichstag von 1495 sprechen, auf dem im Zuge der Reichsreform (vgl. oben

---

216 H. Conrad, Bd. II, S. 356; H. Mohnhaupt, in: IC IV, S. 203.
217 U. Müssig, ZNR 2006, 79, 95.
218 H. Mohnhaupt, in: IC IV, S. 220.

Rdnr. 115 ff.) eine Reihe von Reformmaßnahmen beschlossen worden waren, die in zahlreichen Reichsgesetzen ihren Niederschlag gefunden haben. Kaiser und Reichsstände gingen nun gemeinsam drängende Probleme der deutschen Verfassungsordnung an. Weder vorher noch danach erging im Reich eine so große Zahl wichtiger Reichsgesetze wie in dem Zeitraum von 1495 bis zum letzten Viertel des 16. Jahrhunderts. Allerdings waren die Problemkreise, die auf diese Weise gesetzgeberisch gestaltet wurden, begrenzt[219] Die in der Regel in deutscher Sprache abgefassten Reichsgesetze wurden häufig am Schlusse eines Reichstages in einem *Reichsabschied* verkündet.

Die Reichsgesetzgebung hatte vielfach verfassungsrechtliche Rege- 265
lungen zum Inhalt, wie z. B. solche, die das Finanzwesen, die Kreis- und Religionsverfassung, die Handhabung des Landfriedens und das Heereswesen betrafen. Wichtige Reichsgesetze waren auch die vielfach geänderten Ordnungen für das Reichskammergericht, welche die Verfassung und den Prozess des Kammergerichts zum Gegenstand hatten. So enthält z. B. die *Reichskammergerichtsordnung von 1555* in ihrem dritten Teil viel Prozessrecht, u. a. die Regeln über den Verfahrensablauf.[220]

Im Laufe des 16. Jahrhunderts (1530, 1548, und 1577) entstanden eine Reihe von *Reichspolizeiordnungen,* deren Inhalte vielgestaltig waren: Sie reichten von Strafvorschriften wegen Gotteslästerung und des Anfertigens von Schmähschriften über eine Kleiderordnung bis zu Vorschriften über Monopole, Kaufleute, Handwerker und die Rechtsfolgen des Wuchers. Letzterer war nicht nur bei Strafe verboten; auch die privatrechtliche Folge der Nichtigkeit wucherischer Verträge war angeordnet. Mit den Reichspolizeiordnungen versuchte der Gesetzgeber eine „gute Ordnung des Gemeinwesens“ im weiten Sinne zu schaffen. Der Staat griff reglementierend in Lebensbereiche ein, die bis dahin allein der gesellschaftlichen Kontrolle unterworfen gewesen waren.[221] Viele Vorschriften der Reichspolizeiordnungen wurden in die Landespolizeiordnungen der Territorialstaaten übernommen und dort weiter ausgebildet.

Während ein geschlossenes Reichsgesetzgebungswerk auf dem Ge- 266
biete des Privatrechts nicht zustande kam, gelang es, ein solches für das Straf- und Strafverfahrensrecht zu schaffen: die *Peinliche Halsgerichtsordnung Karls V. von 1532 (Constitutio Criminalis Carolina).* Wenn die Reichsstände auch verhindern konnten, dass die sog. *Carolina* im ganzen Reich als unmittelbar geltendes Recht eingeführt

219 B. Diestelkamp, in: Säkulare Aspekte, S. 57 f.
220 A. Laufs, Die Reichskammergerichtsordnung, S. 45 f.
221 B. Diestelkamp, in: Säkulare Aspekte, S. 58.

wurde, so hat dieses bedeutende Gesetz doch einen nachhaltigen Einfluss auf die Entwicklung des Straf- und Strafverfahrensrechts in Deutschland ausüben können (dazu unten Rdnr. 445 ff.).[222]

**Schrifttum:** B. Diestelkamp, Zur Krise des Reichsrechts im 16. Jahrhundert, in: H. Angermeier (Hrsg.), Säkulare Aspekte der Reformationszeit, 1983, S. 50 ff.; A. Laufs, Die Reichskammergerichtsordnung von 1555. QFHG, Bd. 3, 1976.

## V. Die Gesetzgebung in den Territorialstaaten

**267** Der Schwerpunkt der Entwicklung der Gesetzgebungstätigkeit lag in den Territorialstaaten, aus denen sich Staaten im modernen Sinne entwickelt haben. Man kann zwischen dem Weg zum Staate und der Entwicklung der Gesetze in den Territorien eine gewisse Wechselwirkung sehen: die landesfürstliche Gesetzgebung war zugleich Ausdruck der neuen Staatsidee und Staatsgewalt.

Die rasche Zunahme der territorialen Gesetzgebungstätigkeit seit dem ausgehenden Mittelalter und mit Beginn der Neuzeit gehört zu den auffallendsten Begleiterscheinungen der Formierung frühneuzeitlicher Staatlichkeit. Am Ausgang des Mittelalters ist diese territoriale Gesetzgebungstätigkeit erst vereinzelt wahrzunehmen; zu Beginn der Neuzeit wurde sie zu einem Charakteristikum staatlichen Handelns.[223] Erklärt wird dies damit, dass gegen Ende des Mittelalters die Territorien institutionell nun so verfasst waren, dass sie von den älteren Ordnungs- und Normsetzungsinstanzen – den Kirchen und den genossenschaftlichen Verbänden – die Ordnungsfunktion und damit auch die Funktion der Normsetzung übernehmen konnten.[224]

**268** Die Gesetzgebung in den Territorialstaaten ist in der Zeit vom 16. bis zum 18. Jahrhundert durch eine besondere Reichhaltigkeit gekennzeichnet, die auch mit dem Versagen der Reichsgesetzgebung zusammenhing, welches weitgehend auf die Politik der Reichsstände mit ihrem Streben nach Souveränität zurückzuführen war und in vielen wichtigen Bereichen diejenigen Lücken hinterließ, die zu schließen sich die territoriale Gesetzgebung bemühte.[225] In den Territorialstaaten entstanden deshalb umfangreiche *Landrechte,* die vor allem Privatrecht und Zivilverfahrensrecht zum Gegenstand hatten, und

222 H. Conrad, Bd. II, S. 359.
223 T. Simon, in: FS Kroeschell, S. 1201.
224 T. Simon, in: FS Kroeschell, S. 1201,1217.
225 H. Conrad, Bd. II, S. 363.

auch solche Gesetze, die besondere Materien, wie z. B. das Strafrecht (Halsgerichtsordnungen, Malefizordnungen), regelten. In fast allen Territorien wurden *Polizeiordnungen* erlassen, deren Spektrum ebenso breit war wie das in den Reichspolizeiordnungen, die wohl vielfach als Vorbild gedient haben. Gerade die Polizeiordnungen dürften ein getreues Abbild der zeitgenössischen Rechtswirklichkeit vermitteln.[226]

Auch umfangreiche territoriale Landrechte regelten das Recht in dem Geltungsbereich, für den sie gedacht waren, nicht erschöpfend, sondern beschränkten sich auf die wichtigsten Rechtsmaterien, wie z. B. Privat-, Straf- und Verfahrensrecht. Im Übrigen waren die Personen, die mit den Landrechten umgehen mussten – vor allem die Recht sprechenden Richter – bei Schweigen des Gesetzes auf einheimisches Gewohnheitsrecht oder das gelehrte Recht als subsidiäre Rechtsquellen angewiesen. **269**

**Schrifttum:** H. Schlosser, Gesetzgebung und Rechtswirklichkeit im Territorialstaat der frühen Neuzeit, in: Diritto e potere nella storia europea, 1982, S. 525 ff.; T. Simon, Krise oder Wachstum? Erklärungsversuche zum Aufkommen territorialer Gesetzgebung am Ausgang des Mittelalters, in: FS Kroeschell, S. 1201 ff.

## VI. Die Gesetzgebung in den Städten

Die vornehmlich auf Gewerbe, Erfinderkunst und Wagemut ihrer Bürger beruhende wirtschaftliche Stärke der Städte führte schon seit dem Mittelalter zu einer fruchtbaren Entwicklung des Stadtrechts, das zu einer tragenden Kraft der mittelalterlichen Rechtskultur wurde. Allerdings konnten nur noch die *Reichsstädte* autonom Recht setzen. Die Landesstädte – diejenigen Städte, die zum Territorium eines Landesherrn gehörten – unterstanden im Regelfall der Territorialgesetzgebung. Die Rezeption des römisch-kanonischen Rechts führte in eine neue Phase der Entwicklung der Stadtrechte, die viele verschiedene Rechtsmaterien – z. B. Verfassung und Verwaltung, Privat- und Strafrecht, Verfahrensrecht, Polizei- und Steuerwesen – zum Gegenstand hatten.[227] **270**

Reformen und Erneuerungen des Rechts wurden häufig als *Reformation* bezeichnet, so etwa die Reformation der Stadt Frankfurt von 1509, die 1578 von dem bedeutenden Juristen *Johann Fichard* (1512–1581) überarbeitet und als *Erneuerte Reformation der Stadt Frankfurt* veröffentlicht wurde. Der Be- **271**

226 H. Schlosser, in: Diritto e potere, S. 537.
227 H. Conrad, Bd. II, S. 368.

griff *Reformation* ist heute in erster Linie durch die von *Martin Luther* eingeleitete Erneuerung der Kirche bestimmt. Vor Beginn der kirchlichen Reformation war Reformation seit dem 15. Jahrhundert ein Schlagwort, das die Forderung nach Rückkehr zu besseren alten Zuständen kennzeichnen sollte.[228] Diese Forderung schlug später um in die Bemühungen nach durchgreifender Erneuerung nicht nur der Kirche, sondern vor allem auch des Rechts. In diesem Sinne ist auch der Gebrauch des Wortes zu verstehen, wenn um die Wende vom Mittelalter zur Neuzeit in vielen Städten des Reiches Gesetzestexte entstanden, die als „Reformationen" oder auch als „Neue Reformationen" bezeichnet wurden.

**272** Bei der Erneuerung und Verbesserung des Rechts, die durch die Reformationen erreicht werden sollten, bildete das gelehrte Recht einen Maßstab.[229] Es galt vor allem, das einheimische und das fremde Recht miteinander in Einklang zu bringen und dabei Teile des fremden Rechts in eine verständliche gesetzliche Form zu übertragen. Allerdings war der Einfluss des gelehrten Rechts auf die Reformationen der Stadtrechte in den einzelnen Städten unterschiedlich. Wie das Mischungsverhältnis zwischen deutschem und römisch-kanonischem Recht in den einzelnen Reformationen beschaffen war, hing stark von den Personen ab – die Verfasser waren häufig Stadtschreiber oder Syndici –, die mit der Anfertigung beauftragt worden waren.[230] Das wird besonders deutlich am *Freiburger Stadtrecht von 1520*, das von dem Professor und Stadtgerichtsschreiber *Ulrich Zasius* (1461–1535) (vgl. dazu oben Rdnr. 238) verfasst worden ist. Das Freiburger Stadtrecht stellt eine selbstständige wissenschaftliche Leistung seines Verfassers dar, in der eine gelungene Verbindung von einheimischem und fremdem Recht erreicht worden ist.[231]

Die Existenz von Reichsrecht, Landrecht und Stadtrecht wirft die Frage nach der Konkurrenz von Rechtsquellen verschiedener Rechtskreise auf. Konnten Stadt, Land- und Reichsrechte nebeneinander gelten, und wenn ja: welches von ihnen war anzuwenden? Diese Problematik gilt als noch weitgehend ungeklärt.[232]

**Schrifttum:** J. Schroeder, „Stadtrecht bricht Landrecht". Zur Konkurrenz von Rechtsquellen in der frühen Neuzeit, in: FS Kleinheyer, S. 477 ff.

228 K. Kroeschell, Bd. 2, S. 232.
229 K. Kroeschell, Bd. 2, S. 232.
230 H. Conrad, Bd. II, S. 368 f.
231 H. Conrad, Bd. II, S. 370.
232 J. Schröder, in FS Kleinheyer, S. 477 ff.

# § 6. Naturrechtslehre und Aufklärung. Eine europäische Bewegung

## I. Einführung

Die *Aufklärung* erfasste als die große geistige und kulturelle Bewegung im 17. Jahrhundert ganz Europa. Sie führte zu einem durchgreifenden Wandel der abendländischen Weltanschauung, indem sie an die Stelle der aus dem Mittelalter überkommenen Bindung des gesamten menschlichen Lebens an eine übernatürliche Ordnung die Diesseitsbetrachtung setzte, die unter der alles beherrschenden Macht der Vernunft stehen sollte. Die Aufklärer glaubten, mit Hilfe der menschlichen Vernunft eine neue Welt schaffen zu können. Eines der Ziele der Aufklärung war es, den Menschen aus den überlieferten, seine Freiheit und Entfaltung hemmenden Bindungen zu befreien und das menschliche Leben in allen seinen Bereichen vernunftmäßig zu ordnen. Folgerichtig musste eine totale Reform der geistigen, religiösen, politischen, wirtschaftlichen und auch der rechtlichen Grundlagen angestrebt werden. Mit diesen Reformen sollten „Wohlfahrt und Glückseligkeit" für die Menschen verwirklicht werden, die man auf der Basis der Vernunft glaubte erreichen zu können.[233] 273

Der deutsche Philosoph *Immanuel Kant* (1724 bis 1804) definierte die Aufklärung als den „Ausgang des Menschen aus seiner selbstverschuldeten Unmündigkeit". Unter Unmündigkeit versteht Kant „das Unvermögen, sich seines Verstandes ohne Leitung eines anderen zu bedienen". Wesentliches Ziel der Aufklärung war es deshalb, den Menschen selbstständig zu machen und ihn zu befähigen, die Probleme der Natur wie auch die der Gesellschaft mit der eigenen Vernunft zu durchdenken und die Welt nach den Ergebnissen dieser rationalen und kritischen Prüfung umzugestalten, soweit sich dies als notwendig erwies. Zwangsläufig führte diese neue Selbstständigkeit zur Kritik an den bestehenden Autoritäten in Religion, Kultur und Politik.[234] 274

Seitdem die *Aufklärung* von der Mitte des 18. Jahrhunderts an die deutsche Staats- und Rechtslehre wesentlich prägen konnte, förderte sie ein Rechtsdenken, das in unserer gegnwärtigrn Rechts- und Gesellschaftsordnung noch fest verankert ist. Viele Grundlagen, auf denen das heutige soziale System und die Rechtsordnung beruhen, wurden in dieser Zeit gelegt. Aus der Mitte des 18. Jahrhunderts 275

233 H. Conrad, Bd. II, S. 375.
234 H. Coing, Epochen der Rechtsgeschichte, S. 69.

stammt die Forderung nach Anerkennung von *Menschenrechten*, die zunächst als „natürliche Rechte des Menschen“ bezeichnet wurden. In der Theorie wurde die Begrenzung staatlicher Macht und eine *Teilung der Gewalten* verlangt. Das Strafensystem wurde humanisiert, das Strafverfahren neu überdacht, die Folter abgeschafft. Strafen und Strafverfahren verloren weitgehend ihre unmenschliche Härte.

**276** Die Aufklärung stärkte den Gedanken von der Mündigkeit des Menschen, der auf Grund seiner Fähigkeit zum eigenständigen Denken auf Selbstbestimmung angelegt ist. Das führte schließlich zu grundlegenden Neuerungen im Staatsdenken.[235] In dem vom *Naturrecht* beeinflussten neuen Staatsdenken bildete die Frage nach dem Zweck des Staates einen besonderen Schwerpunkt. In dieser Frage war zugleich eine weitere Frage, nämlich die nach der Stellung des einzelnen Menschen zum Staate, angelegt, die darauf abzielte, die Beschränkung der natürlichen Freiheit und Gleichheit der Menschen zu bestimmen, wie sie sich für den Bürger nach der Auffassung der Zeit durch seinen Eintritt in den Staat aus dem Gesellschafts- und Herrschaftsvertrag und dem dadurch festgesetzten Staatszweck ergab.[236]

**277** Die zwei Jahrhunderte, die zwischen 1600 und 1800 liegen, werden häufig als *Zeitalter des Vernunftrechts* bezeichnet, ein Zeitraum, in dem die Lehre vom Naturrecht in der Gestalt, die sie durch die Frühaufklärung erhalten hatte, bestimmenden Einfluss auf die Rechtswissenschaft gewann. Das Vernunftrecht bildete nur einen kleinen Ausschnitt aus der viel umfassenderen Erscheinung des Naturrechts, das auf eine geistige Tradition gründet, die sich von den Anfängen der hellenistischen Philosophie bis in die Gegenwart fortsetzt.[237]

**278** Das Naturrecht beeinflusste nicht nur die Philosophie und die Rechtswissenschaft nachhaltig. Es wurde auch für die Rechtspraxis des 18., aber auch noch für die des beginnenden 19. Jahrhunderts von großer Bedeutung. Die Begründungen der von Juristenfakultäten gelösten Rechtsfälle zeigen, dass die Argumentation primär oder ausschließlich auf der Basis des Naturrechts beruht.[238] Seit dem späten 18. Jahrhundert ist ein verstärktes Interesse an gesetzgebungstechnischen Fragen festzustellen. Erklärt wird dies mit dem Wandel der Anschauungen über Bedeutung und Funktion des positiven Gesetzes

---

235 T. Simon, Aufklärung, in: HRG II, 2. Aufl., S. 338.
236 G. Kleinheyer, in: Hist. Lex., S. 1057.
237 F. Wieacker, Privatrechtsgeschichte, S. 250 ff.
238 T. C. Kischkel, ZNR 2000, 146 f.

als Rechtsquelle.[239] Als Folge entstanden in den deutschen Territorialstaaten *Kodifikationen*, d. h. Gesamtgesetzgebungswerke, mit denen eine erschöpfende und systemgeleitete Neuordnung eines gesamten Rechtsstoffes geschaffen werden sollte. Ein Beispiel dafür ist das *Allgemeine Landrecht für die Preußischen Staaten von 1794.*

**Schrifttum:** H. Coing, Epochen der Rechtsgeschichte in Deutschland, 4. Aufl. 1981; T. C. Kischkel, Das Naturrecht in der Rechtspraxis. Dargestellt am Beispiel der Spruchtätigkeit der Giessener Juristenfakultät, ZNR 2000, 124 ff.; G. Kleinheyer, Grundrechte. Menschen- und Bürgerrechte, in: Hist. Lex., S. 1047 ff.; B. Mertens, Gesetzgebungskunst im Zeitalter der Kodifikationen. Theorie und Praxis der Gesetzgebungstechnik aus historisch-vergleichender Sicht, 2004.; T. Simon, Aufklärung, in: HRG II, 2. Aufl., S. 332 ff.

## II. Die Grundlagen des Naturrechts

Als *Naturrecht* wird das der Natur innewohnende, zeitlos gültige 279
und nicht von Menschen geschaffene Recht bezeichnet; es gilt unabhängig von menschlicher Zustimmung.

Das Naturrecht dient einer tieferen Befestigung des Gesetzesrechts, darüberhinaus soll es den unter gewissen Umständen notwendigen Kampf gegen das gesetzte Recht rechtfertigen. Jedenfalls liefert das Naturrecht inhaltlich bestimmte rechtliche Werturteile, die allgemeingültig und unwandelbar sind. Diese Werturteile sind der Erkenntnis zugänglich. Sie gehen, sobald sie erkannt sind, dem widersprechenden gesetzten Recht vor. Mit anderen Worten: Naturrecht bricht positives Recht.[240]

Die Lehre vom Naturrecht ist ein Bestandteil der großen philoso- 280
phisch-juristischen Überlieferung, deren Wurzeln in der Antike liegen. Bei der Beschäftigung mit den Grundlagen des Rechts waren die Griechen zu dem Ergebnis gelangt, dass es Rechtssätze geben müsse, die von Natur aus existieren und nicht auf Grund der Anordnung irgendeines Gesetzgebers. Sie waren davon ausgegangen, dass diese von Natur aus geltenden Normen überall und ewig gelten müssten.[241] So ist die Theorie vom Naturrecht bereits im 5. Jahrhundert vor Christi Geburt in Griechenland entstanden. Eine, wenn auch vorsichtige, Erörterung dieser Probleme findet sich in den Schriften des *Aristoteles (384 bis 322 v. Chr.).*

---

239 B. Mertens, S. 488.
240 G. Radbruch, Rechtsphilosophie, S. 106.
241 H. Coing, Naturrecht, S. 5.

Es heißt bei Aristoteles zum Naturrecht u. a.:

„Das politische Recht zerfällt in das natürliche und das gesetzliche (positive). Natürlich ist jenes, das überall die nämliche Geltung hat, unabhängig davon, ob es den Menschen gut scheint oder nicht; gesetzlich jenes, dessen Inhalt ursprünglich indifferent ist, das aber, einmal durch Gesetz festgelegt, seinen bestimmten Inhalt hat, …“.[242]

**281** Die Lehre von dem, was Recht ist, war ein Bestandteil der ethischen Lehren der Griechen. Die stoische Lehre verband den Gedanken von dem natürlichen Recht mit der spekulativ gefundenen Vorstellung von dem einheitlichen, der Vernunft fassbaren Weltgesetz, das sowohl die natürliche wie die moralisch-soziale Welt beherrscht.[243] In dieser Form haben auch die römischen Philosophen und Juristen die Theorie vom Naturrecht übernommen. *Cicero (106 bis 43 v. Chr.)* formulierte: „Lex est ratio summa insita in natura“.[244] An dem Naturrecht „als der rechten Vernunft“, die mit der Natur übereinstimmt und die beständig und ewig ist, haben alle Menschen teil. Das Naturrecht, das für alle Völker zu allen Zeiten verbindlich sei, darf und kann nach *Cicero* nicht durch menschliches Gesetz außer Kraft gesetzt oder eingeschränkt werden. In dieser Gestalt fand die Idee vom Naturrecht Eingang in geläufige Formulierungen des römischen Rechts, in dem man die von Natur aus gegebene, verbindliche Ordnung verwurzelt sah.[245]

**282** Mit vielen anderen Einzelelementen der antiken Ethik übernahm die christliche Theologie auch die Lehre vom Naturrecht, die für die Ausbildung der *christlichen Rechtslehre* große Bedeutung gewann. Prägend wirkte vor allem *Thomas von Aquin (um 1225 bis 1274)*, der die Auffassung vertrat, nach dem göttlichen Schöpfungsplan sei in Menschen und Dingen ein Zweck angelegt; dieser Plan werde in der natürlichen Ordnung der Dinge und in den natürlichen Neigungen der Menschen sichtbar und sei auch der unmittelbaren Vernunfterkenntnis zugänglich. Thomas von Aquin nahm auch den alten Gedanken der Unverbrüchlichkeit des Naturrechts wieder auf; nach seiner Meinung konnte, was dem Naturrecht widerstreitet, durch menschlichen Beschluss nicht rechtens werden.[246]

242 Nikomachische Ethik V, 10, 1134b, 18ff.
243 H. Coing, Naturrecht, S. 5.
244 De legibus, I 6 § 18.
245 R. Zippelius, HRG III, S. 935.
246 R. Zippelius, HRG III, S. 936

Die Gedanken der Naturrechtslehre wurden auch von den reformatorischen Kirchen nicht aufgegeben. Besonders stark wirken sie allerdings in der katholischen Rechtslehre der Gegenwart nach.

Die Rechtswissenschaft stand der Aufklärung mit ihrer starken Be- **283**
tonung des Vernunftdenkens zunächst fremd und fast ablehnend gegenüber. Erklärt wird diese Haltung vornehmlich damit, dass das rezipierte römische und kanonische Recht die Auffassung von der festen Bindung an Autoritäten und vorgegebene Texte gefördert und zu einer gewissen Erstarrung geführt habe. Diese starren Fronten der Rechtswissenschaft aufzubrechen, versuchte die Aufklärung auf der Grundlage der Naturrechtslehre, die nun eine typische Ausprägung in der Gestalt einer *Vernunftrechtslehre* erhielt.[247]

**Schrifttum:** Aristoteles, Nikomachische Ethik. Auf der Grundlage der Übersetzung von Eugen Rolfes hrsg. v. Günther Bien, 3. Aufl. 1972; T. Behme, Samuel von Pufendorf: Naturrecht und Staat, 1995; H. Coing, Naturrecht als wissenschaftliches Problem, 1965; Zippelius, Naturrecht, HRG III, S. 933 ff.; G. Radbruch, Rechtsphilosophie, 5. Aufl., 1956.

## III. Aufklärung, Naturrechtslehre und Vernunftrecht

Ein Neuansatz der *Naturrechtslehre*, der später zur Ausprägung **284**
des *Vernunftrechts* führte, entwickelte sich aus der Renaissance-Philosophie, welche die philosophischen Lehren der Antike neu belebte.[248] Renaissance und Humanismus erschütterten die metaphysisch begründete Weltanschauung des Mittelalters, indem nun der Mensch in den Mittelpunkt der Erkenntnisse gerückt wurde. Das führte zu einer rein diesseitig ausgerichteten Wissenschaftsauffassung, die durch die neue naturwissenschaftliche Forschung gefördert und geprägt wurde. Gelehrte wie *Galileo Galilei (1564 bis 1642)* und *Isaac Newton (1643 bis 1727)* waren wesentlich am Aufbau eines neuen Weltbildes – bei Newton war es nach seinem Werk „Mathematische Principien der Naturlehre" ein umfassend mechanisch geprägtes – beteiligt. Der französische Philosoph *René Descartes (1596 bis 1650)* und in Deutschland *Gottfried Wilhelm Leibniz (1646 bis 1716)* leiteten in ihren Werken bereits zu der großen geistigen Bewegung der Aufklärung über, die ihre Grundlagen in dem neuen, rein diesseitig geprägten Wissenschaftsbild fand.[249]

247 H. Conrad, Bd. II, S. 375.
248 H. Coing, Naturrecht, S. 7.
249 H. Conrad, Bd. II, S. 374.

285 Die Anfänge der modernen Naturrechtslehre werden vor allem in den Werken des Niederländers *Hugo Grotius (1583 bis 1645)* gesehen, der wesentlich von der spanischen Spätscholastik und deren Naturrechtslehre beeinflusst worden war.[250] In seinem Hauptwerk „De jure belli ac pacis" (1625) geht *Grotius* davon aus, dass die menschliche Natur so beschaffen sei, dass der Mensch wegen des in ihm angelegten geselligen Triebes dazu dränge, eine friedliche und vernünftig geordnete Gemeinschaft mit seinesgleichen zu suchen. Deshalb gehören nach *Grotius* zum Naturrecht alle diejenigen Regeln, die notwendige Bedingung einer vernünftig geordneten Gemeinschaft sind. Eine dieser Regeln ist in dem – nach wie vor gültigen – Rechtssatz „pacta sunt servanda" enthalten.[251]

*Leibniz* hatte ein formalistisches Konzept entwickelt, das es ihm gestattete, die Behauptung aufzustellen, die Rechtsordnung sei vollständig. Nicht minder anspruchsvoll ist seine Behauptung, das Naturrecht kenne keinen unklaren Fall.[252] Bei *Leibniz* erscheinen naturrechtliche Normen nicht als Verhaltensnormen oder materielle Prinzipien, sondern als Entscheidungsnormen. Nach seinem System sind alle Fälle, in denen nicht feststeht, dass es eine positivrechtliche Regelung bestimmten Inhalts gibt, nach Naturrecht zu entscheiden.[253]

286 *Grotius* leitete die systematische Verwandlung des Naturrechts in ein aufgeklärtes Vernunftrecht ein. Das Verdienst von Hugo Grotius wird heute in seinem Beitrag zur Entwicklung eines auf der Autorität der menschlichen Vernunft fußenden sogenannten natürlichen Privatrechts gesehen. Darunter versteht man eine Art allgemeiner Rechtslehre als Grundlage für sämtliche sowohl individualrechtlichen (nach modernem Verständnis privatrechtlichen) wie auch zwischenstaatlichen (nach modernem Verständnis völkerrechtlichen) Rechtsbeziehungen.

287 Die von Grotius entwickelte Rechtskonzeption beruht auf den naturhaften Anlagen des Individuums, des Trägers angeborener Rechte zur Gemeinschaftsbildung, sowie auf der dem Menschen als rationalem Wesen eigenen Vernunft. Kraft dieser Vernunft soll jedes Individuum gehalten sein, Verträge zu erfüllen, verursachte Schäden wiedergutzumachen und fremdes Eigentum zu achten. Nach Grotius ist naturgemäß, was den Geboten der Vernunft nicht widerspricht und der menschlichen Natur gemäß erscheint.[254]

250 H. Thieme, ZRG Germ. Abt. 70, S. 230 ff., 262 f.
251 R. Zippelius, HRG III, S. 936.
252 G. Otte, ZNR 1983, S. 1, 20.
253 G. Otte, ZNR 1983, S. 1, 10.
254 H. Schlosser, Privatrechtsgeschichte, § 4 IV.1.

Die enge Verknüpfung von Vernunftrecht und Aufklärung wird sichtbar an ihren Ursprüngen und Wirkungen. In den Ursprüngen wurde das System des neueren Vernunftrechts durch die Denker der Frühaufklärung wie *Galilei* und *Descartes* ermöglicht. In seinen Wirkungen wurde das Gedankengut der Aufklärung mit seinen humanitären Forderungen u. a. in der vernunftrechtlichen Begründung für die Abschaffung der Folter, der Leibesstrafen und der Zaubereidelikte deutlich.[255]

**Schrifttum:** H. Coing, Naturrecht als wissenschaftliches Problem, 1965; G. Otte, Leibniz und die juristische Methode, ZNR 1983, S 1 ff.; H. Thieme, Natürliches Privatrecht und Spätscholastik, ZRG Germ. Abt. 70, 1953, S. 230 ff.; R. Zippelius, Naturrecht, HRG III, S. 933 ff.

## IV. Der Einfluss der Naturrechtslehre und der Aufklärung auf die Rechtswissenschaft

**1. Überblick.** Wesentlichen Einfluss auf das deutsche Rechtsleben erlangte das Naturrecht unter dem Einfluss der Aufklärung erst im 18. Jahrhundert. Die Aufklärung bewirkte einschneidende Veränderungen der Rechtsordnung, und zwar auf den Gebieten des Verfassungsrechts, des Strafrechts und des Privatrechts. In Frankreich führte die Aufklärung schließlich zur großen Revolution von 1789 mit dem Sturz der Monarchie und der Beseitigung der bis zu diesem Zeitpunkt bestehenden sozialen Ordnung. Die Aufklärung löste auch die große *Kodifikationsbewegung* aus, die seit der Mitte des 18. Jahrhunderts viele Länder Europas erfasste. 288

**2. Naturrechtslehre und Naturrechtssysteme.** Die Wende zur neueren Naturrechtsauffassung und zur rein naturrechtlichen Grundlegung von Recht und Staat vollzogen in Deutschland u. a. *Samuel Freiherr von Pufendorf (1632 bis 1694)* und *Cristian Wolff (1679 bis 1754)*. Nach Pufendorfs Naturrechtslehre ist das absolute *Naturrecht* der Inbegriff aller welt- und geschichtsgestaltenden göttlichen Gesetze und als solches der Vernunfterkenntnis zugänglich, ohne dass es einer theologischen Begründung bedarf.[256] Nach Pufendorf entspricht der natürlichen Freiheit des Menschen eine natürliche Gleichheit. Die Menschen leben in einem Zustand, in dem das Naturrecht herrscht. 289

Da das Naturrecht den Menschen aber die notwendige und erstrebte Sicherheit nicht gewährleisten kann, schließen sie sich zur Gesellschaft, zum Staat,

---

255 F. Wieacker, Privatrechtsgeschichte, S. 312.
256 H. Hof, in: K.-S., S. 335 ff.

zusammen. Das Entstehen eines Staates wird im Sinne der Vertragstheorie erklärt: Auf einen – historisch allerdings nicht nachweisbaren – Vereinigungsvertrag folgt der Beschluss der Staatsform, dann der Herrschaftsvertrag durch die Wahl eines Herrschers; letzterem wird in einem Unterwerfungsvertrag die Souveränität vollständig und unwiderruflich übertragen.[257] Die Menschen unterwerfen sich also in einer auf vertraglicher Basis zustande gekommenen Gemeinschaft der Obrigkeit, woraus sich die Pflicht des einzelnen ergibt, staatlichen Gesetzen Folge zu leisten. Staatliches Handeln muss nach Pufendorf zum Wohl der Allgemeinheit der Staatsräson gehorchen. Der Herrscher ist an das Naturrecht und an den Zweck des Staatswohls gebunden. Auch er bleibt Partner des Gesellschaftsvertrages.[258]

290 Pufendorfs Arbeiten sind auch für die Entstehung des modernen Rechtsbegriffs bedeutsam, insbesondere wegen ihrer Unterscheidung zwischen Ethik und Recht und der Abstrahierung des Naturrechts von allen Dogmen der Moraltheologie, die nicht durch die bloße Vernunft erkannt werden können.[259] Das von Pufendorf auf dem Naturrecht aufgebaute Rechtssystem hat den Weg zu den großen Kodifikationen des 18. und 19. Jahrhunderts geebnet. Seine Rechts- und Staatslehre schuf die Grundlage für das, was man später als den *aufgeklärten Absolutismus* bezeichnet hat.

Auf den von Pufendorf entwickelten Grundlagen baute der Philosoph *Christian Wolff (1679 bis 1754)* eine *Naturrechtslehre* auf, die als der Abschluss dieser Entwicklung in Deutschland angesehen werden kann.[260] Gleichheit und Freiheit kennzeichnen bei Wolff den Naturzustand. Aus der Natur des Menschen ergeben sich „angeborene Pflichten" und „angeborene Rechte", die im Staat durch den Staatszweck beschränkt sind.[261]

291 Nach Wolff begründen die Menschen durch einen *Staats- oder Gesellschaftsvertrag* den Staat, um ihre Lebensbedürfnisse zu befriedigen, die Bewahrung der Rechtssicherheit und des Rechtsfriedens zu erreichen und die „Glückseligkeit" zu verwirklichen. Wolff sieht den Zweck des Staates in der Beförderung des allgemeinen Wohls und der Sicherheit. Der Obrigkeit obliegt nach seiner Ansicht die Sorge für das leibliche, geistige und sittliche Wohl der Bürger. Die Obrigkeit hat außer Gesetzgebung, Exekutive, Richtergewalt und den üblichen Aufgaben der öffentlichen Gewalt, die Wolff bis in die Einzelheiten aufführt, sogar die Pflicht, Arbeitswilligen Arbeitsplätze zu verschaffen und Arbeitsunwillige zur Arbeit anzuhalten. In der Arbeit sieht Wolff einen

257 H. Hof, in: K.-S., S. 337.
258 G. Kleinheyer, in: Hist. Lex., S. 1059.
259 H. Welzel, in: Der Staat, 1969, S. 442.
260 H. Hof, in: K.-S., S. 446ff.
261 G. Kleinheyer, in: Hist. Lex., S. 1060.

Prozess der menschlichen Vervollkommnung. Wolff tritt für einen Wohlfahrtsstaat mit einem großen Verwaltungsapparat ein. Für ihn besteht die einzige Schranke des fürstlichen Willens in den im Gesellschaftsvertrag niedergelegten Fundamentalgesetzen, deren Verletzung im äußersten Falle die Untertanen auch zu aktivem Widerstand berechtigen kann.[262]

Die von Pufendorf und Wolff entworfenen Naturrechtssysteme 292
beherrschten die deutsche Naturrechtslehre bis über die Mitte des 18. Jahrhunderts hinaus. Zu deren vordringlichen Anliegen zählte noch nicht die Befassung mit den Rechten des Bürgers im Staat. Wenn auch die Menschen grundsätzlich als gleich und frei angesehen wurden, so blieben Gleichheit und Freiheit doch in den Naturzustand verbannt; sie wurden noch nicht zu Forderungen an den Staat. Damit entsprachen diese Systeme der gesellschaftlichen Wirklichkeit im Deutschland dieser Zeit. Ein zu politischem Selbstbewusstsein erwachtes Bürgertum existierte noch nicht. So wurde der Bürger im Wesentlichen nicht als Rechtssubjekt, sondern als Objekt obrigkeitlicher Fürsorge verstanden, deren Modalitäten mit Vernunftgründen entwickelt wurden.[263] Dennoch kann man mit einer gewissen Vorsicht schon davon sprechen, dass die neuzeitliche rationalistische Naturrechtslehre und die Aufklärung zu „Gestaltern einer neuen Rechts- und Sozialordnung" geworden sind.[264]

**3. Naturrechtslehre und das rezipierte römisch-kanonische** 293
**Recht.** Aufklärung und Naturrechtslehre knüpften an die kritische Haltung an, die schon Juristen früherer Generationen, wie z. B. die Humanisten dem rezipierten römischen und kanonischen Recht gegenüber eingenommen hatten. Mit der Behauptung, das römische Recht entspreche nicht mehr dem Geist der Zeit, kritisierten die Naturrechtslehrer das überlieferte römische Recht und versuchten, dem einheimischen Recht mehr Geltung zu verschaffen. Dabei lehnten sie sich an den französischen Philosophen *Montesquieu (1689 bis 1755)* an, der die Anpassung des in Gesetze verfassten Rechts an die Eigenarten und Verhältnisse der verschiedenen Völker gefordert und empfohlen hatte, dies bei der künftigen Gesetzgebung zu beachten. Kritisiert wurde von den Naturrechtslehrern auch, dass das übernommene römische und kanonische Recht voller Spitzfindigkeiten und Widersprüchlichkeiten stecke; außerdem stieße die fremde – lateinische –

262 H. Hof, in: K.-S., S. 452 f.
263 G. Kleinheyer, in: Hist. Lex., S. 1060.
264 H. Conrad, Bd. II, S. 376.

Sprache ab. Gerade dies dürfte aus heutiger Sicht auch eine der Hauptursachen dafür gewesen sein, dass es kaum gelungen ist, größere Bevölkerungsschichten mit dem römischen Recht vertraut zu machen.

294 Richtungweisend wurde *Christian Thomasius (1655 bis 1728)*, der u. a. als Rechtslehrer an der Universität Halle wirkte. Mit seinen Schriften zum Zivilrecht versuchte er, die Tendenz zu fördern, das römische Recht zurückzudrängen, sei es zugunsten des Naturrechts oder zugunsten des noch vorhandenen deutschen Rechts. Diejenigen Regeln des römischen Rechts, denen er noch eine praktische Bedeutung zumaß, erklärte er im Wesentlichen als naturrechtlich geboten.[265]

*Thomasius* leitete in der Rechtswissenschaft entscheidende Reformen ein, insbesondere im Hinblick auf die wissenschaftliche Eigenständigkeit eines deutschen Privatrechts. Im Strafrecht nahm er den Kampf gegen Ketzerverfolgung, Hexenwahn und Folter auf.

Thomasius hat, wie Pufendorf, an der Entstehung des modernen Rechtsbegriffs mitgewirkt, indem auch er eine Trennung zwischen Recht und Sittlichkeit auf der Grundlage des Zwanges und der Zwangspflicht durchführte. In seinem Hauptwerk „Fundamenta juris naturae et gentium" (1705) trennte Thomasius Recht und Ethik schon in ihrer gemeinsamen Wurzel voneinander: Recht beruhe auf einer äußeren Pflicht, einer Zwangspflicht, die sich auf der Furcht vor dem Zwang durch andere Menschen gründe; demgegenüber sei die Pflicht, die aus der Sittlichkeit erwachse, eine lediglich innere.[266]

295 Die Beschäftigung der Naturrechtslehrer mit dem Privatrecht und die kritische Haltung dem römischen Recht gegenüber fand ihren Niederschlag in den großen Kodifikationswerken, die in der zweiten Hälfte des 18. Jahrhunderts in einigen deutschen Territorialstaaten entstanden. Insbesondere die großen preußischen und österreichischen Kodifikationen haben die Forderung der Aufklärung nach Verwirklichung des natürlichen und einheimischen Rechts in der Gesetzgebung berücksichtigt.[267]

296 **4. Naturrechtslehre und Freiheitsrechte.** Ob sich ausreichend Ansatzpunkte für die Bildung und Existenz von *Menschenrechten* im Naturrechtssystem Pufendorf finden lassen, ist fraglich. Pufendorf wünschte sich einen stabilen Staat mit einem starken Herrscher; deshalb gelang es ihm nicht, für die Staatsgewalt verbindliche Machtschranken zu errichten. Dazu kam, dass seine starke Betonung des

265 H. Hof, in: K.-S., S. 426.
266 H. Welzel, in: Der Staat, 1969, S. 447.
267 H. Conrad, Bd. II, S. 379.

Gemeinwohlaspekts eine individuelle Rechtsbehauptung nicht zuließ. Schließlich sollten die für den Naturzustand aufgestellten Prinzipien der natürlichen Freiheit und Gleichheit auf diesen beschränkt bleiben.[268]

Charakteristisch für den Freiheitsbegriff der ersten Epoche des deutschen Naturrechts der Aufklärung ist die „natürliche Freiheit" (libertas naturalis), die sich als allgemeine menschliche Handlungsfreiheit im Naturzustand unspezifisch gegen jegliche Art von Herrschaft richtet. Während die Gründung des Staates durch den Sozialvertrag für die Untertanen grundsätzlich den Verlust der natürlichen Freiheit zur Folge hat, behalten die Staaten und ihre Herrscher ihre natürliche Freiheit; insofern bezeichnet die natürliche Freiheit einerseits absolute Herrschermacht gegenüber den Untertanen und andererseits die völkerrechtliche Souveränität gegenüber anderen Herrschern und Staaten. So dient die natürliche Freiheit im älteren deutschen Naturrecht durchaus zur theoretischen Begründung von Staatsgewalt. 297

In der zweiten Epoche des älteren deutschen Naturrechts bleiben die Konzeptionen des Naturzustandes, der natürlichen Freiheit und des Sozialvertrages prinzipiell bestehen; allerdings verlagert sich der Schwerpunkt des Freiheitsbegriffes auf die Freiheit des Individuums im Staat.[269] In den letzten zwanzig Jahren des 18. Jahrhunderts knüpfen die Naturrechtssysteme an die Konzeption einer dem Menschen von Natur aus zustehenden Freiheit an; sie konkretisieren diese durch die Aufstellung von Menschenrechtskatalogen und statten natürliche Freiheit und Menschenrechte mit dem Anspruch absoluter Geltung aus. Damit wird die natürliche Freiheit für das Leben der Bürger im Staat aktualisiert.[270] 298

Die Entwicklung soll kurz am Beispiel des *Rechts auf freie Meinungsäußerung* dargestellt werden. Ihrer historischen Entwicklung nach sind die *Gedankenfreiheit* und die aus ihr hervorgegangene *Pressefreiheit* in Verbindung mit dem Recht auf freie Meinungsäußerung denjenigen Freiheitsverbürgungen zuzuordnen, die im Vergleich zu dem allgemeinen Freiheitsrecht und dem Recht auf Eigentum – beide zunächst in der Mitte des 17. Jahrhunderts erkannt und später von dem Philosophen *John Locke (1632 bis 1704)* formuliert – als jünger angesehen werden müssen. Ihre volle Anerkennung als Freiheitsrecht konnte die *Meinungsfreiheit* einschließlich der *Schreibfreiheit* erst im Laufe 299

268 S. Müller, S. 163 ff.
269 D. Klippel, S. 198 f.
270 D. Klippel, S. 203; zur Rezeption der Menschenrechtsidee in Deutschland A. Haratsch, S. 36 ff.

des 18. Jahrhunderts erlangen, nachdem die im 17. Jahrhundert geprägte wissenschaftliche Denkweise die geschlossene Anschauungswelt der religiösen Dogmatik verdrängt hatte und das kritische Denken an die Stelle des Vertrauens in den Besitz der Wahrheit getreten war. Während sich *Leibniz* und *Christian Wolff* wenig für die Durchsetzung des Rechts auf freie Meinungsäußerung einsetzten – *Leibniz* befürwortete sogar die Zensur als eine notwendige Institution –, war *Kant* ein eifriger Verfechter der uneingeschränkten Meinungsfreiheit. Er forderte, der „öffentliche Gebrauch der Vernunft" müsse frei sein, denn nur so könnten die Menschen aufgeklärt werden.[271] *Carl Gottlieb Svarez (1746 bis 1798)*, einer der Schöpfer des Allgemeinen Landrechts für die Preußischen Staaten von 1794 (vgl. dazu unten Rdnr. 299), sah in dem Recht, seine Gedanken anderen mitzuteilen und dieselben sich mitteilen zu lassen, „eines der ersten und natürlichsten Rechte der Menschen".[272] Gemäß dem von ihm formulierten Grundsatz, dass der Staat die Freiheit des einzelnen nur so weit einzuschränken berechtigt ist, als es notwendig ist, um die Freiheit und Sicherheit aller zu garantieren, hält *Svarez* eine Einschränkung der Meinungsfreiheit im Wege der Zensur nur dann für rechtmäßig, wenn „eine erhebliche Gefahr für den Staat oder seine Bürger mit einem überwiegenden Grade an Wahrscheinlichkeit zu besorgen" sei.[273] Hier wird deutlich, dass die natürliche Freiheit – das Recht auf freie Meinungsäußerung wird als „natürliches Recht" darunter gefasst – mit dem Anspruch der absoluten Geltung ausgestattet wird.

**Schrifttum:** T. Behme, Samuel von Pufendorf: Naturrecht und Staat, 1995; Conrad/Kleinheyer (Hrsg.), Vorträge über Recht und Staat von Carl Gottlieb Svarez (1746–1798), 1960; U. Eisenhardt, Die kaiserliche Aufsicht über Buchdruck, Buchhandel und Presse im Heiligen Römischen Reich Deutscher Nation (1496–1806). Ein Beitrag zur Geschichte der Bücher- und Pressezenzur. Studien und Quellen zur Geschichte des deutschen Verfassungsrechts, Reihe A: Studien, Bd. 3, 1970; A. Haratsch, Die Geschichte der Menschenrechte, 3. Aufl. 2006; H. Hof, Samuel Pufendorf, in: K.-S., S. 335 ff.; derselbe, Christian Thomasius, in: K.-S., S. 424 ff.; derselbe, Christian Wolff, in: K.-S., S. 446 ff.; T. C. Kischkel, Das Naturrecht in der Rechtspraxis. Dargestellt am Beispiel der Spruchtätigkeit der Giessener Juristenfakultät, ZNR 2000, 124 ff.; G. Kleinheyer, Grundrechte. Menschen- und Bürgerrechte, in: Hist. Lex., S. 1047 ff.; D. Klippel, Politische Freiheit und Freiheitsrechte im deutschen Naturrecht des 18. Jahrhunderts, 1976; S. Müller, Gibt es Menschenrechte bei Samuel Pufendorf? Rechtshistorische Reihe 231, 2000; H. Welzel, Die Entstehung des modernen Rechtsbegriffs, in: Der Staat, 1969, S. 441 ff.

---

271 U. Eisenhardt, Die kaiserliche Aufsicht, S. 144 ff. mit Nachw.
272 Conrad/Kleinheyer, Vorträge, S. 492.
273 Conrad/Kleinheyer, Vorträge, S. 492.

# § 7. Gesetzgebung und Kodifikation in Europa im Zeitalter der Aufklärung

## I. Aufgeklärter Absolutismus und Kodifikation

**1. Die Staatstheorie des aufgeklärten Absolutismus.** Nach der *Staatstheorie des aufgeklärten Absolutismus* in Preußen und Österreich, die wesentlich von *Pufendorf* und *Christian Wolf* vorbereitet worden war (siehe oben Rdnr. 289 ff.), beruhte der Staat auf einem Zusammenschluss von Menschen *(Gesellschaftsvertrag)*, die sich einer Obergewalt unterworfen haben, weil der Naturzustand zu viele Unzulänglichkeiten in sich birgt.[274] Der Staat war nun nicht mehr das Werkzeug der Willkür des Herrschers; dieser wurde vielmehr zum ersten Diener des Staates, wie *Friedrich II. von Preußen (1740 bis 1786)* sich selbst sah. War der Herrscher auch der alleinige und uneingeschränkte Träger der staatlichen Hoheitsrechte (der Majestätsrechte), mit deren Hilfe der Staatszweck verwirklicht werden sollte, so war er doch in der Ausübung derselben durch die dem Staate vorgegebenen Zwecke beschränkt. Der Fürst verkörperte nicht mehr den Staat. Er war zu einer Staatsinstitution geworden.[275] 300

Die rechtstheoretische Grundlage dieses Staatsdenkens bot die naturrechtliche Lehre vom „Staatsgründungsvertrag". Danach war der Monarch in der Ausübung seiner Majestätsrechte an die Staatszwecke gebunden, so dass er dann, wenn er seine Gewalt überschritt und seine Pflichten verletzte, diesen Zwecken zuwider handelte. Der den Staat begründende Vertrag band den Monarchen ebenso wie den Bürger, dessen natürliche Rechte durch den Eintritt in die bürgerliche Gesellschaft zwar nicht abgeschnitten, aber beschränkt wurden. Nach der Staatsauffassung des aufgeklärten Absolutismus blieb den Untertanen allerdings ein vom Staat nicht antastbarer Bereich der natürlichen Freiheit, die von der Staatstheorie als die „bürgerliche Freiheit" bezeichnet wurde.[276] 301

Der *aufgeklärte Absolutismus* war im Vergleich zu vorhergehenden Herrschaftsformen ein wesentlicher Fortschritt, der rechtsstaatliche Bestrebungen in ersten Ansätzen förderte und ihnen teilweise zum Durchbruch verhalf. Der aufgeklärte Absolutismus bewirkte zwar 302

274 H. Conrad, Staatsgedanke und Staatspraxis, S. 59.
275 H. Conrad, Rechtsstaatliche Bestrebungen, S. 14.
276 H. Conrad, Staatsgedanke und Staatspraxis, S. 59.

keine Änderung der Staatsform, wohl aber eine wesentliche Veränderung in der Art und Weise des Regierens. Die Regierung des absoluten Herrschers wurde nunmehr von denjenigen Grundsätzen der Aufklärung beherrscht, die den Zweck des Staates im Gemeinwohl und in der Wohlfahrt der Untertanen, jedenfalls aber in der Aufrechterhaltung von Recht und Sicherheit innerhalb der staatlichen Gemeinschaft sahen.[277]

303 In der Zeit des aufgeklärten Absolutismus war der Begriff der „Policey" von besonderer Bedeutung. Dieser Begriff hat nichts mit dem Polizeibegriff des modernen Verwaltungsrechts zu tun. Nach der politischen Theorie des 18. Jahrhunderts gehörten zum Zuständigkeitsbereich der Polizei alle Bereiche des öffentlichen Lebens, die für die „Wohlfahrt" und „Glückseligkeit" von Staat und Untertanen wichtig waren, wie es der Wiener Kameralist *Johann Heinrich Gottlob von Justi (1720 bis 1771)* einmal ausgedrückt hat.[278] Abzugrenzen waren die sog. Polizeisachen von den Justizsachen, wodurch eine vorsichtige Trennung von Exekutive und Judikative vorbereitet wurde (siehe dazu oben Rdnr. 257).

304 **2. Gesetzgebung und Gesetzgeber.** Aufklärung und Naturrechtslehre verlangten vom Gesetzgeber Einheitlichkeit, Volkstümlichkeit und Gemeinverständlichkeit der Gesetze. Forderungen dieser Art ließen sich nach Auffassung der Zeit eher durch eine Gesamtgesetzgebung (Kodifikation), d. h. eine möglichst umfassende Regelung ganzer Lebensbereiche und Rechtsbeziehungen in einem Gesetzbuch, erreichen als durch Einzelgesetze. Die Idee, durch eine Kodifikation eine erschöpfende und systemgeleitete Neuordnung eines gesamten Rechtsstoffes zu schaffen, ist ein Produkt des Vernunftrechtzeitalters.[279] Sie führte dazu, dass in den größeren deutschen Staaten seit der Mitte des 18. Jahrhunderts versucht wurde, das Recht weitgehend zu kodifizieren.

305 Die Aufklärer machten sich im Hinblick auf die Gesetzgebung diejenigen Grundsätze zu Eigen, die der französische Philosoph *Montesquieu (1689 bis 1755)* in seinem berühmten Werk „L'Esprit des lois" niedergelegt hatte. Dazu zählen u. a.:
- Gesetze sollten den nationalen Eigenarten des Volkes, für das sie gemacht wurden, entsprechen;
- Gesetze sollten verständlich sein, damit sie auch von Menschen mit „mäßigem Verstande" begriffen werden könnten.

277 H. Conrad, Rechtsstaatliche Bestrebungen, S. 14.
278 L. Pahlow, S. 16ff.
279 H. Mohnhaupt, in: IC V, S. 91.

Daraus leiteten die Aufklärer die Forderung ab, dass das Recht den Lebensverhältnissen eines Volkes angepasst und zudem übersichtlich und leicht verständlich sein müsse. Manche Gedanken, die in der Diskussion über die Kodifikationen im 18. Jahrhundert eine bedeutende Rolle spielen sollten, waren schon im 17. Jahrhundert bei den von *Leibniz* entwickelten Kodifikationsplänen zum Ausdruck gekommen.[280] So hatte Leibniz u. a. eine Neuordnung des römischen und einheimischen Rechts in einem Reichsgesetz gefordert.

Voraussetzung dafür, dass eine umfassende Kodifikation des ge- 306
samten innerstaatlichen Rechts, wie sie z. B. in Preußen in Angriff genommen wurde, gelingen konnte, war eine vorangegangene grundsätzliche Bestimmung des Verhältnisses zwischen dem Gesetzgeber und dem Staatsbürger.[281] Das Naturrecht ging davon aus, dass die Menschen auch in einem Staate ihre natürliche Freiheit beibehielten. Das Gesetz wurde als eine an den Bürger unmittelbar gerichtete Handlungsnorm begriffen. Mit dem *Preußischen Allgemeinen Landrecht von 1794* entstand ein Gesetzeswerk, das zum Inbegriff aller Normen über Rechte und Pflichten der Staatsbürger, und zwar untereinander und gegenüber dem Staat, wurde. In der Beziehung zwischen dem Staat und dem Bürger konnten nun die Stände nicht mehr denselben Platz einnehmen wie in der vorhergegangenen Zeit. Es entstand ein Element der Gleichheit unter den Staatsbürgern.[282]

Einer der Schöpfer des Preußischen Allgemeinen Landrechts, der Jurist 307
*Carl Gottlieb Svarez (1746 bis 1798)*, hat dies in seinen Vorträgen über Recht und Staat deutlich zum Ausdruck gebracht:[283]

„Die Gesetze des Staats verbinden alle Mitglieder desselben ohne Unterschied des Standes, Ranges und Geschlechts.

Dem Gehorsam gegen die Gesetze kann also kein Einwohner desselben, er sei von noch so hohem Range, sich entziehen. In dieser Rücksicht sind daher alle Untertanen in den Augen des Souveräns völlig gleich, und der Fürst, der unmittelbar an seinem Throne steht, ist seinen Gesetzen ebenso unterworfen als der niedrigste Landbewohner oder Tagelöhner."

Der hier formulierte Grundsatz der Gleichheit vor dem Gesetz – der im Übrigen eine ständische Gliederung des Volkes nicht ausschloss – fand seinen Niederschlag auch im ALR (§ 22 der Einleitung):

„Die Gesetze des Staates verbinden alle Mitglieder desselben, ohne Unterschied des Standes, Ranges und Geschlechts."

280 K. Luig, in: IC V, S. 58 f.
281 G. Kleinheyer, in: Der Staat, Beiheft 4, S. 8.
282 G. Kleinheyer, in: Der Staat, Beiheft 4, S. 9.
283 Conrad/Kleinheyer, Vorträge, S. 246.

308 Gesetzgeber der Kodifikationen, von denen hier die Rede ist, waren die Herrscher des Absolutismus, einer Epoche, in der das Gesetz als Ausdruck des rechtsetzenden Willens des Herrschers und das Recht zur Gesetzgebung als ein Majestätsrecht angesehen wurden. Typisch für den absolutistischen Herrscher als Gesetzgeber war es, dass er kein anderes Recht neben dem von ihm selbst gesetzten duldete. Deshalb wollte er auch nicht über die Auslegung von Gesetzen oder deren Anwendbarkeit gestritten wissen, wie dies seit der Rezeption durch das Nebeneinanderbestehen verschiedener Rechtsquellen üblich gewesen war.[284] Konsequenterweise wurde die *Auslegung* von Gesetzen verboten (*Interpretationsverbot,* vgl. oben Rdnr. 262). Wies ein Gesetz nach Auffassung eines Gerichts eine Lücke auf, so war dieses Gericht gehalten, eine Entscheidung des Gesetzgebers herbeizuführen. Dadurch dürfte zunächst eine größere Rechtssicherheit erreicht worden sein. Die Entscheidungsfreiheit des Richters war allerdings auf ein Minimum reduziert. Erst gegen Ende des 18. Jahrhunderts wurde den Richtern die sinngemäße Anwendung der Gesetze wieder gestattet.

309 Die in den deutschen Territorialstaaten entstandenen Kodifikationen der Aufklärungszeit gehen von der Existenz einer ständisch gegliederten Gesellschaft aus und bestätigen diese. Mit dem Gleichheitsgedanken haben sie – auf den ersten Blick – wenig zu tun. Im Preußischen Allgemeinen Landrecht von 1794 wurde das gesamte ständische Sozialmodell in Gesetzesform gegossen; die ständischen Rechtsunterschiede erfuhren damit in Deutschland noch einmal staatliche Anerkennung und Legitimation.[285]

**Schrifttum:** H. Conrad, Rechtsstaatliche Bestrebungen im Absolutismus Preußens und Österreichs am Ende des 18. Jahrhunderts, 1961. Neu abgedr. in: Absolutismus; hrsg. v. W. Hubatsch, 1973, S. 309ff. (Wege der Forschung, Bd. 314); derselbe, Staatsgedanke und Staatspraxis des aufgeklärten Absolutismus, Rheinisch-Westfälische Akademie der Wissenschaften – Vorträge – G 173, 1971; Conrad/Kleinheyer (Hrsg.), Vorträge über Recht und Staat von Carl Gottlieb Svarez (1746–1798). Wissenschaftliche Abhandlungen der Arbeitsgemeinschaft für Forschung des Landes Nordrhein-Westfalen, Bd. 10, 1960; G. Kleinheyer, Aspekte der Gleichheit in den Aufklärungskodifikationen und den Konstitutionen des Vormärz, in: Der Staat, Beiheft 4, 1980, S. 7ff.; K. Luig, Die Rolle des deutschen Rechts in Leibniz' Kodifikationsplänen, in: IC V, 1975, S. 56ff.; B. Mertens, Gesetzgebungskunst im Zeitalter der Kodifikationen, Theorie und Praxis der Gesetzgebungstechnik aus historisch-

284 H. Conrad, Bd. II, S. 383f.
285 G. Kleinheyer, in: Der Staat, Beiheft 4, S. 7.

vergleichender Sicht, 2004; H. Mohnhaupt, Untersuchungen zum Verhältnis Privileg und Kodifikation im 18. und 19. Jahrhundert, in: IC V, 1975, S. 71 ff.; L. Pahlow, Justiz und Verwaltung. Zur Theorie der Gewaltenteilung im 18. und 19. Jahrhundert (Naturrecht und Rechtsphilosophie in der Neuzeit. Studien und Materialien 7), 2000.

## II. Die bayerischen Kodifikationen

Das Kurfürstentum Bayern war der erste deutsche Territorialstaat, 310
in dem ein Kodifikationswerk mit dem Ziel in Angriff genommen wurde, geltendes Recht zu verbessern und zu vereinheitlichen. Auf Veranlassung des Kurfürsten *Maximilian III. Joseph (1745 bis 1777)* sollten alle Rechtsgebiete in einem *Codex Maximilianeus Juris Bavarci* vereinigt werden. Dazu zählten im Einzelnen: Die auf Vorschlägen des bayerischen Kanzlers *Kreittmayr (1705 bis 1790)* beruhenden Kodifikationen, nämlich der *Codex juris Bavarici criminalis von 1751* (Strafrecht und Strafprozessrecht), der *Codex juris Bavarici judiciarii von 1753* (Zivilprozess- und Konkursrecht) und der *Codex Maximilianeus Bavarici civilis von 1756* (Privatrecht).

Das straf- und strafprozessrechtliche Gesetzeswerk von 1751 blieb als Zusammenfassung des geltenden Rechts rückwärts gewandt. Allerdings unterschied das Gesetzbuch erstmalig zwischen materiellem und formellem Strafrecht.[286]

Wenn *Kreittmayr* auch das Naturrecht als die Grundlage des bür- 311
gerlichen Rechts anerkannte, so blieb der Einfluss des Naturrechts auf den *Codex Maximilianeus Bavarici civilis* doch eher gering. Dennoch kann die privatrechtliche Kodifikation als ein Beginn aufklärerischer Reformen mit einem Mehr an Berechenbarkeit der Rechtspflege und Rechtssicherheit angesehen werden.[287]

Die Gesamtgesetzgebung ist kaum als Neugestaltung der Rechtsordnung i. S. der Reformbestrebungen der Aufklärung anzusehen. Sie enthielt allenfalls „sporadische, sachlich überwiegend unverbundene Anleihen bei naturrechtlichen Prinzipien“.[288]

**Schrifttum:** S. Gagnér, Die Wissenschaft des gemeinen Rechts und der Codex Maximilianeus Bavaricus civilis, in: Wiss. Kod. PR I, S. 1 ff.; H. Schlosser, Neuere Europäische Rechtsgeschichte, S. 195 ff.

---

286 H. Schlosser, Neuere Europäische Rechtsgeschichte, S. 197.
287 H. Conrad, Bd. II, S. 386 f.
288 H. Schlosser, Neuere Europäische Rechtsgeschichte, S. 195.

### III. Die Kodifikationen in Österreich

312 Auch in Österreich führte die Aufklärung um die Mitte des 18. Jahrhunderts zu Kodifikationsbestrebungen, welche die Gebiete des Strafrechts, des Prozessrechts und des Privatrechts umfassten. Im Gegensatz zu Preußen, wo eine fortlaufende geistige Entwicklungslinie von der Regierungszeit *Friedrichs II.* (beginnend 1740) bis zum Erlass des Allgemeinen Gesetzbuches von 1791 zu erkennen ist, lässt sich eine solche für Österreich nicht nachweisen. Weder *Maria Theresia (1740–1780)* noch ihr Ehemann, der deutsche Kaiser *Franz I. (1745–1765)*, wurden von dem Gedankengut der Aufklärung in gleichem Maße beeindruckt und erfasst wie der Preußenkönig Friedrich II.

Gleichwohl wurde 1754 an der Universität Wien die erste Lehrkanzel für Naturrecht eingerichtet und mit *Karl Anton Freiherr von Martini zu Wasserberg (1726 bis 1800)* besetzt. Martini wurde einer der einflussreichsten Rechtslehrer Österreichs in der zweiten Hälfte des 18. Jahrhunderts. Von ihm stammt der Entwurf für ein Bürgerliches Gesetzbuch, der – über den Bereich des engeren Privatrechts hinausgehend – fortschrittliches Gedankengut über das Wesen des Staates, seine Zwecke und die Rechte der Bürger enthält.[289]

313 Auf dem Gebiete des Strafrechts entstanden innerhalb von 20 Jahren gleich mehrere Gesetzbücher. 1768 – noch zur Regierungszeit *Maria Theresias* – wurde die *Constitutio Criminalis Theresiana* erlassen. Dieses Gesetzeswerk war nur wenig vom Gedankengut der Aufklärung beeinflusst. Trotz einer Warnung des *Staatskanzlers von Kaunitz (1711 bis 1794)* „dass man dem Beispiel der Engländer und anderer gesitteter Nationen zuwider den barbarischen Gebrauch der Tortur nicht gänzlich abgeschafft“ habe, wurde die Folter beibehalten. Sie wurde erst 1776 unter dem Einfluss des auch in Österreich immer stärker werdenden Gedankenguts der Aufklärung abgeschafft. Zu den führenden Köpfen im Kampf um die Abschaffung der Folter zählte der Staatstheoretiker und Schriftsteller *Joseph Sonnenfels (1733 bis 1817)*.[290]

314 Wesentliche, von der Aufklärungsbewegung erarbeitete Grundsätze wurden in dem *Allgemeinen Gesetzbuch über Verbrechen und derselben Bestrafung von 1787* verwirklicht. Inzwischen hatte *Joseph II. (deutscher Kaiser von 1765–1790)* als einer der Hauptvertreter des aufgeklärten Absolutismus nach dem Tode *Maria Theresias (1780)*

289 H. Conrad, in: Recht und Verfassung des Reiches in der Zeit Maria Theresias, S. 2f.
290 H.Conrad, Juristen-Jahrbuch 1967/68, S. 6f.

die Regierungsgeschäfte in Österreich in die Hand genommen. Wenn auch keine durchgehende Humanisierung des Strafrechts erreicht werden konnte, weil das Strafensystem des Gesetzbuches auf der mitleidlosen Abschreckung basierte, so wurde doch grundsätzlich die Todesstrafe abgeschafft; sie sollte nur noch in Verfahren nach Standrecht Anwendung finden.[291]

Nach langwierigen Vorarbeiten wurde später auch eine ebenfalls vom Gedankengut der Aufklärung durchdrungene Privatrechtskodifikation fertiggestellt: das *Allgemeine BürgerlicheGesetzbuch für die gesamten Deutschen Erbländer der Österreichischen Monarchie von 1811, abgekürzt ABGB* genannt. Es verkörpert das heute noch in Österreich geltende Bürgerliche Recht. Das ABGB nimmt in Österreich die Stellung ein wie in Deutschland das BGB. Die Entstehungsgeschichte verlief in mehreren Stufen und reicht bis 1753 zurück. Wesentlich beeinflusst ist dieses Gesetzbuch von *Franz A. Edler von Zeiller (1751 bis 1828),* der sich die Lehren *Kants* zu Eigen gemacht hatte. Erstmals wurde im deutschsprachigen Raum unter dem Einfluss Kant'schen Gedankengutes in ein privatrechtliches Gesetzbuch der Begriff der allgemeinen Rechtsfähigkeit des Menschen aufgenommen.[292] 315

**Schrifttum:** H. Conrad, Individuum und Gemeinschaft in der Privatrechtsordnung des 18. und des beginnenden 19. Jahrhunderts, 1956; derselbe, Joseph von Sonnenfels (1733–1817), in: Juristen-Jahrbuch 1967/68, S. 1 ff.; derselbe (Hrsg.), Recht und Verfassung des Reiches in der Zeit Maria Theresias. Die Vorträge zum Unterricht des Erzherzogs Joseph im Natur- und Völkerrecht sowie im Deutschen Staats- und Lehnrecht. Hrsg. mit G. Kleinheyer u. a., 1964; W. Ogris, Die Wissenschaft des gemeinen römischen Rechts und das österreichische Allgemeine Bürgerliche Gesetzbuch, in: Wiss. Kod. PR I, S. 153 ff.

## IV. Das Allgemeine Landrecht für die Preußischen Staaten von 1794 (ALR)

**1. Entstehung und Zielsetzung des ALR.** Ein besonders wichtige Beispiel für eine Kodifikation, die im Zuge der Aufklärung entstanden ist, stellt das *Allgemeine Landrecht für die preußischen Staaten von 1794* dar. Eindrucksvoll ist auch die Entstehungsgeschichte des Gesetzbuchs, weil sie bedeutende Veränderungen des Staats- und Rechtsverständnisses im Hinblick auf rechtsstaatliche Bestrebungen widerspiegelt. 316

291 H. Conrad, Bd. II, S. 441.
292 H. Conrad, Individuum und Gemeinschaft, S. 21 ff.

Der Plan einer Kodifikation des Rechts für alle preußischen Länder wurde trotz vorheriger Anstöße erst zur Regierungszeit *Friedrichs II. (1740–1786)* ernsthafter verfolgt. Der König betraute den *Großkanzler Samuel von Cocceji (1679 bis 1755)* im Jahre 1746 mit einer umfassenden Justizreform, die jedoch ins Stocken geriet. Für die Durchführung der geplanten Reformen zeichnete später der *Großkanzler Johann Heinrich Casimir von Carmer (1721 bis 1801)* verantwortlich. Für den Geist der nun in Angriff genommenen Reformen wurde besonders bedeutsam, dass von *Carmer* mit *Karl Gottlieb Svarez (1746 bis 1798)* einen bedeutenden und vom Geist der Aufklärung durchdrungenen Juristen zur Mitarbeit gewinnen konnte. Gerade die Persönlichkeit dieses Mannes ist mit dem Entstehen des Allgemeinen Landrechts auf das engste verknüpft.[293]

**317** 1784 wurde während der Schaffung des Landrechts ein in der deutschen Gesetzgebungsgeschichte einzigartiger Prozess eingeleitet, nämlich die Beteiligung einer qualifizierten Öffentlichkeit am Gesetzgebungsverfahren. „Philosophische Rechtsgelehrte", praktische Juristen und einige Professoren – u. a. *Johann Stephan Pütter (1725–1807)* und *August Wilhelm von Schlözer (1735–1809)* – wurden um Stellungnahmen zu einem gedruckten Entwurf gebeten, die dann auch – lobende und kritische – gefertigt wurden.[294]

**318** *Friedrich II.* verfolgte mit den geplanten Reformen der Justiz den Zweck, die Gesetze zu vereinfachen und sie dem gemeinen Mann verständlich zu machen. Auslegungsstreitigkeiten und Spitzfindigkeiten, wie sie mit dem rezipierten römischen und kanonischen Recht in Verbindung gebracht wurden, sollten für die Zukunft ausgeschlossen sein. Es wurde besonders der Tatsache Rechnung getragen, dass die lateinische Sprache der Gesetze viel Misstrauen in der Bevölkerung verursacht hatte. In der Kabinettsorder des Königs heißt es dazu, er finde es unschicklich, dass die Gesetze „größtenteils in einer Sprache geschrieben sind, welche diejenigen nicht verstehen, denen sie doch als Richtschnur dienen sollen".

**319** Nach den Vorstellungen des Königs sollte das geplante Gesetzeswerk durchaus auch römisches Recht enthalten, aber gleichgestellt mit einheimischem Recht und Naturrecht.[295] Mit dem einheimischen Recht, vorwiegend Provinzialgesetze, sollten die gewachsenen Bindungen der Bevölkerung an das Recht gewahrt bleiben.

Das Landrecht wurde zunächst mit Publikationspatent vom 20. März 1791 als das Allgemeine Gesetzbuch für die Preußischen Staaten mit Wirkung vom 1. Juni 1792 verkündet. Doch bevor es in

---

293 H. Conrad, Bd. II, S. 387.
294 T. Finkenauer, ZRG Germ. Abt. 113, 1996, S. 40, 50 ff.
295 Zur Bedeutung des römischen Rechts für die Entstehung des ALR siehe W. Wagner, in: Wiss. Kod. PR I, S. 119 ff.

Kraft treten konnte, suspendierte der König – inzwischen *Friedrich Wilhelm II. (1786 bis 1797)* als Nachfolger *Friedrichs II.* – das Gesetz, weil konservative Kräfte an der zu aufgeklärten Haltung des Gesetzes Anstoß genommen und seine Unterdrückung gefordert hatten. Mächtige Gegner des Gesetzbuches waren im ständischen Lager, vor allem in Teilen der Justizbürokratie zu finden.[296]

Ein Stein des Anstoßes in der ersten Fassung des Allgemeinen Landrechts 320
von 1791 war insbesondere die Passage über die Unabhängigkeit der Rechtspflege einschließlich des *Machtspruchverbots*. Nach der Staatsauffassung der Zeit gehörte die Rechtsprechung zu den anerkannten Hoheitsrechten des absoluten Herrschers. Ihm stand es zu, anstelle der Gerichte selbst Recht zu sprechen. Bereits *Friedrich II.* hatte aber auf dieses Recht verzichtet. In seinem politischen Testament aus dem Jahre 1752 heißt es: „Ich habe mich entschlossen, niemals in den Lauf des gerichtlichen Verfahrens einzugreifen; denn in den Gerichtshöfen sollten die Gesetze sprechen, und der Herrscher soll schweigen." Mit der Verselbstständigung der Rechtspflege im Verhältnis zu dem Herrscher als dem Träger der Gerichtshoheit war das Problem des *Machtspruches* verbunden, d. h. des Eingriffs des Herrschers in die Rechtspflege, wenn er dies für nötig hielt. Ein Eingriff dieser Art war nach der Auffassung der Zeit die rechtmäßige Ausübung eines Hoheitsrechts, nämlich der Gerichtshoheit. Im Verlaufe des 18. Jahrhunderts veränderte sich die Rechtsauffassung zum Machtspruch unter dem Einfluss der Aufklärung erheblich. Man sah einen solchen Eingriff in zunehmendem Maße als gesetzes- und rechtswidrig an. Das landesherrliche Recht, Strafurteile zu bestätigen oder abzuändern, blieb unangetastet. Neu war auch die Aufnahme des Verbotes der rückwirkenden Anwendung von Gesetzen.

Zwar setzten sich die Verfasser des Gesetzgebungswerkes, an ihrer 321
Spitze von *Carmer* und *Svarez*, nachdrücklich für das Ergebnis ihrer Arbeit ein, *Friedrich Wilhelm II.* ordnete aber an, dass das Gesetzbuch in der vorliegenden Form noch einmal überarbeitet werden sollte. Bei dieser Überarbeitung fielen u. a. fort: eine Bestimmung über die natürliche Freiheit und die Rechte der Bürger, die durch Gesetze nicht weiter eingeschränkt werden dürften, als der gemeine Endzweck der bürgerlichen Vereinigung es erfordert, das Machtspruchverbot und die Vorschrift über die Beschränkung der Wirksamkeit eines ohne die Mitwirkung einer Gesetzeskommission zustande gekommenen Gesetzes.

Nachdem die Stellen, die Anstoß erregt hatten, beseitigt worden 322
waren, wurde das Gesetzeswerk am 5. Februar 1794 als *„Allgemeines*

296 T. Finkenauer, ZRG Germ. Abt. 113, 1996, S. 40, 195ff.

*Landrecht für die Preußischen Staaten" (ALR)* erneut verkündet. Es trat am 1. Juni 1794 in Kraft.

Das ALR gedieh selbst nach heutigen Vorstellungen zu einem Gesetzbuch mit ungeheurem Umfang. Es enthält 19194 Paragraphen. In ihm kommt u. a. der Versuch zum Ausdruck, ein möglichst lückenloses Gesetz zu schaffen. Trotz des Umfanges erlangte das ALR eine Volkstümlichkeit, wie sie anderen großen Gesetzgebungswerken nur selten beschieden war.

323 **2. Der Inhalt des ALR.** Das ALR enthält grundlegende verfassungsrechtliche Bestimmungen, in denen die Auffassung vom Staat, wie sie für den aufgeklärten Absolutismus charakteristisch ist, ihren Niederschlag gefunden hat. *Svarez* hatte die Gefahren einer uneingeschränkten Monarchie, die von der Einsicht und Charakterstärke des Herrschers abhingen, erkannt und sich bemüht, in die Verfassung des Staates Sicherungen einzubauen, die es dem Herrscher zwar nicht unmöglich machten, den verfassungsmäßigen Weg zu verlassen, die ihm solche Abweichungen aber immerhin erschweren sollten.

Diesen Zweck wollte Svarez mit der Aufnahme von drei Grundsätzen in das Allgemeine Landrecht erreichen. Es sollten u. a. gewährleistet werden:
1. die bürgerliche Freiheit,
2. die Unabhängigkeit der Rechtspflege und
3. eine den Staatszwecken entsprechende Gesetzgebung.

Darin war der Gedanke Svarez' eingeflossen, dass dem Menschen natürliche und unveräußerliche Rechte eigen seien, die ihm durch keine gesetzgebende Macht geraubt werden könnten.

324 In seiner Einleitung enthält das ALR u. a. umfangreiche allgemeine Regeln über die Abfassung, Anwendung und Bindungswirkung von Gesetzen und über das Verhältnis des Staates gegenüber seinen Bürgern.

Das ALR kodifizierte das gesamte bürgerliche Recht von der Rechtsgeschäftslehre – mit einem beachtlichen Kapitel über Willenserklärungen (I, 4) – über das Vermögens- und Vertragsrecht bis zum Familien- und Erbrecht. Auch das Handels- und Gesellschaftsrecht sowie das Wertpapierrecht sind geregelt. Zum Schluss hat das Strafrecht eine umfangreiche Regelung erfahren (II, 20). Außerdem finden sich u. a. Vorschriften über die Rechte und Pflichten der Herrschaften und des Gesindes (II, 5), über die Kirchen, Klöster und Orden (II, 1), über die Schulen (II, 12) und die Armenanstalten und andere „milde Stiftungen" (II, 19). Vorschriften über die Stände, Adel (II, 9), Bürger

(II, 8) und Bauern (II, 7), schreiben die *feudalständische Ordnung* fest.

**3. Rechtsstaatliche Bestrebungen in Preußen und das ALR.** Es 325
ist nicht zu übersehen, dass es sich in Preußen trotz des augeklärten Absolutismus und trotz der Bindung des Herrschers an gewisse Grundsätze des Staates um eine weitgehend uneingeschränkte Monarchie handelte, die als Staatsform noch weit entfernt war von jenen Maximen, die etwa *Montesquieu* mit seiner Gewaltenteilungslehre aufgestellt hatte und um deren Durchsetzung in der französischen Revolution gerungen worden war. Im ALR von 1794 trat die Macht des Staates stärker in den Vordergrund, als die preußischen Reformer das geplant hatten. Die Menge der dem Staatsoberhaupt – dem Herrscher – eingeräumten Majestätsrechte barg auch weiterhin die Gefahr in sich, dass die Rechte der Einzelpersonen stark beeinträchtigt werden konnten.

Die preußischen Rechtsreformer haben sich mit ihrer Auffassung, 326
der Staat beruhe auf bestimmten Rechtsgrundsätzen, durch welche die Ausübung der Staatsgewalt grundgesetzlich gebunden sei, durchgesetzt. Die bürgerliche Freiheit wurde gesetzlich gewährleistet; sie konnte zwar eingeschränkt, aber nicht aufgehoben werden. Man kann das preußische Allgemeine Landrecht von 1794 jedenfalls insofern als eine Art von Verfassung für den preußischen Staat ansehen, als es die rechtsstaatlichen Errungenschaften fast eines Jahrhunderts preußischer Rechtspolitik verbindlich festschrieb.[297]

Allerdings wurde die jahrhundertealte *feudalständische Ordnung* 327
im ALR verankert. Der Adel war nach wie vor der bevorrechtigte Stand. Zwischen Bürgertum und Adel blieben weiterhin unüberwindbare Schranken aufgerichtet. Auch die Abhängigkeit mancher Landbewohner von einem Gutsherrn war nicht beseitigt. Das den Reformern des ALR vorgegebene Sozialmodell war das des *Ständestaates*: Die Bausteine der ständischen Hierarchie – das Königtum („der Staat"), Adel, Bürger und Bauern – sind die wichtigsten Bezugspunkte für die Stoffanordnung in dem Gesetzbuch.[298] Die ständischen Rechtsunterschiede wurden zum letzten Male in diesem Ausmaß durch ein Gesetz anerkannt und legitimiert. So wird jeder Stand mit dem ihm zukommenden Recht beschrieben. Das ALR er-

297 T. Würtenberger, in: HGR I § 2 Rdnr. 11.
298 H. Hattenhauer, Allgemeines Landrecht für die Preußischen Staaten von 1794, Einführung, S. 33.

hält also die ständischen Geburtsunterschiede aufrecht und verfestigt sie noch durch Kodifizierung.[299] Dennoch werden Aspekte des Gleichheitsgedankens in Gestalt des Grundsatzes der Gleichheit aller Staatsbürger vor dem Gesetz verwirklicht.[300] Verglichen mit der schon zuvor entstandenen *Virginia Bill of Rights* vom 12. Juni 1776 und der *französischen Erklärung der Menschenrechte* vom 26. August 1789, die beide den *Gleichheitsgrundsatz* enthielten, kann das ALR letztlich nur als rückständig bezeichnet werden.

**328** Das Bild vom ALR würde jedoch verzerrt, wenn nicht hervorgehoben würde, dass dieses Gesetz in vielerlei Hinsicht fortschrittlich war. Das gilt insbesondere für die Proklamation der *Glaubens- und Gewissensfreiheit*. Sie durchzusetzen war allerdings nicht allzu schwer, weil man auf eine großzügige Praxis unter der Regierung *Friedrichs II.* zurückblicken konnte, eine Praxis, die der Religionsverfassung des Reiches zuwider gehandelt hatte. Im friderizianischen Staat war die Freiheit der Religion bereits weitgehend anerkannt.

Man kann Preußens besonderen Beitrag zur Geschichte des Rechtsstaats u. a. darin sehen, dass es seit 1780 einer vernunftrechtlich inspirierten Gesetzgebung relativ viel Raum gab. Wenn seine eigene Regierungspraxis auch noch in starkem Maße vom Stile monarchischer Selbstherrschaft geprägt war, so hat *Friedrich II.* doch die Entwicklung des vollkommenen Gesetzesstaates durch aufgeklärte Juristen seines Vertrauens gefördert und damit eine Vorbedingung des Rechtsstaates realisiert. Die allgemeine Gerichtsordnung von 1793 und das ALR zeichnen sich durch eine große Klarheit der Regelungen aus.[301] Damit kommen sie den von *Montesquieu* formulierten Forderungen (vgl. dazu oben Rdnr. 305) schon recht nahe. Von besonderer Bedeutung war auch, dass der Machtspruch keine Zukunft mehr hatte.

**329** Der zivilrechtliche Gehalt des ALR findet auch heute noch überwiegend Anerkennung. Das ALR gilt als der erste gelungene Versuch einer Kodifikation des Privatrechts in einem deutschen Territorialstaat.[302]

Insgesamt gesehen wird man sagen können, dass im Preußen des ausgehenden 18. Jahrhunderts zwar kein Rechtsstaat entstanden ist, dass aber wesentliche Voraussetzungen geschaffen worden sind, die

---

299 A. Schwennike, JuS 1994, S. 456, 459.
300 So § 22 Einleitung ALR; dazu G. Kleinheyer, in: Der Staat, Beiheft 4, S. 7 ff.
301 D. Willoweit, in: FS Mikat, S. 455 f.
302 K. Luig, AcP 194, (1994), 521, 542.

einen Rechtsstaat vorbereiteten. Insofern hat die Conradsche Formulierung von den „rechtsstaatlichen Bestrebungen“ nach wie vor Gültigkeit.[303]

Die Begründung des modernen Rechtsstaates wird *Kant* zugeschrieben, auch wenn dieser den Begriff weder kannte noch benutzte. *Kant* entwarf aber den Typus des Rechtsstaates als einen Gesetzesstaat, in dem statt menschlicher Willkür Gesetze herrschen. Dabei stützte er sich auf den Französischen Philisophen *Jean Jacques Rousseau (1712 bis 1778)*, der ebenso auf Gesetze und den staatsbürgerlichen Gesetzgeber als Garanten der Gerechtigkeit vertraute.[304] 330

**Schrifttum:** H. Conrad, Rechtsstaatliche Bestrebungen im Absolutismus Preußens und Österreichs am Ende des 18. Jahrhunderts, 1961. Neu abgedr. in: Absolutismus; hrsg. v. W. Hubatsch, 1973, S. 309 ff. (Wege der Forschung, Bd. 314); derselbe, Das Allgemeine Landrecht von 1794 als Grundgesetz des friderizianischen Staates, 1965; derselbe, Staatsgedanke und Staatspraxis des aufgeklärten Absolutismus, Rheinisch-Westfälische Akademie der Wissenschaften – Vorträge – G 173, 1971; Conrad/Kleinheyer (Hrsg.), Vorträge über Recht und Staat von Carl Gottlieb Svarez (1746–1798), 1960; T. Finkenauer, Vom Allgemeinen Gesetzbuch zum Allgemeinen Landrecht – preußische Gesetzgebung in der Krise, ZRG Germ. Abt. 113, 1996, S. 40 ff.; R. Grawert, Die demokratische Republik – von Rousseau zu Kant, in: Der Staat 2012, S. 491 ff.; H. Hattenhauer (Hrsg.), Allgemeines Landrecht für die preußischen Staaten von 1794, 1970; G. Kleinheyer, Aspekte der Gleichheit in den Aufklärungskodifikationen und den Konstitutionen des Vormärz, in: Der Staat, Beiheft 4, 1980, S. 7 ff.; K. Luig, Das Privatrecht im „Allgemeinen Landrecht für die preußischen Staaten“ von 1794, AcP 194 (1994), 521 ff.; A. Schwennike, Zwischen Tradition und Fortschritt – Zum zweihundertsten Geburtstag des Preußischen Allgemeinen Landrechts von 1794, JuS 1994, 456 ff.; derselbe, Die Entstehung der Einleitung des Preußischen Allgemeinen Landrechts von 1794, in: IC Sonderheft 61, 1993; W. Wagner, Die Wissenschaft des gemeinen römischen Rechts und das Allgemeine Landrecht für die preußischen Staaten, in: Wiss. Kod. PR I, S. 119 ff.; D. Willoweit, War das Königreich Preußens ein Rechtsstaat?, in: FS Mikat, S. 451 ff.; T. Würtenberger, Von der Aufklärung zum Vormärz, in: HGR I § 2.

## V. Die Rechtsentwicklung in Frankreich

**1. Überblick.** Die Rechtsentwicklung in Frankreich hat das deutsche Recht auf verschiedene Art und Weise beeinflusst. Mit der Ausbreitung der napoleonischen Herrschaft am Anfang des 19. Jahrhun- 331

303 H. Conrad, Rechtsstaatliche Bestrebungen.
304 R. Grawert, in: Der Staat 2012, S. 522.

derts wurde das französische Recht in weiten Teilen Deutschlands eingeführt. In manchen deutschen Gebieten galt es auch nach dem Ende der französischen Herrschaft fort. Auf diese Weise konnte es lebendig bleiben und die geistigen Grundlagen der modernen deutschen Rechtsordnung in viel stärkerem Maße mitformen, als es eine lediglich theoretische Beschäftigung der Rechtswissenschaft mit dem französischen Recht jemals vermocht hätte.[305].

332 Zutreffend ist gelegentlich darauf hingewiesen worden, dass das Verhältnis von Gesellschaft, Staat und Recht sich konkret kaum deutlicher verfolgen lässt als in jenem Phänomen, das man gemeinhin als Rezeption ausländischen Rechts bezeichnet.[306] Die Rezeption fremden Rechts, die durch politische Umstände herbeigeführt wird, wie dies bei der Einführung des französischen Rechts in Deutschland jedenfalls teilweise der Fall war, ist in der Regel problematisch, insbesondere dann, wenn der Rezeptionsvorgang als solcher vom Volk als Politikum erkannt wird. Es war ein Franzose, nämlich *Montesquieu* (zudiesem siehe oben Rdnr. 305), der einer kritischen oder gar prinzipiell ablehnenden Einstellung zur Rezeption des Rechts theoretisch den Boden bereitete, indem er u. a. forderte, Gesetze müssten den nationalen Eigenarten des Volkes, für das sie gemacht würden, entsprechen. Montesquieu vertrat sogar die Auffassung, es sei ein sehr großer Zufall, wenn das positive Recht einer Nation sich zugleich für eine andere eigne.[307] Den Nationalisten gilt eine Rezeption häufig als Verrat am eigenen Volk. Das galt in der Vergangenheit in gesteigertem Maße stets dann, wenn fremdes Recht in Gestalt von Besatzungsrecht eingeführt wurde, das auch noch nach dem Abzug der Besatzungstruppen ganz oder teilweise Bestandteil der Rechtsordnung blieb.

333 **2. Die Rechtsentwicklung vor der Revolution.** Im Gegensatz zum deutschen König hatte der französische König eine zentrale Gesetzgebungsgewalt. Dennoch kam es in Frankreich ähnlich wie in Deutschland zu einer großen Rechtszersplitterung. Erst die Revolution von 1789 und die Kodifikationen *Napoleons* konnten diese Rechtszersplitterung schließlich erfolgreich überwinden.

Von Südfrankreich her hatte sich das römische Recht nach Norden hin verbreitet. Als Ius commune errang es Autorität in ganz Frank-

---

305 W. Schubert, ZRG Germ. Abt. 94, 1977, S. 129 ff.
306 W. Wilhelm, in: IC V, S. 122.
307 W. Wilhelm, in: IC V, S. 122 ff.

reich und spielte auch in der Rechtspraxis eine bedeutende Rolle.[308] Die *französische humanistische Jurisprudenz*, repräsentiert von den Juristen an den Universitäten *Montpellier* und *Orléans*, den eigentlichen Zentren römisch-rechtlicher Studien, lösten sich vom *Mos italicus* und setzten diesem ein *Mos gallicus* entgegen. Sie bemühte sich, das von Textveränderungen gereinigte klassische römische Recht wieder zugänglich zu machen. Dadurch machten sie sich um eine Überwindung der strengen Bindung an die festgeschriebenen Texte verdient (siehe oben Rdnr. 236).

Schon vor der französischen Revolution hatten die königliche Gesetzgebung und die Rechtswissenschaft die Voraussetzungen für die Herstellung der Rechtseinheit in Frankreich geschaffen. Zurzeit des Ancien régime war die *Ordonnance des Königs* in Frankreich das Instrument der nationalen Gesetzgebung. Ordonnance bezeichnete im ursprünglichen Sinne jeden Gesetzgebungsakt, der vom König ausging. In ihrer frühen Erscheinungsform war es die *Ordonnance de réformation*, deren Tradition in das 14. Jahrhundert zurückreicht und die der Reform der öffentlichen Verhältnisse dergestalt diente, dass sie in der Regel eine große Zahl von Einzelbestimmungen aus den verschiedensten Bereichen des „öffentlichen Rechts", gelegentlich aber auch des Privatrechts, in sich vereinigte.[309] **334**

Ziel der Rechtsetzung durch Ordonnances war eine nationale Rechtsordnung auf der Basis der *Coutumes.* Letztere waren Rechtsgewohnheiten, also Gewohnheitsrechte, in welche Rechtssätze des gelehrten Rechts im Zuge der Rezeption übernommen worden waren.[310] Bei den Vorarbeiten an einem *„droit commun francais"* als Produkt eines nationalen Gewohnheitsrechts verlor das römisch-kanonische Recht allerdings an Bedeutung.[311] **335**

Die Ordonnance war zunächst die gesetzlich fixierte Zusammenfassung der von den Ständen – anlässlich von Versammlungen der Generalstände oder Notabeln – aufgezeichneten und vom König gebilligten Einzelregelungen.[312] Einen neuen Typ stellten die unter dem König *Ludwig XIV. (1643–1715)* geschaffenen sog. *Grandes Ordonnances* dar, die im Gegensatz zu den früheren Ordonnances jeweils eine vollständige und abschließende Regelung eines gesamten Rechts- **336**

308 H. Schlosser, Neuere Europäische Rechtsgeschichte, S. 215.
309 W. Wilhelm, in: IC I, S. 241.
310 H. Schlosser, Neuere Europäische Rechtsgeschichte, S. 214 f.
311 H. Schlosser, Neuere Europäische Rechtsgeschichte, S. 216.
312 W. Wilhelm, in: IC I, S. 243.

gebietes in methodischer Ordnung beinhalteten. Sie werden deshalb überwiegend als Kodifikationen bezeichnet.[313] Die Grandes Ordonnances enthielten, wenn man von der *Ordonnance du commerce* (1673) einmal absieht, zunächst vor allem „öffentliches Recht" einschließlich Verfahrensrecht.

337 **3. Die nach der Revolution entstandenen Kodifikationen. a) Das Zivilrecht.** Mit der Revolution wurde die alte Rechts- und Sozialverfassung Frankreichs beseitigt. Dadurch wurden die letzten Hindernisse, die der Herstellung einer neuen Rechtsordnung noch entgegengestanden hatten, beiseite geräumt.

Die Vereinheitlichung des Rechts war eines der vielen Ziele der Revolution. Deshalb wurde auch das Projekt einer Kodifikation des Privatrechts sofort aufgegriffen und in das offizielle Programm der gesellschaftlichen Erneuerung aufgenommen. Nunmehr wurde ein allgemeines, für jeden Franzosen gleichermaßen geltendes Privatrecht als der legitime Anspruch eines Volkes anerkannt, das sich aller ständischen und provinziellen Privilegien entledigt hatte und sich zu einer staatlich geeinten Nation freier und gleichberechtigter Bürger bekannte.[314] Noch heute wird der *Code civil von 1804* gelegentlich als die wahre zivile Verfassung Frankreichs bezeichnet.[315]

338 Die Anordnung, ein Zivilgesetzbuch zu schaffen, wurde in die französische Verfassung vom 3. September 1791 aufgenommen. Die Realisierung dieser Forderung, die Fertigstellung des Gesetzbuches, erwies sich allerdings als eine sehr schwierige Aufgabe. Erst 1804 konnte der *Code civil*, auch unter der Bezeichnung *Code Napoléon* bekannt, verkündet werden. In ihm waren zwar grundlegende Erneuerungen der französischen Revolution enthalten; er berücksichtigte jedoch ebenfalls weitgehend das französische *Gewohnheitsrecht (Coutumes)*.

339 Schon in der Einteilung des Code civil in drei Bücher, nämlich I. von den Personen, II. von den Sachen und den verschiedenen Beschränkungen des Eigentums, III. von den verschiedenen Arten, das Eigentum zu erwerben, hat man die zivilrechtliche Verwirklichung der drei Grundprinzipien der Freiheit sehen wollen: Freiheit der Person, Freiheit des Eigentums und Freiheit des Rechtsverkehrs. Im Gegensatz zum *Allgemeinen Landrecht für die preußischen Staaten von*

313 W. Wilhelm, in: IC I, S. 243 und 248 mit Nachw.
314 W. Wilhelm, in: IC I, S. 263.
315 F. Ranieri, in: 200 Jahre Code civil, S. 85.

*1794* brach der *Code civil* mit der feudalständischen Ordnung. Die neuen Grundsätze von Freiheit und Gleichheit waren anerkannt. *Eigentum* und *Privatautonomie* werden als die tragenden Ideen des *Code civil* angesehen.[316] Wegen der Einflüsse des Ius commune, der Aufklärung und des Naturrechts kann man den Code civil als ein europäisches Gesetzbuch, ein europäisches Werk bezeichnen.[317]

Die bisher maßgebliche feudalistisch beschränkte Eigentumsordnung mit Ober- und Untereigentum und den sich daraus ergebenden Gebundenheiten wurde mit dem Code civil abgeschafft. Das Eigentum war nunmehr ein freies Herrschaftsrecht an Sachen und vermögenswerten Gütern; es entsprach in dieser Gestalt dem in der Verfassung gesicherten Eigentum als Menschenrecht, d. h. der rechtlichen Herrschaft über Vermögenswerte zur freien Entfaltung der Persönlichkeit. Man hat davon gesprochen, der „Geist der Freiheit durchwehe" das Zivilgesetzbuch auch in seinen anderen Teilen wie z. B. im Obligationenrecht, im Erbrecht und selbst im Eherecht.[318] Bei der Regelung des Verhältnisses der Ehegatten zueinander hielt der Gesetzgeber allerdings an der überlieferten Rechtsauffassung fest und unterwarf die Frau dem Schutz und der Gewalt des Mannes, ohne dessen Mitwirkung sie auch über ihr Vermögen nicht verfügen konnte.

Dass der *Code civil* über Deutschland hinaus für viele Staaten Mo- 340
dellcharakter erlangt hat, wird u. a. damit erklärt, dass dieses Gesetzbuch überwiegend nicht als Revolutionswerk angesehen worden ist, sondern als das Ergebnis einer fortschreitenden Rechtsentwicklung, die sich neuen Bedürfnissen und den gesellschaftlichen Bedingungen angepasst hatte.[319] Zu beachten ist, dass nicht nur die Normen des Code civil, sondern auch das französische Rechtsschrifttum und die französische Rechtsprechung Gegenstand einer systematischen Rechtsrezeption in weiten Teilen Europas geworden sind.[320] An vielen deutschen Rechtsfakultäten wurde sowohl vor als auch nach 1814 französisches Recht gelehrt.[321] Der *Code civil* hat die Entwicklung des Rechts während des 19. und 20. Jahrhunderts nicht nur in weiten Teilen Europas, sondern auch in Asien geprägt, wie z. B. in Japan und Vietnam.

1807 wurde der *Code de commerce* als Handelsgesetzbuch einge- 341
führt, von dem eine ähnliche Ausstrahlungskraft auf andere Länder ausging wie vom *Code civil.* In Deutschland wurde der *Code de com-*

316 A. Bürge, S. 3ff.
317 R. Schulze, in: Französ. Zivilrecht in Europa, S. 23 u. 33.
318 H. Conrad, in: Recht und Rechtspflege in den Rheinlanden, S. 81.
319 T. Gergen, ZRG Germ Abt. 124, 2007, 311, 316f.
320 F. Ranieri, in: 200 Jahre Code civil, S. 85, 91.
321 H.-P. Haferkamp, in: 200 Jahre Code civil, S, 47ff.

*merce* zum Vorbild für den Entwurf eines *„Allgemeinen Deutschen Handelsgesetzbuches" (ADHGB)* von 1861, das bis 1866 in den Einzelstaaten des Deutschen Bundes eingeführt wurde. Nach 1871 übernahm das Deutsche Reich das ADHGB als Reichsgesetz (HGB).

342 **b) Strafrecht und Strafverfahren.** In der Strafrechtsgesetzgebung fanden tragende auf aufklärerischen Postulaten beruhende Prinzipien zum ersten Mal Eingang in den *Code pénal* von 1810. Dazu gehörten u. a. die Gleichheit aller vor dem Gesetz, der Verhältnismäßigkeitsgrundsatz, der Grundsatz *nullum crimen, nulla poena sine lege* und der Grundsatz einer humanen Strafgesetzgebung.

In Anlehnung an den italienischen Juristen *Cesare Beccaria (1738 bis 1794)* und *Montesquieu* baute der *Code pénal* von 1791, einem Vorgänger des Gesetzbuches von 1810, auf den Abschreckungsgedanken, berücksichtigte aber auch schon den Besserungs- und Nützlichkeitsgedanken.[322].

343 1811 traten das napoleonische Gesetz über das Strafverfahren und das neue materielle Strafrecht, der 1810 geschaffene *Code pénal*, in Kraft. Die Strafprozessordnung behielt die Errungenschaften der Revolution im Wesentlichen bei, so u. a. die Grundsätze der Öffentlichkeit und Mündlichkeit des Verfahrens, den Anklagegrundsatz, die freie Verteidigung und die Schwurgerichte. Der Grundsatz „nullum crimen, nulla poena sine lege" wurde wie schon im *Code pénal von 1791* anerkannt. In Artikel 4 heißt es: „Keine Übertretung, kein Vergehen, kein Verbrechen kann mit einer Strafe belegt werden, die nicht durch das Gesetz vor Begehung der Tat angedroht war". Damit wurde in den *Code pénal* ein Grundsatz aufgenommen, der schon in der Proklamation der Menschen- und Bürgerrechte von 1789 enthalten war, wo es hieß: „Niemand kann bestraft werden als auf Grund eines rechtmäßig angewandten Gesetzes, das vor Begehung der Tat zustande gekommen und verkündet worden ist."

Die kriminalpolitische Konzeption des *Code pénal von 1810* wurde vom reinen Nützlichkeitsprinzip geprägt. Der Person des Täters wurde nur wenig Bedeutung zugemessen; als Individuum wurde er kaum wahrgenommen.[323]

Der *Code pénal von 1810* hat die deutsche Partikularstrafgesetzgebung stark beeinflusst. Das gilt sowohl für das bayerische Strafgesetzbuch von 1813 als auch für das preußische von 1851. Über letzteres hat der *Code pénal*

322 C. Brandt, S. 26 ff.
323 C. Brandt, S. 104.

auch auf das Reichstrafgesetzbuch von 1871 eingewirkt. Das gilt insbesondere für die Versuchs-, Notwehr- und Rückfallproblematik.[324]

**Schrifttum:** A. Bürge, Das französische Privatrecht im 19. Jahrhundert, 2. Aufl., 1995; C. Brandt, Die Entstehung des Code pénal von 1810 und sein Einfluss auf die Strafgesetzgebung der deutschen Partikularstaaten des 19. Jahrhunderts am Beispiel Bayerns und Preußens, 2002; H. Conrad, Preußen und das französische Recht in den Rheinlanden, in: Recht und Rechtspflege in den Rheinlanden, 1969, S. 78 ff.; T. Gergen, ZRG Germ Abt. 124, 2007, 311, 316 f.; H.-P. Haferkamp, Die Lehre des französischen Rechts an Deutschen Fakultäten im 19. Jahrhundert, in: W. Schubert/M. Schmoeckel (Hrsg.), 200 Jahre Code civil. Die napoleonische Kodifikation in Deutschland und Europa, 2005, S. 47 ff.; L. Pfister, Zweihundertjähriges Jubiläum des Code civil, ZNR 2011, 241 ff.; F. Ranieri; 200 Jahre Code civil, in: W. Schubert/M. Schmoeckel (Hrsg.), 200 Jahre Code civil. Die napoleonische Kodifikation in Deutschland und Europa, 2005, S. 85 ff.; W. Schubert, Das französische Recht in Deutschland zu Beginn der Restaurationszeit (1814–1820), ZRG Germ. Abt. 94, 1977, S. 129 ff.; R. Schulze, Französisches Recht und Europäische Rechtsgeschichte im 19. Jahrhundert, in: R. Schulze (Hrsg.), Französisches Zivilrecht in Europa während des 19. Jahrhunderts, 1994, S. 34 ff.; W. Wilhelm, Gesetzgebung und Kodifikation in Frankreich im 17. und 18. Jahrhundert, in: IC I, 1967, S. 241 ff.; derselbe, Bemerkungen zur Rezeption ausländischen Rechts, in: IC V, 1975, S. 122.

## § 8. Die Entwicklung von Staats- und Völkerrecht

### I. Das Staatsrecht

Die heutige mehr oder weniger strikte Unterscheidung zwischen öffentlichem Recht und Privatrecht war im mittelalterlichen Deutschland unbekannt, zumal auch die aus Oberitalien übernommene Rechtswissenschaft eine eigene Disziplin des Ius publicum nicht kannte.[325] 344

Das römische Recht unterschied zwar schon zwischen Privatrecht und öffentlichem Recht (Ius publicum), aber die Vorstellung von einer selbständigen Disziplin des öffentlichen Rechts konnte sich im Mittelalter nicht durchsetzen. Im 16. Jahrhundert trennte der französische Jurist und Dogmatiker *Hugo* Donellus (1527 bis 1591), der an den Universitäten Heidelberg, Leiden und Altdorf lehrte, stärker als bisher öffentlichrechtliche und zivilrechtliche Materien, behandelte

324 C. Brandt, S. 485.
325 R. Hoke, in: Der Staat, 1976, S. 211 ff.

das öffentliche Recht aber nur als unbedeutenden Annex des Zivilrechts, weil das seinem Befund der Quellen des römischen Rechts entsprach.[326]

Bis zum Ende des 16. Jahrhunderts haben gelegentlich Juristen reichsverfassungsrechtliche Fragen erörtert. Zu diesen Autoren dürften u. a. zu zählen sein: *Manegold von Lautenbach (gestorben nach 1103)* mit seinen Schriften über die Volkssouveränität, *Lupold von Bebenburg. (um 1297 bis 1363)* mit seiner Schrift „De juribus regni et imperii Romanorum“, *Wilhelm von Ockham (um 1288 bis 1347)* mit seiner Schrift „Octo quaestiones super potestate ac dignitate papali“. Die beiden letztgenannten Autoren beschäftigten sich vorwiegend mit dem Verhältnis von geistlicher und weltlicher Macht zueinander.

**345** Im Mittelalter und in der frühen Neuzeit überwog noch die Auffassung, dass das Staatsrecht nicht Sache der Jurisprudenz sei. Die Ansichten darüber änderten sich mit der Wende des 16. zum 17. Jahrhundert, als die überkommene Ordnung des Heiligen Römischen Reiches Deutscher Nation durch die Reformation und ihre Folgen ins Wanken geraten war. Nachdem der konfessionelle Gegensatz, in dem sich nun viele Reichsstände zum Kaiser befanden, die Autorität des Reichsoberhauptes erschüttert hatte, fühlte sich die Rechtswissenschaft nicht mehr daran gehindert, die Kompetenzen auch des Reichsoberhauptes in Frage zu stellen.

**346** *M. Stolleis*[327] bezeichnet die Entstehung des öffentlichen Rechts als Antwort auf die Krisen der frühen Neuzeit. Er meint damit die tiefgreifenden Religionskonflikte (vgl. dazu oben Rdnr. 108 ff.), deren Folgen durch den Religionsfrieden von 1555 und den Westfälischen Frieden von 1648 verfassungsrechtlich geregelt und auf diese Weise erträglicher gestaltet worden sind. Vor allem die Protestanten erhofften sich von einem neuen Ius publicum Unterstützung bei der Abwehr der fast überall einsetzenden Rekatholisierung; jedenfalls erwarteten sie eine konfessionelle Neutralisierung der tragenden Elemente der Reichsverfassung.[328] Die Angehörigen der Konfessionsparteien hatten ein Interesse an öffentlicher Darlegung und Rechtfertigung ihrer Standpunkte.[329] Schließlich wurden vor dem *Reichskammergericht* Religionsprozesse geführt, die die Fortbildung der Reichsverfassung beeinflusst haben. Damit waren grundsätzliche Fragen des Reichsver-

326 M. Stolleis, Geschichte I, S. 75.
327 Geschichte I, S. 394.
328 M. Stolleis, Geschichte I, S. 399.
329 M. Stolleis, Geschichte I, S. 127.

fassungsrechts aufgeworfen, die die Rechtswissenschaft zu einer Stellungnahme drängten und zu einer Beschäftigung mit der staatsrechtlichen Materie zwangen.[330]

In dieser Zeit entstand eine deutsche *Staatsrechtswissenschaft*, deren Repräsentanten, u. a. *Dominicus Arumäus (1579 bis 1635), Johannes Limnäus (1592 bis 1665)* und *Dietrich Reinkingk (1590 bis 1664)*, sich in erster Linie mit der Stellung des Kaisers, seinen Rechten und Pflichten, den Reichsständen und dem Reichstag beschäftigten, wobei der Frage nach der Vormachtstellung des Kaisers im Zusammenhang mit der Herausbildung von Territorialgewalten besondere Aufmerksamkeit gewidmet wurde. Gerade das komplizierte Verhältnis zwischen dem Kaiser und dem Reich auf der einen und den Territorialstaaten auf der anderen Seite, die sog. Doppelung der Staatsmacht im Reich (vgl. dazu oben Rdnr. 69.), war war häufig Gegenstand der Diskussion in der staatsrechtlichen Literatur. 347

Anknüpfungspunkte für wichtige staatsrechtliche Aussagen und Erläuterungen bildeten vor allem die *Goldene Bulle von 1356* und die *kaiserlichen Wahlkapitulationen.* Neben diesen beiden *Reichsgrundgesetzen* beruhte die Verfassung des Reiches später vor allem noch auf dem *Westfälischen Frieden von 1648*, dem *Jüngsten Reichsabschied von 1654* und dem „Reichsherkommen". Nachdem auch in der Lehre an den Universitäten seit der Wende des 16. zum 17. Jahrhundert das Staatsrecht neben den alten Rechtsfächern als eigene juristische Disziplin verselbstständigt worden war, kann man von einer „Emanzipation der Staatsrechtswissenschaft" von der Zivilistik sprechen.[331] 348

Etwa ab 1600 veränderten sich die Form und die Handhabung der Macht. Die Beziehungen zwischen Herrschenden und Beherrschten wandelten sich grundlegend, denn die Beherrschten wurden zu Untertanen; Sonderrechte und -freiheiten wurden beseitigt. Es bildeten sich neue Führungsschichten, welche die Rationalität des modernen Staates umsetzten, mit der die bis dahin vorhandenen vielfältigen Rechtskreise und Privilegien nicht vereinbar waren.[332] Als in der Mitte des 18. Jahrhunderts in der deutschen Rechtswissenschaft eine grundlegende Wende eintrat, war dies auch im Staatsrecht erkennbar. Nach *Svarez (1746 bis 1798)* hat die Wissenschaft vom Allgemeinen Staatsrecht u. a. die Aufgabe, herauszufinden, „zu welchem Zweck 349

330 R. Hoke, in: Der Staat, 1976, S. 215.
331 R. Hoke, in: Der Staat, 1976, S. 229 f.
332 M. Stolleis, Geschichte I, S. 403.

die Menschen mit Aufopferung ihrer natürlichen Freiheit sich in Staaten begeben und der Obergewalt eines andern unterworfen haben, endlich aber aus diesem Zweck die Verhältnisse zwischen Regenten und Untertanen nebst ihren gegenseitigen Rechten und Pflichten zu entwickeln".[333] Hier wird also die „natürliche Freiheit" des Menschen betont, die das Staatsrecht nun für das Leben der Bürger im Staat aktualisiert.

**Schrifttum:** Conrad/Kleinheyer (Hrsg.), Vorträge über Recht und Staat von Carl Gottlieb Svarez (1746–1798), 1960; R. Hoke, Die Emanzipation der deutschen Staatsrechtswissenschaft von der Zivilistik im 17. Jahrhundert, in: Der Staat, 1976, S. 211 ff.; M. Stolleis, Geschichte des öffentlichen Rechts in Deutschland, Bd. 1, 1988, S. 63 ff.

## II. Das Völkerrecht

**350** Es wird die These vertreten, dass ein „europäisches Völkerrecht" existiere, dessen Entwicklung in einer nicht unterbrochenen historischen Kontinuität von der Welt der griechischen Polis bis in die heutige Zeit reiche.[334] Unter Völkerrecht wird dabei der von *Hugo Grotius (1583 bis 1645)* herausgearbeitete Begriff verstanden, nämlich *Völkerrecht* als der Inbegriff der Rechtssätze und Rechtsbeziehungen, die den Verkehr zwischen souveränen Staaten oder Staatenverbindungen regeln. Zu den wichtigen Materien des Völkerrechts gehören u. a. das Bündnisrecht, das Gesandtschaftsrecht und das Ius belli ac pacis.

**351** Für die Jahrhunderte der Übergangszeit zwischen Antike und Mittelalter lassen sich zwar eine Reihe von typischen völkerrechtlichen Institutionen und Beziehungen zwischen einer Vielzahl faktisch unabhängiger politischer Gewalten nachweisen, jedoch keine zusammenhängende Völkerrechtsordnung.[335] Inzwischen hat sich die Erkenntnis durchgesetzt, dass die historischen Ursprünge des heutigen Völkerrechts im späteren Mittelalter liegen, welches Linien aufweist, die direkt in das Altertum zurückführen. Auf diese Weise ist zu erklären, dass es auf dem Gebiete des internationalen Rechts viele römisch-rechtliche Komponenten gegeben hat, die sich, in den ersten Jahrhunderten der Neuzeit noch verstärkt, bis in unsere Tage fortgesetzt haben.[336]

---

333 Zitiert nach Conrad/Kleinheyer, Vorträge, S. 454.
334 K.-H. Ziegler, in: IC IV, S. 1.
335 W. G. Grewe, S. 30.
336 K.-H. Ziegler, in: IC IV, S. 1 ff. und W. G. Grewe, S. 30 ff.

Mit dem Begriff *Ius gentium*, der erstmals bei dem römischen Staatsmann *Marcus Tullius Cicero (106 v. Chr. Bis 43 v. Chr.)* nachweisbar ist, wurden bereits in Rom die Rechtsbeziehungen zwischen staatlichen Gemeinschaften belegt, so z. B. im Zusammenhang mit dem Gesandtschaftsrecht.[337] Für die Entwicklung des Völkerrechts im hohen und späten Mittelalter wurde die *Justinianische Kompilation* in ihrer in Oberitalien um- und weitergebildeten Form maßgeblich. Auch das *Corpus iuris canonici* hat die Entwicklung des Völkerrechts beeinflusst.[338] Schon das *Decretum Gratiani* (siehe dazu oben Rdnr. 186 f. u. 196 f.) enthielt eine Definition des *Ius gentium*. 352

Die Justinianische Kompilation weist auch im *Privatrecht* eine Fülle begrifflicher Ansatzpunkte für die Lösung der Probleme aus, die sich im Bereich des Staats- und Völkerrechts für die Juristen des späten Mittelalters und der Neuzeit stellten. So entnahmen z. B. die jeweiligen Parteien im Streit zwischen nationalen Herrschern und de iure abhängigen Gemeinwesen der Justinianischen Kompilation Argumente für ihre entgegengesetzten Standpunkte. Insbesondere die italienischen Kommunen des Mittelalters bedienten sich der *Digesten* für die Lösung der juristischen Probleme der Zeit. Das zeigt, dass die *Digesten* für die Ausbildung des neuzeitlichen Völkerrechts wichtige Rechtssätze bereit hielten.[339] Diese Entwicklung setzte sich fort, als im 14. Jahrhundert ein an praktischen Bedürfnissen orientiertes völkerrechtliches Schrifttum entstand, in welchem es die Kommentatoren verstanden, überlieferte römische Rechtsquellen in weitem Umfange auch für das Völkerrecht fruchtbar zu machen.[340] 353

*Hugo Grotius*, der in erster Linie wegen seines 1625 veröffentlichten Hauptwerkes „De iure belli ac pacis" – ein Titel, der eine Wendung *Ciceros* wiedergibt – über Jahrhunderte als „Vater des Völkerrechts" bezeichnet worden ist, vereinigt in seinem Werk die Traditionen der kirchlichen und weltlichen Völkerrechtslehre des Mittelalters. Das wird schon daran deutlich, dass *Grotius* die von den Humanisten erschlossene Fülle der antiken Literatur, namentlich die Zeugnisse antiker Historiker, und die Bibel als Erkenntnisquellen und Stoffsammlungen ersten Ranges anerkannte.[341] Bei *Grotius* wird erkennbar, was sich für den heutigen Leser in späteren systematischen Werken der Naturrechtsschule nicht ohne weiteres erschließt: Vieles, was neu scheint, ist in Wirklichkeit nur zutage gebrachte Überlieferung. Die Bedeutung Grotius' 354

337 Dulckeit-Schwarz-Waldstein, § 21 und § 22 III.
338 K.-H. Ziegler, in: IC IV, S. 4 f.
339 K.-H. Ziegler, in: IC IV, S. 8 f.
340 K.-H. Ziegler, in: IC IV, S. 17 f.
341 K.-H. Ziegler, in: IC IV, S. 24 f.

für das Völkerrecht besteht vor allem in seiner umfassenden systematischen Darstellung des Stoffes.[342]

**Schrifttum:** Dulckeit-Schwarz-Waldstein, Römische Rechtsgeschichte, 10. Aufl. 2005, §§ 21 u. 22; W. G. Grewe, Epochen der Völkerrechtsgeschichte, 2. Aufl. 1988; K.-H. Ziegler, Die römischen Grundlagen des europäischen Völkerrechts, in: IC IV, 1973, S. 1 ff.; derselbe, Zur Einführung: Völkerrechtsgeschichte, JuS 1987, 350 ff.; derselbe, Völkerrechtsgeschichte, 2. Aufl. 2007.

## § 9. Wandlungen des Privatrechts bis zum Ende des alten Reiches (1806)

### I. Das mittelalterlich Privatrecht

355 **1. Überblick.** Dass es im Mittelalter ein gemeindeutsches, d. h. in ganz Deutschland geltendes einheitliches Recht unter Einschluss eines einheitlichen Privatrechts gegeben hat, ist eher unwahrscheinlich.[343] Bisher erfasste und ausgewertete Quellen enthalten lediglich Hinweise auf lokale oder bestenfalls regionale Rechte. Man kann aber wohl davon ausgehen, dass im Mittelalter ein Privatrecht existiert hat, dem gemeinsame Prinzipien zugrundelagen.

Eine Unterscheidung zwischen bürgerlichem Recht einerseits und Handelsrecht andererseits ist für das mittelalterliche Deutschland bislang nicht hinreichend belegt. Handelsrechtliche Regelungen finden sich vor allem in den Aufzeichnungen des städtischen Rechts (in den Stadtrechtsbüchern), das insgesamt durch das Recht der Kaufleute – das man auch als kaufmännisches Stadtrecht bezeichnet hat – geprägt wird.[344]

356 Dass die Rezeption des römischen und kanonischen Rechts jedenfalls das spätmittelalterliche Privatrecht beeinflusst hat, zeigen sowohl der *Sachsenspiegel* als auch der später entstandene *Klagspiegel* (siehe dazu oben Rdnr. 158 ff. und 230 ff.).

357 Dass kirchliche Gebote und Verbote und damit das *kanonische Recht* im Mittelalter das Privatrecht beeinflusst haben, lässt sich anhand des kirchlichen Zinsverbots und der Wucherlehre belegen. Schon das *Decretum Gratiani* verbot in scharfer Form den Wucher. Das daraus abgeleitete Zinsverbot wurde allerdings erst im Spätmittelalter auf Laien und damit auf den weltlichen Be-

342 K.-H. Ziegler, JuS 1987, S. 350 ff.
343 G. Gudian, in: IC II, S. 33 ff mit Nachw.; W. Leiser, ZRG Germ. Abt. 93, 1976, S. 8.
344 E. Heymann, S. 86, 94.

reich ausgedehnt.[345] Wegen dieser Verbote wurden die wirtschaftlich Handelnden zu immer neuen Auswegen und Umgehungsgeschäften nötigten, um die Folgen des Wucherverbotes für die wirtschaftliche Entfaltung zu vermeiden.[346]

**2. Die Rechtsfähigkeit.** Nach heutiger Auffassung bedeutet Rechtsfähigkeit die Fähigkeit einer Person, Träger von Rechten und Pflichten sein zu können; sie versetzt eine Person in die Lage, *Rechtssubjekt* zu sein und als solches am Rechtsverkehr teilnehmen zu können. Nach dem heute das deutsche Zivilrecht beherrschenden Grundsatz der formalen Gleichbehandlung aller Staatsbürger steht die Rechtsfähigkeit allen Menschen in gleicher Weise zu. Das bedeutet u. a., dass die Rechtsfähigkeit den Menschen unabhängig von Geschlecht, Abstammung, Rasse, Alter, Beruf, Einkommensverhältnissen, Religion oder politischen Überzeugungen zusteht. 358

Dieser mit dem Grundsatz der formalen Gleichbehandlung verknüpfte Begriff der Rechtsfähigkeit musste dem mittelalterlichen Rechtsdenken völlig fremd sein. Die mittelalterliche deutsche Gesellschaft dachte und handelte in der ständischen Gliederung des Volkes (vgl. oben Rdnr. 33 ff. ). Die rechtliche Stellung eines Menschen war in die ständische Gliederung der Gemeinschaft eingeordnet. Diese Denkweise beeinflusste auch unmittelbar das Privatrecht. Deshalb konnte der Adelige privatrechtlich anders gestellt sein als der Bürger oder der Bauer. Dazu kam noch die Unfreiheit, von der viele Bauern betroffen waren, was u. a. auch unter privatrechtlichen Aspekten zur Vermögensunfähigkeit der unfreien (leibeigenen) Bauern führte. Außerdem wurden Juden und Fremde nicht als gleichwertige Mitglieder der Rechtsgemeinschaft anerkannt. 359

Wenn auch die Scholastik im Anschluss an die antike Philosophie die Unfreiheit als gott- und naturgegeben hingenommen hat, so hat es doch auch schon im Mittelalter nicht an kritischen Stimmen gefehlt, die in der Ungleichbehandlung der Menschen einen Widerspruch zur christlichen Lehre erkannten. So wird z. B. im *Sachsenspiegel* behauptet, die Entstehung der Unfreiheit sei auf unrechtmäßige Gewalt zurückzuführen, denn vor Gott seien alle Menschen gleich.[347]

**3. Das Schuldrecht.** Die Entwicklung von Handel und Verkehr im *fränkischen Reich* begünstigte die Ausbildung eines Schuldrechts.[348] 360

345 U. Eisenhardt, in: FS Jan Schröder, S. 289, 292 f. mit Nachw.
346 B Diestelkamp, in: Beitr. z. Rechtsgesch., S. 47 ff.
347 Landrecht III 42, §§ 3, 6.
348 H. Conrad, Bd. I, S. 163.

Eine *Schuld* konnte zunächst durch *Missetat* oder *Schuldvertrag* entstehen.

Unter *Missetat* wurde eine rechtswidrige Handlung verstanden, durch die ein schadenbringender Erfolg eintrat. Der Schädiger musste Ersatz in Gestalt einer *Buße* leisten, ohne dass die Frage des Verschuldens geprüft wurde[349] Die Buße diente zwar als Schadensersatz, war in der Regel aber höher als der Schaden, der dem Geschädigten wirklich entstanden war, denn die Buße trug auch strafrechtlichen Charakter; insofern kann sie als *Privatstrafe* bezeichnet werden.[350]

**361** Der *Schuldvertrag* begründete in der fränkischen Zeit eine Schuld durch ein *Versprechen.* Eine Art des Schuldvertrages war der *Formalvertrag,* der ein Treuegelöbnis, ein rechtsförmliches Versprechen des Schuldners, die Schuld zu erfüllen, sein konnte.[351] Das *Treuegelöbnis* (fides facta) konnte eine Verbürgung für eigene wie für fremde Schuld sein.[352] Formalverträge dieser Art dürfen allerdings nicht ohne weiteres gleichgesetzt werden mit heutigen schuldrechtlichen Verträgen. Erfüllte der Schuldner einen Schuldvertrag nicht, so wurde darin eine rechtswidrige Handlung des Schuldners gesehen, die zu strafrechtlichen Konsequenzen führte. Überhaupt galt dem frühen Mittelalter jedes eine Klage begründende Verhalten als Unrecht (Delikt).[353]

Im Verlaufe des Mittelalters wurde das Schuldrecht durch die stärkere Entwicklung von Handel und Verkehr weiterentwickelt und z. T. umgestaltet.

**362** Die *unerlaubte Handlung* wurde zu einem eine Schadensersatzpflicht begründenden *privatrechtlichen Tatbestand,* der vom strafrechtlichen Bereich getrennt war. Der *Schadensersatz* trat an die Stelle von Privatstrafen und Bußen.[354] Bis in das Spätmittelalter hinein lässt sich aber nachweisen, dass an manchen Orten Klagen auf Schadensersatz *Deliktsklagen* mit Schadensformeln waren, mit denen der Kläger seinen wirklichen Schaden oder auch eine diesen übersteigende Buße geltend machen konnte.[355] Allerdings trat jetzt eine Schadensersatzpflicht nur ein, wenn der Schadensverursacher *schuldhaft* gehandelt hatte.

349 H. Conrad, Bd. I, S. 163.
350 G. Gudian, ZRG Germ. Abt. 90, 1973, S. 121.
351 H. Conrad, Bd. I, S. 164.
352 H. R. Hagemann, ZRG Germ. Abt. 83, 1966, S. 3.
353 G. Gudian, ZRG Germ. Abt. 90, 1973, S. 121.
354 H. Conrad, Bd. I, S. 425.
355 G. Gudian, ZRG Germ. Abt. 83, 1966, S. 147.

Für die Begründung eines *Schuldvertrages* bedurfte es nun nicht mehr des Abschlusses eines Formalvertrages. Es genügte vielmehr ein offenkundig abgegebenes *Schuldversprechen*, das zusätzlich von gewissen Formen, wie z. B. dem Handschlag, begleitet sein konnte. Damit gewann zunehmend der *Konsensualvertrag* an Bedeutung, der sich mit dem in Deutschland rezipierten römischen und kanonischen Recht durchsetzte.[356]

Die Auffassung, dass auch formlos abgeschlossene Verträge ein- 363
klagbare Forderungsrechte verliehen, geht stärker auf kanonisches Rechtsdenken denn auf römisch-rechtliche Vorstellungen zurück. Dem kanonischen Recht lag die Auffassung zugrunde, dass man aus der moralischen Forderung, ein gegebenes Versprechen sei zu halten, auch juristische Konsequenzen ziehen müsse. Die Kanonisten erklärten deshalb auch die Forderungen aus formlosen Verträgen für einklagbar.[357]

Das mittelalterliche Privatrecht kannte eine Reihe von Verträgen, die ihrem Typ nach wichtigen der heute im BGB geregelten Verträge entsprechen. Dazu gehören Kauf, Tausch, Miete, Pacht, Darlehen, Dienstvertrag und Werkvertrag.

Mit der zunehmenden Verbreitung der Geldwirtschaft verlor der *Tausch* 364
(Umsatz von Ware gegen Ware) an Bedeutung; umso mehr *Kaufverträge* wurden nun abgeschlossen (Umsatz von Ware gegen Geld). Die Haftung für Mängel des Kaufgegenstandes war nicht sehr stark ausgeprägt.

In gleichem Maße, wie sich die Städte des Mittelalters entwickelten, wuchs das Bedürfnis nach einem praktikablen *Mietrecht* für die wachsende Bevölkerung. Die Miete gewährte dem Mieter zunächst ein zeitlich und inhaltlich begrenztes Wohnrecht.

Das Recht der mittelalterlichen Handelsgesellschaften zeigt, dass 365
die Wurzeln des heutigen *Personengesellschaftsrechts* weit zurückreichen. Die Handelsgesellschaften beruhten auf einem *Vertragsverhältnis*. Es genügte in der Regel ein formloser Vertrag zwischen zwei Gesellschaftern.[358] Bei den sich im Spätmittelalter entwickelnden Personenhandelsgesellschaften waren die Gesellschafter in der Regel zur Mitarbeit verpflichtet. Alle oder einzelne Gesellschafter waren zur Geschäftsführung und Vertretung berufen.

Die Frage, ob und gegebenenfalls wie weit die Gesellschafter für Verbindlichkeiten der Gesellschaft selbst mit ihrem Privatvermögen einzustehen hat-

356 H. Conrad, Bd. I, S. 422.
357 U. Wolter, S. 11.
358 G. Köbler, in: FS Eisenhardt, S. 461, 468

ten, ist differenziert zu beantworten. Im Zuge der fortschreitenden Rezeption setzten sich dazu auch römisch-rechtliche Vorstellungen durch. Aus den Gesellschaftsverträgen der süddeutschen Fernhandelsgesellschaften ergibt sich, dass man von dem Entstehen einer Verpflichtungswirkung zu Lasten aller beteiligten Hauptgesellschafter infolge rechtsgeschäftlichen Handelns einzelner Gesellschafter gegenüber Dritten ausgegangen ist.[359]

366 **4. Das Sachenrecht.** Der Begriff „Sachenrecht" gehört der modernen Dogmatik an, weil er auf der Vorstellung von absoluten Rechten beruht, die sich auf körperliche Gegenstände beziehen. Da die Verfügungs- und Nutzungsrechte an Grundstücken und beweglichen Sachen einen besonderen Teil der Privatrechtsordnung bilden, ist es gleichwohl gerechtfertigt, den Begriff Sachenrecht auch im Hinblick auf ältere Rechte zu verwenden.[360]

Schon in der älteren Zeit wurde zwischen unbeweglichen und beweglichen Sachen unterschieden. Der Boden und alles, was mit ihm fest verbunden war, war unbewegliches Gut. Bewegliche Sachen, auch *Fahrnis* (fahrende Habe) genannt, waren diejenigen Sachen, die von Ort zu Ort bewegt werden konnten. Fahrnis, die im Leben der germanischen Zeit eine große Rolle spielte, waren vor allem Vieh, Kleider, Waffen und andere Gerätschaften.[361]

367 Eine Sachherrschaft war zunächst die *Gewere,* ein Begriff, der nur unzulänglich in das heutige Juristendeutsch zu übersetzen ist, weil die Gewere mehr als nur ein tatsächliches Herrschaftsverhältnis im Hinblick auf eine Sache war. Die Gewere verlieh Rechtsschutz, auf Grund dessen sich der Inhaber gegen Angriffe auf die Sache verteidigen und auch deren Rückgabe verlangen konnte.[362] Die Gewere konnte vererbt werden.

368 War auch die Vorstellung, dass eine Person eine Sache zu eigen haben konnte, dem älteren Recht nicht fremd, so ist das Wort *Eigentum* doch erst seit der ersten Hälfte des 13. Jahrhunderts nachweisbar.[363] Schon um die Mitte des 12. Jahrhunderts wird vom „eigen" in der Weise gesprochen, dass der Berechtigte mit der Sache soll tun können, was er will, und dass neben dem Berechtigten niemand aliquid juris vel potestatis an der Sache haben soll. Mit der Verwendung des Wortes Eigentum wird dann eine weitere Annäherung an den modernen Eigentumsbegriff vollzogen. Seine dogmatische Ausbildung geschieht allerdings erst später unter romanistisch-wissenschaftlichem Einfluss.[364]

---

359 F. Thomas, S. 51 ff.
360 H. Coing, Europ. PrivatR. I, S. 271.
361 H. Conrad, Bd. I, S. 44.
362 H. Conrad, Bd. I, S. 44 f.
363 G. Köbler, ZRG Germ. Abt. 95, 1978, S. 1.
364 G. Köbler, ZRG Germ. Abt. 95, 1978, S. 33.

Es herrscht weitgehende Einigkeit darüber, dass vor der Rezeption des römischen Rechts dem Sprachgebrauch sowie dem Rechtszustand ein *deutschrechtlicher Eigentumsbegriff* zugrundegelegen hat, der allerdings nicht auf die Sachherrschaft beschränkt war; mit der Rezeption soll sich dann der römische Eigentumsbegriff durchgesetzt haben, der durch die synonym verwendeten Rechtswörter *dominium* und *proprietas* umschrieben wurde. Dominium meint Herrschaft im Sinne von beherrschen, in der Gewalt haben, also z. B. Herr (dominus) sein über Sachen, aber auch über Personen und Länder.[365] *Proprietas* beschreibt hingegen keine Herrschaftsbeziehung, sondern die Zuordnung von Objekten zu Rechtssubjekten. Proprietas enthält „nicht mehr aber auch nicht weniger als den Kern des Eigentumsgedankens, nämlich die von der Rechtsordnung gebilligte und geforderte Bindung einzelner Objekte an eine Person".[366] 369

Das bedeutendste und weitestgehende Sachenrecht war im Spätmittelalter das Eigentum an Grund und Boden, die vormals verwandtschafts- und siedlungsrechtlich gebunden waren; die Verfügung darüber war beschränkt. Die Entwicklung des Eigentums an Grund und Boden vollzog sich auf dem Lande anders als in der Stadt. 370a

Nachdem sich in den Städten das Eigentum an Grund und Boden mit der vollen Verfügungsgewalt über dasselbe herausgebildet hatte, erhielten die Bürger die Möglichkeit, Hausgrundstücke zur Sicherung von Krediten zu nutzen. Voraussetzung dafür war die Ausbildung von Pfandrechten an Grundstücken.

**5. Das Familienrecht.** Im Verlaufe des Mittelalters veränderten starke wirtschaftliche und soziale Umwandlungen die Grundlagen des Familienrechts. Wanderungen und Siedlungen – u. a. in Verbindung mit der sog. Ostkolonisation – zerrissen die überlieferten Familienverbände. Handel und Gewerbe ließen in den Städten ein individualistischer eingestelltes Bürgertum, aber auch eine u. a. vermögensmäßig minderbemittelte Schicht entstehen, der familiäre Überlieferungen fremd blieben. Damit trat die rechtliche Bedeutung der Sippe zurück.[367] 371

Wesentlicher Bestandteil des Familienrechts war und blieb das *Eherecht*. Im Mittelalter wurde die *Ehe* zum *Vertrag* zwischen den Partnern. Diese sog. *Konsensehe* wurde auch im kirchlichen Recht anerkannt. Allerdings wurde darüber gestritten, ob der Konsens allein genügte, um die Ehe wirksam werden zu lassen, oder ob der

365 D. Willoweit, Hist. Jb. 94, 1974, S. 135 u. 138.
366 D. Willoweit, Hist. Jb. 94, 1974, S. 139.
367 H. Conrad, Bd. I, S. 400.

Vollzug derselben erforderlich sei.[368] Wenn auch die Kirche die *weltliche Eheschließungsform* zunächst anerkannte, so gewann doch die *kirchliche Eheschließung* seit dem 12. Jahrhundert zunehmend an Bedeutung.

372 Im Mittelalter ist es der Kirche gelungen, das *kanonische Eheschließungs- und Ehescheidungsrecht* als das für die Ehe maßgebliche Recht durchzusetzen. Religiöse Ehevorstellung und kirchliches Ehegesetz wurden zur maßgeblichen Ordnungsstruktur der Ehe als einem Sozialgebilde. Die Kirche erhob den Anspruch, die rechtliche Gestaltung der Ehe unter Ausschluss weltlicher Ordnungsmächte zu bestimmen. Jedes Bemühen um eine staatliche Ehegesetzgebung musste nun für die Zukunft zu einem Konflikt mit dem ausschließlichen Geltungsanspruch des kirchlichen Eherechts und der „Sozialverbindlichkeit religiöser Aussagen über die Ehe werden".[369] Das Eherecht wird zu den Rechtsgebieten gezählt, in denen der Hauptbeitrag zur europäischen Rechtsentwicklung vom kanonischen Recht ausging.[370]

373 Nach kirchlicher Rechtsanschauung war das Eherecht in seinem Kernbereich göttliche Ordnung. Die Theologie des 12. und 13. Jahrhunderts präzisierte die Sakramentslehre und zählte die Ehe zu den eigentlichen Sakramenten des Neuen Testamentes.[371] Dennoch war bis zum Ende des Mittelalters die weltliche Eheschließung möglich. Das Konzil von Trient bestimmte 1563 eine zwingende Form für die Eheschließung. Den Pfarrern wurde die Führung von Tauf- und Traumatrikeln zur Pflicht gemacht.[372]

374 **6. Das Erbrecht.** Für das Erbrecht des Mittelalters stellt sich vor allem die Frage, ob ausschließlich die gesetzliche Erbfolge galt, von der nur in sehr beschränktem Ausmaß abgewichen werden konnte, oder ob daneben auch *Testierfreiheit* bestand, die letztwillige Verfügungen (z. B. Testamente) nach römisch-rechtlichem Vorbild erlaubte. Im *Sachsenspiegel*[373] finden sich Bestimmungen, welche die deutschrechtliche Vergabung von Todes wegen im Sinne der gesetzlichen Erbfolge regeln. Dennoch ist auch die gewillkürte Erbfolge in der mittelalterlichen sächsischen Rechtspraxis, nämlich in den Schöf-

---

368 H. Conrad, Bd. I, S. 402f.
369 D. Schwab, S. 32.
370 K. W. Nörr, i.: Studien zur europäischen Rechtsgeschichte, S. 57.
371 D. Schwab, S. 20.
372 H. Conrad, Bd. I, S. 404.
373 Landrecht II 30 und I 52 § 2.

fenbüchern und Schöffensprüchen, nachweisbar. Daraus lässt sich der Schluss ziehen, dass das einheimische sächsische Recht schon vor der Rezeption des römisch-kanonischen Rechts ein ausdifferenziertes Recht der letztwilligen Verfügungen entwickelt hat, das dem Bedürfnis nach unterschiedlichen erbrechtlichen Gestaltungsmöglichkeiten Rechnung trug.[374]

Zahlreiche Stadtrechte, die süddeutschen Rechtsbücher und die Landrechte, enthalten ebenfalls erbrechtliche Regelungen. Außerdem belegen zahlreiche Testamentsurkunden die lokale Rechtspraxis. Der um 1270 in Augsburg im Milieu der Franziskaner redigierte *Schwabenspiegel* enthält die Befugnis, frei zu testieren, sofern der Erblasser keine Kinder, keine Ehefrau und keine Vorfahren hinterlässt. Es wird also eine begrenzte Testierfreiheit für den Fall gewährt, dass eine nähere Familie fehlt.[375] **375**

In einigen deutschen Städten lässt sich die Durchsetzung der römischen Testierfreiheit schon für das späte Mittelalter nachweisen; in ganz Deutschland ist die Verbreitung dieses Prinzips nicht in einer Epoche erfolgt. Mögen römisches und kanonisches Recht auch bei der Entwicklung zur Testierfreiheit schon im 13. Jahrhundert Einfluss gehabt haben, die Durchsetzung der Testierfreiheit in einzelnen Städten, wie z. B. Köln und Braunschweig, dürfte in erster Linie mit einem erstaunlichen Maß individualistischer Mentalität im spätmittelalterlichen Bürgertum zu erklären sein.[376]

Jedenfalls zeigen Rechtsquellen und Testamentsurkunden auch außerhalb des Sachsenspiegelgebietes, den Einfluss des lokalen Gewohnheitsrechts, das sich in manchen Bereichen, z. B. hinsichtlich der Testamentsform und bei der Beschränkung der Testierfreiheit, gegen das vordringende römisch-kanonische Recht behaupten konnte. Man wird deshalb davon ausgehen dürfen, dass die gewillkürte Erbfolge im allgemeinen und das Testament im besonderen als ein Ergebnis aus deutschrechtlicher Tradition und rezipiertem römisch-kanonischem Recht entstanden sind.[377] **376**

**Schrifttum:** B. Diestelkamp, Wucherverbot und abstraktes Schuldanerkenntnis in der Praxis brabanter Schöffen zu Anfang des 14. Jahrhunderts. Zur Anwendung der Clementine „De usuris", in: Beitr. z. Rechtsgesch., S. 47 ff.; U. Eisenhardt, Sittenwidrigkeit und Wucher – Zur Entstehungsge-

374 U. Seif, ZRG Germ. Abt. 122, 2005, S. 87, 96 ff. mit Nachw.
375 P. Landau, ZRG Germ. Abt. 114, 1997, S. 56, 59.
376 P. Landau, ZRG Germ. Abt. 114, 1997, S. 56, 71.
377 U. Seif, ZRG Germ. Abt. 122, 2005, S. 87, 103 u. 110 f.

schichte des § 138 BGB, in: Kiehnle, Mertens, Schiemann (Hrsg.), FS für Jan Schröder, 2013, S. 289 ff.; W. Ebel, Erbe, Erbgut und Wohlgewonnengut im lübischen Recht, ZRG Germ. Abt. 97, 1980, S. 1 ff.; G. Gudian, Gemeindeutsches Recht im Mittelalter? in: IC II, 1969, S. 33 ff.; derselbe, Zur Klage mit Schadensformel, ZRG Germ. Abt. 90, 1973, S. 121 ff.; H. R. Hagemann, Fides facta und wadiatio. Vom Wesen des altdeutschen Formelvertrages, ZRG Germ. Abt. 83, 1966, S. 1 ff.; derselbe, Basler Stadtrecht im Mittelalter, ZRG Germ. Abt. 78, 1961, S. 140 ff. u. S. 206 ff.; E. Heymann, Die Beziehungen des Handelsrechts zum Zivilrecht, 1932; G. Köbler, Eigen und Eigentum, ZRG Germ. Abt. 95, 1978, S. 1 ff.; derselbe, Von der Gesellschaft im Recht zum Gesellschaftsrecht, in: FS Eisenhardt, S. 461 ff.; P. Landau, Die Testierfreiheit in der Geschichte des Deutschen Rechts im späten Mittelalter und in der frühen Neuzeit, ZRG Germ. Abt. 114, 1997, S. 56 ff.; W. Leiser, Schichtspezifisches Privatrecht, ZRG Germ. Abt. 93, 1976, S. 1 ff.; K. W. Nörr, Päpstliche Dekretalen und römisch-kanonischer Zivilprozeß, in: Studien zur europäischen Rechtsgeschichte, 1972, S. 57 ff.; D. Schwab, Grundlagen und Gestalt der staatlichen Ehegesetzgebung in der Neuzeit, 1967; U. Seif, Römisch-kanonisches Erbrecht in mittelalterlichen deutschen Rechtsaufzeichnungen, ZRG Germ. Abt. 122, 2005, S. 87 ff.; F. Thomas, Die persönliche Haftung von Gesellschaftern von Personengesellschaften in der historischen Entwicklung der Neuzeit, Schriften zur Rechtgeschichte Heft 102, 2003; D. Willoweit, Dominium und Proprietas. Zur Entwicklung des Eigentumsbegriffs in der mittelalterlichen und neuzeitlichen Rechtswissenschaft, in: Hist. Jb. 94, 1974, S. 131 ff.; U. Wolter, Ius canonicum in iure civili. Forschungen zur neueren Privatrechtsgeschichte Bd. 23, 1975.

## II. Das mittelalterliche Verfahrensrecht

377 **1. Überblick.** Im Mittelalter wurden die Begriffe Richter, Richten und Gericht bereits als zentrale Begriffe des Rechts verstanden und benutzt.[378] Die Zuordnung des Rechts zum Gericht und zum Rechtsverfahren war schon stark ausgeprägt.[379] Deshalb mag es auch gerechtfertigt sein, neben Recht und Gericht noch das Urteil als wesentliches Element heranzuziehen, das sowohl für das Recht als auch für das Gericht stehen kann.

Darüber, wie es sich mit der „Rechtsfindung" durch Richter und Schöffen im Mittelalter verhielt, herrscht keine letzte Klarheit.[380] Im Verbreitungsgebiet des Sachsenspiegels und in einigen anderen Regionen wird die Tätigkeit der Urteiler als „Finden" bezeichnet. Finden wird dabei aber im Sinne von Aussprechen und Feststellen ver-

378 G. Köbler, ZRG Germ. Abt. 87, 1970, S. 58.
379 J. Weitzel, QFHG, Bd. 15/II, S. 1471 ff.
380 G. K. Schmelzeisen, ZRG Germ. Abt. 91, 1974, S. 73 ff.; H. Schlosser, Zivilprozess, S. 392 ff.

wendet.[381] Das Urteil der mittelalterlichen Schöffen ist die im Gericht gefundene Aussage über die Rechtslage, die Feststellung des in dieser Lage zu beachtenden Rechts.[382] Die Verfahren unterlagen einer strengen Form, deren Verletzung zum Verlust des Prozesses führen konnte.

Das kanonische Recht hat das weltliche Verfahrensrecht stark be- 378
einflusst (vgl. oben Rdnr. 221). Die Auffassung, dass alle Erscheinungen des kirchlichen Lebens mit dem christlichen Ordnungskonzept, dem Gefüge von Offenbarung und Autorität verknüpft sind, wirkte sich auch auf das Prozessrecht, wie es vor den kirchlichen Gerichten gehandhabt wurde, aus. Nach dem dadurch geprägten Rechtsbegriff war das Prozessrecht Teil des objektiven Rechts.[383]

**2. Klage und Prozess.** Vor Gericht konnten sich die Parteien eines 379
Fürsprechers (Vorsprechers) bedienen, der allerdings keine Prozessvertretung im heutigen Sinne war.[384]

Im Prozess konnte eine Reihe von Beweismitteln eine Rolle spielen, so vor allem der Augenschein, Zeugen, Urkunden und der Eid. Zeugen wurden im Spätmittelalter zunächst uneidlich vernommen; alsdann hatten sie ihre Aussage zu beschwören, sofern ihnen der Schwur nicht vom Beweisgegner erlassen wurde.[385]

Im Mittelalter gab es im Wesentlichen drei Arten von bürgerlichen 380
Klagen:

a) die Klage um Schuld (Geldschuld),
b) die Klage um Gut (bewegliches Gut) und
c) die Klage um Eigen und Erbe (Liegenschaften).

Bei Verurteilung des Beklagten erfolgte eine Vollstreckung in seine beweglichen Sachen und Grundstücke.

Die spätmittelalterlichen Quellen lassen erkennen, dass nur ein Teil der Rechtsstreitigkeiten in der Form eines sog. ordentlichen Prozesses abgewickelt wurde. Viele Streitigkeiten wurden in Gestalt eines Schiedsverfahrens oder im Vergleichswege erledigt. Allerdings sind die Grenzen zwischen Schiedsgerichtsbarkeit und „ordentlichem" Rechtsgang vielfach fließend. Der Übergang eines Prozesses in ein Schieds- oder Vergleichsverfahren war nichts Außergewöhnliches.[386]

---

381 K. Kroeschell, Bd. 2, S. 123.
382 W. Ebel, Geschichte der Gesetzgebung, S. 15.
383 K. W. Nörr, ZRG Kan. Abt. 78, 1992, S. 183 f.
384 H. Conrad, Bd. I, S. 386.
385 H. R. Hagemann, ZRG Germ. Abt. 78, 1961, S. 140 u. 179.
386 Für Basel: H. R. Hagemann, ZRG Germ. Abt. 78, 1961, S. 164.

381 **3. Trennung zwischen Zvilverfahren und Strafverfahren.** Im Mittelalter vollzog sich die Trennung in sog. „bürgerliche Verfahren" einerseits und Strafverfahren (peinliche Klagen) andererseits. Allerdings gab es auch sog. „gemischte Klagen", die sowohl zivilrechtliche Bereiche als auch Straftaten berührten.[387] Zu dieser Trennung kam es, nachdem im Hochmittelalter die Inhaber der Gerichtsgewalt die Verfolgung ihres Strafanspruches mehr und mehr selbst in die Hand genommen hatten. Dadurch verlor die Deliktsklage (vgl oben Rdnr. 362), mit der eine Buße verlangt wurde, die Schadensersatz oder auch eine „Privatstrafe" sein konnte, ihre ursprüngliche Bedeutung. Strafverfolgungen und Deliktsklagen, letztere jetzt allein auf Schadensersatz gerichtet, waren nun getrennt.[388]

**Schrifttum:** W. Ebel, Geschichte der Gesetzgebung in Deutschland, 2. Aufl., 1958; G. Gudian, Zur Klage mit Schadensformeln, ZRG Germ. Abt. 90, 1973, S. 121 ff.; H. R. Hagemann, Basler Stadtrecht im Mittelalter, ZRG Germ. Abt. 78, 1961, S. 140 ff. u. 206 ff.; G. Köbler, Richten – Richter – Gericht, ZRG Germ. Abt. 87, 1970, S. 57 ff.; K. W. Nörr, Prozeßzweck und Prozeßtypus: der kirchliche Prozeß des Mittelalters im Spannungsfeld zwischen objektiver Ordnung und subjektiven Interessen, ZRG Kan. Abt. 78, 1992, 183 ff.; H. Schlosser, Spätmittelalterlicher Zivilprozeß nach bayerischen Quellen. Gerichtsverfassung und Rechtsgang, 1971; G. K. Schmelzeisen, Rechtsfindung im Mittelalter? ZRG Germ. Abt. 91, 1974, S. 73 ff.; J. Weitzel, Dinggenossenschaft und Recht, QFHG, Bd. 15/I u. 15/II, 1985.

## III. Die Entwicklung des Privatrechts bis zum Ende des 18. Jahrhunderts

382 **1. Das Privatrecht in der Gesamtrechtsordnung.** Nachdem das römische und kanonische Recht in den europäischen Staaten rezipiert worden war, entwickelten sich nationale Differenzierungen des Privatrechts, die mit der Etablierung abgeschlossener nationaler Rechtswissenschaften in den einzelnen europäischen Staaten einhergingen. Zur Differenzierung und zu einer verstärkten Hinwendung zu einheimischen Rechtsquellen trugen die Gesetzgebung in den Territorialstaaten, die Bildung von obersten Gerichtshöfen und die Einrichtung von Lehrstühlen an den zum Teil neu gegründeten Landesuniversitäten bei.[389]

387 H. Conrad, Bd. I, S. 385.
388 G. Gudian, ZRG Germ. Abt. 90, 1973, S. 121 ff.
389 K. Luig, in: IC III, S. 64 f.

Die ständische Ordnung (vgl. oben Rdnr. 97 ff.) prägte auch weiterhin die Privatrechtsordnung. Ob und gegebenenfalls welche Auswirkungen die Rezeption darauf gehabt hat, ist nach dem bisherigen Stand der Forschung nur schwer zu beurteilen. Nicht zuletzt mit der Polizeigesetzgebung (Reichspolizeiordnungen und Landespolizeiordnungen) wurde der Versuch unternommen, die Fremdheit des rezipierten römischen und kanonischen Rechts gegenüber der sozialen Wirklichkeit, die ihren deutlichen Ausdruck in der ständischen Gliederung des Volkes fand, teilweise zu korrigieren.[390] Eine große Anzahl dieser Vorschriften lässt erkennen, dass das gemeine Zivilrecht als ein Standesrecht angesehen wurde, das auf das im Geschäftsleben erfahrene und nicht mittellose Bürgertum zugeschnitten war. Andererseits schuf der die Menschen bevormundende Polizeistaat zugunsten der Kleinbürger und Bauern im Wege der Polizeigesetzgebung eine große Anzahl von Sondervorschriften, um diesen Personenkreis vor den Gefahren eines allzu freien Rechtsverkehrs zu schützen. Ständisch geprägte Sonderregelungen, die vom gemeinen Recht abwichen, entwickelten sich oft zugunsten des Adels und der hohen Beamten und Offiziere.[391] 383

Wie stark die ständische Gliederung auch die Privatrechtsordnung prägte, zeigt sehr augenfällig das Allgemeine Landrecht für die Preußischen Staaten von 1794, in das das Sozialmodell des Ständestaates übernommen und zum Maßstab für große Teile des Gesetzbuches gemacht wurde (vgl. oben Rdnr. 327). Adel, Bürger und Bauern wurden als die wichtigsten Bezugspunkte für die Anordnung des Rechtsstoffes anerkannt. So wird für jeden Stand das ihm zuerkannte Recht in den Titeln beschrieben, die diesem Stand gewidmet sind. Das Handelsrecht findet sich z. B. bei den Titeln, die den Stand der Bürger beschreiben. Man kann das Handelsrecht deshalb auch als Standesrecht bezeichnen. Andere zivilrechtliche Regelungen, die eine ständische Abkapselung nicht zuließen, galten auch nach dem ALR für alle Stände.[392] 384

**2. Allgemeine Lehren des Privatrechts. a) Die Rechtsfähigkeit.** 385 Der mit dem Grundsatz der formalen Gleichbehandlung verknüpfte Begriff der Rechtsfähigkeit, der dem mittelalterlichen Rechtsdenken fremd gewesen war, blieb auch in der Zeit nach 1500 zunächst unbe-

---

390 W. Leiser, ZGR Germ. Abt. 93, 1976, S. 13.
391 W Leiser, ZRG Germ. Abt. 93, 1976, S. 17.
392 W. Leiser, ZRG Germ. Abt. 93, 1976, S. 19.

kannt, weil die ständische Ordnung beibehalten wurde (vgl. dazu oben Rdnr. 97 ff.). Unter dem Einfluss des Gedankengutes der Aufklärung setzte später eine Entwicklung ein, die man als „die Ausgleichung der ständischen Rechtsverschiedenheit“ bezeichnen kann.[393] Diese Entwicklung, die sich in einigen deutschen Staaten vollzog, zielte auf die Grundlegung eines allgemeinen Staatsbürgertums mit dem Grundsatz der Gleichheit aller vor dem Gesetz und die Begründung einer allgemeinen Rechtsfähigkeit ab.

**386** In ein privatrechtliches Gesetzbuch wurde der Begriff der allgemeinen Rechtsfähigkeit des Menschen im deutschsprachigen Raum erstmalig unter dem Einfluss Kant'schen Gedankengutes aufgenommen, und zwar in das *Allgemeine Bürgerliche Gesetzbuch für die gesamten deutschen Erbländer der österreichischen Monarchie vom 1. Juni 1811 (ABGB),* dessen Entstehungsgeschichte in mehreren Stufen verlief und bis 1753 zurückreicht. Wesentlich beeinflusst ist dieses Gesetzbuch von *Franz A. Edler von Zeiller (1751 bis 1828),* der sich die Lehren Kants zu Eigen gemacht hatte. Nach *Immanuel Kant (1724 bis 1804)* ist der Mensch kraft des ihm angeborenen Rechts der Freiheit seinem Wesen nach Person, d. h. Träger von Rechten oder entsprechend auch von Pflichten.[394]

**387** **b) Willenserklärung und Rechtsgeschäft.** Das *Rechtsgeschäft*, ein Kernstück der Privatrechtslehre, ist untrennbar verbunden mit dem Rechtsinstitut der *Willenserklärung,* dessen Anfänge nur schwer aufzudecken sind. Die Bindung der Rechtswissenschaft an die römische Rechtstradition versperrte vom Ansatz her den Weg zu einer allgemeinen Willenserklärungstheorie. Die Begriffe Rechtsgeschäft und Willenserklärung finden sich in den antiken römischen Rechtsquellen nicht. Allerdings wurden sie in der reichen Kasuistik der römischen Juristen gleichsam im Keim vorgebildet, so dass sich neuzeitliche Theorien bei ihrer Ausbildung auch auf die römischen Quellen meinten stützen zu können.

Wichtige Ansätze für eine Rechtsgeschäftslehre finden sich in den Arbeiten der spätmittel-alterlichen Kanonisten, in den moraltheologischen Erörterungen zur promissio und zum Gelübde.[395] Die Freiheit für neue Systembildungen in der Rechtsdogmatik und damit auch für die Entwicklung einer Rechtsgeschäftslehre, die für die Entwicklung

393 H. Conrad, Individuum und Gemeinschaft, S. 20.
394 H. Conrad, Individuum und Gemeinschaft, S. 21 ff.
395 H. Dilcher, in: Beitr. z. Rechtsgesch., S. 85 ff. mit Nachw.

des Zivilrechts im 19. Jahrhundert große Bedeutung erlangen sollte, eröffnete erst die Epoche des Naturrechts.

388 Maßgebliche Anstöße für die Herausbildung der für das Privatrecht zentralen Lehre von der Willensbildung gab die Theorie vom verbindlichen Versprechen des holländischen Juristen *Hugo Grotius (1583 bis 1645).* Anknüpfend an die moraltheologische Tradition und stark beeinflusst von den spanischen Naturrechtslehrern des 16. und 17. Jahrhunderts, stellte *Grotius* die Frage nach der bindenden Kraft des Versprechens und gelangte darüber zur Erörterung der Willenserklärung und der Vertragsschließung.[396] Er ging von einem „vollkommenen Versprechen" als einer verbindlichen Willensäußerung aus.[397] *Grotius* erörterte auch das Verhältnis von Wille und Erklärung; dabei knüpfte er die Rechtswirkungen der Erklärung an den Willen der selbstverantwortlichen Person.[398] Als wesentliche Voraussetzungen für ein verbindliches Versprechen forderte er einen „ernsten Willen" und einen hinreichenden Erklärungstatbestand. Grotius' Thesen wurden von allen Naturrechtslehrern, u. a. von *Pufendorf, Thomasius* und *Christian Wolff,* der insbesondere das Tatbestandsmerkmal eines Verpflichtungswillens für eine verbindliche Willensäußerung herausarbeitete, anerkannt und weitergebildet. Unter den naturrechtlichen Dogmatikern ging *Daniel Nettelbladt (1719 bis 1791),* ein Schüler *Wolffs,* den weitesten Schritt: er ordnete den Begriff Willenserklärung dem Oberbegriff Rechtsgeschäft unter.[399]

389 Die von den Theoretikern des Naturrechts erarbeiteten Gedanken fanden im preußischen ALR ihren Niederschlag, das als erstes Gesetzbuch überhaupt einen Titel (I, 4) mit der Überschrift „Von Willenserklärungen" enthält. Es heißt dort:

„Erfordernisse rechtsgültiger Willenserklärungen:

§ 1. Die Willenserklärung ist eine Aeußerung dessen, was nach der Absicht des Erklärenden geschehen, oder nicht geschehen soll.

§ 2. Wenn eine Willenserklärung rechtliche Wirkungen hervorbringen soll, so muss der Erklärende über den Gegenstand, nach dem Inhalt seiner Erklärung, zu verfügen berechtigt seyn.

§ 3. Er muss das Vermögen besitzen, mit Vernunft und Ueberlegung zu handeln.

§ 4. Die Willenserklärung muss frey, ernstlich, und gewiss, oder zuverläßig seyn".

396 H. Thieme, ZRG Germ. Abt. 70, 1953, 231 ff.
397 H. Dilcher, in: Beitr. z. Rechtsgesch., S. 87.
398 F. Wieacker, Privatrechtsgeschichte, S. 293.
399 H. Dilcher, in: Beitr. z. Rechtsgesch., S. 90.

Mit diesen Formulierungen hat der preußische Gesetzgeber die Willenserklärung als ein allgemeines Rechtsinstitut anerkannt und sie von dem vertrags- und übereignungsorientierten Erfordernis der Annahme befreit. Der geäußerte menschliche Wille als solcher war damit zu einer eigenständigen Rechtskategorie geworden[400]

390 **3. Das Schuldrecht.** Ein zentrales Thema für das Schuldrecht ist das *Vertragsrecht,* einschließlich des Problems, auf welche Art und Weise überhaupt eine vertragliche Bindung entstehen kann. Für den Vertrag, der nach heutigem Verständnis durch zwei Willenserklärungen zustande kommt, hatten die Römer weder einen Begriff noch eine Theorie.[401]

Der Begriff Schuldvertrag besaß bei den Römern eine geringe Bedeutung. Nur wenige der prätorischen Formeln für Schuldklagen lassen sich auf „Verträge" (sog. „pacta praetoria") zurückführen.[402] Im römischen Recht spielte eine wesentliche Rolle die *stipulatio,* das mündliche, an eine feste Frage- und Antwortform gebundene Leistungsversprechen des klassischen römischen Rechts, das in der nachklassischen Zeit fast völlig im schriftlichen Schuldversprechen aufging.[403] Die *stipulatio* brachte den Willensentschluss und den Inhalt des Versprechens zum Ausdruck und bot den Parteien die Möglichkeit, so viel oder so wenig wie ihnen beliebte, von den Gegenverpflichtungen und den wirtschaftlichen Zusammenhängen in das Versprechen aufzunehmen.[404]

391 Im Vertragsrecht haben die Kanonisten noch vor den Legisten Ansprüche auf Grund eines „nudum pactum" anerkannt und damit den Typenzwang des römischen Rechts durch das *Prinzip der Vertragsfreiheit* überwunden (siehe oben Rdnr. 221). Die Auffassung, dass auch aus formlos abgeschlossenen Verträgen geklagt werden könne, ist ebenfalls auf kanonistisches Rechtsdenken, welches an die moralische Forderung, ein gegebenes Versprechen sei zu halten, anknüpfte, zurückzuführen.[405]

Die wesentlichen Elemente der *kanonistischen Vertragslehre* sind vom *Ius Commune* übernommen worden, das damit ein einheitliches Vertragsrecht erhielt. Die Autoren des *Usus modernus* gingen dann davon aus, dass es zum Vertragsschluss genüge, dass der Konsens der Parteien in irgendeiner Weise festgestellt würde. Damit galten die Regeln über *Konsensualverträge* generell.[406]

---

400 H. Dilcher, in: Beitr. z. Rechtsgesch., S. 92.
401 M. Kaser, Röm. Privatr., § 5 II.
402 E. Rabel, § 61.
403 M. Kaser, Röm. Privatr., § 7 III und § 40 I.
404 E. Rabel, § 64.
405 F. Ebel, Berichtung, S. 54 ff. u. 63 ff.
406 H. Coing, Europ. PrivatR. 1, S. 400 u. 407.

Für die Entwicklung in der neueren Zeit hat die Vertragslehre des *Grotius,* die allerdings auf mittelalterlich scholastischem Gedankengut aufbaute, eine entscheidende Rolle gespielt. Mit der Entdeckung des autonomen Willens des Indiviuums für die dogmatische Begründung des Rechtsinstitutes vom Versprechen wurde es möglich, eine Vertragslehre zu entwickeln, die über die formalen Kautelen des gemeinen römischen Rechts hinausging.[407] Nach *Grotius* soll die Person, der gegenüber das Versprechen abgegeben wird, einen Anspruch auf Leistung erst erwerben, wenn sie das Versprechen annimmt (acceptatio). Auf diesem Prinzip beruht die Lehre von der Vertragsschließung durch Angebot und Annahme, wie sie die heutige Rechtsgeschäftslehre beherrscht. Dieses Prinzip der Vertragslehre, dass ein von einer Person abgegebenes Versprechen erst dann einen Anspruch auf eine Leistung entstehen lässt, wenn der Adressat des Versprechens dieses annimmt (acceptatio), hat einen deutlichen Niederschlag im preußischen ALR gefunden (I, 5). 392

Unterstützt von den kanonistischen Vorstellungen zur Vertragsverbindlichkeit, konnte der Usus modernus pandectarum das Dogma von der Verbindlichkeit formloser Verträge etablieren. Man kann darin die Privilegierung des Willens gegenüber anderen Voraussetzungen für die Bindungswirkung von Verträgen sehen. Die Anerkennung der Formfreiheit von Verträgesn fand seinen Niederschlag auch in den Kodifikationen des 18. Jahrhunderts.[408] 393

*Grotius* hat auch bereits eine *Lehre von der Vertragsgerechtigkeit* entwickelt, die auf der aristotelisch-thomistischen Tradition beruht. Danach setzt die inhaltliche Vertragsgerechtigkeit eine äquivalente Gegenleistung voraus.[409] Grotius hielt sich damit an eine Wertlehre, die an die antike und moraltheologische Tradition anknüpfte. Aus der Vertragsgerechtigkeit werden auch gegenseitige Rücksichts- und Aufklärungspflichten der Parteien abgeleitet.

Was die einzelnen Vertragstypen angeht, so gebührt die Aufmerksamkeit vor allem der Entwicklung des *Kaufvertrages* als des wichtigsten Austauschvertrages. Im Zeitalter des Vernunftrechts knüpfte man zunächst der Substanz nach an das zeitgenössische gemeine Recht an. Schließlich wirkte sich auch im Kaufrecht die Herausbildung allgemeiner Lehren des Privatrechts durch die Naturrechtslehre aus, die sich in materiellen vernunftrechtlichen Vorstellungen dokumentierte. Dazu gehören z. B. die synallagmatische Struktur des ge- 394

407 M. Lipp, S. 133 ff.
408 T. Keiser, ZRG Germ. Abt. 125, 2008, S. 449.
409 F. Wieacker, Privatrechtsgeschichte, S. 295 f.

genseitig verpflichtenden Vertrages mit der Folge eines allgemeinen Rücktrittsrechts wegen Nichterfüllung und das Äquivalenzprinzip als Hintergrund eines einheitlichen Gewährleistungsrechts, das die Rechts- und Sachmängelproblematik zusammenfasst.[410]

395 Einen guten Überblick über den Stand des Schuldrechts in der zweiten Hälfte des 18. Jahrhunderts gewährt das ALR. Es enthält im 5. Titel unter der Überschrift „Von Verträgen" eine Reihe von Regelungen, die mehr oder minder unverändert Bestandteile des gegenwärtig geltenden Schuldrechts sind. So kennt das ALR z. B. den gegenseitig verpflichtenden Vertrag, der als „lästiger Vertrag" bezeichnet wird (I, 5 § 7). Es finden sich u. a. bis in die Einzelheiten gehende Vorschriften über den Erfüllungsort (I, 5 §§ 247 ff.), die Erfüllung überhaupt (I, 5 §§ 270 ff.), Auslegungsregeln (I, 5 §§ 252 ff.), Gewährleistung (I, 5 §§ 317 ff.) und Unmöglichkeit (I, 5 §§ 360 ff.).

396 **4. Das Sachenrecht.** Die Entwicklung des Sachenrechts wurde maßgeblich bestimmt von der Ausbildung des Eigentumsrechts als dem stärksten Recht, das überhaupt an einer Sache bestehen kann. An der Schwelle zur Neuzeit wurden in der Rechtswissenschaft zwei Definitionen des Eigentums als Grundbegriffe der Eigentumsdogmatik verwandt, nämlich dominium und proprietas, Herrschaft und Zuordnung (vgl. oben Rdnr. 368 f.).[411] Im Verlaufe des 15. und 16. Jahrhunderts konkretisierte die Rechtswissenschaft die Dispositionsbefugnis des Eigentümers inhaltlich durch den Gedanken der Freiheit. Diese folgenschwere Symbiose von Eigentum und Freiheit vollzog sich in einer eher unmerklich begonnenen Entwicklung, für die man Belege schon in der italienischen Rechtswissenschaft des 15. Jahrhunderts gefunden zu haben meint.[412]

397 Es ist dort von dem Eigentum als einer libera potestas oder facultas disponendi, auch als von einem ius de re perfecta ad libitum disponendi die Rede. Die Juristen des 15. Jahrhunderts haben in einer eigenständigen Leistung die Vorstellung des libere disponere zu einem generellen Merkmal des Eigentums erklärt. In der danach folgenden Zeit wurden Freiheit, Wille, Belieben und Gutdünken des Eigentümers zu festen Bestandteilen der Eigentumsdogmatik.[413] *Grotius*, dessen Eigentumslehre nicht nur von der humanistischen Jurisprudenz, sondern auch von der Spätscholastik, insbesondere von der spanischen, beeinflusst war, verwandte den Begriff des „volle eigendom". Er unterschied schon in bemerkenswerter Klarheit zwischen dem Eigentum und dem, was wir heute als beschränkt dingliche Rechte bezeichnen. Die von Gro-

410 K. O. Scherner, HRG II, S. 683 f.
411 D. Willoweit, Hist. Jb. Bd. 94, S. 147.
412 D. Willoweit, in: Hist. Jb. Bd. 94, S. 148.
413 D. Willoweit, Hist. Jb. Bd. 94, S. 149 f.

tius vorgenommene Unterscheidung zwischen eigendom und gerechtigkeden ist aber wohl lange Zeit nur auf die Niederlande beschränkt geblieben.[414]

Den Eigentumsbegriff, der in der Zeit der Aufklärung der herrschende war, 398
belegen u. a. die Vorträge, die der österreichische Jurist *Chr. A. Beck (1720 bis 1784)* dem *Erzherzog Joseph, dem späteren Kaiser Joseph II.*, in der Zeit zwischen 1754 und 1759 gehalten hat. Es heißt dort: „Wer das völlige Eigentum einer Sache hat, ist befugt, dieselbe zu besitzen, nach seinem Gutdünken zu brauchen, zu nutzen, auf Interessen zu legen…“.[415] In dieser inhaltlichen Ausgestaltung hat der Eigentumsbegriff auch Aufnahme in das ALR gefunden (I, 8):

„§ 1. Eigentümer ist derjenige, welcher befugt ist, über die Substanz einer Sache oder eines Rechts, mit Ausschließung anderer, aus eigener Macht, durch sich selbst, oder durch einen Dritten zu verfügen.

§ 9. Zum vollen Eigenthum gehört das Recht, die Sache zu besitzen, zu gebrauchen, und sich derselben zu begeben.“

Bei der Übertragung des Eigentums wurde im Regelfall der Besitzwechsel verlangt (ALR I 9 § 3). *Svarez* verlangte neben dem Besitzwechsel noch die Absicht, das Eigentum zu erwerben.[416]

Gegen Ende des 18. Jahrhunderts, im Zeitalter des aufgeklärten Absolutismus, wurde es als Aufgabe des Staates angesehen, die „Sicherheit des Eigentums“, darunter fiel auch das Privateigentum, zu schützen.[417]

**5. Familienrecht.** Zum Kernbereich des Familienrechts gehörte 399
stets das *Eherecht* mit dem *Eheschließungsrecht* und dem *Ehescheidungsrecht.* Das Eherecht des *Ius Commune* war von christlichen Anschauungen geprägt. Für die Katholiken war die Ehe ein Sakrament, für die Protestanten jedenfalls eine von Gott mit der Schöpfung eingesetzte Institution, eine heilige Ordnung.

Das Konzil zu Trient (1563) führte für die Katholiken zur Gültigkeit der Ehe den Formalakt der Ehewillenserklärungen vor dem Bischof oder einem von ihm beauftragten Priester sowie vor zwei Zeugen ein. Dieser Vertragsschließungsakt – die Trauung – sollte das äußere Zeichen für das Ehesakrament sein. Die Anordnung der Trauung als *kirchliche Eheschließungsform* durch das Konzil zu Trient (1563) führte schließlich überhaupt zur Einführung einer zwingenden, zur Gültigkeitsvoraussetzung der Ehe erhobenen Formvorschrift für die Erklärung des *Ehekonsenses* im Eheschließungsrecht der Neuzeit.

414 R. Feenstra, in: FS Wieacker, S. 232, 234.
415 H. Conrad, in: Recht und Verfassung, S. 178.
416 H. Conrad, in: Vorträge, S. 151.
417 Svarez, in: H. Conrad, Vorträge, S. 7.

400 Während die vom Konzil zu Trient vorgeschriebene Eheschließungsform, die Trauung, zögernd und z. T. auch mit Abänderungen in den katholischen Staaten rezipiert wurde, führten die protestantischen Staaten die kirchliche Trauung nicht als Gültigkeitserfordernis der Ehe ein. Später vertraten allerdings auch protestantische Juristen die Auffassung, zum Wesen der christlichen Ehe gehöre die kirchliche Einsegnung. Dass – meist im 18. Jahrhundert – auch protestantische Gemeinwesen die kirchliche Trauung als Gültigkeitsvoraussetzung forderten, hat seinen Grund vor allem in dem Bestreben, die Kontrollierbarkeit der Ehe zu sichern.[418]

401 Nach der Auffassung der Reformatoren war die Ehe kein Sakrament. Damit entfiel ihr wesentlicher geistlicher Ordnungsbezug. Die Ehe war danach eine Rechtseinrichtung ohne geistliche Rechtsnatur, ein soziales Gebilde, das wie andere Verträge oder Gemeinschaften der Rechtsmacht der Obrigkeit unterstellt war.[419] Trotzdem blieb die Zivilehe, welche die Gültigkeit der Eheschließung von der Abgabe der Ehewilligkeitserklärungen vor einer staatlichen Stelle (oder alternativ vor einem Priester) abhängig machte, auch in protestantischen Landen zunächst eine Einzelerscheinung.

In Deutschland begriff *Thomasius* die Ehe als weltliche Angelegenheit. Eine Sakramentsnatur lehnte er ab, weil das Wesen der Ehe nur aus der Philosophie und der Naturrechtslehre erkannt werden könne. Dieses Gedankengut führte im 18. Jahrhundert zu einer Säkularisierung der protestantischen Eherechtsdoktrin, nach der der weltliche Fürst über die Ehe als res politica wie über andere Materien weltlicher Gesetzgebung auch verfügen konnte.[420]

402 Auch in den katholischen Staaten war die Einführung der *fakultativen Zivilehe* auf die Dauer unausweichlich. In dem 1783 von *Joseph II.* für Österreich erlassenen Ehepatent, das allerdings noch nicht die Ziviltrauung enthielt, wurde die Ehe als ein „bürgerlicher Vertrag (Kontrakt)" bezeichnet (§ 1), dessen „Verbindlichkeiten" ihre „Wesenheit, Kraft und Bestimmung ganz allein von den landesfürstlichen Gesetzen" erhalten.[421]

Die obligatorische Zivilehe wurde in Frankreich im Zuge der Französischen Revolution eingeführt. Mit dem Code civil fand sie auch in Deutschland Verbreitung.

418 P. Mikat, HRG I, S. 821 ff..
419 D. Schwab, Grundlagen, S. 104.
420 D. Schwab, Grundlagen, S. 130 f., 136.
421 H. Conrad, in: FS Schmaus, S. 1171 f.

Die Entwicklung eines *Ehescheidungsrechts*, in dem die Ehescheidung als Auflösung einer gültigen Ehe mit Wirkung für die Zukunft durch den Spruch eines Gerichts verstanden wurde, begann erst nach der Reformation. Im Mittelalter hatte die Kirche den Grundsatz der Unauflöslichkeit der zwischen Christen geschlossenen sakramentalen Ehe durchgesetzt und unter Berufung auf göttliches Recht grundsätzlich keine Ausnahmen zugelassen.

Die Reformatoren leiteten aus einer veränderten Auslegung der 403
Texte des Neuen Testamentes gegen die Auffassung der traditionell gesinnten Juristen in den protestantischen Staaten die Zulässigkeit der Scheidung bei Vorliegen bestimmter Gründe ab. Der Unauflöslichkeit der christlichen Ehe wurde schließlich die theologische Grundlage dadurch entzogen, dass sie die Sakramentsnatur der Ehe verneint wurde. Als Scheidungsgründe kamen u. a. Ehebruch, boshaftes Verlassen des Ehepartners und die beharrliche Verweigerung der ehelichen Gemeinschaft in Betracht.[422]

Da die Ehe nach naturrechtlicher Auffassung ein reiner Vertrag war, war es nur konsequent, denselben zur freien Verfügung der daran beteiligten Personen zu stellen. Im 18. Jahrhundert ist deshalb vereinzelt auch schon die Möglichkeit der Eheauflösung durch Einwilligung festzustellen; auch der Zerrüttungsgedanke in Gestalt des Ehescheidungsgrundes der unüberwindlichen Abneigung wurde bereits berücksichtigt.[423]

**6. Das Erbrecht.** Wie schon erwähnt (vgl. oben Rdnr. 373 ff.), hat 404
sich die *Testierfreiheit* in Deutschland nicht in einer Epoche durchgesetzt. Während sie in einigen deutschen Städten schon im späten Mittelalter nachweisbar ist (z. B. Köln und Braunschweig), wird sie in anderen Regionen (wie z. B. in Schleswig) erst im 19. Jahrhundert eingeführt.[424] Als Prinzip in der Tradition des Ius commune auf der Grundlage des antiken römischen Rechts hat sich die Testierfreiheit schließlich in ganz Europa durchgesetzt; das kanonische Recht hat diesem Prinzip die moralische Legitimation verliehen[425]

Ein weiterer wichtiger Grundsatz aus dem römischen Recht war die *Generalsukzession*, die eine Aufgliederung der Hinterlassenschaft in einzelne Gütermassen ausschloss. Die Übernahme dieses Prinzips war um so einfacher, als es sich mit der seit dem Mittelalter zumal in

422 P. Mikat, HRG I, S. 826 f.; D. Schwab, in: Beitr. z. Rechtsgesch. S. 515.
423 So in ALR II 1 § 718 a.
424 P. Landau, ZRG Germ. Abt. 114, 1997, S. 56, 71.
425 P. Landau, ZRG Germ. Abt. 114, 1997, S. 56, 72.

den Städten zu beobachtenden Tendenz zur Vereinheitlichung des ganzen Nachlasses traf.[426]

405 Die drei großen Zivilrechtskodifikationen Mitteleuropas, das ABGB von 1811, das BGB von 1896 und das Schweizer Zivilgesetzbuch (ZGB) von 1907 regeln die Verwandtenerbfolge durch das *Parentel- oder Lineargradualsystem*. Danach schließen diejenigen Personen, die mit dem Erblasser den nächsten gemeinsamen Stammvater haben, alle Personen von der Erbfolge aus, die mit dem Erblasser durch einen entfernteren Stammvater verbunden sind. Dabei werden der Stammvater und seine Abkömmlinge jeweils als Parentel (ein Begriff, der dem System seinen Namen gegeben hat), Linie oder Ordnung bezeichnet. Eine weiter entfernte Parentel gelangt nur dann zur Erbfolge, wenn in keiner näheren Parentel erbberechtigte Verwandte mehr vorhanden sind; innerhalb einer Parentel wird nach Verwandtschaftsgraden geerbt. Ob und gegebenenfalls in welchem Umfange das *Parentelsystem* seine Wurzeln im alten deutschen Recht hat, lässt sich kaum feststellen. Die theoretische Erfassung und Entwicklung einer umfassenden Erbfolgeordnung nach dem Parentelsystem ist eine Leistung der jüngeren Naturrechtslehre, die dieses System unter bewusstem Verzicht auf historische Vorbilder entwickelt hat, auch wenn diese Lehre den Begriff Parentel noch nicht kannte.[427]

406 **7. Das Handelsrecht.** In Europa liegen die Anfänge einer wissenschaftlichen Beschäftigung mit dem Handelsrecht – zunächst in Gestalt eines Rechts der Kaufleute – wie bei der allgemeinen Zivilrechtswissenschaft auch in der Zeit der mittelalterlichen Legistik. Die *Konsilien* (Rechtsgutachten der Kommentatoren) zeugen von dem Bemühen der Juristen, die Phänomene der mittelalterlichen Wirtschaftspraxis, die den römischen Quellen häufig fremd waren, mit den Kategorien des gelehrten Rechts zu erfassen.[428]

407 Anders als im Süden Europas verlief die Entwicklung handelsrechtlicher Regeln im Norden des Kontinents. Im Unterschied zum romanisch intendierten Statuarrecht des Südens lag der Schwerpunkt der Rechtsbildung im Norden Europas bei der Gildenbildung. Schon frühzeitig schlossen sich die Kaufleute – nicht zuletzt im Hinblick auf die Fernfahrten – aus gemeinsamen Schutz- und Erwerbszwecken zu Kaufmannsgilden (Gilda mercatorum) zusammen, die auch „*Hansen*“

426 H. R. Hagemann, HRG I, S. 975 f.
427 B. Mertens, ZRG Germ. Abt. 90, 1973, S. 149 ff.
428 K. O. Scherner, in: PRG II/1, S. 799.

genannt wurden. Die Hanse leistete einen bedeutenden Beitrag zur Rechtsentwicklung. Neben der Regelung des Geld- und Zahlungsverkehrs (Wechsel) bildeten sich auch feste Regeln über den Kaufvertrag, die Bürgschaft und verschiedene Gesellschaftsformen – unter ihnen die Sendeve, die Wederlegginge und die Mascopei – heraus.[429]

Mit einer stärkeren Hinwendung der Kommentatoren zur Rechts- 408
praxis ging eine intensive wissenschaftliche Beschäftigung mit der verwirrenden Fülle der geltenden partikularen Rechte einher. Dazu zählten zunächst die statuta und consuetudines der italienischen Städte und der weltlichen Korporationen, wie z. B. der Kaufmannsgilden, später auch die partikularen Rechtsquellen außerhalb Italiens.[430] Den Juristen gelang es, die Phänomene der zeitgenössischen Wirtschaftspraxis mit den Kategorien des gelehrten Rechts zu erfassen.[431]

Eine weitere wichtige Wurzel der wissenschaftlichen Beschäftigung mit dem Handelsrecht wird in der Beichtjurisprudenz des Mittelalters gesehen, die um die Wende vom 12. zum 13. Jahrhundert einsetzte.[432] Die *Beichtjurisprudenz* behandelte die Fälle der Handelspraxis nicht nur nach moraltheologischen und kanonistischen, sondern auch nach legistischen Kriterien. Es wird die Auffassung vertreten, dass die schon von der Beichtjurisprudenz begonnene moraltheologische Bearbeitung rechtlicher Fragen aus dem Wirtschaftsleben nicht nur fortgesetzt wurde, sondern dass zu Anfang die Moraltheologen sogar die Hauptträger rechtswissenschaftlicher Beschäftigung mit dem Stoff des Handelsrechts gewesen sind.[433]

Mit dem *Usus modernus* (siehe oben Rdnr. 239 ff.) erfolgte eine 409
noch stärkere Hinwendung zu den Partikularrechten. Als Folge dieser Entwicklung ist festzustellen, dass im Europa des gelehrten Rechts, verstanden als Einheit von Legistik und Kanonistik, bis zum Anfang des 18. Jahrhunderts die bedeutendsten profanen Darstellungen zu handelsrechtlichen Problemen von rechtsgelehrten Praktikern, wie z. B. städtischen Syndici und Advokaten, verfasst wurden, welche die ältere Legistik zugrundelegten und zugleich unter dem Einfluss des Humanismus standen. Charakteristisch wurden nun Gesamtdarstellungen des Handelsrechts, die, den Erfordernissen eines Nachschlagewerkes genügend, von Praktikern für die forensische und kaufmännische Praxis – für den „gelehrten Kaufmann" – verfasst

429 H. Kellenbenz, HRG I, S. 1944 f.
430 N. Horn, in: PRG I, S. 262.
431 K. O. Scherner, in: PRG II/1, S. 799.
432 K. O. Scherner in: PRG II/1, S. 799 f.
433 K. O. Scherner, in: PRG II/1, S. 801 ff.

worden waren.[434] Als Autoren solcher Werke sind für Italien in erster Linie *Sigsmondo Scaccia (etwa 1564 bis 1634)* und *Benvenuto Stracca (1509–1578)*, für Deutschland etwa *Johannes Marquard (1610 bis 1668)* zu nennen. Neben diesen Gesamtdarstellungen entstanden in dieser Zeit auch Einzeldarstellungen, u. a. zum Wechselrecht, zum Gesellschaftsrecht und zum Versicherungsrecht.

**410** Betrachtet man die in Deutschland bis in diese Zeit entstandene handelsrechtliche Literatur, so basiert sie in starkem Maße auf der italienischen Literatur, insbesondere auf den von Stracca und Scaccia verfassten Werken, deren Wurzeln im gelehrten Recht, in den moraltheologischen Bearbeitungen handelsrechtlicher Materien und in der französischen humanistischen Literatur zu finden sind. Die Entwicklung der Wissenschaft vom Handelsrecht in Deutschland ist jedenfalls über *Stracca* und *Scaccia* sowie über den Usus modernus mit der gesamteuropäischen Entwicklung mit ihren Schwerpunkten in Italien und Frankreich verbunden und nahm deshalb an der Gemeinsamkeit des gelehrten Rechts in Kontinentaleuropa teil.[435]

**411** Was die *Handelsrechtsgesetzgebung* angeht, so darf die Reichgesetzgebung nicht außer Betracht gelassen werden, mag auch ihr Anteil an der weiteren Ausbildung des Handelsrechts als gering angesehen werden. Immerhin bildete sich durch entsprechende einschlägige Vorschriften in den *Reichspolizeiordnungen*, wie z. B. in denen von 1530, 1548 und 1577, ein wachsender Komplex eines Handelsrechts aus. Gegenstand solcher zum Teil umfangreicher Regelungen waren auch zivilrechtliche Probleme, wie z. B. „wucherliche Contracta", Vorschriften über den Verkauf bestimmter Waren, Bankrott, Monopole und Probleme des Handwerks. Das Kaufmannsrecht selbst setzte sich zum größten Teil aus Partikulargesetzen zusammen. Die auf diese Weise gestalteten Kaufmannsrechte der einzelnen Territorialstaaten des Reiches und der Reichsstädte wichen zum Teil erheblich voneinander ab.[436]

**412** In Hamurg entstand ein vom lübischen Recht und später auch von der überarbeiteten Nürnberger Reformation von 1564 beeinflusstes Partikularrecht. Das *Hamburger Stadtrecht* von 1603/05 enthält wesentlich mehr Bestimmungen über das Handelsrecht als das revidierte Lübecker Stadtrecht. So finden sich u. a. Regelungen über kaufmännische Forderungen, Handelsbücher, Handelsgesellschaften, kaufmännischen Bankrott, Wechselrecht und Seerecht.

434 K. O. Scherner, in: PRG II/1, S. 829.
435 A. Söllner, in: IC II, 1969, S. 167 ff.
436 K. O. Scherner, ZHR 136, 1972, S. 468 ff.

Die erste bedeutende Kodifikation des Handelsrechts in Mitteleuropa war die französische *Ordonnance de commerce* von 1673. In Deutschland war es das *ALR*, das dem Handelsrecht einen breiten Raum gewährte. Es enthält in II, 8 ausführliche Regelungen über Kaufleute überhaupt, einschließlich einer Begriffsdefinition derselben (ALR II, 8 § 475: „Wer den Handel mit Waaren oder Wechseln als sein Hauptgeschäft treibt, wird ein Kaufmann genannt"), außerdem über Prokura, „Handlungsdiener", Lehrlinge, Handelsbücher, Handelsgesellschaften (II, 8 §§ 614 ff.), Wechsel, Makler, Reederei und Versicherungen. 413

Die Wurzeln des deutschen Handelsrechts lassen sich also zurückverfolgen auf die Werke der Kommentatoren, der Vertreter des Mos gallicus, der Kanonisten und nicht zuletzt auf die der Moraltheologen. Ein wichtiges Bindeglied bilden dabei die Werke von *Stracca* und *Scaccia*.[437] Das in der Praxis angewandte Handelsrecht – ob es nun in gesetzlichen Bestimmungen niedergelegt war oder nicht – hat in Deutschland keine eigene, rein nationale Entwicklung genommen; es war vielmehr eine gesamteuropäische Entwicklung eingebunden.[438] 414

**Schrifttum:** H. Coing, Europäisches Privatrecht, Bd, 1, S. 400 ff.; H. Conrad, Individuum und Gemeinschaft in der Privatrechtsordnung des 18. und des beginnenden 19. Jahrhunderts, 1956; derselbe, Staatliche Theorie und kirchliche Dogmatik im Ringen um die Ehegesetzgebung Josephs II., in: FS Schmaus, S. 1171 ff.; H. Conrad (Hrsg.), Recht und Verfassung des Reiches in der Zeit Maria Theresias. Die Vorträge zum Unterricht des Erzherzogs Joseph im Natur- und Völkerrecht sowie im Deutschen Staats- und Lehnrecht. Hrsg. mit G. Kleinheyer u. a., 1964; Conrad/Kleinheyer (Hrsg.), Vorträge über Recht und Staat von Carl Gottlieb Svarez (1746–1798). Wissenschaftliche Abhandlungen der Arbeitsgemeinschaft für Forschung des Landes Nordrhein-Westfalen, Bd. 10, 1960; H. Dilcher, Die Willenserklärung nach dem preußischen ALR „frei ernstlich und zuverlässig", in: Beitr. z. Rechtsgesch., S. 85 ff.; F. Ebel, Berichtung, transactio und Vergleich, Tübinger rechtswissenschaftliche Abhandlungen, Bd. 43, 1978; U. Eisenhardt, Zu den deutschrechtlichen Wurzeln des Handelsrechts oder wie deutsch ist das deutsche Handelsrecht?, in: FS Raisch, S. 51 ff.; R. Feenstra, Der Eigentumsbegriff bei Hugo Grotius im Licht einiger mittelalterlicher und spätscholastischer Quellen, in: FS Wieacker, S. 209 ff.; H. R. Hagemann, Erbrecht, HRG I, S. 971 ff.; N. Horn, Die legistische Literatur der Kommentatoren und die Ausbreitung des gelehrten Rechts, PRG I, S. 262 ff.; H. Kellenbenz, Handelsrecht, HRG I, S. 1942 ff.; M. Kaser, Römisches Privatrecht, 16. Aufl. 1992; T. Keiser, Ver-

437 U. Eisenhardt, in: FS Raisch, S. 51 ff.
438 S. Lammel, in: PRG II/2, S. 571 ff. mit Nachw.

tragsbegriff und Formproblem im hannoverschen Codex Georgianus von Friedrich Esaias Pufendorf, ZRG Germ. Abt. 125, 2008, S. 449; S. Lammel, Die Gesetzgebung des Handelsrechts, in: Handbuch PRG II/2, S. 571 ff.; P. Landau, Die Testierfreiheit in der Geschichte des Deutschen Rechts im späten Mittelalter und in der frühen Neuzeit, ZRG Germ. Abt. 114, 1997, S. 56 ff.; W. Leiser, Schichtspezifisches Privatrecht, ZRG Germ. Abt. 93, 1976, S. 1 ff.; M. Lipp, Die Bedeutung des Naturrechts für die Ausbildung der Allgemeinen Lehren des deutschen Privatrechts. Schriften zur Rechtstheorie, Heft 88, 1980; K. Luig, Die Anfänge der Wissenschaft vom deutschen Privatrecht, in: IC I, 1967, S. 195 ff.; derselbe, Institutionenlehrbücher des nationalen Rechts im 17. und 18. Jahrhundert, in: IC III, 1970, S. 64 ff.; : B. Mertens, Überlegungen zur Herkunft des Parentelsystems, ZRG Germ. Abt. 90, 1973, S. 149 ff.; P. Mikat, Ehe, HRG I, S. 809 ff.; E. Rabel, Grundzüge des römischen Privatrechts, 2. Aufl. 1955; K. O. Scherner, Kauf, HRG II, S. 675 ff.; P. Raisch, Geschichtliche Voraussetzungen, dogmatische Grundlagen und Sinnwandlung des Handelsrechts, 1965; K. O. Scherner, Anfänge einer deutschen Handelsrechtswissenschaft im 18. Jahrhundert, ZHR 136, 1972, S. 465 ff.; derselbe, Allgemeine Rechtsgrundsätze und Rechtsvergleichung im europäischen Handelsrecht des 17. und 18. Jahrhunderts, in: IC VII, 1979, S. 118 ff.; derselbe, Die Wissenschaft des Handelsrechts, in: Handbuch PRG II/1, S. 797 ff; D. Schwab, Grundlagen und Gestalt der staatlichen Ehegesetzgebung in der Neuzeit, 1967; derselbe, Die Ehescheidung nach Regensburger Recht, in: Beitr. z. Rechtsgesch., S. 515 ff.; A. Söllner, Zu den Literaturtypen des deutschen Usus modernus, in: IC II, 1969, S. 167 ff.; G. Wesener, Der Kauf nach österreichischem Privatrecht des 16. und 17. Jahrhunderts, in: FS Hämmerle, 1972, S. 433 ff.; D. Willoweit, Dominium und Proprietas. Zur Entwicklung des Eigentumsbegriffs in der mittelalterlichen und neuzeitlichen Rechtswissenschaft, in: Hist. Jb. Bd. 94, 1974, S. 131 ff.; H. Thieme, Natürliches Privatrecht und Spätscholastik, ZRG Germ. Abt. 70, 1953, S. 230 ff.

## IV. Der Zivilprozess

415 **1. Überblick.** Zu Recht wird die Meinung vertreten, die Gesamtheit der rechtlichen Lebensordnungen einer Rechtsgemeinschaft verwirkliche sich am sinnfälligsten im Prozess. Als Verfahren der Rechtspflege nach festen Regeln zur Herstellung des Rechtsfriedens und der Rechtssicherheit spiegelt er Niveau, Stil und Realitäten der Rechtskultur einer Epoche ebenso getreu wider wie deren soziale Grundlagen.[439]

Das in Italien entstandene römisch-kanonisch geprägte Recht beeinflusste auch die Entwicklung des Zivilprozessrechts in Deutschland. Wie in anderen Rechtsgebieten auch, waren es die gelehrten

439 H. Schlosser, ZNR 1982, S. 42.

Juristen, die als Richter und Urteiler in den Gerichten an entscheidender Stelle prägend wirken konnten. Mit gelehrten Juristen war auch das *Reichskammergericht* besetzt, dem ja das rezipierte fremde Recht als Richtschnur dienen sollte. In anderthalb Jahrhunderten entwickelte sich am Reichskammergericht ein Prozessrecht, das man als den „*älteren Kameralprozess*" bezeichnet. Dieses Prozessrecht wurde in der Mitte des 17. Jahrhunderts von dem sog. *gemeinen Zivilprozess* abgelöst, der das deutsche Zivilprozessrecht dann bis in das 19. Jahrhundert hinein prägte. Sowohl der ältere Kameralprozess als auch der jüngere gemeine Prozess haben die Gesetzgebung und die Praxis in den deutschen Einzelstaaten beeinflusst.

**2. Der Kameralprozess.** Die eigentliche Herkunft des Kameralprozesses liegt bei den geistlichen Gerichten (vgl. dazu oben Rdnr. 207), die römisches Prozessrecht, in den Besonderheiten des Rota-Prozesses, schon vor der eigentlichen Rezeption des römischen Rechts angewandt hatten.[440] Die Entwicklungsstufen des Kameralprozesses spiegeln vor allem die Reichskammergerichtsordnungen von 1495, 1521 und 1555 wider. Hauptmerkmale des kammergerichtlichen Prozesses waren: 416

- Verhandlungsmaxime,
- Schriftlichkeit des Verfahrens und
- der sog. Artikelprozess (Positionalverfahren).

*Verhandlungsmaxime* (auch als *Dispositionsmaxime* bezeichnet) bedeutete Verfügungsfreiheit der Parteien über den Streitgegenstand (den Prozessstoff), verbunden mit der Herrschaft über Gang und Inhalt des Verfahrens. Damit war die Möglichkeit, Prozesse durch verspätetes Vorbringen und Vertagungen zu verschleppen und zu verzögern, eingeräumt.[441] Die Dispositionsmaxime, die wesentlich vom bisherigen formal orientierten deutschen Prozess abwich, stammt aus dem kanonischen Recht. 417

An die Stelle des dem älteren deutschen Recht eigenen Grundsatzes der Mündlichkeit trat nun die *Schriftlichkeit* des Verfahrens. Ein Grund dafür dürfte das Ziel gewesen sein, auch entfernter wohnenden Parteien die Möglichkeit zu geben, dem Gericht ihr Vorbringen zu übermitteln. Allerdings wurden Reste eines mündlichen Verfahrens (in Form der Audienzen) beim Reichskammergericht erhalten. 418

---

440 A. Steins; B. Dick, S. 220.
441 H. Conrad, Bd. II, S. 457.

In stärkerem Maße behauptete sich die Mündlichkeit im Verfahren bei den Gerichten in den Territorialstaaten des Reiches.[442]

Das aus dem römisch-kanonischen Prozess übernommene *Artikelverfahren* überließ es dem Kläger, seine Klage in einzelne Tatsachen (Punkte) aufzugliedern (Artikel), zu denen der Beklagte Stellung nehmen musste (responsiones).

419 Auf der Grundlage des älteren sächsischen Rechts entwickelte sich der sog. *sächsische Prozess,* der sich in mancherlei Hinsicht vom Kameralprozess unterschied. Das sächsische Verfahrensrecht, an dessen Entwicklung auch die Rechtswissenschaft, insbesondere durch *Benedikt Carpzov* (zu diesem siehe oben Rdnr. 247f.), ihren Anteil hatte, fand ihren gesetzlichen Niederschlag in der Prozess- und Gerichtsordnung von 1622. Ein Hauptunterschied zum Kameralprozess bestand darin, dass nach sächsischem Recht bereits in der Klage alles vorgetragen werden musste, was für den Prozess von Bedeutung sein konnte, und auch der Beklagte alle Einwendungen, die ihm bekannt waren, gleichzeitig vorbringen musste. Damit wurde das Ziel verfolgt, die Prozesse zu beschleunigen.[443]

420 **3. Der gemeine Zivilprozess.** Auf der Grundlage des *Jüngsten Reichsbabschieds von 1654* haben Praxis und Theorie den sog. *gemeinen Zivilprozess* ausgebildet. Der gemeine Prozess, der dann auch in zahlreichen Prozessordnungen deutscher Territorialstaaten seinen gesetzlichen Niederschlag gefunden hat, ist dadurch gekennzeichnet, dass auf Grund der überwiegenden Schriftlichkeit des Verfahrens, der dilatorischen Fristen, der Rechtskraft der Beweisurteile (Interlokute), der Beweisregeln und des dreistufigen Instanzenzuges stets die Gefahr der Prozessverschleppung bestand.[444]

421 Im gemeinen Zivilprozess spielte das Institut der *Aktenversendung* eine besondere Rolle. In einem anhängigen Verfahren konnte sich ein Gericht mit der Bitte um Entscheidung an ein durch Rechtskenntnisse oder einschlägige Erfahrungen besonders ausgewiesenes Spruchkollegium wenden, das in der Regel ein Schöffenstuhl, ein Hofgericht oder die Rechtsfakultät einer Universität war. Das angerufene Spruchkollegium fällte dann eine Entscheidung, die als Urteil des Rat suchenden Gerichts verkündet wurde und als solches auch mit Rechtsmitteln anfechtbar war. Seit der Mitte des 16. Jahrhunderts waren es vor allem die Rechtsfakultäten, die im Wege der Aktenversendung angerufen wurden. In deren Spruchtätigkeit sahen die

442 H. Conrad, Bd. II, S. 457.
443 H. Conrad, Bd. II, S. 458.
444 H. Schlosser, ZNR 1982, S. 49.

Herrrscher des Absolutismus einen Eingriff in die Gerichtshoheit des Landesherrn. Trotz mancher staatlicher Beschränkungen und Verbote erhielt sich die Aktenversendung bis in das 19. Jahrhundert hinein.[445]

1654 fand das Bestreben des Reichstages, das Verfahren bei dem Reichskammergericht in Anlehnung an das sächsische Verfahrensrecht zu reformieren, im sog. *Jüngsten Reichsabschied von 1654 (JRA)*[446] seinen Niederschlag. Obwohl das neue Prozessrecht in erster Linie für das Reichskammergericht gelten sollte, wies der JRA die Kurfürsten und Stände des Reiches an, „bey ihren Unter-Gerichten die Verordnungen thun, damit, so viel müglich, bey denenselben die Norma des Cammer-Gerichtlichen Prozess observirt werde…“[447] Damit sollte der gemeine Prozess im gesamten Reich eingeführt und das Zivilverfahrensrecht vereinheitlicht werden. 422

**Schrifttum:** B. Dick, Die Entwicklung des Kameralprozesses nach den Ordnungen von 1495 bis 1555. QFHG, Bd. 10, 1981; A. Laufs, Die Reichskammergerichtsordnung von 1555. QFHG, Bd. 3, 1976; M. Loschelder, Die österreichische Allgemeine Gerichtsordnung von 1781. Grundlagen- und Kodifikationsgeschichte. Schriften zur Rechtsgeschichte, Bd. 18, 1978; H. Schlosser, Situation, Zielsetzung und Perspektiven der rechtshistorischen Forschung zum Zivilprozess, ZNR 1982, S. 42 ff.; A. Steins, Der ordentliche Zivilprozess vor dem bischöflichen Offizial. Ein Beitrag zur Geschichte des gelehrten Prozesses in Deutschland im Spätmittelalter, 1972; C. Wollschläger, Zivilprozess – Statistik und Wirtschaftsentwicklung in Preußen im 18. und 19. Jahrhundert, ZNR 1981, S. 16 ff.

## § 10. Straf- und Strafprozessrecht bis 1806

### I. Das mittelalterliche Strafrecht

**1. Überblick.** Zu einer staatlichen Ordnung, die den Menschen Sicherheit gewähren kann und will, gehört eine Strafgerichtsbarkeit. Diese dient der Gerechtigkeit. Wo eine legitimierte Staatsgewalt fehlt, kann sich ein materielles Strafrecht und ein Rechtssicherheit garantierendes Strafverfahren nicht entwickeln. Das Strafrecht der germanischen und der frühen fränkischen Zeit wurde wesentlich geprägt durch die *Fehde*, eine nach germanischem Recht anerkannte *Privatrache*: Durch die Fehde nahmen der Verletzte und seine Verwandtschaft bzw. die Verwandtschaft eines Erschlagenen am Missetäter und seinen Verwandten Rache. Erst als sich im alten deutschen Reich Terri- 423

445 H.Conrad, Bd. II, S. 463 f. mit Nachw.
446 Text: NS III, S. 640 ff.
447 JRA v. 1654, § 137, Text: NS III, S. 665.

torialstaaten mit einer sich herausbildenden Justiz entwickelt hatten (siehe oben Rdnr. 119ff.), welche die Durchsetzung von Recht in einem geordneten Verfahren zu garantieren vermochte, gelang der Durchbruch zu einem öffentlichen Strafrecht, das Fehde und Privatrache verdrängen konnte.

424 **2. Die Fehde.** Wenn auch heute mit der *Fehde* in erster Linie das Rittertum in Verbindung gebracht wird (ritterliche Fehde), so darf doch nicht übersehen werden, dass die *gewöhnliche Fehde* zwischen Bauern und zwischen Bürgern stattfand, ehe das waffenfreudige Rittertum das Fehderecht ausschließlich für sich in Anspruch nahm.

Die *gewöhnliche Fehde* war in erster Linie Fehde wegen verübten Totschlages. Später wurde sie auch wegen anderer Missetaten zugelassen. Beigelegt werden konnte die Fehde durch die Sühne, d. h. einen in förmlicher Weise abgeschlossenen *Sühnevertrag*, der den Friedensschluss zwischen den Fehdeparteien herbeiführte.

425 Man würde zu einer falschen Beurteilung der Fehde und der Rache des Mittelalters – beides Erscheinungen, die sich bis in das 16. Jahrhundert hinein gehalten haben – gelangen, wenn man in ihnen bloße Gewalttätigkeit und Unrecht – Auswüchse eines illegalen „Faustrechts" – sähe, mit denen schwache obrigkeitliche Gewalten nicht fertig geworden sind. Die Fehde war ihrer Idee nach „Abwehr von Unrecht und Rechtswahrung im Wege der Selbsthilfe".[448] Als solche war sie wesentlicher Bestandteil der mittelalterlichen Rechtsordnung. Man kann in der Fehde mit den aus ihr fließenden Gewalt- und Rachetaten eine im Mittelalter tief im Rechtsbewußtsein verankerte Reaktion auf Missetaten sehen.[449]

426 König, Territorialherrn und Städte unternahmen große Anstrengungen, um Fehde und Rache zu verdrängen. Der *Mainzer Reichslandfrieden von 1235* war bestrebt, das Recht zur Fehde zu eliminieren. Damit wurde ein Prozess der „Delegitimierung der Fehde" eingeleitet, der mit dem Ewigen Landfrieden von 1495 endet.[450] Da diese beiden Landfrieden in der Zeit der Rezeption des römisch-kanonischen Rechts entstanden sind, wird die These vertreten, die „Entrechtlichung" der Fehde sei auf eine „Ersetzung der germanisch-deutschen durch die römisch-kanonische Rechtskultur zurückzuführen".[451]

---

448 E. Schmidt, § 37.
449 H. R. Hagemann, Basler Rechtsleben, S. 165.
450 E. Wadle, in: Landfrieden, Strafe, Recht, S. 103ff.; M. G. Fischer, in: FS Sellert, S. 138.
451 M. G. Fischer, in: FS Sellert, S. 138.

Im Wesentlichen ging es zunächst darum, die Auswüchse der Fehde und ihren Missbrauch einzudämmen. Sie völlig zu verbieten und dem einzelnen den vollständigen Verzicht auf Selbsthilfe aufzunötigen, konnte erst in dem Moment gelingen, in dem eine Justiz existierte, wie sie sich in Deutschland erst allmählich in den Territorialstaaten und Städten herausbildete. 427

Gerade die Tendenz, Fehde und Rache als Selbsthilfe aus dem Rechtsleben auszuschalten, führte zu wichtigen Ansätzen, aus denen sich das Strafrecht weiterentwickelt hat. Ein wesentlicher Erfolg der hochmittelalterlichen Friedensbewegung wird in der „Kriminalisierung des Strafrechts“ gesehen: Von nun an wird das Delikt nicht mehr als Eingriff in die Rechte eines anderen betrachtet, der mit Buße zu sühnen ist, sondern als Bruch des Friedens, der mit „peinlicher“ Strafe (Lebens- oder Leibesstrafe) vergolten werden muss.[452]

**3. Die Straftaten.** In der frühen Zeit vermochte man eine *Missetat*, 428
die man als *Unrecht* bezeichnete, noch nicht so zu verstehen, dass (im modernen Sinne) zwischen strafrechtlichen und zivilrechtlichen Zuwiderhandlungen gegen die Rechtsordnung streng unterschieden wurde.[453] Die *Missetat* verpflichtete den Schädiger, Ersatz in Gestalt einer *Buße* leisten, die auch strafrechtlichen Charakter trug; insofern kann man sie als *Privatstrafe* bezeichnen.[454]

Wann ein *peinliches Strafrecht* (peinlich von lat. poena = Strafe, hier vor allem an Leib und Leben betreffend), verbunden mit einem öffentlichen Strafanspruch entstanden ist, ist umstritten. Gegenwärtig lässt sich die Frage, wie sich ein öffentliches, in seinen Anfängen peinliches Strafrecht durchgesetzt hat, kaum exakt beantworten.[455] Manche erklären die wesentlichen Umwandlungen des mittelalterlichen Strafrechts vorwiegend mit dem Einfluss der *Landfrieden* (siehe oben Rdnr. 116f.).[456] Die wichtigste Errungenschaft des Landfriedensrechts im Bereich des Strafrechts wird darin gesehen, dass mit der allmählichen Verwandlung der Auffassung von Delikt und Strafe nun das öffentlich-rechtliche Element in den Vordergrund gestellt wurde.[457]

452 E. Kroeschell, Bd. 1, S. 196.
453 E. S. Bader, ZRG Germ. Abt. 112, 1995, S. 1, 24.
454 G. Gudian, ZRG Germ. Abt. 90, 1973, S. 121.
455 G. Jerouschek, in: FS Kroeschell, S. 597ff. mit Nachw.
456 M. L. Klementowski, ZRG Germ. Abt. 113, 1996, S. 217 mit Nachw.
457 M. L. Klementowski, ZRG Germ. Abt. 114, 1996, S. 21, 235.

429 Im Mittelalter gab es keine feste Terminologie für Straftaten, wie sie für das moderne Strafrecht charakteristisch ist: Die Bezeichnungen für die verschiedenen strafbaren Handlungen und Unterlassungen waren oft fließend und schwankend.[458] An der aus der vorherigen Zeit überkommenen, an den äußeren Erfolg anknüpfenden Beurteilung einer Tat wurde im Mittelalter festgehalten. Allerdings spielte es eine Rolle, ob eine Tat vorsätzlich (mit Willen) oder fahrlässig begangen worden war.

430 Bei den *Tötungsdelikten* wurde zwischen *Mord* und *Totschlag* unterschieden. Ein wesentliches Begriffsmerkmal für den Mord war die Heimlichkeit oder Verheimlichung der Begehung, ein anderes konnte die „niedrige Gesinnung" bei der Tötung eines Menschen sein. Seit dem 14. Jahrhundert qualifizierte man die Tötung „mit Vorbedacht" als Mord. Mord und Totschlag wurden mit verschiedenartigen peinlichen Strafen geahndet. Mord wurde mit dem Tode in Gestalt des Räderns, aber auch des Hängens und Verbrennens bestraft, Totschlag hingegen mit der „ehrlichen Strafe" des Enthauptens gesühnt.[459]

431 *Eigentumsdelikte* waren Diebstahl und Raub. Als *Diebstahl* wurde die heimliche Wegnahme – Heimlichkeit war ein Wesensmerkmal des Diebstahls – einer fremden beweglichen Sache in der Absicht, sich dieselbe anzueignen, angesehen. Der sog. große Diebstahl wurde in der Regel, z. B. nach dem Reichslandfrieden von 1152, mit dem Tode bestraft, und zwar durch Hängen am Galgen.[460]

Ob der Diebstahl groß oder klein war, richtete sich nach dem Wert der gestohlenen Sache. Der Täter eines kleinen Diebstahls unterlag Strafen an Haut und Haar, Verstümmelungsstrafen oder musste Geldbrüchen zahlen. Zu den qualifizierten Fällen des Raubes zählten der Raub zur Nachtzeit und der Straßenraub. Der *Raub* wurde mit dem Tode, vollzogen auch durch Rädern, Ertränken und Hängen am Galgen, bestraft.

Andere wichtige Straftaten, die verfolgt wurden, waren u. a. Verstöße gegen Gottes Ehre und den christlichen Glauben einschließlich Meineid und Zauberei, Vergehen gegen Sittlichkeit und Ehe, wie z. B. Ehebruch, Konkubinat und Inzest, Vergehen gegen Freiheit und Ehre sowie Fälschung und Betrug.[461]

432 **4. Die Strafen. a) Überblick.** Nach heutigem Verständnis stehen *Sühne* und *Strafe* nicht im Verhältnis der Alternative zueinander. Sühne wird als Strafzweck angesehen. Das alte Recht setzte, um Ra-

458 H. R. Hagemann, Basler Rechtsleben, S. 247.
459 H. Conrad, Bd. I, S. 445 f.
460 H. R. Hagemann, in: FS Krause, S. 1 ff.
461 H. R. Hagemann, Basler Rechtsleben, S. 255.

che und Fehde zu beenden, die Sühne an die Stelle der noch nicht ausgebildeten Strafe. Die Sühne ist als Unrechtsausgleich der ältere Rechtssprachebegriff; der Begriff Strafe taucht erst sehr viel später auf.[462]

Seit dem frühen Mittelalter war die *Totschlagsühne* weit verbreitet. Im Rahmen eines *Sühnevertrages* übernahm der Täter gegenüber den Hinterbliebenen des Opfers Verpflichtungen zum Zwecke der Versöhnung und der Wiedergutmachung der von ihm begangenen Tötung. Dabei ging es in erster Linie um Schadensausgleich. Im Gegenzug sollte der Täter von einer peinlichen Bestrafung befreit sein. Eine Sühnevereinbarung konnte vor einem Gericht, aber auch außergerichtlich getroffen werden. Sühneverfahren mit Sühneverträgen traten häufig neben das peinliche Strafverfahren. Die Tradition der Sühneverfahren hielt sich jedenfalls noch teilweise neben dem vordringenden Inquisitionsprozess.[463]

**b) Bußen und Brüchen.** Das Mittelalter wurde zunächst noch durch das *Bußenstrafrecht* geprägt. Die Bußen entstanden mit den Bemühungen der Kirche und der obrigkeitlichen Gewalt, Fehde und Rache durch einen *Zwang zur Sühne* zurückzudrängen. *Bußen* und *Wergeld*, das bei der Tötung eines „gemeinfreien Mannes“ die Buße darstellte, wurden zu einem „Kompositionensystem“ zusammengestellt, mit dem die durch Missetaten entstandenen Unrechtsfolgen geahndet werden sollten. Für fast alle in Betracht kommenden Rechtsverletzungen wurden mit Differenzierungen innerhalb der einzelnen Deliktsgruppen, wie z. B. Tötungen, Körperverletzungen etc., „Bußkataloge“ aufgestellt. Dabei bildete das *Wergeld*, die Grundlage für die Festsetzung der Bußsätze. 433

Solange die Bußen an die verletzte Sippe fielen, waren sie der Idee nach „Abkauf des Racherechts“, zugleich aber auch immaterieller Schadensersatz.[464] 434

Nachdem die festen Bußsätze fortgefallen waren, bestimmten vielfach Richter nach ihrem Ermessen die Höhe der Buße. In zunehmendem Maße erhielt auch die öffentliche Gewalt einen mehr oder weniger bedeutenden Anteil an der Buße. Damit hatte sich die Entwicklung von der Sühneleistung zur *Geldstrafe* vollzogen.

---

462 K. S. Bader, ZRG Germ. Abt. 112, 1995, S. 1, 13 ff.
463 A. Deutsch, ZRG Germ. Abt. 122, 2005, S. 113 ff., 147.
464 E. Schmidt, § 7.

Weitergetragen wurde die Entwicklung mit der Ausbildung der „Brüchen“ für geringere Delikte, d. h. Unrechtsfolgen, die von vornherein den Charakter reiner Geldstrafen hatten. Geringe Delikte, derentwegen Brüchen festgesetzt wurden, fanden sich insbesondere in den städtischen Willkürsatzungen. Darunter fielen auch Störungen der städtischen Ordnungen und gewerbliche Vergehen.[465]

435 **c) Die peinlichen Strafen. aa) Überblick.** In die Zeit des 11. bis 13. Jahrhunderts fällt die Ausbildung eines strengeren Strafrechts, eines Strafrechts, das die *peinliche Strafe,* die Strafe an Leib und Leben, betonte. Es ist dies zugleich die Zeit, in der das Strafrecht seinen stark ständisch ausgeprägten Charakter verlor. Waren ehemals für Freie und Unfreie unterschiedliche Strafen für dieselben Taten angedroht worden, so verschwanden nun die Unterschiede in der Behandlung Freier und Unfreier weitgehend. Die öffentlichen Interessen, die mit den mittelalterlichen Friedensordnungen geschützt werden sollten, ließen eine ständische Unterscheidung nicht mehr zu. Vor den Interessen der Allgemeinheit musste der Tatunwert der gleiche sein, mochte nun ein Freier oder ein Unfreier den Frieden durch eine Missetat gebrochen haben.

436 Die politische Zerrissenheit des Mittelalters ließ die Entwicklung eines einheitlichen Systems von peinlichen und sonstigen öffentlichen Strafen nicht zu. Zu viele Kräfte beeinflussten in unterschiedlicher Weise die Entwicklung des Strafensystems, als dass es möglich gewesen wäre, überall die gleichen Bestrafungsmethoden entstehen zu lassen.[466]

Die Verschärfung des Strafrechts um die Wende vom 11. auf das 12. Jahrhundert dürfte eine Auswirkung der neuen ökonomischen Verhältnisse und der Entwicklung der Geldwirtschaft sein. Es galt, sich einer zunehmenden Welle der Räuberei und der Privatkriege zu erwehren, die die wirtschaftlichen Interessen auch der Territorial- und Stadtherren betrafen.[467]

437 **bb) Die Todesstrafen.** Für schwere Verbrechen, wie Mord, Notzucht, Raub, Ketzerei und Zauberei, aber auch für Diebstahl wurde die Todesstrafe verhängt. Im Verlaufe des Mittelalters nahm die Zahl der Verbrechen, die mit dem Tode bestraft wurden, eher zu als ab.

Dort, wo die Todesstrafe für viele Verbrechen in großem Umfange verwendet wurde, bestand offenbar das Bedürfnis, innerhalb der To-

465 E. Schmidt, § 40.
466 E. Schmidt, § 44.
467 M. L. Klementowski, ZRG Germ. Abt. 114, 1996, S. 217, 245.

desstrafe Abstufungen im Hinblick auf die Schwere der Tat einzuführen. Im Mittelalter scheint es eine Vorstellung davon gegeben zu haben, dass eine Proportionalität zwischen Verbrechen und Strafe vorhanden sein müsse. Verhängte man die Todesstrafe schon für verhältnismäßig leichte Straftaten, so mussten bei schweren Verbrechen die Leiden des Verurteilten durch die Art der auferlegten Strafen verschärft werden.[468] Die Unterschiede der Geschlechter konnten sich in der Art der Strafe bemerkbar machen.

Leichtere Todesstrafen waren das Hängen für Diebstahl, Raub etc., und das Enthaupten für Totschlag, Raub, Bruch des Landfriedens, Ehebruch etc. 438

Zu den qualvollen Todesstrafen gehörten das Rädern, die Vierteilung, das Verbrennen, das Ertränken und das Sieden in Wasser und Öl sowie das Lebendigbegraben. Wurde der Verurteilte gerädert, so wurden seine Glieder mit einem Rade zerstoßen; anschließend wurde er tot oder lebendig auf das Rad geflochten, das anschließend aufgerichtet wurde. Wollte man diese Todesstrafe noch weiter verschärfen, so ließ man den Verurteilten zur Richtstätte schleifen oder seinen Körper auf dem Wege dorthin mit glühenden Zangen zerreißen. Typische Todesstrafen, die an Frauen vollzogen wurden, waren das Ertränken und das Lebendigbegraben.

**cc) Die Verstümmelungsstrafen.** Waren die Verstümmelungsstrafen zunächst nur Strafen für Unfreie, so gewannen sie im Mittelalter 439
mit der Gottes- und Landfriedensbewegung den Charakter von allgemeinen Strafen.[469] Zu diesen gehörten u. a.:

- das Abhauen der Hand bei gewalttätigen, zu Verwundungen führenden Verletzungen eines regionalen Friedens oder eines gelobten oder gebotenen Friedens;
- das Abhauen einzelner Finger oder Fingerglieder, z. B. bei kleinen Diebstählen, Meineid und falschem Zeugnis;
- das Abschneiden oder Ausreißen der Zunge, z. B. bei Meineid, falschem Zeugnis, Gotteslästerung und Verleumdung.

**dd) Ehrenstrafen.** Eine der möglichen Ehrenstrafen war die Verur- 440
teilung zur „Ehr- und Rechtlosigkeit“, womit u. a. die Gerichtsfähigkeit verlorenging. Diese Strafe wurde zusammen mit der Todesstrafe, aber auch in vielen Fällen, in denen der Täter am Leben blieb, verhängt.

Eine andere Art der Ehrenstrafe hatte die öffentliche Beschimpfung zum Zweck, so z. B. der *Pranger*, der in den Städten in vielerlei

468 E. Schmidt, § 45.
469 H. Conrad, Bd. I, S. 43.

Form – u. a. in Gestalt der Ausstellung in einem eisernen Käfig – verwandt wurde, und der „schimpfliche Aufzug". Bei letzterem musste der Verurteilte in einem Hemd oder barfuß durch den Ort gehen und einen ihn lächerlich oder verächtlich machenden Gegenstand tragen.

441 **ee) Freiheitsstrafen.** Der Freiheitsentzug hatte im Mittelalter als Strafe nur geringe Bedeutung. Die Gefängnisse des Mittelalters, die sich vorwiegend in Türmen und Rathauskellern befanden, dienten in erster Linie der Verwahrung der Gefangenen während des Prozesses oder bis zur Hinrichtung. Das Festhalten in Gefängnissen konnte allerdings auch als Strafe gegenüber einem zahlungsunfähigen Bußschuldner dienen.

Die längeren, z. T. lebenslangen, Aufenthalte in Gefängnissen, die sich seit dem 14. Jahrhundert in den Städten nachweisen lassen, waren in Wirklichkeit Leibesstrafen. Die in dunklen Verliesen in Kälte bei Ungeziefer und Hunger festgehaltenen Gefangenen litten körperliche Qualen.

442 **d) Sinn und Zweck der peinlichen Strafen.** Sinn und Zweck der peinlichen Strafen des Mittelalters zu ermitteln, ist kein einfaches Unterfangen. Der Grund für die Dominanz der peinlichen Strafen wird inzwischen in der Landfriedensbewegung gesehen. Im Vordergrund stand der Gedanke, dass die peinliche Strafe ein Unwerturteil auf die Tat und die Person des Täters darstellen sollte; dieses Unwerturteil bezog seine Legitimation aus der Friedensidee.[470]

Mit der häufigen Verwendung der sog. *spiegelnden Strafen* (z. B. verlor der meineidige Täter die Schwurfinger, der Verleumder die Zunge) sollte das begangene Verbrechen am Täter selbst offenbar werden. Auch der *Vergeltungsgedanke* dürfte ein tragendes Element gewesen sein. Im Anschluss an alttestamentarische Vorstellungen sollte dem Täter mit der Strafe das gleiche Übel zugefügt werden, welches das von ihm begangene Verbrechen über das Opfer gebracht hatte („Auge um Auge, Zahn um Zahn"). Man spricht in diesem Zusammenhang auch von *Talionsstrafen (= Vergeltungsstrafen)*. Auch die *Abschreckung* war ein Zweck, den die peinlichen Strafen zum Teil erfüllen sollten. Diese Vorstellung kommt insbesondere im Zusammenhang mit den Bestrebungen zur Einhaltung der Landfrieden zum Ausdruck.

443 Sinn und Zweck der peinlichen Strafen werden auch mit politischen Erwägungen erklärt: Obrigkeitliche Machtmittel gegen ein gefährliches Verbrecher-

470 E. Wadle, in: Landfrieden, Strafe, Recht, S. 207 u. 215.

tum waren nur in geringem Umfang durchsetzbar, nicht zuletzt deshalb, weil eine straffe Zentralgewalt fehlte. Daraus erwuchs der Gedanke, dass man mit harten Strafandrohungen und brutalen Vollstreckungsmethoden auf potentielle Verbrecher einen möglichst großen Abschreckungseffekt erzielen müsse. Die Verrohung des Strafensystems und seine Anwendung werden auch damit erklärt, dass eine Rechtswissenschaft, die leitend, steuernd und maßgebend den Gesetzgeber – soweit man davon überhaupt sprechen konnte – und die praktische Rechtspflege hätte beeinflussen können, im Mittelalter nicht vorhanden war und die Besinnung auf das Grundsätzliche fehlte.[471]

**Schrifttum:** K. S. Bader, Zum Unrechtsausgleich und zur Strafe im Frühmittelalter, ZRG Germ. Abt. 112, 1995, S. 1 ff.; A. Deutsch, Späte Sühne – Zur praktischen und rechtlichen Einordnung der Totschlagsühneverträge in Spätmittelalter und früher Neuzeit, ZRG Germ. Abt. 122, 2005, S. 113 ff.; M. G. Fischer, Über den Rechtscharakter der Fehde im Spätmittelalter, in: FS Sellert, S. 123 ff.; G. Gudian, Geldstrafrecht und peinliches Strafrecht im späten Mittelalter, in: FS Erler, S. 273 ff.; H. R. Hagemann, Vom Diebstahl im altdeutschen Recht, in: FS Krause, S. 1 ff.; derselbe, Basler Rechtsleben im Mittelalter, 1981; G. Jerouschek, Geburt und Wiedergeburt des peinlichen Strafrechts im Mittelalter, in: FS Kroeschell, S. 497 ff.; M. L. Klementowski, Die Entstehung der Grundsätze der strafrechtlichen Verantwortlichkeit und der öffentlichen Strafe im deutschen Reich bis zum 14. Jahrhundert, ZRG Germ. Abt. 113, 1996, S. 217 ff.; W. Schild, Folter, Pranger, Scheiterhaufen. Rechtsprechung im Mittelalter, 2010; E. Schmidt, §§ 6 ff., 33 ff.; E. Wadle, Die Delegitimierung der Fehde durch die mittelalterliche Friedensbewegung, in: E. Wadle, Landfrieden, Strafe, Recht. Zwölf Studien zum Mittelalter. Schriften zur Europäischen Rechts- und Verfassungsgeschichte Bd. 37, 2001, S. 103 ff.; derselbe, Die peinliche Strafe als Instrument des Friedens, in: E. Wadle, Landfrieden, Strafe, Recht. Zwölf Studien zum Mittelalter. Schriften zur Europäischen Rechts- und Verfassungsgeschichte Bd. 37, 2001, S. 197 ff.

## II. Wandlungen des Strafrechts in der Neuzeit (bis 1806)

**1. Die Rezeption und die Reform der Strafrechtspflege. a) Überblick.** Ein verbreitetes Verbrecher- und Bandenwesen, das gestiegene öffentliche Interesse an der Verbrechensverfolgung und unangemessene Formen des Strafverfahrens, das wegen seiner Formlosigkeit, insbesondere bei der Anordnung und Durchführung der Folter (Tortur), zu einer schweren Bedrohung für jeden Beschuldigten werden konnte, erforderten im Spätmittelalter dringend Reformen in der Strafrechtspflege. Die einsetzenden Reformbestrebungen fielen mit der Rezeption des römisch-italienischen Strafrechts im 15. und 16. Jahrhundert zusammen, wie es auf der Grundlage des Corpus iuris 444

471 E. Schmidt, § 53.

von den Glossatoren und Postglossatoren/Kommentatoren fortentwickelt worden war. Dieses wissenschaftlich bearbeitete Recht hatte sich bereits in der Strafrechtspflege der italienischen Stadtstaaten bewährt. Deutsche Strafrechtsquellen, in denen sich römisch-italienisches Gedankengut deutlich niedergeschlagen hat, sind vor allem die *Bambergische Halsgerichtsordnung von 1507 (Constitutio Criminalis Bambergensis [CCB])* und die *Peinliche Halsgerichtsordnung Karls V. von 1532 (Constitutio Criminalis Carolina [CCC]).*

445 Diese neben der *Wormser Stadtrechtsreformation von 1498* ersten bedeutenden deutschen Strafrechtsgesetze fassten Verfahrensrecht und materielles Strafrecht unter Voranstellung des Verfahrensrechts zusammen. Die heute übliche Trennung von materiellem Recht und Verfahrensrecht findet sich in der Strafrechtsentwicklung erst verhältnismäßig spät, und zwar erstmals in der österreichischen Gesetzgebung gegen Ende des 18. Jahrhunderts.[472] Die frühen Rechtsordnungen denken vom Verfahren her. Schon das römische Zivilrecht mit seinem aktionenrechtlichen Denken ist im Grunde überwiegend Zivilprozessrecht. Die gedankliche Abstraktionsleistung der neueren Zeit besteht in der von verfahrensrechtlichen Überlegungen losgelösten Diskussion materiellrechtlicher Fragen. Erst die naturrechtlichen Denker – unter ihnen *Pufendorf* (siehe oben Rdnr. 289 ff.) – perfektionierten das materielle Recht und förderten damit die Loslösung desselben vom Verfahrensrecht.[473]

Die Sühneverfahren (Totschlagsühne vgl. oben Rdnr. 433), die sich neben dem peinlichen Strafverfahren und sogar noch neben dem Inquisitionsprozess gehalten hatten, waren nach vielen Landrechten und Prozessrechten auch noch nach der Carolina von 1532 möglich, auch wenn die Carolina selbst sie ausschloss. Sie wurden in vielen Regionen des Reiches erst um die Wende zum 17. Jahrhundert aufgegeben.[474]

446 **b) Die Bambergische Halsgerichtsordnung von 1507.** Überragende Bedeutung für die Rezeption des römisch-italienischen Rechts im Bereich der Strafrechtspflege gewann vor allem die Bambergische Halsgerichtsordnung von 1507, die ein Werk des *Johann von Schwarzenberg (1465 bis 1528)* ist, der in den Diensten des Bischofs von Bamberg stand.

472 G. Kleinheyer, Vom Wesen der Strafgesetze.
473 T. Vormbaum, in: FS Eisenhardt, S. 155 ff.
474 A. Deutsch, ZRG Germ. Abt. 122, 2005, S. 113, 148.

Als Vorsitzer des Bamberger Hofgerichts, einem Amt, das er ohne gelehrte und juristische Bildung angetreten hatte, bot sich ihm die Gelegenheit, mit allen Fragen und Sorgen der Rechtspflege vertraut zu werden. Schwarzenberg hat auch die gesetzgeberische Arbeit an der Carolina in der Weise beeinflusst, dass diese im Wesentlichen eine für die Bedürfnisse und Verhältnisse des Reiches umgearbeitete Fassung der Bambergischen Halsgerichtsordnung darstellte.[475] *Schwarzenbergs* besondere Leistung besteht darin, dass es ihm gelang, römisch-italienische Lehren des Strafrechts und des Strafprozessrechts in einer das deutsche Rechtsempfinden berücksichtigenden und diesem entsprechend angepassten Weise zu verarbeiten.

*Schwarzenberg* sah das anzuwendende Recht als Mittel zur Durchsetzung von Gerechtigkeit und Gemeinnutz an. Er setzte die Gerechtigkeit an die erste Stelle seiner Wertskala und räumte ihr Vorrang vor der Nützlichkeit und der Zweckmäßigkeit – der Staatsräson – ein. Er versuchte, dieses Ziel durch eine festere Ordnung des Inquisitionsprozesses, insbesondere durch Bindung des Gerichts an feste Beweisregeln und durch eine lebensnahe Indizienlehre, zu verwirklichen; dabei konnte er sich auf eigene Erfahrungen stützen, die er als Richter gesammelt hatte.[476] 447

**c) Die peinliche Gerichtsordnung Karls V. von 1532 (Carolina).** 448
In einem Zeitraum von etwa dreißig Jahren entstand die *Carolina*, deren eigentliche Grundlage die *Constitutio Criminalis Bambergensis* war. Der Reichstag beschloss sie 1532, allerdings mit der Klausel in der Vorrede, dass den Kurfürsten, Fürsten und übrigen Reichsständen „an ihren alten wohlhergebrachten rechtmäßigen und billichen Gebräuchen nichts benommen“ werden solle.[477] Damit blieb der Vorrang von reichsständischen und anderen Partikularrechten erhalten. Ohnehin war die Carolina nicht geeignet, ein „Reichsgesetz“ mit der Verbindlichkeit zu werden, wie wir sie heute mit dem Gesetzesbegriff zu verbinden pflegen. Sie verstand sich selbst auch nicht als Gesetz, sondern als „Ordnung“ oder „Satzung“, die Richtlinien dafür schaffen sollte, wie die Rechtspflege „dem gemeinen Rechten, Billigkeit und löblichen hergebrachten Gebräuchen gemäß“.[478] gehandhabt werden sollte.

Da mit der Carolina der Zweck erreicht werden sollte, Maßnahmen zur Sicherung der Gerechtigkeit des Strafverfahrens zu schaffen,

475 H.Conrad, Bd. II, S. 408.
476 B. Pahlmann, in: K.-S., S. 365 ff.
477 Text: NS II, S. 365.
478 CCC, Vorrede, Text: NS II, S. 365.

mussten in erster Linie Missstände im Strafverfahren behoben werden. Der Schwerpunkt der in der Carolina enthaltenen Regelungen liegt deshalb bei den Verfahrensvorschriften.[479] Die Carolina ist folglich auch als eine Prozessordnung bezeichnet worden, „in die ein Strafgesetzbuch eingeschaltet sei".[480]

449 Der Anwendungsbereich der Carolina ist dadurch umrissen, dass sie sich selbst als peinliche Gerichtsordnung bezeichnet: Sie bezieht sich nur auf peinliche Strafsachen, auf Straftaten also, die mit Pein verursachenden, körperlichen Strafen zu ahnden sind; dabei entspricht das Wort Pein dem lateinischen poena. Damit sind nur die nach der Anschauung der Zeit schwereren Straftaten gemeint, während leichtere Verfehlungen im Wege der Klage in einem Zivilprozess, in der Regel mit Geldbußen zu ahnden waren.[481]

450 Was das materielle Recht anbetrifft, so enthält die Carolina viele Regelungen, die für die Entwicklung der Strafrechtspflege in Deutschland von nachhaltiger Bedeutung geworden sind. War es bisher in Deutschland üblich gewesen, Verbrechen nur allgemein zu bezeichnen, so beschrieb die Carolina nun zahlreiche fest umrissene Tatbestände, wie z. B. Meineid, Gotteslästerung, Schmähung, Münzfälschung und Totschlag. In manchen anderen Fällen blieb es allerdings bei der Benennung von Delikstypen. Die Carolina unterschied zwischen Mord und Totschlag, die unterschiedlich bestraft werden sollten. Es ist vom „vorsätzlichen mutwilligen Mörder" die Rede und vom Totschläger, der „aus Jähe und Zorn" handelt.

451 Ohne dass bis zu diesem Zeitpunkt der Schuldbegriff in seiner ganzen Bedeutung und Tiefe erfasst war, legte die Carolina den staatlichen Strafen das Prinzip der Schuldhaftung zugrunde. Die Zurechnungsfähigkeit war u. a. in Art. 179 geregelt, wonach „jemand der Jugend oder anderer Gebrechlichkeit halben wissentlich seine Sinn nicht hätt ein Übelthat begangen", entsprechend milder behandelt werden sollte.[482] Zufällige Schädigungen führten nicht zur Bestrafung, sondern nur vorsätzlich oder fahrlässig begangene Straftaten. Deutliche Ansätze für die Ausbildung allgemeiner Regeln des Strafrechts sind z. B. in den Vorschriften über den strafbaren Versuch, die Notwehr und die Mitwirkung bei Straftaten erkennbar.

452 Was das Strafensystem angeht, so stellte sich die Carolina wenig fortschrittlich dar. Mit den Strafen „an Leib, Leben oder Gliedern",

479 H. v. Weber, ZRG Germ. Abt. 70, 1960, S. 288 ff.
480 G. Kleinheyer, in: P. Landau/F.-C. Schroeder, S. 25 mit Nachw.
481 G. Kleinheyer, in: P. Landau/F.-C. Schroeder, S. 9.
482 Text: NS II, S. 396.

also den Todesstrafen in ihrer Vielgestaltigkeit, z. B. Vierteilen, Rädern, Verbrennen, Galgen, Ertränken und Lebendigbegraben, und den verstümmelnden Leibesstrafen herrschte noch die ganze Härte spätmittelalterlicher Strafrechtspflege vor. Als Strafzwecke lassen sich der Carolina neben der Unschädlichmachung des Täters Vergeltung und Abschreckung entnehmen. Der Gedanke der Besserung des Täters war als Strafzweck unbekannt.

Versucht man zu bewerten, welche Wirkungen die Carolina entfaltet hat, so ist u. a. zu berücksichtigen, dass die Carolina kein für die Einwohner des Reiches unmittelbar verbindliches Reichsgesetz gewesen ist. Nur für wenige Territorien des Reiches lässt sich eine Übernahme des Wortlautes der Carolina in entsprechende Ordnungen feststellen. Bis in das spätere 16. Jahrhundert hinein entstanden anderswo noch Ordnungen und Satzungen, die vom Geist der Bambergensis und der Carolina unberührt blieben, also im Althergebrachten verharrten.[483]

**2. Das gemeine deutsche Strafrecht und die Entwicklung der deutschen Strafrechtswissenschaft.** Große Bedeutung erlangte die Carolina für die Entwicklung der deutschen *Strafrechtswissenschaft,* die in der Zeit zwischen 1550 und 1650 entstand. Diese befasste sich zunächst fast ausschließlich mit dem römischen Recht und der italienischen Rechtswissenschaft und wandte sich erst allmählich der *Carolina* zu, die schließlich dem römischen Recht als jus novissimum gegenübergestellt wurde. Die Carolina beherrschte bis in das 18. Jahrhundert hinein die rechtswissenschaftliche Diskussion und auch die Gerichtspraxis, welche die Carolina wie einen Teil des Corpus iuris civilis, also als gemeines Recht behandelte.[484] 453

Die Carolina schrieb vor, in Zweifelsfällen den Rat der „Rechtsverständigen" einzuholen. In Art. 222 heißt es:

„… so sollen die Richter, wo ihnen Zweifel zufiel, bei den nächsten hohen Schulen, Städten, Communen oder andern Rechtsverständigen, da sie die Unterricht mit dem wenigsten Kosten erlangen vermeinen, Rath zu suchen schuldig seyn".[485]

Sinn und Zweck dieser Bestimmung war es, die Unwissenheit und Unsicherheit der ungelehrten Richter und Schöffen auszugleichen. Durch die Anwendung dieser Vorschrift entwickelte sich zwangsläufig eine Gutachter- und Spruchtätigkeit der deutschen juristischen Fakultäten, die auf diese Art und 454

483 G. Schmidt, ZRG Germ. Abt. 83, 1966, S. 249.
484 G. Kleinheyer, in: Studien zum 18. Jahrhundert, Bd. 1/3, S. 227.
485 Text: NS II, S. 402 f.

Weise einerseits erheblichen Einfluss auf die Praxis der Strafrechtspflege ausüben konnten, andererseits aber auch gezwungen waren, sich wissenschaftlich eingehender mit dem Strafrecht zu beschäftigen. Aus dem von der Carolina für viele Zweifelsfragen vorgeschriebenen *Institut der Rateinholung* entwickelte sich das *Institut der Aktenversendung an Rechtsfakultäten und Schöffenstühle*, das sich bis in das 19. Jahrhundert hinein erhalten hat.[486]

Maßgeblichen Einfluss auf die Entwicklung der deutschen Strafrechtswissenschaft nahm vor allem der an der Rechtsfakultät in Leipzig wirkende, als überragender Jurist seiner Epoche anerkannte *Benedikt Carpzov (1595 bis 1666*; siehe dazu oben Rdnr. 247 ff.), der das Recht der Carolina mit dem sächsischen Recht und dem Gerichtsgebrauch, den er selbst in seiner jahrzehntelangen praktischen Tätigkeit am Leipziger Schöffenstuhl kennengelernt hatte, zu einem einheitlichen Ganzen zu verbinden suchte.[487]

**455** Mit der Erschließung der Rechtsprechung des Leipziger Schöffenstuhls und des Dresdner Appellationsgerichts durch eine systematische, an klare Definitionen anknüpfende, die theoretischen Zusammenhänge dieser Judikatur hervorhebende Darstellung wurde Carpzov zum eigentlichen Begründer einer eigenständigen deutschen Strafrechtswissenschaft. Seine Hauptwerke, die „Practica nova Imperialis Saxonica rerum criminalium" (1635) und der „Peinliche Inquisitions- und Achtprozess" (1638), prägten die Entwicklung der Strafrechtspflege bis in die Mitte des 18. Jahrhunderts hinein.[488] In diesen Werken wird eine harte, theokratische Strafauffassung erkennbar, die mit der Strafe u. a. den Respekt vor der Obrigkeit herstellen, spezial- und generalpräventiv wirken und die Versöhnung Gottes durch Tod und Vergeltung am Verbrecher (Carpzov war frommer Lutheraner und griff häufig zur Begründung auf das Alte Testament zurück) bezwecken wollte. Dies entsprach der Auffassung der Zeit, die glaubte, der infolge des 30jährigen Krieges eingetretenen Verwilderung der Sitten eine abschreckende Strafrechtspflege entgegensetzen zu müssen. So ist Carpzovs Dogmatik z. B. erkennbar von dem Bemühen geprägt, die Verurteilung eines Angeklagten nicht an Beweisschwierigkeiten scheitern zu lassen. Andererseits zeugen eine Reihe anderer Punkte in seinen Werken von einem für die Verhältnisse der Zeit vergleichsweise hohen Gerechtigkeitssinn, wie z. B.

- die prozessrechtliche Garantie für den Angeklagten, dass im Zweifel die für ihn mildere Strafe zu wählen sei („in dubio autem mitior poena eligenda est");
- die Weigerung, Angehörige der höheren Stände bei der Strafverhängung zu privilegieren;
- das Beharren auf einem rationalen Beweisverfahren.

---

486 G. Kleinheyer, in: FS Krause, S. 121 f.
487 H. Conrad, Bd. II, S. 420.
488 G. Kleinheyer, in: K.-S., S. 54.

Als Hauptvertreter einer theokratisch-absolutistischen Staats- und Rechtsauffassung und als jemand, der an der Existenz von Hexen nicht zweifelte, wurde Carpzov in der Aufklärungszeit in besonderem Maße Ziel der Kritik.[489] 456

Nicht unwesentlich beeinflusst hat die Strafrechtswissenschaft auch *Samuel Stryk (1640 bis 1710*; vgl. oben Rdnr. 239), der sich entgegen den Lehren Carpzovs als erster bedeutender deutscher Jurist gegen den Hexenwahn wandte. Mit dem Hinweis auf die Unzuverlässigkeit der Beweismittel erklärte er Urteile für unzulässig, die nur auf einem u. U. mit Hilfe der Folter erpressten Geständnis beruhten. Stryk verneinte auch die Strafbarkeit der Ketzerei, da Voraussetzung für eine Bestrafung nur eine Handlung sein könne, die Ketzerei aber lediglich ein Gedanke sei.[490]

Das erste Lehrbuch des Strafrechts von wissenschaftlicher Qualität schuf 1732 *Johann Samuel Friedrich Böhmer (1704 bis 1772*) mit seinen „Elementa jurisprudentiae criminalis". Das Buch enthält eine systematische Darstellung sowohl des Strafprozessrechts als auch des materiellen Strafrechts. Unbeeinflusst von der Naturrechtslehre der Aufklärung fehlt dem Werk die kritische Haltung gegenüber dem geltenden Recht. Sein Verdienst liegt in einer neuen Systematik des Strafrechts und der Herausarbeitung des Verbrechensbegriffs.[491] 457

Die gemeinrechtliche Strafrechtswissenschaft beschäftigte sich eingehend mit dem Verbrechensbegriff. Sie stellte das Unterlassen der Handlung (actio) gleich und trennte letztere von dem bloßen Gedanken, der straffrei bleiben sollte. Vorsätzliche und fahrlässige Handlungen wurden unterschieden, die Notwehr schärfer herausgearbeitet. Im Strafensystem wird die Neigung zur Humanisierung bei der Einschränkung und Milderung von Todes- und Verstümmelungsstrafen deutlich.

In der Zeit vom 16. bis zum 18. Jahrhundert haben die Erkenntnisse, die die gemeinrechtliche Strafrechtswissenschaft gewonnen hatte, die Gesetzgebung in den Territorien des Reiches auf den Gebieten des materiellen Strafrechts und des Strafprozessrechts nachhaltig beeinflusst. Ein Beispiel dafür ist der *Codex Juris Bavarici Criminalis aus dem Jahre 1751*, eine Kodifikation des in Bayern geltenden und angewandten Straf- und Strafprozessrechts, das noch auf den gemeinrechtlichen Theorien beruhte und trotz des längst begonnenen Aufklärungszeitalters rückwärts gewandt blieb. So wurden Gotteslästerung, Ketzerei und Hexerei bestraft. Die verschiedenen Arten der 458

489 G. Kleinheyer, in: K.-S., S. 90 f.
490 H. Hof, in: K.-S., S. 407 f.
491 H. Conrad, Bd. II, S. 420 f.

Todesstrafen zeigen noch die Härte der Strafrechtspflege der Barockzeit.

459 **3. Das Strafrecht im Zeitalter der Aufklärung. a) Überblick.** Die Humanisierung des materiellen Strafrechts wie auch des Strafvollzuges und die Rationalisierung des Strafverfahrensrechts bezeichnen die weitgehenden Veränderungen, denen die Strafrechtspflege im 18. Jahrhundert unterworfen war. Diese Veränderungen werden als eine Umsetzung der Ideen des sog. aufgeklärten Naturrechts begriffen. Letzteres wies allerdings vielerlei Schattierungen auf, die sich bei aller Übereinstimmung in den Grundlagen in ihrer Zweckrichtung doch in recht unterschiedlichen Strömungen ausgewirkt haben.[492]

Im 18. Jahrhundert entstand eine Handlungsdogmatik, die auf der von *Pufendorf* zuvor entwickelten Imputationslehre basierte. Pufendorf, der als der Begründer der Lehre vom Schuldstrafrecht angesehen wird, folgerte aus der Willensfreiheit des Menschen, dass nur derjenige Täter für eine Handlung verantwortlich gemacht werden könne, dem Zurechnungsfähigkeit und Einsichtsfähigkeit nicht abgesprochen werden können.

Die von *Carpzov* beeinflusste Strafdoktrin sah den Sinn und Zweck der Strafe in Vergeltung und Sühne. Die Naturrechtslehre entwickelte mit der Säkularisierung des Rechtsdenkens eine neue Strafrechtstheorie, nach der die Aufgabe des Strafrechts in der Verhinderung zukünftiger Verbrechen bestehen sollte. Im Vordergrund stand die *Prävention.* Besonders betont wurde der generalpräventive Zweck in der Form der Abschreckung durch Strafe.[493]

460 **b) Eine neue Begründung für die Strafe.** Im Gegensatz zum theokratisch orientierten Strafrecht, wie es in der Carolina und in den ihr nachfolgenden Strafgesetzen seinen Niederschlag gefunden hatte, ergab sich für den Staat das Recht zu strafen nun nach dem System des profanen Naturrechts, wie es *Grotius, Pufendorf* und *Chr. Wolff* verstanden, aus dem Zweck, zu dem sich die einzelnen Menschen zur bürgerlichen Gesellschaft zusammengeschlossen und sich einer Herrschaft unterworfen hatten: Dem Staat oblag es, für Wohlfahrt und Glückseligkeit seiner Bürger einschließlich ihrer Sicherheit zu sorgen. Aus dem Gesellschaftsvertrag, durch den der Einzelne von seiner Freiheit so viel auf den Staat überträgt, wie zur Aufrechterhaltung

---

492 H. Hattenhauer, in: Beitr. z. Rechtsgesch., S. 243 ff.; G. Kleinheyer, in: Studien zum 18. Jahrhundert, Bd. 1/3, S. 229.
493 T. Vormbaum, Moderne Strafrechtsgeschichte, S. 27.

der Gemeinschaft erforderlich ist, begründete der italienische Rechtsgelehrte *Cesare Beccaria (1738 bis 1794)* die Strafe.

*Beccaria*, dessen Hauptwerk „*Dei delitti e delle pene*" in viele Sprachen übersetzt wurde und der eine Gesamtreform des Strafrechts forderte, gelangte mit der Begründung der Strafe aus dem Gesellschaftsvertrag zu dem Ergebnis, dass das Strafrecht des Staates nur so weit gehen dürfe, wie die Einwilligung des einzelnen im Gesellschaftsvertrag es gestatte. Nach seiner Auffassung sollte die Einwilligung des einzelnen in eine Bestrafung nur so weit reichen, als eine Handlung durch das Gesetz unter Strafe gestellt worden war. Diese Erkenntnis bedeutete letztlich schon die Anerkennung des Grundsatzes „nullum crimen, nulla poena sine lege", der heute eines der wesentlichen Prinzipien des deutschen Strafrechts darstellt und am Ende des 18. Jahrhunderts schon seinen Niederschlag im ALR (II 20 § 9) gefunden hat.[494] 461

**c) Humanisierungstendenzen.** Wesentlichen Anteil an der Humanisierung des Strafrechts hatte *Thomasius,* der sich – letzten Endes erfolgreich – gegen die Hexenprozesse wandte. Während *Stryk* (vgl. oben Rdnr. 457) lediglich die Beweisbarkeit des Hexereideliktes in Abrede stellte, verneinte Thomasius seine Existenz überhaupt, schon aus Gründen der Vernunft: Wesensmerkmal der Hexerei seien Pakt und fleischliche Verbindung mit dem Teufel; da der Teufel aber wie Gott ein geistiges Wesen sei, sei eine fleischliche Verbindung nicht möglich; wenn das Delikt aber nicht begangen werden könne, könne es auch nicht bestraft werden. Thomasius mahnte Obrigkeiten, die Hexenprozesse abzuschaffen.[495] 462

Die Abwendung von der theokratischen Staatsauffassung einerseits und die Humanisierungstendenzen andererseits führten zu einer Zurückdrängung der Sakraldelikte, wie z. B. der Ketzerei. Es entsprach durchaus der nun entwickelten Staatsauffassung, dass an die Stelle der Sakraldelikte eine Höherbewertung der Delikte gegen den Staat treten konnte. Im Gesetzesaufbau verdrängten die Staatsverbrechen die Sakraldelikte und errangen damit einen Platz, den sie bis heute behaupten konnten. 463

Das, was man als Humanisierung der Strafrechtspflege in der Aufklärungszeit bezeichnen kann, wirkte sich weniger bei den *Strafzwecken* aus. Im Wesentlichen wurde der Abschreckungsgedanke beibehalten. Eine Humanisierung wurde sowohl in der für notwendig

494 H. Conrad, Bd. II, S. 436.
495 H. Hof, in: K.-S., S. 304; G. Jerouscheck, JuS 1995, 576 ff.

erachteten Proportionalität zwischen strafbarer Handlung und Strafe als auch im Strafensystem deutlich. Die Notwendigkeit, das Ausmaß der Strafen der Schwere des Delikts anzupassen, ergab sich naturrechtlich aus der aus dem Staatszweck abgeleiteten staatlichen Strafgewalt. Der Staatszweck stellte nur auf das unbedingt erforderliche Mittel ab.

464 **d) Milderung von Strafen.** Für die Milderung von Strafen und eine vernünftige Proportionalität zwischen Verbrechen und Strafe trat in Deutschland der Leipziger Professor *Karl Ferdinand Hommel (1722 bis 1781)* ein, noch ehe die Schriften *Beccarias* bekannt geworden waren.[496] So wurde im Laufe des 18. Jahrhunderts der Anwendungsbereich der Todesstrafe erheblich eingeschränkt. Freiheits- und Arbeitsstrafen traten in den Vordergrund. Bemühungen um die Verbesserung der Gefängnisse und Arbeitsanstalten setzten ein.

Nachdem der Gedanke, dass die Strafe nicht allein der Tat, sondern auch dem Täter angepasst sein müsse, in die Diskussion eingeführt worden war, setzte man sich mit dem herkömmlichen Strafensystem, das neben der Todesstrafe Freiheits- und Geldstrafen, körperliche Züchtigung und auch Ehrenstrafen kannte, auseinander. Die Bemühungen um Abstufungen im Strafensystem bezogen auch die typisch aufklärerische Vorstellung mit ein, dass ein abgestuftes Strafensystem geeignet sei, erzieherisch auf die Allgemeinheit einzuwirken, Strafgesetze also ein Mittel einer zielbewusst eingesetzten Kriminalpolitik sein könnten.[497]

Auffällig ist, dass es in manchen Bereichen drastische Strafandrohungen gab, die aber kaum in die Praxis umgesetzt wurden. Wohl aus Gründen der Abschreckung waren Delikte im Bereich der Zensur und der Verbreitung verbotener Druckschriften mit Leibes- und Freiheitsstrafen bedroht. Dennoch wurden diese praktisch kaum verhängt; stattdessen wurden die Täter mit – z. T. empfindlichen – Geldstrafen belegt.[498]

465 **e) Die Auswirkungen auf die Gesetzgebung in Österreich und Preußen.** Die Erkenntnisse der Aufklärungsbewegung fanden in Bezug auf das Strafrecht und das Strafprozessrecht ihren Niederschlag in einer umfangreichen Reformgesetzgebung, die in der Mitte des 18. Jahrhunderts einsetzte.

496 H. Hof, in: K.-S., S. 194 ff.; E. Schmidt, § 211.
497 G Kleinheyer, in: Studien zum 18. Jahrhundert, Bd. 1/3, S. 238 ff.; W. Schild, ZNR 1982, S. 26 ff.
498 U. Eisenhardt, in: FS Bemmann, S. 43 ff.

In *Österreich* wurde im Zuge dieser Reformen die Folter abgeschafft. Das Problem der Beseitigung der Todesstrafe war Gegenstand der Diskussion. Das österreichische *Allgemeine Gesetzbuch über Verbrechen und derselben Bestrafung vom 13. Januar 1787* führte allerdings nicht zu einer durchgehenden Humanisierung des Strafrechts. Das Strafensystem basierte auch weiterhin auf dem Gedanken einer mitleidlosen Abschreckung.

Ein grundlegender Wandel in der Strafrechtspflege trat in *Preußen* 466 während der Regierungszeit *Friedrichs II. (1740–1786)* ein, allerdings nicht durch eine Kodifikation, sondern im Wege der Einzelgesetzgebung. Nur einige Tage nach seinem Regierungsantritt beseitigte der König bis auf wenige Ausnahmefälle die *Folter*. Außerdem wurden Strafmilderungen angeordnet, so z. B. beim Diebstahl. Verschärfungen der Todesstrafe, wie z. B. das Schleifen zur Richtstätte und das Zangenreißen, kamen nicht mehr zur Anwendung. Dadurch, dass der König in umfangreichem Maße von seinem Begnadigungsrecht Gebrauch machte, indem er z. B. verhängte Todesstrafen in Freiheitsstrafen umwandelte, sank die Zahl der Hinrichtungen auf 14 bis 15 Fälle pro Jahr. Dem Gedankengut der Aufklärung entsprechend sollten Verbrechen zwar mit Strafe belegt werden, um die Ordnung aufrechtzuerhalten; zwischen begangener Tat und verhängter Strafe sollte aber ein der natürlichen Billigkeit entsprechendes Verhältnis bestehen. Im Laufe der zweiten Hälfte des 18. Jahrhunderts wurden in Preußen die Grundlagen für eine umfassende Kodifikation des materiellen Strafrechts gelegt, auf denen das ALR von 1794 aufbaute.

Das ALR enthält im II. Teil, 20. Titel 1577 Paragraphen, die das Strafrecht 467 regeln. Neben der der Aufklärung verbundenen Grundhaltung zeigt das ALR auch deutlich polizeiliche Züge. Es versucht, über die Statuierung von allgemeinen und speziellen Vorbeugungspflichten Maßnahmen zur Verhütung von Verbrechen zu treffen. Seinem Charakter als „Gesetzbuch“, das sich an den Bürger wandte, entsprechend, umfasst das ALR nur materielles Strafrecht, nicht aber Verfahrensrecht. Letzteres wurde nicht im Verhältnis zwischen dem Staat und dem Bürger angesiedelt, sondern als Anweisung für die staatlichen Gerichte angesehen.[499]

**Schrifttum:** A. Deutsch, Späte Sühne – Zur praktischen und rechtlichen Einordnung der Totschlagsühneverträge in Spätmittelalter und früher Neuzeit, ZRG Germ. Abt. 122, 2005, S. 113 ff.; U. Eisenhardt, Strafe und Strafzweck bei der Bestrafung von Autoren, Druckern und Händlern verbotener Schriften im Heiligen Römischen Reich Deutscher Nation, in: FS Bemmann,

499 G. Kleinheyer, in: Studien zum 18. Jahrhundert, Bd. 1/3, S. 231.

S. 36 ff.; H. Hattenhauer, Von Christen, Juden und Menschen. Zum Strafrecht der Aufklärung, in: Beitr. z. Rechtsgesch., S. 243 ff.; H. Hof, Christian Thomasius, in: K.-S., S. 424 ff.; derselbe, Karl Ferdinand Hommel, in: K.-S., S. 123 ff.; derselbe, Samuel Stryk, in: K.-S., S. 404 ff.; A. Ignor, Geschichte des Strafprozesses in Deutschland 1532–1846. Von der Carolina Karls V. bis zu den Reformen des Vormärz, 2002; G. Jerouschek, Christian Thomasius, Halle und die Hexenverfolgungen, JuS 1995, 576 ff.; G Kleinheyer, Wandlungen des Delinquentenbildes in den Strafrechtsordnungen des 18. Jahrhunderts, in: Studien zum 18. Jahrhundert, Bd. 1/3, S. 227 f.; derselbe, Die Regensburger Peinliche Gerichtsordnung. Eine reichsstädtische Strafprozessordnung zwischen Carolina und Bayerischer Malefizordnung, in: FS Krause, S. 110 ff.; derselbe, Benedikt Carpzov, in: K.-S., S. 87 ff.; derselbe, Vom Wesen der Strafgesetze in der neueren Rechtsentwicklung, 1968; derselbe, Tradition und Reform in der Constitution Criminalis Carolina, in: P. Landau/F.-C. Schroeder (Hrsg.), Strafrecht, Strafprozess und Rezeption. Grundlagen, Entwicklung und Wirkung der Constitutio Criminalis Carolina, 1984, S. 7 ff.; B. Pahlmann, Johann von Schwarzenberg, in: K.-S., S. 247 ff.; W. Schild, Aufklärerisches Strafrecht als Erziehungsrecht, ZNR 1982, S. 26 ff.; E. Schmidt, §§ 86 ff. u. 203 ff.; G. Schmidt, Sinn und Bedeutung der Constitutio Criminalis Carolina als Ordnung des materiellen und prozessualen Rechts, ZRG Germ. Abt. 83, 1966, S. 239 ff.; M. Schmoeckel, Bendict Carpzov und der sächsische Prozess. Mündlichkeit und Konzentration im sächsischen Verfahren vor dem Hintergrund des Ius Commune und der Reformation, ZRG Germ. Abt. 126 (2009), S. 1 ff.; T. Vormbaum, Strafrecht und Strafprozessrecht. Einige historische und systematische Anmerkungen zu einem vielschichtigen Verhältnis, in: FS Eisenhardt, S. 155 ff.; H. v. Weber, Die peinliche Halsgerichtsordnung Kaiser Karls V., ZRG Germ. Abt. 70, 1960, S. 288 ff.

### III. Der Strafprozess

468 **1. Der Inquisitionsprozess.** Das Strafverfahren wird in der neueren Zeit durch den *Inquisitionsprozess* geprägt, der die amtliche Verbrechensverfolgung und Wahrheitserforschung zum Gegenstand hat. Ein Strafverfahren konnte von Amts wegen (Inquisitionsprozess) oder durch Anklage (Klage des Verletzten = *Akkusationsprozess*) eingeleitet werden. Auch das Verfahren beim sog. *Akkusationsprozess* war *nach* der Einleitung ein Inquisitionsprozess; denn die auf Grund einer privaten Klage tätig gewordene Obrigkeit führte das Verfahren nun nach der *Inquisitionsmaxime* durch.

Der Begriff Inquisition ist negativ besetzt, weil man sogleich an Verfolgung, Denunziation, Folter, Ketzer- und Hexenverfolgung denkt. Die ursprüngliche Bedeutung ist allerdings unverdächtiger. Inquisition wird aus dem lateinischen „inquisitio" abgeleitet und bedeutet in erster Linie Nachforschung und Untersuchung.

Die Anfänge einer *kirchlichen Inquisition* sind in der karolingischen Zeit im Zusammenhang mit der Ausbildung und Weiterentwicklung des ursprünglichen kirchlichen Strafprozesses zu sehen. Später wurden in der Kirche die Inquisitionsgerichtsbarkeit und das Inquisitionsverfahren zu einer gegen die Ketzer gerichteten rechtlich geordneten Einrichtung ausgestaltet, die vielfach missbraucht wurde. Sie sollte der Bekämpfung der Häresie und der Ketzerbewegung dienen.[500] 469

Das weltliche Inquisitionsverfahren wurde im Wesentlichen von zwei Grundsätzen beherrscht: der Verfolgung der Straftaten und der Erforschung der Wahrheit von Amts wegen in dem anhängig gemachten Verfahren. Strafverfolger und Gerichte waren nun *verpflichtet*, nach Tat und Täter zu forschen.

Die Carolina kannte sowohl den Akkusations- als auch den Inquisitionsprozess. Letzteren bildete sie fort, indem sie ihm Form und Gestalt, Regelung und Ordnung zu geben suchte.[501] Als Beweise bei der Strafverfolgung dienten die Augenscheinsnahme, die Befragung von Tatzeugen und das Geständnis des Beschuldigten. Das Geständnis bildete nicht nur die unentbehrliche Grundlage für das Urteil; es hatte darüber hinaus auch eine wichtige Funktion für die Gewährung von Verfahrenserleichterungen.[502] 470

Hinter den Anfängen des Inquisitionsprozesses stand durchaus ein ethisch edles Motiv, nämlich der Wille zur Erforschung der Wahrheit. Dahinter verbarg sich möglicherweise auch die christlich motivierte Vorstellung eines Sündenbekenntnisses.[503] Der Inquisitionsprozess gewährte dem Angeschuldigten auch einen gewissen Schutz vor übereilter Verurteilung.

Außer in Österreich und in Bayern war eine Verteidigung des Inquisiten durch einen Defensor zugelassen. Teilweise wurde sie sogar für notwendig erklärt, so z. B. dann, wenn die Todesstrafe oder eine andere gravierende Strafe drohte. In der zeitgenössischen Literatur wurde die Verteidigung des Inquisiten für einen wesentlichen, seinem Schutz dienenden Teil des gemeinrechtlichen Inquisitionsprozesses gehalten.[504] Deshalb wird eine pauschale Verdammung des Inqisitionsprozesses seinem historischen Erscheinungsbild wohl kaum gerecht. Das ändert nichts daran, dass die Auswüchse und Wucherun- 471

500 A. Buschmann, in: FS Kleinheyer, S. 68 u. 93.
501 E. Schmidt, § 187.
502 G. Burret, Der Inquisitionsprozess.
503 W. Sellert, in: FS Scupin, S. 161, 167 mit Nachw.
504 T. Krause, in: FS Sellert, S. 382 ff. u. 397 mit Nachw.

gen dieses Verfahrens das Bild des Inquisitionsprozesses geprägt haben.[505]

Die über die Carolina hinausgehende Entwicklung wird durch die Zerlegung des Inquisitionsprozesses in zwei gesonderte Abschnitte, nämlich die *Generalinquisition* und die *Spezialinquisition*, gekennzeichnet. Damit wurde eine stärkere Sicherung der Rechte des Beschuldigten angestrebt. Zur Spezialinquisition sollte es erst kommen, wenn der Richter in der Generalinquisition die Erkenntnis gewonnen hatte, dass irgendeine Person eine bestimmte Tat überhaupt begangen hatte. Erst nach der Feststellung einer bestimmten Übeltat sollte der Richter mit prozessualen Maßnahmen gegen eine bestimmte Person als Verdächtigen vorgehen können. In der Spezialinquisition, während derer dem Beschuldigten die Folter drohte, hatte der Richter vor der Vernehmung des Beschuldigten das in der Generalinquisition gewonnene Material in einzelne, schriftlich niederzulegende Fragen aufzulösen, an die er sich beim Verhör zu halten hatte.

**472** Die Tendenz zur Verkürzung und Vereinfachung des Inquisitionsprozesses führte später zu einer Verwischung des Unterschiedes zwischen General- und Spezialinquisition, die mit der Zulassung einer summarischen Vernehmung des Beschuldigten vor dem artikulierten Verhör begann. Die Gesetzgebung gab die Unterteilung des Verfahrens gegen Ende des 18. Jahrhunderts auf.

Gegen Urteile, die in einem Inquisitionsprozess gefällt worden waren, wurde eine *Appellation* mit Hinweis auf § 95 des Reichsabschiedes zu Augsburg von 1530[506] nicht zugelassen. Diese Bestimmung untersagte allerdings lediglich eine Appellation in peinlichen Sachen an das Reichskammergericht. Auf die Autorität von Carpzov, der sich gegen die Appellation in Strafsachen ausgesprochen hatte, ist es zurückzuführen, dass eine Appellation gegen die Strafurteile landesherrlicher Gerichte überhaupt nicht zugelassen wurde. Später wachten die Landesherren und ihre Ministerien argwöhnisch darüber, dass sich kein Gerichtsgebrauch entwickelte, der der Appellation im Inquisitionsprozess wieder Raum verschaffte.[507]

**473** **2. Hexenprozesse.** Eine charakteristische Erscheinung der Strafrechtspflege des 16. und 17. Jahrhunderts sind die sog. *Hexenprozesse,* deren Opfer auf bis zu 1 Million Menschen geschätzt werden. Nachdem das kirchliche Inquisitionsverfahren bereits gegen Personen, die der Hexerei verdächtig waren, angewandt worden war, legalisierte *Papst Innozenz VIII.* 1484 mit der sog. *Hexenbulle* die Verfolgung der Hexen. Gegner der Hexenverfolgung wurden mit kirchlichen Strafen bedroht. Der 1487 in Straßburg gedruckte Hexenhammer (malleus maleficarum) enthielt eine Anleitung für das Ver-

505 W. Sellert, in: FS Scupin, S. 161, 174 u. 181.
506 Text: NS II, S. 321.
507 E. Schmidt, § 198.

fahren wegen Hexerei. Der Schwerpunkt der Hexenverfolgung lag in den darauf folgenden Jahrhunderten.[508]

Zur Anwendung kam nun der Hexenprozess als eine Sonderform des Inquisitionsprozesses, die sich unter dem Einfluss der Kirchen entwickelt hatte und durch eine Verschärfung der Verfahrensvorschriften zuungunsten der Angeklagten gekennzeichnet war. Die Grundlage dieser Verfahren, die in reformatorischen Gebieten ebenso durchgeführt wurden wie in katholischen, bildete das Verbrechen der Zauberei und der Hexerei (crimen magiae). Obwohl schon im 17. Jahrhundert Kritik an den Hexenprozessen geübt worden war, wurden diese Prozesse bis weit in das 18. Jahrhundert hinein durchgeführt. Erst unter dem immer stärker werdenden Druck der Aufklärung (siehe dazu oben Rdnr. 463) wurden die Hexenverfolgungen eingestellt. Der letzte Prozess dieser Art soll 1775 in Kempten stattgefunden haben[509] **474**

Aus nahezu allen deutschen Territorien gelangten Hexenporzesse an das Reichskammergericht, welches nach der Carolina urteilte und zwischen rechtmäßigen und rechtswidrigen Hexenprozessen unterschied.[510]

**3. Die Folter und deren Abschaffung.** Das Strafverfahren wurde in starkem Maße durch die *Folter* bestimmt, die in einem der Ermittlung der Tat dienenden Verfahren angewandt wurde, um ein Geständnis des Beschuldigten oder eine wahrheitsgemäße Zeugenaussage zu erzwingen. Zu den erfolgreich durchgeführten Rechtsreformen der Aufklärungsepoche gehört die Beseitigung der Folter. **475**

Die Folter war eine gesamteuropäische Erscheinung, deren Tradition von der Antike bis zum Ius commune reicht.[511] Die Folter als ein unmittelbarer Zwang zu einer Aussage ist in Deutschland um 1200 in Übung gekommen. In der zweiten Hälfte des 13. Jahrhunderts wurde sie im *Schwabenspiegel* erwähnt.[512] Mit ihrer Anwendung drang in das Strafverfahrensrecht eine ans Bestialische grenzende Grausamkeit ein, die mit der brutalen Härte des peinlichen Strafensystems im Mittelalter vergleichbar ist. Man wird davon ausgehen müssen, dass die Folter in Deutschland zusammen mit dem Inquisitionsprozess ohne Nachahmung fremder Vorbilder in Gebrauch gekommen ist.[513] Sie wurde noch im 18. Jahrhundert als ein rechtlich zulässiges Mittel angesehen. Die Folter konnte nur angewandt werden, wenn bestimmte Voraussetzungen vorlagen. Sie war auch zur

508 H. Conrad, Bd. I, S. 393.
509 E. Schmidt, § 202.
510 P. Oestmann, Hexenprozesse, QFHG Bd. 31, S. 522 f.
511 M. Schmoeckel, in: FS Kleinheyer, S. 437 ff.
512 H. Conrad, in: Juristen-Jahrbuch 1967/68, S. 2 mit Nachw.
513 E. Schmidt, §§ 76 f.

Herbeiführung einer wahrheitsgemäßen Aussage gegen Zeugen zulässig. Hatte der Angeschuldigte in der Folter ein Geständnis abgelegt, musste er dieses Geständnis außerhalb der Folter bestätigen. Gleiches galt auch für die Zeugen.

**476** *Montesquieu* trat in seinem 1748 erschienenen Werk „L'Esprit des lois" mit der Begründung, die Folter sei naturwidrig und darüber hinaus nicht notwendig, für eine Abschaffung derselben ein. Der italienische Rechtsgelehrte *Cesare Beccaria* deckte in seinem Werk „Dei delitti e delle pene" die Mängel des Inquisitionsprozesses auf, bei dem er vor allem die Folter als verwerflich ansah, die er als eine durch lange Übung geheiligte Grausamkeit bezeichnete.[514]

Erst als es um die Mitte des 18. Jahrhunderts der Aufklärung gelang, Einfluss auf die Gesetzgebung in den deutschen Territorialstaaten zu nehmen, begann der eigentliche Kampf gegen die Folter. Wohl insbesondere unter dem Einfluss der französischen Aufklärer *Montesquieu* und *Voltaire* schaffte der preußische König *Friedrich II.* gleich nach seinem Regierungsantritt in Preußen die Folter ab, allerdings noch mit zugelassenen Ausnahmen, wie z. B. bei Majestätsverbrechen, Landesverrat und „großen" Mordtaten. Auch diese Ausnahmeregelungen wurden 1754 abgeschafft.

In anderen Staaten des deutschen Reiches, wie z. B. in Bayern (1751) und Österreich (1768), wurde die Folter in neuen Gesetzeswerken zunächst beibehalten. In Österreich wurde die Folter 1776 gänzlich aufgehoben. Dies war im Wesentlichen ein Verdienst des Staatstheoretikers und Schriftstellers *Joseph von Sonnenfels* (1733 bis 1817), der einen heftigen Kampf gegen die Folter geführt hatte.[515]

**Schrifttum:** D. Baldauf, Die Folter. Eine deutsche Rechtsgeschichte, 2004; G. Burret, Der Inquisitionsprozess im Laienspiegel des Ulrich Tengler, 2010; A. Buschmann, Inquisition und Prozeß – Inquisitionsgerichtsbarkeit und Inquisitionsverfahren bei der Ketzerverfolgung im Hoch- und Spätmittelalter, in: FS Kleinheyer, S. 67 ff.; H. Conrad, Joseph von Sonnenfels (1733–1817), in: Juristen-Jahrbuch 1967/68, S. 1 ff.; T. Krause, Bemerkungen zur Strafverteidigung im gemeinrechtlichen Inquisitionsprozess, in: FS Sellert, S. 377 ff.; M. Schmoeckel, Die Tradition der Folter vom Ausgang der Antike bis zum Beginn des Ius Commune, in: FS Kleinheyer, S. 437 ff.; derselbe, Humanität und Staatsräson. Die Abschaffung der Folter in Europa und die Entwicklung des gemeinen Strafprozess- und Beweisrechts seit dem hohen Mittelalter, 2000; P. Oestmann, Hexenprozesse am Reichskammergericht, QFHG Bd. 31, 1997; W. Sellert, Die Bedeutung und Bewertung des Inquisitionsprinzips aus rechtshistorischer Sicht, in: FS Scupin, S. 161 ff.

514 H. Conrad, in: Juristen-Jahrbuch 1967/68, S. 5.
515 H. Conrad, in: Juristen-Jahrbuch 1967/68, S. 1 ff.

# 3. Kapitel. Die Rechtspflege

## § 11. Die Rechtspflege im mittelalterlichen Deutschland

### I. Die Gerichtsverfassung im Reich, in den Territorialstaaten und Städten

**1. Überblick.** Die Gerichtsverfassung des mittelalterlichen Reiches 477 bietet aus heutiger Sicht ein kompliziertes Bild, was vor allem darauf zurückzuführen ist, dass sie einem häufigen Wandel unterworfen war. Sie beruhte zunächst noch auf den karolingischen Grundlagen. Der König blieb oberster Richter im gesamten Reich. Die Übertragung des *Gerichtsbannes* vom König auf den Richter (Bannleihe) verschwand fast ganz und behauptete sich nur noch vereinzelt. Die aufsteigenden Territorialgewalten entzogen dem Reich zunächst die Niedergerichte, die für mindergewichtige Rechtsfälle, wie Klagen um Schuld, Fahrnis und leichtere Straffälle, zuständig waren. Danach ging die Hochgerichtsbarkeit, das Recht, über wichtige Zivil- und Straffälle, häufig auch über Leben und Tod (Blutgerichtsbarkeit) zu richten, auf sie über.

Im Zuge einer fortschreitenden Rechtszersplitterung bildeten sich auch zunehmend Sondergerichte, wie z. B. Mark- und Dorfgerichte sowie Berggerichte. Es handelte sich dabei um nichtstaatliche Gerichte auf genossenschaftlicher oder ständischer Grundlage. In den geistlichen Territorien urteilten auch kirchliche Gerichte in weltlichen Rechtsangelegenheiten.

**2. Die Gerichtsverfassung des Reiches.** Der unmittelbare Einfluss 478 des Königs beschränkte sich im Mittelalter im Wesentlichen auf das 1235 geschaffene königliche Hofgericht – 1415 wurde ein königliches Kammergericht errichtet; daraufhin stellte das Reichshofgericht im Jahre 1456 seine Tätigkeit ein –, das Hofgericht zu Rottweil sowie auf etliche königliche Landgerichte in Süddeutschland, die an die ältere Hochgerichtsbarkeit auf Reichsgut oder im Grafengericht anknüpften[1] Ein weiterer Umgestaltungsprozess vollzog sich dadurch,

1 H. E. Feine, ZRG Germ. Abt. 66, 1948, S. 148.

dass die Zuständigkeit der Gerichte sich nun auch nach ständischen Gesichtspunkten verschob.[2]

479 Mit der Einrichtung des *königlichen Hofgerichts* durch den Mainzer Reichslandfrieden im Jahre 1235 erhielt die königliche Gerichtshoheit einen wesentlichen Ansatz zur Institutionalisierung. Das inzwischen zugänglich gemachte Quellenmaterial läßt die Bedeutung des Prozesses der Verrechtlichung durch Verfahren vor dem königlichen Hofgericht für die Ausgestaltung der Verfassung des Reiches erkennen. U. a. entschied das Gericht in denjenigen Fällen, in denen Fürsten untereinander um Rechte stritten, durch welche die Verfassung des Reiches geprägt war.[3]

480 Aus den westfälischen Grafengerichten (Hochgerichten unter Königsbann) entwickelten sich im 13. Jahrhundert die *Femgerichte*. Die Femgerichte waren u. a. bei todeswürdigen Verbrechen zuständig. Die Besetzung des Femgerichtes bestand aus einem Freigrafen, dem Inhaber des Freistuhls (Freigrafschaft) oder demjenigen, der von diesem dazu bestellt wurde, und 7 Freischöffen, zu denen jeder, der ehelich geboren und ein freier Mann war, bestellt werden konnte. Jeder Freischöffe war verpflichtet, nicht nur beim Femgericht mitzuwirken, sondern auch dessen Urteile zu vollstrecken und strafwürdige Taten vor Gericht zu bringen und dort als deren Ankläger aufzutreten (zu rügen). Die Feme kannte nicht nur das sog. offene Ding, sondern auch das gebotene, heimliche Ding, auch Stillgericht genannt.[4] Als Femgerichte im eigentlichen Sinne gelten die westfälischen Freigerichte, die mit ihrem über ganz Deutschland verbreiteten Freischöffenbund eine gefürchtete Einrichtung des ausgehenden Mittelalters bildeten. Sie luden mit der Begründung oder auch unter dem Vorwand, jemandem sei Recht verweigert oder gebeugt worden, alle Welt vor die Freistühle; wer die Ladung mißachtete, musste damit rechnen, von Mitgliedern des Geheimbundes an den nächsten Baum gehängt zu werden.[5]

481 **3. Die Gerichtsverfassung in den Landesherrschaften.** Hatte zunächst der König als oberster Gerichtsherr im Reich den Richtern im Hinblick auf die Hochgerichtsbarkeit den Gerichtsbann übertragen, entfiel u. a. auf Grund der wachsenden politischen Macht und Eigenständigkeit der Territorialfürsten diese Übung seit dem 13. Jahrhundert fast ganz. Mußte zuvor der Inhaber der Hochgerichtsbarkeit den Gerichtsbann (Königsbann) vom König einholen und diesem dafür einen Eid schwören, so wurden später die Fürsten zu Gerichtshaltern

2 Zu den Formen königlicher Gerichtsbarkeit im Spätmittelalter siehe J. Weitzel, QFHG, Bd. 15/II, S. 1251 ff.
3 B. Diestelkamp, Vom königlichen Hofgericht, S. 48; derselbe, in: URH 1, S. XII.
4 H. Conrad, Bd. I, S. 377.
5 W. Ebel, Alte deutsche Gerichtsformeln, S. 7.

des Königs. Die Fürsten übertrugen nun mit dem Gericht den Gerichtsbann auf die Richter. Mit anderen Worten: Der lehnsrechtliche Akt der Übertragung des Gerichts umfasste auch die Bannleihe. Es gab damit auch eine landesherrliche Bannleihe. Die unmittelbare Verbindung zwischen Königtum und Hochgerichtsbarkeit war somit aufgehoben. Die Grafen, unter deren Vorsitz die Hochgerichte (Grafengerichte, Landgerichte) tagten, erhielten das Gericht nun nicht mehr vom König, sondern vom Landesherrn zu Lehen, was zu einem Verfall der königlichen Bannleihe führen musste. Dieser Prozess der Mediatisierung hatte sich bei den Niedergerichten schon früher vollzogen.[6]

Damit hatte eine starke Territorialisierung des Gerichtswesens eingesetzt, ohne dass davon gesprochen werden kann, dass bereits eine uneingeschränkte oder nur wenig eingeengte Gerichtsgewalt der Landesherrn bestand. Davon konnte so lange keine Rede sein, wie 482

- die Untertanen eines Reichsstandes schon in erster Instanz auf eigene oder fremde Veranlassung vor die Gerichte anderer Reichsstände oder des Königs geladen werden konnten, was durchaus üblich war;
- der Kaiser als oberster Gerichtsherr im Reich das Recht besaß, jeden noch nicht entschiedenen Prozess an sich zu ziehen und von seinem Hofgericht oder einem anderen der genannten Reichsgerichte entscheiden zu lassen (*ius evocandi*);
- die Möglichkeit bestand, dass derjenige, der sich durch das Urteil eines landesherrlichen Gerichts beschwert fühlte, sich im Wege eines Rechtszuges an das Reich bzw. seine Gerichte, an einen Oberhof oder einen Schöffenstuhl wenden konnte, der nicht ein Gericht des Landesherrn war, dessen Richter den angegriffenen Spruch gefällt hatten.

Wie schon erwähnt (Rdnr. 207), nahmen *geistliche Gerichte* auch Zuständigkeiten in weltlichen Angelehenheiten für sich in Anspruch. Kirchliche Gerichte waren vor allem die *Offizialate* (bischöfliche Gerichte), die sich im Verlaufe des 13. und 14. Jahrhunderts über ganz Deutschland ausbreiteten. Die Kompetenz der Offizialate in Zivil- und Strafsachen entwickelte sich aus dem privilegium fori für alle Kleriker. Aber auch für Streitigkeiten unter Laien waren die geistlichen Gerichte zuständig, wenn sie Fragen des christlichen Glaubens 483

6 H. Conrad, Bd. I, S. 381.

berührten, wie etwa Ehe- und Testamentssachen und wucherische Verträge. Darüber hinaus waren die Offizialate in der neueren Zeit bestrebt, auch die Zuständigkeit in weltlichen Zivilrechtsstreitigkeiten für sich in Anspruch zu nehmen, wenn Laien gegen Laien prozessierten. Sofern die Offizialate in weltlichen Angelegenheiten Recht sprachen, waren sie sowohl in die Gerichtsverfassung des jeweiligen Territoriums als auch in die des Reiches eingebunden. Das bedeutete, dass der Rechtszug an die weltlichen Obergerichte des Territoriums und an das Reichskammergericht oder wahlweise den Reichshofrat als oberste Reichsgerichte offen stand.[7] Einen ungewöhnlich großen Einfluss gewann das Kölner Offizialat, dessen Zuständigkeit sich bis in die letzte Zeit des kölnischen Erzstifts mit wenigen Ausnahmen auf alle zivilrechtlichen Streitigkeiten erstreckte, in denen es mit den weltlichen Untergerichten des ganzen Erzstifts konkurrierte.[8]

484 **4. Die Gerichte in den Städten.** Als viele Städte begannen, sich von ihren Landesherrn zu lösen (vgl. oben Rdnr. 130f.), kam es auch zu einer Umwälzung des städtischen Gerichtswesens. Die Bürger bildeten eigene Gerichte zur Aufrechterhaltung von Recht und Frieden innerhalb der Stadt. Im Zuge der Auseinandersetzungen mit den Stadtherren erwarben die Städte die Gerichtsbarkeit; sowohl die Niedergerichtsbarkeit als auch die Hochgerichtsbarkeit gingen auf die Stadträte über.

Das Stadtgericht war zuständig für Klagen um städtischen Grundbesitz; es war zugleich Marktgericht, also z. B. für Marktstreitigkeiten zuständig. Die Stadtgerichte waren mit Schöffenkollegien besetzt, deren Mitglieder als Urteiler tätig wurden.

Der Verzicht des Stadtherrn auf die Alleinbestimmung über die Besetzung der Stadtrichterstelle bildet einen bedeutsamen Markstein auf dem Wege der organisierten Bürgergemeinde in die Autonomie.[9]

**Schrifttum:** B. Diestelkamp, Vom Königlichen Hofgericht zum Reichskammergericht. Betrachtungen zu Kontinuität und Wandel der höchsten Gerichtsbarkeit am Übergang zur frühen Neuzeit, in: Dilcher/Diestelkamp (Hrsg.): Recht, Gericht, Genossenschaft und Policey. Studien zu Grundbegriffen der germanistischen Rechtstheorie, 1986, S. 44ff.; H. Drüppel, Iudex civitatis, 1981; W. Ebel, Alte deutsche Gerichtsformeln, 1981; U. Eisenhardt, Die weltliche Gerichtsbarkeit der Offizialate in Köln, Bonn und Werl im 18. Jahr-

---

7 U. Eisenhardt, in FS Kleinheyer, S. 179ff.
8 H. Müller, S. 184ff.; U. Eisenhardt, Die weltliche Gerichtsbarkeit, S. 23ff.; derselbe, ZRG Kan. Abt. 56, 1970, S. 406ff.
9 H. Drüppel, S. 161ff.

hundert, 1966; derselbe, Zur Zivilgerichtsbarkeit der Offizialate im kurkölnischen Westfalen in der zweiten Hälfte des 18. Jahrhunderts, ZRG Kan. Abt. 56, 1970, S. 406 ff.; derselbe, Zur Inanspruchnahme der geistlichen Gerichte in Zivilrechtsstreitigkeiten, in: FS Kleinheyer, S. 193 ff.; derselbe, „Ius evocandi", in: HRG II, 2. Aufl., S. 1462 ff.; H. E. Feine, Die kaiserlichen Landgerichte in Schwaben, ZRG Germ. Abt. 66, 1948, S. 148 ff.; H. Müller, Oberhof und neuzeitlicher Territorialstaat. Untersuchungen zur deutschen Staats- und Rechtsgeschichte. NF Bd. 20, 1978; P. Oestmann, Geistliche und weltliche Gerichte im Alten Reich. Zuständigkeitsstreitigkeiten und Instanzenzüge, QFHG, Bd. 61, 2012; J. Weitzel, Dinggenossenschaft und Recht. QFHG, Bd. 15/I u. 15/II, 1985.

## II. Die Ausbildung von Rechtsmitteln und Instanzen

Die Ausbildung gerichtlicher Instanzenzüge war ein schwieriger **485**
und sich über eine lange Zeit hinziehender Prozess.

Eine Möglichkeit, den Spruch eines Gerichtes anzugreifen, bot im mittelalterlichen Deutschland zunächst die *Urteilsschelte.* Diese war ursprünglich ein Streit zwischen dem Schelter und dem gescholtenen Urteilsfinder um die Richtigkeit des Urteils. Dieser Streit wurde vor demselben Gericht ausgetragen, das den anhängigen Rechtsstreit entschieden hatte. Erst im Verlaufe des Mittelalters wandelte sich der Charakter der Urteilsschelte, als nunmehr der Streit zwischen dem Schelter und dem Gescholtenen einem höheren Gericht vorgetragen werden konnte, das die Entscheidung fällen sollte, an die das untere Gericht gebunden war. Vielfach nahm das gescholtene Urteil so seinen Weg an einen *Oberhof* oder einen *Schöffenstuhl.*

Oberhöfe als Rechtsmittelgerichte entwickelten sich aus Rechtsauskunfts- **486**
stellen. Es kam häufig vor, dass Schöffen einen Rechtsstreit nicht entscheiden konnten, weil es ihnen an den notwendigen Rechtskenntnissen mangelte. Dem Kläger stand es frei, sich an ein anderes Gericht zu wenden, wenn ein Schöffenstuhl sich auf Unkenntnis berief. Gerade dies versuchten aber die um ihre Unabhängigkeit ringenden Gerichtsherren zu verhindern. Sie waren deshalb daran interessiert, dass ihre Schöffen sich erforderlichenfalls nach dem Recht erkundigten, und zwar bei Stellen, die für sie politisch ungefährlich waren. Auch den Schöffen dürfte es sowohl ihres eigenen Ansehens wie auch der Gebühren halber angenehmer gewesen sein, sich von einem Oberhof beraten zu lassen und damit den Rechtsstreit in der Hand zu behalten, als ihn völlig an ein anderes Gericht abzugeben. Es war deshalb für einen Gerichtsherrn günstig, ein zu einer Rechtsauskunft fähiges eigenes Gericht als Oberhof zu bestellen.[10]

10 G. Gudian, ZRG Germ. Abt. 81, 1964, S. 287 u. 297.

487 Die *Appellation* als ein Rechtsmittel mit suspensiver und devolutiver Wirkung wurde in Deutschland erst im hohen Mittelalter als Bestandteil des kanonischen und des weltlichen italienischen Prozesses bekannt. Sie wurde zunächst wohl nur in den Verfahren vor den geistlichen Gerichten praktiziert. Es dauerte bis zur zweiten Hälfte des 15. Jahrhunderts, ehe sich die Appellation im weltlichen Verfahren durchsetzen und die bis dahin übliche Urteilsschelte verdrängen konnte.[11] Schon lange bevor sich die Appellation als Rechtsmittel durchsetzte, konnte ein gescholtenes Urteil an den König gezogen werden. Im Laufe der Zeit wurde so das *Reichshofgericht* zu einem Berufungsgericht. Es gab also schon im Spätmittelalter die Möglichkeit, dass sich derjenige, der sich durch den Urteilsspruch eines Gerichts beschwert fühlte, im Wege eines Rechtszuges an das Reich bzw. seine Gerichte wenden konnte.[12]

488 Im Mittelalter, vorwiegend im Spätmittelalter, verlieh der Kaiser vielen Reichsständen privilegia, kraft derer sie von „fremder Gerichtsbarkeit befreit" sein sollten (auch Gerichtsstandsprivilegien genannt). Diese sollten verhindern, dass die Untertanen eines Reichsstandes schon in erster Instanz an die Gerichte anderer Reichsstände geladen werden konnten, damit Prozesse nicht verschleppt wurden und unnötige Kosten erspart blieben.[13] Häufig wurde in diesen Privilegien auch die Appellation verboten.[14] Den Kurfürsten waren Privilegien verliehen, die man als *privilegia de non evocando et appellando* bezeichnen kann. Die *Goldene Bulle* von 1356 bestätigte den drei geistlichen Kurfürsten diese Privilegien. Ob die Goldene Bulle den weltlichen Kurfürsten diese Privilegien lediglich bestätigt oder – jedenfalls in vollem Umfange – erst verliehen hat, ist nicht geklärt.[15]

**Schrifttum:** F. Battenberg, Die Gerichtsstandsprivilegien der deutschen Kaiser und Könige bis zum Jahre 1451, 2 Bde. QFHG, Bd. 12/I u. 12/II, 1983; U. Eisenhardt, Die kaiserlichen privilegia de non appellando. QFHG, Bd. 7, 1980; derselbe, Die Rechtswirkungen der in der Goldenen Bulle genannten privilegia de non evocando et appellando, ZRG Germ. Abt. 86, 1964, S. 75 ff.; O. Franklin, Das Reichshofgericht im Mittelalter, Bd. 2, 1869; G. Gudian, Der Oberhof Ingelheim, ZRG Germ. Abt. 81, 1964, S. 267 ff.; J. A. Tomaschek, Die höchste Gerichtsbarkeit des deutschen Königs und Reiches im XV. Jahrhundert, 1965; J. Weitzel, Der Kampf um die Appellation

11 J. Weitzel, QFHG, Bd. 4, S. 108 f.
12 O. Franklin, S. 16; J. A. Tomaschek, S. 561 ff.
13 U. Eisenhardt, Privilegia, S. 27 ff.
14 F. Battenberg, QFHG Bd. 12/1 S. 11 ff. mit Hinw.
15 U. Eisenhardt, ZRG Germ. Abt. 86, 1969, S. 75 ff.

ans Reichskammergericht. QFHG, Bd. 4, 1976; derselbe, Dinggenossenschaft und Recht. QFHG, Bd. 15/I u. 15/II, 1985.

## § 12. Gerichtsverfassung und Verfahren in der Neuzeit (bis 1806)

### I. Die Gerichtsverfassung des Reiches

**1. Überblick.** Ein hochentwickeltes materielles Recht, das geeignet ist, Gerechtigkeit in einem hohen Maße zu gewährleisten, ist im praktischen Rechtsleben für die vielen Menschen, die ihr Recht suchen und durchsetzen wollen, nahezu wertlos, wenn es nicht Gerichte mit gut ausgebildeten und unbestechlichen Richtern sowie Verfahrensordnungen und Vollstreckungsmöglichkeiten gibt, die eine zügige Durchsetzung des materiellen Rechts garantieren. Eine diesem Zweck dienende Gerichtsverfassung und entsprechende Verfahrensordnungen sind deshalb für eine gute und dem Bürger Rechtssicherheit garantierende Rechtspflege nicht minder wichtig als das materielle Recht. Bestrebungen, eine Rechtsordnung weiterzuentwickeln und zu verbessern, müssen deshalb der Gerichtsverfassung und dem Verfahrensrecht in gleichem Maße Beachtung schenken wie dem materiellen Recht. Deshalb hatten die meisten Justizreformen in der Zeit nach 1500 den Zweck, das Verfahren zu verbessern und zu beschleunigen. 489

**2. Der Kaiser und die oberste Gerichtsgewalt.** Auch in der Zeit nach 1500 blieb der Kaiser als Oberhaupt des Reiches Träger der obersten Gerichtsbarkeit im Reich. Die weithin unüberschaubare Gerichtsverfassung in den Territorien blieb bestehen. In den Unter- und Mittelinstanzen befanden sich viele Gerichte in den Händen ständischer oder anderer Gewalten, vor allem der Städte und Gutsherren. Die Gerichtsverfassung wurde durch eine noch stärkere Ausprägung von Sondergerichtsbarkeiten eher komplizierter, bevor in der zweiten Hälfte des 18. Jahrhunderts durch Justizreformen Abhilfe geschaffen wurde. 490

Es gab zwei höchste Reichsgerichte: das *Reichskammergericht* – seit 1495 war es an die Stelle des *königlichen Kammergerichts* getreten und teilweise dem Einfluss der Reichsstände unterworfen – und den im Wesentlichen vom Kaiser abhängigen *Reichshofrat* (Gericht seit 1527) (vgl. oben Rdnr. 94 ff.). Beide Gerichte haben für die Entwick- 491 lung der Reichsverfassung eine nicht unerhebliche Rolle gespielt, weil sie auch eine *Verfassungsgerichtsbarkeit* im materiellen Sinne ausgeübt haben (vgl. dazu oben Rdnr. 94 ff.).

Die Reichsgerichtsbarkeit erstreckte sich allerdings nicht ausnahmslos auf das gesamte Reich. Aufgrund von *Exemtionsprivilegien* waren einzelne Reichsteile von der höchsten Reichsgerichtsbarkeit ausgeschlossen. Exemtionsprivilegien befreiten den Inhaber des Privilegs und die Einwohner der privilegierten Gebiete von der Reichsgerichtsbarkeit. Zu den exemierten Gebieten gehörten z. B. Österreich, Böhmen, Burgund, die Niederlande, Lothringen und einige Gebiete in Italien.[16]

**492** Die Gerichtsverfassung im Reich und in den deutschen Territorien wurde in entscheidender Weise durch *privilegia de non appellando* geprägt, die der Kaiser oder König als oberster Gerichtsherr im Heiligen Römischen Reich Deutscher Nation der Mehrzahl der Reichsstände und vielen Städten in unterschiedlichem Umfange verlieh. Die Gerichte der Landesherrn und Städte waren der Reichsgerichtsbarkeit insofern unterworfen, als diejenigen, die sich durch ein Urteil dieser Gerichte beschwert fühlten, sich mit einem Rechtsmittel an die Reichsgerichte wenden konnten.[17] Hatte der Kaiser dem Landesherrn ein privilegium de non appellando verliehen, war es den an einem Rechtsstreit Beteiligten künftig verwehrt, sich mit einem gegen das Urteil eines landesherrlichen Gerichts gerichteten Rechtsmittel, das etwa seit der zweiten Hälfte des 15. Jahrhunderts in der Regel die „Appellation“ war, an Gerichte zu wenden, die nicht Gerichte des Landesherrn waren. Damit war der Rechtsweg an das Reichskammergericht und den Reichshofrat im Regelfall versperrt. Ausgenommen waren allerdings die Fälle der sog. verweigerten und verzögerten Justiz.

**493** Was den Umfang der Appellationsfreiheit anbetrifft, so ist zwischen privilegia illimitata einerseits und privilegia limitata andererseits zu unterscheiden. Unbeschränkt (illimitatum) war ein Privileg dann, wenn ohne Rücksicht auf den Wert und die Art des Streitgegenstandes überhaupt die Möglichkeit ausgeschlossen werden sollte, von einem landesherrlichen Gericht an ein Gericht zu appellieren, das nicht ein Gericht des privilegierten Reichsstandes war, es sei denn, es handelte sich um einen Fall der verweigerten Justiz. Hingegen war ein Privileg beschränkt (limitatum), wenn in ihm eine sog. Appellationssumme oder bestimmte Streitmaterien, wie z. B. Handels- oder Bausachen, ge-

16 W. Sellert, Über die Zuständigkeitsabgrenzung, S. 15 ff.; J. Weitzel, S. 43 f.
17 U. Eisenhardt, privilegia, S. 12 ff.

nannt waren. Eine Appellation von landesherrlichen Gerichten an die Reichsgerichte war dann nur insoweit ausgeschlossen, als es sich um Fälle handelte, in denen die Appellationssumme nicht überschritten wurde. Im Übrigen war der Rechtszug an die Reichsgerichte nicht versperrt. Bis zum Ende des Reiches im Jahre 1806 waren es, abgesehen von den Landgrafen von Hessen-Kassel und Hessen-Darmstadt und Herzog Albrecht zu Mecklenburg, Friedland und Sagan (Wallenstein), nur die Kurfürsten, die ein privilegium illimitatum erwerben konnten. Die übrigen Reichsstände erhielten lediglich privilegia limitata mit unterschiedlich hohen Appellationssummen.[18]

**3. Der Reichshofrat.** Seit der Neuorganisation des Reichshofrates 494
in der Mitte des 16. Jahrhunderts war diese Institution gleichzeitig eine oberste kaiserliche Regierungs-, Verwaltungs- und Justizbehörde. Als kaiserliches Gericht konkurrierte der Reichshofrat mit dem Reichskammergericht als dem anderen obersten Reichsgericht. Als kombiniertes Justiz- und Regierungsorgan war der Reichshofrat für den Kaiser ein wesentliches Instrument zur Wahrnehmung und Durchsetzung seiner Rechte im Reich.

Mit der Tätigkeit des Reichshofrates ging zeitweise ein Wiederaufstieg der kaiserlichen Macht einher, der in der Regierungszeit Kaiser *Leopolds I. (1658–1705)* um etwa 1700 einen Höhepunkt erreichte. Gerade das Beispiel Reichshofrat zeigt, welch wirkungsmächtige Stellung die oberstrichterliche Funktion nach Reichsverfassung und Reichsherkommen dem Kaiser gegeben hat.[19]

Die Prozessfrequenz am Reichshofrat war starken Schwankungen unter- 495
worfen, stabilisierte sich aber im Laufe der Zeit. Gesicherte Zahlen über die Inanspruchnahme des Reichshofrats als Gericht liegen noch nicht vor. Jedenfalls lässt sich aber eine zunehmende Bedeutung dieses obersten Gerichts vom 16. bis zum beginnenden 18. Jahrhunderts nachweisen.[20]

Nach der Reichshofratsordnung von 1654 war der Kaiser im Reichshofrat „Oberstes Haubt und Richter“.[21] Der Reichshofratspräsident fungierte als sein Vertreter. Dem Reichshofrat gehörten Räte beider Konfessionen an. Bei besonders wichtigen Anlässen, aber auch dann, wenn eine Minderheit der Räte wesentliche Gründe für eine abweichende Meinung anführen konnte, musste im Wege eines votum ad imperatorem die Entscheidung des Kaisers eingeholt werden.

Die Tätigkeit des Reichshofrats als Regierungs- und Verwaltungs- 496
organ des Kaisers als Reichsoberhaupt nahm einen großen Raum ein. Der Reichshofrat war also sowohl von der Aufgabenstellung, die ihm

18 Zu den Einzelheiten U. Eisenhardt, privilegia, S. 12 ff.
19 V. Press, in: FS Diestelkamp S. 349, 362.
20 E. Ortlieb, ZNR 2004, 189 ff.
21 I, § 1; Text: NS IV, Zugabe, S. 44.

reichsgesetzlich zugewiesen war, als auch von der geübten Praxis her ein kombiniertes Verwaltungs- und Justizorgan. Er war eben ein echter Hofrat, wie die zahlreichen landesherrlichen Hofräte auch. Dies nimmt nicht wunder, verläuft deren Entwicklung doch parallel.[22]

Dass Verwaltungsgeschäfte und Rechtsprechung durch ein- und dasselbe Organ durchgeführt wurden, war für die Zeit, in der die Trennung der Gewalten ein unbekanntes Problem war, nicht ungewöhnlich.

Im Gegensatz zur Staatsratsfunktion, die im Laufe der Zeit mehr und mehr zurücktrat, behielt der Reichshofrat als Regierungs- und Verwaltungsorgan und als oberstes Reichsgericht bis zum Ende des Reiches seine volle Bedeutung.[23]

497 **4. Das Reichskammergericht.** Das 1495 im Zuge der Reichsreform von Kaiser und Reichsständen gegründete und in der Folgezeit mit neuen Ordnungen (z. B. 1521, 1548 und 1555) ausgestattete Reichskammergericht gehörte ebenfalls zu den Verfassungsinstitutionen, in denen die Realität des Reiches ihren sichtbaren Ausdruck fand. Es war eines der beiden obersten Reichsgerichte, an das, falls nicht ein privilegium de non appellando den Rechtszug versperrte, von den Gerichten der Landesherrn, der Reichsstädte und anderen kaiserlichen Gerichten appelliert werden konnte.

Das Reichskammergericht war besetzt mit einem Kammerrichter als Leiter und Verwalter des Gerichts, den Präsidenten als Vorsitzenden der Senate und den Assessoren (Beisitzern).

498 Das Reichskammergericht war auch eine wichtige Instanz für die Lösung politischer Konflikte. Darunter sind u. a. solche Prozesse zu verstehen, die der Durchsetzung des Landfriedens im Rahmen des Verstaatlichungsprozesses dienten, der zwischen 1450 und 1550 die territoriale Struktur des Reiches wesentlich verändert hat.[24] Auch die Verfahren um staatlich-hoheitliche Rechte spielten schon im 16. Jahrhundert eine bedeutende Rolle. Dazu zählten u. a. die Steuerhoheit, der Streit um Regalien und sogenannte Jurisdiktionsstreitigkeiten. Auch die Judikatur des Reichskammergerichts in Religionssachen, insbesondere die sog. Reformationsprozesse, sind in ihrer Bedeutung schwerlich zu überschätzen; schließlich gewannen Probleme des Staatskirchenrechts nach der Glaubensspaltung im Reich eine beherr-

22 U. Eisenhardt, in: FS Sellert, S. 265.
23 O. v. Gschließer, Der Reichshofrat, S. 7.
24 F. Ranieri, Recht und Gesellschaft, S. 243 ff.

schende Bedeutung für die Reichsverfassung und für die Politik.[25] Die durch den Augsburger Religionsfrieden geschaffene Rechtslage hat Anlass für viele Rechtsstreitigkeiten gegeben. Vor dem Reichskammergericht wurde u. a. um das *Ius reformandi* und das Emigrationsrecht (vgl. unten Rdnr. 109) gestritten. Die Bedeutung der dieserhalb geführten Religionsprozesse für die Rechtswirklichkeit des Reiches wird nicht zuletzt in ihrer pazifierenden Wirkung gesehen.[26]

Vor dem Reichskammergericht wurden auch *Hexenprozesse* verhandelt, die 499
von Untergerichten dorthin gelangt waren. Inzwischen sind 130 Prozesse nachgewiesen, die Opfer gegen ihre Verfolger geführt haben Das Reichskammergericht entschied häufig zugunsten der Opfer. Diese Entscheidungen wurden meist befolgt, ohne dass es einer förmlichen Urteilsvollstreckung bedurft hätte. Oftmals sollen ganze Verfolgungswellen zusammengebrochen sein, wenn das Reichskammergericht zugunsten eines Hexenprozessopfers tätig geworden war.[27]

Auch wenn viele Streitigkeiten zwischen Angehörigen der feudalen 500
Schicht vor dem Reichskammergericht ausgetragen worden sind, so ist das Reichskammergericht insbesondere in der ersten Phase seines Wirkens auch von dem wirtschaftlich erstarkenden Bürgertum für die in seinen Bereichen erwachsenen Probleme in Anspruch genommen worden. Die bäuerliche Bevölkerung scheint hingegen das Reichskammergericht weniger als Garanten seiner rechtlich-wirtschaftlichen Interessen betrachtet zu haben. Dabei dürfte eine Rolle gespielt haben, dass die Bauern den gelehrten Juristen, mit denen die Appellationsgerichte besetzt waren, reserviert gegenüberstanden.[28]

Seit dem Zusammenbruch des preußisch-deutschen Nationalstaates 501
hat sich eine unbefangenere Wertung der Verfassungswirklichkeit im Heiligen Römischen Reich Deutscher Nation durchgesetzt. Damit hat sich auch das Urteil über Arbeit und Wirkungsgrad des Reichskammergerichts geändert. Das Reichskammergericht hat als Landfriedens- und Appellationsinstanz Erhebliches im Dienste der inneren Stabilität im Reich, besonders im Interesse der vielen kleineren Stände geleistet und auch „Angehörigen niederer Volksschichten gegen die territorialherrliche Macht zu ihrem Recht verholfen und manchen Inhaber der Landeshoheit zu unparteiischer und guter Justiz angehalten".[29] Insbesondere nach der Reformation hat das Gericht die

25 M. Heckel, in: QFHG, Bd. 24, S. 9 ff.
26 B. Ruthmann, Religionsprozesse, S 570 ff. mit Nachw.
27 P. Oestmann, Hexenprozesse, S. 524 u. 528 f.
28 B. Diestelkamp, in: FS Erler, S. 467
29 A. Laufs, Die Reichskammergerichtsordnung von 1555, S. 4.

Aufgabe der Friedenswahrung zwischen den Reichsständen als Gliedern des Reiches übernommen und zu wesentlichen Teilen auch erfüllt. Nicht minder gewichtig hat sich der Beitrag erwiesen, den das Reichskammergericht zur Rezeption des gelehrten römischen Rechts beim Übergang zu einer wissenschaftlich fundierten Rechtspflege in Deutschland geleistet hat.

502 **5. Die obersten Reichgerichte als Verfassungsgerichte?** Häufig werden mit großer Unbefangenheit und nur selten differenziert Reichskammergericht und Reichshofrat als Verfassungsgerichte im Reich vor 1806 genannt.[30] Dabei wird – meist unter Außerachtlassung des in seiner verfassungsgeschichtlichen Entwicklung außerordentlich dynamischen und wegen der Vielzahl der Ereignisse auch schwer überschaubaren 19. Jahrhunderts – der Versuch unternommen, eine Kontinuitätslinie zu ziehen, die im ausgehenden Spätmittelalter beginnt und mit der Schaffung des Bundesverfassungsgerichts ihr Ende findet. Da man den modernen Begriff der Verfassung nicht ohne weiteres auf die Zeit vor 1806 anwenden kann (siehe dazu oben Rdnr. 7ff.), sollen für diese Zeit unter Verfassungsgerichtsbarkeit oder verfassungsrechtlichen Streitigkeiten als Gegenstände derselben verstanden werden: Streitigkeiten zwischen Kaiser (König) und Landesherren um verfassungsmäßige Rechte, Auseinandersetzungen über die letztgenannten zwischen Landesherren, Streitigkeiten zwischen Landesherren (Territorialfürsten) und deren Ständen und auch lehnsrechtliche Streitigkeiten; letztlich fällt unter diesen Komplex alles das, was mit der Aufrechterhaltung der komplizierten verfassungsrechtlichen Ordnung des Reiches zusammenhing. Schließlich kann man auch die Bedeutung von Gerichtsentscheidungen für die Ausgestaltung einer Verfassung als Kriterium für die Einordnung als verfassungsrechtliche Streitigkeit hinzunehmen.

503 Wendet man diese Kriterien auf das Reichskammergericht an, so ist festzuhalten, dass dieses über Jahrhunderte hinweg wichtige Streitigkeiten verfasssungsrechtlicher Art entschieden hat, insbesondere im Hinblick auf Fragen der Landeshoheit, lehnsrechtliche Fragen und staatlich-hoheitliche Rechte, wie z. B. Jurisdiktionsrechte.[31] Auch reichsstädtische Verfassungskonflikte waren zu entscheiden.[32] Besonderer Rang ist den Religionsstreitigkeiten zuzumessen, die die Verfas-

30 Z. B. E. R. Huber, Bd. 1, S. 621.
31 F. Ranieri, Recht und Gesellschaft, S. 244.
32 R. Sailer, QFHG 33, S. 189ff.

sung des Reiches mit fortbildeten.[33] Dem Reichkammergericht oblag in seiner frühen Phase auch die Aufgabe der Friedenswahrung zwischen den Reichsständen als den Gliedern des Reiches. Das Reichskammergericht hat also, gemessen an den oben genannten Kriterien, Verfassungsgerichtsbarkeit ausgeübt. Ähnliches lässt sich über die Tätigkeit des Reichshofrates sagen.[34] Man mag die Anfänge einer Verfassungsgerichtsbarkeit in Deutschland in der Tätigkeit des Königlichen Hofgerichts im ausgehenden Spätmittelalter sehen (vgl. oben Rdnr. 480). In der neueren Zeit (bis zum Ende des 18. Jahrhunderts) haben Reichskammergericht und Reichshofrat Verfassungsgerichtsbarkeit im materiellen Sinne ausgeübt, die sich auch in der Ausgestaltung bzw. Fortentwicklung der Reichsverfassung niedergeschlagen hat. Umfang und Bedeutung dieser Verfassungsgerichtsbarkeit werden erst die Auswertung der vielen noch nicht bearbeiteten Quellen deutlich machen.[35]

Das Reichskammergericht entwickelte in der 2. Hälfte des 18. Jahrhunderts eine Rechtsprechung zur *Unzulässigkeit der Kabinettsjustiz.* Unter letzterer verstand man, dass ein Landesherr in seinem Verständnis als oberster Gerichtsherr in seinem Territorium Prozesse von seinen Gerichten ansich zog und in seinem Kabinett entschied.[36] Wohl orientiert an den neuen Vorstellungen über Gewaltenteilung stellte das Reichskammergericht fest, dass es unzulässig sei, wenn Instanzen, wie ein landesherrliches Kabinett, urteilten, obwohl sie nicht ordnungsgemäß wie ein Gericht organisiert seien und nicht nach Prozessrecht verfuhren und entschieden.[37] Mit solchen Entscheidungen erweckten die Reichsrichter die Vorstellung, dass es auch ohne Gewaltenteilung in Deutschland einen wirkungsvollen Schutz gegen staatliche Willkür geben konnte.[38]

**6. Die Bedeutung von Reichskammergericht und Reichshofrat bis zum Ende des Reiches.** Die beiden höchsten Reichsgerichte, Reichskammergericht und Reichshofrat, haben bis zum Ende des Heiligen Römischen Reiches Deutscher Nation im Jahre 1806 politisch eine erhebliche Rolle gespielt. Dazu hat die Entscheidungstätigkeit in verfassungsrechtlichen Streitigkeiten wesentlich beigetragen. 504

33 M. Heckel, Reformationsprozesse, S. 10 ff.
34 W. Sellert, Über die Zuständigkeitsabgrenzung.
35 U. Eisenhardt, in: FS Diestelkamp, S. 17 ff.
36 B. Diestelkamp, in: Der Staat 2012, S. 591, 599.
37 B. Diestelkamp, in: Der Staat 2012, S. 591, 599.
38 B. Diestelkamp, in: Der Staat 2012, S. 591, 600.

Die Rolle der höchsten Gerichte im Reich als Friedenswahrer hat auch bei den Reichsständen Respekt gefunden. Die oberstrichterliche Funktion des Kaisers bot die Möglichkeit, die Bestimmungen des Westfälischen Friedens zur Reichs- und Religionsverfassung zugunsten der kaiserlichen Stellung auszulegen.[39]

505 Die Rechtsentwicklung in Deutschland haben die Reichsgerichte auch insofern maßgeblich mitgestaltet, als sie sich um die Rezeption des gelehrten Rechts in Deutschland verdient gemacht haben und damit an herausragender Stelle den Übergang zu einer auf wissenschaftlichem Fundament ruhenden Rechtspflege gefördert haben. Als wichtige Träger der Rezeption des römisch-kanonischen Rechts haben sie einen geistigen und technischen Rationalisierungsprozess gefördert, der die Voraussetzungen für einen modernen Staat mit Rechtsetzungs- und Gerichtsmonopol schuf. Mit der Verbreitung und Mitgestaltung des Ius commune haben die Gerichte jedenfalls im mitteleuropäischen Raum einen wichtigen Beitrag zur Weiterentwicklung einer europäischen Rechtskultur geleistet.

506 Die vor dem Reichskammergericht verhandelten Hexenprozesse verdeutlichen die Rolle, die die höchste Gerichtsbarkeit auf dem Wege Deutschlands zum formalen Rechtsstaat gespielt hat.[40]

Die bedeutende Stellung, die der Reichshofrat im Verfassungsgefüge des Reiches einnahm, ist nicht allein mit seiner rechtsprechenden Tätigkeit zu erklären; sie beruhte vielmehr auf der für ihn typischen Kombination aus Gericht und Regierungs- und Verwaltungsinstrument des Kaisers.

507 Im Gegensatz zum Reichshofrat war das Reichskammergericht nur Gericht. Es hatte keine Regierungs- und Verwaltungsaufgaben wahrzunehmen und war vom Kaiser unabhängig. Es hatte als Gericht die selbständigere und die unabhängigere Stellung; es war nicht dem Verdacht ausgesetzt, der Kaiser wirke auf seine Entscheidungen ein. Das Reichkammergericht stand auch nicht in gleichem Maße wie der Reichshofrat in dem Verdacht, parteiisch zugunsten einer Religionspartei (hier der Katholiken) zu handeln. Das zeigen u. a. die beim Reichskammergericht geführten Religionsprozesse, deren Bedeutung für die Rechtswirklichkeit des Reiches nicht zuletzt in ihrer pazifierenden Wirkung gesehen wird.[41] Das Reichskammergericht hat als ein

39 S. Westphal, QFHG 43, S. 433.
40 P. Oestmann, Hexenprozesse, S. 520.
41 B. Ruthmann, QFHG 28, S. 570.

vom Kaiser unabhängiges Gericht auch einen Beitrag zur Ausbildung der Unabhängigkeit der Justiz in Deutschland geleistet und so die Entwicklung zum Rechtsstaat gefördert.[42]

Der Reichshofrat war hingegen dem Verdacht ausgesetzt, der Kaiser wirke auf seine Entscheidungen ein. Das zeigen u. a. die einschlägigen Bestimmungen in den Wahlkapitulationen, die eine Einflußnahme des Kaisers auf Entscheidungen des Reichshofrats als Gericht ausschließen und eine weitgehende Unabhängigkeit dieses Gerichts garantieren sollten.

Wenn auch die Reichsgerichtsbarkeit mit Reichskammergericht 508
und Reichshofrat bis zum Ende des Reiches im Jahre 1806 partiell immer noch funktionierte und sich Achtung zu verschaffen wusste und damit den Zusammenhalt des Reiches nach außen und innen dokumentierte, so war doch der Zustand der Reichsgerichtsbarkeit in den letzten Zeiten des Reiches symptomatisch für die gesamte Verfassungswirklichkeit im Heiligen Römischen Reich Deutscher Nation.

Die Beurteilung der Reichsgerichtsbarkeit durch *Christian August Beck* 509
*(1720 bis 1784)*, den Rechtslehrer Kaiser *Josephs II.*, dürfte für die Verfassungswirklichkeit am Ende des 18. Jahrhunderts zutreffend sein: Er beklagte den „Zerfall der Justiz, da wegen der häufigen Rekurse ad Comitia und des ihnen widerrechtlich beilegenden effectus suspensivi die Urteile der höchsten Reichsgerichte fast nicht mehr zur Vollziehung zu bringen sind. Die mächtigeren Stände unterdrücken die schwächeren und wollen sich selbst von allem nexu Imperii los machen, woraus mit der Zeit eine völlige Anarchie entstehen und das Deutsche Reich, welches so vielen auswärtigen Feinden widerstanden hat, endlich durch sich selbst zerfallen muss; denn wenn die Gesetze nicht können zur Exekution gebracht werden, so ist es ebenso viel, als ob gar keine vorhanden wären"[43]

**Schrifttum:** H. Conrad (Hrsg.), Recht und Verfassung des Reiches in der Zeit Maria Theresias. Die Vorträge zum Unterricht des Erzherzogs Joseph im Natur- und Völkerrecht sowie im Deutschen Staats- und Lehnrecht. Hrsg. mit G. Kleinheyer u. a., 1964; B. Diestelkamp, Das Reichskammergericht im Rechtsleben des 16. Jahrhunderts, in: FS Erler, S. 453 ff.; derselbe, Die historischen Wurzeln der deutschen Rechtsstaatskonzeption, in. Der Staat, 2012, S. 592 ff.; U. Eisenhardt, Die kaiserlichen privilegia de non appellando. QFHG, Bd. 7, 1980; derselbe, Zu den historischen Wurzeln der Verfassungsgerichtsbarkeit in Deutschland, in: FS Diestelkamp, 1994, S. 17 ff.; derselbe, Der Reichshofrat als kombiniertes Rechtsprechungs- und Regierungsorgan, in: FS Sellert, S. 245 ff.; derselbe, Das Reichskammergericht als Mitgestalter einer Europäischen Rechtskultur, in: FS Tsatsos, 2003, S. 98 ff.;

42 U. Eisenhardt, in: FS Tsatsos, S. 98, 110 f.
43 So Chr. A. Beck, in: H. Conrad, Recht und Verfassung, S. 432.

O. v. Gschließer, Der Reichshofrat, Neudruck 1970; M. Heckel, Die Reformationsprozesse im Spannungsfeld des Reichskirchensystems, in: QFHG, Bd. 24, 1993, S. 9 ff.; A. Laufs, Die Reichskammergerichtsordnung von 1555. QFHG, Bd. 3, 1976; P. Oestmann, Hexenprozesse am Reichskammergericht. QFHG, Bd. 31, 1997; E. Ortlieb, Die Prozessfrequenz am Reichshofrat (1519–1806), ZNR 2004, 189 ff.; K. Perels, Die Justizverweigerung im alten Reich seit 1495, ZRG Germ. Abt. 25, 1904, S. 1 ff.; V. Press, Der Reichshofrat im System des frühneuzeitlichen Reiches, in: FS Diestelkamp, S. 349 ff.; F. Ranieri, Recht und Gesellschaft im Zeitalter der Rezeption. QFHG, Bd. 17, 1985; derselbe, Die Inanspruchnahme des Reichskammergerichts in den ersten Jahrzehnten seiner Tätigkeit, ZNR 1982, S. 113 ff.; B. Ruthmann, Religionsprozesse am Reichskammergericht (1555–1648). Eine Analyse anhand ausgewählter Prozesse. QFHG, Bd. 28, 1996; R. Sailer, Untertanenprozesse vor dem Reichskammergericht, QFHG Bd. 33, 1999; W. Sellert, Über die Zuständigkeitsabgrenzung von Reichshofrat und Reichskammergericht insbesondere in Strafsachen und Angelegenheiten der freiwilligen Gerichtsbarkeit, 1965; derselbe, Prozessgrundsätze und Stilus Curiae am Reichshofrat, 1973; derselbe, Die Ordnungen des Reichshofrates 1550–1766. QFHG, Bd. 8/I, 1980; J. Weitzel, Der Kampf um die Appellation ans Reichskammergericht, 1976; S. Westphahl, Kaiserliche Rechtsprechung und herrschaftliche Stabilisierung, QFHG Bd. 43, 2002.

## II. Die Gerichtsverfassung in den Territorien und Städten

510 **1. Der Ausbau der landesherrlichen Gerichtsgewalt.** Die im Mittelalter begonnene *Territorialisierung des Gerichtswesens* (vgl. dazu Rdnr. 482 ff.) verstärkte sich in der neueren Zeit und trug damit entscheidend zum Entstehen der Territorialstaaten bei. Eine Reihe von Privilegien, welche die deutschen Kaiser und Könige den Reichsständen verliehen hatten, spielte dabei eine wesentliche Rolle. Diese Privilegien ermöglichten den Ausbau einer eigenständigen landesherrlichen Gerichtsgewalt, die von der kaiserlichen Gewalt weitgehend unabhängig war und einen wichtigen Bestandteil einer einheitlichen Gewalt in den Territorien der Reichsfürsten und in vielen Städten darstellte. Für den Ausbau der landesherrlichen Gerichtsgewalt kommt seit dem Ende des 15. Jahrhunderts den *privilegia de non appellando* die größte Bedeutung zu.[44] Zur *Landesherrschaft* als der Summe einzelner Rechte, aus denen unter dem Einfluss des neuen Staatsdenkens des Absolutismus die *Landeshoheit* als oberste Gewalt im Staate wuchs, aus der die einzelnen Hoheitsrechte abgeleitet wurden, zählte neben dem Recht der Gesetzgebung, der Landesverteidi-

44 U. Eisenhardt, privilegia, S. 4 ff.

gung, der Polizeigewalt und dem ius foederis vor allem die *Gerichtshoheit (Justizhoheit)*.

Aus ihrer Gerichtsgewalt leiteten die Landesherren später folgende Rechte ab: 511

1. Gericht zu halten und Recht zu sprechen;
2. Gerichte einzurichten, auszugestalten und den Rechtszug zu regeln, soweit ihnen die vom Kaiser erteilten oder in den Reichsgesetzen garantierten privilegia de non appellando dies gestatteten, und
3. Gerichts- und Verfahrensordnungen eigenständig zu erlassen.

Eine vom Reich weitgehend unabhängige Rechtspflege mit der 512
Möglichkeit, eine zügige Abwicklung der Prozesse und eine schnelle und wirksame Vollstreckung der Urteile zu garantieren, war für die Untertanen eines Landesherrn wie für ihn selbst ein gewichtiger Teil staatlicher Macht. Diese staatliche Macht wurde durch die Eingriffsmöglichkeiten der Landesherrn in die Rechtspflege, die lange Zeit als rechtmäßige Ausübung eines Hoheitsrechts *(Machtspruch)* angesehen wurden, noch verstärkt.

Je stärker sich eine vom Reich immer unabhängiger werdende Rechtspflege in den Territorien herausbildete, desto mehr verlagerte sich ein ständig wachsender Anteil des wirklichen Staatslebens in die Territorien und Städte. In demselben Maße, in dem sich die Gerichtsgewalt der Territorialfürsten und Städte vergrößerte, wuchs die Unabhängigkeit der Territorialgewalten.

**2. Die Justizreformen in den Territorialstaaten und freien Städten.** 513
**a) Die Gerichtsverfassung.** Mit der weitgehenden Abschließung der landesherrlichen Justiz gegenüber dem Reich, die im Wesentlichen durch die privilegia de non appellando ermöglicht worden war, wurden in vielen Fällen die Voraussetzungen für durchgreifende Reformen des Justizwesens in den Territorialstaaten geschaffen. Vielfach mussten Obergerichte errichtet werden, die den Abschluss eines geordneten Instanzenzuges bilden sollten. Denjenigen Reichsständen, denen ein *privilegium de non appellando* illimitatum verliehen war, schrieb der Kaiser in der Privilegienurkunde die Errichtung eines Obergerichts und die Gewährleistung eines ordnungsgemäßen Instanzenzuges vor. Die Erfüllung dieser Auflagen zu erzwingen, fiel den kaiserlichen Organen häufig nicht sonderlich schwer, denn ohne die Mitwirkung der Reichsorgane konnte trotz der Erteilung der pri-

vilegia de non appellando der Rechtsweg an die Reichsgerichte nicht wirksam abgeschnitten werden.[45]

514 Neben der Einrichtung von Obergerichten, in denen in der Regel eine Neuordnung der Gerichtsverfassung in den einzelnen Territorien einen deutlichen Ausdruck fand, wurden mancherorts von starkem Reformwillen geprägte Verfahrensordnungen erlassen, die für die Bürger verständlich sein, die Verfahren beschleunigen und ein größeres Maß an Rechtsschutz garantieren sollten.

515 Nicht nur in den beiden großen Staaten des Reiches, in Österreich und Preußen, wurden nachhaltig wirkende Justizreformen durchgeführt. Auch in den mittleren und kleinen Territorialstaaten wurden Reformen verwirklicht, die sich im Wesentlichen auf Gedankengut der Aufklärung gründeten. Ein typisches Beispiel dafür bietet das Kurfürstentum Köln. Der Reformwille des letzten Kölner Kurfürsten *Maximilian Franz (1784 bis 1801)* fand u. a. in der Errichtung eines Oberappellationsgerichtes im Jahre 1786 seinen Ausdruck, mit dem, gestützt auf das Kurköln verliehene privilegium de non appellando illimitatum, der Rechtsweg an die Reichsgerichte abgeschnitten sowie die Gerichtsverfahren beschleunigt werden sollten. Auch die Höhe der bei einem Rechtsstreit entstehenden Kosten wurde begrenzt. Gerade die Verschleppung von Prozessen und unmäßige Prozesskosten waren Faktoren gewesen, die zu einem wesentlichen Teil zur Rechtsunsicherheit in der Bevölkerung beigetragen hatten. Ein weiterer Missstand in der kurkölnischen Justiz bestand darin, dass bei den Offizialaten (geistlichen Gerichten), die auch in weltlichen Zivilrechtsstreitigkeiten in nicht unerheblichem Umfange Recht sprachen, die Gerichtssprache bis 1780 die lateinische war. Maximilian Franz zwang 1786 schließlich die Offizialate, in weltlichen Angelegenheiten nur noch die deutsche Sprache als Gerichtssprache zu verwenden.[46]

516 In Nürnberg, Lübeck und Hamburg waren – wie in vielen anderen bedeutenden deutschen Handelsstädten auch, u. a. Bremen, Köln und Augsburg –, besondere *Gerichte für Handelsrechtsstreitigkeiten* zuständig. Diese Gerichte waren mit sachverständigen Laien, aber auch mit an Universitäten ausgebildeten Juristen besetzt.

517 **b) Die Anfänge einer Verwaltungsgerichtsbarkeit.** Zu einer wesentlichen Verbesserung der Rechtspflege im 18. Jahrhundert sind auch die *Anfänge einer Verwaltungsgerichtsbarkeit* zu zählen, die in der Zulassung einer justizförmigen Anfechtung behördlicher Entscheidungen, soweit sie nicht eigentliche Hoheitsakte wie z. B. die Gesetzgebung betrafen, bestanden.[47] In der Staats- und Naturrechts-

45 U. Eisenhardt, privilegia, S. 59f.
46 U.Eisenhardt, Die weltliche Gerichtsbarkeit der Offizialate, S. 40ff.
47 H. Conrad, Bd. II, S. 285.

lehre des 18. Jahrhunderts bestand weitgehendes Einverständnis darüber, dass die ordentlichen Gerichte zum Schutze aller Rechtspositionen der Untertanen berufen seien. Damit war auch die landesherrliche Verwaltung der Gerichtsbarkeit der ordentlichen Gerichte nicht schlechthin entzogen. Ein Untertan konnte sich jedenfalls dann mit dem Verlangen nach Rechtsschutz an ein ordentliches Gericht wenden, wenn er sich auf ein wohlerworbenes Recht oder ein ihm verliehenes Privileg berufen konnte.[48]

In *Preußen* war der Untertan im 18. Jahrhundert keineswegs den Akten der königlichen Verwaltung, zumal nicht denen der unteren Behörden, völlig wehrlos ausgeliefert. Er konnte gegen solche Akte prozessieren, indem er sich auf sein (wohlerworbenes) Privatrecht berief, ohne Rücksicht darauf, ob der geltend gemachte Anspruch ein solcher des Privatrechts oder des öffentlichen Rechts – im heutigen Sinne – war. In der Mehrzahl der Fälle stand allerdings nicht der Weg zu den ordentlichen Gerichten offen. Der Betroffene konnte sich aber an die Behörden, wie z. B. die Kriegs- und Domänenkammern, wenden, die nach ausdrücklicher Vorschrift der Gesetze Rechtsprechung auszuüben hatten.[49] 518

Auch in den mittleren und kleineren Territorialstaaten des Reiches entwickelten sich Anfänge eines Verwaltungsrechtsschutzes. In *Kurköln* wurde auf Antrag der Betroffenen über manche Verwaltungsmaßnahmen gerichtlich entschieden. Das galt auch für andere im Bereich der Verwaltung streitig gewordene Angelegenheiten. Entscheidungsorgan war in der Regel der *Hofrat*, der in streitigen Verwaltungsangelegenheiten nicht in einem einfachen Beschwerde- oder Widerspruchsverfahren entschied, sondern in denjenigen prozessualen Formen, wie sie auch in rein privatrechtlichen Streitigkeiten beachtet wurden.[50] 519

**c) Die Fabrikengerichte.** Unter Justizreformen sind auch die erkennbaren Versuche einzuordnen, Gerichte einzurichten, die für Rechtsstreitigkeiten zwischen Unternehmern und Arbeitnehmern zuständig sein sollten. Mit dem Entstehen einer industriellen Erzeugung von Waren in größerem Umfange entwickelte sich die soziale Schicht der industriellen Arbeiter, die außerhalb der handwerklichen Ordnung (Zunftordnung) standen und deshalb der wirtschaftlichen Übermacht der Unternehmer ausgeliefert waren. Der um die Wohlfahrt seiner Untertanen bemühte Staat des 17. und 18. Jahrhunderts 520

48 G. Sydow, S. 12ff.
49 W. Rüfner, u. a. S. 167.
50 K. Römermann, S. 161.

hatte sich nun mit einer Reihe von Problemen zu befassen, die für die Arbeitsverhältnisse der industriellen Arbeiter typisch waren. Dazu zählten u. a. Arbeitszeit, gerechte und rechtzeitige Lohnzahlung, Frauen- und Kinderarbeit und Sicherung bei Krankheit und Arbeitslosigkeit.

521 Im Verlaufe der zweiten Hälfte des 18. Jahrhunderts entstand in *Preußen* eine Gerichtsbarkeit für einen gewissen Kreis von arbeitsrechtlichen Streitigkeiten. Die sogenannten *Fabrikengerichte* entstanden aus der Polizeijurisdiktion, die zunächst für eine Reihe arbeitsrechtlicher Streitigkeiten zuständig gewesen war. Die Entwicklung, dass die preußische Verwaltung eine Kehrtwendung von der Polizeijurisdiktion zu einer eigenen Arbeitsgerichtsbarkeit vollzog, ist erst später zu beobachten.

522 Für die Entstehung der *Fabrikengerichte* waren neben einem Stück rechtsstaatlicher Gesinnung, wie sie in der hohen Beamtenschaft Preußens am Ende des 18. Jahrhunderts häufig anzutreffen war, die Beschwerden über die bisher praktizierte Gerichtsbarkeit in Fabriksachen durch die Unternehmer bedeutsam. In alledem zeigten sich bereits die Spannungen zwischen Wirtschaftsfreiheit, Rechtsstaatlichkeit und sozialen Fragen.[51]

**Schrifttum:** W. Ebel, Quellen zur Geschichte des Arbeitsrechts (bis 1849), 1969; U. Eisenhardt, Die kaiserlichen privilegia de non appellando. QFHG, Bd. 7, 1980; derselbe, Das kurkölnische Oberappellationsgericht, in: Recht und Rechtspflege in den Rheinlanden, S. 31 ff.; derselbe, Die weltliche Gerichtsbarkeit der Offizialate in Köln, Bonn und Werl im 18. Jahrhundert, 1966; K. Römermann, Der Rechtsschutz bei streitigen Polizei-, Kameral- und Fiskalsachen in Kurköln während der zweiten Hälfte des 18. Jahrhunderts. Ein Beitrag zur Geschichte des Verwaltungsrechtsschutzes. Jur. Diss. Bonn 1969; W. Rüfner, Verwaltungsrechtsschutz in Preußen von 1749 bis 1842, 1962; G. Sydow, Die Verwaltungsgerichtsbarkeit des ausgehenden 19. Jahrhunderts, 2000; D. Willoweit, Die Entstehung der preußischen Fabrikengerichtsbarkeit im späten 18. Jahrhundert, ZNR 1982, S. 1 ff.

## III. Richter und Gesetz im 18. Jahrhundert

523 **1. Überblick.** Noch im 18. Jahrhundert war der Grundsatz der Unabhängigkeit der Rechtspflege auf das heftigste umstritten. Allgemeine Anerkennung fand er erst im 19. Jahrhundert. Nach und nach wurde er auch in den im Laufe der Zeit entstehenden Verfassungen verankert.

51 D. Willoweit, ZNR 1982, S. 16.

Nach der mittelalterlichen Schöffentradition hatte der Urteilsfinder wohl zuallererst nach seinem eigenen Wissen und aus seiner Erfahrung heraus, nicht aber nach Gesetzen Recht gesprochen. Als in der neueren Zeit in den Territorialstaaten eine Flut von Gesetzen entstanden war, wurde häufig, und zwar bis in das 18. Jahrhundert hinein, darüber geklagt, dass die landesherrlichen Gesetze nicht beachtet würden. Das lässt den Schluss zu, dass die Gesetzgebungsflut dieser Zeit die Gerichte nur zum Teil erreicht hat.[52] Daraus mag aber auch der Schluss gezogen werden, dass die Richter sich in ihrer Stellung durch die Gesetzgebung wenig gebunden fühlten.

**2. Gesetzesbindung und Interpretationsverbot.** In der neueren Zeit hat das Weisungsrecht des Landesherrn als höchster Richter die Funktion und Stellung des Richters nachhaltig beeinflusst. Vor allem im 17. Jahrhundert war der urteilende Richter als Beamter in der Streitentscheidung vom Herrscher abhängig. Mit den direkten Eingriffen des Landesherrn in die Justizpflege war die Substanz des Richteramtes betroffen.[53] 524

Die Geschichte des rechtsstaatlichen Grundsatzes der Unabhängigkeit der Rechtspflege und der Bindung des Richters an das Gesetz ist geprägt von einer teilweise dramatischen Auseinandersetzung zwischen den Monarchen (Landesherrn) und den Richtern. Sie ist verknüpft mit der Staatsauffassung des monarchischen Absolutismus, nach der Gesetzgebung und Gerichtsbarkeit zu den Hoheitsrechten des Monarchen gehörten, die als Mittel zur Erreichung der Staatszwecke, nämlich der Sicherheit und Wohlfahrt der Gesamtheit und der Einzelpersonen im Staate zu dienen bestimmt waren. Zu diesen Hoheitsrechten, auch Majestätsrechten genannt, zählte auch die Gesetzgebung, die dem Landesherrn nicht nur die Befugnis verlieh, Gesetze zu erlassen, sondern auch die Macht, ihren Inhalt zu bestimmen. Deshalb war die *Auslegung (Interpretation)* eines Gesetzes dem Landesherrn als dem Gesetzgeber vorbehalten; der Richter war an den Wortlaut des Gesetzes gebunden.[54]

Dieser sog. *Interpretationsvorbehalt* (vgl. oben Rdnr. 308) findet 525
sich für die Reichsebene in dem durch den sog. Jüngsten Reichsabschied von 1654 zum Reichsgrundgesetz erhobenen Westfälischen

52 D.Willoweit, in: O. Behrends/C. Link, S. 123, 145.
53 D. Willoweit, in: O. Behrends/C. Link, S. 123, 145.
54 H. Conrad, Richter und Gesetz, S. 7 u. 11.

Frieden von 1648.[55] Danach gehörte es zu den Rechten des Reichstages, Gesetze zu geben *und* zu interpretieren. Reichskammergericht und Reichshofrat waren, wenn es in einem Rechtsstreit z. B. um die Auslegung eines Reichsabschiedes ging, gehalten, die Streitsache dem Reichstag zur Entscheidung vorzulegen.

Dies entsprach auch noch im 18. Jahrhundert der herrschenden Auffassung vieler Rechtswissenschaftler. So forderte z. B. der italienische Rechtsgelehrte *Cesare Beccaria* die strenge Bindung des Richters an das Gesetz. Dem Richter sollte es nicht erlaubt sein, Gesetze auszulegen und nach dem Geist der Gesetze zu fragen.[56]

526 **3. Die beginnende Unabhängigkeit der Richter.** Erst unter dem Einfluss der Naturrechtslehre verlor die absolutistische Lehre vom Willen des Herrschers als Gesetzgeber, dem der Richter unterworfen sein sollte, gegen Ende des 18. Jahrhunderts an Bedeutung. Gleichzeitig wurden in zunehmendem Maße die Eingriffe des Herrschers in die Rechtsprechung der Gerichte als unrechtmäßig angesehen. Der *Machtspruch* – der lange Zeit als zulässig angesehene unmittelbare Eingriff des Herrschers in die Rechtsprechung der Gerichte in rechtmäßiger Ausübung seines Hoheitsrechtes – wurde in Preußen schließlich für gesetzes- und verfassungswidrig erklärt. Das *Machtspruchverbot* sollte die Gewähr für die Rechtspflege durch ordnungsgemäß mit unabhängigen Richtern besetzte Gerichte bieten.[57] Es bezog sich allerdings nur auf Rechtsstreitigkeiten in Zivilsachen. Das Recht des Landesherrn, Strafurteile zu bestätigen und abzuändern, blieb unberührt. Trotz aller Bemühungen der Reformer des Rechts, den Grundsatz der Unabhängigkeit der Rechtspflege zur Anerkennung zu bringen, kann deshalb auch am Ende des 18. Jahrhunderts noch nicht die Rede davon sein, dass in Preußen die Unabhängigkeit der Rechtspflege gesichert war.[58]

527 Die Entstehung eines Juristenstandes als moderner Funktionselite, d. h. die Entwicklung der Juristen zu einer modernen Profession, findet in Preußen noch im Zeitalter des Ancien Régime, d. h. noch in der auf Geburtsständen aufgebauten Gesellschaft statt.[59] Der Ursprung des europäischen Juristenstandes ist in der mittelalterlichen Universität zu erkennen. Der studierte Jurist, etablierte sich mit der Rezeption des gelehrten Rechts in Mitteleuroa (vgl.

55 IPO Art. VIII § 2. Text: NS III, S. 590.
56 C. Beccaria, Die delitti e delle pene § 4, in: T. Vormbaum, Strafrechtsdenker, S. 121.
57 H. Conrad, Rechtsstaatliche Bestrebungen, S. 324 u. 326.
58 H. Conrad, Richter und Gesetz, S. 29.
59 G. Dilcher, in: FS Kroeschell, S. 163, 177f.

dazu oben Rdnr. 215 ff.) und damit in Deutschland im Laufe des 15. und 16. Jahrhunderts. Im 18. Jahrhundert hat sich dann aus Adel und studierten bürgerlichen Juristen ein einheitlicher Stand herausgebildet, der durch ein gemeinsames Bewusstsein von der Aufgabe des Staates und der Pflicht der Richter und Beamten besaß und über die Standesgrenzen hinaus durch dieses Bewusstsein verbunden war[60]

**4. Präjudizienbindung und die Entwicklung in England.** Die 528
Frage nach der Rolle der Richter und ihrer Bindung an die Gesetze führt auch zu dem Problem der Präjudizienbindung. Die *Bindungswirkung von Präjudizien* ist in dem Sinne zu verstehen, dass ein von einem Gericht bei der Entscheidung eines Einzelfalles entwickelter Rechtssatz nicht nur die an dem gerade anstehenden Verfahren beteiligten Parteien bindet, sondern darüber hinaus auch für spätere Fälle rechtlich verbindlich ist.

Die Präjudizienbindung gilt bis heute als Charakteristikum des *englischen Rechts.* In Mitteleuropa musste zur Zeit des aufgeklärten Absolutismus schon das auf den Willen des Monarchen als Gesetzgeber zugeschnittene Gesetzgebungsmonopol zu einer scharfen Ablehnung der Präjudizienbindung führen.

Völlig anders als auf dem europäischen Kontinent verlief die Ent- 529
wicklung in England. In dem Zeitraum vom Beginn der uns überlieferten Aufzeichnungen richterlicher Entscheidungen in der Mitte des 13. Jahrhunderts bis etwa 1830 war die richterliche Kompetenz zur Rechtsschöpfung zunächst unbestritten. Dem lag die These zugrunde, das Recht werde nicht gesetzt, sondern sei seit unvordenklichen Zeiten vorhanden und im Laufe der Generationen ständig verfeinert worden; es stelle eine vollkommene Verkörperung der Vernunft dar (perfection of reason). Laut Chief Justice *Edward Coke (1552–1635)* war das *Common law* die Vernunft, allerdings keine natürliche, die jeder Person zugänglich sei; sie könne vielmehr ähnlich einer Kunstfertigkeit nur durch langes Studium, Beobachtung und Erfahrung des Rechts erworben werden.[61] Ein entscheidender Punkt dieser These war, dass diese Kunstfertigkeit (artificial reason) nur die Richter erlangen und ausüben könnten. Damit war das Common law der unbeschränkten Verfügungsmacht des Gesetzgebers, nämlich der Krone entzogen. Gleichzeitig war die herausgehobene Rolle des Richters legitimiert. Die Aufgabe des Richters bestand nach dieser Auffassung, die als „Erklärungstheorie des Rechts" (dec-

60 G. Dilcher, in: FS Kroeschell, S. 163, 171 ff. mit Nachw.
61 S. Vogenauer, ZNR 2006, 48, 51.

laratory theory) bezeichnet wird, allerdings nicht in der Schaffung von Recht; der Richter erklärt lediglich das von ihm vorgefundene, seit jeher vorhandene Common law. Folglich waren Gerichtsentscheidungen nicht Ursprung, sondern lediglich Nachweis des vorhandenen Rechts, „gleichsam Ausdruck des Rechts".[62]

530 Für die Anwendung des Präjudizienrechts gab es in England zunächst weder gesetzliche Vorschriften noch feste methodische Grundsätze. Letztere wurden erst seit etwa 1830 bis in die Mitte des 20. Jahrhunderts entwickelt. Erst in dieser Zeit entstand die „klassische" Präjudizienlehre mit der strengen Bindungswirkung von Vorentscheidungen.[63]

**Schrifttum:** H. Conrad, Richter und Gesetz im Übergang vom Absolutismus zum Verfassungsstaat. Kleine Arbeitsreihe des Instituts für Europäische und Vergleichende Rechtsgeschichte an der Rechts- und Staatswissenschaftlichen Fakultät der Universität Graz, Bd. 3, 1971; derselbe, Rechtsstaatliche Bestrebungen im Absolutismus Preußens und Österreichs am Ende des 18. Jahrhunderts, 1961. Neu abgedr. in: Absolutismus; hrsg. v. W. Hubatsch, 1973, S. 309 ff. (Wege der Forschung, Bd. 314); G. Dilcher, Der deutsche Juristenstand zwischen Ancien Régime und bürgerlicher Gesellschaft, in: FS Kroeschell, S. 163 ff.; S. Vogenauer, Zur Geschichte des Präjudizienrechts in England, ZNR 2006, 48 ff.; Th. Vormbaum (Hrsg.), Strafrechtsdenker der Neuzeit, 1. Aufl. 1998; D. Willoweit, Gesetzgebung und Recht im Übergang vom Spätmittelalter zum frühzeitlichen Obrigkeitsstaat, in: O. Behrends/C. Link (Hrsg.), Zum römischen und neuzeitlichen Gesetzesbegriff, 1987, S. 123 ff.

62 S. Vogenauer, ZNR 2006, 48, 51 f.
63 S. Vogenauer, ZNR 2006, 48, 78.

# Zweiter Abschnitt. Bemühungen um ein einheitliches Recht – Die Entwicklung von der Auflösung des alten Reiches (1806) bis zur Gründung des Deutschen Reiches 1871

## 4. Kapitel. Vom Staatenbund zum nationalen Bundesstaat

### § 13. Die Auflösung des Reiches und der Rheinbund

#### I. Die Auflösung des alten Reiches

**1. Der Reichsdeputationshauptschluss von 1803.** Die Gescheh- 531
nisse, die zur Auflösung des Heiligen Römischen Reiches Deutscher Nation geführt haben, sind in ihrer Vielgestaltigkeit kaum zu überschauen. Ihre rechtliche Würdigung ist schwierig, weil die Auflösung des Reiches ein Vorgang ist, der staats- und völkerrechtlich nicht vorgesehen war.

Nach den kriegerischen Ereignissen, die 1792 begannen, und nach manchen Friedensbemühungen schloss der deutsche Kaiser mit Frankreich am 9. Februar 1801 den *Frieden von Lunéville*, in dem das gesamte linke Rheinufer von der Schweiz bis zu den Niederlanden an Frankreich abgetreten wurde. Diejenigen deutschen Fürsten, die Gebietsverluste auf dem linken Rheinufer zu erleiden hatten, sollten in dem verbliebenen Reichsgebiet unter Mitwirkung Frankreichs entschädigt werden. Die Durchführung der Entschädigung wurde von dem immer noch existierenden Reichstag einer Deputation übertragen. Diese Deputation billigte am 8. September 1802 einen von Frankreich und Russland gemeinschaftlich ausgearbeiteten Entwurf, der auf Vereinbarungen beruhte, die Frankreich zuvor mit einigen Reichsständen getroffen hatte. Dieser Entwurf der Deputation wurde nach Abänderungen zum Hauptschluss erhoben (*Reichdeputationshauptschluss*). Unter Mitwirkung von Reichstag und Kaiser erlangte er am 25. Februar 1803 die Qualität eines Reichsgesetzes, das trotz eines darin enthaltenen Vorbehaltes zugunsten der künftigen Integrität der Reichsverfassung die Grundlagen derselben erschütterte.

532 Der *Reichsdeputationshauptschluss* aus dem Jahre 1803 führte zu einer wesentlichen territorialen Umgestaltung Deutschlands. Die landesherrliche Gewalt der geistlichen Reichsfürsten wurde aufgehoben; ihr Gebiet wurde weltlichen Landesherrn zugeschlagen *(Säkularisation).* Aber auch Teile von Territorien nichtgeistlicher Reichsstände wurden anderen Landesherrn übertragen *(Mediatisierung).* Neben den geistlichen Fürstentümern waren die Reichsstädte besonders hart betroffen. Schon vor dem eigentlichen Ende des alten Reiches im Jahre 1806 gab es also territoriale und verfassungsrechtliche Umwälzungen, die die bisherige Ordnung zwar nicht völlig beseitigten, sie aber grundlegend veränderten.

533 Der *Reichsdeputationshauptschluss*, der auch als „Reichsfundamentalgesetz" bezeichnet wird, hat mit seinen knapp neunzig, teilweise recht umfänglichen Artikeln[1] die Struktur des Reiches grundlegend umgestaltet.[2] Was die Wirkungen und Folgen angeht, so dürfte der Reichsdeputationshauptschluss die Veränderungen die durch den Westfälischen Frieden geschaffen worden waren, noch übertroffen haben. Er veränderte das kaum überschaubare und bunte Staatenbild nachhaltig, indem er die umfangreichste Territorialveränderung in Deutschland bis zum Zweiten Weltkrieg einleitete.

Die Erzbistümer Köln, Mainz und Trier wurden aufgelöst; die Reichsstädte Aachen, Köln, Worms und Speyer verloren ihre Selbständigkeit. Sehr intensiv verlief die territoriale Neuordnung im Süden des Reiches, wo Bayern, Baden, Württemberg und Hessen-Darmstadt in besonderer Weise profitierten. Die Entstehung „vergrößerter Mittelstaaten" lag im politischen Interesse Frankreichs[3]

534 Mit dem Ende des Heiligen Römischen Reiches Deutscher Nation im Jahre 1806 wurde der Reichsdeputationshauptschluss allerdings nicht gegenstandslos. Die durch ihn erfolgten Umgestaltungen haben die Verfassungsstruktur Deutschlands auf Dauer beeinflusst. Die durch Säkularisation und Mediatisierung geschaffenen deutschen Mittelstaaten, die den Föderalismus in Deutschland maßgeblich gestärkt haben,[4] sind für die Verfassungsentwicklung des 19. Jahrhunderts maßgebend geworden, weil mit ihnen die Grundlage für den modernen Föderalismus, also das Nebeneinander einer Mehrzahl mittelgroßer, aber mit der Kraft politischer Eigenständigkeit ausge-

---

1 Text: Kaiser und Reich, S. 592 ff.
2 K.-P. Schroeder, JuS, 1989, 351, 354.
3 K.-P. Schroeder, JuS, 1989, 351, 354.
4 I. Knecht, Der Reichsdeputationshauptschluss.

statteter Staaten, geschaffen worden war, eine Entwicklung, die es z. B. in Frankreich mit der Orientierung am Zentralstaat nicht gegeben hat. So gesehen hat der Reichsdeputationshauptschluss von 1803 verfassungsrechtlich eine Richtung vorgegeben, die über den Deutschen Bund, das Deutsche Reich von 1871, die Weimarer Republik und mit einer Unterbrechung im Dritten Reich, in dem unter dem Druck einer Diktatur vorübergehend der Zentralismus praktiziert wurde, zur Bundesrepublik Deutschland geführt hat.

**2. Die Gründung des Rheinbundes.** Der am 26. 12. 1805 in Preß- 535
burg zwischen Frankreich und Österreich abgeschlossene Friedensvertrag bewirkte bedeutende Veränderungen für das Reich und die Reichsstände, obwohl es sich, da kein Reichskrieg geführt worden war, nicht um einen Reichsfrieden handeln konnte. So wurde z. B. *Bayern* zu einem souveränen Königreich erhoben. Im *Preßburger Frieden* wird nicht mehr vom Deutschen Reich gesprochen; stattdessen ist vom *Deutschen Bund* die Rede, einer Institution, die erst ein Jahrzehnt später ins Leben gerufen werden sollte.

Die Aufspaltung des Reiches in eine bloße Konföderation souverä- 536
ner Einzelstaaten war ein raffinierter Schachzug Frankreichs, mit dem auf verfassungspolitischem Wege die deutsche Frage gelöst werden sollte.[5] Im Januar 1806 entstanden auf Veranlassung Frankreichs die ersten Verträge über die Gründung des Rheinbundes. Widerstände gegen die französischen Pläne waren erfolglos. Es wurde ein nach rein französischen Vorstellungen ausgerichteter *Rheinbund* gegründet, dem allerdings entgegen den ersten Plänen nur deutsche Staaten angehörten. Unter anderem zählten dazu: Bayern, Württemberg, das Herzogtum Berg und Hessen-Darmstadt. Die Fürsten, die sich im Rheinbund vereinigt hatten, sprachen in Artikel 1 der *Rheinbundakte* ihre dauernde Trennung vom Gebiet des Deutschen Reiches aus. Die Titel, die sich auf die Zugehörigkeit zum Deutschen Reich gründeten, wie z. B. Kurfürst, wurden abgelegt. Die Reichsgesetze wurden für ungültig und gegenstandslos erklärt, soweit sie die Souveränität der Mitglieder des Rheinbundes beeinträchtigten. Lediglich der *Reichsdeputationshauptschluss* aus dem Jahre 1803 wurde in einigen Teilen aufrechterhalten. Artikel 3 der Rheinbundakte verpflichtete die Mitglieder, dem Reichstag den Austritt aus dem Reiche bis zum 1. August 1806 anzuzeigen. Am 1. August 1806 gaben die 16 Rheinbund-

5 E. R. Huber, Bd. 1, S. 67.

staaten dem Reichstag in Regensburg die gemeinsame Erklärung über die Trennung vom Reich ab.

537 **3. Das Ende des alten Reiches.** Ebenfalls am 1. August 1806 gab der französische Gesandte am Reichstag eine Erklärung ab, in der es hieß, die Rheinbundstaaten, die dem Protektorat des Kaisers der Franzosen unterstünden, hätten aufgehört, Reichsstände zu sein. Die neue Stellung dieser Mächte sei mit der Reichsstandschaft unvereinbar. Diese Unvereinbarkeit hatte Frankreich allerdings mit dem Ziel, die Reichseinheit zu zerstören, selbst hervorgerufen. Frankreich erkannte die Reichsverfassung nicht mehr an und vertrat die Auffassung, den Organen des Restreiches, dem Kaiser, dem Reichstag und den Reichsgerichten, fehle die staats- und völkerrechtliche Legalität. Danach forderte Napoleon den Deutschen *Kaiser Franz II. (deutscher Kaiser 1792 bis 1806)* ultimativ auf, die Kaiserkrone niederzulegen. Am 6. August 1806 gab Kaiser Franz II. eine Erklärung über die Niederlegung der Kaiserkrone ab. Darin brachte er die Meinung zum Ausdruck, mit dem Verzicht auf die Krone sei das Band, das ihn mit dem Staatskörper des Deutschen Reiches verknüpft habe, gelöst. Mit der Erklärung entband der Kaiser die Kurfürsten, Fürsten und anderen Reichsstände sowie die Reichsgerichte von ihren verfassungsmäßigen Rechten und Pflichten.

538 Es ist später die Frage aufgeworfen worden, ob Franz II. mit der Niederlegung der Kaiserkrone und seiner Erklärung die Auflösung des Reiches bewirken konnte. Die Beantwortung dieser Frage war von praktischer Bedeutung, weil auf dem Wiener Kongress, der nicht nur ein europäischer Friedensvollzugskongress, sondern zugleich eine Konferenz war, auf der über die zukünftige Gestaltung Deutschlands – auch über die Verfassung eines Deutschen Bundes – entschieden wurde, das Problem auftrat, ob man einen deutschen Bundesstaat in der Form eines Staatenbundes gründen oder das alte Reich wiederherstellen sollte. Eine Erneuerung des alten Reiches (renovatio imperii) hätte vorausgesetzt, dass der Austritt der 16 Rheinbundstaaten aus dem Reich und die Niederlegung der Kaiserkrone durch Franz II. mit der dazu abgegebenen Erklärung das Reich nicht aufgelöst hätten.

539 Das Heilige Römische Reich Deutscher Nation wurde im Jahre 1806 *nicht* auf rechtmäßige Weise aufgelöst. Indem die Rheinbundstaaten am 1. 6. 1806 aus dem Reich austraten, brachen sie die Reichsverfassung. Diesen Verfassungsbruch versuchten sie mit der Begründung zu rechtfertigen, das Reich sei im Verlaufe der Koalitionskriege bereits untergegangen. Sie vertraten damit eine Auffassung, die von der zeitgenössischen Rechtswissenschaft nicht geteilt wurde. Diese erkannte zwar an, dass ein Staat durch rein faktische Vorgänge zerstört werden konnte. Trotz des bereits weit fortgeschrittenen Verfalls der Reichseinrichtungen vertrat die zeitgenössische herrschende Meinung in der

Rechtswissenschaft jedoch die Auffassung, dass der Reichsverband jedenfalls solange de jure fortbestehe, wie die Reichsmitglieder offiziell am Reich festhielten. Kaiser Franz II. überschritt seine Kompetenzen als Reichsoberhaupt, als er die Kaiserkrone mit der Erklärung niederlegte, das Reich sei als aufgelöst zu betrachten. Er konnte sein Vorgehen nicht auf das Argument stützen, das Reich sei bereits durch den Austritt der Rheinbundstaaten untergegangen. Denn solange die übrigen deutschen Staaten nicht zu erkennen gaben, dass sie sich ebenfalls vom Reichsverband lösen wollten, war der Austritt der Rheinbundstaaten nach der Staats- und Völkerrechtslehre als eine bloße Separation zu werten, die den rechtlichen Fortbestand des Reiches in dem verbleibenden, größeren Teil des Reichsgebietes nicht zu berühren vermochte.[6]

Auch für diejenigen, die auf Grund juristischer Überlegungen zu 540
dem Ergebnis gelangt waren, dass das Heilige Römische Reich Deutscher Nation im Jahre 1806 sein Ende nicht gefunden hatte, stellte sich das Problem nach dem *Wiener Kongress* nicht mehr. Denn auf dem Wiener Kongress verzichteten die dort versammelten Vertreter der Einzelstaaten des ehemaligen Reiches in freier Selbstbestimmung auf die Fortsetzung des Reiches und entschieden sich für einen ganz anders gearteten staatsrechtlichen Zusammenschluss, den *Deutschen Bund*.

Jedenfalls ist das Heilige Römische Reich Deutscher Nation nicht durch einen Rechtsakt aufgelöst worden, auch nicht durch die Abdankungserklärung Franz II. Das Reich ist vielmehr eines „natürlichen" Todes gestorben, sei es durch das tatsächliche Erlöschen seiner sämtlichen Funktionen und Organe, sei es durch ein Nichtwiederbeleben nach der Napoleonischen Zeit.[7]

Die politische Entwicklung, die 1794 einsetzte und 1815 ihren Abschluss gefunden hat, hinterließ ein zerborstenes Reich. Die beiden deutschen Großmächte, Österreich und Preußen, waren zusammengebrochen, Preußen gar zunächst aus dem Kreis der Großmächte ausgeschieden; ein Wiederaufstieg schien unmöglich. Im Süden des Reiches waren geschlossene Territorien entstanden, die in sich die Voraussetzungen für die Entwicklung zu modernen Staaten trugen.[8] In Österreich und Preußen setzte der Zusammenbruch Reformprogramme in Gang, die unterschiedlich intensiv und umfassend die Basis dieser beiden Staaten im 19. Jahrhundert bilden sollten.

Durch das Ende des Reiches war ein Zustand der Rechtsunsicher- 541
heit entstanden. Es ging u. a. um die Frage, ob und gegebenenfalls wie

6 G. Walter, Der Zusammenbruch.
7 G. Kleinheyer, in: FS Kroeschell, S. 124, 144.
8 K. O. v. Aretin, S. 106 f.

das Reichsrecht weiter galt. Im Hinblick auf das Recht der „öffentlichen Verhältnisse“ wurde von den meisten Juristen eine Fortgeltung der Reichsgesetze verneint, soweit sie nicht ausdrücklich durch entsprechende Gesetzgebungsakte weiterhin in Kraft gesetzt waren. Allerdings ist durch die Erklärungen vom 1. und 6. August 1806 nicht eindeutig klar gestellt worden, ob nicht Normen, Rechte, Privilegien oder sogar Gesetze, die direkt oder indirekt mit dem Rechtssystem des Reiches zusammenhingen, weiterhin gelten konnten.[9]

542 **4. Die Bewertung des alten Reiches und seiner Verfassung aus heutiger Sicht.** Seit den sechziger Jahren des 20. Jahrhunderts hat die Geschichtswissenschaft ihr historisches Urteil über das alte Reich und seine Reichsverfassung tiefgreifend geändert. Die ältere Geschichtsforschung hatte, ergriffen von der deutschen Einigungsbewegung des 19. Jahrhunderts und orientiert am Maßstab der kleindeutsch-preußischen Reichgründung von 1871, die Geschichte des alten Reiches seit dem Spätmittelalter bis zu seinem Ende im Jahre 1806 sehr negativ gezeichnet. Sie vermittelte ein Bild der Dekadenz und Tragik, des fortschreitenden Verfalls der alten Kaiserherrlichkeit, der inneren Auflösung und der äußeren Schwäche. Gleichzeitig war sie fasziniert vom Aufstieg Brandenburg-Preußens zur modernen Staatlichkeit und zur kommenden Hegemonialmacht.[10]

543 Unter dem Eindruck der deutschen Katastrophe von 1945 haben viele neuere Untersuchungen die Überbetonung der Machtstaatsmomente in der überkommenen Geschichtsschreibung kritisiert. Nachdem eine unbefangenere Bewertung des deutschen Einigungsprozesses im 19. Jahrhundert möglich geworden ist, sind die positiven Seiten des alten Reiches besser ins Licht gerückt und anders beurteilt worden. Heute werden der Beitrag des Reiches der Neuzeit (bis 1806) zur Schaffung einer übernationalen Friedensordnung und zur Wahrung von Frieden, Freiheit, Einheit und Rechtsstaatlichkeit im Innern positiver bewertet, ohne die Schwächen der Reichsverfassung zu verdecken.[11]

544 Dass das Reich noch recht lebendig war, zeigt auch die Tatsache, dass von der Mitte des 17. Jahrhunderts bis zum Beginn des 19. Jahrhunderts intensiv über eine Reform der Reichsverfassung nachgedacht und diskutiert worden ist. Davon zeugt eine Fülle von Abhandlungen in der Reichspublizistik. Un-

9 K. Härter, ZNR 2006, 316, 328 f.
10 M. Heckel, ZRG Kan. Abt. 77, 1991, S. 283 ff.
11 M. Heckel, ZRG Kan. Abt. 77, 1991, 283.

terstützt wurden diese Bestrebungen durch einen in der Endphase des Reiches zunehmend lebendiger werdenden Reichspatriotismus, der das Reich durch seine Reformkonzeptionen zu neuer Macht und Effektivität erheben wollte. Dem stand allerdings ein territorialstaatlicher Patriotismus gegenüber, der die Macht der größeren Reichsstände erhalten und mehren wollte und sich dem Reich gegenüber ablehnend verhielt.[12]

Manche Autoren[13] meinen, das Heilige Römische Reich Deutscher Nation sei „wesentlich durch Elemente der Rechtsstaatlichkeit begründet, bestimmt und begrenzt" gewesen; der Rechtsstaat habe in Deutschland eine stolze, schon im alten Reich begründete Tradition; er sei nicht erst als Konsequenz bzw. Reaktion auf die Umwälzungen der französischen Revolution entstanden. Für diese These spricht viel. Allerdings kann sie durch den bisherigen Stand der rechtshistorischen Forschung als noch nicht hinreichend untermauert angesehen werden.

**Schrifttum:** K. O. v. Aretin, Vom Deutschen Reich zum Deutschen Bund, 1980; W. Burgdorf, Reichskonstitution und Nation. Verfassungsreformprojekte für das Heilige Römische Reich Deutscher Nation von 1648 bis 1806, 1998; K. Härter, Reichsrecht und Reichsverfassung in der Auflösungsphase des Heiligen Römischen Reiches deutscher Nation. Funktionsfähigkeit, Desintegration und Transfer, ZNR 2006, 316ff.; G. Kleinheyer, Die Abdankung des Kaisers, in: FS Kroeschell, S. 124ff.; I. Knecht, Der Reichsdeputationshauptschluss vom 25. Februar 1803, 2007; K.-P. Schroeder, Der Reichsdeputationshauptschluss vom 25. 2. 1803 – Letztes Grundgesetz des Alten Reiches, JuS 1989, 351ff.; G. Walter, Der Zusammenbruch des Heiligen Römischen Reiches Deutscher Nation und die Problematik seiner Restauration in den Jahren 1814/15. Studien und Quellen zur Geschichte des deutschen Verfassungsrechts. Reihe A: Studien, Bd. 12, 1979.

## II. Deutschland zur Zeit des Rheinbundes

**1. Die Verfassung des Rheinbunds.** Der *Rheinbund* war von Anfang an eine Organisationsform des napoleonischen Hegemonialsystems für Deutschland. Napoleon sah darin ein Mittel, das Reich zu stürzen und an seine Stelle eine von Frankreich abhängige Konföderation deutscher Staaten zu setzen. Er erreichte sein eigentliches Ziel, den Rheinbund zu einem politischen Machtinstrument zur Durchsetzung der französischen Interessen zu machen, allerdings nicht. **545**

Im Jahre 1808 gehörten dem 1806 gegründeten Rheinbund 39 deutsche Staaten an. Zu ihnen zählten u. a. die Königreiche Bayern, Württemberg, Sachsen und Westfalen. Neben diesen Staaten bildeten später das Großherzogtum Berg und das Großherzogtum Frankfurt

12 W.Burgdorf, S. 502ff.
13 M. Heckel, ZRG Kan. Abt. 77, 1991, S. 283ff.

den eigentlichen Kern des Rheinbundes. Die Rechtsgrundlage für den Rheinbund war bis zu seinem Untergang im Jahre 1813 die von vielen deutschen Staaten, bzw. Reichsständen, unterzeichnete *Rheinbundakte* vom 12. Juli 1806, deren Charakter als Bundesvertrag nicht uninteressant ist. Sie war ein völkerrechtlicher Vertrag, der auf der einen Seite von Napoleon als dem Protektor des Rheinbundes und auf der anderen Seite von den Mitgliedstaaten abgeschlossen wurde.

**546** Die Rheinbundakte hatte in dreifacher Hinsicht Wirkungen:
- Sie war ein völkerrechtlicher Verpflichtungsvertrag, der den daran beteiligten Staaten neben einer Vielzahl von Einzelverpflichtungen die Grundpflicht auferlegte, sofort und in der Zukunft alles vertragsmäßig Notwendige zu tun, um den gemeinsam gewollten Zustand zu schaffen und zu erhalten.
- Sie war ein völkerrechtlicher Statusvertrag; denn sie rief den Bund der beteiligten Staaten als politisches Eigenwesen ins Leben, beschränkte aber dessen Willens- und Handlungsfähigkeit durch die Unterwerfung unter die Schutzgewalt des Protektors (Napoleon).
- Zugleich war sie eine Verfassung, die die innere Grundstruktur des Bundes konstituierte und ihn mit Organen ausstattete, die ihn handlungsfähig machen sollten[14]

In Art. 25 enthielt die Rheinbundakte eine Bestimmung, nach der jeder Staat des Bundes als souverän galt. In Wirklichkeit war die Souveränität der einzelnen Staaten jedoch durch die Rolle des Bundesprotektors Napoleon stark eingeschränkt. So waren sie u. a. nicht in der Lage, eine unabhängige Außenpolitik zu führen. Dennoch wird man davon sprechen müssen, dass es innerhalb des Rheinbundes deutsche Staaten gab. Andere deutsche Staaten, wie z. B. Preußen, existierten außerhalb des Rheinbundes. Es gab in der Zeit nach 1806 weder einen Staat noch eine Staatenverbindung, in der alle deutschen Staaten vereint waren.

Im Rheinbund existierten nur skizzenhaft entwickelte Verfassungsorgane, in denen man deutliche Anklänge an die alte Reichsverfassung sehen kann.[15] An die Stelle des Reichstages sollte ein Bundestag in Frankfurt treten, der ebenfalls ein Gesandtenkongress sein sollte. Obwohl einmal einberufen, trat er niemals zusammen.

**547** **2. Die Verfassungen in den Einzelstaaten.** Nachdem das revolutionäre Frankreich sich 1791 eine auf dem Prinzip der Volkssouveränität gegründete Verfassung gegeben hatte, gewann die Verfassungsidee in Europa an Überzeugungskraft. *Napoleon* verstand unter

14 E. R. Huber, Bd. 1, S. 79.
15 K. O. v. Aretin, S. 115.

Verfassunggebung vor allem die Neuordnung von Staat und Gesellschaft, in deren Rahmen die Volksrepräsentation allerdings von nachrangiger Bedeutung blieb. Soweit sie zustandekamen, spiegeln die Verfassungen der Rheinbundstaaten dieses Konzept wider. *Napoleon* betrieb in den Rheinbundstaaten eine Modellstaatspolitik, die verbunden war mit der Verbreitung der geistesgeschichtlichen Ideen der Moderne, welche die traditionellen und ständischfeudalen Autoritäten nachhaltig erschütterten und die Grundlagen der bisherigen Staats- und Gesellschaftssysteme in Kontinentaleuropa angriffen. Man kann auch sagen: Der napoleonische Konstitutionalismus importierte die Revolution von oben in die Rheinbundstaaten.[16]

Mit Dekret vom 15. November 1807 wurde für das Königreich **548** Westfalen eine Konstitution eingeführt. Damit trat zum ersten Mal in Deutschland eine Verfassung im modernen Sinne in Kraft, die in einem Dokument die wesentlichen Regelungen über die Staatsorganisation und auch die Gewährleistung von staatsbürgerlichen Rechten enthielt. Nach der Konzeption der Verfassung lag die Staatsgewalt beim König; allerdings wurde das monarchische System – anders als in den späteren deutschen Verfassungen – nicht in der Verfassung verankert. Im vierten Teil der Verfassung – beginnend mit Art. 10 – wurden den Bürgern einzelne Rechte, wie z. B. die Gleichheit aller vor dem Gesetz und die freie Religionsausübung, zugesichert.[17] Die Reichweite des Gleichheitssatzes in Westfalen – und auch in Frankfurt – entsprach der revolutionären französischen Verfassungstradition. Das Gleichheitsgebot band Verwaltung und Justiz und gewährleistete die Gleichheit in der Anwendung des Rechts.[18]

Ziel der staatlichen Reformpolitik im Rheinbund war es, die ge- **549** burtsständische Privilegienhierarchie des alten Reiches beschleunigt abzubauen, um die Energien einer egalitären Staatsbürgergesellschaft nutzen zu können. Ansatzpunkt war die Sonderstellung des Adels. So wurde zum Beispiel das Adelsmonopol für höhere Staatsstellen beseitigt.[19]

Die Bedeutung des Rheinbundes für die Weiterentwicklung föderaler Elemente im deutschen Staatsrecht darf nicht unterschätzt werden. Es liegt auch nahe, die *Rheinbundakte* als rechtliches Bindeglied

16 M. Hecker, S. 28 u. 169.
17 R. Ham, ZNR 2004, 227 ff.
18 M. Hecker, S. 126.
19 H.-U. Wehler Bd. 1, S. 376 ff.

und Übergang vom alten Reich zu den darauf folgenden föderalen deutschen Verfassungsstrukturen anzusehen.[20]

550 In der Justiz der Rheinbundstaaten kam es seit 1794 zu einem völligen Umbruch, einhergehend mit einem Wandel des Selbstverständnisses des Justizpersonals, insbesondere der Richterschaft. Die Denkweisen einer auf tradierten Rechtsvorstellungen und partikularem Recht beruhenden Justiz wurden nun ersetzt durch die Vorstellungswelt der revolutionären Egalitätspostulate und des nachrevolutionären Etatismus als Grundlage eines modernen Justizapparates.[21]

**Schrifttum:** K. O. v. Aretin, Vom Deutschen Reich zum Deutschen Bund. Deutsche Geschichte 7, 1980, S. 110ff.; H. Brandt/E. Grothe (Hrsg.), Rheinbündischer Konstitutionalismus, 2007; A. Grilli, Konzeptionen für die Justiz der Rheinlande in der französischen Zeit, in: C. Dipper/W. Schieder/R. Schulze (Hrsg.), Napoleonische Herrschaft in Deutschland und Italien – Verwaltung und Justiz, 1995, S. 243ff.; B. Grzeszik, Vom Reich zur Bundesstaatsidee. Zur Herausbildung der Föderalismusidee als Element des modernen deutschen Staatsrechts, 1996; H.- R. Ham, Die Constitution für das Königreich Westphalen von 1807, ZNR 2004, 227ff.; M. Hecker, Napoleonischer Konstitutionalismus in Deutschland, 2005.

## § 14. Der Deutsche Bund

### I. Die Gründung des Deutsches Bundes

551 Mit der sich abzeichnenden Niederwerfung *Napoleons* stellte sich erneut ein dauerndes Grundproblem der deutschen Geschichte, das immer wieder eine politische Entscheidung gefordert hat: In welcher staatsrechtlichen Form sollte Deutschland bestehen? Ein Jahrtausend lang deutscher Geschichte hatte die Frage gelautet: Straffe staatliche Zusammenfassung Deutschlands unter einer starken Zentralgewalt oder lockere bündische Einigung der autonomen Teile unter einem schwachen Föderativorgan?

Die Frage Staat oder Bund stellte sich nun wieder auf dem *Wiener Kongress* (1814/15), der auch ein deutscher Verfassungskongress mit der Aufgabe war, einen Vertrag über die Gestaltung Deutschlands abzuschließen. Die Verantwortlichen auf dem Wiener Kongress wurden mit dem stärker werdenden Nationalstaatsgedanken konfrontiert. Es ging um die Entscheidung zwischen einem deutschen Staat als Natio-

20 B. Grzeszik, S. 185ff.
21 A. Grilli, in: Napoleonische Herrschaft, S. 243ff.

nalstaat und einem deutschen Bund. Der deutsche Staat wäre ein politisches Gebilde mit starken unitarisch-zentralistischen Organen gewesen. Der Deutsche Bund hingegen sollte ein politisches Gebilde mit schwachen gemeinsamen Institutionen und starker Selbstständigkeit der partikularstaatlichen Mitglieder, d. h. der einzelnen Bundesstaaten, sein.

Der Ruf nach einem deutschen Nationalstaat, der sich auf Einheit 552
und Freiheit gründen und der Nation Unabhängigkeit, Sicherheit und Wohlfahrt verbürgen sollte, war nicht zu überhören. Viele waren bereit und entschlossen, einen zentral regierten deutschen Staat, der mit einer gewählten Volksvertretung und geschützten Bürgerrechten ausgestattet sein sollte, zwar nicht durch eine Revolution, aber auf dem Wege einer durchgreifenden Reform mit Anlehnung an die Traditionen des alten deutschen Reiches zu schaffen.

Die nationalstaatliche Lösung fand jedoch zu viele Widersacher. Sie waren vorwiegend im Kreise derer zu finden, die den Willen hatten, die deutschen Partikularstaaten lediglich durch ein loses föderatives Band zu verknüpfen. Die mächtigsten deutschen Staaten, nämlich Österreich – vor allem wegen des Schicksals der großen nichtdeutschen Gebietsteile –, Preußen und die süddeutschen Rheinbundstaaten, konnten schließlich eine Lösung der deutschen Frage im nationalstaatlichen Sinne verhindern.

Der *Deutsche Bund*, auf dessen Gründung man sich schließlich auf dem 553
*Wiener Kongress* einigen konnte, entsprach den Vorstellungen des österreichischen Außenministers und Staatskanzlers Fürst *Metternich (1773 bis 1859)* über die zukünftige Gestaltung Europas. Metternich ging davon aus, dass Frieden, Ordnung und Recht – und zwar restaurativ verstanden – nur hergestellt werden könnten, wenn rivalisierende Staaten durch die Ausgeglichenheit des Gesamtbestandes ihrer Kräfte in ein stabiles Gleichgewicht gesetzt seien.[22] Der Wiener Kongress bildete die große Gelegenheit, dieses Gleichgewicht der Kräfte zu schaffen. So war für Metternich die deutsche Verfassungsfrage nur ein Teilproblem bei der Neuordnung Europas. Dass er, was Deutschland anging, von Anfang an die streng föderative Linie, mit der er sich schließlich durchsetzen konnte, verfocht, hatte also seine Ursachen nicht nur in den Sonderinteressen Österreichs, sondern auch in dem Ziel, das Gleichgewicht in Europa zu sichern. Außerdem ging es Metternich auch darum, die revolutionäre Idee des Nationalstaates zurückzudrängen, weil er den Nationalismus gleichsetzte mit dem, was er unter umstürzlerisch, liberal und demokratisch verstand. Der gewaltenteilende, auf angeborene und unantastbare Menschenrechte gegründete Rechtsstaat galt ihm als Vorform der Anarchie.

---

22 E. R. Huber, Bd. 1, S. 537.

554 Mitglieder des Deutschen Bundes waren die souveränen Fürsten und freien Städte in Deutschland. Der *Deutsche Bund* wird rechtlich als *Staatenbund* begriffen und damit vom Bundesstaat, der staatsrechtlichen Form, in der später ein geeintes Deutschland geschaffen werden sollte, abgegrenzt. Der Deutsche Bund gilt anerkanntermaßen als Modell eines *Staatenbundes* schlechthin. Im Verhältnis nach außen, d. h. zu fremden Staaten, war der Deutsche Bund ein Völkerrechtssubjekt. Er hatte allerdings nicht das Recht zur ausschließlichen auswärtigen Vertretung Deutschlands. Aber er hatte die Befugnis, seine Integrität und die seiner Mitglieder gegen äußere Angriffe zu schützen und zu verteidigen.

555 Das System des Deutschen Bundes ermöglichte den Großmächten Österreich und Preußen eine Hegemonie über die anderen Staaten des Bundes, soweit die Interessen der beiden Großmächte sich, was die inneren Verhältnisse des Deutschen Bundes betraf, deckten. Viele Maßnahmen, die die beiden Großmächte zur Bekämpfung von Nationalismus, Liberalismus und Demokratiebestrebungen – nach der Auffassung der Zeit war all dies Radikalismus – ergriffen, wurden auf Art. 2 der *Bundesakte von 1815*, der Verfassung des Deutschen Bundes, gestützt. Diese Bestimmung enthielt eine Generalklausel über den Zweck des Bundes, der definiert wurde als die „Erhaltung der äußeren und inneren Sicherheit Deutschlands und der Unabhängigkeit und Unverletzlichkeit der einzelnen deutschen Staaten".

556 Die deutsche Einheitsbewegung blieb in der Zeit nach 1815 im Wesentlichen auf das gebildete Bürgertum beschränkt. Beachtenswert ist die Verbindung von Streben nach nationaler Einheit und Forderung nach mehr Freiheit und Freiheitsrechten. Diesem Zusammenhang lag die Erkenntnis zugrunde, dass die Verwirklichung eines deutschen Einheitsstaates nur erreicht werden konnte, nachdem dem restaurativen politischen System der Zeit, das der Einheitsbewegung feindlich gesonnen war, ein größerer Freiheitsraum abgetrotzt worden war. In dem Deutschen Bund sah man die Verkörperung der Restauration, des Partikularismus, des Bürokratismus und des dynastischen Legitimismus sowie der Despotie. Alle diejenigen, die sich in Gegnerschaft zu diesem System den liberalen und demokratischen Ideen Westeuropas nicht verschlossen, galten als radikal.

Seit den achtziger Jahren des letzten Jahrhunderts würdigt die Geschichtswissenschaft den Deutschen Bund positiver. Hervorgehoben wird, dass die staatenbündisch-föderative Ordnung eine lange Zeit die unterschätzte Funktion der Friedenswahrung im europäischen Gleichgewichtssystem übernommen habe. Außerdem wird darauf verwiesen, der Deutsche Bund habe immerhin einen institutionellen Rahmen für die Wahrung der staatsrechtlichen Einheit Deutschlands geschaffen.[23]

**Schrifttum:** H.-W. Hahn, Der Deutsche Bund. Zukunftslose Vorstufe des kleindeutschen Nationalstaats oder entwicklungsfähige föderative Alternative?, in: Der Staat, Beiheft 16, S. 41 ff.

## II. Die Verfassung des Deutschen Bundes

**1. Staatenbund und Einzelstaaten.** Die Verfassung des Deutschen Bundes beruhte auf der *Deutschen Bundesakte von 1815* (DBA)[24] und der diese ergänzenden und erläuternden *Wiener Schlussakte* (WSA) (Schlussakte der Wiener Ministerialkonferenz).[25] Der Deutsche Bund – das klassische Modell eines Staatenbundes – wurde durch einen Bundesvertrag begründet, der den Charakter eines völkerrechtlichen Gesamtaktes besaß. Die im Deutschen Bund zusammengeschlossenen Staaten begegneten sich bei dem Abschluss des Vertrages auf der Ebene des Völkerrechts. Durch den Bundesvertrag wurde ein neues völkerrechtliches Statusverhältnis begründet. Gleichzeitig war aber die Errichtung des Staatenbundes mit dem Abschluss des Bundesvertrages auch ein *Verfassungsvertrag.* Damit wurden unter den Beteiligten nicht nur völkerrechtliche, sondern auch staatsrechtliche Beziehungen begründet, die sich in einen höheren Gesamtstaatskörper einordneten. Die Bundesverfassung bewirkte eine innere staatsrechtliche Ordnung des föderativen Gesamtverbandes.[26] 557

Die *Bundesversammlung* (auch Bundestag genannt) mit dem Sitz in Frankfurt wurde aus den Bevollmächtigten sämtlicher Bundesstaaten gebildet. Sie stellte „den Bund in seiner Gesamtheit dar" und war „das beständige verfassungsmäßige Organ seines Willens und Handelns" (Art. 7 WSA). Eine eigene Zuständigkeit für Gesetzgebung, Verwaltung und Rechtsprechung war dem Deutschen Bund nicht eingeräumt. Seine Bedeutung und Wirkung wurden durch die ihm in der Deutschen Bundesakte gesetzten Ziele bestimmt (Art. 3 und 4 WSA). Der Zweck des Bundes wurde vor allem durch Art. 2 der Bundesakte charakterisiert, der die „Erhaltung der äußeren und inne- 558

23 H.-W. Hahn, in: Der Staat Beiheft 16, S. 31, 46 f., 51.
24 Text: Huber, Dokumente I, S. 84 ff.
25 Texte: Huber, Dokumente I, S. 91 ff.
26 E. R. Huber, Bd. 1, S. 663 ff.

ren Sicherheit Deutschlands und der Unabhängigkeit und Unverletzbarkeit der einzelnen deutschen Staaten" zu einer Hauptaufgabe erhob.

559 Als die Deutsche Bundesakte geschaffen wurde, konnte keine Einigung über die Einrichtung eines *obersten Bundesgerichts* erzielt werden. Als Grund dafür wird häufig genannt, dass ein solches Bundesgericht Erinnerungen an die hoch angesehenen Reichsgerichte – Reichskammergericht und Reichshofrat – hätte hervorrufen können.[27] Stattdessen konnte man sich lediglich auf ein Austrägalverfahren (ein Schiedsverfahren mit einer Instanz) einigen. 1834 wurde durch einen entsprechenden Bundesbeschluss ein Schiedsgericht eingerichtet, das tatsächlich aber nicht ein einziges Mal tätig geworden ist. Gerade das Fehlen einer obersten Gerichtsbarkeit erwies sich als ein großes Defizit.[28]

560 Auf dem Wiener Kongress war es zu einer Kontroverse darüber gekommen, ob und gegebenenfalls in welchem Maße der Bund und die Mitgliedstaaten zum Erlass von Verfassungsgrundgesetzen verpflichtet sein sollten. Ihren Niederschlag fand diese Auseinandersetzung in Art. 13 der Bundesakte, in dem es heißt: „In allen Bundesstaaten wird eine Landständische Verfassung stattfinden." Der Begriff „Landstände" blieb ungeklärt. Es konnte darunter sowohl eine Vertretungskörperschaft altständischen Stils als auch eine moderne Volksrepräsentation verstanden werden. Andererseits war die Verbindlichkeit der darin ausgesprochenen Verheißung durch das Fehlen jeglicher Fristbestimmung von vornherein in Frage gestellt.[29] Gerade diese Bestimmung der Bundesakte sollte sowohl innerhalb vieler Bundesstaaten als auch im Verhältnis einzelner Bundesstaaten zueinander Anlass zu vielen politischen Auseinandersetzungen liefern.

561 **2. Der Katalog von Rechten der Untertanen in der Bundesakte von 1815.** In der Bundesakte von 1815 wurde den Untertanen der verbündeten Fürsten und freien Städte eine Reihe von Rechten zugestanden. Bei den Beratungen des Wiener Kongresses über die Verfassungsfrage hatten gerade diese Rechte eine wesentliche Rolle gespielt.[30]

27 R. Hoke, in: Landesverfassungsgerichtsbarkeit, S. 43 mit Nachw.
28 H.-W. Hahn, in: Der Staat, Beiheft 16, S. 41, 68.
29 H. Gangl, in: Der Staat, Beiheft 1, S. 49.
30 U. Eisenhardt, in: Der Staat, 1971, S. 342ff. mit Hinw.

Die Bundesakte von 1815, auf die sich der Wiener Kongress schließlich einigte, enthält folgende, für die Bürger der deutschen Bundesstaaten wichtige Zusicherungen:[31]

1. Artikel 16 Abs. 1: „Die Verschiedenheit der christlichen Religions-Partheyen kann in den Ländern und Gebiethen des deutschen Bundes keinen Unterschied in dem Genusse der bürgerlichen und politischen Rechte begründen."
2. Artikel 18: „Die verbündeten Fürsten und freyen Städte kommen überein, den Unterthanen der deutschen Bundesstaaten folgende Rechte zuzusichern:
   a) Grundeigenthum außerhalb des Staates, den sie bewohnen, zu erwerben und zu besitzen, ohne deshalb in dem fremden Staate mehreren Abgaben und Lasten unterworfen zu seyn, als dessen eigene Unterthanen.
   b) Die Befugniß
   1. des freyen Wegziehens aus einem deutschen Bundesstaat in den andern, der erweißlich sie zu Unterthanen annehmen will, auch
   2. in Civil- und Militairdienste desselben zu treten, beides jedoch nur in so fern keine Verbindlichkeit zu Militairdiensten gegen das bisherige Vaterland im Wege stehe;...
   c) Die Freyheit von aller Nachsteuer (jus detractus, gabella emigrationis), in sofern das Vermögen in einen andern deutschen Bundesstaat übergeht und mit diesem nicht besondere Verhältnisse durch Freyzügigkeits-Verträge bestehen.
   d) Die Bundesversammlung wird sich bey ihrer ersten Zusammenkunft mit Abfassung gleichförmiger Verfügungen über die Preßfreiheit und die Sicherstellung der Rechte der Schriftsteller und Verleger gegen den Nachdruck beschäftigen."

Bei der Bestimmung über die Pressefreiheit handelt es sich um die *bundesverfassungsrechtliche Garantie der Pressefreiheit* unter dem Vorbehalt bestimmter, durch Gesetz einzuführender Einschränkungen. Die Aufnahme der Pressefreiheit in Art. 18 ist den Bemühungen Preußens zu verdanken. Gerade der Pressefreiheit kam am Anfang des 19. Jahrhunderts eine besondere Bedeutung zu, weil sie zu dieser Zeit nicht nur die Freiheit des Zeitungswesens, des Buchdrucks und Buchhandels von staatlicher Bevormundung, sondern die Freiheit der Gedankenäußerung durch Druckschriften überhaupt bedeutete. Die Pressefreiheit galt als die *Meinungsfreiheit* schlechthin. In der Terminologie des Vormärz symbolisierte sie die geistige Freiheit insgesamt.[32] **562**

---

31 Text: Huber, Dokumente I, S. 90 f.
32 U. Eisenhardt, in: Der Staat, 1971, S. 339.

Die bisher vorgenommene Differenzierung zwischen der Zusicherung von Rechten in der Deutschen Bundesakte einerseits und solche in Verfassungen der deutschen Einzelstaaten andererseits ist wohl kaum aufrechtzuerhalten. Wenn von der Entwicklung von Grundrechten gesprochen wird, müssen jedenfalls auch diejenigen Zusicherungen von Rechten entsprechend gewürdigt werden, die in Art. 16 und 18 DBA aufgeführt sind.

563 **3. Maßnahmen zur Erhaltung des Systems des Deutschen Bundes.** Als im März 1819 in Mannheim der russische Staatsrat und Dichter *August von Kotzebue (1761 bis 1819)*, dessen „Deutsche Gedichte" nationale Kreise als Schmähung des deutschen Gedankens ansahen, ermordet worden war, sah sich *Metternich* in seiner Auffassung über das revolutionäre Treiben von Geheimbünden bestätigt. Die Furcht vor Verschwörungen und Revolutionen an den deutschen Höfen wuchs. Die Ereignisse des Jahres 1819 ermöglichten es *Metternich*, noch im selben Jahre seine Vorstellungen über die Wiederherstellung von Ruhe und Ordnung im Bund und in den Mitgliedstaaten desselben durchzusetzen. Es entstanden die berüchtigten *Karlsbader Beschlüsse,* die schnell in Bundesrecht umgesetzt wurden. Sie bestanden aus einem Pressegesetz, einem Universitätsgesetz, einem Untersuchungsgesetz – es beinhaltet die Einsetzung einer Zentraluntersuchungskommission mit Sitz in Mainz – und einer Exekutionsordnung, mit deren Hilfe der Bund die auf Grund der genannten Gesetze zu treffenden Maßnahmen in den einzelnen Bundesstaaten durchsetzen wollte.[33] Die Ereignisse des Jahres 1819 waren jedoch nur der willkommene Anlass, nicht aber die eigentliche Ursache für die Maßnahmen, die nun getroffen wurden. In Österreich bestanden schon im Januar 1818 feste Vorstellungen darüber, wie solche Maßnahmen aussehen sollten.[34]

564 Nach dem von der Bundesversammlung beschlossenen Pressegesetz sollten täglich oder heftweise erscheinende Blätter und auch solche, deren Druckbogenzahl 20 nicht überstieg, in keinem Bundesstaat ohne Genehmigung der dazu einzurichtenden Zensurbehörden gedruckt werden dürfen. Alle anderen Schriften unterlagen der Nachzensur. Jeder Bundesstaat sollte für das, was innerhalb seiner Grenzen geschah, der Gesamtheit des Bundes verantwortlich sein. Die einzelnen Staaten waren verpflichtet, alle notwendigen Maßnahmen zu ergreifen, um dem Pressegesetz zur Durchsetzung zu verhelfen. Die Bundesversammlung war auch selbst befugt, Schriften zu unterdrücken, falls sich die Notwendigkeit dazu ergeben sollte. Die Geltung des Pressegesetzes war

33 Texte der ersten drei Gesetze: Huber, Dokumente I, S. 101ff.
34 U. Eisenhardt, in: Der Staat, 1971, S. 350ff.

zunächst auf nur 5 Jahre beschränkt. Da man nach Ablauf dieser Frist aber noch nicht auf die Anwendung dieses Gesetzes glaubte verzichten zu können, beschloss die Bundesversammlung am 16. August 1824, das Pressegesetz solle so lange in Kraft bleiben, „bis man sich über ein definitives Preßgesetz vereinbart haben“ werde.[35]

Die *Karlsbader Beschlüsse*, die nun ein Stück politischer Zielvor- 565
stellungen der führenden Politiker des Deutschen Bundes verkörpern sollten, verfehlten ihre Wirkung nicht. Allerdings konnten sie letztlich nicht verhindern, dass die liberal-demokratischen und nationalen Kräfte weiter – wenn auch mit weniger Spielraum – aktiv blieben.

So führten z. B. in Baden Bestrebungen von Kräften, die man als liberal und 566
demokratisch bezeichnen kann, im Jahre 1832 zum Erlass eines Pressegesetzes, das weniger Zensur und mehr Pressefreiheit garantierte. Wenige Monate nach Inkrafttreten dieses Gesetzes fasste die Bundesversammlung auf Druck Österreichs und Preußens einen Beschluss, in dem sie feststellte, dass das im Großherzogtum Baden in Kraft getretene Pressegesetz mit der Bundesgesetzgebung unvereinbar sei.[36]

**Schrifttum:** A. Collmann (Hrsg.), Quellen, Materialien und Commentar des gemein deutschen Pressrechts, 1844; U. Eisenhardt, Die Garantie der Pressefreiheit in der Bundesakte von 1815, in: Der Staat, 1971, S. 339 ff.; derselbe, Der Deutsche Bund und das badische Pressegesetz von 1832. Ein Schritt auf dem Wege zur Pressefreiheit im 19. Jahrhundert, in: Beitr. z. Rechtsgesch., S. 103 ff.; H. Gangl, Der deutsche Weg zum Verfassungsstaat im 19. Jahrhundert. Eine Problemskizze, in: Der Staat, Beiheft 1, 1975, S. 23 ff.; H.-W. Hahn, Der Deutsche Bund. Zukunftslose Vorstufe des kleindeutschen Nationalstaats oder entwicklungsfähige föderative Alternative?, in: Der Staat, Beiheft 16, S. 41 ff.; R. Hoke, Verfassungsgerichtsbarkeit in den deutschen Ländern in der Tradition der deutschen Staatsgerichtsbarkeit, in: Landesverfassungsgerichtsbarkeit. Teilband 1, Geschichte, Organisation, Rechtsvergleichung. Studien und Materialien zur Verfassungsgerichtsbarkeit, Bd. 25, 1983, S. 25 ff.; E. Weber, Die Mainzer Zentraluntersuchungskommission. Studien und Quellen zur Geschichte des deutschen Verfassungsrechts. Reihe A: Studien, Bd. 8, 1970.

## III. Gesellschaftliche Wandlungen am Ende des 18. und zu Beginn des 19. Jahrhunderts

**1. Überblick.** In der Epoche der Französischen Revolution und der 567
darauf folgenden napoleonischen Herrschaft vollzogen sich auch in Deutschland Entwicklungen, mit denen die Wandlung von der stän-

35 Text des Beschlusses bei A. Collmann, S. 650 f.
36 U. Eisenhardt, in: Beitr. z. Rechtsgesch., S. 103 ff.

dischen zur bürgerlichen Gesellschaft begann. Stand am Anfang dieser Entwicklung eine Sozialordnung, in der die Stellung des Einzelnen innerhalb eines Geflechts von Rechten und Pflichten, Freiheiten und Schranken zunächst noch durch die Geburt bestimmt wurde, so war an ihrem Ausgang eine Ordnung sichtbar, in der bei prinzipiell gleichen Rechten und Chancen nun Ausbildung und Vermögen den Platz in der sozialen Schichtung der Bevölkerung definierten.[37]

568 **2. Die amerikanischen und französischen Menschenrechtserklärungen.** Mit Recht wird darauf hingewiesen, dass es nicht das Anliegen der großen Naturrechtssysteme eines *Pufendorf* und *Christian Wolff* gewesen sei, die Rechte des Bürgers im Staat zu garantieren und zu sichern. In diesen Systemen scheinen die Menschen zwar grundsätzlich gleich und frei zu sein, ihre Gleichheit und Freiheit bleiben aber in den Naturzustand verbannt; sie werden noch *nicht* zu einer Forderung an den Staat. Der Bürger wird im Großen und Ganzen nicht als Rechtssubjekt, sondern als *Objekt obrigkeitlicher Fürsorge* angesehen. Diese Anschauung entsprach der gesellschaftlichen Wirklichkeit in Deutschland. Von einem zum politischen Selbstbewusstsein erwachten Bürgertum konnte noch nicht gesprochen werden.[38]

569 Da *Pufendorf* einen starken und stabilen Staat mit einem starken Herrscher bevorzugte und die Prinzipien der natürlichen Freiheit und Gleichheit auf den Naturzustand beschränkt wissen wollte, sind bei ihm keine ausreichenden Anhaltspunkte für die Ausbildung oder gar Existenz von Menschenrechten zu erkennen.[39]

Ebenfalls auf der Grundlage des Naturrechts hatte der Philosoph *John Locke (1632 bis 1704)* eine Position entwickelt, die darauf aufbaute, dass der Naturzustand als Grundlage für die Entwicklung der Rechte des Bürgers im Staate diente; die naturrechtliche Fundierung garantiere nicht nur Freiheit und Gleichheit, sondern auch das Eigentum.[40]

570 Schon einige Zeit, bevor über die Aufnahme von Rechten für die Bürger in das *Allgemeine Landrecht für die preußischen Staaten* gestritten wurde (oben Rdnr. 319 ff.), hatten *Menschenrechte* einen verfassungsrechtlichen Niederschlag in der *Virginia Bill of Rights vom 12. Juni 1776* und in der *Déclaration des droits de l'homme et du citoyen von 1789* gefunden. Zum ersten Mal in der Geschichte wurden am 12. Juni 1776 in der von dem in Williamsburgh tagenden Konvent

---

37 M. Botzenhart, in: Der Staat, Beiheft 4, S. 55.
38 G. Kleinheyer, in: Hist. Lex., S. 1060.
39 S. Müller, S. 163 ff.
40 G. Kleinheyer, in: Hist. Lex., S. 1060; U. Scheuner, VVDStRL, Heft 22, S. 2 ff.

angenommenen *Bill of Rights für Virginia* Menschenrechte verfassungsmäßig verankert. Am 28. September 1776 wurde für *Pennsylvania* eine ähnliche Verfassung beschlossen. In dem ersten Abschnitt der Virginia Bill of Rights von 1776 findet sich die Vorstellung von natürlicher Freiheit und Gleichheit als angeborene und unveräußerliche Rechten, wie sie die europäische Naturrechtslehre entwickelt hatte, verbunden mit der von *John Locke* geforderten Trias von Leben, Freiheit und Eigentum.

Eine gesonderte Erklärung der Menschen- und Bürgerrechte findet 571 sich auch in der französischen *Déclaration des droits de l'homme et du citoyen von 1789.* Hervorgehoben wird, dass der Zweck des Staates in der Wahrung folgender Rechte bestehe: Freiheit, Eigentum, Sicherheit und Widerstand gegen Unterdrückung. Es ist zu vermuten, dass diese Erklärung der Menschenrechte von 1789 im Großen und Ganzen auf dem Vorbild der amerikanischen Bills of Rights beruht.[41]

Die französische Menschenrechtserklärung bekräftigte den vorstaatlichen und überstaatlichen Charakter der Menschenrechte. Die Erklärung der Menschenrechte in Frankreich ist so zu verstehen, dass diese Rechte nicht nur für die Franzosen, sondern darüber hinaus für alle Menschen und alle Staaten gelten sollten. Wenn mit der Aufzählung von Bürgerrechten zunächst auch nur die Rechte der französischen Bürger gemeint waren, so muss das Verständnis doch wohl dahin gehen, dass daneben jeder Mensch in seiner *Eigenschaft als Bürger* mit erfasst werden sollte[42]

Die Erklärung der Menschen- und Bürgerrechte durch die franzö- 572 sische Nationalversammlung am 26. August 1989 fand in Deutschland wie überall in Europa begeisterte Zustimmung. Dennoch wurden die französischen Ereignisse nicht als Vorbild für die Entwicklung in Deutschland angesehen. Dazu war in den wichtigsten deutschen Staaten der Absolutismus zu aufgeklärt, als dass es, um Veränderung im Sinne von Besserung zu bewirken, einer gewaltsamen Volkserhebung bedurft hätte. Der Weg der friedlichen Reform galt „als der deutsche Weg zu Erreichung der Ziele, die die Franzosen durch eine Revolution zu verwirklichen trachteten".[43] Verstärkt wurde dieses Bestreben durch den Verlauf, den die Französische Revolution in den Augen aufgeklärter Deutscher nahm. Nicht erst die

41 G. Jellinek, in: Zur Geschichte der Erklärung der Menschenrechte, S. 16; H. Welzel, ebendort, S. 238. A. Boutmy, ebendort, S. 78 ff.
42 G. Kleinheyer, in: Hist. Lex., S. 1068 f.
43 H. A. Winkler. Bd. 1, S. 40.

von den Jakobinern errichtete Schreckensherrschaft führte zu einem Umschwenken der öffentlichen Meinung in Deutschland.

573 **3. Die Folgen für den gesellschaftlichen Wandel.** Es stellt sich die Frage, wie stark der „Schub an Modernisierung für den gesellschaftlichen Wandel" und damit für die Rechtsentwicklung in den Jahren 1789–1815 in Deutschland gewesen ist. Der Wandel, der sich vollzogen hat, war einmal Teil der gesamteuropäischen wirtschaftlichen, sozialen und geistigen Veränderungen, die in der von England ausgehenden industriellen Revolution, in der amerikanischen Unabhängigkeitsbewegung und in der Französischen Revolution ihren Niederschlag gefunden hatten. Darüber hinaus wurde der Wandel bewirkt durch ein Handeln, das bestimmt war vom Willen zur Reform, zu bewusster Gestaltung der politischen und sozialen Wirklichkeit. Dieser Wille stieß allerdings auf die Beharrungskraft der gewachsenen Strukturen.[44]

574 Der soziale Wandel in Deutschland am Anfang des 19. Jahrhunderts dürfte nicht zuletzt an der Stellung des Bürgers im Staat, und zwar auf den beiden Ebenen Stadt und Staat, zu messen sein. Der Idealtypus des Bürgers dieser Zeit war von einigen Besonderheiten geprägt, die sowohl egalitäre als auch ständisch-feudale Züge tragen. Die wichtigste Eigenschaft des Bürgers war die *Freiheit*, zu deren Kernelement die persönliche Unabhängigkeit von fremder Herrschaft gehört. Ein weiteres Merkmal war die *Gleichheit*, und zwar sowohl im Sinne formaler Rechtsgleichheit verstanden, als auch auf soziale Gleichstellung hin orientiert. Ein anderes wichtiges Merkmal des Bürgers war seine Selbstständigkeit. Gemeint ist damit seine Fähigkeit zur Selbstbestimmung, die auf ein Mindestmaß an materieller Unabhängigkeit gegründet sein muss. Als wesentlich und idealtypisch für den Bürger wird außerdem dessen Chance zur unmittelbaren Einflussnahme auf politische Entscheidungen, die „Teilhabe an öffentlicher Herrschaft" angesehen.[45] Nicht zu trennen war der Bürgerstatus schließlich von den bereits angelegten und sich nun immer stärker entwickelnden Staatsbürgerrechten mit Grundrechtscharakter, die viele Verfassungen aus der ersten Hälfte des 19. Jahrhunderts garantieren sollten (vgl. dazu unten Rdnr. 628 ff.).

44 M. Botzenhart, in: Der Staat, Beiheft 4, S. 55.
45 H.-P. Schneider, in: Der Staat, Beiheft 8, 1988, S. 143, 147 ff.

Mit dem sich vollziehenden gesellschaftlichen Wandel wurde der Ruf nach Reformen laut, die zwangsläufig eine grundlegende Erneuerung der Rechtsordnung notwendig machten.

**Schrifttum:** M. Botzenhart, Wandlungen der ständischen Gesellschaft im Deutschland der preußischen und der rheinbündischen Reformen, in: Der Staat, Beiheft 4, 1980, S. 55 ff.; A. Boutmy, Die Erklärung der Menschen- und Bürgerrechte und Georg Jellinek, in: R. Schnur (Hrsg.), Zur Geschichte der Erklärung der Menschenrechte, 1964, S. 78 ff.; H. Conrad, Die geistigen Grundlagen des Allgemeinen Landrechts für die preußischen Staaten von 1794, 1958; G. Kleinheyer, Grundrechte. Menschen- und Bürgerrechte, in: Hist. Lex., S. 1047 ff.; R. Koselleck, Staat und Gesellschaft in Preußen 1815–1848, in: Mod. dt. Sozialgesch., S. 55; S. Müller, Gibt es Menschenrechte bei Samuel Pufendorf? 2000; U. Scheuner, Pressefreiheit, in: VVDStRL, Heft 22 (1965), S. 2 ff.; H.-P. Schneider, Der Bürger zwischen Stadt und Staat im 19. Jahrhundert, in: Der Staat, Beiheft 8, 1988, S. 143 ff.; H. Welzel, Ein Kapitel aus der Geschichte der amerikanischen Erklärung der Menschenrechte (John Wise und Samuel Pufendorf), in: R. Schnur (Hrsg.), Zur Geschichte der Erklärung der Menschenrechte, 1964, S. 238 ff.

### IV. Ein Beispiel für Reformen und gesellschaftlichen Wandel: Die Stein-Hardenbergschen Reformen

**1. Überblick.** Nicht nur in *Preußen,* sondern auch in vielen anderen deutschen Staaten wurde am Anfang des 19. Jahrhunderts mit Reformen begonnen, die nur unzulänglich mit den Begriffen Staats- und Verwaltungsreformen beschrieben werden. Diese Reformen dienten nicht zuletzt dazu, den gesellschaftlichen Wandlungen Rechnung zu tragen, die sich bereits vollzogen hatten. Manche Reformen schufen allerdings auch erst die Voraussetzungen für den sozialen Wandel und förderten ihn. Man kann diese Reformen als Antwort auf die Herausforderung der französischen und napoleonischen Revolution ansehen.[46] 575

In manchen Staaten, wie z. B. Bayern und Österreich, hatte man schon gegen Ende des 18. Jahrhunderts mit entsprechenden Reformen begonnen. Zu eingehenden und nachhaltig wirkenden Maßnahmen kam es in den meisten Staaten jedoch erst im 19. Jahrhundert, so z. B. in Württemberg, Bayern, Baden, Sachsen, Hannover und in den hessischen Staaten. Wenn bei vielen dieser Reformen der Schwerpunkt auch bei der Behörden- und Justizorganisation lag, so wird bei den meisten doch der Übergang zum bürgerlich-liberalen Zeital- 576

46 H.-U. Wehler Bd. 1, S. 397.

ter transparent. Besonders deutlich werden die gesellschaftspolitischen Veränderungen in Preußen, dessen Reformen hier beispielhaft behandelt werden sollen.

577 **2. Anlässe für Reformen und die Reformer.** Die *Stein-Hardenbergschen Reformen*, die am Anfang des 19. Jahrhunderts in Preußen durchgeführt wurden, förderten eine soziale Umschichtung in der Bevölkerung. Sie ermöglichten schließlich den Übergang vom Ständestaat zu einem Staat, in dem unterschiedliche soziale Schichtungen existierten, die u. a. durch ökonomische Verhältnisse, aber auch durch Ausbildung bestimmt waren. Sie wurden im Verlaufe des 19. Jahrhunderts zur Grundlage für Änderungen in der Rechtsauffassung und daraus folgend für entscheidende Veränderungen der Rechtsordnung in Deutschland.

Am Anfang des 19. Jahrhunderts forderten in Preußen nicht nur die militärische Niederlage, sondern auch der völlige politische Zusammenbruch, Reformen geradezu heraus. Die Ereignisse in Frankreich, in erster Linie die französische Revolution, waren auf das Denken in Deutschland nicht ohne Einfluss geblieben. Auch diejenigen, die für Reformen eintraten, wollten eine Revolution mit allen ihren abschreckenden Umständen verhindern. Man wollte das, was in Frankreich geschehen war, vermeiden, gleichwohl aber einen Teil der Ziele, die man in Frankreich erreicht hatte, durchsetzen. Die Reformwilligen entschieden sich deshalb für den Weg der *Evolution*.

578 Im Wesentlichen hatte die im Mittelalter ausgebildete Ständeordnung ihre Fortsetzung in der Neuzeit, d. h. in der Zeit nach 1500 gefunden. Es gab nach wie vor die drei großen Stände: Adel, Bürger und Bauern. Durch diese Einteilung in Stände wurde die Rechts- und Sozialordnung geprägt (vgl. oben Rdnr. 97ff.). Den Reformern war gemeinsam, dass sie weitgehend die ständische Ordnung beseitigen wollten, die die politischen und wirtschaftlichen Möglichkeiten ungleich verteilt hatte.

Um den *Freiherrn vom Stein* (1757 bis 1831) und den preußischen Staatskanzler *Hardenberg* (1750 bis 1822) sammelte sich eine Gruppe von Männern, die es sich zum Ziele gesetzt hatte, den preußischen Staat nicht durch Revolution, sondern durch Evolution zu erneuern. Überlieferung und Fortschritt sollten miteinander in Einklang gebracht werden. Die überkommene ständische Ordnung war das Angriffsziel dieser preußischen Reformpartei. Die geistigen Wurzeln der Ideen, die diese Gruppe zu verfechten gedachte, liegen zu einem Teil in der christlichen Sittenlehre, und zwar in ihrer protestantisch-lutherischen Fassung. Auch das Ethos des aufgeklärten Absolutismus wirkte nach. Der humanitäre Volksgedanke des Dichters und Philosophen *Johann Gottfried Herders (1744 bis 1803)*, die Bildungswelt der klassischen deutschen Dichtung, der Rechtsgedanke Kants, dies alles spielte eine Rolle im Weltbild der Reformer.[47]

Die preußischen Reformer bildeten *keine Partei im modernen Sinne.* Es gab weder eine Parteiorganisation noch ein vorformuliertes Parteiprogramm, noch eine Parteipresse und auch keinen Parteiapparat und keine Parteiführung. Der Kern dessen, was man als Reformpartei bezeichnen kann, war im preußischen Beamtentum zu suchen. Man bemühte sich nicht, Gruppen von Anhängern zu gemeinsamen Aktionen zu mobilisieren, man war vielmehr bestrebt, Schlüsselpositionen in Regierung und Verwaltung sowie auch in der Armee zu besetzen und den König für Maßnahmen der Staatsreform zu gewinnen.[48] **579**

Die Ausbildung einer Reformpartei rief in Preußen die Kräfte der Restauration auf den Plan. Es kam zur Bildung einer Art „Gegenpartei", die man als die preußische Restaurationspartei bezeichnet hat. Unter Restauration werden hier die Kräfte verstanden, die sich nicht nur gegen den revolutionären Umsturz wandten, sondern sich auch bemühten, das „gute alte Recht", die alte Ordnung, den alten Staat wiederherzustellen und den bürgerlichen Fortschritt, in dem sie Auflösung, Zersetzung, Unordnung und Rechtsbruch am Werke sahen, zu hemmen. Ziel der Restaurationspartei war es, die ständische Ordnung, so wie sie im Mittelalter gewachsen war und sich in der Neuzeit erhalten hatte, weiter fortbestehen zu lassen.[49]

In der preußischen Restaurationspartei waren vor allem Anhänger der alten Feudalordnung, hohe Offiziere alter Schule, Beamte, die in den Traditionen des obrigkeitlichen Macht- und Wohlfahrtsstaates verharrten, vertreten, aber auch Gelehrte und Literaten, die in romantischem Missverhältnis zur Wirklichkeit von der Wiederherstellung versunkener Sozial- und Staatszustände träumten. Eine große Rolle spielten auch Juristen, die in strengem Rechtssinne das alte und geheiligte Recht gegen den Umsturz von unten wie von oben verteidigen wollten. Die gesellschaftliche Schicht, aus der die Mitglieder der Restaurationspartei stammten, war allerdings dieselbe, aus der auch die Mitglieder der Reformpartei kamen.[50] **580**

47 W. Hubatsch, S. 1ff.; E. R. Huber, Bd. 1, S. 120f.
48 E. R. Huber, Bd. 1, S. 125.
49 E. R. Huber, Bd. 1, S. 135.
50 E. R. Huber, Bd. 1, S. 136ff.

581 **3. Die preußische Kommunalreform.** Einen wesentlichen Teil der Stein-Hardenbergschen Reformen bildete die preußische Kommunalreform. Ihre Ziele waren die Reform der Stadtverfassung und eine Neuordnung der Landgemeinden und Kreise. Es sollten eigenständige Gemeinden geschaffen werden, die vom Staate unterschieden waren und von den Bürgern in eigener Verantwortung verwaltet werden sollten. Die Erneuerung der Stadtverfassung wurde als notwendige Vorstufe der Reform der Staatsverfassung insgesamt angesehen.

Am 19. November 1808 setzte der preußische König die *Städteordnung für die Preußischen Staaten* in Kraft. Ziel dieses Gesetzes war es, „den Städten eine selbstständigere und bessere Verfassung zu geben, in der Bürgergemeinde einen festen Vereinigungspunkt gesetzlich zu bilden, ihnen (den Bürgern) eine tätige Einwirkung auf die Verwaltung des Gemeinwesens beizulegen und durch diese Teilnahme Gemeinsinn zu erwecken und zu erhalten". Diese Worte, die sich heute ein wenig pathetisch anhören, waren für die damalige Zeit geradezu revolutionär. Es wurde zwischen Bürgern einerseits und Einwohnern der Stadt andererseits unterschieden. Das Bürgerrecht konnte nur der Magistrat der Stadt erteilen. Mit dem Bürgerrecht war die Berechtigung verbunden, in der Stadt Grundstücke zu erwerben – was zur damaligen Zeit nicht selbstverständlich war – und ein städtisches Gewerbe zu betreiben.

582 Nach der Städteordnung von 1808 war die Gemeinde eine vom Staat unterschiedene, eigenständige Korporation, die ihre eigenen Angelegenheiten selbst zu verwalten hatte.

Wahlberechtigt zum Stadtrat war nur derjenige, der das Bürgerrecht besaß. Diejenigen Personen, die in der Stadt kein Grundeigentum hatten, waren nur wahlberechtigt, wenn sie ein Mindesteinkommen von 150–200 Talern hatten. Dieser Wahlzensus war allerdings, gemessen an den Umständen, seinerzeit gering. Auch die Masse der Kleinhandwerker und Händler in der Stadt hatte somit durchweg das Wahlrecht, auch dann, wenn sie kein Grundeigentum besaß.

583 Aus den Wahlen der Bürgerschaft ging die *Stadtverordnetenversammlung* hervor. Politische Parteien existierten zu dieser Zeit noch nicht. Deswegen waren es durchweg sog. Honoratioren, die in die Stadtverordnetenversammlung gewählt wurden. Aus der Stadtverordnetenversammlung heraus wurde der sog. Magistrat gewählt, die ausführende, kollegial organisierte Behörde, welche die Spitze der Stadtverwaltung bildete. Zu den wesentlichen Kennzeichen der Städteordnung gehörte es, dass die Stadtveordnetenversammlung *vor* dem Magistrat rangierte. Die Stadtverordnetenversammlung war Trägerin der gemeindlichen Rechtsetzung *und* der Verwaltung. Es gab keine *Gewaltentrennung*, vielmehr muss man von der Einheit der *Gemeindegewalt* sprechen.

Der Magistrat war nur ein abhängiges Vollzugsorgan der Stadtverordnetenversammlung, nicht aber Inhaber einer selbstständigen Exekutivgewalt[51]

Am 17. März 1831 erging eine *revidierte Städteordnung*. Sie sollte **584** ein einheitliches Stadtverfassungsrecht für *alle* preußischen Gebiete schaffen. Die revidierte Städteordnung verlieh *allen* Einwohnern der preußischen Städte das *Bürgerrecht*. An die Stelle der alten Bürgergemeinde trat nun die moderne Einwohnergemeinde. Der Vorrang der Stadtverordnetenversammlung vor dem Magistrat wurde beseitigt. Die Polizeigewalt stand nur dem Bürgermeister, nicht mehr dem Magistrat zu. Die Staatsaufsicht wurde genauer geregelt als in der Städteordnung von 1808.

Hervorzuheben ist, dass sowohl durch die Städteordnung von **585** 1808 als auch durch die aus dem Jahre 1831 der Stadt die Gerichtsbarkeit und die Polizei entzogen wurden. Beide Gewalten nahm von nun an der Staat für sich in Anspruch. Hier werden die Konturen der modernen Gemeindeordnung sichtbar.

Insgesamt gesehen war die preußische Kommunalreform ein Mittel zur Stärkung des Bürgertums. In den Stadtverordnetenversammlungen und Kreisversammlungen wurden nun mit einem Male viele Bürger gebraucht, die politisch denken und handeln konnten. Ohne die preußische Kommunalreform hätte das Bürgertum nicht zur politisch führenden Kraft des 19. Jahrhunderts werden können.

Mit der preußischen Kommunalreform in der ersten Hälfte des **586** 19. Jahrhunderts wurde die Stadtgemeinde wieder zu einer selbstständigen Körperschaft, die sie in Teilen des alten Reiches schon einmal gewesen war. Vor allem lag die Leitung der Stadt nun in erster Linie in den Händen der Bürger. Die Städteordnung knüpfte aber nicht nur an Traditionen an, sondern entwickelte in vielerlei Hinsicht Neues, ging also über das schon einmal Dagewesene hinaus. Dazu gehörte die Regelung des Verhältnisses des Staates zur Stadt. Vieles, was in den heutigen deutschen Gemeindeordnungen enthalten ist, knüpft unmittelbar an die preußische Kommunalreform, an die preußischen Städteordnungen aus den Jahren 1808 und 1831 an. Das *kommunale Selbstverwaltungsrecht*, das heute in Artikel 28 des Grundgesetzes verankert ist, hat also Tradition. Diese Tradition reicht zum Teil in das Mittelalter zurück und wurde von der Steinschen Städteordnung neu belebt.

51 E. R. Huber, Bd. 1, S. 175 f.

587 **4. Die Bauernbefreiung.** Ein weiterer wesentlicher Teil der preußischen Reformen hatte die Bauernbefreiung zum Gegenstand. Unter Bauernbefreiung versteht man die Aufhebung und Abschaffung der Abhängigkeitsverhältnisse, denen die bäuerliche Bevölkerung durch das den ländlichen Bereich erfassende Feudalsystem unterworfen war und auf Grund derer von den Bauern Leistungen unterschiedlicher Art und Höhe gefordert wurden[52]

Ein großer Teil der Bauern und Landarbeiter in Preußen war *erbuntertänig,* d. h. unfrei. Die *Erbuntertänigkeit* bedeutete keine privatrechtliche Eigentumsmacht von Menschen über Menschen in Gestalt der Sklaverei. Sie beruhte vielmehr auf der öffentlich-rechtlichen Hoheitsgewalt des Gutsherrn über den Gutsuntertanen. Es handelte sich dabei um eine abgeschwächte Form der alten Leibeigenschaft (vgl. dazu oben Rdnr. 193 f.).

588 Die Reformer beabsichtigten nun, den Bauern sowohl die *persönliche Freiheit* als auch *freies Eigentum* zu verschaffen, um ihnen damit die Teilnahme am staatlichen Leben als freie, gleichberechtigte und wirtschaftlich selbstständige Bürger zu ermöglichen. Ziel auch dieses Teils der Reform war also die möglichst weitgehende Beseitigung ständischer Schranken. Die nun einsetzende Reformgesetzgebung versuchte, den legalen Eigentumsschutz einerseits und die dringend erforderliche soziale Umgestaltung andererseits miteinander in Einklang zu bringen.

589 Das im Jahre 1807 erlassene *Befreiungsedikt* („Edikt den erleichterten Besitz und den freien Gebrauch des Grundeigentums sowie die persönlichen Verhältnisse der Landbewohner betreffend“) entließ die Bewohner der damaligen preußischen Staatsgebiete aus der Erbuntertänigkeit, in der sie bisher als Hofhörige oder Hintersassen gelebt hatten. Sie wurden damit zu Staatsuntertanen im eigentlichen Sinne, was sie bis dahin wegen der Zwischengewalt der feudalen Gutsobrigkeit, der sie unterstanden hatten, nicht gewesen waren. Mit dem Ziel, *Freiheit* und *Gleichheit* herzustellen, wurden die bis dahin Erbuntertänigen aus der Schollenpflichtigkeit und aus dem Gesindezwangsdienst entlassen.

590 Die Schwäche des Befreiungsediktes von 1807 bestand darin, dass das Eigentum an den Hofstellen, die bisher im Besitz der erbuntertänigen Bauern gewesen waren, nicht angetastet wurde. Den bis dahin vom Gutsherrn abhängigen Bauern wurde lediglich die *persönliche*

52 F.-W. Henning, Bd. 2, S. 37.

*Freiheit* verliehen. Das Grundeigentum der Grundherrn wurde nicht angetastet. Die wirtschaftliche Abhängigkeit der Bauern blieb bestehen. Allerdings genossen die Bauern nun *Freizügigkeit.* Sie konnten ihre bisher innegehabten Hofstellen nach Belieben verlassen. Die verliehene Freizügigkeit und die dadurch ermöglichte Landflucht führten zur Ausbildung des Industrieproletariats in den Städten.[53]

Eine echte soziale Reform wäre nur möglich gewesen, wenn man zugleich das Grundeigentum aufgeteilt und es den Bauern gegeben, also eine Bodenreform durchgeführt hätte. Eine solche wurde aber zunächst nicht verwirklicht, weil eine Neuregelung der Eigentumsverhältnisse für die Sozialverfassung des Staates konfliktträchtiger als die Verleihung der persönlichen Freiheit, wenn auch ungleich wichtiger war.[54] 591

Die erwähnten Mängel führten schließlich zum Erlass eines *Regulierungsediktes im Jahre 1811,* das den erblichen wie den nichterblichen Besitzern der Güter, die bisher im Gutsverband standen, das *volle und freie Eigentum* an ihrem Hofe zuwies. Allerdings wurde denjenigen, die nun das volle und freie Eigentum erwarben, die Ablösung der Lasten auferlegt, die zu den ihnen nun zustehenden Teilen des Landes gehörten. Das geschah so, dass sie dem Gutsherrn einen Teil der Hofstelle abtreten mussten, ihn also auf diese Art und Weise zu entschädigen hatten.

**5. Die Freiheit des Güterverkehrs.** Wenn hier von Güterverkehr die Rede ist, so ist damit der Erwerb von Grundeigentum an Gütern, d. h. an Rittergütern gemeint. 592

Jedenfalls bis zum Jahre 1807 war das Grundeigentum an Gütern in Preußen ständisch gebunden, d. h. es konnte ohne Genehmigung des Königs nicht an Bürgerliche fallen, weder durch Rechtsgeschäft noch durch Erbfolge. Das war eine Rechtsungleichheit, die nicht nur die Privatrechtsordnung, sondern gleichzeitig auch die Verfassung prägte. Diese wesentliche ständische Schranke wurde ebenfalls durch das Edikt aus dem Jahre 1807 beseitigt. Nun konnte jeder ohne Einschränkung jedes Grundeigentum erwerben. Ziel dieser gesetzlichen Maßnahme war nicht allein die Überwindung ständischer Schranken, sondern auch die Schaffung von Freiheit und Gleichheit im Wettbewerb.

53 E. R. Huber, Bd. 1, S. 189.
54 M. Botzenhart, in: Der Staat, Beiheft 4, S. 60.

Indem die Möglichkeit geschaffen wurde, dass jede Person grundsätzlich jedes Grundeigentum erwerben konnte, entfiel die Bindung eines großen Teils des Grundeigentums an einen Stand.

Nach der Einführung der freien Verkäuflichkeit von Rittergütern entstand auf dem Lande zunächst ein neuer Unternehmertyp: die Schicht der *Großgrundbesitzer*, in der kapitalkräftiges Bürgertum und Adel zusammenwuchsen.

593 **6. Die Einführung der Gewerbefreiheit.** Die Reformer erkannten bald, dass ein wesentlicher Teil der ständischen Schranken nur abgebaut werden konnte, wenn eine *neue Wirtschaftsordnung* geschaffen wurde, die im Wesentlichen freiheitlich geprägt war. Dazu musste man das Wirtschaftssystem des 18. Jahrhunderts, den sog. Merkantilismus, abschaffen. Der *Merkantilismus* war eine reine Staatswirtschaft, die nicht zuletzt dazu diente, die Staatskasse, d. h. in erster Linie die Kasse des Fürsten, zu füllen und auch aus diesem Grunde neue Finanzquellen zu erschließen. Wirtschaftstätigkeit war in erster Linie eine staatliche Veranstaltung; es war deshalb auch stets eine *staatliche Erlaubnis* notwendig, um wirtschaftliche Tätigkeiten ausführen zu können. Auch die Berufszulassung durch Zünfte war letzten Endes eine staatliche Zulassung.

594 Die Wirtschaft stand allerdings nicht nur unter der Aufsicht des Staates, sondern auch unter seinem besonderen Schutz. Die *Einführung des freien* Wettbewerbs unter Aufhebung des staatlichen Schutzes brachte erhebliche Gefahren mit sich, die die Reformer in diesem Ausmaße zunächst nicht erkannt haben dürften; es drohte die Entstehung eines Proletariats großen Ausmaßes, eine Entwicklung, die schließlich im Verlaufe des 19. Jahrhunderts eingetreten ist.

Eine neue Wirtschaftsordnung, die freiheitlich geprägt und deshalb besonders kraftvoll sein sollte, konnte nur funktionieren, wenn die *Freiheit der Berufswahl* garantiert war, d. h. jeder nach seinem freien Entschluss den Platz in der Volkswirtschaft einnehmen konnte, den er nach dem Maß seiner Kräfte auszufüllen in der Lage war. Die Voraussetzungen dafür waren nur durch die Beseitigung der ständischen Schranken bei der Berufswahl zu schaffen. Diesen Erkenntnissen folgend, führten die preußischen Reformer mit dem Gewerbesteueredikt von 1810 die *Gewerbefreiheit* ein. Nun konnte also auch der Bauer in den Bürgerstand treten und einen bürgerlichen Beruf ausüben. Auch der Adelige war nicht mehr an die standesgemäßen Berufe gebunden; er konnte von nun an bürgerliche Gewerbe betreiben. Die Rechtsschranken zwischen den Ständen, die das Allgemeine

Landrecht für die Preußischen Staaten noch einmal verfestigt hatte, waren nun auch in dieser Hinsicht beseitigt. Allein der *Gewerbeschein* gab dem Inhaber das Recht, ein Gewerbe zu betreiben. Damit wurde eine wesentliche Förderung des freien Wettbewerbs erreicht. Der Zunftzwang fiel weg. Ein weiterer Schritt zur Beseitigung ständischer Schranken war getan.

**7. Weitere Reformen.** Auch die preußische *Heeresreform* diente 595
u. a. dem Ziel, ständische Schranken zu beseitigen. So sollte das Bildungs- und Leistungsprinzip von nun an Maßstab für die Offiziersauslese sein. Da den Reformern das Bürgertum als die verbindende Mitte im Aufbau der Gesellschaft und als Kern der Nation galt, war es nur konsequent, dem Bürger den Zugang zum Offizierskorps zu öffnen. Das Ziel war die *Verbürgerlichung des Heeres.* Die Trennung von Bürgerstand und Soldatenstand (Offiziersstand) sollte aufgehoben werden.

Ziel der preußischen *Bildungsreform* war es, das Bildungssystem, 596
das aus der Zeit des Absolutismus überkommen war, zu überwinden. Ein planvoll aufgebautes und gegliedertes, von einem gemeinsamen Bildungsprinzip bestimmtes System ist erst ein Werk des 19. Jahrhunderts. Es kam nun zu einer totalen Verstaatlichung des Bildungswesens. Mit der Bildungsreform erwarb der Staat die vollkommene Kulturhoheit. Die Errichtung von Privatschulen wurde von einer staatlichen Genehmigung abhängig gemacht. Unterricht und Prüfungswesen wurden reglementiert, indem Lehrstoff und Lehrmethoden vorgeschrieben wurden. Der Staat des 19. Jahrhunderts ging also, was die Reglementierung anbetrifft, erheblich über den deutschen absoluten Staat des 18. Jahrhunderts hinaus.

Die Ausbildung sollte nicht mehr an ständisch differenzierten Anstalten stattfinden, bei denen der Vorrang von Geburts- und Besitzstand eine Rolle spielte, sondern es sollte Einheitsschulen geben.

Von besonderer Bedeutung für die Entwicklung der Wissenschaft 597
in Deutschland und der damit ermöglichten technologischen Entwicklung, die wesentlich den Industrialisierungsprozess förderte, war das Hochschulwesen. Die Grundsätze der *Freiheit von Forschung und Lehre*, aber auch der Einheit von Forschung und Lehre, sowie das Prinzip der akademischen Selbstverwaltung wurden – wesentlich auf Betreiben des preußischen Staatsmannes *Wilhelm von Humboldt (1767 bis 1835)* – eingeführt. Sie charakterisieren die deutsche Universität bis zum heutigen Tage.

Dass es nicht gelang, alle ständischen Schranken und Privilegien abzuschaffen und *gleiche Bildungschancen für alle* zu erreichen, war nun in erster Linie nicht mehr in ständischen, sondern hauptsächlich in ökonomischen Unterschieden begründet.

598 **8. Zusammenfassung.** Die Stein-Hardenbergschen Reformen hatten zum Ziel, die ständischen Schranken, die überkommen waren, zu beseitigen. Die Beteiligung der Bürger am politischen Geschehen war ein vorrangiges Ziel der preußischen Kommunalreform. Die stark verbesserten Bildungsmöglichkeiten und Bildungschancen setzten politische Kräfte frei, die den Ständestaat überwinden und eine neue soziale Ordnung schaffen konnten. Der für das Bürgertum durch die Reformen geschaffene Freiheitsraum, insbesondere die Berufs- und Gewerbefreiheit, und auch die Bauernbefreiung, die ein Reservoir von Arbeitskräften für die Industrie freisetzte, ermöglichten den Industrialisierungsprozess im 19. Jahrhundert, der schließlich die ständische Ordnung völlig vernichtete, gleichzeitig aber eine von ökonomischen Bedingungen beherrschte Gesellschaftsordnung schuf, in der ein z. T. heimatloses Proletariat entstand, das der Gefahr der Verarmung ausgesetzt war. Dieser stark veränderten Gesellschaftsstruktur hatte die zukünftige Rechtsordnung Rechnung zu tragen.

**Schrifttum:** M. Botzenhart, Wandlungen der ständischen Gesellschaft im Deutschland der preußischen und der rheinbündischen Reformen, in: Der Staat, Beiheft 4, 1980, S. 55 ff.; W. Hubatsch, Die Stein-Hardenbergschen Reformen, 1977; H.-P. Schneider, Der Bürger zwischen Stadt und Staat im 19. Jahrhundert, in: Der Staat, Beiheft 8, 1988, S. 143 ff.; D. Schwab, Die „Selbstverwaltungsidee" des Freiherrn vom Stein und ihre geistigen Grundlagen, 1971.

## V. Die politischen Strömungen im Deutschen Bund und ihre Auswirkungen

599 **1. Überblick.** Das 19. Jahrhundert wurde das Zeitalter der großen Bewegungen: Liberalismus, Nationalismus, Sozialismus und Konservativismus, aus denen sich dann die typische Form der politischen Parteien entwickelte. Politik war nun nicht länger nur eine Angelegenheit von Hof und Regierung, von ständischen und kirchlichen Institutionen, von der die Bürger ausgeschlossen waren. Die Gesellschaft selbst wurde politisch, artikulierte sich in verschiedenen Richtungen und versuchte, politische Entscheidungen zu beeinflussen. Diese Bewegungen haben durchaus auch mit Interessen zu tun,

waren aber vorwiegend an Ideen orientiert. Die politische Auseinandersetzung war dann zunächst ein Kampf der Ideen davon, wie Staat und Gesellschaft aussehen sollten[55]

Die erste große Bewegung, die eigentliche Partei der Bewegung 600
und des Fortschritts, war der *Liberalismus*, der in der ersten Hälfte des 19. Jahrhunderts zunächst und vor allem den Staat umgestalten wollte; er forderte den Rechts- und Verfassungsstaat. Aus Machtbeziehungen sollten Rechtsbeziehungen werden, Herrschaft sollte versachlicht, der Staat ein System von Rechtssätzen werden; nicht Menschen sollten herrschen, sondern Normen. Darin war die Forderung nach einer Verfassung zu sehen. Der Liberalismus war deshalb in erster Linie eine Verfassungsbewegung Er hatte seinen Schwerpunkt in Süddeutschland, vor allem in Baden.[56]

Die andere große Bewegung des Jahrhunderts war, noch vor dem Sozialismus, der *Nationalismus*, der nach politischer Einheit strebte. Zunächst war er mehr Sehnsucht und Überzeugung als ein konkretes politisches Programm, das die realen Möglichkeiten und Schwierigkeiten der Nationalstaatsbildung in Betracht zog.[57]

Die eigentliche nationalrevolutionäre Bewegung ging von den Stu- 601
denten aus, die Forderungen nach politischer und wirtschaftlicher Einheit Deutschlands, nach einer konstitutionellen Monarchie mit landständischen Verfassungen, nach Gleichheit vor dem Gesetz, nach Öffentlichkeit der Rechtspflege, nach Schutz und Freiheit des Eigentums und nach einer Garantie der Meinungs- und Pressefreiheit erhoben. Diese Kräfte wurden bald das Angriffsziel von Gegenmaßnahmen des Deutschen Bundes. Damit begann eine unerfreuliche Epoche politischer Verfolgungen, in der die Regierenden glaubten, durch Gesetze und polizeiliche Verfolgung „starke geistige Tendenzen der Zeit ausstanzen“ zu können.[58]

Die Aktivitäten der liberalen Kräfte, nicht die der national-demokratischen, fanden ihren Niederschlag in etlichen Verfassungsurkunden deutscher Einzelstaaten, wie in denjenigen von *Bayern* (1818), *Baden* (1818) und *Württemberg* (1819). Schon die Tatsache, dass überhaupt in vielen deutschen Bundesstaaten Verfassungen zustandekamen, muss als Erfolg der Liberal-Demokraten angesehen werden.

55 T. Nipperdey, Deutsche Geschichte 1800–1866, S. 286.
56 T. Nipperdey, Deutsche Geschichte 1800–1866, S. 290f. u. 297.
57 T. Nipperdey, Deutsche Geschichte 1800–1866, S. 309.
58 G. Mann, Deutsche Geschichte, S. 127f.

602 **2. Die französische Julirevolution von 1830 und die Revolution von 1848.** Wie schon einmal, war es eine französische Revolution, welche die fortschrittlichen politischen Kräfte in Deutschland mobilisierte: die französische Julirevolution des Jahres 1830. Sie wurde als epochales Ereignis und als Ausdruck einer allgemeinen Krise erlebt, die deutlich machte, dass die restaurative Stabilisierung der europäischen Ordnung auf Dauer doch nicht haltbar schien.[59] In Deutschland löste die Revolution zunächst in einer Reihe von Einzelstaaten Bewegungen und Veränderungen aus. Freiheit und Einheit; in dieser Formel lässt sich das liberale Programm des „*Vormärz*" – darunter versteht man die Zeitspanne zwischen der französischen Julirevolution von 1830 bis zu den deutschen Märzrevolutionen von 1848 –, zusammenfassen.[60]

Zu Anfang des Jahres 1848 begann in Europa, von Sizilien und Süditalien ausgehend, der Aufruhr gegen das dreiunddreißig Jahre alte System, das der Wiener Kongress geschaffen hatte. In den Märztagen des Jahres 1848 brachen auch an vielen Stellen in Deutschland Revolutionen aus, nachdem im Februar 1848 bereits in Frankreich Revolutionen begonnen hatten, in deren Verlauf eine provisorische republikanische Regierung gebildet wurde.

603 Die Revolution des Jahres 1848 war nicht das, was heute gemeinhin unter Revolution verstanden wird. Bestehende Gewalten wurden nicht radikal beseitigt. Vielmehr wurde nur ihre Stellung erschüttert. Lediglich der bayerische König *Ludwig I. (1825 bis 1848; gest. 1868)* trat unter dem Druck der Märzrevolution, allerdings wohl auch in einer besonderen Verkettung persönlicher und politischer Motive, zurück. Die übrigen Monarchen in Deutschland blieben. Sie ließen es unter dem Druck der Revolution lediglich geschehen, dass nun liberal gesinnte Männer an die Spitze ihrer Regierungen traten.[61]

604 Bürgerkrieg und Straßenkämpfe, Barrikaden und Hinrichtungen waren nicht in erster Linie die Kennzeichen der deutschen Märzrevolution aus dem Jahre 1848. Es gab zwar auch Aufstände, wie z. B. in den Großstädten Berlin und Wien. Typisch für die Märzrevolution des Jahres 1848 waren aber Versammlungen, Petitionen und Demonstrationen. In den ersten Unruhen taten sich spontan gebildete Gruppen von Bauern, Arbeitern und Studenten hervor. Soziale Not und wirtschaftliche Unterdrückung trieben Bauern und Arbeiter zum Teil in einen regellosen Aufruhr. Auch selbstständige Handwerker und

---

59 T. Nipperdey, Deutsche Geschichte 1800–1866, S. 366.
60 H. A. Winkler, Bd. 1, S. 80.
61 E. R. Huber, Bd. 2, S. 505 f.

Kleinkaufleute, die sich im Zeitalter der wachsenden Industrialisierung und Kommerzialisierung im Wettbewerb mit den kapitalkräftigeren Unternehmern nur schwer zu behaupten vermochten, bekannten sich zu der revolutionären Bewegung und schlossen sich ihr an. Man kann durchaus davon sprechen, dass bei den Anfängen der Revolution im Jahre 1848 das sozialrevolutionäre Element überwog.[62]

Mehr und mehr setzte sich im Verlaufe der Revolution allerdings das bürgerliche Element durch. Die bürgerlichen Führungsschichten verfolgten das Ziel, die einmal ausgebrochenen Unruhen in ihr gemäße Bahnen zu lenken. Dabei dürfte die Überlegung eine wesentliche Rolle gespielt haben, dass ihre eigene Position durch einen sozialrevolutionären Umbruch bedroht war. Die politische Konzeption des deutschen Bürgertums hatte schließlich Erfolg. Es gelang ihm, die Revolution des Jahres 1848 letztlich zu einer bürgerlichen Revolution zu machen.

Das wichtigste und bleibende Ergebnis der Revolution von 1848 ist **605**
für Deutschland die *Reichsverfassung von 1848/49* mit ihrem richtungweisenden *Grundrechtskatalog.* Trotz des Scheiterns der Revolution bleibt die ideelle Bedeutung der 1848/49 entwickelten Verfassungsvorstellungen (vgl. dazu unten Rdnr. 651 ff.), die eine erstaunliche Strahlkraft entfalten sollte. In allen nachfolgenden Verfassungsdebatten mit Gesamtstaatsambitionen wurde auf die Frankfurter Reichsverfassung zurückgegriffen, bis hin zu den Überlegungen in den Jahren 1866 und 1918, diese Verfassung wieder in Kraft zu setzen bzw. im Wesentlichen zu übernehmen. Deshalb ist es auch ohne weiteres möglich, Traditionslinien bis zum deutschen Staat der Gegenwart zu ziehen.[63]

Die Revolution ist nicht zuletzt an der politischen Überforderung des deutschen Liberalismus gescheitert. Es erwies sich als unmöglich, Einheit und Freiheit gleichzeitig zu verwirklichen. In den alten Nationalstaaten Europas, England und Frankreich, war die nationale Einheit über Jahrhunderte hinweg das Werk von Königen und Ständeversammlungen gewesen. Für die Verwirklichung von Freiheitsrechten war der staatliche Rahmen in diesen Staaten schon vorhanden, in dem Veränderungen erfolgen sollten. In Deutschland musste ein solcher Rahmen erst noch geschaffen werden.[64]

**Schrifttum:** J.-D. Kühne, 150 Jahre Revolution von 1848/49 – ihre Bedeutung für den deutschen Verfassungsstaat, NJW 1998, 1513 ff.; G. Mann, Deutsche Geschichte des 19. und 20. Jahrhunderts, 1958; T. Nipperdey, Deutsche Geschichte 1800–1866. Bürgerwelt und starker Staat, 1983; R. Stadelmann, Sozialursachen der Revolution von 1848, in: Mod. dt. Sozialgesch., S. 137 ff.

62 E. R. Huber, Bd. 2, S. 503 ff.; R. Stadelmann, in: Mod. dt. Sozialgesch., S. 137 ff.
63 J.-D. Kühne, NJW 1998, 1514.
64 H. A. Winkler, Bd. 1, S. 129 f.

## VI. Die Verfassungen der deutschen Einzelstaaten

606 **1. Überblick.** Im Anschluss an die Bemerkung des Historikers *Franz Schnabels* über das 19. Jahrhundert als ein „juristisches" Jahrhundert kann man sagen, dass „Fragen der Verfassung und der Rechtsgestaltung für das 19. Jahrhundert eine zentrale, seinen Charakter im ganzen bestimmende Bedeutung gewonnen" haben.[65] Die geschilderten politischen und sozialen Umwälzungen zwangen zu einer tiefgreifenden Veränderung der gesamten Rechtsordnung, die nun von einer geschriebenen Verfassung im modernen Sinne bestimmt sein sollte. Verbunden mit der Auseinandersetzung um die Frage nach der monarchischen oder bürgerlich-demokratischen politischen Bestimmungsgewalt im Staat, brachte das 19. Jahrhundert schließlich den zwar nicht revolutionären, aber evolutionären Übergang von der alten ständisch-feudalen Gesellschaft in die neue bürgerlich-liberale Gesellschaftsordnung.

607 Anders als in Frankreich, wo die Verfassung von 1791 und die darauf folgenden eine „Frucht der Revolution" waren, war der Verfassungsgedanke in Deutschland stark mit der Tradition der naturrechtlichen und reichsverfassungsrechtlichen Herrschaftsbegrenzung verbunden. Die deutschen Verfassungen waren keine Schöpfungen einer konstituierenden volonté générale nach revolutionären Unruhen. Sie waren hoheitliche Gewährungen, mit denen sich die monarchische Gewalt freiwillig gewisse Begrenzungen auferlegte; nur ausnahmsweise entstanden, wie in Württemberg, Verfassungen durch Vereinbarung zwischen dem Monarchen und den Landständen.[66]

608 Wegen des staatenbündischen Charakters des Deutschen Bundes war es nicht möglich, eine Verfassung für ganz Deutschland zu schaffen. Aufgrund der den Bundesfürsten garantierten Souveränität blieb es diesen überlassen, ihre inneren Verhältnisse zu ordnen (Art. 55 WSA). Ergänzend zu Art. 13 DBA, nach dem in allen Bundesstaaten eine „Landständische Verfassung stattfinden" sollte, schrieb Art. 57 WSA allerdings vor, dass die gesamte Staatsmacht in dem Oberhaupt des Staates vereinigt bleiben müsse und der Landesfürst durch eine landständische Verfassung nur in der Ausübung bestimmter Rechte an die Mitwirkung der Stände gebunden werden dürfe (monarchi-

---

65 E. W. Böckenförde, in: Mod. dt. Verf. Gesch., S. 13; H. Gangl, in: Der Staat, Beiheft 1, S. 24.

66 M. Stolleis, Bd. 2, S. 99 f.

sches Prinzip). Das *monarchische Prinzip* förderte zum einen die rechtliche Stabilisierung einer gegebenen Machtlage, zugleich war es aber auch Ausdruck der politischen Gesamtverfassung, wie sie sich in Deutschland zu Beginn des 19. Jahrhunderts darstellte und das 19. Jahrhundert bestimmen sollte.[67]

Nach dem Zusammenbruch der napoleonischen Herrschaft kehrte 609
in Frankreich König *Ludwig XVIII. (1814/15 bis 1824)* auf den Thron zurück und erließ die *Charte constitutionelle von 1814* als eine von der Krone oktroyierte Verfassung, die auf dem *monarchischen Prinzip* aufbaute und aus der Fülle der dem König zustehenden Machtbefugnisse einen Teil auf andere Staatsorgane übertrug. Diese Verfassung wurde zum Vorbild für eine Reihe deutscher Verfassungen.[68]

Die *deutschen Kleinstaaten* konnten der Empfehlung des Art. 13 DBA – betreffend den Erlass landständischer Verfassungen – leichter folgen als die Groß- und Mittelmächte, deren territorialer Besitzstand sich nach 1803 verändert hatte und die deshalb einige Zeit benötigten, in der vorher selbstständige Territorien zusammenwachsen konnten.

Ihrer Entstehungsart nach sind zwei Gruppen von Verfassungen 610
zu unterscheiden: *oktroyierte Verfassungen* einerseits, die der Landesherr aus höchster Machtvollkommenheit einseitig erließ, und *vereinbarte Verfassungen* andererseits, die auf einem Verfassungsvertrag zwischen dem Fürsten und einer altüberkommenen oder ad hoc berufenen Ständeversammlung beruhten. Die Geschichte des Konstitutionalismus zeigt allerdings, dass allein der Art des Zustandekommens einer Verfassung als einer oktroyierten oder vereinbarten für deren weitere Entwicklung *keine* wesentliche Bedeutung beigemessen werden kann.[69]

**2. Der süddeutsche Konstitutionalismus.** Die ersten Verfassungen 611
des sog. *deutschen Frühkonstitutionalismus* entstanden in *Nassau* (1814), *Schwarzburg-Rudolstadt* (1816), *Schaumburg-Lippe* (1816) und *Waldeck* (1816). Die Verfassungen von *Sachsen-Weimar* (1816) und *Sachsen-Hildburghausen* (1818) enthielten bereits Generalklauseln, in denen *bürgerliche Freiheitsrechte* verbrieft waren, wie z. B. die *Pressefreiheit* und das Recht der Beschwerde über Minister und Staatsbehörden. Alle diese Verfassungen verstanden die Landstände

67 E. W. Böckenförde, in: Beiträge zur deutschen und belgischen Verfassungsgeschichte im 19. Jahrhundert, S. 75.
68 W. Rimscha, S. 39 ff.
69 E. R. Huber, Bd. 1, S. 318 f.

als die Vertreter der Gesamtheit der Staatsbürger, also nicht mehr als die Vertreter einer kleinen Schicht von Privilegierten.[70]

Was die sog. Mittelstaaten angeht, so erhielt *Bayern* 1818 eine oktroyierte Verfassung. In *Württemberg* kam 1819 zwischen dem Landesfürsten und den Landständen eine Vereinbarung über eine Verfassung und damit die erste vereinbarte Verfassung zustande. *Baden* (1818) und das *Großherzogtum Hessen* (1820) erhielten ebenfalls Verfassungen.

**612** Die frühen süddeutschen Verfassungen weisen gleiche Grundgedanken auf. Die Staatsgewalt lag beim Landesfürsten, der sie verfassungsgemäß mit Hilfe des Ministeriums, das in die fünf klassischen Ressorts (Äußeres, Inneres, Krieg, Finanzen und Justiz) gegliedert war, ausübte. Die Thronfolge war geregelt. Zur Mitwirkung bei der Gesetzgebung und der Bewilligung von Steuern war ein aus *zwei Kammern* bestehender *Landtag* vorgesehen, der allerdings kein Recht zur Selbstversammlung hatte. Die erste Kammer war mit Mitgliedern des landesfürstlichen Hauses, mit Vertretern der bevorrechtigten Adelsfamilien und Institutionen und mit vom Landesherrn ernannten Mitgliedern besetzt. Die Mitglieder der zweiten Kammer wurden zwar gewählt; die Kammer war aber lediglich eine ständisch-korporative Vertretung, nicht eine allgemeine Nationalrepräsentation.

**613** Den Forderungen des Liberalismus folgend und sicher nicht unbeeinflusst von der amerikanischen Bill of Rights und der französischen Erklärung der Menschenrechte, wurden in den frühen deutschen Verfassungen des 19. Jahrhunderts den Bürgern im Rahmen eines Kataloges eine Reihe von Rechten zugesichert. Dazu gehörten z. B. die *Pressefreiheit* und die *Freizügigkeit*.

In der Verfassung Bayerns (Verfassungsurkunde für das Königreich Bayern vom 26.5.1818)[71] gewährte der Staat in Titel IV § 8 „jedem Einwohner Sicherheit seiner Person, seines Eigentums und seiner Rechte". Niemand durfte seinem ordentlichen Richter entzogen werden. Auch durfte niemand verfolgt oder verhaftet werden, außer in den durch die Gesetze bestimmten Fällen und in der gesetzlichen Form. Jedem Bürger wurde *Gewissensfreiheit* zugesichert; die Möglichkeit, eine einfache Hausandacht abzuhalten, sollte niemandem, „zu welcher Religion er sich bekennen mag, untersagt werden" (Titel IV § 9 Abs. 1). Ähnliche Zusicherungen von Rechten enthielten die *Württembergische Verfassung von 1819* in Kap. III unter der Überschrift „Von den allge-

---

70 G. Engelbert, in: Der Staat, Beiheft 1, S. 103 ff.
71 Text: Huber, Dokumente I, S. 155 ff.

meinen Rechts-Verhältnissen der Staatsbürger" und die *Badische Verfassung von 1818* unter II und der Überschrift „Staatsbürgerliche und politische Rechte der Badener und besondere Zusicherungen".

**3. Die nach 1830 entstandenen deutschen Verfassungen.** Den geschichtlichen Hintergrund für die „zweite deutsche Verfassungswelle 1830–1833" bildete die Pariser Julirevolution des Jahres 1830 (siehe oben Rdnr. 604), welche die erste gesamteuropäische Erschütterung des 1815 auf dem Wiener Kongress geschaffenen Systems darstellte.[72] 1830 wurde offenbar, dass die Revolution als politische Ideenmacht, 1789 in Frankreich zum ersten Mal verwirklicht, lebendig geblieben war. In dem Maße, wie die französische Julirevolution von 1830 den beharrenden Kräften als bedrohende Gefahr erschien, fühlten sich die liberalen und demokratischen Gruppen in Deutschland ermutigt, die Konstitutionalisierung Deutschlands durch die bürgerliche Gesellschaft energisch zu erstreben. Im Zuge dieser Entwicklung erhielten nun eine Reihe von Staaten Nord- und Mitteldeutschlands ebenfalls Verfassungen, unter ihnen Kur-Hessen (1831), das Königreich Sachsen (1831), Hannover (1833) und Braunschweig (1832). 614

Unter den Verfassungen des deutschen Frühkonstitutionalismus war die kurhessische die weitestgehende. Nach einer Erhebung im Lande (1830) war sie in Zusammenarbeit mit den Ständen zustande gekommen und blieb 30 Jahre lang Gegenstand heftiger Verfassungskämpfe. Die kurhessische Verfassung wies Besonderheiten auf, die auf den Einfluss des süddeutschen Liberalismus und dessen Hauptvertreter *Karl v. Rotteck* (1775 bis 1840) und *Karl Theodor Welcker* (1790 bis 1869) sowie auf die Mitwirkung des Marburger Professors *Silvester Jordan* (1792 bis 1861) zurückgingen. 615

Die Ständeversammlung beruhte auf dem Einkammersystem. Ihr gehörten die Prinzen des kurfürstlichen Hauses und nach einem komplizierten Schlüssel Mitglieder der adeligen Familien sowie Abgeordnete der Städte und Landbezirke an, die nach einem Wahlgesetz (von 1831) gewählt wurden, das als Teil der Verfassung galt. Gemeinsam mit den Ständen besaß der Kurfürst die Gesetzgebungsgewalt. Der kurhessischen Ständeversammlung stand im Gegensatz zu den meisten Landtagen der Zeit das Recht auf *Gesetzesinitiative* (Art. 97) zu. Sie hatte auch das *Steuerbewilligungsrecht* und das Recht, Bitten und Beschwerden von Staatsbürgern und Körperschaften entgegenzunehmen, zu prüfen und dieselben an die Staatsbehörden oder an den Landesherrn weiterzugeben.

72 H. Gangl, in: Der Staat, Beiheft 1, S. 53.

616 Die Verfassungen, die in der Zeit nach 1830 entstanden sind, beschränkten sich nicht auf die Formulierung von Regentenpflichten. Sie stellten vielmehr dem Staat den *Staatsbürger als Träger von Rechten* gegenüber, die allerdings nicht für alle Staatsbürger gleich waren. Dass den Bürgern politische Rechte zugebilligt wurden, zeigte sich insbesondere bei den Landständen; bei der Zusammensetzung der Ständeversammlungen waltete allerdings das Prinzip einer „ausgewogenen Ungleichheit“ vor.[73]

Unter der Überschrift „Von den allgemeinen Rechten und Pflichten der Unterthanen“ enthielt die *kurhessische Verfassung*, die als die radikalste und liberalste Verfassung des deutschen Konstitutionalismus bis 1848 bezeichnet wird,[74] einen umfangreichen Katalog von Rechten, die dem Bürger zugestanden wurden und von denen viele den Grundrechten zugeordnet werden können. Jeder Person sollte „ohne Unterschied“ die Wahl des Berufes und die Erlernung eines Gewerbes freistehen (Art. 27, 28). *Gewissensfreiheit* und die vollkommene *Freiheit der Religionsausübung* sowie die *Freiheit von Person und Eigentum* wurden garantiert (Art. 30, 31). Die *Pressefreiheit* – allerdings durch ein Pressegesetz einschränkbar – und das Briefgeheimnis wurden zugestanden (Art. 37, 38). Eingehende Vorschriften über die Rechtspflege sollten der Wahrung einer rechtsstaatlichen Gerichtsbarkeit dienen (Art. 112 ff.). Einen, wenn auch nicht so weit gehenden Katalog von Rechten, die den Staatsbürgern zugestanden wurden, enthielt auch die *sächsische Verfassung von 1831* (§§ 24 ff.).

617 Die *Hannoversche Verfassung von 1833* war nach den Grundprinzipien des konstitutionellen Verfassungsrechts für den *König Ernst August (1837 bis 1851)* bindend und nicht frei widerruflich. Dennoch setzte der König mit Patent vom 1. November 1837 die Verfassung außer Kraft und löste damit einen Verfassungskonflikt aus. Nachdem sieben Professoren der Universität Göttingen *(die sog. Göttinger Sieben)* – unter ihnen die Germanisten *Jacob und Wilhelm Grimm* und der Historiker *Friedrich Christoph Dahlmann* – mit einer auf ihren Verfassungseid gestützten *Protestationsschrift* dagegen Protest eingelegt hatten, entsetzte der König diese Professoren ihrer Ämter und verwies drei von ihnen des Landes. Der Streit endete schließlich damit, dass der König den Ständen eine Verfassung vorlegte, die diese 1840 annahmen.

73 G. Kleinheyer, in: Der Staat, Beiheft 4, S. 20.
74 W. Frotscher, ZNR 2008, 40, 62.

Die *Protestationsschrift der Göttinger Sieben* ist als ein Akt rechtsförmlichen Widerstandes gegen eine behauptete Rechtsverletzung anzusehen, eine Rechtsverwahrung, die als „außerrechtliches" Rechtsmittel der Protestation in einer alten Tradition steht und in den Bereich des Widerstandsrechts gehört.[75] Dieser Akt des Widerstandes der *Göttinger Sieben* war von nachhaltiger staatspolitischer Wirkung. Waren bis zu diesem Zeitpunkt Widerstandshandlungen gegen die Obrigkeit vorwiegend von jugendlichen Radikalen ohne Rang und Namen begangen worden, so waren es nun Männer in hoher staatlicher Stellung, von bedeutendem wissenschaftlichen Ruf und mit maßvoller Gesinnung, die sich der Staatsgewalt widersetzten, um das Recht zu verteidigen, und dabei ihre bürgerliche Existenz aufs Spiel setzten.[76] 618

**4. Die Verfassungsentwicklung in Preußen.** In der Zeit um 1840 waren es außer *Mecklenburg* und den Hansestädten nur noch die beiden Großmächte des Deutschen Bundes, *Österreich* und *Preußen*, die keine Verfassungsurkunden besaßen und damit der Empfehlung des Art. 13 DBA nicht nachgekommen waren. In diesen Staaten führten erst die revolutionären Ereignisse des Jahres 1848 zur Schaffung von Verfassungen. Es setzte nun die „dritte Verfassungswelle 1848–1850" ein, in der sich auch Österreich und Preußen zur Aufgabe des Widerstandes gegen das konstitutionelle System entschließen mussten.[77] 619

In *Preußen* hatte *König Friedrich Wilhelm III. (1797–1840)* 1815 das Versprechen abgegeben, eine „Repräsentation des Volkes" zu bilden, jedoch dann im Zusammenwirken mit den konservativen Kräften die Linie verfolgt, die altständische Verfassung aufrechtzuerhalten und eine aus dem Geiste des bürgerlichen Liberalismus geschaffene Vertretung des Volkes (Repräsentativverfassung) abzulehnen. *Friedrich Wilhelm IV. (1840–1861)* berief 1847 Mitglieder der acht preußischen Provinziallandtage als „Vereinigten Landtag" nach Berlin ein, in dem sich der feudale mit dem städtischen und dem bäuerlichen Besitz vereinte, während die akademisch gebildete Schicht kaum eine Rolle spielte und Repräsentanten des städtischen und ländlichen Mittelstandes sowie der in Handwerk, in der Industrie und auf dem Lande Arbeitenden fehlten.[78] Über das Recht zum regelmäßigen Zusammentritt (Periodizität) kam es zum Konflikt mit dem König, im Verlaufe dessen der Landtag im Juni 1847 geschlossen wurde. Beeinflusst von den Auswirkungen der Februarrevolution 1848 in Paris, gestand der König dem Landtag dann doch noch das *Recht der Perio-* 620

75 G. Dilcher, in: Beitr. z. Rechtsgesch., S. 82.
76 E. R. Huber, Bd. 2, S. 99.
77 H. Gangl, in: Der Staat, Beiheft 1, S. 56.
78 E. R. Huber, Bd. 2, S. 493.

*dizität* zu. Unter dem Eindruck der Märzrevolution 1848, die auch in Berlin zu bewaffneten Auseinandersetzungen führte, trat schon im April der Vereinigte Landtag erneut zusammen. Er beschloss die Einberufung einer *verfassunggebenden preußischen Nationalversammlung*, die auf Grund eines allgemeinen und gleichen Wahlrechts direkt gewählt wurde und am 2. Mai 1848 zusammentrat.

621 Nachdem es nicht gelungen war, in Übereinstimmung mit der Nationalversammlung eine Verfassung zu erarbeiten, löste der König die Nationalversammlung am 5. Dezember 1848 auf. Am selben Tage erließ er einseitig eine Verfassung *(oktroyierte Verfassung vom 5. Dezember 1848)*, die durchaus auch auf liberalem Gedankengut beruhte und deshalb auf den Widerstand der konservativen Kräfte in Preußen stieß. Mit der Auflösung der Nationalversammlung – einem Akt, zu dem ihm die Befugnis fehlte – sagte sich der König von seinem Versprechen wie auch von der gesetzlichen Verpflichtung los, eine Verfassung im Wege der Vereinbarung mit einer vom Volk gewählten Vertretung zu schaffen.[79] Man spricht in diesem Zusammenhang auch von einem Staatsstreich des Königs.[80] Gleichzeitig wurde das allgemeine, gleiche und geheime Wahlrecht durch das aus der preußischen Landgemeindeordnung von 1845 stammende *„Dreiklassenwahlrecht"* ersetzt; die *Pressefreiheit* wurde beseitigt, die Armee von ihrem Verfassungseid entbunden und die Erste Kammer in ein Herrenhaus umgewandelt.

622 Diese entscheidenden Änderungen haben in die dann 1850 von den beiden Kammern – die zweite Kammer war inzwischen nach dem Dreiklassenwahlrecht gewählt worden – im Zusammenwirken mit dem König erarbeitete *revidierte Verfassung* Eingang gefunden, die bis 1918 Geltung behielt. Diese Verfassung hat das staatliche Leben in Preußen anders als in vielen anderen deutschen Staaten gestaltet und Preußen nach außen zwar den Charakter einer konstitutionellen Monarchie, in Wirklichkeit jedoch den eines konservativen Obrigkeitsstaates verliehen.[81]

Das nun in Preußen geltende *Dreiklassenwahlrecht* war zwar ein allgemeines, aber ein auf der Ungleichheit der Wähler beruhendes Wahlrecht. Nach Art. 72 der preußischen Verfassung von 1850 wurden die „Urwähler" nun „nach Maßgabe der von ihnen zu entrich-

79 M. Pape, ZNR 2000, 199 ff.
80 E. R. Huber, Bd. 2, S. 763.
81 H. Gangl, in: Der Staat, Beiheft 1, S. 57; E. R. Huber, Bd. 3, S. 35 ff.

tenden direkten Staatssteuern in drei Abteilungen eingeteilt, und zwar in der Art, dass auf jede Abteilung ein Drittel der Gesamtsumme der Steuerbeträge aller Urwähler fällt". Jede dieser Abteilungen wählte je ein Drittel der Wahlmänner, die dann die Abgeordneten wählten (Art. 72).

Beide Kammern hatten das *Budgetrecht,* d. h. das Recht, Einnah- **623**
men und Ausgaben im Staatshaushalt (Etat) durch Gesetz festzulegen (Art. 99). Neben einer Reihe von Vorschriften, die eine unabhängige Rechtspflege garantieren sollten – darunter die Unabhängigkeit der richterlichen Gewalt (Art. 86 ff.), die Öffentlichkeit der Gerichtsverhandlungen (Art. 93) und die Bildung von Schwurgerichten (Art. 94) –, enthielt die Verfassung von 1850 unter dem Titel (II) „Von den Rechten der Preußen" einen ansehnlichen Grundrechtskatalog: die Gleichheit aller Preußen vor dem Gesetz (Art. 4), die persönliche Freiheit (Art. 5), die Unverletzlichkeit der Wohnung (Art. 6) und des Eigentums (Art. 9), die Religionsfreiheit (Art. 12), die Freiheit von Wissenschaft und Lehre (Art. 20), die Versammlungs- und Vereinigungsfreiheit in gesetzlichen Grenzen (Art. 29, 30) und das Recht auf freie Meinungsäußerung samt der Pressefreiheit, die allerdings durch Gesetz einschränkbar war (Art. 27).

Inzwischen ist nachgewiesen, dass die Grundrechte der preußischen Verfassung vom höchsten preußischen Gericht, dem *Königlichen Obertribunal,* durchaus angewandt worden sind, wenn auch sehr zurückhaltend. Das Obertribunal hat es allerdings zugelassen, dass die in der Verfassung aufgeführten Grundrechte durch beinahe jede auf gesetzlicher Grundlage beruhende exekutiv-staatliche Handhabung beschränkt werden durfte.[82]

Ihrem Charakter nach ist die preußische Verfassung von 1850 ge- **624**
radezu typisch für die deutsche konstitutionelle Monarchie:

- Sie beruht auf dem *monarchischen Prinzip,* das besagt, dass der König allein Träger der Staatsgewalt ist; die Verfassung ist lediglich eine – allerdings verbindliche – Selbstbeschränkung der monarchischen Gewalt, „sie ist die Begrenzung, nicht Grundlage der monarchischen Herrschaft".[83]
- Auf das monarchische Prinzip stützt sich auch ein weiteres Kennzeichen: Die Verfassung, die konstitutionelle Form für die Ausübung der Herrschaftsgewalt, wird weder vom Volk beschlossen

---

82 M. Kotulla, S. 191, 257.
83 E. W. Böckenförde, in: Mod. dt. Verf. Gesch., S. 148.

noch zwischen Herrscher und Volk vereinbart; sie wird vom König aus der Fülle seiner Staatsgewalt oktroyiert.

625 – Die gesetzgebende Gewalt wird vom König und der Volksvertretung *gemeinschaftlich* ausgeübt; jedes Gesetz bedarf, um wirksam zu werden, des Beschlusses der beiden Kammern und des Königs (Art. 62 Abs. 2).

– Von hervorragender Bedeutung war das *Budgetrecht der Volksvertretung* (des Parlaments). Dieses bildete, mehr noch als die Mitwirkung der Volksvertretung bei der Gesetzgebung, den eigentlichen Gegenpol zum monarchischen Prinzip.[84]

Wenn Preußen einerseits ein Königs-, Beamten- und Militärstaat blieb, so hatte es sich andererseits nun doch zum Verfassungsstaat gewandelt.[85]

**Schrifttum:** E. W. Böckenförde, Verfassungsprobleme und Verfassungsbewegung des 19. Jahrhunderts, in: Mod. dt. Verf. Gesch., S. 13 ff.; derselbe, Der deutsche Typ der konstitutionellen Monarchie im 19. Jahrhundert, in: Beiträge zur deutschen und belgischen Verfassungsgeschichte im 19. Jahrhundert, 1967, S. 70 ff.; derselbe, Staat, Gesellschaft, Freiheit. Studien zur Staatstheorie und zum Verfassungsrecht, 1976; G. Dilcher, Zum Verhältnis von Verfassung und Verfassungstheorie im frühen Konstitutionalismus, in: Beitr. z. Rechtsgesch., S. 65 ff.; G. Engelbert, Der Konstitutionalismus in den deutschen Kleinstaaten, in: Der Staat, Beiheft 1, 1975, S. 103 ff.; W. Frotscher, Die kurhesische Verfassung von 1831 im konstitutionellen System des Deutschen Bundes, ZNR 2008, 40 ff.; H. Gangl, Der deutsche Weg zum Verfassungsstaat im 19. Jahrhundert. Eine Problemskizze, in: Der Staat, Beiheft 1, 1975, S. 23 ff; G. Kleinheyer, Aspekte der Gleichheit in den Aufklärungskodifikationen und den Konstitutionen des Vormärz, in: Der Staat, Beiheft 4, 1980, S. 7 ff.; M. Kotulla, Die Tragweite der Grundrechte der revidierten preußischen Verfassung vom 31. 01. 1850, 1992; M. Pape, Die Verfassungsgebung in Preußen 1848/50, ZNR 2000, 188 ff.; W. Rimscha, Die Grundrechte im süddeutschen Konstitutionalismus. Erlanger Juristische Abhandlungen, Bd. 12, 1973.

## VII. Die Verankerung von Grundrechten in den Verfassungen der ersten Hälfte des 19. Jahrhunderts

626 Neu für das 19. Jahrhundert ist, dass es nun geschriebene Verfassungen gibt und Grundrechte darin eine Verankerung gefunden haben. Beides hat den Verfassungsbegriff entscheidend verändert.

84 E. W. Böckenförde, in: Staat, Gesellschaft, Freiheit, S. 125.
85 M. Pape, ZNR 2000, 217.

Die Verfassungen, die in dem Zeitraum von 1814–1831, eingeschlossen die Deutsche Bundesakte von 1815, in Deutschland entstanden sind, sichern den Bürgern eine stattliche Anzahl von Rechten zu. Streitig ist, wie diese Rechte zu qualifizieren sind.[86] Haben sie schon den Charakter von Grundrechten oder handelt es sich lediglich um eine programmatische Aufzählung von Rechten „mit Wendung an den Gesetzgeber"?[87] Manche Autoren[88] sprechen ohne wesentlichen Einschränkungen von Grundrechten; andere meinen, es handele sich um „Staatsbürgerrechte mit Grundrechtscharakter".[89]

Die liberale Staatslehre[90] hatte bereits vor 1848 ein Grundrechtsverständnis entwickelt, das davon ausging, dass den Bürgern „angeborene und unveräußerliche" Freiheitsrechte zustehen, die naturrechtlich begründet sind; sie sollten nicht zuletzt dem Zweck dienen, die monarchische Exekutive zu beschränken und den Privatrechtssubjekten geschützte Freiheitsräume zu schaffen.[91] 627

Die Verfassungswirklichkeit in Deutschland lässt sich für die Zeit zwischen 1815 und 1848 – noch – nicht exakt bestimmen, weil bislang zu wenige Quellen ausgewertet worden sind. Jedenfalls hatte der Staatsrechtler *Robert von Mohl* (1799–1875) mit seinem Modell der Verfassung als einer „höheren Gattung von befehlenden Normen" bereits klare Akzente in Richtung auf die Anerkennung des Vorrangs der Verfassung gesetzt.[92] Es ist auch davon auszugehen, dass in der Praxis der Vorrang der Verfassung vor einfachen Gesetzen auch im Hinblick auf die den Bürgern in den Verfassungen garantierten Rechte schon respektiert worden ist. Darüber hinaus haben Bürger die ihnen in den Verfassungen garantierten Rechte auch geltend gemacht; sie haben sich selbst dann darauf berufen, wenn diese Rechte durch einfache Gesetze eingeschränkt worden waren. Schließlich hat sich der materielle Gehalt der Verfassungsgerichtsbarkeit dadurch erweitert und verändert, dass es erste – auch erfolgreiche – Ver-

86 G. Kleinheyer, in: Der Staat, Beiheft 4, 1980, S. 7 ff.; R. Wahl, in: Moderne deutsche Verfassungsgeschichte, S. 253; M. Stolleis, Bd. 2, S. 113 ff.
87 So U. Scheuner, in: Der Staat, Beiheft 4, 1980, S. 105 ff.
88 E. R. Huber, Bd. 1, S. 351; G. Oestreich; S. 81 ff.
89 D. Willoweit, Verfassungsgeschichte, § 29 II 3.
90 U. a. K. von Rotteck, in: Staatslexikon Band VI, 1838, S. 60 ff.; P. Pfizer, in: Staatslexikon, Band XV, 1843, S. 610 ff.
91 D. Willoweit, Deutsche Verfassungsgeschichte, § 29 II 3.
92 C. H. Schmidt, S. 219.

suche gab, verfassungsmäßig garantierte Rechte im Wege einer konkreten Normenkontrolle durchzusetzen.[93]

628 Dies alles spricht für eine Qualifizierung der frühkonstitutionellen Staatsbürgerrechte als Grundrechte, zumal sie als allgemeine, individuelle Freiheitsrechte konzipiert waren und eine konstitutionelle Schranke der Staatsgewalt darstellen sollten.[94] Man kann sie jedenfalls als *Staatsbürgerrechte mit Grundrechtscharakter* qualifizieren, die nicht nur Programmcharakter hatten.

Es dürfte sich also zwischen 1815 und 1848 in Deutschland in Theorie und Praxis ein Grundrechtsverständnis herausgebildet haben, das dann, verstärkt und verfeinert, seinen Niederschlag im Grundrechtsteil der Reichsverfassung von 1848/49 gefunden hat.

**Schrifttum:** U. Eisenhardt, Die gerichtliche Überprüfung eines verfassungsmäßig verankerten Rechtes im Jahre 1833. Ein Beitrag zum Charakter der Bürgerrechte in den frühen Verfassungen des 19. Jahrhunderts, in: FS Kroeschell, S. 75 ff.; derselbe, Zu den historischen Wurzeln der Verfassungsgerichtsbarkeit in Deutschland, in: FS Diestelkamp, S. 17 ff.; derselbe, Zur Entwicklung des Grundrechtsverständnisses in Deutschland in der ersten Hälfte des 19. Jahrhunderts, in: FS Söllner, S. 255 ff.; J. Hilker, Grundrechte im deutschen Frühkonstitutionalismus. Schriften zur Verfassungsgeschichte Bd. 73, 2005; G. Kleinheyer, Aspekte der Gleichheit in den Aufklärungskodifikationen und den Konstitutionen des Vormärz, in: Der Staat, Beiheft 4, 1980, S. 7 ff.; G. Oestreich, Geschichte der Menschenrechte und Grundfreiheiten im Umriß, 2. Aufl. 1978; U. Scheuner, Begriff und rechtliche Tragweite der Grundrechte im Übergang von der Aufklärung zum 19. Jahrhundert, in: Der Staat, Beiheft 4, 1980, S. 105 ff.; C. H. Schmidt. Vorrang der Verfassung und konstitutionelle Monarchie. Schriften zur Verfassungsgeschichte Bd. 62, 2000; R. Wahl, Rechtliche Wirkungen und Funktionen der Grundrechte im deutschen Konstitutionalismus des 19. Jahrhunderts, in: Mod. dt. Verf. Gesch., S. 346 ff.; T. Würtenberger, Von der Aufklärung zum Vormärz, in: HGR I, § 2.

## VIII. Die Entwicklung der Verfassungsgerichtsbarkeit

629 Bereits im Heiligen römischen Reich deutscher Nation hatte sich eine Verfassungsgerichtsbarkeit herausgebildet, die in der neueren Zeit vom Reichskammergericht und vom Reichshofrat ausgeübt worden war (vgl. dazu oben Rdnr. 503 ff.). Mit dem Aufkommen von geschriebenen Verfassungen im Deutschland des 19. Jahrhunderts und der Verankerung von Grundrechten darin veränderte sich nicht nur

93 U. Eisenhardt, in: FS Kroeschell, S. 75 ff.; derselbe, in: FS Diestelkamp, S. 17 ff.; derselbe, in: FS Söllner, S. 255 ff.; T. Würtenberger, in: HGR I, § 2 Rn. 80 ff.

94 J. Hilker, S. 311 ff.

der Verfassungsbegriff, sondern auch die Verfassungsgerichtsbarkeit. Der materielle Gehalt der Verfassungsgerichtsbarkeit erweiterte und veränderte sich vor allem mit der Anerkennung von Grundrechten für die Bürger in den Verfassungsurkunden und der Schaffung von Möglichkeiten (Klagen), diese Grundrechte durchzusetzen. Diese Art von Verfassungsgerichtsbarkeit wurde allerdings zunächst nicht von besonderen dazu geschaffenen Gerichtshöfen wahrgenommen; sie fand vielmehr an oder bei den vorhandenen Gerichten, wie z. B. an einem Appellationsgericht, statt.[95]

Man kann drei Formen der Verfassungsgerichtsbarkeit in den Ein- 630
zelstaaten des Deutschen Bundes unterscheiden: 1. die Verfassungsbeschwerde, 2. die Ministeranklage und 3. die echte Verfassungsklage.[96]

Unter *Verfassungsbeschwerde* wird hier das Recht der Landstände, nicht also das Recht von Einzelpersonen, verstanden, sich bei einer Verfassungsverletzung beschwerdeführend an den Landesherrn zu wenden, der die strittige Verfassungsfrage dann entweder selbst entscheiden oder an das oberste Gericht seines Landes verweisen konnte.[97] Verfassungsbeschwerden dieser Art kannten die bayerische Verfassung von 1818 (§ 67) und die sächsische Verfassung von 1831 (§ 140), aber auch die badische und die württembergische Verfassung.

Auch die *Ministeranklage* wird zur Verfassungsgerichtsbarkeit ge- 631
rechnet.[98] Ministeranklagen kannten u. a. die Verfassungen von Baden, Württemberg und Kurhessen.

Unter einer einer *echten Verfassungsklage* wird das Recht der Landstände verstanden, bei Zweifeln oder Streitigkeiten über den Sinn einzelner Verfassungsnormen ein Gericht anzurufen, damit dasselbe eine verbindliche Entscheidung treffe. Voraussetzung für eine solche Verfassungsklage war stets, dass Zweifel über den Sinn oder die Auslegung einzelner Verfassungsbestimmungen bestanden, über die eine Verständigung nicht gelang.[99]

Die *abstrakte Normenkontrolle* war dem deutschen Staatsrecht zu- 632
nächst fremd. Allerdings gibt es eine Reihe von bisher unbekannten Fällen, in denen in einem konkreten Rechtsstreit der Richter als Vor-

95 U. Eisenhardt, in: FS Diestelkamp, S. 17 ff. mit Nachw.
96 Einteilung nach E. R. Huber, Bd. I, S. 622 f.
97 E. R. Huber, Bd. I, S. 622 ff.; R. Hoke, in: Landesverfassungsgerichtsbarkeit, S. 64 ff.; C. Müller, S. 78 ff.
98 R. Hoke und E. R. Huber a. a. O.
99 E. R. Huber, Bd. 1, S. 623; R. Hoke, in: Landesverfassungsgerichtsbarkeit, S. 64 ff.; U. Eisenhardt, in: FS Diestelkamp, S 17, 32.

frage die Gültigkeit von Rechtsnormen im Sinne der Verfassungsmäßigkeit der anzuwendenden Norm geprüft hat. Die frühen deutschen Verfassungen kannten ein solches richterliches Prüfungsrecht zwar nicht, in der Theorie, die sich an Vorbilder aus dem englisch-nordamerikanischen Rechtsbereich anlehnte, war ein richterliches Prüfungsrecht dieser Art jedoch anerkannt. So wird eine in Kurhessen 1850 vom kurhessischen Appellationsgericht in Kassel durchgeführtes Normenkontrollverfahren als „Markstein der Entwicklung" bezeichnet.[100] Der hessische Kurfürst hatte ein Steuernotverordnungsrecht für sich in Anspruch genommen, worin das hessische Oberappellationsgericht einen Bruch der Landesverfassung sah und die Verordnung selbst für verfassungswidrig erklärte.

1855 nahm das Hannoveraner Obergericht in Aurich eine konkrete Normenkontrolle vor, indem es die Oktroyierungsverordnung, mit der die nach der Revolution von 1848 errungenen Rechte aufgehoben werden sollten, für verfassungswidrig und damit ungültig erklärte[101]

**Schrifttum:** U. Eisenhardt, Zu den historischen Wurzeln der Verfassungsgerichtsbarkeit in Deutschland, in: FS Diestelkamp, S. 17ff.; R. Hoke, Verfassungsgerichtsbarkeit in den deutschen Ländern in der Tradition der deutschen Staatsgerichtsbarkeit, in: Landesverfassungsgerichtsbarkeit. Teilband I. Geschichte, Organisation, Rechtsvergleichung. Studien und Materialien zur Verfassungsgerichtsbarkeit, Bd. 25, S. 25ff.; O. Müller, Die Verfassungsbeschwerde nach der Bayerischen Verfassung von 1818 (1818 – 1848), 2000.

## IX. Verwaltungsstrukturen, Verwaltungsrecht und Administrativjustiz in der ersten Hälfte des 19. Jahrhunderts

633 **1. Die Entwicklung der Verwaltungsstrukturen im Übergang vom 18. zum 19. Jahrhundert.** In Deutschland ist das 19. Jahrhundert nicht nur das Jahrhundert der Verfassungsbewegungen, sondern auch das der *Verwaltung* und der Entstehung des *Verwaltungsrechts*.[102] Die Ausbildung von Territorialstaaten war in der letzten Phase des alten Reiches fast vollendet. Mit der Gründung des Deutschen Bundes lag die Staatsgewalt schließlich allein bei den Einzelstaaten. Folglich konnten sich eine Administration und ein Recht, das derselben zugrunde lag, sowie eine entsprechende Ausbildung der dazu notwendigen Beamten nur in den Einzelstaaten entwickeln.

100 R. Hoke, in: Landesverfassungsgerichtsbarkeit, S. 70 mit Nachw.
101 R. Hoke, in: Landesverfassungsgerichtsbarkeit, S. 71; E. R. Huber, Bd. 3, S. 212ff.
102 M. Stolleis, Bd. 2, S. 229.

Die Gegenstände, deren Ordnung und Verwaltung dem Landesherrn als Obrigkeit zustand, hatte man bis in das späte 18. Jahrhundert hinein unter dem Begriff *„gute Polizei“* zusammengefasst. Darunter fielen nach der Konzeption des aufgeklärten Absolutismus nicht nur Maßnahmen zur Aufrechterhaltung der Sicherheit und Ordnung, sondern auch Aufgaben der allgemeinen Wohlfahrt und der wirtschaftlichen Ordnung, u. a. die Nationalökonomie, die Finanzwissenschaft und die Land- und Forstwirtschaft. Es ging um eine „gute Ordnung des Gemeinwesens“. Das Mittel, mit dem diese Fürsorge wahrgenommen wurde, war das *Rechtsgebot*.

Im europäischen Vergleich wird für Deutschland im 19. Jahrhun- **634**
dert hervorgehoben, wie stark die administrative Tradition ausgebildet und wie schwach dagegen der Gedanke politischer Gestaltung des Staates durch eine selbstbewusste Gesellschaft verbreitet war. Die gedankliche Trennung von Verfassungs- und Verwaltungsrecht vollzog sich in der ersten Hälfte des 19. Jahrhunderts.[103]

An der Wende vom 18. zum 19. Jahrhundert wurden die *Verwaltungsstrukturen* in den deutschen Territorialstaaten einschneidend und dauerhaft umgestaltet. Fast überall konnte sich die Ministerialorganisation durchsetzen. In der Regel traten nun vier bis sechs Fachministerien an die Spitze der Administration. Dazu gehörten durchweg Außen- und Innenministerium sowie Kriegs- und Finanzministerium, häufig auch noch Justiz- und Kultusministerium.

Die Zuständigkeiten der Ministerien waren nach sachlichen Ge- **635**
sichtspunkten deutlich abgegrenzt; Kompetenzkonflikte waren deshalb eher die Ausnahme. Die Minister leiteten ihr Ressort selbstständig. Sie zeichneten die fürstlichen Entschließungen gegen und übernahmen damit die staatsrechtlich-politische Verantwortung.[104]

Ermöglicht wurde diese formale und inhaltliche Umgestaltung der Verwaltung, die schließlich zu einer Monopolisierung der Macht beim Staate führte, nicht zuletzt durch die Entwicklung des öffentlichen Dienstes, die man als Wandlung vom „Fürstendiener zum Staatsdiener“ charakterisieren kann.[105] Bei dieser Entwicklung kommt der Einrichtung und beruflichen Differenzierung eines akademisch gebildeten Beamtentums eine besondere Bedeutung zu.[106] Das anwachsende Bürgertum mit Hochschulbildung versah unterhalb

103 M. Stolleis, Bd. 2 S. 229 u. 261.
104 H.-P. Ullmann, in: Der Staat, Beiheft 10, 1993, S. 123, 128.
105 K. Jeserich, in: Dt. VerwG II, S. 302.
106 W. Conze, in: Dt. VerwG II, S 37.

oder verbunden mit der adeligen Herrschaftsschicht staatliche Hoheits- und Verwaltungsaufgaben. Der moderne Fürstenstaat schuf sich in der Verbindung von Bildung und Beamtenstellung eine breite staatstragende Schicht.[107]

636 Zahlreiche deutsche Staaten des 19. Jahrhunderts hatten neben anderen Institutionen der Verwaltung einen *Staatsrat*. Diese Staatsräte haben allerdings die überragende Stellung des *Conseil d'Etat* in Frankreich nicht erreichen können. Der französische Staatsrat hatte von Anfang an eine doppelte Aufgabenstellung: Ihm oblag einerseits die Beratung der Gesetze unter der Leitung des Staatsoberhauptes und unabhängig von einem Parlament; andererseits sollte er auch die Aufgaben eines obersten Verwaltungsgerichts wahrnehmen.[108] Im Königreich Westfalen als einem der napoleonischen Modellstaaten des Rheinbundes (vgl. dazu oben Rdnr. 547 ff.) war ein Staatsrat nach französischem Vorbild eingerichtet worden, dessen Bedeutung noch dadurch erhöht wurde, dass er zugleich die Aufgaben eines Kassationsgerichtshofes für dieses Staatsgebilde wahrnahm.[109] In Bayern wurde im Jahre 1808 nach westfälischem Vorbild auch die Institution des Conseil d'Etat unter dem Namen eines Geheimen Rates übernommen. Nach dem Erlass der bayerischen Verfassung im Jahre 1818 musste die Aufgabenstellung des Staatsrates den veränderten Umständen angepasst werden. Es entfielen insbesondere seine über die Minister hinausgehenden Kompetenzen.[110]

637 In Preußen führten die insbesondere von Stein veranlassten Reformen zu einer Aufhebung des Kabinettssystems und zu der Errichtung einer Ministerialregierung. Nach Steins Plan sollten fünf „klassische" Ministerien (Auswärtiges, Innen, Finanzen, Militär und Justiz) im Rahmen eines *Staatsrates* zu einem „Kabinett" zusammengefasst werden. Nach dem Organisationsedikt von 1808 sollte ein zur „obersten Leitung sämtlicher Regierungsgeschäfte" errichteter Staatsrat das oberste Gesetzgebungs-, Regierungs- und Verwaltungsorgan sein.[111] Nach der 1810 erlassenen Verordnung über die veränderte Verfassung aller obersten Staatsbehörden wurde die Zuständigkeit des Staatsrates allerdings auf die Beratung des Königs beschränkt.

638 **2. Das Verwaltungsrecht.** Im absolutistischen Staat des 18. Jahrhunderts konnte sich ein Verwaltungsrecht nach heutigem Verständnis nicht entwickeln. Dies war erst im Übergang zum Rechtsstaat mit Gewaltenteilung und garantierten individuellen Freiheitsrechten, so-

107 W. Conze, in: Dt. VerwG II, S. 37 mit Nachw.
108 W. Francksen, ZNR 1985, S. 19 ff.
109 W. Francksen, ZNR 1985, S. 19, 22.
110 W. Francksen, ZNR 1985, S. 19, 37 f.
111 E. R. Huber, Bd. 1, S. 145 ff. u. 156 ff.

wie mit der Einführung des Prinzips der Gesetzmäßigkeit der Verwaltung möglich.

Gegen Ende des 18. Jahrhunderts löste sich die unter dem Begriff Polizei fingierte Einheit der sogenannten Verwaltungswissenschaften auf. Das *Polizeirecht*, nun als Recht zur Aufrechterhaltung von Recht und Ordnung verstanden, bildete sich zu einer eigenständigen Disziplin heraus und wurde als solche, wenn auch zögernd, an den juristischen Fakultäten gelehrt. Das Polizeirecht war nun der Kern, aus dem sich das künftige *Administrativ- oder Verwaltungsrecht* entwickelte.[112]

Die Gesetze, die im 19. Jahrhundert entstanden und an die die Ver- 639
waltung gebunden war, beruhten nun nicht mehr nur auf dem Willen des Monarchen, sondern waren häufiger schon das Ergebnis parlamentarischer Beratung und Beschlussfassung.

Auch die für die Ausbildung des Verwaltungsrechts maßgebliche *Verwaltungsrechtswissenschaft* entstand im 19. Jahrhundert. Mit seiner Schrift „Über öffentliche Rechte" entwickelte *Carl Friedrich Gerber (1823 bis 1891)* das Verhältnis Staat – Untertan durch Einführung eines öffentlichrechtlichen Anspruchs als zweiseitiges Rechtsverhältnis.

Der Prozeß fachlicher Differenzierungen in der Verwaltung mit 640
immer stärker ausgeprägten Sonderverwaltungen führte schließlich zur Ausbildung eines Allgemeinen Teils des Verwaltungsrechts. Die erste grundlegende Darstellung eines Allgemeinen Verwaltungsrechts (1895/96) stammt aus der Feder von *Otto Mayer (1846 bis 1924).* Orientiert am Leitbild der französischen Verwaltung bekämpfte er die seiner Meinung nach immer noch vorhandenen polizeistaatlichen Elemente in der Verwaltung. In seiner Systembildung lehnte Mayer sich an das Zivilrecht an. U. a. hat er, dem französischen Vorbild folgend, eine Reihe von Rechtsbegriffen erarbeitet, wie z. B. den des Verwaltungsaktes.

**3. Administrativjustiz und Verwaltungsgerichtsbarkeit.** In § 182 641
der Reichsverfassung von 1848/49 heißt es. „Die Verwaltungsrechtspflege hört auf; über alle Rechtsverletzungen entscheiden die Gerichte".[113] Damit sollte nicht etwa eine Verwaltungsgerichtsbarkeit untersagt werden; es sollte vielmehr die in zahlreichen Staaten des Deutschen Bundes vorherrschende Praxis, bei streitigen Maßnahmen

112 M. Stolleis, Bd. 2, S. 229 f.
113 Zitiert nach E. R. Huber, Dokumente I, S. 394.

gegenüber dem Bürger die Behörden selbst in einem verwaltungsinternen Verfahren entscheiden zu lassen (sog. *Administrativjustiz*), abgeschafft werden. Stattdessen sollte die Justiz, und zwar die Ziviljustiz, entscheiden. In der Regel war es den Gerichten verwehrt, Streitsachen zwischen der Verwaltung und den Bürgern zu entscheiden (vgl. aber oben Rdnr. 518ff.). Viele Kompetenzbestimmungen dieser Art aus dem Anfang des 19. Jahrhunderts standen in Kontinuität zu den justizfeindlichen Bestrebungen der aufgeklärt-absolutistischen Herrschaftspolitik. Auch Preußen hat sich durch zahlreiche gesetzliche Regeln zu einer Entscheidung von Verwaltungsstreitigkeiten durch die Behörden selbst, also zur Administrativjustiz, bekannt.[114]

**642** Währenddessen mehrten sich in der Theorie die Stimmen, welche die Abschaffung der Administrativjustiz und die Übertragung der Verwaltungsrechtsstreitigkeiten auf die Ziviljustiz forderten, weil der individuelle Schutz der Bürger gegenüber dem Staat nur durch eine unabhängige Justiz gewährleistet sei. Die Kritik der Liberalen sah in der Administrativjustiz in erster Linie ein Werkzeug der obersten Staatsgewalt; die entscheidenden Personen seien schließlich als Mitglieder der obersten Staatsbehörden nicht hinreichend unabhängig.[115]

Das als Justizstaatslehre bezeichnete Rechtsschutzmodell der Liberalen geriet in der Mitte des 19. Jahrhunderts sowohl in der politischen Theorie als auch in der staatlichen Praxis unter Druck. Es überwog schließlich die Ansicht, die das Interesse des Staates an einer prinzipiell unbeschränkten Herrschaftsausübung seiner expandierenden Verwaltung befürwortete.[116] Die Folge war die Beschränkung der Ziviljustiz auf den Bereich des Privatrechts; die Administrativjustiz war hingegen zuständig für alle Streitigkeiten, welche das Verhältnis des Staates zum Bürger betrafen. Es wurde unterschieden zwischen Justizsachen einerseits und Regierungssachen andererseits, also zwischen privatem und öffentlichem Recht.[117] Von einer Verwaltungsgerichtsbarkeit im Sinne der Ausübung der rechtsprechenden Gewalt bei öffentlich-rechtlichen Streitigkeiten nichtverfassungsrechtlicher Art konnte also noch nicht die Rede sein.

**643** Zur Verabschiedung von Verwaltungsgerichts- oder Verwaltungsrechtspflegesetzen kam es in den meisten Ländern erst zwischen 1863 und 1900. Damit wurden langfristige Reformbestrebungen, die

114 L. Pahlow, S. 219f.
115 L. Pahlow, S. 228ff.
116 L. Pahlow, S. 246ff., 382.
117 L. Pahlow, S. 269ff.

eine unabhängige Verwaltungsgerichtsbarkeit ideengeschichtlich und durch Reformen der Administrativjustiz institutionell vorbereitet hatten, abgeschlossen.[118]

Einen *Verwaltungsgerichtshof* als höhere Instanz und ausschließliches Rechtsprechungsorgan richtete als erster Staat 1863 *Baden* ein. Dem folgten nach 1870 die meisten süddeutschen Staaten. *Preußen* führte ab 1864 zögerlich eine *Verwaltunsggerichtsbarkeit* ein; u. a. wurde ein *Oberverwaltungsgericht* gegründet. Das preußische Verwaltungsgerichtsgesetz von 1875 schränkte Zuständigkeit und Kontrollmöglichkeiten jedoch in nicht unerheblichem Umfang ein.

**Schrifttum:** W. Conze, Sozialer und wirtschaftlicher Wandel, in: Dt. VerwG. II, S. 19 ff.; A. Gaillet, Der Einzelne gegen den Staat. Die Geschichte der Rechtsbehelfe des öffentlichen Rechts in Deutschland und Frankreich im 19. Jahrhundert, ZRG Germ Abt. 129, 2012, S. 109 ff.; K. Jeserich, Die Entwicklung des öffentlichen Dienstes 1800–1871, in: Dt. VerwG II, 302 ff.; L. Pahlow, Justiz und Verwaltung. Zur Theorie der Gewaltenteilung im 18. und 19. Jahrhundert. Naturrecht und Rechtsphilosophie in der Neuzeit, 2000; G. Sydow, Die Verwaltungsgerichtsbarkeit des ausgehenden 19. Jahrhunderts, 2000; H.-P. Ullmann, Staatsverwaltung an der Wende vom 18. zum 19. Jahrhundert, in: Der Staat, Beiheft 10, 1993, S. 123 ff.

## § 15. Die Reichsverfassung von 1848/49 und ihr Scheitern

### I. Bildung und Arbeit von Siebzehnerausschuss und deutscher Nationalversammlung

Die Hauptmächte des Deutschen Bundes, also vor allem Österreich und Preußen, waren im Jahre 1848 durch die revolutionären Ereignisse in ihren eigenen Landen in ihrer Handlungsfreiheit beeinträchtigt. Deshalb sah die nationale *Einheitsbewegung* eine Chance, ihre Ziele zu verwirklichen. Sie versuchte dies auf zwei Wegen: einem legalen unter Anwendung des Rechts des Deutschen Bundes und einem revolutionären, dem der spontanen politischen Machtgestaltung. Leitwerte waren Verfassung und Nationalstaat.[119] 644

Die Bundesversammlung als ein Organ des Deutschen Bundes beschloss am 10. März 1848, „sämmtliche Bundesregierungen einzuladen, Männer des allgemeinen Vertrauens, und zwar für jede der 17 Stimmen des engern Rats einen, alsbald mit dem Auftrage hierher

118 G. Sydow, S. 199.
119 T. Nipperdey, Deutsche Geschichte 1800–1866, S. 600.

(gemeint ist Frankfurt) abzuordnen, der Bundesversammlung und deren Ausschüssen zum Behufe der Vorbereitung der Revision der Bundesverfassung mit gutachtlichem Beirath an die Hand zu gehen".[120] Der auf diese Weise bestellte sog. *Siebzehnerausschuss* erarbeitete einen Entwurf eines *deutschen Reichsgrundgesetzes.* Der Entwurf trug der Forderung nach nationaler Einheit Rechnung und enthielt auch einen recht umfangreichen *Grundrechtskatalog.* Nach dem Entwurf sollten u. a. eine Volksvertretung mit entscheidender Stimme bei der Gesetzgebung, die Unabhängigkeit der Gerichte, die Unabsetzbarkeit der Richter, die Öffentlichkeit und Mündlichkeit des Gerichtsverfahrens mit Schwurgerichten, freies Versammlungs- und Vereinsrecht, unbeschränktes Petitionsrecht, die Pressefreiheit etc. garantiert werden.

**645** Der Siebzehnerausschuss, der diesen Entwurf einer Reichsverfassung erarbeitet hatte, konnte sich allerdings nicht durchsetzen, weil seine Verbindung zu dem inzwischen diskreditierten Bundestag (der Bundesversammlung) nicht zu übersehen war. Auf Vorschlag des Siebzehnerausschusses beschloss die Bundesversammlung am 30. März 1848, „die Bundesregierungen aufzufordern, in ihren sämtlichen, dem deutschen Staatensystem angehörenden Provinzen ... Wahlen von Nationalvertretern anzuordnen, welche am Sitze der Bundesversammlung ... zusammenzutreten haben, um zwischen den Regierungen und dem Volke das deutsche Verfassungswerk zu Stande zu bringen". Wahlvorschriften ergänzten diesen Beschluss, durch welchen u. a. bestimmt wurde, dass auf je 50 000 Stimmen ein Vertreter gewählt werden sollte.

**646** Diese Bundesbeschlüsse bedurften, damit sie in den einzelnen Staaten des Deutschen Bundes Wirksamkeit erhalten konnten, der Umsetzung in Landesrecht. Den Einzelstaaten war es weitgehend überlassen, wie sie das Wahlverfahren ausgestalteten. Deshalb ergaben sich bei der Durchführung der Wahl in den einzelnen Staaten erhebliche Unterschiede. In manchen dieser Staaten war die Wahl öffentlich, in anderen geheim. Mancherorts kam es zu direkten Wahlen, in anderen Staaten wurde nur indirekt gewählt. Auch die Grundsätze einer allgemeinen und gleichen Wahl wurden nur in beschränktem Maße angewandt.

Gewählt wurden in den deutschen Einzelstaaten insgesamt 830 Abgeordnete einschließlich deren Vertreter. Das Parlament selbst setzte sich aus 585 Abgeordneten zusammen.[121]

---

120 Text: E. R. Huber, Dokumente I, S. 330.
121 T. S. Hamerow, in: Mod. dt. Verf. Gesch., S. 252ff.; E. R. Huber, Bd. 2, S. 606ff.

Im Hinblick auf die soziale Schichtung wird von einem *Honoratiorenparlament* gesprochen. Von den 830 Abgeordneten und deren Stellvertretern waren 550 Akademiker, darunter allein 49 Universitätsprofessoren und Dozenten, 157 Richter und Staatsanwälte, 66 Rechtsanwälte; 110 Abgeordnete kamen aus wirtschaftlichen Berufen. Dem Parlament gehörten nur wenige Handwerker an. Unter den Abgeordneten und deren Stellvertretern war kein Bauer und auch kein Arbeiter.[122]

Entgegen dem Bundesbeschluss vom 30. März 1848 setzte sich in 647
der Nationalversammlung die Auffassung durch, dass die Beschlussfassung über die künftige deutsche Verfassung einzig und allein dem vom Volk gewählten Parlament überlassen bleiben sollte. Die Arbeit des Frankfurter Parlaments war zunächst dadurch gekennzeichnet, dass die Behandlung recht schwieriger und drängender Verfassungsfragen in der Hoffnung hinausgeschoben wurde, dass sich dafür zu einem späteren Zeitpunkt Lösungen anbieten würden. Stattdessen beriet das Parlament vom Juli bis Dezember 1848 über die *Grundrechte des deutschen Volkes.*

Immerhin zeigen die langwierigen Beratungen über den Grund- 648
rechtskatalog, welch große Bedeutung man diesem Teil der Verfassung beimaß. Man hatte mit den Grundrechten angefangen, weil mit ihnen endlich die bürgerliche Gesellschaft und der Rechtsstaat geschaffen und garantiert werden sollten: individuelle Freiheits- und Eigentumsrechte, Rechtsgleichheit, Ende des Feudalsystems und des Polizeistaates, politische Bürger- und Öffentlichkeitsrechte.[123]

Die Grundrechte fanden Aufnahme in ein *Reichsgesetz betreffend die Grundrechte des deutschen Volkes,* das am 27. Dezember 1848 mit einem Einführungsgesetz schon vor der gesamten Verfassung in Geltung gesetzt wurde. Im Übrigen scheiterte die Arbeit der deutschen Nationalversammlung. Was blieb, war der Grundrechtsteil der Frankfurter Reichsverfassung, der bereits mit dem Beschluss vom 27. Dezember 1848 die Geltung eines Reichsgesetzes erhalten hatte, wenn ihm auch einige deutsche Staaten die Anerkennung versagten. Nachdem der Deutsche Bund reaktiviert worden war, wurde der Grundrechtsteil der Frankfurter Reichsverfassung mit Bundesbeschluss vom 23. August 1851 wieder aufgehoben.

122 E. R. Huber, Bd. 2, S. 610 ff.; W. Siemann, S. 124 ff.
123 T. Nipperdey, Deutsche Geschichte 1800–1866, S. 652.

**Schrifttum:** T. S. Hamerow, Die Wahlen zum Frankfurter Parlament, in: Mod. dt. Verf.Gesch., S. 252 ff.; W. Siemann, Die deutsche Revolution von 1848–49, 1985.

## II. Der Inhalt der Verfassung

649 **1. Reich und Reichsgewalt.** In der nach schwierigen Verhandlungen am 27. März 1849 von der Nationalversammlung beschlossenen Verfassung des Deutschen Reiches[124] heißt es in § 1: „Das deutsche Reich besteht aus dem Gebiete des bisherigen deutschen Bundes." Damit war das großdeutsche Prinzip gemeint, dieses aber gleichzeitig ausgeschlossen, weil § 2 bestimmte, dass ein Land, das dasselbe Oberhaupt mit einem nichtdeutschen Staat habe, eine von dem deutschen Land getrennte eigene Verfassung, Regierung und Verwaltung haben müsse. Damit war das Verbleiben der zu einem Einheitsstaat zusammengeschlossenen habsburgischen Monarchie im Reiche unmöglich gemacht worden.

Die Reichsgewalt umfasste die völkerrechtliche Vertretung Deutschlands und der einzelnen deutschen Staaten (§ 6), das „Recht des Krieges und des Friedens" (§ 10) und die Verfügung über die gesamte bewaffnete Macht Deutschlands (§ 11). Da der Reichsgewalt auch die Wahrung des Reichsfriedens oblag, konnte sie auch diejenigen Maßregeln treffen, die für die Aufrechterhaltung der inneren Sicherheit und Ordnung erforderlich waren, wenn die Sicherheit eines deutschen Staates durch einen anderen gestört oder gefährdet wurde (§§ 53 ff.).

650 Soweit die Hoheitsrechte nicht ausdrücklich der Reichsgewalt übertragen waren, verblieben sie bei den einzelnen deutschen Staaten (§ 5). Dem Reich stand ein Gesetzgebungsrecht im Rahmen der ihm „verfassungsmäßig übertragenen Befugnisse" zu (§ 62). Dazu zählte auch die Befugnis, „allgemeine Gesetzbücher über bürgerliches Recht, Handels- und Wechselrecht, Strafrecht und gerichtliches Verfahren" zu erlassen, um damit „die Rechtseinheit im deutschen Volke zu begründen" (§ 64).

Dem Reich sollte also eine föderalistische Struktur gegeben werden. Dieser föderative Charakter kam auch durch die Aufteilung des *Reichstages* in zwei Häuser zum Ausdruck: Es war ein *Staatenhaus* vorgesehen, das aus den Vertretern der deutschen Staaten gebildet werden sollte, und ein *Volkshaus,* das mit gewählten Abgeordneten

124 RGBl. 1849, S. 101 ff.; Text: E. R. Huber, Dokumente I, S. 375 ff.

des deutschen Volkes besetzt sein sollte. Die Reichstagsbeschlüsse bedurften neben der Übereinstimmung der beiden Häuser noch der Zustimmung der Reichsregierung.

**2. Der Katalog der Grundrechte.** Der Katalog der Grundrechte 651
umfasst *individuelle Grundrechte* (Grundrechte der Individuen) und *institutionelle Garantien.* In der Frankfurter Paulskirchenverfassung wird der Begriff Grundrechte zum ersten Mal mit dem Bedeutungsinhalt verwandt, der dem heutigen nahe kommt.

In der langen Geschichte der Individual- und Freiheitsrechte, deren ideengeschichtlichen Wurzeln in die Antike reichen, ist der Begriff Grundrechte jüngeren Datums. „Grundrecht" ist – ebenso wie „Rechtsstaat" – ein deutscher Begriff, der nicht durch eine Übersetzung Eingang in die deutsche Terminologie gefunden hat; er ist vielmehr von Deutschland aus in den internationalen Sprachgebrauch transferiert worden.[125]

Der *Grundrechtskatalog* (Abschnitt VI, §§ 130–189) beginnt mit 652
dem Satz (§ 130): „Dem deutschen Volke sollen die nachstehenden Grundrechte gewährleistet sein. Sie sollen den Verfassungen der deutschen Einzelstaaten zur Norm dienen, und keine Verfassung oder Gesetzgebung eines deutschen Einzelstaates soll dieselben je aufheben oder beschränken können."

Zu den wichtigsten Grundrechten, die garantiert wurden, gehören:

1. Der *Gleichheitsgrundsatz:* Vor dem Gesetz sollte es von nun an keinen Unterschied der Stände mehr geben. Der Adel wurde als Stand aufgehoben (§ 137). Alle Standesvorrechte wurden abgeschafft. Öffentliche Ämter sollten für alle Personen gleich zugänglich sein, soweit sie die notwendige Befähigung mitbrachten. Auch die Wehrpflicht sollte für alle gleich sein. Gleichheit bedeutete auch Gleichheit der Person vor dem Gesetz und dem Richter.[126]
2. Die *Freiheit der Person:* Die Festnahme einer Person sollte, außer 653
im Falle der Ergreifung auf frischer Tat, nur noch auf Grund eines richterlichen und mit Gründen versehenen Befehls möglich sein. Die Todesstrafe, ausgenommen im Kriegsrecht, wurde abgeschafft, ebenso die Strafen des Prangers, der Brandmarkung und der körperlichen Züchtigung (§ 138).
3. *Unverletzlichkeit der Wohnung:* Auch die Wohnung sollte als unverletzlich gelten: Haussuchungen sollten nur noch auf Grund ei-

125 D. Merten, in: HGR II § 35 3 mit Nachw.
126 H. Scholler, S. 36f.

nes richterlichen, mit Gründen versehenen Befehls zulässig sein; es sei denn, es handelte sich um einen Fall der Verfolgung auf frischer Tat (§ 140).

4. Auch das *Briefgeheimnis* wurde gewährleistet (§ 141).
5. Das *Recht der freien Meinungsäußerung,* einschließlich der *Pressefreiheit* (§ 143).

654 6. Die *Glaubens- und Gewissensfreiheit,* welche die Religionsfreiheit einschloss (§§ 144 ff.): Abgesehen davon, dass jeder Deutsche die Religion auswählen konnte, der er angehören wollte, sollte künftig durch das religiöse Bekenntnis weder der Genuss der bürgerlichen noch der staatsbürgerlichen Rechte bedingt oder beschränkt sein. Eine Staatskirche sollte es nicht mehr geben. Keine Religionsgesellschaft sollte vor den anderen irgendwelche Vorteile durch den Staat genießen.

655 7. Die *Freiheit von Wissenschaft und Lehre* (§§ 152 ff.). Diese schloss allerdings nicht aus, dass das Unterrichts- und Erziehungswesen unter der Oberaufsicht des Staates stand.

8. Die *Freiheit der Berufswahl.* Es sollte jedem freistehen, seinen Beruf zu wählen und sich für denselben auszubilden, wie und wo er wollte (§ 158).
9. Das *Versammlungsrecht:* Alle Deutschen sollten das Recht haben, sich friedlich und ohne Waffen zu versammeln, ohne dass es einer besonderen Erlaubnis dazu bedurfte. Gleichzeitig wurde das Recht eingeräumt, Vereine zu bilden. Dieses Recht sollte durch keine vorbeugende Maßregel beschränkt werden. Allerdings enthielten die Vorschriften für die Versammlungsfreiheit den Vorbehalt, dass Volksversammlungen unter freiem Himmel bei dringender Gefahr für die öffentliche Sicherheit und Ordnung verboten werden durften (§§ 161 ff.).

656 10. Die *Unabhängigkeit der Rechtspflege* (§§ 174 ff.): Die richterliche Gewalt sollte von den Gerichten selbstständig und unabhängig ausgeübt werden. Kabinetts- und Ministerialjustiz sollten unstatthaft sein.

Die Vorschriften über die Rechtspflege enthalten auch wichtige Bestimmungen über das Gerichtsverfahren. Die Gerichtsverfahren sollten öffentlich und mündlich sein. In Strafsachen sollte fortan der Anklagegrundsatz gelten. Schwere Strafsachen und alle politischen Vergehen sollten von *Schwurgerichten* abgeurteilt werden.

11. Die *Freizügigkeit für alle Deutschen* (§§ 133, 136): Jeder Deutsche sollte das Recht haben, an jedem Orte des Reichsgebietes seinen Aufenthalt und Wohnsitz zu nehmen, Liegenschaften jeder Art zu erwerben und das Gemeindebürgerrecht zu gewinnen. Die *Auswanderungsfreiheit* durfte von Staats wegen nicht beschränkt werden.
12. Das *Petitionsrecht* (§§ 154 f.): Jeder Deutsche sollte das Recht haben, sich mit Bitten und Beschwerden schriftlich an die Behörden, an die Volksvertretungen und an den Reichstag selbst zu wenden.
13. Die *Garantie des Privateigentums* (§§ 164 ff.): Das Eigentum galt als unverletzlich. Allerdings war auch an die Möglichkeit der Enteignung gedacht: Eine Enteignung sollte aus Rücksichten des gemeinen Besten, aber nur auf Grund eines Gesetzes und gegen gerechte Entschädigung möglich sein. Auch das *geistige Eigentum* sollte durch die Reichsgesetzgebung geschützt werden. 657
14. Jeder *Gemeinde* (§ 184) wurden als *Grundrechte* ihrer Verfassung zuerkannt: a) die Wahl ihrer Vorsteher und Vertreter; b) die selbstständige Verwaltung ihrer Gemeindeangelegenheiten mit Einschluss der Ortspolizei unter gesetzlich geordneter Oberaufsicht des Staates; c) die Veröffentlichung ihres Gemeindehaushaltes; d) die Öffentlichkeit der Verhandlungen als Regel. Man kann also davon sprechen, dass die Reichsverfassung aus den Jahren 1848/49 das *Selbstverwaltungsrecht der Kommunen* garantierte. Das Verständnis der Grundrechte als „Basis freier Existenz und Entwicklung“ gestattete es, auch Gemeinden „Grundrechte“ zuzusprechen.[127]

Schließlich enthielt der Grundrechtskatalog noch eine Bestimmung, die für alle deutschen Gliedstaaten von großer Bedeutung war: *Jeder deutsche Staat sollte eine Verfassung mit einer Volksvertretung haben;* die Minister sollten der Volksvertretung verantwortlich sein. Auch die Rechte der Volksvertretung waren in etwa geregelt: Die Volksvertretung sollte eine entscheidende Stimme bei der Gesetzgebung, bei der Besteuerung und bei der Ordnung des Staatshaushaltes haben (§§ 186 f.). 658

Dem Grundrechtskatalog war nach dem deutlich erkennbaren Willen der Frankfurter Nationalversammlung die Aufgabe zugewiesen, eine „rechtlich verbindliche feste Grundlage der deutschen Einheit

127 G. Kleinheyer, in: Hist. Lex., S. 1078.

aufzurichten und eine vom Bunde gesetzte, auch für die Einzelstaaten maßgebende Rechtsbasis zu schaffen".[128] Diese Bedeutung erklärt auch den Entschluss, den Beratungen der Freiheitsrechte zeitlich Vorrang vor den politischen Beratungen zu geben. Der politische Sinn der Grundrechte wird in dem Vorspruch des Berichts des von der Nationalversammlung für die Beratung der Grundrechte eingesetzten Ausschusses und in dem Vortrag des Berichterstatters, des bedeutenden Juristen und Rechtspolitikers *Georg Beseler* (1809 bis 1888), klar hervorgehoben: Mit diesen Rechten sollten

- die politische Einheit des deutschen Volkes bekräftigt,
- dem Polizeistaat eine Absage erteilt
- und der *Rechtsstaat* befestigt werden.

659 Gleichzeitig sollte nach der Vorstellung *Beselers* durch die schnelle Befassung mit den Grundrechten die soziale Bewegung, die ganz Deutschland ergriffen hatte, eine Grenze finden, über die sie nicht hinausgeführt werden sollte. Darin wird das Bestreben der gemäßigten Gruppen erkennbar, die Revolution in den Bahnen der Mäßigung zu halten.

Vorherrschend war die Überzeugung, dass die Grundrechte unmittelbar anwendbares Recht setzen sollten, soweit sie nicht auf spätere Gesetze hinwiesen oder einer Ausführung bedurften. In manchen Fällen wurde sie als Änderungen der bestehenden Gesetzgebung angesehen.[129]

In den Frankfurter Grundrechten des deutschen Volkes von 1848 wird das Bild einer Verfassung sichtbar, die auf den Grundrechten aufbaut, ihre Geltungskraft verstärkt und die den Gedanken der Volkssouveränität in einer gewichtigen Weise betont. Hervorgehoben wird die Weitsichtigkeit der Verfassungsgeber, die im „frühsozialstaatlichen Grundzug" der Grundrechte deutlich werde. Einzelne Grundrechte, wie z. B. die Berufsfreiheit, versuchen eine Lösung für die Probleme zu finden, die infolge der industriellen Revolution entstanden waren.[130]

660 Was die Entwicklung des Grundsatzes vom *Vorrang der Verfassung* angeht, so sind schon im Vormärz in der Theorie Hierarchievorstellungen formuliert worden. Insbesondere *Robert von Mohl* konnte mit seinem Modell der Verfassung als einer „höheren Gattung von befehlenden Normen" Akzente in Richtung auf eine Anerkennung des Vorrang-Anspruchs setzen. Die Paulskirchenverfassung hat mit dem Konzept einer klaren Grundrechtsbindung aller staatlichen Ge-

128 U. Scheuner, in: Mod. dt. Verf. Gesch., S. 326.
129 U. Scheuner, in: Mod. dt. Verf. Gesch., S. 330f.
130 R. Wahl, in: Mod. dt. Verf. Gesch., S. 356; J.-D. Kühne, NJW 1998, 1517.

walten und der Schaffung einer echten Verfassungsgerichtsbarkeit den Vorrang der Verfassung in Deutschland zum ersten Mal deutlich anerkannt.[131]

**Schrifttum:** G. Kleinheyer, Grundrechte. Menschen- und Bürgerrechte, in: Hist. Lex., S. 1047 ff.; J.-D. Kühne, Die Reichsverfassung der Paulskirche. Vorbild und Verwirklichung im späteren deutschen Rechtsleben, 1985; derselbe, 150 Jahre Revolution von 1848/49 – ihre Bedeutung für den deutschen Verfassungsstaat, NJW 1998, 1513 ff.; D. Merten, Begriff und Abgrenzung der Grundrechte, in: HGR II § 35; T. Nipperdey, Deutsche Geschichte 1800–1866, S. 595 ff.; U. Scheuner, Die rechtliche Tragweite der Grundrechte in der deutschen Verfassungsentwicklung des 19. Jahrhunderts, in: Mod. dt. Verf. Gesch., S. 319 ff.; C. H. Schmidt, Vorrang der Verfassung und konstitutionelle Monarchie. Schriften zur Verfassungsgeschichte Bd. 62, 2000; H. Scholler, Die Grundrechtsdiskussion in der Paulskirche, 1973; W. Siemann, Die deutsche Revolution von 1848–49, 1985; R. Wahl, Rechtliche Wirkungen und Funktionen der Grundrechte im deutschen Konstitutionalismus des 19. Jahrhunderts, in: Mod. dt. Verf. Gesch., S. 346 ff.

## III. Das Scheitern der Reichsverfassung

Schwierigkeiten ergaben sich in den Verhandlungen der National- 661
versammlung vor allem bei der Frage nach dem Reichsoberhaupt, als sich herausstellte, dass die Entscheidung für ein erbliches Kaisertum zugleich eine Entscheidung für Preußen war. Am 28. März 1849 wurde die Reichsverfassung verkündet und der preußische König *Friedrich Wilhelm IV. (1840–1861)* mit 290 Stimmen bei 248 Enthaltungen zum Reichsoberhaupt gewählt. Der preußische König lehnte das ihm von Mitgliedern der Nationalversammlung überbrachte Angebot, die Kaiserkrone anzunehmen, ab. Mit der wenig später formulierten endgültigen Ablehnung verwarf er zugleich die Reichsverfassung, die inzwischen von 28 deutschen Regierungen anerkannt worden war. Mit dieser Ablehnung war die nationalstaatliche Revolution von 1848/49 gescheitert.

**Schrifttum:** E. R. Huber, Bd. 2, S. 851 ff.; T. Nipperdey, Deutsche Geschichte 1800–1866, S. 595 ff.; W. Siemann, Die deutsche Revolution von 1848–49, 1985.

---

131 C. H. Schmidt, S. 151 f. u. 219.

## § 16. Die Gründung des Deutschen Reiches 1871

### I. Die Entwicklung bis zur Reichsgründung

662 **1. Die politische Entwicklung.** Nach dem Scheitern der politischen Bewegungen der Jahre 1848/49 verfolgte Österreich das Ziel, den Deutschen Bund wiederzubeleben, nachdem Preußen zuvor mit Hilfe einiger deutscher Staaten versucht hatte, einen kleindeutschen, dynastisch geeinten Bundesstaat unter Ausschluss Österreichs zu errichten. Die beinahe bis zum Ausbruch bewaffneter Auseinandersetzungen gestiegenen Spannungen zwischen den beiden deutschen Großmächten wurden durch die *„Olmützer Punktation"* vom 29. November 1850 zunächst beigelegt, mit der u. a. eine Reform des Deutschen Bundes vereinbart wurde. Wegen des Dualismus der beiden Großmächte entstanden auch weiterhin häufig Konflikte, die deutlich zutage traten, als über eine Reform des Deutschen Bundes 1863 keine Einigung erzielt werden konnte.

663 Der österreichisch-preußische Gegensatz entlud sich schließlich in dem Streit über Schleswig-Holstein, der zu einem Krieg (1866) führte, welcher mit dem *Prager Frieden vom 23. August 1866* beendet wurde, der u. a. die *Auflösung des Deutschen Bundes* zum Inhalt hatte. Preußen annektierte Hannover, Kur-Hessen, Nassau und Frankfurt und erwarb Schleswig-Holstein hinzu. Der Friede von Prag beseitigte jede Hoffnung auf eine großdeutsche Lösung (Einigung Deutschlands unter Einschluss Österreichs) und ermöglichte es Preußen, Deutschland unter seiner Führung neu zu gestalten. Dabei wurde *Otto von Bismarck (1815 bis 1898)* zur treibenden Kraft.

664 **2. Vom Norddeutschen Bund zur Reichsgründung.** Im Norden war Preußen nun zur allein führenden Macht geworden und konnte am 18. August 1866 ein Bündnis der Mehrzahl der norddeutschen Staaten zustande bringen, das die Errichtung einer neuen Bundesverfassung unter Mitwirkung eines Parlaments, das nach dem Reichswahlgesetz von 1849 gewählt werden sollte, und die Herstellung eines Entwurfs der Bundesverfassung durch die beteiligten Regierungen zum Gegenstand hatte. Dem gewählten *Reichstag* legte Preußen einen mit den verbündeten Regierungen erarbeiteten Verfassungsentwurf vor, den dieser am 16. April 1867 als *Verfassung des Norddeutschen Bundes* annahm.

Organe des auf föderativer Grundlage basierenden Bundes waren: 665
das der Krone Preußens zustehende *Bundespräsidium,* der aus allgemeinen, direkten und geheimen Wahlen hervorgehende *Reichstag,* der sich aus Vertretern der Mitglieder des Bundes zusammensetzende *Bundesrat* und der *Bundeskanzler.*

Der *Prager Friede* hatte für die süddeutschen Staaten einen süddeutschen Bund vorgesehen, der jedoch nicht zustande kam. Preußen schloss mit den süddeutschen Staaten „Schutz- und Trutzbündnisse", in denen sich die süddeutschen Staaten verpflichteten, ihre Truppen im Kriegsfalle dem preußischen Oberbefehl zu unterstellen. Die Verfassung des Norddeutschen Bundes ließ den süddeutschen Staaten den *Beitritt* offen.

Ein wesentlicher Schritt zur Aufnahme der süddeutschen Staaten in den bereits gegründeten Bund bildete die *Zusammenarbeit auf wirtschaftlichem* Gebiet, die am 8. Juli 1867 durch die Erweiterung des *Deutschen Zollvereins* auf das gesamte spätere Reichsgebiet vertraglich vereinbart wurde.

Die Verfassung des Norddeutschen Bundes war so gestaltet, dass es 666
nicht einer neuen Verfassungsgesetzgebung bedurfte, um den Norddeutschen Bund zum *Deutschen Reich* zu erweitern. Es genügte ein einfacher Akt der Gesetzgebung. Die *Umbildung des Norddeutschen Bundes* zum *Deutschen Reich* vollzog sich mit dem Krieg gegen Frankreich 1870/71. Im November 1870 schloss der Norddeutsche Bund mit den Staaten Hessen, Baden, Bayern und Württemberg die sog. *Novemberverträge,* die die Errichtung eines umfassenden Bundes der deutschen Staaten zum Gegenstand hatten. Grundlage der neuen Bundesverfassung sollte die Verfassung des Norddeutschen Bundes sein. Auf Wunsch Bayerns sollte der preußische König in seiner Eigenschaft als Bundespräsidium mit dem Titel „Deutscher Kaiser" ausgestattet werden.

Die sog. Novemberverträge werden als Verfassungsverträge angesehen, weil sie den Verfassungsstatus, in dem die Vertragschließenden – der Norddeutsche Bund und die vier süddeutschen Staaten – sich befanden, umgestalteten. Deshalb bedurften sie der *Ratifikation* durch die zuständigen Verfassungsorgane.

Das durch den *Beitritt* der süddeutschen Staaten zum Norddeut- 667
schen Bund errichtete *Deutsche Reich* entstand mit dem Inkrafttreten seiner Verfassung am 1. Januar 1871. Die Proklamation des *preußischen Königs Wilhelms I. (1861 bis 1888)* zum *Deutschen Kaiser* erfolgte am 18. Januar 1871 im Spiegelsaal des Schlosses von Versailles.

1871 hatte die deutsche Nationalbewegung, Trägerin und Verkörperung des deutschen Nationalismus, ihr wichtigstes Ziel erreicht, nämlich die deutsche Einheit mit der Bildung eines deutschen Nationalstaates; denn mit der Reichsgründung waren die deutschen Partikularstaaten – außer Österreich – in einem Nationalstaat zusammengeschlossen.

**Schrifttum:** E. R. Huber, Bd. 3, S. 643 ff. u. S. 703 ff.; T. Nipperdey, Deutsche Geschichte 1866 – 1919, Bd. 2, 1992, S. 11 ff.

## II. Die Verfassung des Deutschen Reiches von 1871

668 **1. Die Elemente eines Bundesstaates.** Das Deutsche Reich von 1871 war ein *Bundesstaat.* Die Reichsverfassung (RV) nennt die 25 Gliedstaaten ausdrücklich „Bundesstaaten", denen alle Zuständigkeiten verblieben, die die Reichsverfassung nicht ausdrücklich oder sinngemäß auf das Reich übertragen hatte.

Das oberste Organ des Reiches war der *Bundesrat,* in dem die 25 Einzelstaaten durch Bevollmächtigte mit mindestens je einer Stimme, insgesamt aber 58 Stimmen vertreten waren. Die Stimmenzahl sollte sich nach der Größe der Staaten richten. So hatten z. B. Sachsen und Württemberg je 4, Bayern 6 Stimmen. Preußen waren 17 Stimmen zugebilligt; es hatte sich allerdings bei der Festsetzung dieser Stimmenzahl aus politischen Gründen selbst beschränkt. Aufgrund seiner Größe (Ausdehnung und Bevölkerungszahl) hätten ihm mehr Stimmen zugestanden. Der Bundesrat erließ gemeinsam mit dem *Reichstag* die Reichsgesetze, deren Ausführung, abgesehen von einigen wichtigen Ausnahmen, Aufgabe der Einzelstaaten war.

669 Der *Reichstag* ging nach dem als Reichsgesetz übernommenen Wahlgesetz für den Reichstag des Norddeutschen Bundesvon 1869 aus *allgemeinen, gleichen, direkten und geheimen Wahlen* hervor. Das berüchtigte *Dreiklassenwahlrecht* (siehe oben Rdnr. 622) galt nur innerhalb Preußens für die Wahlen zum preußischen Abgeordnetenhaus (Zweite Kammer), nicht aber für die Wahl zum Reichstag. Diese Divergenz zwischen dem demokratischen Reichstagswahlrecht und dem Dreiklassenwahlrecht, das in Preußen bis 1918 galt, gehörte zu den inneren Widersprüchen des deutschen Staatssystems nach 1871.[132] Die gewählten Mitglieder des Reichstages waren „Vertreter des gesamten Volkes und an Aufträge und Instruktionen nicht gebunden" (Art. 29 RV).

670 Art. 11 RV sah vor: „Das Präsidium des Bundes steht dem König von Preußen zu, welcher den Namen Deutscher Kaiser führt." Der Kaiser vertrat das

132 E. R. Huber, Bd. 3, S. 861.

Reich völkerrechtlich, war dabei aber weitgehend an die Mitwirkung von Bundesrat bzw. Reichstag gebunden (Art. 11 u. 4 RV). Der Kaiser ernannte den *Reichskanzler* (Art. 15 RV), der Vorsitzender des Bundesrates war und bei dem die eigentliche Regierungsgewalt lag. Anordnungen und Verfügungen des Kaisers bedurften der Gegenzeichnung durch den Reichskanzler, der dadurch die Verantwortlichkeit übernahm. Da der Reichskanzler vom Vertrauen des Reichstages nicht abhängig war, konnte der Kaiser, ohne Rücksicht auf das Parlament nehmen zu müssen, einen ihm genehmen Kanzler ernennen. Damit war dem Kaiser die Möglichkeit eröffnet, Einfluss auf die Regierungsgeschäfte zu nehmen. Der Reichstag konnte weder die Ernennung des Kanzlers beeinflussen, noch konnte er dessen Entlassung durch ein Misstrauensvotum erzwingen. Deshalb handelte es sich letztlich nicht um ein parlamentarisches, sondern um ein konstitutionelles Regierungssystem.

**2. Das Fehlen eines Grundrechtskataloges.** Einen Grundrechts- 671
katalog nach dem Vorbild der Reichsverfassung von 1849 oder mancher Verfassungen der deutschen Einzelstaaten enthielt die Verfassung des Deutschen Reiches von 1871 *nicht.* Es bestand wenig Neigung, durch das Beharren auf der Verankerung abstrakter *Grundrechte*, deren unmittelbare Anwendung durch die Gerichte ohnehin nicht zu erwarten war, das Einigungswerk von 1870/71, zu dem die Schaffung einer Reichsverfassung gehörte, zu erschweren. Die Aufstellung eines Grundrechtskataloges von Reichs wegen erschien in Anbetracht der einzelstaatlichen Grundrechtsverbürgungen auch nicht mehr so dringlich wie 1848.[133]

Immerhin gelang es auf Drängen Württembergs, in die Verfassung die Ergänzung einer Reichszuständigkeit zum politisch zentralen liberalen Thema „Über die Presse und das Vereinswesen“ (Art. 4 Nr. 16) aufzunehmen. Außerdem wurden, wenn auch versteckt, einige Grundrechte zumindest ansatzweise aufgenommen. Dazu zählen das Petitionsrecht, die Wehrgleichheit und, über die Frankfurter Reichsverfassung hinausgehend, ein konkretisiertes Wahlrecht.[134]

**3. Ein bloßes Organisationsstatut?** Man kann die Verfassung des 672
Deutschen Reiches von 1871, die im Kern die des Norddeutschen Bundes von 1867 geblieben war, als „Ausdruck des Kompromisses zwischen den vorwaltenden Kräften der Zeit, zwischen dem Nationalstaat und seiner Einheit, den Gliedstaaten und ihrer Vielheit und der Hegemonie Preußens, zwischen der starken Monarchie und der – schwächeren – nationalen Demokratie, zwischen Adel und Militär

133 G. Kleinheyer, in: Hist. Lex., S. 1080.
134 J.-D. Kühne, in: HGR I, § 3 Rn. 78.

einerseits, dem Bürgertum andererseits“ beschreiben.[135] Nach *T. Nipperdey*[136] war der Verfassungstext, da ohne Grundrechtsteil, nicht viel mehr als ein Organisationsstatut.

Das Deutsche Reich von 1871 wird als *Rechtsstaat* gewertet, obwohl im herrschenden Verfassungsmodell die politische Partizipation der Staatsbürger schwach entwickelt war.[137] Als Nachwirkung der missglückten Revolution von 1848 blieb das Misstrauen gegen Parteien und Parlamente erhalten; der Vorrang der staatlichen Exekutive wurde als selbstverständlich empfunden. Dieser Rechtsstaat behielt obrigkeitliche Strukturen.[138]

**Schrifttum:** E. R. Huber, Bd. 3, S. 129 ff., 643 ff., 732 ff. u 821 ff.; G. Kleinheyer, Grundrechte. Menschen- und Bürgerrechte, in: Hist. Lex., S. 1047 ff.; J.-D. Kühne, Von der bürgerlichen Revolution bis zum Ersten Weltkrieg, in: HGR I, § 3 (S. 97 ff.); T. Nipperdey, Deutsche Geschichte 1866–1918. S. Bd. 2, Machtstaat vor der Demokratie, 1992.

# 5. Kapitel. Versuche der Rechtsvereinheitlichung und das Kodifikationsproblem

## § 17. Die Rechtszersplitterung im 19. Jahrhundert

### I. Überblick

673 Die herausragende Aufgabe für die Rechtspolitik in der Zeit nach 1871 war es, die *Einheit der Rechtsordnung* in Deutschland herzustellen. Dies war eine praktische Notwendigkeit, weil für eine dynamische Wirtschaftsgesellschaft mit einer einheitlichen Volkswirtschaft eine einheitliche Rechtsordnung benötigt wird. Dieses Ziel konnten Regierung und Parlament mit dem Instrumentarium, welches die Verfassung von 1871 zur Verfügung stellte, nun erreichen.

674 Einheitlichkeit des Rechtswesens, zu der auch eine entsprechende Gerichtsverfassung gehört, setzt staatliche Strukturen voraus, die in Deutschland vor der Reichsgründung 1871 nicht existierten. Dass diese Strukturen weitgehend fehlten, hat seine Ursache nicht zuletzt darin, dass föderalistische Bestrebungen schon früh zu einer Territo-

135 T. Nipperdey, Dt. Gesch. 1866–1918, Bd. 2, S. 85.
136 Ebendort.
137 T. Nipperdey, Bd. 2, S. 182.
138 M. Stolleis Bd. 3, S. 43 f.

rialisierung des Landes geführt hatten. Die moderne Staatlichkeit entwickelte sich in Deutschland in den Territorien, eine Entwicklung, welche die Zersplitterung des Rechts begünstigte. In fast allen Territorialstaaten entwickelten sich territoriale Rechte, die sich mehr oder weniger stark voneinander unterschieden. Besonders deutlich wird das am Beispiel des Zivilrechts. So galt für etwa 20 Millionen Menschen das Allgemeine Landrecht für die Preußischen Staaten von 1794, für etwa 8 Millionen das französische Recht in Gestalt des Code civil und des Code de commerce und für 3 Millionen das Sächsische BGB. Für den Rest der Bevölkerung galt das Gemeine Recht (Ius Commune), teilweise in Kombinationen mit lokalen Gewohnheiten als Landrecht, wie z. B. das Württembergische Landrecht (von 1555/1610) oder der „Codex Maximilianeus Bavaricus oder neuverbessert und ergänzt Chur-Bayrisches Landrecht“ (von 1756). Ein verbindendes Element zwischen den territorialen Rechten waren allerdings wesentliche Prinzipien und Regeln des *Ius commune* und die daruf aufbauenden gemeinsamen Rechtsüberzeugungen.

Das Ziel, das Recht in Deutschland zu vereinheitlichen, war nicht unumstritten. Die politische Entwicklung am Anfang des 19. Jahrhunderts hatte in vielen deutschen Juristen den patriotischen Wunsch geweckt, eine *Zivilrechtskodifikation für das gesamte Deutschland* zu schaffen. In etlichen Staaten, wie z. B. in *Preußen* (1794), *Baden* (1809) und *Österreich* (1811), war das bürgerliche Recht bereits kodifiziert worden. In anderen Gebieten des Deutschen Bundes, für die keine Kodifikationen geschaffen worden waren, galt das Gemeine Recht fort. Die konservativen Gruppen standen der Kodifikation des Rechts im Allgemeinen ablehnend gegenüber. Sie wehrten sich gegen die Gleichmacherei, die die Rechtsvereinheitlichung nach der Vorstellung der Liberalen mit sich bringen sollte, und traten deshalb für eine Bewahrung der alten Rechtsverhältnisse ein, wie sie in der Zeit des Ancien régime in Gestalt des Ius commune und der zahlreichen partikularen Sondergesetze bestanden hatten.[1] Argumente für die Auffassung der Konservativen lieferte einer der bedeutendsten Juristen des 19. Jahrhunderts, *Friedrich Carl von Savigny* (1779 bis 1861), mit der Schrift „Vom Beruf unserer Zeit für Gesetzgebung und Rechtswissenschaft“, die 1814 veröffentlicht wurde. Mit dem Scheitern einer Zivilrechtskodifikation für das gesamte Deutschland

1 H. Coing, in: Handbuch PRG III/1, S. 6.

dauerte die Rechtszersplitterung, positiv ausgedrückt die Rechtsvielfalt, fort.

## II. Die Fortgeltung des französischen Rechts in Teilen Deutschlands

675 **1. Überblick.** Zur Rechtszersplitterung im Zivilrecht trug auch die Fortgeltung des französischen Rechts in großen Teilen des westlichen Deutschland bei.

Mit der Ausbreitung der napoleonischen Herrschaft war in manchen Teilen Deutschlands auch das französische Recht eingeführt worden. In den rheinischen Gebieten, die nach der Eroberung durch Napoleon an Frankreich gefallen und in den französischen Staat eingegliedert worden waren, hatten die französischen Gesetze Geltungskraft. Zahlreiche Rheinbundstaaten übernahmen den Code civil als Zivilgesetzbuch, teils insgesamt, teils mit Abänderungen, so u. a. das Herzogtum Westfalen, das Herzogtum Arenberg, das Großherzogtum Berg und das Großherzogtum Frankfurt. Im Großherzogtum Baden schrieb eine landesherrliche Verordnung aus dem Jahre 1808 vor, dass „der Code Napoléon als das vorzügliche Resultat gesetzgeberischer Weisheit mit einiger Rücksicht auf die wegen der Landeseigenheiten notwendigen Modifikationen … eingeführt werde“.[2] Weitere deutsche Staaten planten die Einführung des französischen Zivilgesetzbuches. Zu ihnen zählten Bayern, Hessen-Darmstadt und Würzburg.

Nach dem Zusammenbruch der napoleonischen Herrschaft in Deutschland behauptete sich das französische Recht im Wesentlichen auf dem linken Rheinufer sowie rechts des Rheins in Teilen des ehemaligen Großherzogtums Berg. Auch Baden blieb bei dem 1809/10 eingeführten Badischen Landrecht.

676 **2. Die Auseinandersetzungen um die Beibehaltung des französischen Rechts in deutschen Landesteilen.** Die gesamte, mit Rezeptionen zusammenhängende Problematik trat in Deutschland noch einmal offen zutage, als es um den Fortbestand des französischen Rechts in einigen deutschen Landen nach der Niederlage Napoleons ging. Dabei fiel besonders ins Gewicht, dass die Einführung des französischen Rechts mit der militärischen Besetzung zusammengefallen

2 H. Conrad, in: Recht und Rechtspflege in den Rheinlanden, S. 78ff.; D. Schumacher, S. 16ff.

war. Trotz dieser – für eine Rezeption ungünstigen – Umstände wurde das französische Recht nicht einmal in allen preußischen Gebieten verdrängt, nachdem Napoleon die entscheidenden Niederlagen erlitten hatte.

Zu besonders heftigen Auseinandersetzungen um die Abschaffung bzw. Beibehaltung des französischen Rechts und die Wiedereinführung des Allgemeinen Landrechts für die Preußischen Staaten kam es in den zu Preußen gehörenden Rheinlanden.[3] Abgesehen davon, dass man in den Rheinlanden niemals altpreußisch gedacht und gefühlt hatte und auch der konfessionelle Unterschied zwischen Berlin und Köln eine Rolle gespielt haben dürfte, hatten die Rheinländer den Code civil als eine Garantie ihrer Bürgerrechte kennen und schätzen gelernt.[4] Die eben erst durch die Einführung des code civil erlangte Stellung eines mündigen Bürgers wollten sie nicht gegen die eines preußischen Untertanen alter Prägung eintauschen. Die Versuche, das preußische Recht in seinem ganzen Umfange in den Rheinlanden wieder einzuführen, sind letztlich gescheitert. 677

Dieses Scheitern ist zurückzuführen auf die Haltung der rheinischen Bevölkerung, die, vor allem vertreten durch Juristen – an ihrer Spitze der nachmalige erste Präsident des rheinischen Appellationsgerichts in Köln, *Heinrich Gottfried Wilhelm Daniels (1754 bis 1827)* – und später durch die Stände, ihre enge Verbundenheit mit dem rheinischen Recht (dem französischen Recht in den Rheinlanden) zum Ausdruck gebracht hat. Diese enge Verbundenheit des rheinischen Bürgertums mit dem französischen Recht beruhte auf der Überzeugung, dass das französische Recht fortschrittlicher war als das preußische in Gestalt des ALR und dass den Grundgedanken des französischen Rechts schließlich die Zukunft gehörte. 678

Die Haltung des rheinischen Bürgertums ist durch die Rechtsentwicklung im 19. Jahrhundert bestätigt worden. Sowohl die preußische Gesetzgebung, aber darüber hinaus auch später die Reichsgesetzgebung übernahmen viele Gedanken und Einrichtungen des französischen Rechts, das damit einen späten, aber umso nachhaltigeren Sieg in Deutschland erringen konnte.[5] 679

Manches deutet darauf hin, dass für die Verteidigung des französischen Rechts nicht immer nur dessen liberaler Charakter maßgebend gewesen sein mag. Mitunter dürften auch wirtschaftliche Interessen ausschlaggebend gewe-

3 H. Conrad, in: Recht und Rechtspflege in den Rheinlanden, S. 78 ff.
4 H. Hattenhauer, Rdnr. 170.
5 H. Conrad, in: Recht und Rechtspflege in den Rheinlanden, S. 98.

sen sein, so vor allem die Beibehaltung der Rechtseinheit mit Frankreich, Belgien, Luxemburg und den Niederlanden.[6]

680 **3. Die Auswirkungen.** Der Einführung des französischen Rechts in Teilen Deutschlands während und nach der Französischen Revolution wird zu denjenigen Ereignissen gezählt, denen eine Schlüsselrolle bei der Umwandlung des Ancien régime in eine bürgerlich-liberale Staats- und Rechtsordnung zukommt. Als charakteristische Errungenschaften werden u. a. der Beitrag zur Durchsetzung rechtsstaatlicher Prinzipien, die radikale Beseitigung ständischer Privilegien und die jedenfalls privatrechtliche Garantie bürgerlicher Freiheit und Gleichheit und einer bürgerlichen Eigentumsordnung herausgestellt. Vor dem Hintergrund des Ancien régime und auch der Restaurationszeit wird in alledem ein erheblicher Modernisierungseffekt gesehen.[7]

681 Weil das französische Recht in den linksrheinischen Gebieten und in Baden auch nach der Niederwerfung Napoleons weitergalt, existierten in Deutschland zwei gesellschaftspolitisch unterschiedlich orientierte Rechtsordnungen. In dem Bemühen, die offensive politische Funktion des rheinischen Rechts und seine Bedeutung für die Ausbreitung rechtsstaatlicher Grundsätze in Deutschland zu charakterisieren, ist das französische Recht am Rhein auch als „Verfassungsersatz und als institutionelles Bollwerk gegen den Obrigkeitsstaat" bezeichnet worden.[8]

Die Staaten, in denen das französische Recht gegolten hatte, waren liberalen Tendenzen gegenüber aufgeschlossener als die übrigen, insbesondere die mittel- und ostdeutschen Staaten.[9] So dürfte es auch kein Zufall sein, dass die liberale Bewegung des Vormärz in den ehemaligen Rheinbundstaaten und in den Ländern des „Rheinischen Rechts" entstand, u. a. in der preußischen Rheinprovinz, in Rheinbayern und Rheinhessen, wo der süddeutsche und rheinische „Beamten- und Geheimratsliberalismus" ohne die Ideen, die das französische Recht vermittelt hatte, nicht denkbar ist.[10]

682 Das rheinische Zivilrecht konnte sich bis zum Inkrafttreten des BGB am 1.1.1900 behaupten. Die dieses prägenden Grundsätze der bürgerlichen Rechtsgleichheit, der Freiheit der Person und der Schutz der Individualsphäre, der Vertragsfreiheit, der Eigentums- und Testierfreiheit, aber auch die Straffheit und Klarheit der Zivil-

6 W. Schubert, in: Französisches Recht in Europa, S. 146 mit Nachw.
7 D. Klippel, in: Revolution, Reform, S. 123 f.
8 K. G. Faber, in: 150 Jahre Oberlandesgericht Köln, S. 16.
9 W. Schubert, ZRG Germ. Abt. 94, 1977, S. 182.
10 E. Fehrenbach, S. 150 f.; K. H. Neumeyer, in: Wiss. Kod. PR I, S. 197 ff.

rechtskodifikation waren Güter, welche die Rheinländer schätzen gelernt hatten und auf die sie nicht mehr verzichten wollten.[11] Die praktische Anwendung des französischen Rechts konnte die geistigen Grundlagen der modernen deutschen Rechtsordnung in viel stärkerem Maße mitformen, als es eine lediglich rein theoretische Beschäftigung der Rechtswissenschaft mit dem französischen Recht jemals vermocht hätte.[12]

Die lange Geltung des französischen Rechts in Deutschland führte dazu, dass im Westen Deutschlands eine im Wesentlichen einheitliche Rechtsordnung galt. Vor allem aber gewährte das Rheinische Recht den Bewohnern Badens, der bayerischen Pfalz, in Rheinhessen und in Rheinpreußen bereits vom Anfang des 19. Jahrhunderts an jene Freiheitsrechte, die in den anderen Staaten des Deutschen Bundes den Bürgern erst in den Verfassungen nach und nach als Grundrechte gewährt wurden (siehe dazu oben Rdnr. 628 ff.). Diese Funktion als „Verfassungsersatz" nahm naturgemäß in dem Maße ab, in dem die einzelnen Staaten Verfassungen mit Grundrechtsgarantien schufen.[13] 683

**4. Die abnehmende Bedeutung des französischen Rechts in den übrigen Teilen Deutschlands.** Um die Mitte des 19. Jahrhunderts nahm der starke Einfluss, den das französische Recht in Deutschland ausgeübt hatte, ab. Die Begründung dafür wird in der zunehmenden Ausstrahlung der Lehren der deutschen Professoren des römischen Rechts, der Romanisten, gesehen, die eine wissenschaftliche und kulturelle Alternative zum Modell des französischen Zivilrechts darstellten. Die Romanisten der historischen Rechtsschule und die Pandektisten (siehe unten Rdnr. 706 ff.) entwickelten eine allgemeine Privatrechtstheorie, die, was den wissenschaftlichen Stil und die Argumentationskultur angeht, in krassem Gegensatz zu der bisherigen Handhabung des französischen Zivilrechts stand.[14] Das Fundament der Pandektistik bildet die historisch-systematische Methode, deren Ziel es war, auf der Grundlage der Quellen des Corpus iuris civilis ein neues, dogmatisch widerspruchsfreies Rechtssystem zu schaffen, das den Anforderungen der Zeit gerecht wurde. 684

**Schrifttum:** H.-J. Becker, Das Rheinische Recht und seine Bedeutung für die Rechtsentwicklung in Deutschland im 19. Jahrhundert, JuS 1985, 338 ff.;

---

11 H. J. Becker, JuS 1985, 338, 342.
12 W. Schubert, ZRG Germ. Abt. 94, 1977, S. 184.
13 H. J. Becker, JuS 1985, 338, 344.
14 F. Ranieri, in: 200 Jahre Code civil, S. 85, 112 ff.

H. Conrad, Preußen und das französische Recht in den Rheinlanden, in: J. Wolffram/A. Klein (Hrsg.), Recht und Rechtspflege in den Rheinlanden. 150 Jahre Oberlandesgericht Köln, 1969, S. 78 ff.; K. G. Faber, Recht und Verfassung. Die politische Funktion des rheinischen Rechts im 19. Jahrhundert, 1970; E. Fehrenbach, Traditionelle Gesellschaft und revolutionäres Recht, 2. Aufl. 1978; D. Klippel, Die Bedeutung des Rheinischen Rechts für die Entwicklung des Namens- und Firmenschutzes in Deutschland, in: H. Mohnhaupt (Hrsg.), Revolution, Reform, Restauration. Ius Commune, Heft 37, 1988, S. 123 f.; K. H. Neumayer, Die wissenschaftliche Behandlung des kodifizierten Privatrechtsstoffes im Großherzogtum Baden und auf dem linken Rheinufer bis zum Beginn der Vorarbeiten zum BGB (1877), in: Wiss. Kod. PR I, S. 197 ff.; F. Ranieri; 200 Jahre Code civil, in: W. Schubert/M. Schmoeckel (Hrsg.), 200 Jahre Code civil. Die napoleonische Kodifikation in Deutschland und Europa, 2005, S. 85 ff.; W. Schubert, Das französische Recht in Deutschland zu Beginn der Restaurationszeit (1814–1820), in: ZRG Germ. Abt. 94, 1977, S. 129 ff.; derselbe, Der rheinische Provinziallandtag und der Kampf um die Beibehaltung des französisch-rheinischen Rechts, in: R. Schulze (Hrsg.), Französisches Zivilrecht in Europa während des 19. Jahrhunderts, 1994, S. 123 ff.; D. Schumacher, Das rheinische Recht in der Gerichtspraxis des 19. Jahrhunderts. Ein Beitrag zur Auslegung rezipierter Rechtsnormen, 1969; F. Sturm, 200 Jahre Badisches Landrecht, 2011.

## § 18. Die Entwicklung des Privatrechts im 19. Jahrhundert

### I. Der Streit um die Kodifikation

685 **1. Der Kodifikationsgedanke am Anfang des 19. Jahrhunderts. a) Die Idee der Kodifikation.** Wie schon erwähnt (vgl. oben Rdnr. 675 ff.), forderten am Anfang des 19. Jahrhunderts viele Juristen eine *Zivilrechtskodifikation* für ganz Deutschland. Die Realisierung dieser Forderung hätte zu einer Vereinheitlichung des Privatrechts geführt.

Die Idee, durch eine *Kodifikation* eine erschöpfende und systemgeleitete Neuordnung des gesamten Rechtsstoffes zu schaffen, ist ein Produkt des Vernunftrechtszeitalters. Nach den in der Aufklärung entwickelten Gedanken über die Kodifikation sollte eine solche den folgenden Anforderungen entsprechen: Sie sollte

eine umfassende Regelung jedenfalls eines Lebensbereiches enthalten;

systematisch aufgebaut sein, allgemeine Regeln und Prinzipien verständlich verwenden und Kasuistik vermeiden;

für das gesamte Staatsgebiet einheitlich sein und Rechtszersplitterungen beseitigen und verhindern.[15]

**b) Kodifikation und Reform.** Zwar waren die europäischen Revolutionen des 19. Jahrhunderts vornehmlich solche, die das Ziel verfolgten, den Verfassungsstaat herzustellen und auszuweiten, doch zeigte sich für das Verhältnis von Verfassung und Privatrecht rasch, dass der Hauptgegenstand der bürgerlichen Zielvorstellungen eine *Reform des Privatrechts* war. Das Privatrecht musste vor allem seine ständischen Besonderheiten abstreifen und allgemein gelten so, wie das in denjenigen Gebieten, in denen das französische Recht fortgalt, schon der Fall war (vgl. oben Rdnr. 677 ff.). In einem auf diese Weise reformierten Privatrecht konnte das *bürgerliche Sozialmodell* verwirklicht werden.[16] 686

Der Kodifikationsgedanke war im 19. Jahrhundert Bestandteil des politischen Programms des Liberalismus. Mit der Kodifikation des Rechts sollten zugleich die Reformen, vor allem die sozialpolitischen Ideen des Liberalismus verwirklicht werden: Die Gesellschaft sollte aus persönlich freien und gleichen Bürgern bestehen, die in ihrer Rechtsstellung weder ständisch noch religiös unterschiedlich behandelt werden durften. Das Eigentum sollte geschützt und frei sein, Gewerbefreiheit und marktwirtschaftliche Prinzipien sollten die Wirtschaftsordnung prägen. Diese gesellschaftspolitischen Ideen des Liberalismus, die von den bürgerlichen Schichten – nicht nur in Deutschland, sondern auch in anderen europäischen Ländern – getragen wurden, bestimmten die rechtspolitische Diskussion im 19. Jahrhundert.[17]

**c) Der Kodifikationsgedanke in Europa.** Die *Kodifikation* wurde im 19. Jahrhundert zum Gesetzgebungsideal, das Gesetz überhaupt zur wichtigsten Form der Rechtsetzung. Das Gesetz trat in den meisten Staaten Europas gegenüber Rechtsprechung und Rechtswissenschaft in den Vordergrund. Bei dieser Entwicklung spielten der Konstitutionalismus und die damit verbundene Mitwirkung der Parlamente an der Gesetzgebung eine wichtige Rolle. 687

Im 19. Jahrhundert weist die Gesetzgebung auf dem Gebiete des Privatrechts in den europäischen Staaten nach *Form* und *Inhalt* ge-

15 H. Coing, in: Handbuch PRG III/1, S. 4 ff.
16 D. Grimm, in: Handbuch PRG III/1, S. 20.
17 H. Coing, in: Handbuch PRG III/1, S. 7 ff.

wisse, für die Zeit charakteristische gemeinsame Züge auf. Diese sind begründet in der ökonomischen Entwicklung, vor allem in der Industrialisierung, die viele europäische Staaten vor die gleichen Probleme stellte. Die gemeinsamen Züge sind auch im Verfassungswesen, in ähnlichen Vorstellungen vom Gesetz und in den gemeinsamen leitenden Ideen über die soziale Ordnung erkennbar.[18]

688 **2. Die Argumentationen von Thibaut und Savigny zum Kodifikationsproblem. a) Überblick.** Die Forderung nach Schaffung einer Zivilrechtskodifikation für ganz Deutschland wurde vehement von dem Heidelberger Rechtsprofessor *Anton Friedrich Justus Thibaut (1772 bis 1840)* in seiner 1814 erschienenen Schrift „Über die Nothwendigkeit eines allgemeinen bürgerlichen Rechts für Deutschland" vorgetragen. Verwirklicht wurde sie nach heftigen Auseinandersetzungen erst mit der Schaffung des BGB gegen Ende des 19. Jahrhunderts.

Argumente für die eine Kodifikation ablehnende Auffassung der Konservativen lieferte vor allem einer der bedeutendsten Juristen des 19. Jahrhunderts, *Friedrich Carl von Savigny (1779 bis 1861)* mit der Schrift „Vom Beruf unserer Zeit für Gesetzgebung und Rechtswissenschaft", die 1814 veröffentlicht wurde, im selben Jahr also, in dem sich *Thibaut* mit seiner erwähnten Schrift für eine Zivilrechtskodifikation in Deutschland an die Öffentlichkeit gewandt hatte.

689 **b) Die Position Thibauts.** Mit seiner grundlegenden Schrift „Über die Nothwendigkeit eines allgemeinen bürgerlichen Rechts für Deutschland" (1814) setzte sich *Thibaut* für eine Kodifikation des gesamten bürgerlichen Rechts in Deutschland ein. Zum bürgerlichen Recht wurde zur damaligen Zeit auch das Straf- und Prozessrecht gerechnet. Aktueller Anlass für die von *Thibaut* erhobene Forderung dürfte die Situation in Deutschland nach dem Abzug der napoleonischen Truppen gewesen sein.[19] *Thibaut* kritisierte den Rechtszustand, wie er in Deutschland zur Zeit des Erscheinens seiner Schrift herrschte. Er charakterisierte ihn wegen der Zersplitterung und der Widersprüchlichkeit der Partikularrechte als verworren.

Er führte dazu u. a. aus: „So ist also unser ganzes einheimisches Recht ein endloser Wust einander widerstreitender, vernichtender, buntschäckiger Bestimmungen, ganz dazu geartet, die Deutschen von einander zu trennen, und

---

18 H. Coing, in: Handbuch PRG III/1, S. 3.
19 G. Lingelbach, in: FS Leser, S. 62, 71 ff.

den Richtern und Anwälden die gründliche Kenntniß des Rechts unmöglich zu machen".[20]

Das zu dieser Zeit in vielen Teilen Deutschlands immer noch geltende gemeine Recht mit seinen römisch-rechtlichen Grundlagen war nach *Thibaut* nicht geeignet, diesem Zustande abzuhelfen, weil das römische Recht in der Gegenwart doch immer nur unvollkommen verstanden werden könne und es zudem nicht einmal sicher sei, ob man über die richtigen Texte seiner Quellen verfüge.

Thibaut trat dafür ein, dass eine Versammlung von Rechtsgelehrten aus allen deutschen Ländern zusammentreten sollte, um einen Entwurf für eine Kodifikation des bürgerlichen Rechts zu schaffen. Nicht zuletzt wegen des durch die Befreiungskriege am Anfang des 19. Jahrhunderts gestärkten nationalen Bewusstseins der Leserschaft, aber auch wegen der leichten Lesbarkeit verfehlte die Schrift Thibauts zunächst ihre Wirkung nicht und lenkte zum ersten Mal ein breites Interesse der Bevölkerung auf den Gedanken einer allgemeinen deutschen Kodifikation. **690**

Der Geist der Zeit kam Thibauts Forderung allerdings *nicht* entgegen. Dieser wurde vielmehr bestimmt durch die politische Zersplitterung Deutschlands, die ungeachtet der Mahnungen Thibauts einer Rechtsvereinheitlichung hemmend im Wege stand, aber auch durch das historische Bewusstsein, das die Notzeiten der napoleonischen Herrschaft und die Romantik gebildet hatte.[21]

**c) Die Argumentation Savignys.** Mit seiner 1814 veröffentlichten Schrift „Vom Beruf unserer Zeit für Gesetzgebung und Rechtswissenschaft", die zwar schon längst geplant, dann aber schließlich aus Anlass von *Thibauts* Forderung nach einem „allgemeinen bürgerlichen Recht in Deutschland" geschrieben wurde, wandte sich *Savigny* *gegen* eine Kodifikation des bürgerlichen Rechts. Er betonte den „organischen Zusammenhang des Rechts mit dem Wesen und Charakter des Volkes".[22] *Savigny* vertrat die Auffassung, dass das Recht nicht durch den Staat gesetzt werde, sondern, auf Grund der rechtserzeugenden Kraft im Volk selbst, zunächst als Gewohnheitsrecht entstehe. Erst für die Zeiten „steigender Kultur" sieht er die rechtserzeugende Kraft bei den Juristen und der Gesetzgebung als den „Organen" oder „Repräsentanten" des Volkes. **691**

20 Ueber die Nothwendigkeit, S. 14.
21 H. Conrad, ZRG Germ. Abt. 65, 1947, S. 265.
22 Beruf, S. 11 f.

Er führte dazu u. a. aus: „Das Recht wächst also mit dem Volke fort, bildete sich aus diesem, ... Die Summe dieser Ansicht also ist, dass alles Recht auf die Weise entsteht, welche der herrschende, nicht ganz passende, Sprachgebrauch als Gewohnheitsrecht bezeichnet, d. h. dass es erst durch Sitte und Volksglaube, dann durch Jurisprudenz erzeugt wird, überall also durch innere, stillwirkende Kräfte, nicht durch die Willkühr eines Gesetzgebers".

**692** Nach Savignys Ansicht ist die Rechtswissenschaft eine *geschichtliche Wissenschaft,* weil alles Recht ebenso wie Sprache, Sitte und Verfassung organisch wachse. Er zog daraus den Schluss, dass eine Kodifikation als die Aufzeichnung des gesamten Rechtsvorrats nur dann sinnvoll und möglich sei, wenn sich die Rechtswissenschaft bereits des gesamten in Frage kommenden Rechtsstoffes mit Erfolg bemächtigt habe. Gerade diese Voraussetzung sah Savigny in seiner Zeit nicht als erfüllt an.

Savigny gab der Ausbildung eines tüchtigen Juristenstandes Vorrang vor der Gesetzgebung, weil er davon ausging, dass die Rechtssicherheit für die Bürger und eine ruhige Fortentwicklung des Rechts in erster Linie durch einen hervorragenden Juristenstand, nicht aber durch neu geschaffene Gesetze garantiert würden. Damit teilte Savigny die Grundideen seiner Generation im Hinblick auf eine tiefe menschliche Wirkung der Bildung, in der er das entscheidende Mittel für die Ausbildung eines guten Juristenstandes und eines damit verbundenen Aufschwungs der Rechtswissenschaft in Deutschland sah.[23]

**693** 1779 in Frankfurt geboren, studierte Savigny die Rechte in Marburg und in Göttingen, wurde 1810 ordentlicher Professor für römisches Privatrecht in Landshut und erhielt 1810 einen Ruf an die neu gegründete Universität Berlin. 1817 wurde Savigny Mitglied des preußischen Staatsrats, 1842 preußischer „Staats- und Justizminister". Seine umfangreichen wissenschaftlichen Werke gehören zu den wenigen juristischen Werken, die zur Nationalliteratur gezählt werden. Savigny wird als „Klassiker der Rechtswissenschaft" bezeichnet, der als einer der wenigen Juristen in das allgemeine Bildungsbewusstsein eingegangen ist.[24] Als praktisch-juristische Autorität hat Savigny nicht nur die inhaltliche Ausgestaltung des BGB nachhaltig beeinflusst. Auch in den heutigen Auseinandersetzungen um die zivilrechtliche Dogmatik ist Savignys Werk noch häufig direkt oder indirekt gegenwärtig.[25]

**Schrifttum:** H. Coing, Allgemeine Züge der privatrechtlichen Entwicklung im 19. Jahrhundert, in: Handbuch PRG III/1, S. 3ff.; H. Conrad, Aus der Entstehungszeit der historischen Rechtsschule: Friedrich Carl von Savigny

---

23 H. Coing, Epochen, S. 107f.
24 F. Wieacker, PrivatrechtsgeschichteS. 383.
25 J Rückert, JuS 1991, 624ff.

und Jacob Grimm, in: ZRG Germ. Abt. 65, 1947, S. 261 ff.; D. Grimm, Die verfassungsrechtlichen Grundlagen der Privatrechtsgesetzgebung, in: PRG III/1, S. 17 ff.; G. Lingelbach, Anton Friedrich Justus Thibaut und der Kodifikationsstreit in der Rechtswissenschaft, in: FS Leser, S. 62 ff.; J. Rückert, Savignys Einfluß auf die Jurisprudenz in Deutschland nach 1900, JuS 1991, 624 ff.; F. C. von Savigny, Vom Beruf unserer Zeit für Gesetzgebung und Rechtswissenschaft, 1814; J. Schröder, Savigny, in: K.-S., S. 239 ff.; A. F. J. Thibaut, Ueber die Nothwendigkeit eines allgemeinen bürgerlichen Rechts für Deutschland, 1814; F. Wieacker, Privatrechtsgeschichte, S. 381 ff.

## II. Die historische Rechtsschule – Romanisten und Germanisten

**1. Die historische Rechtsschule. a) Die Abwendung vom Rationalismus der Aufklärung.** Mit seiner Entgegnung auf *Thibauts* Kodifikationsforderung wurde Savigny zum Begründer der *Historischen Schule der Rechtswissenschaft.* Er stand dabei dem Zeitstil nahe; denn am Anfang des 19. Jahrhunderts hatte in Deutschland eine Besinnung auf die im eigenen Volke vorhandenen Werte begonnen. Um die Wende vom 18. zum 19. Jahrhundert entstand eine geistige Bewegung, die sich bewusst vom Rationalismus der Aufklärung abwandte. Männer wie *Justus Möser (1720 bis 1794)* und *Johann Gottfried Herder (1744 bis 1803)* hatten sich bereits um eine Überwindung des Gedankengutes der Aufklärung und um eine Rückwendung zum historischen Bewusstsein und zur Erkenntnis der nationalen Individualität bemüht. Eine wichtige Rolle spielte in diesem Zusammenhang auch die *Romantik,* die sich u. a. mit den Leistungen des Volkstums beschäftigte. In der Historischen Rechtsschule bemühte man sich, die Anregungen der Romantik, die sich ins Gefühlsmäßige zu verlieren drohten, mit einer exakten wissenschaftlichen Methode zu verbinden.[26] 694

**b) Das geschichtlich gewordene Recht.** Wenn Savigny auch in seiner genetischen Rechtslehre den von der Romantik gefeierten *Volksgeist* zum Rechtsbildner erhob, so war er selbst doch kein Romantiker, obwohl er schon früh zu den Romantikerkreisen in nähere Beziehungen getreten war.[27] Obwohl er das Recht als einen naturnotwendigen Bestandteil der Volkskultur und damit des Volksganzen begriff, glitt er nicht in eine „reine Volksgeistlehre" und damit ins Mystische ab. Savigny bekannte sich zur *„strengen historischen Methode* 695

26 H.-U. Stühler, S. 64 ff.
27 H. Conrad, ZRG Germ. Abt. 65, 1947, 269.

*der Rechtswissenschaft*"[28], die nach seiner Ansicht allein geeignet war, die Brauchbarkeit und Tauglichkeit des geltenden gemeinen römischen Rechts und der zahlreichen Partikularrechte wiederherzustellen. Das Bestreben dieser Methode ging dahin, „jeden gegebenen Stoff bis zu seiner Wurzel zu verfolgen, und so sein organisches Princip zu entdecken, wodurch sich von selbst das, was noch Leben hat, von demjenigen absondern muß, was schon abgestorben ist, und nur noch der Geschichte angehört".[29]

**696** Das geschichtlich gewordene Recht Deutschlands war für Savigny das *römische Recht,* das für ihn durch den Vorgang der Rezeption zum Recht des deutschen Volkes geworden war. Das antike römische Recht war denn auch der Hauptgegenstand der wissenschaftlichen Arbeit Savignys, dokumentiert in der „Geschichte des Römischen Rechts im Mittelalter" und in dem 8 Bände umfassenden Hauptwerk „System des heutigen römischen Rechts".

*Savigny* sah in den Tätigkeiten der Glossatoren und Kommentatoren und auch in dem naturrechtlich geprägten Usus modernus Entstellungen des rezipierten mittelalterlichen römischen Rechts. In der hochstehenden Argumentationskunst der römischen Juristen, die insbesondere in den Digesten (Pandekten) ihren Niederschlag gefunden hatte, glaubte er die schlechthin vollkommene Rechtstechnik zu erkennen, an die anzuknüpfen und die fortzusetzen er für möglich hielt.[30]

**697** Neben *Savigny* waren *Karl Friedrich Eichhorn* (1781 bis 1854) und *Jakob Grimm* (1785 bis 1863) Mitbegründer der historischen Rechtsschule. Beide sahen abweichend von *Savigny* die Rezeption des römischen Rechts *nicht* als eine unabänderliche historische Tatsache in der deutschen Rechtsentwicklung an; für sie war nicht das römische Recht, dessen geistige Überlegenheit sie allerdings anerkannten, sondern das germanische und deutsche Recht das geschichtliche Recht des deutschen Volkes.

**698** *Eichhorn*, dessen „Deutsche Staats- und Rechtsgeschichte" seit 1808 erschien, hatte unbeeinflusst von Savigny ein Bekenntnis zur historischen Rechtsschule abgelegt. Gemeinsam mit Savigny begründete er die „Zeitschrift für geschichtliche Rechtswissenschaft". In seinem Aufsatz „Über das geschichtliche Studium des Deutschen Rechts"[31] wies er der *Germanistik* die Aufgabe zu, das ungeschriebene gemeine Deutsche Privatrecht als eine „hö-

28 Beruf, S. 117.
29 Beruf, S. 117f.
30 H. Schlosser, Privatrechtsgeschichte, § 6 III.2.
31 ZfgRW, Bd. 1, 1815, S. 124ff.

here Regel“ als eine „rechtliche Idee“ für jedes deutsche Privatrecht zu entwickeln, die den überlieferten Partikularrechten zugrundeliegt.[32]

*Jakob Grimm* versuchte in seiner Abhandlung „Von der Poesie im Recht“[33], die irrationalen Elemente des deutschen Rechts zu erschließen. Der zentrale Gedanke seiner Arbeiten ist die Lehre von der Entstehung des Rechts aus dem *Volksgeist* und der ursprünglichen Einheit von Recht, Sprache und Dichtung. *J. Grimm* gilt als der entschiedenste Anhänger der romantischen Elemente in der historischen Rechtsschule.[34]

**c) Die Erforschung des römischen und des deutschen Rechts.** 699
Sowohl bei *Savigny*[35] als auch bei *Eichhorn* wird das Gemeinsame an der Arbeit der romanistischen und der germanistischen Richtung in der historischen Rechtsschule deutlich betont: Die historische Rechtsschule sollte sich der Erforschung des römischen *und* des deutschen Rechts widmen. Diesem Ziele diente die neu gegründete „Zeitschrift für geschichtliche Rechtswissenschaft“, die schon durch den Titel anzeigte, dass *Rechtswissenschaft* nun in erster Linie *Rechtsgeschichte* sein sollte.[36]

Ziel der rechtswissenschaftlichen Arbeit sollte es sein, die historischen Quellen erneut aufzuarbeiten, um die in ihnen vermuteten Prinzipien zu entdecken. Auf der Basis der erkannten Prinzipien sollten sodann durch Systematisierung und Abstrahieren des Rechtsstoffes Regeln gefunden werden, die allgemeine Geltung hatten.

Savigny hat erreicht, dass die römischen Texte und ihre Kasuistik 700
wieder ernster genommen wurden; aus der römischen Kasuistik entwickelte er Regeln und Prinzipien, mit denen die Probleme der Zeit gelöst werden sollten. Als Interpretationsrahmen für das Verständnis der Quellen und darüber hinaus für das Erkennen und Lösen der Probleme benutzte Savigny ein sorgfältig durchdachtes System, das er nicht nur aus den vorhandenen Quellen des römischen Rechts entwickelt hatte.[37] In diesem System ist die *Freiheit* der ethische Zentralbegriff. Nach Savigny sichert das Recht für das Individuum „die freie Entfaltung ihrer jedem einzelnen Willen innewohnenden Kraft“. Von diesem Ausgangspunkt her werden das *subjektive Recht* als „die der einzelnen Person zustehende Macht, ein Gebiet, worin ihr Wille herrscht“, und die *Obligation* „als Herrschaft über eine einzelne

32 H. Thieme, ZRG Germ. Abt., 80, 1963, S. 7.
33 ZfgRW, Bd. 2, 1815, S. 25ff.
34 J. Schröder, in: K.-S., S. 169f.
35 In seinem Aufsatz „Über den Zweck dieser Zeitschrift“; ZfgRW, Bd. 1, 1815, S. 2ff.
36 H. Conrad, ZRG Germ. Abt. 65, 1947, S. 277f.
37 H. Coing, in: IC VIII, S. 18 u. 23.

Handlung der fremden Person"[38] als weitere Grundbegriffe des Systems sowie sein Gesamtaufbau festgelegt. Anders als die römischen Quellen sieht Savigny für das *Rechtsgeschäft* die Grundlage der Bindung in dem *erklärten Willen* der Einzelperson, also in ihrer Autonomie. Aus dieser Betrachtungsweise ergibt sich, dass Savigny das Privatrecht als „Abgrenzung von Freiheitssphären" aufgefasst hat.[39]

701 Das von Savigny entwickelte System ist zur Grundlage der systematischen Betrachtungsweise der *Pandektistik* geworden.

Galt *Savigny* der deutschen Rechtswissenschaft des 19. Jahrhunderts weitgehend als der Begründer der modernen Rechtswissenschaft schlechthin, so wurde er im 20. Jahrhundert von scharfer Kritik nicht verschont. U. a. wurde ihm vorgeworfen, die Leistungen des Usus modernus verkannt und die Naturrechtsschule missachtet zu haben; seine Volksgeistlehre, deren Bedeutung innerhalb Savignys Gesamtlehre allerdings wohl überschätzt worden ist, wurde als mystisch und nebelhaft qualifiziert, die These von der Notwendigkeit der Rezeption des römischen Rechts als unbewiesen abgetan.[40]

702 **2. Die Germanisten.** Unter den Nachfahren der Gründer der historischen Rechtsschule kam es zu einer Aufspaltung in eine romanistische und eine germanistische Richtung. Die romanistische Richtung lehrte im Sinne Savignys die Entstehung und Entwicklung des Rechts durch den Volksgeist und wollte dem römischen Recht auf Grund der geschichtlichen Entwicklung und der Sytematisierung durch die Rechtswissenschaft den Vorrang in der gewachsenen Rechtsordnung Deutschlands zumessen.

Anfangs verstand sich die Germanistik als ein mit der Romanistik vollkommen gleichberechtigter Wissenschaftszweig. Verbunden fühlten sich beide Disziplinen durch das Element des Historismus. Allerdings bestanden unterschiedliche Auffassungen über die inhaltliche Bestimmung des Geschichtlichen. Beeinflusst von der nationalstaatsbewussten politischen Bewegung wandten sich die Germanisten der als angeblich typisch deutsch erkannten mittelalterlichen Tradition zu. Sie beschäftigten sich intensiv mit den von ihnen als solche definierten Kulturelementen der nationalen Rechtsordnung, mit der Rechts- und Verfassungsgeschichte des Mittelalters. Die so verstandene historische „deutschrechtliche" Forschung wandte ihr Interesse der Sichtung und Edition der ältesten deutschen Rechtsquellen, den Volksrechten, Kapi-

38 F. C. von Savigny, System des heutigen römischen Rechts, Bd. 1, S. 7 u. S. 339.
39 H. Coing, in: IC VIII, S. 19.
40 R. Gmür, Savigny und die Entwicklung der Rechtswissenschaft, S. 36 ff. mit Nachw.; H. Coing, in: Ges. Aufs. Bd. 1, S. 181.

tularien, Stadtrechten, Rechtsbüchern und Urkunden, zu.[41] Dies alles mag zum Bruch mit den Romanisten beigetragen haben.

Im Gegensatz zu den Romanisten sahen die Germanisten – hier ist 703
vor allem *Georg Beseler* (1809 bis 1888) mit seinem Werk „Volksgeist und Juristenrecht“[42] zu nennen – das römische Recht als ein nationales Unglück für Deutschland an, das den Deutschen durch die gelehrten Juristen aufgenötigt worden war. Die Germanisten bekämpften die Lehre der Romanisten von der rechtserzeugenden Tätigkeit des Volkes durch die Juristen als Repräsentanten desselben. Sie selbst griffen auf das „reine Volksrecht“ zurück, von dem sie annahmen, es sei in nationalen Rechtsgewohnheiten verkörpert. *Beseler* bejahte die Laienbeteiligung in den Gerichten und die parlamentarische Gesetzgebung, beides als Ausprägung des Volksrechts. Im Gegensatz zu den Romanisten hielten die Germanisten eine Kodifikation des Rechts für vorteilhaft, wenn sie zum Volksrecht zurückführe und die in Deutschland ihrer Meinung nach seit der Rezeption des römischen und kanonischen Rechts bestehende Doppelung des Rechts beseitige.

In den Jahren 1846 (in Frankfurt a. M.) und 1847 (in Lübeck) fanden sich 704
die Germanisten zu den sog. *Germanistenversammlungen* zusammen, in denen sie sich für die Kodifizierung des Rechts aussprachen und den Beschluss fassten, ein deutsches Bürgerliches Gesetzbuch und ein einheitliches Strafgesetzbuch anzustreben. Die Frankfurter Nationalversammlung legte in der von ihr 1849 beschlossenen Reichsverfassung fest, dass die Vereinheitlichung des Rechts auf dem Gebiete des bürgerlichen Rechts, des Handels- und Wechselrechts, des Strafrechts und des gerichtlichen Verfahrens eine Aufgabe der noch zu errichtenden Reichsgewalt sein sollte.

Die Heftigkeit des Streites, der zwischen den Germanisten und den Romanisten ausbrach und schließlich zum Bruch der Einheit zwischen beiden führte, wird mit dem geistigen und politischen Hintergrund der deutschen Einigungsbewegung erklärt. Dieses gemeinsame Ziel führte aber schließlich auch dazu, dass sich Germanisten und Romanisten auf den Deutschen Juristentagen, die seit 1860 den Germanistenversammlungen nachfolgten, wieder zusammenfanden.

Der germanistische Zweig der Rechtswissenschaft meinte, Rechtsmaterien 705
entdeckt zu haben, die vom gelehrten Recht weitgehend unbeeinflusst geblieben und deshalb deutschrechtlicher Natur seien. Zu diesen Rechtsgebieten zählte er vor allem das Handels- und Gesellschaftsrecht. Neuere Untersuchungen haben indes gezeigt, dass sowohl die Entwicklung einer Wissenschaft

41 H. Schlosser, Privatrechtsgeschichte, § 6.
42 Vgl. dazu B.-R. Kern, JuS 1988, 598, 600.

des Handelsrechts als auch die Entstehung des Handelsrechts in der Praxis in Deutschland kein national isolierter Prozess gewesen ist, sondern eingebunden war in die gesamteuropäische Entwicklung, die von der Gemeinsamkeit des gelehrten Rechts geprägt war.[43]

Die neuere Germanistik ist vor allem geprägt durch die Arbeiten des Rechtshistorikers und Zivilrechtslehrers *Otto von Gierke* (1841–1921), der nicht nur durch seine Forschungen zum Genossenschaftswesen und seine konstruktive Kritik am ersten Entwurf des BGB (vgl. dazu unten Rdnr. 750) hervorgetreten ist. Bedeutung erlangt haben vor allem seine Arbeiten zum Arbeits- und Dienstvertrag und zum Verbandsrecht; seine Forderungen nach Berücksichtigung der sozialen Aufgaben des Privatrechts verfehlten ihre Wirkung nicht. Schließlich geht der Begriff des Sozialrechts auf von Gierke zurück.

706 **3. Die Romanisten und die Pandektenwissenschaft.** Die auf *Savigny* folgenden Vertreter der *Historischen Schule* lehnten die ursprünglich strikte Bindung des Rechts an die Geschichte ab, weil sie dieselbe für die Rechtspraxis, die sich von den Problemen bedrängt sah, welche die wachsende Industrialisierung mit sich brachte, als nicht nutzbringend betrachteten. Sie versuchten, sich von der strengen Lehre Savignys zu lösen und entwickelten dabei einen neuen Wissenschaftsstil, die *Pandektistik* oder *Pandektenwissenschaft*.[44] *Savignys* Nachfolger auf dem Berliner Lehrstuhl, *Georg Friedrich Puchta* (1798 bis 1846), wird als einer der Hauptvertreter der der Methode des formalbegrifflichen Denkens folgenden Pandektistik angesehen.

707 Die *Pandektistik* (auch *Pandektenwissenschaft* genannt) ist ein Ergebnis der umfassenden Historisierung des Rechts, deren Fundament die historisch-systematische Methode bildet. Ihr Ziel war es, auf der Grundlage der Quellen des *Corpus iuris civilis* ein in sich dogmatisch widerspruchsfreies, neues Rechtssystem zu schaffen, das den rechtspolitischen Anforderungen der Gesellschafts- und Wirtschaftsordnung des 19. Jahrhunderts entsprechen sollte. Diese Lehre fand ihren Niederschlag in *Lehrbüchern*, die sich auf die *Digesten* bzw. die *Pandekten* stützten. Die Pandektistik entwickelte sich schließlich zu einer verbindlichen, die Partikularrechte übergreifenden Rechtsdogmatik des gemeinen Rechts, die auch das Rechtsdenken in der Schweiz, Österreich, Italien und England beeinflusst hat.

708 Der kaum mehr überschaubare Stoff des gemeinen Rechts verlangte nach einem nach den Regeln der formalen Logik gebildeten System von Begriffen. Als eigentlicher Begründer einer *„Begriffsjuris-*

43 U.Eisenhardt, in: FS Raisch, S. 51 ff.
44 H. Schlosser, Europ. Rechtsgeschichte, S. 251 f.

*prudenz*", die auf die Zivilrechtsdogmatik des 19. Jahrhunderts einen großen Einfluss ausübte, gilt *Puchta.* Nach seiner Methode wird wissenschaftliche Rechtserzeugung allein durch abstrakte Begriffskonstruktion möglich; aus einzelnen Rechtssätzen wird das Gemeinsame abstrahiert und in Gestalt einer „Begriffspyramide", aufsteigend zu Begriffen von wachsender Allgemeinheit, zusammengefasst.[45] Mit Hilfe dieser Methode kann man einen Tatbestand (einen Lebenssachverhalt) einem Rechtssatz unterwerfen, um auf diese Weise eine Entscheidung zu gewinnen (Subsumtion und Schlussfolgerung).

Die neue Rechtswissenschaft betonte also die Begrifflichkeit des 709
Rechts und arbeitete mit allgemeinen Regeln. Diese allgemeinen Regeln fanden ihren Niederschlag nicht nur in den Pandektenlehrbüchern, sondern wurden an den Rechtsfakultäten auch gelehrt, etwa in Vorlesungen zum Schuldrecht.

Die Pflicht- und Freiheitsethik *Kants* bildete die sozialethische und philosophische Grundlage der Pandektistik. Danach war der Raum, in dem die bürgerliche Gesellschaft agieren konnte, von unmittelbarer staatlicher Machtausübung frei zu halten, um die autonome Verfolgung sittlich und sozial determinierter Zwecke zu gewährleisten. Eine diesem Anspruch gerecht werdende Rechtsordnung sollte vom Primat der Privatautonomie im Zusammenwirken mit den Prinzipien vom subjektiven Recht und der Freiheit des Eigentums bestimmt sein.[46] Obwohl die Pandektistik im Verlaufe des 19. Jahrhunderts heftig kritisiert wurde, ist das BGB in seinem Gesamtbild ein Produkt der Pandektenwissenschaft.

**4. Die weitere Entwicklung.** Die *romanistische Richtung* der histo- 710
rischen Rechtsschule entwickelte die Pandektenwissenschaft mit ihrer Begriffsbildung und Systematik weiter. *Bernhard Windscheids* (1817 bis 1892) Lehrbuch des Pandektenrechts wurde in vielen Auflagen zum klassischen Werk der deutschen Pandektenwissenschaft im 19. Jahrhundert. *Windscheid* war auch Mitglied der ersten Kommission zur Ausarbeitung des Entwurfes eines Bürgerlichen Gesetzbuches. Auf die Gestaltung dieses Gesetzbuches hat er einen nachhaltigen Einfluss ausüben können.

Die *Überwindung der pandektistischen Begriffsjurisprudenz* gelang 711
*Rudolf von Jhering* (1818 bis 1892), der zunächst einer ihrer Hauptvertreter gewesen war. *Jhering* wandte gegen das begriffsjuristische Verfahren ein, es sehe die Rechtsbegriffe losgelöst von der Wirklich-

45 J. Schröder, in: K.-S., S. 329f.
46 K. Luig, HRG III, 1423.

keit und den sozialen und ideellen Anforderungen an das Recht.[47] Gleichzeitig wies *Jhering* darauf hin, dass eine erneuerte produktive Rechtswissenschaft auf soziologische Grundlagen zurückgreifen müsse. Er entwickelte maßgebliche dogmatische Differenzierungen und begründete die Lehre vom Verschulden bei Vertragsschluss (culpa in contrahendo). Als erster unterschied er zwischen objektiver Rechtswidrigkeit und Schuld.

**712** Der in der ersten Hälfte des 19. Jahrhunderts geltende *idealistische Rechtsbegriff* der historischen Rechtsschule ging davon aus, dass es nur ein empirisches positives Recht, also kein Naturrecht gibt, welches im Volksbewusstsein (Volksgeist) entsteht und insgesamt ein vernünftiges organisches Ganzes bildet. Seit der Mitte des 19. Jahrhunderts tritt an die Stelle dieses idealistischen Rechtsbegriffs allmählich ein *voluntaristischer Rechtsbegriff*, der das Recht auf den allgemeinen Willen, auf den „erklärten Willen der Gemeinschaft" (Ph. Heck), zurückführt. Dieser voluntaristische Rechtsbegriff erfuhr verschiedene Ausprägungen. Nach der idealistischen Variante ist das Recht grundsätzlich auf Vernunft und Gerechtigkeit angelegt, auch wenn diese Ziele nicht immer erreicht werden. Welcher Ausrichtung man folgt, hat Konsequenzen für die Gesetzesinterpretation. Die idealistische Variante führt zur objektiven Auslegung, wonach die Gesetze entsprechend den Bedürfnissen und Gerechtigkeitsvorstellungen der Gegenwart auszulegen sind.[48]

**Schrifttum:** H. Coing, Savigny und die deutsche Privatrechtswissenschaft, in: IC VIII, 1979, S. 9ff.; derselbe, Savignys rechtspolitische und methodische Anschauungen in ihrer Bedeutung für die gegenwärtige deutsche Rechtswissenschaft, in: Gesammelte Aufsätze zu Rechtsgeschichte, Rechtsphilosophie und Zivilrecht, Bd. 1, 1982, S. 178ff.; H. Conrad, Aus der Entstehungszeit der historischen Rechtsschule: Friedrich Carl von Savigny und Jacob Grimm, ZRG Germ. Abt. 65, 1947, S. 261ff.; K. F. Eichhorn, Über das geschichtliche Studium des Deutschen Rechts, ZfgRW Bd. 1, 1815, S. 124ff.; U.Eisenhardt, Zu den deutschrechtlichen Wurzeln des Handelsrechts oder wie deutsch ist das deutsche Handelsrecht?, in: FS Raisch, S. 51ff.; H. Getz, Die deutsche Rechtseinheit im 19. Jahrhundert als rechtspolitisches Problem, 1966; R. Gmür, Savigny und die Entwicklung der Rechtswissenschaft, 1962; J. Grimm, Von der Poesie im Recht, ZfgRW Bd. 2, 1815, S. 25ff.; F. C. von Savigny, Vom Beruf unserer Zeit für Gesetzgebung und Rechtswissenschaft, 1814; derselbe, System des heutigen römischen Rechts, Bd. 1, 1840; derselbe, Über den Zweck dieser Zeitschrift, ZfgRW Bd. 1, 1815, S. 1ff.; B.-R. Kern, Georg Beseler – Ein Leben für das deutsche Recht, JuS 1988, 598ff.; K. Luig, Pandektenwissenschaft, HRG III, S. 1423ff.; H. Schlosser, Das „wissenschaftliche Prinzip" der germanistischen Privatrechtssysteme. Bedeutungswandel und aktuelle Folgewirkungen, in: Beitr. z. Rechtsgesch., S. 491ff.; J. Schröder, Georg Friedrich

47 J. Schröder, in: K.-S., S. 220ff.
48 J. Schröder, in: FS Eisenhardt, S. 125ff., 136f.

Puchta, in: K.-S., S. 327 ff.; derselbe, Rudolf Jhering, in: K.-S., S. 220 ff.; derselbe, Rechtsbegriff und Auslegungsgrundsätze im frühen 20. Jahrhundert: Anmerkungen zum Streit zwischen „objektiver" und „subjektiver" Interpretationstheorie, in: FS Eisenhardt, S. 125 ff.; derselbe, Jacob Grimm, in: K.-S., S. 168 ff.; H.-U. Stühler, Die Diskussion um die Erneuerung der Rechtswissenschaft von 1780–1815, 1978; H. Thieme, Savigny und das Deutsche Recht, ZRG Germ. Abt. 80, 1963, S. 7 ff.

## III. Industrielle Revolution und Privatrecht

**1. Neue Herausforderungen für das Privatrecht.** Den Herausforderungen, denen sich die Rechtswissenschaft auf Grund der industriellen Revolution des 19. Jahrhunderts gegenübergestellt sah, vermochte die von *Savigny* und seinen Nachfolgern zur Perfektion getriebene Pandektistik mit ihrem streng ausgebildeten juristischen Formalismus nur unzureichend zu begegnen. 713

Die industrielle Revolution stellte der Privatrechtsordnung u. a. die Aufgabe, neue rechtliche Organisationsformen für die Unternehmen – Einzelunternehmen sowie Unternehmen, die in den Rechtsformen von Personen- und Kapitalgesellschaften geführt wurden – zu schaffen. Ferner war eine Arbeitsverfassung aufzubauen, die die nicht mehr brauchbaren alten Formen des Gesinderechts, der bäuerlichen Dienste und der handwerklichen Zunftverfassung ersetzen sollte. Überdies waren neue Rechtsformen der Kreditschöpfung und der Kreditsicherung erforderlich. Probleme der Gehilfenhaftung und der rationalisierten Übernahme individueller Schadensrisiken durch die Privatversicherung harrten einer Lösung.[49]

In der Zeit nach der Reichsgründung entwickelten sich neben der scheinbaren Stabilität der Lebensverhältnisse verstärkt die enormen Schubkräfte der Industrialisierung und der Bevölkerungsvermehrung. Diese Entwicklung zwang mehr und mehr zur staatlichen Intervention in bisher privatrechtlich geordnete Verhältnisse. Insbesondere dort, wo die Industrialisierung den Weg in die technische Massengesellschaft geebnet hatte, wandelte sich die Rechtsordnung besonders schnell. Neben der gewerberechtlichen Arbeiterschutzgesetzgebung und ersten Eingriffen in das Privatrecht zum Schutz gegen Ausbeutung war es vor allem die *Sozialversicherung* als eine staatliche Zwangsversicherung der Industriearbeiterschaft mit Selbstverwaltung, welche die größten Veränderungen bewirkte.[50] 714

---

49 F. Wieacker, Industriegesellschaft, S. 56 f.
50 M. Stolleis Bd. 3, S. 44 ff.

715 **2. Otto von Gierke und die sozialen Aufgabe des Privatrechts.** Anknüpfend an herkömmliche Methoden und Auffassungen wurden die *sozialen Aufgaben der Rechtswissenschaft* von dem Germanisten *Otto von Gierke* (1841 bis 1921) betont. Von Gierke, seiner Herkunft nach eher ein konservativer Mann, sah sich selbst als Spross der historischen Rechtsschule, an deren Grundthese von der Entstehung des Rechts aus dem Volksgeist er festhielt.[51] Er trat mit weitschauenden Erkenntnissen und Forderungen in Bezug auf die besonderen sozialen Aufgaben eines modernen Privatrechts hervor. Der „atomisierenden und individualisierenden Grundhaltung" des Pandektenrechts setzte Gierke das Ziel entgegen, „ein volkstümliches, ein deutsches, ein soziales gemeines Privatrecht" zu schaffen.[52] Gierkes Arbeiten eilten seiner Zeit zum Teil voraus. Besondere Bedeutung gewannen sie für die Entwicklung des *Arbeitsrechts*; das gilt vor allem für seine Lehre von der Fortbildung des liberalen, den Warencharakter der Arbeit betonenden „freien Arbeitsvertrages" im sozialausgleichenden Sinne.

Die preußische Gewerbeordnung von 1845 enthielt eine umfassende Regelung der „Verhältnisse zwischen den selbstständigen Gewerbetreibenden und ihren Gesellen, Gehilfen und Lehrlingen" (§§ 134 ff.). Kernpunkt der Regelungen war die Bestimmung über die *Vertragsfreiheit* (§ 134), die nun in gewerblichen Arbeitsverhältnissen ebenso mit Vorbehalten anerkannt wurde wie die *Gewerbefreiheit*.

716 Die Gewährung der *Gewerbefreiheit* und die Durchsetzung der Vertragsfreiheit verliefen zögerlich. Von einer allgemeinen Anerkennung der *Vertragsfreiheit* konnte im Vormärz noch keine Rede sein, weil die rechtliche Gleichwertigkeit der Vertragspartner in der Regel nicht existierte, sondern stattdessen das patriarchalische Element bestimmend blieb. Allerdings versuchte der Staat, den sozialen Schutz gegen die Familienherrschaft durchzusetzen. Der soziale Schutz wurde Teil der vom Staat beherrschten Arbeitsbeziehungen.[53]

717 **3. Geistiges Eigentum und Erfinderschutz.** Die industrielle Entwicklung erforderte einen verstärkten *Erfinderschutz*. Ein solcher hatte sich seit dem ausgehenden Mittelalter in Europa herausgebildet. In Venedig wurde 1474 das erste Patentgesetz erlassen. Im Heiligen römischen Reich deutscher Nation erteilten sowohl der Kaiser als

51 J. Schröder, in: K.-S., S. 96.
52 O. v. Gierke, Die soziale Aufgabe des Privatrechts, S. 46.
53 T. Ramm, in: Köbler/Heinze/Schapp, S. 459.

auch die Landesherrn Privilegien, die einen Erfinderschutz gewährleisten sollten. Einer besonderen Beliebtheit erfreute sich das kursächsische Erfinderprivileg.[54] In Frankreich wurde das Privilegienwesen 1789 aufgehoben und durch ein vom geistigen Eigentum des Erfinders ausgehendes Patentgesetz ersetzt (1791). Nach der Auflösung des alten Reiches wurde auch in Deutschland das Privilegienwesen abgeschafft. In den Einzelstaaten des Deutschen Bundes wurden nun patentgesetzliche Regelungen getroffen, so u. a. in Preußen (1815), Österreich (1820), Württemberg (1828) und Sachsen (1853).

**Schrifttum:** O. v. Gierke, Die soziale Aufgabe des Privatrechts, 1889, Neudr. 1948; P. Kurz, Weltgeschichte des Erfindungsschutzes, 2000; T. Ramm, Die deutsche Arbeitsverfassung im „Vormärz" (1815–1848), in: Köbler/Heinze/Schapp (Hrsg.), Geschichtliche Rechtswissenschaft: Ars Tradendo Innovandoque Aequitatem Sectandi. Giessener Rechtswissenschaftliche Abhandlungen Bd. 6, 1990, 423 ff.; J. Schröder, Otto von Gierke, in: K.-S., S. 146 ff.; F. Wieacker, Wandlungen im Bilde der historischen Rechtsschule, 1967; derselbe, Industriegesellschaft und Privatrechtsordnung, 1974.

## III. Versuche der Rechtsvereinheitlichung vor 1871

**1. Bemühungen um eine Vereinheitlichung des Zivil- und Verfahrensrechts.** Bestrebungen, das Recht in Deutschland zu vereinheitlichen, gab es schon lange vor der Reichsgründung im Jahre 1871. Die politische Forderung nach einer Vereinheitlichung des Zivil-, Handels- Straf- und Prozessrechts durch eine entsprechende Gesetzgebung wurde schon in der Spätphase des Heiligen römischen Reiches deutscher Nation erhoben. Die von einem frühneuzeitlichen deutschen Nationalgefühl beeinflusste Diskussion um ein *Reichsgesetzbuch,* das den Reichsverband stärken sollte, war Teil des zeitgenössischen Reformdiskurses.[55] 718

In der Zeit des Rheinbundes wurde mit dem Gedanken der Rechtseinheit die Idee der Nationaleinheit verbunden, die man nach dem Ende des alten Reiches im Rheinbund glaubte verwirklichen zu können. Als Mittel zur Realisierung der Einheit wurde u. a. der Code civil betrachtet. Gedacht war an eine modifizierte Rezeption desselben.[56]

Die Frankfurter Nationalversammlung erfüllte zunächst die in sie gesetzten Erwartungen und leistete Erhebliches für die Verwirklichung der Rechtseinheit. Mit der Schaffung des Art. 64 der Frankfurter Reichsverfassung übertrug

54 P. Kurz, S. 82 ff.
55 C. Schöler, S. 39 ff.
56 C. Schöler, S. 82 ff.

sie der Reichsgewalt den Erlass allgemeiner Gesetzbücher über bürgerliches Recht, Handels- und Wechselrecht, Strafrecht und gerichtliches Verfahren mit dem Ziel, „die Rechtseinheit im deutschen Volke zu begründen".

719 Wirtschaftliche Interessen führten schon im Deutschen Bund zu Bemühungen, das Handels- und Wirtschaftsrecht zu vereinheitlichen. Eine nicht unbedeutende Rolle für die Rechtvereinheitlichung in Deutschland ist wohl auch dem *Deutschen Zollverein* zuzumessen, der am 1. Januar 1834 durch ein ganzes Bündel aufeinander abgestimmter Verträge und Absprachen begründet wurde und 37 Jahre (1834 bis 1871) bestand. Ziel der Vereinsgründung war die Bildung eines von gemeinsamen Zollgrenzen umschlossenen und zugleich von störenden Binnenzöllen befreiten Wirtschaftsraumes. Schon in den Grundlagenverträgen des Vereins aus dem Jahre 1833 ist ein Programm zur Harmonisierung und Vereinheitlichung des Rechts niedergelegt. Wenn man sich die Vorbereitungen für die verschiedenen Rechtsgebiete ansieht, so ist festzustellen, dass das Meiste im Planungsstadium stecken blieb. Allerdings wird dem Zollverein ein Anteil an der Entwicklung eines gemeinsamen *Handels- und Wechselrechts* zugeschrieben.[57] Die *„Allgemeine Deutsche Wechselordnung"* wurde in den deutschen Einzelstaaten im Wege der Gesetzgebung angenommen, nachdem im November 1848 der Versuch, sie als Reichsgesetz in Kraft treten zu lassen, gescheitert war.

720 Weitere Vereinheitlichungsbemühungen galten der Schaffung eines *„Allgemeinen Handelsgesetzbuches für Deutschland" (ADHGB).*

Im Rahmen der nationalen Bewegungen der Jahre 1847 ff. war bereits eine Kommission zur Ausarbeitung eines *„Allgemeinen Handelsgesetzbuches für Deutschland"* eingesetzt worden, deren Arbeitsergebnisse später von einer vom Bundestag eingesetzten Kommission zur Ausarbeitung eines Handelsgesetzbuches übernommen wurden. Am 31. Mai 1861 fasste die Bundesversammlung den Beschluss, alle Bundesregierungen aufzufordern, den „vorgelegten Entwurf eines allgemeinen deutschen Handelsgesetzbuches baldmöglichst und unverändert im geeigneten Wege Gesetzeskraft in ihren Ländern zu verschaffen". Trotz einiger Widerstände in manchen Einzelstaaten, die dem vorgelegten Handelsgesetzbuch teilweise Erweiterungen zufügten, wurde der Entwurf eines Handelsgesetzbuches bis zum Ende des Jahres 1868 in allen deutschen Bundesstaaten einschließlich Österreich zum Gesetz erhoben, so dass ab 1. Januar 1869 in ganz Deutschland ein fast gleich lautendes Handelsrecht galt. Sowohl die Wechselordnung als auch das Handelsgesetzbuch verdankten ihr Inkrafttreten als Gesetze letztlich den Beschlüssen der in den einzelnen deutschen Staaten für die Gesetzgebung zuständigen Organe.

57 E. Wadle, ZGR Germ. Abt. 102, 1985, S. 105, 108, 126.

Nach dem ADHGB sollte das Handelsrecht Anwendung finden, wenn ein *Kaufmann* im Rahmen seiner gewerblichen Tätigkeit ein Geschäft abgeschlossen hatte. Die Kaufmannseigenschaft mit den daran geknüpften Rechtsfolgen konnte auch eine Frau haben, die vom Gesetz als *Handelsfrau* bezeichnet wird (Art. 6). 721

Prägenden Einfluss auf das heute geläufige Verhältnis zwischen dem *Handelsrecht* und dem *Bürgerlichen Recht* nahm *Levin Goldschmidt* (1829–1897), der auch als Begründer der modernen Handelsrechtswissenschaft bezeichnet wird.[58] *Goldschmidt* hatte das „relative Verhältnis" beider Gebiete auf die folgende Formel gebracht: „Das Handelsrecht umfasst niemals alle den Handel regelnden, und enthält bald mehr bald weniger demselben eigenthümliche Rechtssätze und Rechtsinstitute … Das Handelsrecht geht in Handelssachen schlechthin dem bürgerlichen Recht vor … In Handelssachen kommt ergänzend auch das bürgerliche Recht zur Anwendung".

Das Deutsche Reich übernahm später die Allgemeine Deutsche Wechselordnung und das Allgemeine Deutsche Handelsgesetzbuch als Reichsgesetze.

**2. Das Sächsiche BGB.** Die politische Entwicklung verhinderte Bemühungen des Deutschen Bundes um die Vereinheitlichung des Obligationenrechts und des Zivilverfahrensrechts. 722

Die Entwicklung des bürgerlichen Rechts wurde durch das *Sächsische BGB („Das Bürgerliche Gesetzbuch für das Königreich Sachsen")*, das 1863 verkündet wurde und am 1. März 1865 in Kraft trat, vorangetrieben Es wird als eine der letzten großen Leistungen der Pandektenwissenschaft gewertet.[59]

Das Sächsische BGB wird als entwicklungsgeschichtlich bedeutsam angesehen, weil es eine Zwischenstufe und ein Übergang von den älteren partikularen Kodifikationen zum späteren Bürgerlichen Gesetzbuch darstellt. Das zeigt sich u. a. sowohl bei der Abgrenzung und Gliederung der Rechtsmaterien als auch bei der Gesetzestechnik.[60] Der Pandektistik folgend enthielt das Gesetzbuch allgemeine Regeln und Rechtsgrundsätze, z. B. über Rechtsgeschäfte und unerlaubte Handlungen; Familien und Erbrecht wurden in besonderen Büchern geregelt.

**3. Der Dresdener Entwurf von 1866.** Nach dreijährigen Beratungen (1859–1862) beschloss noch die Bundesversammlung auf Veran- 723

58 K. Schmidt, in: Deutsche Juristen jüdischer Herkunft, S. 215 ff.
59 H. Schlosser, Europ. Rechtsgeschichte, S. 281; Zur Entstehungsgeschichte siehe A. Buschmann, HRG IV, Sp. 1242 ff.
60 H. Schlosser, Privatrechtsgeschichte, § 7 II.1.

lassung von zehn deutschen Mittel- und Kleinstaaten (u. a. Bayern, Württemberg, Sachsen und Kurhessen) die Schaffung eines allgemeinen *Obligationenrechts.* Nach der Schaffung eines gemeinsamen Handelsrechts war nun die *Vereinheitlichung des Rechts der Schuldverhältnisse* als für das Wirtschaftsleben vordringliches Ziel definiert worden. 1863 nahm eine dafür eingesetzte Kommission in Dresden ihre Arbeiten zur Schaffung eines entsprechenden Gesetzes auf. 1866 legte die Kommission der Bundesversammlung den „Entwurf eines allgemeinen deutschen Gesetzes über Schuldverhältnisse (Dresdener Entwurf)" vor. Der Fortgang der Arbeiten daran und damit zugleich die Schaffung der deutschen Rechtseinheit wurden durch den Ausbruch des preußisch-österreichischen Krieges und die Auflösung des Deutschen Bundes unterbrochen.

724 Der Dresdener Entwurf beginnt mit allgemeinen Vorschriften über das Wesen und besondere Arten von Schuldverhältnissen. Es folgen Bestimmungen betreffend Regeln, die im BGB im Allgemeinen Teil enthalten sind, wie z. B. solche über das Zustandekommen von Rechtsgeschäften und deren Form, über die Abgabe und Wirkung von Willenserklärungen, über Stellvertretung, über Auslegung, sowie über Nichtigkeit und Anfechtbarkeit von Verträgen. Als Leistungsstörungen sind Unmöglichkeit und Verzug geregelt. Ausführliche Bestimmungen über Gewährleistung, die Übertragung von Forderungen und Schuldverpflichtungen, Verjährung und unerlaubte Handlungen (allgemeine und besondere Regeln) sind ebenfalls im Allgemeinen Teil der Schuldverhältnisse enthalten. Im Besonderen Teil haben die wichtigsten Verträge, wie z. B. Kauf, Schenkung Darlehen, Miete Dienstvertrag, Werkvertrag, Auftrag und Verträge, die mit der Kreditgewährung zu tun haben, eine Regelung erfahren. Viele Bestimmungen sind dem Gesellschaftsrecht gewidmet, neben der Zivilgesellschaft, finden sich Vorschriften über die Offene Handelsgesellschaft und die Aktiengesellschaft. Als gesetzliche Schuldverhältnisse sind neben der unerlaubten Handlung die Geschäftsführung ohne Auftrag und die ungerechtfertigte Bereicherung (hier „ungehörige Bereicherung" genannt) geregelt. Anders als das spätere BGB enthält der Dresdener Entwurf Vorschriften über den Verlagsvertrag und den Versicherungsvertrag, sowie über das „Übereinkommen auf Schiedsspruch".

Der Dresdener Entwurf von 1866 hat das Schweizer Obligationenrecht von 1881 und das deutsche BGB nachhaltig beeinflusst.

**Schrifttum:** A. Buschmann, Sächsisches Bürgerliches Gesetzbuch, HRG IV, Sp. 1242 ff.; H. Getz, Die deutsche Rechtseinheit im 19. Jahrhundert als rechtspolitisches Problem, 1966; K. Schmidt, Levin Goldschmidt (1829–1892). Der Begründer der modernen Handelsrechtswissenschaft, in: Deutsche Juristen jüdischer Herkunft, S. 215 ff.; C. Schöler, Deutsche Rechtseinheit. Partikulare und nationale Gesetzgebung 1780–1866 (Forschungen zur Deutschen Rechtsgeschichte 22), 2004; E. Wadle, der Zollverein und die deutsche Rechtseinheit, ZGR Germ. Abt. 102, 1985, S. 99 ff.

## § 19. Die Entwicklung des Straf- und Strafprozessrechts im 19. Jahrhundert (bis 1870)

### I. Die Strafrechtswissenschaft

Abweichend von den naturrechtlichen Nützlichkeitstheorien entwickelte *Kant* eine Straftheorie, die von der Trennung zwischen Legalität und Moralität gekennzeichnet ist. Mit seiner Sittlichkeitslehre wandte er sich gegen die Bestrafungsmethoden und Strafzwecke des absoluten Staates des 18. Jahrhunderts. 725

Nach Kants Auffassung von einem Rechtsstaat besteht dessen wesentliche Funktion in einem bloßen Rechtsschutz. Nach seiner Straftheorie darf die dem Verbrecher zugefügte Strafe nicht als Mittel zur Erreichung irgendeines staatlichen oder individuellen Nützlichkeitszweckes dienen. Strafe muss zweckunabhängig sein. Sie kann nur verhängt werden um des reinen Strafensollens willen; das Strafgesetz selbst ist in diesem Sinne ein kategorischer Imperativ.[61]

Beherrscht wurde die Strafrechtstheorie des 19. Jahrhunderts von *Paul Johann Anselm von Feuerbach (1775 bis 1833)*, der, gestützt auf den kritischen Idealismus Kants, sowohl positives Recht und Naturrecht als auch Recht und Sittlichkeit voneinander trennte.[62] Feuerbachs *Straftheorie* knüpft an die Naturrechtslehre an: Zweck des Staates sei es, die wechselseitige Freiheit aller Bürger, d. h. die Unverletzlichkeit ihrer Rechte zu gewährleisten. Feuerbach hält es im Gegensatz zu *Kant* allerdings nicht für erlaubt, den Verbrecher um der Vergeltung willen zu bestrafen. Er folgt aber auch nicht jenen Präventionstheorien, die auf die abschreckende, sichernde oder bessernde Funktion des Strafvollzuges abstellen. Er vertritt vielmehr die „*Theorie des psychologischen Zwanges*“ die darauf baut, dass allein die ab- 726

61 T. Vormbaum, Moderne Strafrechtsgeschichte, S. 40 f.
62 J. Schröder, in: K.-S., S. 83.

schreckende Strafdrohung dem Strafgesetz seinen Sinn gibt.[63] Die Vollstreckung der Strafe dient nach Feuerbach nur dem Zweck, die Ernsthaftigkeit der Strafdrohung unter Beweis zu stellen.[64]

727 Nach der Überzeugung Feuerbachs hält die Furcht vor Strafe den Bürger davon ab, die Gesetze zu übertreten, dies allerdings nur dann, wenn ihm die Voraussetzungen der Strafbarkeit vollständig bekannt sind. Daraus folgt, dass der Tatbestand eines eine Strafe nach sich ziehenden Verhaltens so genau wie möglich bestimmt und erkennbar sein muss, eine Aufgabe, die nur ein positives Gesetz erfüllen kann. Aus dieser Überlegung folgt für Feuerbach die Forderung: Nullum crimen, nulla poena sine lege![65] Dieses Prinzip fand im 19. Jahrhundert Eingang in die entstehenden Strafgesetzbücher, so z. B. in das auf Feuerbach zurückgehende Bayerische Strafgesetzbuch von 1813, und auch in eine Reihe von Verfassungen deutscher Einzelstaaten.[66]

Auf die Stärke der menschlichen Vernunft vertrauend baute Feuerbach auf den Gesetzespositivismus. Seine säkularisierenden und liberalen strafrechtlichen Anschauungen haben ihren Niederschlag vor allem im Strafgesetzbuch für das Königreich Bayern von 1813 gefunden, als dessen geistiger Vater er anerkannt und geachtet wird.[67] Auf Feuerbach ist u. a. die scharfe Trennung von Verbrechen gegen den Staat einerseits und gegen einzelne Personen andererseits, die fast vollständige Streichung der Sittlichkeits- und Religionsdelikte sowie der Wegfall aller verstümmelnden Strafen und der qualifizierten Todesstrafen zurückzuführen.[68]

728 Feuerbachs scharfe Fundierung allen Strafrechtsdenkens auf das Gesetz förderte den Zug zum *Rechtspositivismus,* also jene Auffassung, für welche die Legitimität eines Rechtssatzes durch den Befehl des positiven Gesetzgebers begründet wird. Ebenso wie das Zivilrecht trat nun auch das Strafrecht in eine positivistische und begriffsjuristische Phase ein.

Obwohl in der Zeit zwischen 1830 und 1848 einige partikulare Strafgesetzbücher entstanden – so u. a. in Württemberg (1839), Braunschweig (1840) und Preußen (1. Teil: 1830, 2. Teil: 1833) –, nahm die Strafrechtswissenschaft in dieser Zeit keinen Aufschwung in dem Sinne, dass sich, anknüpfend an den positiven Gesetzesstoff, eine nennenswerte Dogmatik entwickelt hätte. Erst um 1840 ist wieder eine

63 K. Lüdersen, HRG I, S. 1120.
64 T. Vormbaum, Moderne Strafrechtsgeschichte, S. 45 f.
65 K. Lüdersen, HRG I, S. 1120 f.
66 H. L. Schreiber, Gesetz und Richter, S. 17 ff. und S. 118 f.
67 G. Schubert, S. 15.
68 K. Lüdersen, HRG I, S. 1121.

stärkere Belebung feststellbar, in einer Zeit, in der die Philosophie *Georg Wilhelm Friedrich* Hegels (1770 bis 1831) im Bereiche der Strafrechtswissenschaft ihre große Wirksamkeit zu entfalten begann.

*Hegels dialektische Methode* führte zu der folgenden Aussage: Das Verbrechen ist in seiner zwar „positiven äußerlichen", aber „in sich nichtigen Existenz" die „Negation des Rechts", der die Strafe als Negation der Negation entgegentritt; letzteres ist die Position des Rechts. Die Konsequenz ist die Vergeltungstheorie: Wenn die Strafe das Verbrechen „aufhebt", ist sie dem Begriffe nach Verletzung der Verletzung; als „Negative" des Verbrechens hat sie wie dieses einen bestimmten qualitativen und quantitativen Umfang.[69] 729

*Hegel* lehnte Feuerbachs Generalpräventionslehre mit der Begründung ab, sie erkenne den Menschen nicht als frei an und wolle ihn durch die Androhung eines Übels zu einem Verhalten zwingen. Wie *Kant* ging er davon aus, dass die Strafe um der Gerechtigkeit willen und zweckunabhängig verhängt werden müsse.[70]

Ein auf liberale Rechts- und Staatsauffassung gestützter *Positivismus* wurde wesentlich auch durch den Strafrechtler *Karl Binding (1841 bis 1920)* gefördert. Binding vertrat allerdings zugleich einen starren und einseitigen Vergeltungsstandpunkt. Den Sinn des Strafvollzuges sah er ausschließlich in der Unterwerfung des Verbrechers unter die sieghafte Gewalt des Rechts.[71]

**Schrifttum:** K. Lüdersen, Feuerbach, Paul Johann Anselm v., HRG I, S. 1118 ff.; E. Schmidt, §§ 221 ff.; H. L. Schreiber, Gesetz und Richter. Zur geschichtlichen Entwicklung des Satzes nullum crimen, nulla poena sine lege, 1976; J. Schröder, Paul Johann Anselm von Feuerbach, in: K.-S., S. 82 ff.; G. Schubert, Feuerbachs Entwurf für ein Strafgesetzbuch für das Königreich Bayern aus dem Jahre 1824, 1978.

## II. Die Strafrechtsgesetzgebung

In den Einzelstaaten des Deutschen Bundes drängte die politische Entwicklung im 19. Jahrhundert zu einer Kodifizierung des materiellen Strafrechts. Der Code pénal und das bayerische Strafgesetzbuch von 1813, das in Aufbau und Inhalt dem französischen Vorbild folgte, hatten dafür Maßstäbe gesetzt und liberale Tendenzen vorgegeben Die französische Strafgesetzgebung war stark orientiert an der Revolutionsgesetzgebung des Konvents, die ihrerseits inspiriert war durch *Voltaire, Beccaria, Rousseau* und andere Denker der Aufklä- 730

69 E. Schmidt, §§ 267 ff.
70 T. Vormbaum, Moderne Strafrechtsgeschichte, S. 66.
71 E. Schmidt, § 273.

rung und durch die Allgemeine Erklärung der Menschen- und Bürgerrechte.[72]

U. a. erhielten folgende Staaten Strafgesetzbücher: das Königreich Württemberg 1839, das Großherzogtum Hessen 1841, das Königreich Hannover 1840, das Großherzogtum Baden 1845, das Königreich Preußen 1851, das Königreich Sachsen 1855.

731 Das Prinzip „nullum crimen, nulla poena sine lege" fand seit den dreißiger Jahren des 19. Jahrhunderts Aufnahme in die Strafgesetzbücher der Einzelstaaten und darüber hinaus auch in diejenigen Verfassungen deutscher Staaten, die einen Katalog der staatsbürgerlichen Rechte enthielten. Unterschiedliche, in ihrer Bedeutung widerstreitende Regelungen finden sich allerdings betreffend die Zulassung der Gesetzesanalogie.[73]

Was die *Straftheorie,* die in die Gesetzbücher Eingang fand, angeht, so ist eine Mischung festzustellen, die sich aus Feuerbachs generalpräventiven Gedanken und dem Vergeltungsgedanken zusammensetzt. Im Hinblick auf die Straffolgen ist eine Humanisierung unverkennbar. Zwar wurde – mit Ausnahmen – die Todesstrafe beibehalten, deren Qualifizierungen entfielen aber oder wurden nicht mehr praktiziert. Das *Strafensystem* kannte Todes-, Zuchthaus-, Gefängnis- und Geldstrafen. Eines der Ziele der Strafgesetzgebung war es auch, die *Gleichheit aller vor dem Gesetz* zu erreichen.[74]

732 Die oben genannten Strafgesetzbücher der deutschen Staaten veränderten Inhalt und Stil des materiellen Strafrechts. Die *Carolina* hatte nun endgültig ausgedient; die alte Gerichtspraxis verlor ebenso an normativer Kraft wie die vielen Darstellungen des gemeinen Strafrechts. Aufgrund der nun in allen deutschen Staaten eingeleiteten Reformprojekte sah sich die Strafrechtswissenschaft vor neue Aufgaben gestellt, da das neue Recht, eine Mischung aus altem gemeinen Recht und neuem Partikularrecht, der Auslegung und Kommentierung bedurfte.[75]

**Schrifttum:** H. L. Schreiber, Gesetz und Richter. Zur geschichtlichen Entwicklung des Satzes nullum crimen, nulla poena sine lege, 1976; R. Schröder, Kodifikationsgeschichte Strafrecht,Königreich Württemberg, in: Entwurf des Straf-Gesetz-Buches für das Königreich Württemberg. Neu herausgegeben von R. Schröder, 1989, S. 5ff.

---

72 T. Vormbaum, Moderne Strafrechtsgeschichte, S. 71 ff.
73 H. L. Schreiber, Gesetz und Richter, S. 159.
74 H. L. Schreiber, Gesetz und Richter, S. 159.
75 R. Schröder, in: Entwurf, S. 27.

## III. Der reformierte Strafprozess

**1. Die Inhalte der Reformen.** Größere Bedeutung als dem materiellen Strafrecht maß man im Hinblick auf die Durchsetzung liberaler und rechtsstaatlicher Ideen dem *Strafverfahrensrecht* zu. Die Trennung zwischen materiellem Strafrecht einerseits und Strafprozessrecht andererseits ist das Ergebnis einer langen Entwicklung. Diese gedankliche Abstraktionsleistung und die darauf folgende legislative Trennung ermöglichten erst die von verfahrensrechtlichen Überlegungen losgelöste Diskussion materiellrechtlicher Fragen und umgekehrt.[76] 733

Der jahrhundertelang in Übung gebliebene *Inquisitionsprozess* (siehe dazu Rdnr. 469 ff.) wurde als Instrument des absoluten Herrschaftsstaates und damit als Bedrohung bürgerlicher Freiheiten empfunden. Das galt insbesondere für die erste Hälfte des 19. Jahrhunderts, in welcher der Staat sich anschickte, den politischen Gärungsprozess, der sich u. a. in einem revolutionären Nationalismus äußerte, zu bekämpfen. Leitbild für diejenigen Reformbestrebungen, die darauf abzielten, die überkommene Gerichtsorganisation und das Verfahrensrecht zu ersetzen, wurden die in Frankreich entwickelten und nach der Französischen Revolution in Gesetze gefassten Grundsätze, wie sie vor allem im französischen *Code d'instruction criminelle von 1808* ihren Niederschlag gefunden hatten.

Im Wesentlichen waren es vier Forderungen, die mit einer Reform des Gerichtsverfassungsrechts und des Verfahrensrechts erfüllt werden sollten. Verlangt wurden: 734

- die Einführung der Staatsanwaltschaft;
- die Ablösung des Inquisitionsprozesses durch ein Verfahren, in dem auf Grund einer öffentlichen und mündlichen Verhandlung das Urteil gefällt wurde;
- die Beteiligung von Laien an der Strafrechtspflege, insbesondere in Gestalt der Geschworenengerichte (Schwurgerichte);
- die Unabhängigkeit der Richter, garantiert durch eine scharfe Trennung von Justiz und Verwaltung, und die Abschaffung der Kabinettsjustiz.

Insbesondere die beiden letzten Forderungen zeigen das tiefe Misstrauen weiter Kreise des liberalen Bürgertums gegenüber den beam- 735

76 T. Vormbaum, in: FS Eisenhardt, S. 155 f.

teten Richtern, deren Abhängigkeit von der Regierung eines Staates kein Vertrauen in die Rechtsprechung hatte wachsen lassen.

Die Forderung nach *Unabhängigkeit der Rechtspflege* fand ihren Niederschlag auch in Verfassungen des sog. mitteldeutschen Konstitutionalismus, wie z. B. in § 112 der kurhessischen Verfassung von 1831 und § 47 der sächsischen Verfassung von 1831, in dem es heißt:[77]

„Sie (die Gerichtsstellen) sind bei der Ausübung ihres richterlichen Amtes innerhalb der Grenzen ihrer Competenz von dem Einflusse der Regierung unabhängig."

Alle oben genannten Forderungen – Anklageprozess, Öffentlichkeit und Mündlichkeit des Verfahrens, Schwurgerichte und Unabhängigkeit der Rechtspflege – wurden in der Verfassung des Deutschen Reiches von 1849 verankert (Art. X, §§ 174 ff.). Auch die preußische Verfassung von 1850 sah die Öffentlichkeit und Mündlichkeit der Verhandlungen vor (Art. 93), sowie die grundsätzliche Zuständigkeit von Geschworenengerichten „bei den mit schweren Strafen bedrohten Verbrechen, bei allen politischen Verbrechen und bei allen Preßvergehen, welche das Gesetz nicht ausdrücklich ausnimmt" (Art. 94).

736 Aber auch noch andere, den einzelnen Bürger in der Strafverfolgung schützende wichtige Grundsätze fanden Aufnahme in manche Verfassungen, so z. B. das Verbot der willkürlichen Verhaftung, enthalten schon in der Badischen Verfassung von 1818 und stärker ausgeprägt in der Reichsverfassung von 1849 (§ 138). Waren diese zunächst ihrem Charakter nach auch mehr programmatische Sätze als wirkliche Rechtsschutzgarantien, so gewannen sie als liberale politische Errungenschaften doch insofern Bedeutung, als sie die Schaffung einer Rechtsordnung förderten, die dem einzelnen Betroffenen auch den strafverfolgenden Staatsorganen gegenüber ein größeres Maß an Sicherheit gewährte.[78]

Unterhalb der Ebene des Strafrechts und der umfangreichen Verfahrensgarantien in den Prozessordnungen entwickelte sich allerdings eine starke Polizei, die sich auf ein Recht stützte, das „unter dem Primat der politischen Maßnahme stand". Das wird besonders deutlich im Bereich des Presse- und Versammlungsrechts, wo grundrechtlich garantierte Freiheiten missachtet wurden.[79]

737 **2. Die Einrichtung von Geschworenengerichten (Schwurgerichten).** Wie kaum eine andere Einrichtung der Justiz standen in Deutschland im 19. Jahrhundert die Schwurgerichte oder Geschworenengerichte im Mittelpunkt der politischen Auseinandersetzungen.

---

77 Text: Huber, Dokumente I, S. 263 ff.
78 E. Schmidt, § 294.
79 R. Schröder, in: Entwurf, S. 28.

Als Ergebnis der Revolution von 1848 wurden sie in fast allen deutschen Staaten eingeführt, nachdem dies lange zuvor insbesondere von liberalen Politikern in den süddeutschen Parlamenten gefordert worden war. Man spricht deshalb auch von einem „Kampf um die Schwurgerichte", der bis 1848 in Deutschland im unter den Juristen und auch zwischen den politischen Parteiungen über drei Jahrzehnte geführt worden ist.[80] Die Beteiligung von Laien an der Strafrechtsprechung sollte ein Gegengewicht zu den Berufsrichtern bilden, in deren Unabhängigkeit die Bürger in der Regel noch kein rechtes Vertrauen hatten.

Die Einführung von Geschworenengerichten in den deutschen Staaten nach 1848 ist nicht zuletzt darauf zurückzuführen, dass führende deutsche Strafrechtler auf dem Lübecker Germanistentag von 1847 die Einführung von Geschworenengerichten in ihrer Mehrheit befürwortet hatten.[81] 738

Im Jahre 1814 war das Schwurgericht, die Jury, in Deutschland kein unbekanntes fremdes Rechtsinstitut. In den linksrheinischen Gebieten, die zuvor zu Frankreich gehört hatten und dann in die deutschen Staaten Preußen, Bayern und Hessen-Darmstadt eingegliedert worden waren, waren die Schwurgerichte ein Bestandteil der Gerichtsverfassung geworden. Nach 1814 blieb die aus 12 Geschworenen bestehende Urteilsjury, die für die Entscheidung der Tatfrage zuständig war, während die Berufsrichter die Rechtsfragen zu entscheiden hatten, bestehen. Obwohl die Geschworenengerichte in der Gerichtsverfassung des linksrheinischen Deutschland erhalten geblieben sind, ist es vor 1848 in keinem Gebiet des rechtsrheinischen Deutschland zu einer Übernahme dieses Instituts gekommen.[82]

Nach 1848 führte die überwiegende Mehrzahl der deutschen Staaten Schwurgerichte ein. Das geschah in der Regel dadurch, dass die vorhandenen Prozessordnungen um einige die Schwurgerichte betreffenden Bestimmungen ergänzt wurden. Mit Beginn der Restauration wurden auch die Schwurgerichte wieder mehr in Frage gestellt. In der rechtswissenschaftlichen Literatur wuchs die Kritik an ihnen. Österreich (1852) und Sachsen (1855) schafften die Schwurgerichte wieder ab 739

**Schrifttum:** A. Koch, Carl Joseph Mittermaier und das Schwurgericht, ZNR 2000, S. 167 ff.; P. Landau, Schwurgerichte und Schöffengerichte in Deutschland im 19. Jahrhundert bis 1870, in: A. P. Schioppa (Hrsg.), The Trial Jury in England, France, Germany 1700–1900, S. 241 ff.; E. Schmidt, § 294; T. Vormbaum, Strafrecht und Strafprozessrecht. Einige historische und systema-

---

80 P. Landau, in: Schioppa (Hrsg.), S. 241 ff.
81 P. Landau, in: Schioppa (Hrsg.), S. 263.
82 P. Landau, in: Schioppa (Hrsg.), S. 242, 254.

tische Anmerkungen zu einem vielschichtigen Verhältnis, in: FS Eisenhardt, S. 155ff.; R. Schröder, Kodifikationsgeschichte Strafrecht, Königreich Württemberg, in: Entwurf des Straf-Gesetz-Buches für das Königreich Württemberg. Neu herausgegeben von R. Schröder, 1989, S. 5ff.

# Dritter Abschnitt. Die Herstelllung der Rechtseinheit im Deutschen Reich von 1871

## 6. Kapitel. Die Chance zur Verwirklichung der Rechtseinheit

### § 20. Die Vereinheitlichungsbestrebungen und die Schaffung des BGB

#### I. Die Gesetzgebungskompetenz des Reiches

Bei der Gründung des Norddeutschen Bundes (1866/67), der Vorstufe zur Gründung des Deutschen Kaiserreiches von 1871, stand die Wahrung der Rechte der Länder gegenüber dem neuen Ganzen eindeutig im Vordergrund. Dabei wurde der Gesetzgebung eine besondere Bedeutung zugemessen. 740

Das föderalistische Element kam auch im Gesetzgebungsverfahren selbst zum Ausdruck, indem die Reichsgesetzgebung in erster Linie dem Bundesrat und dann erst dem Reichstag anvertraut wurde. Der Katalog der Reichsgesetzgebungskompetenz der Verfassung des Norddeutschen Bundes ging in die Reichsverfassung von 1871 ein.

Dazu zählten die Gesetzgebung für die notwendigsten Organisationsstrukturen (darunter: Zoll- und Handelswesen, Münz-, Geld- und Gewichtswesen, Militärwesen, Art. 4 RV) und für Probleme der länderübergreifenden Infrastruktur (wie z. B. Eisenbahn, Land- und Wasserwesen sowie Post- und Telegraphenwesen, Art. 4 RV).

Dass der Kodifikationsgedanke sich inzwischen durchgesetzt hatte, 741
belegt Art. 4 Nr. 13 RV, der „die gemeinsame Gesetzgebung über das Obligationsrecht, Strafrecht, Handels- und Wechselrecht und das gerichtliche Verfahren“ zum Gegenstand hat. Dass die Gesetzgebungskompetenz des Reiches nicht das gesamte Zivilrecht umfassen sollte, sondern sich zunächst – abgesehen vom Handels- und Wechselrecht – nur auf das Obligationenrecht beschränkte, ist mit der Rücksichtnahme des Verfassungsgebers auf das Eigenständigkeitsbewusstsein der Bundesstaaten zu erklären. Es bedurfte wiederholter Vorstöße im Reichstag, ehe dem Reich durch Gesetz vom 20. Dezember 1873

„Die gemeinsame Gesetzgebung für das gesamte bürgerliche Recht" zugestanden wurde. Erst damit wurden die Voraussetzungen für die Arbeiten am Bürgerlichen Gesetzbuch geschaffen.

## II. Die Reichsjustizgesetze

742 Während der Dauer des Deutschen Bundes war vergeblich versucht worden, ein einheitliches Bundesstrafrecht zu schaffen. Erst nach der Gründung des Norddeutschen Bundes wurde mit der Ausarbeitung des Entwurfes eines Strafgesetzbuches begonnen. Dabei diente das preußische Strafgesetzbuch von 1851 als Vorbild, das allerdings in mancher Hinsicht verbessert wurde. Das auf dem Gedankengut des liberalen Rechtsstaates des 19. Jahrhunderts beruhende *Reichsstrafgesetzbuch* wurde am 15. Mai 1871 verkündet. Es wurde beherrscht von der Idee einer generalpräventiven Tatvergeltungsstrafe; der Grundsatz „nullum crimen, nulla poena sine lege" bildete nunmehr die reichsrechtliche Grundlage der Strafrechtspflege.

743 Wichtige Reichsgesetze, die auf das Strafgesetzbuch folgten, waren die *Reichsjustizgesetze,* nämlich die *Straf- und Zivilprozessordnungen* (von 1877, in Kraft getreten am 1. 10. 1879) und das *Gerichtsverfassungsgesetz* (1879). Diese Reichsjustizgesetze sind auf dem Wege zur Rechtseinheit im 19. Jahrhundert als der wichtigste Schritt bezeichnet worden, der vor der Schaffung und Einführung des Bürgerlichen Gesetzbuches getan wurde.[1]

Die politische Forderung nach einer einheitlichen Gerichtsbarkeit in Deutschland und einer einheitlichen Regelung des Verfahrens war schon lange Zeit vor 1871 erhoben worden. Sie hatte insbesondere im Reichsverfassungsentwurf der Frankfurter Nationalversammlung von 1849 eine nicht zu unterschätzende Rolle gespielt.

744 Die Reichsjustizgesetze von 1879 waren geprägt von den Vorstellungen des liberalen Bürgertums, das in der Gerichtsbarkeit und im Verfahren bestimmte justizpolitische Forderungen durchsetzen wollte. Die Reichsjustizgesetze sind ohne große Änderungen über ein Jahrhundert lang erhalten geblieben und haben sich damit als außerordentlich dauerhaft erwiesen. Mehr als alle anderen Gesetze des 19. Jahrhunderts haben sie eine Tradition von Rechtsstaatsprinzipien in Deutschland begründet.[2]

---

1 P. Landau, in: FS Reichsjustizamt, S. 161.
2 P. Landau, in: FS Reichsjustizamt, S. 161.

**Schrifttum:** P. Landau, Die Reichsjustizgesetze von 1879 und die deutsche Rechtseinheit, in: FS Reichsjustizamt, S. 161 ff.

## III. Das Deutsche Bürgerliche Gesetzbuch

**1. Die Vorbereitungen für die Kodifikation.** In der zweiten Hälfte des 19. Jahrhunderts überwand die deutsche Rechtswissenschaft die ablehnende Haltung gegenüber der Kodifizierung des bürgerlichen Rechts, die durch manche Rechtswissenschaftler der historischen Rechtsschule hervorgerufen und gefördert worden war. Rechtswissenschaft und Gesetzgebung verbanden sich nun mit dem Ziel, die Rechtseinheit in Deutschland zu schaffen, die vor allem auf dem Gebiete des bürgerlichen Rechts entstehen sollte. Nachdem sich der 1860 begründete deutsche Juristentag die Verwirklichung der Rechtseinheit zu einem seiner Hauptziele gesetzt hatte und mit der Gründung des Deutschen Reiches von 1871 die politischen Voraussetzungen für eine Kodifizierung des bürgerlichen Rechts geschaffen worden waren, eröffnete eine Änderung der Verfassung die Möglichkeit, das bürgerliche Recht umfassend zu kodifizieren. 745

Nachdem er 1873 die Gesetzgebungskompetenz erhalten hatte, stand der Reichsgesetzgeber vor einer schwierigen Lage. Da in etlichen Ländern eigene Kodifikationen mit privatrechtlichem Inhalt und in anderen Ländern das gemeine römische Recht galten, wenn auch etwa vorhandene Partikular- und Gewohnheitsrechte Vorrang genossen, herrschte eine weitgehende Rechtszersplitterung. In linksrheinischen Gebieten galt seit dem Beginn des 19. Jahrhunderts der Code civil von 1804 (vgl. Rdnr. 677 ff.), in Preußen das ALR, in Bayern der Codex Maximilianeus Bavaricus Civilis von 1756 und in Sachsen das *Sächsische Bürgerliche Gesetzbuch von 1863/1865*, nächst dem Code civil und dem österreichischen ABGB die bedeutendste Kodifikation, die das 19. Jahrhundert auf dem Gebiete des bürgerlichen Rechts hervorgebracht hat.[3] 746

1874 begannen die Vorarbeiten für die Schaffung eines Bürgerlichen Gesetzbuches. Zunächst betraute der Bundesrat eine aus fünf Juristen bestehende „Vorkommission" mit der Aufgabe, Vorschläge über Plan und Methode der zu erstellenden Kodifikation auszuarbeiten. Die Vorkommission lieferte ihr Gutachten bereits im April 1874 ab.

3 A. Buschmann, JuS 1980, S. 553 ff.

747 Der Bundesrat überwies es dem Justizausschuss zur Begutachtung. Noch im selben Jahr berief der Bundesrat eine erste Kommission, der 11 Mitglieder angehörten, und zwar sechs Richter, zwei Professoren und drei Ministerialbeamte. Die wichtigsten deutschen Länder und Rechtsgebiete waren vertreten, nach Ansicht mancher Autoren eine den Zeitumständen nach beinahe ideale Zusammensetzung.[4] Die römisch-rechtliche Tradition wurde von *Bernhard Windscheid* (vgl. oben Rdnr. 712) eingebracht. Das Kommissionsmitglied *Heinrich Eduard Pape (1816 bis 1888)* war Präsident des Reichsoberhandelsgerichts und hatte bereits am ADHGB mitgearbeitet. Die Entstehungsgeschichte des BGB zeigt, dass das *Reichsjustizamt* als oberste Justizbehörde des Reiches nicht unerheblichen Einfluss auf das Zustandekommen des Gesetzes genommen hat. Das gilt vor allem für die sogenannten Fragen von politischer Bedeutung, wie sie z. B. bei der Regelung des Vereinsrechts auftraten. Die meisten der bekannten sozialen Elemente des BGB wurden infolge von Initiativen des Reichsjustizamtes in das Gesetzbuch eingefügt. Dessen Mitglieder versuchten, dem Schutzbedürfnis der wirtschaftlich schwächeren Bevölkerungsschichten jedenfalls teilweise Rechnung zu tragen, was sich u. a. im Miet- und Dienstvertragsrecht niedergeschlagen hat.[5]

748 **2. Der erste Entwurf und die Kritik.** Der von der Kommission erarbeitete erste Entwurf des BGB wurde 1887 dem Reichskanzler vorgelegt und 1888 veröffentlicht. Dieser Entwurf legte bereits die Einteilung in 5 Bücher fest. Obwohl *Savigny* der profilierteste Gegner einer Kodifikation des bürgerlichen Rechts gewesen war, haben viele seiner Lehren für die allgemeinen dogmatischen Grundlagen des BGB Bedeutung erlangt; allerdings sollte der Einfluss *Savignys* auf die allgemeinen Lehren des Privatrechts auch nicht überschätzt werden.[6]

Während der Entwurf in der nichtjuristischen Öffentlichkeit wenig Beachtung fand, erzeugte er in der juristischen Fachwelt ein lebhaftes, im Allgemeinen negatives Echo.

Die schärfsten Kritiker des ersten Entwurfs waren der Wiener Professor für Zivilprozessrecht und Sozialist *Anton Menger* (1841 bis 1906) und der bedeutende Germanist *Otto von Gierke* (vgl. Rdnr. 707, 717).

749 In seiner Schrift „Das bürgerliche Recht und die besitzlosen Volksklassen“ aus dem Jahre 1890 wandte sich *Menger* gegen die Benachteiligung der besitzlosen Volksklassen durch ein nur scheinbar neutrales bürgerliches Recht. Die Benachteiligung der besitzlosen Volksklassen zeigte sich nach Menger darin, „dass die Gesetzgebung von ihrem formalistischen Standpunkt aus für reich

4 K. Lüderitz, in: FS Reichsjustizamt, S. 216.
5 H. Schulte-Nölke, in: Reichsjustizamt, S. 323.
6 J. Schröder, in: Quaderni Fiorentini, S. 619, 632.

und arm dieselben Rechtsregeln aufstellt, während die völlig verschiedene soziale Lage beider auch eine verschiedene Behandlung erheischt". Nach Mengers Ansicht handelte es sich bei dem ersten Entwurf des BGB um das Produkt der dem höheren Bürgertum zugeordneten Juristen, die es zuließen, dass eine unbegrenzte Privatautonomie bei ungleichen Startbedingungen die schwächeren Individuen in wirtschaftliche Abhängigkeit und Unfreiheit bringen würde.

*Otto von Gierke* warf in seiner Schrift „Der Entwurf eines Bürgerlichen Gesetzbuches und das Deutsche Recht" den Verfassern vor, der Entwurf sei nicht deutsch, nicht volkstümlich und „der sittliche und soziale Beruf einer neuen Privatrechtsordnung scheint in seinen Horizont überhaupt nicht eingetreten zu sein".[7] Von Gierke bemängelte, dass der Entwurf zu sehr an den Grundsätzen des römischen Rechts und zu wenig am deutschen Recht orientiert sei, und spricht von einem in „Gesetzesparagraphen gegossenen Pandektenkompendium", das sich in der Hauptsache mit einer Kodifikation des Usus modernus pandectarum begnüge und sich mit jedem seiner Sätze an den gelehrten Juristen, aber nicht an das Volk wende. Einer besonders strengen Kritik unterwarf von Gierke das dem Entwurf innewohnende Sozialmodell: die Verfasser hätten sich von der Seele des Volkes und dem Pulsschlag der Zeit abgekehrt, sich künstlich isoliert und in vornehmer Zurückhaltung sich zunächst allein den Problemen juristischer Technik gewidmet. Sie hätten eine Neuordnung des Privatrechts unternommen, ohne zu begreifen, dass sie hiermit eine soziale Tat vollzögen und damit ein gutes Stück Verantwortung für die künftige Gestaltung der Gesellschaft übernommen hätten. Dem Entwurf wohne keine soziale Tendenz inne, dafür aber eine rein individualistische und einseitig kapitalistische Tendenz „des reinsten Manchestertums". Der Entwurf sei gemeinschaftsfeindlich, „auf die Stärkung des Starken gegen den Schwachen" zielend, in Wahrheit antisozial.[8]

Die große Mehrzahl der Kritiker stimmte allerdings darin überein, 750
dass der Entwurf eine brauchbare Grundlage für das angestrebte Gesetzbuch abgebe, er gleichwohl aber noch einer gründlichen Überarbeitung bedürfe, um Gesetz werden zu können. Die meisten Kritiker hatten die doktrinäre, lehrbuchhafte Art des Entwurfes, dessen sprachliche Fassung und auch die zu starken dogmatischen Festlegungen in Einzelregelungen beanstandet.[9]

**3. Der zweite Entwurf.** Das Reichsjustizamt sammelte die nach 751
der Veröffentlichung des Entwurfes einsetzende Flut von Stellungnahmen und gab deren Inhalt in einem 8 Bände umfassenden, innerhalb einer kurzen Frist publizierten Bericht wieder. Zugleich wurde

---

7 V. Gierke, Der Entwurf, S. 58.
8 V. Gierke, Der Entwurf, S. 59.
9 W. Schubert, S. 50.

eine Revision des Entwurfes im Einvernehmen mit dem Bundesrat vorbereitet. Eine zweite Lesung des Entwurfes wurde beschlossen und hierfür eine neue Kommission eingesetzt, die aus 10, später 11 ständigen und 12, später 13 nichtständigen Mitgliedern bestand.

Im Gegensatz zur ersten Kommission gehörten der zweiten Kommission nicht ausschließlich Juristen an, sondern auch Vertreter aus Wirtschaft und Politik, darunter nach Parteigesichtspunkten ausgewählte Reichstagsabgeordnete; der Schwerpunkt des Einflusses lag allerdings bei der Ministerialbürokratie, die 11 Kommissionsmitglieder stellte. Die Reichstagsabgeordneten, die der Kommission angehörten, waren Mitglieder der nationalliberalen Partei, der konservativen Partei, des Zentrums, der freisinnigen Volkspartei und der Reichspartei; Repräsentanten der Sozialdemokratie und der Gewerkschaften wie überhaupt Vertreter der Arbeiterschaft fehlten.[10]

752 Die zweite Kommission bewältigte die ihr aufgegebene Arbeit in erheblich kürzerer Zeit als die erste Kommission (April 1891 bis Juni 1895). Der neue Entwurf wurde dem Reichskanzler 1895 überreicht, der denselben unverzüglich an den Bundesrat weiterleitete. Dieser beriet den Entwurf in relativ kurzer Zeit in seinem Justizausschuss und nahm dabei in einigen Punkten noch Änderungen vor, ohne jedoch die Gesamtkonzeption anzutasten. Der zweite Entwurf wurde in der überarbeiteten Fassung 1896 als eine vom Reichsjustizamt angefertigte Denkschrift dem Reichstag zugeleitet.[11]

753 **4. Die Entscheidung des Reichstages.** Die große Mehrheit des Reichstages war nicht gewillt, das Gesetzeswerk ungeprüft passieren zu lassen. Bis auf die Nationalliberalen wollten alle größeren Reichstagsfraktionen die Vorlage eingehend durchberaten und Verbesserungen des Gesetzestextes in ihrem Sinne durchsetzen, was dann auch geschah.

Nicht zu unterschätzen sind die Rolle und der Einfluss der konservativen Parteien bei der Entstehung und auf den Inhalt des BGB. Die Sicherung des Familienvermögens war für die konservativen Parteien einer der wesentlichen Aspekte. So diente letztlich auch die Bestrebung, die Stellung der Frauen in der Familie zu verbessern, dem pragmatisch-wirtschaftlichen Gesichtspunkt der Vermögenssicherung. Auch bei dem Versuch, das Ehegattenerbrecht einzuschränken, ging es um die wirtschaftlichen Interessen des Großbürgertums, insbesondere um die Ehen, die von einem großen Vermögensunterschied zwischen den Ehegatten gekennzeichnet waren. Um die Wahrung eigener Interessen ging es den konservativen Parteien auch bei der Gestaltung des Dienstvertragsrechts, weil damit das Gesinderecht, das als Sonderrecht der niedere Dienste leistenden Arbeitnehmer noch in vielen partikularen Gesindeordnun-

10 T. Vormbaum, S. XXXII f.

11 Denkschrift zum Entwurf eines Bürgerlichen Gesetzbuchs nebst 3 Anlagen. Dem Reichstage vorgelegt in der 4. Session der 9. Legislaturperiode. Berlin 1896.

gen geregelt war. Hier war eine Auseinandersetzung mit der Sozialdemokratie unausweichlich.

Gesellschaftspolitisch brisant war das *Vereinsrecht*, ging es doch nicht zuletzt um die Freiheit der Bildung von Organisationen der Arbeiter- und Gewerkschaftsbewegung. Bei der *Vertragsfreiheit* waren es deren Beschränkungsmöglichkeiten, die Grenzen der Vertragsfreiheit, an denen sich der Streit mit den konservativen Parteien entzündete, die erwartungsgemäß für wenige Grenzen eintraten.[12] **754**

Ein Beispiel für die Auseinandersetzung über die Grenzen der Vertragsfreiheit ist der Streit über die Einfügung des Wuchertatbestandes als Absatz 2 in den § 138 BGB. Die Gegner, die sich allerdings nicht durchsetzen konnten, begründeten ihre Haltung damit, dass die verfassungsmäßig gewährte Vertragsfreiheit mit dem vorgeschlagenen Wuchertatbestand über Gebühr eingeschränkt werde.[13]

Am 1.7.1896 wurde über den Gesetzentwurf nach dritter Lesung abgestimmt. Von 288 Abgeordneten stimmten 222 mit ja (vor allem Abgeordnete der Konservativen, der Nationalliberalen und des Zentrums); 48 Abgeordnete, darunter die 42 anwesenden sozialdemokratischen Abgeordneten, stimmten mit nein; 18 Abgeordnete enthielten sich der Stimme. **755**

Die sozialdemokratischen Abgeordneten stimmten in erster Linie mit nein, weil wesentliche Forderungen, die sie gestellt hatten, nicht durchgesetzt werden konnten. Zu diesen Forderungen gehörten:
- die Herstellung der rechtlichen Gleichbehandlung aller Arbeitnehmer;
- die Haftung des Staates für Amtspflichtverletzungen seiner Beamten;
- die rechtliche Gleichstellung der Frau in Ehe, Familie und Wirtschaftsleben;
- die Forderung nach rechtlicher Gleichstellung der unehelichen Kinder mit den ehelichen Kindern;
- das Abgehen vom Verschuldensprinzip im Ehescheidungsrecht.[14]

Als die Rechtseinheit auf dem Gebiet des bürgerlichen Rechts mit dem Inkrafttreten des BGB schließlich erreicht war, wurde dies als ein nationales Ereignis mit viel Pathos gefeiert. Es herrschte eine Begeisterung im Deutschen Reich, wie sie bei Erlass eines Gesetzes weder vor noch nach Inkrafttreten des BGB jemals gegeben hatte. Die Januarausgabe der Deutschen Juristenzeitung erschien mit einem **756**

---

12 P. Zrenner, S. 286 ff.
13 U. Eisenhardt, in: FS J. Schröder, S. 304 mit Nachw.
14 Dazu ausführlich T. Vormbaum, S. LXXXVII.

Schmuckblatt mit dem Motto „Ein Volk, Ein Reich, Ein Recht." *Dernburg* feierte das Inkrafttreten des BGB als ein „Zeichen des Erwachens einer fast fiebernden wissenschaftlichen Bewegung". Von Seiten der Praxis wurde die „neu gewonnene Rechtssicherheit und -klarheit gerühmt".[15]

757 **5. Das BGB – Eine gelungene Kodifikation?** Schon vor seinem Inkrafttreten am 1.1.1900 ist das BGB Gegenstand massiver Kritik gewesen. Aus den Reihen der Sozialdemokraten, deren Reichstagsfraktion das BGB abgelehnt hatte, meldete sich wiederholt deren Vorsitzender *August Bebel* zu Wort. Er qualifizierte das BGB als ein „Werk, an dem keiner seiner Väter eine wahre und aufrichtige Freude hat, weil es ein echtes Kind deutscher Zustände, ein Werk der widernatürlichen Kompromisse ist, das bereits in sehr wesentlichen Bestimmungen von den Bedürfnissen der Zeit überholt worden, noch ehe es in Kraft getreten ist".[16]

758 Dass die Kritik Bebels nicht grundlos war, belegen Würdigungen des BGB durch die Rechtswissenschaft in der zweiten Hälfte des 20. Jahrhunderts. Mit seinen liberalen Grundgedanken, die sich vor allem in der Privatautonomie als der Möglichkeit, den eigenen Lebensbereich selbst zu gestalten, in der Freiheit des Eigentums und in der Testierfreiheit niedergeschlagen haben, ist das BGB mit seiner formalen Rechtsordnung am Besitzbürgertum, an den kleineren Unternehmern und den kleineren Landwirten orientiert. Insbesondere das Schuld- und Sachenrecht trägt den Interessen der bürgerlichen Wirtschaftsgesellschaft Rechnung, während etwa Regelungen über die unselbstständige Lohnarbeit selbst hinter dem „ursprünglichen Patriarchalismus der Bismarckschen Sozialversicherung, von der sozialen Publizistik seiner Zeit zu schweigen", weit zurückbleiben.[17] Erklärt wird das damit, dass das BGB nicht der Ausdruck einer einheitlichen sozialen Tendenz sei, sondern ein Ausgleichsversuch zwischen mehreren Wertesystemen, die sich in der deutschen Sozialgeschichte des 19. Jahrhunderts nicht hätten verschmelzen können.[18]

759 Ein gewichtiger Vorwurf, mit dem das BGB bedacht wurde, lautete, die Bestimmungen über den Dienstvertrag seien unzureichend; sie würden, weil sie

15 U. Eisenhardt, in: Jur. Zeitgesch., Kleine Reihe Bd. 1, 2001, S. 3 ff.
16 In: Die Neue Zeit, XIV. Jahrgang [1895–96], Bd. 2, S. 554; abgedruckt bei Vormbaum, S. 378 ff.
17 F. Wieacker, Privatrechtsgeschichte, S. 481.
18 F. Wieacker, Privatrechtsgeschichte, S. 479; K. Lüderitz, in: FS Reichsjustizamt mit Nachw.

auch den Arbeitsvertrag und damit ein Kernstück des Arbeitsrechts regeln sollten, den sozialpolitischen Aufgaben, die ein solches Gesetzbuch erfüllen müsse, nicht gerecht (so u. a. Menger und v. Gierke). Heute wird allerdings auch die Auffassung vertreten, die Redaktoren, Verwaltungsbeamten und Abgeordneten, die das Gesetz vorbereitet hätten, hätten dasselbe zwar weitgehend ohne sozialistisches, aber doch mit sozialem Öl, und zwar mit mehr als nur dem einen geforderten Tropfen, auf den Weg gebracht. Begründet wird diese Meinung u. a. mit den Hinweisen auf die Regelungen über die Lohnfortzahlung (§ 616 BGB), die ärztliche Versorgung im Krankheitsfall (§ 617 BGB), die Fürsorgepflicht des Dienstberechtigten (§ 618 BGB) und das Betriebsrisiko (§ 615 f. BGB).[19]

Der Vorwurf, das BGB sei zu wenig volkstümlich (so u. a. v. Gierke, siehe oben Rdnr. 750), war jedenfalls teilweise berechtigt. 760
So ist z. B. das das bürgerliche Recht beherrschende Trennungs- und Abstraktionsprinzip selbst bei Juristen immer wieder mit der Begründung abgelehnt worden, es sei lebensfremd. Es hat deshalb nicht an Bemühungen gefehlt, diese in anderen Rechtsordnungen so gut wie unbekannten Prinzipien abzuschaffen.[20]

Trotz vieler Anlehnungen an den klassischen Liberalismus kann das BGB als die erste moderne Kodifikation angesehen werden, die sich, wenn auch nur geringfügig, der sozialpolitischen Aufgabe des Zivilrechts geöffnet hat.[21]

Gesetzgeberische Reformen des BGB fehlen in den ersten 50 Jah- 761
ren seines Bestehens fast ganz; sie setzten erst nach 1949 ein und erfassten vor allem das Familienrecht. Weil das Gesetzbuch für Anpassungen offen ist – nicht zuletzt durch die Generalklauseln der §§ 242 und 138 Abs. 1 BGB – konnte die Rechtsprechung das bürgerliche Recht weiterentwickeln und prägen. So kam es zur bedeutsamen Weiterentwicklung des bürgerlichen Rechts ohne Gesetzesänderung. Tiefgreifendere Reformen des BGB wurden später vor allem durch die Umsetzung von Richtlinien der EG (EU) veranlasst. Insbesondere die intensive Verbraucherschutzpolitik der EG (EU) hat den ehemals recht liberalen Charakter des BGB nachhaltig verändert.

Die Akzeptanz des BGB in der Bevölkerung ist nach 1945 wohl 762
größer gewesen als in der Zeit davor. Das mag damit zu erklären sein, dass das Leitbild des BGB vom selbstbewussten, wirtschaftlich unabhängigen und gebildeten Bürger der nach 1945 entstandenen Gesellschaft des Massenwohlstandes eher entspricht als der zerrisse-

19 H.-P. Benöhr, in: FS Kroeschell, S. 18 ff.
20 Zu den Einzelheiten U. Eisenhardt, in: FS Kroeschell, S. 215 ff.
21 H. Schulte-Nölke, NJW 1996, 1709.

nen Gesellschaft des Deutschen Reiches am Ausgang des 19. Jahrhunderts.[22]

763 Die internationale Ausstrahlung des deutschen BGB in der nicht angelsächsisch geprägten Welt ist beachtlich. Neben einer Reihe von europäischen Staaten (u. a. Ungarn, Tschechoslowakei, Griechenland und die Baltischen Staaten) waren es vor allem wichtige asiatische Staaten, wie z. B. Japan, China und Korea, aber auch Thailand und Vietnam, die dem deutschen Zivilrecht ein besonderes Vertrauen gebracht haben.

**Schrifttum:** H.-P. Benöhr, Fast vier Tropfen sozialen Öls. Zum Arbeitsrecht im BGB, in: FS Kroeschell, S. 17ff.; A. Buschmann, Das Sächsische Bürgerliche Gesetzbuch von 1863/65 – Vorläufer und Muster des BGB, JuS 1980, S. 553ff.; Denkschrift zum Entwurf eines Bürgerlichen Gesetzbuchs nebst 3 Anlagen. Dem Reichstage vorgelegt in der 4. Session der 9. Legislaturperiode, Berlin 1896; U. Eisenhardt, Die Entwicklung des Abstraktionsprinzips im 20. Jahrhundert, in: FS Kroeschell, S. 215ff.; derselbe, 100 Jahre BGB. Zur Offenheit und Leistungsfähigkeit des deutschen Zivilrechts, in: Jur. Zeitgesch., Kleine Reihe Bd. 1, 2001, S. 3ff.; derselbe, Sittenwidrigkeit und Wucher – Zur Entstehungsgeschichte des § 138 BGB, in: FS J. Schröder, S. 289ff.; O. v. Gierke, Der Entwurf eines bürgerlichen Gesetzbuches und das deutsche Recht, in: Jahrbuch für Gesetzgebung, Verwaltung und Volkswirtschaft im Deutschen Reich. NF, 12. Jahrgang 1888, S. 57ff. u 183ff.; derselbe, Die soziale Aufgabe des Privatrechts, 1889, Neudruck 1948; A. Lüderitz, Kodifikation des bürgerlichen Rechts in Deutschland 1873–1977: Entstehung, Entwicklung und Aufgabe, in: FS Reichsjustizamt, S. 215ff.; A. Menger, Das bürgerliche Recht und die besitzlosen Volksklassen, 1890; J. Schröder, Zum Einfluß Savignys auf den Allgemeinen Teil des Deutschen Bürgerlichen Rechts, in: Quaderni Fiorentini per la storia del pensiero Giuridico Moderno 14, 1985; S. 619ff.; W. Schubert, Entstehungsgeschichte des Bürgerlichen Gesetzbuchs, in: Die Beratung des Bürgerlichen Gesetzbuchs in systematischer Zusammenstellung der unveröffentlichten Quellen. Hrsg. v. H. H. Jacobs und W. Schubert, Bd. 1, 1978, S. 27ff.; H. Schulte-Nölke, Das Reichsjustizamt und die Entstehung des Bürgerlichen Gesetzbuchs, 1995; derselbe, Die schwere Geburt des Bürgerlichen Gesetzbuchs, NJW 1996, 1705ff.; T. Vormbaum, Die Sozialdemokratie und die Entstehung des Bürgerlichen Gesetzbuches, 2. Auflage, 1997; P. Zrenner, Die konservativen Parteien und die Entstehung des Bürgerlichen Gesetzbuches, 2008.

## IV. Arbeitsverfassung und Arbeitsrecht

764 **1. Überblick.** Die Gesellschaft des Kaiserreiches war, wie alle zeitgenössischen Gesellschaften, durch ein hohes Maß sicht- und fühlba-

22 H. Schulte-Nölke, NJW 1996, 1710.

rer Ungleichheiten und Differenzierungen geprägt und damit radikal unterschieden von der modernen nivellierten Mittelstandsgesellschaft.[23] Sie wird charakterisiert als ein „System der sozialen Ungleichheit", das „marktbedingte Klassen" herausgebildet habe. Die Differenzierungen dürften im Verlaufe des Industrialisierungsprozesses nicht nur anders, sondern auch größer geworden sein.[24] Nach einer Statistik des Jahres 1907 gab es 17,8 Millionen Arbeiter, 1,7 Millionen Dienstboten, 2,5 Millionen Bauern, etwa 3,5 Millionen mittlere Beamte und Angestellte, 2,5 Millionen Handwerker und Kleinkaufleute, 1,3 Millionen Besitz- und Bildungsbürger und ca. 3,4 Millionen „Berufslose und Rentenbezieher". Zu der zuletzt genannten Gruppe ist die quantitativ minimale, aber wichtige „Herrschaftsklasse" der Großgrundbesitzer, Offiziere und der hohen Verwaltungs- und Regierungsbeamten zu zählen. In dieser in erheblichem Maße sozial heterogenen deutschen Gesellschaft stand dennoch der Zusammenhalt trotz der sozialen Gegensätze außer Frage.[25] In dieser Gesellschaft gewannen Arbeitsverfassung und Arbeitsrecht eine zunehmende Bedeutung.

Die Fundamente des geltenden Arbeitsrechts sind im Deutschen 765
Reich von 1871 gelegt worden, in dem eine Arbeitsverfassung entstand, die sowohl die Privatwirtschaft als auch den öffentlichen Dienst mit den Beamten einschloss. Diese Arbeitsverfassung begriff sämtliche Machtfaktoren ein, die die Arbeitsbeziehungen auf allen Ebenen prägten. Zu diesen Arbeitsbeziehungen zählten: die individuellen, geregelt im Arbeitsvertrag, die kollektiven mit den kollektiven Vereinbarungen und den Betriebsvereinbarungen, der Arbeitsmarkt und die staatlichen Regelungen.[26]

Die Einführung der Vertragsfreiheit und die später zunehmenden 766
sozialpolitischen Aktivitäten des Staates veränderten die tatsächlichen und rechtlichen Strukturen der Arbeitsverfassung nachhaltig. Dazu trugen vor allem der Ausbau des Arbeitsschutzes, die Arbeitszeitordnungen, sowie die Anfänge einer innerbetrieblichen Mitbestimmung durch die Einführung von Arbeits- und Fabrikordnungen und die Sozialversicherung bei.[27]

---

23 T. Nipperdey, Deutsche Geschichte 1866–1918, Bd. 1, S. 414.
24 H.-U. Wehler, Bd. 3, S. 702.
25 T. Nipperdey, Deutsche Geschichte 1866–1918, Bd. 1, S. 425.
26 T. Ramm, in: FS Mallmann, S. 193 ff.
27 M. Becker, S. 316.

767 Von einer nennenswerten *deutschen Arbeiterbewegung*, die das Entstehen einer Arbeitsverfassung vorantrieb, kann man erst seit der Revolution des Jahres 1848 sprechen. Unter Arbeiterbewegung werden hier diejenigen geistigen, politischen und organisatorischen Bemühungen der Arbeiterschaft und ihrer Berufsverbände verstanden, die der Durchsetzung und Verwirklichung von sozialer Gleichheit, Freiheit und Sicherheit für die Arbeitnehmer zu dienen bestimmt waren.[28] Dass die Erreichung dieser Ziele zu einer politischen Forderung von großer Brisanz wurde, war auf den in der Mitte des 19. Jahrhunderts in vollem Umfange einsetzenden Industrialisierungsprozess zurückzuführen, der mit seinem Übergang von der Handarbeit zur maschinellen Produktion mit der Begünstigung von Großbetrieben, mit der Landflucht und der Entstehung eines Industrieproletariats, dem Übergang vom Natural- zum Geldlohn etc., eine vollständige gesellschaftliche Neuorientierung mit sich brachte. Es war allerdings nicht die Arbeiterschaft, sondern ein Teil der liberalen Politiker, von denen – z. T. schon vor 1848 – Emanzipationsbestrebungen zugunsten der Arbeiter ausgingen.

768 **2. Gewerbeordnung und Koalitionsfreiheit.** Zum bestimmenden Faktor der Arbeitsverfassung im Deutschen Reich von 1871 wurde der Staat als Gesetzgeber, in dem die Staatsführung die bestimmende und gestaltende Kraft war.[29] Dies wird in der ersten Phase der gewerblichen Arbeitsrechtsgesetzgebung deutlich, in der eine konservative Führungsschicht die Arbeiter für das Reich zu gewinnen suchte. Die zunächst für den Norddeutschen Bund erlassene *Gewerbeordnung von 1869* war in vielem an die preußische Gewerbeordnung von 1845 (vgl. dazu oben Rdnr. 717) angelehnt, aber liberal orientiert. An die Stelle patriarchalischer Arbeitsrechtsbestimmungen trat nun eine rechtliche Organisation der Arbeiterschaft. § 152 der Gewerbeordnung (GewO) von 1869 beseitigte alle Verbote und Strafbestimmungen gegen Vereinbarungen und Vereinigungen, die zwischen gewerblichen Arbeitnehmern und gewerblichen Arbeitgebern mit dem Ziel, günstigere Lohn- und Arbeitsbedingungen zu schaffen, geschlossen wurden, und zwar auch für den Fall, dass Streik oder Aussperrung als Mittel zur Anwendung kommen sollten. Für das durch § 152 GewO eingeführte Prinzip war charakteristisch, dass das Recht zum kollektiven Arbeitskampf von Anfang an als immanenter Bestandteil der *Koalitionsfreiheit* angesehen wurde.[30]

769 **3. Sozialistengesetze und Sozialversicherung.** Nachdem schon 1874 und 1875 auf Betreiben der Polizei verschiedene sozialdemokra-

28 S. Kögler, S. 11.
29 T. Ramm, in: FS Mallmann, S. 208.
30 E. R. Huber, Bd. 4, S. 1139 ff.

tische Ortsvereine geschlossen worden waren, wurde 1878 nach Attentaten auf den Kaiser das „Gesetz gegen die gemeingefährlichen Bestrebungen der Sozialdemokratie" (*Sozialistengesetz*) erlassen, mit dem nicht nur die revolutionäre, international ausgerichtete Sozialdemokratie politisch unterdrückt, sondern zugleich auch das Bürgertum in Schranken gehalten werden sollte.[31] Das Sozialistengesetz richtete sich allerdings in erster Linie gegen sozialdemokratische, sozialistische und kommunistische Bestrebungen. Damit wurde die Reglementierung einer bestimmten politischen Bewegung versucht.

Das Sozialistengesetz hinderte allerdings nicht den Ausbau des *Arbeitsschutzes* und die Entwicklung einer *Sozialgesetzgebung.* In der Zeit zwischen 1881 und 1889 wurden die ersten *Sozialversicherungsgesetze* betr. die Kranken-, Unfall-, Invaliden- und Altersversicherung erlassen. Reichskanzler *Bismarck* hatte schon in den Jahren zuvor die „Verbesserung der Lage der Arbeiter" angestrebt, neben die „positive Förderung des Wohles der Arbeiter" aber die „Repression sozialistischer Ausschreitungen" gestellt. Mit der Vorenthaltung politischer Mitbestimmung auf der einen und Zuwendungen wirtschaftlicher Art auf der anderen Seite standen Sozialversicherungsgesetzgebung und Sozialistengesetze in einem unmittelbaren Zusammenhang.[32] 770

**4. Gesinderecht, Beamtenrecht und das Recht der gewerblichen Arbeitnehmer.** Das Arbeitsrecht des Deutschen Reiches von 1871 war in drei große Blöcke gegliedert: das *Gesinderecht,* das *Beamtenrecht* und das *Recht der gewerblichen Arbeitnehmer.*[33] 771

Das in partikularen Gesindeordnungen geregelte *Gesinderecht* hatte das Sonderrecht der niedere Dienste leistenden Arbeitnehmer, die der Hausgemeinschaft angehörten, zum Gegenstand. Es bestand aus einer Verquickung von Privat- und Polizeirecht und regelte auch die bis in den Privatbereich hineinreichende Gehorsamspflicht des Arbeitnehmers, der eine Fürsorgepflicht des Arbeitgebers, insbesondere im Krankheitsfalle, entsprach.

Das Gesinderecht erfasste *nicht* die landwirtschaftlichen Arbeiter. Das städtische Gesinderecht und das Arbeitsrecht auf dem Lande waren patriarchalisch strukturiert. Sie stellten Reste der feudalistischen Gesellschaftsstrukturen dar und enthielten Elemente feudalständischen Rechtsdenkens, die der

31 P. Kögler, S. 28 ff. mit Nachw.; T. Ramm, in: FS Mallmann, S. 210.
32 H. P. Benöhr, ZRG Germ. Abt. 98, 1981, S. 95 ff.
33 T. Ramm, in: FS Mallmann, S. 196 ff.

Liberalismus noch nicht zu beseitigen vermocht hatte. Dass sich ein solches Gesinderecht bis 1918/19 halten konnte, wird mit den „Modernitätsrückständen“ erklärt, welche der deutschen Geschichte bis in das 20. Jahrhundert hinein anhaften.[34]

772 Das deutsche *Beamtenrecht* des 19. Jahrhunderts war gewachsen aus dem Absolutismus, beeinflusst insbesondere auch durch die spezifisch deutsche Ausprägung in Gestalt des aufgeklärten Absolutismus, und seit der ersten Hälfte des 19. Jahrhunderts durch den Konstitutionalismus, vor allem in Süddeutschland.[35] In vielen Staaten des Deutschen Bundes wurden Staatsdienergesetze erlassen, allerdings nicht in Preußen.

Das „Gesetz betreffend die Rechtsverhältnisse der Reichsbeamten“ von 1873 enthielt zwei Grundsätze, die zu verwirklichen die liberale Mehrheit des Reichstages sich zum Ziel gesetzt hatte. Die Beamtenschaft sollte aus ihrer im Laufe der Zeit gewachsenen Sonderstellung eines Staates im Staate herausgelöst, unzeitgemäße Privilegien sollten abgebaut und die Gleichstellung der Beamten mit allen anderen Bürgern herbeigeführt werden. Überdies sollte die Abhängigkeit der Beamten von den vorgesetzten Instanzen abgebaut werden; Verantwortung und Mündigkeit des einzelnen Beamten sollten an die Stelle extremer Subordination treten.[36]

773 Das die *gewerblichen Arbeitnehmer* betreffende Recht basierte vor allem auf der grundsätzlichen Anerkennung der *Gewerbefreiheit* durch die Reichsgewerbeordnung von 1869 und der *Vertragsfreiheit für den Arbeitsvertrag* als Kernstück einer liberalen Wirtschaftsverfassung, die allerdings auf die Industrie beschränkt blieb.[37] Auch nach Inkrafttreten des BGB lehnte die herrschende Zivilrechtslehre es ab, zwischen dem Dienstvertrag und dem Arbeitsvertrag als einem eigenständigen Vertragstypus zu unterscheiden. Diese Verweigerung einer dogmatischen Neuorientierung hatte u. a zur Folge, dass die Grenzen des Weisungsrechts und der Disziplinargewalt des Arbeitgebers rechtlich nicht zu bestimmen waren. So waren die Gestaltungsbefugnisse entweder dem wirtschaftlich Stärkeren oder im Streitfalle dem Richter überlassen.[38]

774 Etwa 1890 begann im Deutschen Reich eine Diskussion um die Neugestaltung des Arbeitsrechts. Es war dies eine Zeit bedeutender Veränderungen in Gesellschaft, Wirtschaft und Politik. Das Ende

34 T. Vormbaum, Gesinderecht, S. 150; T. Ramm, in: FS Mallmann, S. 198 f.
35 H. Hattenhauer, Geschichte des Beamtentums; T. Ramm, in: FS Mallmann, S. 199 ff.
36 H. Hattenhauer, Geschichte des Beamtentums, S. 244.
37 T. Ramm, in: FS Mallmann, S. 202.
38 M. Becker, S. 138 ff.

der Sozialistengesetze, das Erfurter Programm der SPD und das soziale Engagement Kaiser *Wilhelms II.* seien nur beispielhaft genannt. Der Arbeitsschutz wurde weiterentwickelt.[39]

Die Arbeitsschutznovelle von 1891 regelte u. a. die Arbeit an Sonn- und Feiertagen, den Gefahrenschutz und die Unfallverhütung sowie die betriebliche Arbeitsverfassung. Außerdem wurden später das Kinderschutzgesetz (1903) und das Hausarbeitsgesetz (1911) erlassen. Es gelang dem Gesetzgeber, jedenfalls die Grundzüge einer Behandlung der Arbeiterfrage im Wege der Reform aufzuzeigen. Es handelte sich dabei allerdings um eine Lösung, die dem Staat einen bedeutenden Einfluss zuwies und die keineswegs allgemein akzeptiert wurde, sondern vielfachen Widerstand auslöste und nur allmählich in der Praxis durchgesetzt werden konnte.[40]

Im Verlaufe des 19. Jahrhunderts wurden auch das Problem der *Arbeitslosigkeit* und die Notwendigkeit gesetzlicher Regelungen zur Behebung und Abmilderung ihrer Folgen erkannt. Die Wirtschaftskrisen des 19. Jahrhunderts (u. a. 1844–49, 1866, 1873–77, 1885–86, und 1892–94) führten zu Arbeitslosigkeit und Unterbeschäftigung und damit zu wachsender Armut. Das Problem der Arbeitslosigkeit aus Mangel an Arbeitsmöglichkeiten trat allerdings erst im Verlaufe des 19. Jahrhunderts ins allgemeine Bewusstsein. Als Maßnahmen gegen die Folgen der Arbeitslosigkeit wurde die Einrichtung einer öffentlichen Arbeitslosenversicherung in der 2. Hälfte des 19. Jahrhunderts für das ganze Reich thematisiert. 775

Allerdings erfuhr sie in Preußen wie im Reich nur eine Ausgestaltung, nämlich in der 1896 in Köln gegründeten „Stadtkölnischen Versicherungskasse gegen Arbeitslosigkeit im Winter“. Es gab zwar u. a. in Preußen sog. armengesetzliche Regelungen – z. B. Armenpflege- und Niederlassungsgesetze –, die in arbeitsmarktpolitischer Hinsicht eher hemmend als fördernd wirkten. Sie waren aber weder darauf angelegt noch dazu geeignet, dem Arbeitslosenproblem und seinen Folgen zu begegnen.[41]

**Schrifttum:** M. Becker, Arbeitsvertrag und Arbeitsverhältnis in Deutschland vom Beginn der Industrialisierung bis zum Ende des Kaiserreichs, 1995; H. P. Benöhr, Soziale Frage, Sozialversicherung und sozialdemokratische Reichstagsfraktion, ZRG Germ. Abt. 98, 1981, S. 95 ff.; U. Dorn, Arbeitslosigkeit im System der öffentlichen Armenpflege des 19. Jahrhunderts – dargestellt am Beispiel Preußens, ZNR 1993, S. 12 ff.; H. Hattenhauer, Geschichte des Beamtentums, 1980; K. H. Kaufhold, Die Diskussion um die Neugestaltung des Arbeitsrechts im Deutschen Reich 1890 und die Novelle zur Reichs-

39 K. H. Kaufhold, ZfA 1991, 277, 318 f.
40 K. H. Kaufhold, ZfA 1991, 277, 305 ff., 320.
41 U. Dorn, ZNR 1993, 12, 13 ff. u. 33.

gewerbeordnung, ZfA 1991, 317ff.; P. Kögler, Arbeiterbewegung und Vereinsrecht. Ein Beitrag zur Entstehungsgeschichte des BGB. Schriften zum bürgerlichen Recht, Bd. 16, 1974; T. Ramm, Die Arbeitsverfassung des Kaiserreiches, in: FS Mallmann, S. 191 ff.; T. Vormbaum, Politik und Gesinderecht im 19. Jahrhundert (vornehmlich in Preußen 1810–1918), 1980; H.-U. Wehler, Deutsche Sozialgeschichte, Bd. 3, 1995, S. 700 ff.

### V. Das Reichsgericht als Garant einer einheitlichen Rechtsprechung

776 Nachdem die Pläne für eine Reform des Deutschen Bundes, die auch die Bildung eines Bundesgerichts vorgesehen hatten, gescheitert waren und der rechtspolitisch einflussreiche Juristenstand seit 1860 die Forderung nach der Errichtung eines gemeinsamen obersten Gerichtshofes für ganz Deutschland ständig wiederholt hatte, war die Errichtung des *Reichsgerichts* mit Sitz in Leipzig eine konsequente Folge der nationalstaatlichen Einigung Deutschlands im Jahre 1871. Mit der Errichtung des Reichsgerichts im Jahre 1879 war in der deutschen Rechtsgeschichte zum ersten Mal ein Gericht vorhanden, das reichseinheitlich mit einer so umfassenden Zuständigkeit als höchstes Gericht ausgestattet war, dass es auch in der Lage war, *Rechtseinheit* durchzusetzen.[42] Allerdings sicherte die Rechtsprechung des Reichsgerichts auf dem Gebiete des Zivilrechts zunächst im Wesentlichen nur die Einheit der Rechtsanwendung von Partikularrechten. Im Jahre 1879 lebten im deutschen Reich 59 Millionen Menschen. Für etwa 20 Millionen von ihnen fand das Preußische Allgemeine Landrecht von 1794 nach wie vor Anwendung, für etwa 17 Millionen das gemeine Recht. Für etwa 8 Millionen galt das französische Zivilrecht, für etwas mehr als 3 Millionen das Sächsische Bürgerliche Gesetzbuch. Andere Rechtsgebiete wiesen zusammen nicht mehr als 500 000 Menschen auf.

777 Die überragende Bedeutung, die man dem Reichsgericht als oberstem Gericht der Bundesstaaten des deutschen Reiches zugedacht hatte, zeigte sich u. a. in der unbeschränkten Unabhängigkeit, die seine Richter genießen sollten; sie unterlagen keiner Disziplinargewalt.[43]

Nach der Verfassung des Deutschen Reiches gab es kein Gericht, das sich ausschließlich mit verfassungsrechtlichen Fragen zu beschäf-

42 G. Pfeiffer, DRiZ 1979, S. 325.
43 G. Pfeiffer, DRiZ 1979, S. 325.

tigen hatte. Obwohl dem Reichsgericht nicht ausdrücklich die Stellung eines Verfassungsgerichts eingeräumt war, entwickelte es sich de facto zum „informellen Reichsverfassungsgericht für föderative Streitigkeiten".[44]

Vorgänger des Reichsgerichts war das *Bundesoberhandelsgericht,* der 1869 778
gegründete gemeinsame oberste Gerichtshof des Norddeutschen Bundes mit dem Sitz in Leipzig. Diesem Gericht war die Aufgabe zugewiesen, in dem noch wenig gefestigten Bund die Rechtseinheit auf den Gebieten des Handels- und Wechselrechts zu schaffen und fortzuentwickeln.[45] Im Zuge der Reichsgründung trat dann eine Entwicklung ein, die die Schöpfer dieses Gerichts sich gewünscht hatten: Aus dem Bundesoberhandelsgericht wurde 1871 das auch für die süddeutschen Staaten zuständige *Reichsoberhandelsgericht.* Als am 1. 10. 1879 mit den übrigen Reichsgesetzen auch das Gerichtsverfassungsgesetz in Kraft trat, ging das erste deutsche Zentralgericht im Reichsgericht auf.

Die Rechtsprechung des Reichsoberhandelsgerichts (ROHG) wird heute 779
recht positiv bewertet. Sie war u. a. dadurch gekennzeichnet, dass sie im Spannungsverhältnis zwischen privater und staatlicher Rechtsgestaltung entschieden für den privatautonomen Willen und gegen die Überschätzung der Steuerungskapazität des Gesetzgebers votiert hat.[46]

Das Reichsgericht hatte seinen Sitz gegen den Willen *Bismarcks* nicht in Berlin, sondern in Leipzig, u. a. um das föderative Prinzip zu betonen. Der besondere Standort verlieh den Reichsgerichtsräten ein Selbstgefühl, das sie befähigte, sich von den politischen Instanzen Berlins abzusetzen, ja misstrauisch zu machen gegenüber allem, was von dort kam. All dies stärkte die Unabhängigkeit der Leipziger Richter.[47]

**Schrifttum:** U. Björner, Die Verfassungsgerichtsbarkeit im Norddeutschen Bund und Deutschen Reich (1867–1918), 2000; R. Ogorek, Privatautonomie unter Justizkontrolle. Zur Rechtsprechung des Reichsoberhandelsgerichts (1870–1879). ZHR 150, 1986, 87 ff.; G. Pfeiffer, Das Reichsgericht und seine Rechtsprechung, DRiZ 1979, S. 325 ff.; S. Winkler, Das Bundes- und spätere Reichsoberhandelsgericht: Eine Untersuchung seiner äußeren und inneren Organisation sowie seiner Rechtsprechungstätigkeit unter besonderer Berücksichtigung der kaufmännischen Mängelrüge, 2001.

## VI. Die Verfassungsgerichtsbarkeit

Ein wesentliches Element zur Herstellung und Bewahrung der 780
Rechtseinheit kann auch die Verfassungsgerichtsbarkeit bilden.

44 U. Björner, S. 33 ff., 131 mit Nachw.
45 S. Winkler, S. 271.
46 R. Ogorek, ZHR 150, 1986, 87, 116.
47 H. Hattenhauer, Rdnr. 599.

Die Verfassung des Norddeutschen Bundes und auch die des Deutschen Reiches von 1871 verzichteten auf die Einrichtung einer Verfassungsgerichtsbarkeit, wie sie die Paulskirchenverfassung vorgesehen hatte. Damit wich die Reichsverfassung bewusst von den Traditionen in den deutschen Einzelstaaten ab.[48]

Weder nach der Verfassung des Norddeutschen Bundes noch nach der des Deutschen Reiches gab es ein selbstständiges Gericht, das sich ausschließlich mit verfassungsrechtlichen Fragen zu beschäftigen hatte. Das bedeutet nicht, dass es keine Verfassungsgerichtsbarkeit gab. Der *Bundesrat* hatte insoweit den Charakter eines „Reichsverfassungsgerichtes“, als er Streitigkeiten zwischen Gliedstaaten entscheiden und innere Streitigkeiten eines Landes gütlich ausgleichen konnte.[49]

781 Eine *Individualklage* wegen Verfassungsverletzungen war nach der Reichsverfassung nicht möglich; davon gab es jedoch eine wichtige Ausnahme. Jeder, der innerhalb eines Gliedstaates des Reiches durch einen Akt der *Justizverweigerung* in seinen Rechten beeinträchtigt war, konnte den Bundesrat anrufen, falls auf anderen gesetzlichen Wegen ausreichende Hilfe nicht zu erlangen war. In dieser Möglichkeit des einzelnen Bürgers, sich mit einer Beschwerde an den Bundesrat zu wenden, kann man eine Verfassungsbeschwerde als ein Rechtsmittel, das der Abwehr eines rechtswidrigen Eingriffs in ein verfassungsmäßig verbürgtes Individualrecht dient, sehen.[50] Eine solche Verfassungsbeschwerde richtete sich gegen eine Landesregierung.

782 Obwohl dies gesetzlich nicht vorgesehen war, entwickelte sich das *Reichsgericht* informell zu einem Reichsverfassungsgericht jedenfalls für föderative Streitigkeiten. Einzelne Länder wiesen dem Gericht auch die Rolle einer Schiedsinstanz in Verfassungsfragen zu.

Ebenso wenig wie die Landesverfassungen kannte die Reichsverfassung eine institutionelle abstrakte Normenkontrolle. So kam nur eine konkrete gerichtliche Normenkontrolle in Betracht. Die Frage, ob die Reichsgesetze auf ihre Verfassungsmäßigkeit hin überprüft werden durften, war umstritten. Ob das richterliche Prüfungsrecht ein materielles oder nur ein engeres formelles Prüfungsrecht sein sollte, war ebenfalls sehr fraglich. Im Anschluss an eine Entscheidung des Reichsgerichts[51] billigten die führenden deutschen Staatsrechts-

48 R. Hoke, in: Landesverfassungsgerichtsbarkeit, S. 74.
49 E. R. Huber, Bd. 3, S. 1066.
50 E. R. Huber, Bd. 3, S. 1072.
51 RGZ 9, 232ff.

lehrer, nämlich *Georg Jellinek (1851 bis 1911)*, *Paul Laband (1838 bis 1918)* und *Gerhard Anschütz (1867 bis 1948)*, den Gerichten nur ein enges formelles Prüfungsrecht im Hinblick auf Reichsgesetze zu.[52]

Im Vergleich mit der Zeit des Deutschen Bundes dürfte die Verfassungsgerichtsbarkeit im Deutschen Reich von 1871 entscheidend eingeengt worden sein. Man spricht für diese Zeit auch von einem „Zurücktreten der Verfassungsgerichtsbarkeit".[53] Dies dürfte nicht zuletzt darauf zurückzuführen sein, dass die Reichsverfassung im Gegensatz zu vielen Verfassungen der deutschen Einzelstaaten des Deutschen Bundes keinen Grundrechtskatalog enthielt. **783**

**Schrifttum:** R. Hoke, Verfassungsgerichtsbarkeit in den deutschen Ländern in der Tradition der deutschen Staatsgerichtsbarkeit, in: Landesverfassungsgerichtsbarkeit. Teilband I. Geschichte, Organisation, Rechtsvergleichung. Studien und Materialien zur Verfassungsgerichtsbarkeit, Bd. 25, S. 25 ff.; U. Scheuner, Die Überlieferung der deutschen Staatsgerichtsbarkeit im 19. und 20. Jahrhundert, in: Bundesverfassungsgericht und Grundgesetz. Festgabe aus Anlaß des 25jährigen Bestehens des BVerfG, Tübingen 1976, S. 3 ff.

## VII. Das deutsche Kolonialrecht

Nachdem das Deutsche Reich in der Zeit zwischen 1884 und 1889 in den Kreis der Kolonialmächte eingetreten war, ergaben sich im Hinblick auf die Verwaltung der Kolonien etliche Rechtsprobleme. Bei deren Lösung versuchte das dafür zuständige dem Reichskanzler direkt unterstellte *Reichskolonialamt*, sich u. a. an den Problemlösungen zu orientieren, die die erfahrenen Kolonialmächte England und Frankreich gefunden hatten. **784**

Es bestand weitgehend Einigkeit darüber, dass die Kolonien sowohl völkerrechtlich als auch staatsrechtlich Bestandteil des Deutschen Reiches, also Inland, waren; gleichwohl galt dort die Reichsverfassung nicht.[54] Mit dem Schutzgebietsgesetz von 1886 wurde dem Kaiser die überragende Stellung in den Schutzgebieten eingeräumt. Ihm und auch dem Reichskanzler standen umfangreiche Rechtssetzungsbefugnisse – kaiserliche Verordnungen und Reichskanzlerverordnungen – zu. Die kaiserlichen Verordnungen unterlagen auch in den Schutzgebieten dem Vorrang des Gesetzes; dennoch wurden sie in der Praxis zur gewöhnlichen Form der Rechtssetzung.[55]

---

52 R. Hoke, in: Landesverfassungsgerichtsbarkeit, S. 87 f.
53 U. Scheuner, in: Festgabe BVerfG, S. 36 ff.
54 I. Czeguhn, in: JJZG 8, S. 174 f.
55 N. B. Wagner, S. 300 ff. u. 304 ff.

785 Gegen Ende des 19. Jahrhunderts entwickelte sich eine Wissenschaft des „Deutsche Kolonialrechts", die sich die Beschäftigung mit den schwierigen anfallenden Rechtsfragen, die in den Kolonien zu lösen waren, zur Aufgabe machte. Im Mittelpunkt der wissenschaftlichen Diskussion standen verfassungsrechtliche Probleme, wie z. B. die Frage nach dem Verhältnis der Schutzgebiete zum Reich aus völker- und staatsrechtlicher Sicht.[56] Die meisten Kolonien, wie z. B. Südwestafrika, Kamerun und Togo, standen von Anfang an unter unmittelbarer Reichsverwaltung; in den anderen wurde sie früher oder später eingeführt.

786 Besonders brisant war das *Trennungsprinzip*, das sich vor allem im Personenrecht und in der Rechtspflege durchsetzte. Trennungsprinzip bedeutete, dass die Bevölkerung in den deutschen Schutzgebieten nach ihrer Rechtsstellung in Klassen geschieden war. Die unterscheidenden Merkmale waren Hautfarbe und Staatsangehörigkeit. Man sprach von „Weißenrechtspflege" und „Farbigenrechtspflege" oder „Eingeborenen-Rechtspflege". In Letztere waren in nicht unerheblichem Umfang auch Eingeborene integriert.[57]

787 Die Trennung zwischen Weißen und Farbigen führte zur Entstehung von zwei gesonderten Rechtsordnungen. Das hatte zur Folge, dass für Weiße und Farbige jeweils ein besonderes materielles und formelles Recht galt. Auf die Weißen fand das gesamte Reichsrecht Anwendung. Das für die Eingeborenen anzuwendende Recht war hingegen sehr differenziert. Für sie sollte das angestammte Recht gelten; die überkommene Gerichtsbarkeit der Stämme sollte erhalten bleiben. Eine Kodifikation der Eingeborenenrechte wurde diskutiert.[58]

788 Besonders prekär war die Lage der Eingeborenen im Bereich des Arbeitsrechts und in der Strafrechtspflege.[59] Die Schutzgebiete wurden von dem rechtsstaatlich-sozialen Strafrecht des Reiches ausgenommen. Das Strafrecht wurde in der Praxis als Herrschaftsinstrument angesehen, was zu einer rücksichtslosen und inhumanen Anwendung auf die Eingeborenen führte. Nach Meinung von W. Naucke.[60] entstand im Kolonialstrafrecht eine „erziehende Kriminalpolitik ohne gesetzliche Begrenzung". Im Bereich des Arbeitsrechts kam es zu einer von Reformideen getragenen Arbeitergesetzgebung

56 U. Wolter/P. Keller, ZNR 1995, 201, 213 ff.
57 N. B. Wagner, S. 344 ff.
58 U. Wolter/P. Keller, ZNR 1995, 201, 217 ff.
59 R. Schlottau, Deutsche Kolonialrechtspflege.
60 in: Jur. Zeit-Gesch., Allg. Reihe, Bd. 4, S. 284.

in den einzelnen Schutzgebieten. So ergingen z. B. einige Verordnungen zur Regelung der Anwerbung und der Arbeitsbedingungen in den Jahren 1907 bis 1909.[61]

Nach dem Ende des ersten Weltkrieges wurden die vorhandenen deutschen Rechtsstrukturen als Recht des ehemaligen Feindes abgelehnt, ohne dass Teile des deutschen Rechts beibehalten worden wären. Deshalb sind heute kaum noch Spuren des ehemaligen deutschen Kolonialrechts in den Rechtsordnungen der Nachfolgestaaten zu finden.[62]

**Schrifttum:** I. Czeguhn, Die Mitwirkung von Bundesrat und Reichstag bei der Kolonialgesetzgebung, in: JJZG 8 (2006/2007), S. 174 ff.; derselbe, Das Verordnungsrecht in den deutschen Kolonien, in: Der Staat 2008, S. 606 ff.; R. Habermaas, Die deutschen Großforschungsprojekte zum „Eingeborenenrecht" um 1900 und ihre Folgen, ZRG Germ Abt. 129, 2012, S. 150 ff.; W. Naucke, Über die Zerbrechlichkeit des rechtsstaatlichen Strafrechts, Jur. Zeitgesch., Abt. 1: Allg. Reihe Bd. 4, 2000, S. 265 ff.; R. Schlottau, Deutsche Kolonialrechtspflege. Strafrecht und Strafmacht in den deutschen Schutzgebieten 1884 bis 1914, 2007; N. B. Wagner, Die deutschen Schutzgebiete, Erwerb, Organisation und Verlust aus juristischer Sicht, Jur. Zeitgesch. Abt. 1: Allg. Reihe Bd. 11, 2002; U. Wolter/P. Kaller, Deutsches Kolonialrecht – ein wenig erforschtes Rechtsgebiet, dargestellt anhand des Arbeitsrechts der Eingeborenen, ZNR 1995, S. 201 ff.

61 U. Wolter/P. Keller, ZNR 1995, 201, 220 f. u. 224 ff.
62 I. Czeguhn, in: Der Staat 2008, S. 632 f.

# Vierter Abschnitt. Der Weg zur erneuten Rechtszersplitterung. Veränderungen und Pervertierung des Rechts in der Zeit zwischen 1918 und 1945

## 7. Kapitel. Die Weimarer Republik und ihr frühes Ende

### § 21. Die Entstehung der Weimarer Republik und die Reichsverfassung

#### I. Die Entstehung

789 **1. Das Ende des Konstitutionalismus und die Parlamentarisierung.** Die Entwicklungen, die von der Auflösung der konstitutionellen Monarchie deutscher Prägung, über die Novemberrevolution 1918 zur Bildung der ersten deutschen Republik geführt haben, sind vielschichtig. Es kann keine Rede davon sein, dass die Weimarer Reichsverfassung die Reichsverfassung von 1871 einfach abgelöst hat, denn letztere hatte sich bis zum Oktober 1918 in vielen zentralen Punkten praktisch schon aufgelöst. Schon vor dem Ersten Weltkrieg war die politische Ordnung des Reiches erheblich umgestaltet worden, und zwar weniger durch formelle Verfassungsänderungen als vielmehr in einem stillen, aber kontinuierlichen Wandel.[1] Dafür lassen sich eine Reihe von Ursachen aufzeigen, zu denen u. a. die folgenden zählen:

- Die Kompetenzverschiebungen zwischen dem Reich und den Ländern: Das Reich übernahm – nahezu entgegen der Verfassung – die wichtigsten Aufgaben in der Gesetzgebung und, durch das Reichsgericht, partiell auch in der Justiz. Das Reich wandelte sich immer mehr von einem „ewigen Bund", den nach der Präambel der Reichsverfassung von 1871 der preußische König im Namen des Norddeutschen Bundes mit den süddeutschen Fürsten geschlossen hatte, zu einem wirklichen Bundesstaat.

1 C. Gusy, JZ 1994, 753.

- Mit der Zunahme der Reichsgesetzgebung setzte ein „schleichender Prozess der Parlamentarisierung des Reiches“ ein, in dem der Reichstag zur führenden politischen Kraft wurde, obwohl er nach der Reichsverfassung (Art. 5) als zweite Kammer vorgesehen war.[2]
- Die führende Gewalt im Konstitutionalismus, die Exekutive, büßte zugleich an Stabilität ein. Die Reichsregierung hatte nicht nur mit dem erstarkenden Reichstag, sondern auch mit dem Monarchen, dessen Stellung in der Verfassung nur unzureichend umschrieben und begrenzt war, zu ringen. Die Schwächung der Regierung indizierte „Verschiebungen in der sorgfältig austarierten Gewaltenteilung des konstitutionellen Systems“.[3]

Nachdem im Sommer 1918 die militärische Kraft des Deutschen Reiches zerbrochen war, begannen im Herbst 1918 Waffenstillstandsverhandlungen. Unter dem Eindruck dieser Ereignisse war die politische Führung in Deutschland bereit, Reformen zuzugestehen, die längst überfällig waren, wie z. B. eine Änderung des Wahlsystems durch Gesetz vom 24.8.1918 in der Weise, dass in den großen Wahlkreisen mit industrieller Bevölkerung das Verhältniswahlrecht eingeführt wurde. In Preußen wurde das Dreiklassenwahlrecht abgeschafft. Zwei Gesetze vom 24.10.1918 änderten die Reichsverfassung so, dass das parlamentarische System eingeführt wurde und der Reichskanzler zu seiner Amtsführung nun des Vertrauens des Reichstages bedurfte. 790

Gegen Ende des Ersten Weltkrieges war die Substanz der Reichsverfassung von 1871 erschöpft und Deutschland fast schon zu einer parlamentarischen Demokratie geworden. Dafür waren eine Reihe von Gründen maßgebend, u. a. die folgenden: 791

1. Der Wegfall der kaiserlichen Autorität im Krieg. Die oberste Heeresleitung hatte unter Feldmarschall *Hindenburg* und General *Ludendorf* das größte Maß an Macht bei sich konzentrieren können. Die Militärs bestimmten unter Berufung auf ihre militärische Verantwortung die Politik und sahen die Zukunft des Reiches allein unter dem Aspekt der Sicherheit in künftigen Kriegen. Der Kaiser, *Wilhelm II. (1888 bis 1918)*, war kaum mehr in der Lage, Entscheidungsmacht auszuüben, das Parlament hatte sie noch nicht erlangt. Es war die Stunde der militärischen Führung.[4]

---

2 Th. Nipperdey, Dt. Gesch. 1866–1918, Bd. II, S. 862.
3 C. Gusy, JZ 1994, 753.
4 T. Nipperdey, Dt. Gesch. 1866–1918, Bd. 2, S. 833.

792 2. Das Bestreben der Obersten Heeresleitung, die politische Verantwortung für die zur Gewissheit gewordene Kriegsniederlage auf eine breitere Basis zu stellen, indem sie forderte, die Regierung müsse parlamentarisiert werden, ein Vorgang, der mit der Formulierung „Revolution von oben" charakterisiert werden kann.[5]
3. Die Kriegsmüdigkeit des deutschen Volkes und der Autoritätsverlust der Reichswehrführung bei vielen Arbeitern und Soldaten, die nicht länger bereit waren, für Interessen zu kämpfen, die sie nicht als die ihren ansehen.

Es war wohl ein zeitliches Zusammentreffen dieser Ursachen, die den Verfassungswandel bewirkten.[6]

793 **2. Novemberrevolution und Bildung von Nationalversammlung und Reichsgewalt.** Im November 1918 begannen in Deutschland revolutionäre Unruhen. Eines der Zentren, von denen die „Novemberrevolution" ausging, war die Flotte. Nachdem es zu Meutereien gekommen war, führten Demonstrationen von Matrosen am 3. November 1918 in Kiel zu Zusammenstößen und Sympathiestreiks von Arbeitern. Die Unruhen griffen schnell auf andere Marinehäfen und Großstädte Norddeutschlands über. Am 7. November 1918 wurde in München die Republik ausgerufen. In Berlin kam es in vielen Betrieben zu Aufständen der Arbeiter, mit denen sich auch Soldaten verbündeten. Für den 19. November 1918 wurde ein Generalstreik angekündigt. Im Kampf um die Führung der in den Ausstand getretenen Arbeiter zwischen Mehrheitssozialisten (SPD) und der Unabhängigen Sozialdemokratischen Partei (USPD) verließen die Mehrheitssozialisten die Regierung. Am 9. November 1918 entsagte der deutsche Kaiser *Wilhelm II.* dem Thron und begab sich nach Holland. Am Mittag dieses Tages trug der bisherige Reichskanzler *Prinz Max von Baden (1867 bis 1929)* dem Sozialdemokraten *Friedrich Ebert* (1871 bis 1925) die Regierung des Reiches an. Um 14 Uhr rief Eberts Parteifreund *Philipp Scheidemann* (1865 bis 1939) vor dem Reichstagsgebäude in Berlin die deutsche Republik aus. Dies geschah vor allem aus Angst vor den Bestrebungen der Spartakisten, die eine Revolution im Sinne einer Rätediktatur anstreben. Am Nachmittag desselben Tages rief der Führer des Spartakusbundes, *Karl Liebknecht* (1871 bis 1919), vom Balkon des Berliner Schlosses

5 T. Nipperdey, Dt. Gesch. 1866–1918, Bd. 2, S. 861 ff.
6 C. Gusy, JZ 1994, 753, 757.

eine „freie sozialistische Republik“ aus. Überall im Land bildeten sich Arbeiter- und Soldatenräte.

Die Frage, die sich in Deutschland nun stellte, lautete: Rätestaat oder parlamentarische Demokratie? Um die politische Gewalt nicht in die Hände der Arbeiter- und Soldatenräte fallen zu lassen, die versuchten, die Macht an sich zu reißen, hatte Reichskanzler *Prinz Max von Baden* sein Amt *Friedrich Ebert* übertragen. Ebert konstituierte mit zwei anderen Mitgliedern seiner Partei (Mehrheitssozialisten) und drei Mitgliedern der Unabhängigen Sozialisten den *„Rat der Volksbeauftragten“*. Die Arbeiter- und Soldatenräte betrieben überall in Deutschland den offenen Bruch mit dem alten Staatssystem. Der Berliner Arbeiter- und Soldatenrat erkannte den Rat der Volksbeauftragten an, der sich von nun an häufig als „Reichsregierung“ bezeichnete und das Fortbestehen der Reichsbehörden anordnete. 794

Auf einer für den 16. bis 21. Dezember 1918 nach Berlin einberufenen Reichsversammlung der Arbeiter- und Soldatenräte erklärten sich diese am 18.12.1918 zu Repräsentanten der gesamten politischen Macht in Deutschland und beschlossen, gemäß dem Programm der Mehrheitssozialisten für den 19. Januar 1919 Wahlen für eine *verfassunggebende Nationalversammlung* anzusetzen. Bis zu einer anderweitigen Regelung durch die Nationalversammlung übertrugen sie dem Rat der Volksbeauftragten die gesetzgebende und vollziehende Gewalt. Es wurde ein *Zentralrat der deutschen Arbeiter- und Soldatenräte* gebildet, der die Regierung parlamentarisch überwachen und dem auch das Recht zustehen sollte, die Volksbeauftragten zu berufen und abzuberufen. 795

Am 1.1.1919 wurde die „Revolutionäre Kommunistische Arbeiterpartei Deutschlands“ gegründet. In der ersten Januarhälfte erhoben sich die Spartakisten in Berlin und erklärten die Reichsregierung für abgesetzt. Nach blutigen bewaffneten Auseinandersetzungen wurde der Aufstand durch Truppen, die aus Freiwilligenverbänden bestanden, die sich der Regierung unterstellt hatten, niedergeworfen. Der Zentralrat der Arbeiter- und Soldatenräte hatte sich bereits am 7.1.1919 öffentlich zur Regierung Ebert bekannt. 796

Die am 19. Januar 1919 auf der Grundlage einer allgemeinen, freien, unmittelbaren und geheimen Wahl nach dem Verhältniswahlrecht durchgeführten Wahlen zur *Nationalversammlung* erbrachten für die Parteien folgendes Ergebnis: Sozialdemokraten 40 %;, Zentrum 19 %;, Demokratische Partei 18 %;, USPD (nach der Spaltung der sozialistischen Bewegung nun die Kommunisten) 7 %;, die Rechtsparteien 15 %;. Danach ergab sich, dass eine von der Nationalversammlung zu schaffende Verfassung aus einem von Sozialdemokraten, Zentrum und Demokraten zu bildenden Kompromiss hervorgehen musste.

Am 6.2.1919 trat die *Nationalversammlung in Weimar* zusammen, um frei von dem Druck der in Berlin noch wirkenden radikalen Kräfte beraten und entscheiden zu können. Die bewaffneten Auseinandersetzungen dauerten während der gesamten Phase der Verfassungsgebung an und waren bei Abschluss derselben noch nicht beendet. Mit dem Gesetz über die vorläufige Reichsgewalt vom 10.2.1919 schuf die Nationalversammlung zunächst eine provisorische Zentralgewalt (sog. Notverfassung).

**797** Im Wesentlichen wurde dabei das bereits im Oktober 1918 eingeführte parlamentarische Regierungssystem beibehalten. An die Stelle des Kaisers trat nun der von der *Nationalversammlung* zu wählende *Reichspräsident*. Die Reichsgesetzgebung oblag der Nationalversammlung. Allerdings bedurfte es zum Zustandekommen eines Gesetzes der Übereinstimmung der Nationalversammlung und des *Staatenausschusses*, der als Vertretung der Länder geschaffen worden war. Der Reichspräsident hatte als Regierung ein *„Reichsministerium"* zu ernennen, das des Vertrauens der Nationalversammlung bedurfte und dieser verantwortlich war. Die Entscheidung über die zu schaffende Reichsverfassung war allein der Nationalversammlung, d. h. ohne Staatenausschuss, vorbehalten.

Am 11. Februar 1919 wählte die Nationalversammlung *Friedrich Ebert* zum ersten Reichspräsidenten. Bereits einen Tag zuvor war der Rat der Volksbeauftragten zurückgetreten.

**798** Man kann davon sprechen, dass mit dem Inkrafttreten der Notverfassung eine revolutionäre Periode beendet und Deutschland wieder auf gesetzlicher Grundlage regiert wurde Damit war eine Entscheidung zugunsten einer parlamentarischen Demokratie und gegen ein Rätesystem sowjet-russischer Prägung gefallen. Mit diesem Ergebnis wollten sich die links von den Mehrheitssozialisten angesiedelten politischen Kräfte allerdings nicht zufrieden geben. Sie versuchten in vielen Gebieten des Reiches – neben Berlin im Ruhrgebiet, in Mitteldeutschland, Hamburg und Bremen – gewaltsam die Macht zu ergreifen. In Bayern wurde eine Räterepublik proklamiert. Es gelang der Reichsregierung, im Zusammenwirken mit dem Militär die Oberhand zu behalten.

**Schrifttum:** C. Gusy, Die Entstehung der Weimarer Reichsverfassung, JZ 1994, 753 ff.; T. Nipperdey, Deutsche Geschichte Bd. 2, S. 833 ff.

## II. Die Weimarer Reichsverfassung (WRV)

**1. Die Entstehung.** Die *Nationalversammlung* beschloss die *Reichsverfassung* am 31. Juli 1919 in dritter Lesung mit 262 gegen 75 Stimmen. Am 11. August 1919 wurde sie vom Reichspräsidenten verkündet. 799

Im Zusammenhang mit der Entstehung der Weimarer Reichsverfassung werden Fragen nach der rechtsschöpferischen Kraft der Revolution und nach dem revolutionären Ursprung der Reichsverfassung erörtert. Jedenfalls hatte die Reichsverfassung vom 11. August 1919 „ihre unmittelbare Grundlage im Alleinentscheid der deutschen Nationalversammlung".[7] Diese leitete ihren Auftrag und ihre Vollmacht aus der vom revolutionären Rat der Volksbeauftragten am 30. November 1918 angeordneten und vom revolutionären Reichskongress der Arbeiter- und Soldatenräte am 19. Januar 1919 durchgeführten allgemeinen Volkswahl ab. Festzuhalten ist, dass der Übergang von der konstitutionellen Monarchie zur ersten Republik in einer Situation stattfand, die durch Kriegswirren und den völligen militärischen und politischen Zusammenbruch mit allen seinen wirtschaftlichen und sozialen Folgen geprägt war. All dies war, wie der Zusammenbruch des alten Reiches im Jahre 1806 und der zweite Zusammenbruch Deutschlands 1945, nicht vorhersehbar und passt deshalb in kein Regelwerk. Allein mit juristischen Kategorien sind solche Vorgänge nicht erfassbar.

**2. Leitgedanken.** Versucht man, die *Weimarer Reichsverfassung* in einen größeren historischen Zusammenhang einzuordnen, so wirkt sie weniger wie ein revolutionärer Aufbruch denn als eine evolutionäre Weiterentwicklung rechts- und verfassungsrechtlicher Elemente, die auf einer gewachsenen Tradition beruhen. Statt der anfangs von manchen Kräften angestrebten Räterepublik setzte sich nach den Wahlen zur verfassunggebenden Nationalversammlung rasch das Konzept einer konstitutionellen Demokratie durch.[8] Dasselbe ist charakterisiert durch 800

- die Anerkennung des föderalen Prinzips;
- eine repräsentative Volksvertretung auf der Basis eines allgemeinen und gleichen die Frauen einschließenden Wahlrechts;
- ein parlamentarisches Regierungssystem;

---

7 E. R. Huber, Bd. 6, S. 5 f.
8 H. Dreier, HGR I § 4 Rdnr. 6.

- eine relativ starke Stellung eines vom Volk gewählten Präsidenten mit wichtigen Kompetenzen bei der Regierungsbildung;
801 – umfangreiche Grundrechtsgewährungen in Fortsetzung der Verfassungstradition des 19. Jahrhunderts.

Es ist zutreffend darauf hingewiesen worden, dass diese Verfassung in einer Zeit äußerer Gefährdung der deutschen Existenz die nationalstaatliche Einheit und zugleich die ihr nach der Überlieferung zugeordnete *bundesstaatliche Gliederung* gewahrt habe; sie entwickelte den „die Suprematie des Reiches vor den Gliedstaaten voll gewährleistenden national-unitarischen Bundesstaat".[9] Durch verstärkte Gewaltenteilung, vermehrte Grundrechtsgarantien und erweiterte Gerichtsbarkeit baute die Reichsverfassung das schon im früheren Recht angelegte System des Freiheitsschutzes zum vollentfalteten Rechtsstaat aus. *Rechtsstaatsprinzip* und *Gewaltenteilung* wurden zu prägenden Elementen in der neuen deutschen parlamentarischen Demokratie. Eine der wichtigen Grundentscheidungen der Verfassung ist in Art. 17 WRV enthalten, der die parlamentarische Demokratie zu einem unaufhebbaren Verfassungsprinzip erhob. Danach war die Wiederherstellung der Monarchie ebenso unmöglich wie der Übergang zu einem Rätesystem.

802 **3. Grundrechte und Grundpflichten.** Die Weimarer Reichsverfassung weist einen eindrucksvollen *Grundrechtskatalog* auf, der die Paulskirchentradition erkennen lässt und alle liberalen Freiheitsrechte des 19. Jahrhunderts enthält. Das wird bei den Freiheits- und Gleichheitsrechten deutlich, die zu den Grundideen der Verfassung gehören.

Der Grundrechtsteil der WRV zeichnete sich durch ein „heterogenes Nebeneinander völlig unterschiedlicher Regelungen" aus.[10] Soziale Grundrechte stehen neben Abwehrrechten, Normen über die Organisation der Gesellschaft neben Verfassungsaufträgen des objektiven Rechts. Weitgehend geschlossen wirken die für den politischen Status des Bürgers konstituierenden Rechte: Meinungs- und Pressefreiheit (Art. 118 WRV), Versammlungs- und Vereinigungsfreiheit (Art. 123, 124 WRV), Gleichheit der staatsbürgerlichen Rechte und bei der Wahl (Art. 135, 136 WRV).

803 Bei den Grundrechten der Weimarer Reichsverfassung handelte es sich nicht lediglich um Programmsätze, sondern um unmittelbar gel-

9 E. R. Huber, Bd. 6, S. 23.
10 C. Gusy, Weimar, S. 43.

tendes Recht.[11] Beklagt worden ist die schwache Justitiabilität der Grundrechte. Zu berücksichtigen ist aber, dass die Grundrechte gegen die wachsende Republikfeindlichkeit weiter Kreise der Bevölkerung und extremer Ideologien weder in ihren liberalen noch in ihren sozialen Inhalten einen wirksamen Schutz bilden konnten.[12]

Es ist allerdings nicht nur von Grundrechten, sondern auch von *Grundpflichten* die Rede, in denen die soziale Komponente im Hinblick auf das Gemeinschaftsleben sowie Bildung und Schule, insbesondere aber für das Wirtschaftsleben ihren Ausdruck fand.

So forderte Art. 151 WRV, die Ordnung des Wirtschaftslebens müsse den 804
Grundsätzen der Gerechtigkeit mit dem Ziele der Gewährleistung eines menschenwürdigen Daseins für alle entsprechen. Eigentum sollte nun auch verpflichten; sein Gebrauch sollte zugleich „Dienst für das gemeine Beste" sein (Art. 153 Abs. 2 WRV). Art. 155 WRV machte die *Bodenreform* zu einer Aufgabe des Staates. Art. 157 WRV stellte die Arbeitskraft unter den besonderen Schutz des Reiches und enthielt mit dem Satz „Das Reich schafft ein einheitliches Arbeitsrecht" ein Programm zur Kodifikation eines sozialen Arbeitsrechts, das den Arbeitnehmern ein höchstmögliches Maß an sozialer Freiheit und Sicherheit gewähren sollte. Art. 163 WRV erkannte das Recht auf Arbeit und die Pflicht zur Arbeit an. Das „Recht auf Arbeit" war allerdings kein einklagbares Recht; die einzige Sanktion für seine Verletzung bestand in der Pflicht, für den „notwendigen Unterhalt" zu sorgen.[13] Die institutionelle Garantie des Betriebsverfassungsrechts (Art. 165 WRV) zielte auf das verfassungsrechtliche Programm der „Räteorganisation". Den Arbeitnehmern wurde eine Wahrnehmung ihrer sozialen und wirtschaftlichen Interessen in „Betriebsarbeiterräten", „Bezirksarbeiterräten" und im „Reichsarbeiterrat" zugestanden.

**4. Gesetze zum Schutz der Republik.** Die WRV gestattete den Er- 805
lass von Gesetzen zu ihrem eigenen Schutz. So konnten eine Reihe von Gesetzen und Notverordnungen zum Schutz der Verfassung geschaffen werden, deren Vereinbarkeit mit der Reichsverfassung ungeachtet der verfassungsrechtlichen Kritik an Einzelnormen stets bejaht worden ist. Dabei zeigte sich im Laufe der Zeit eine Abwendung vom Gedanken des Republikschutzes und eine Hinwendung zum Gedanken des Staatsschutzes (z. B. die Notverordnungen zu Bekämpfung politischer Ausschreitungen). Staatsschutz und Republikschutz fielen inhaltlich immer stärker auseinander.[14] Bedingt war dieser Wandel durch die politischen Krisen. Dass das Republikschutzrecht den Un-

11 H. Dreier, HGR I § 4 Rdnr. 12 und 38.
12 W. Pauly, S. 67 ff.
13 T. Ramm, in: Das Recht des Menschen auf Arbeit, S. 75 f.
14 C. Gusy, Weimar, S. 367 ff.

tergang der Republik nicht verhindern konnte, wird u. a. mit der These von der „Republik ohne Republikaner“ erklärt. Einleuchtender ist allerdings die These, die Republik von Weimar ist nicht zugrundegegangen, weil ihr Schutz zu schwach war, sondern weil ihre Gegner zu stark waren.[15]

806 Wie sich im Verlaufe der weiteren politischen Entwicklung zeigen sollte, kam dem in der Verfassung verankerten *Notverordnungsrecht des Reichspräsidenten (Art. 48 WRV)* eine besondere Bedeutung zu. Nach Art. 48 Abs. 2 WRV konnte der Reichspräsident, „wenn im Deutschen Reiche die öffentliche Sicherheit und Ordnung gefährdet wird, die zur Wiederherstellung der öffentlichen Sicherheit und Ordnung nötigen Maßnahmen treffen“ und erforderlichenfalls mit Hilfe der bewaffneten Macht einschreiten. Diese Maßnahmen mussten allerdings dem Reichstag unverzüglich zur Kenntnis gebracht werden, der sie außer Kraft setzen konnte (Art. 48 Abs. 3 WRV). Als 1930 der Reichstag praktisch arbeitsunfähig geworden war, wurde das Reich gestützt auf Art. 48 Abs. 2 WRV regiert. Reichsgesetze ergingen in der Form von Notverordnungen. Art. 48 WRV verlieh dem *Reichspräsidenten* eine starke Stellung.

**Schrifttum:** H. Dreier, Die Zwischenkriegszeit, in: HGR I § 4; C. Gusy, Weimar – die wehrlose Republik? Verfassungsschutzrecht und Verfassungsschutz in der Weimarer Republik, 1991; W. Pauly, Grundrechtslaboratorium Weimar, 2004; T. Ramm, Das Recht auf Arbeit und die Gesellschaftsordnung, in: Ryffel/Schwartländer (Hrsg.), Das Recht des Menschen auf Arbeit, 1983, S. 65 ff.; M. Stolleis, Geschichte des öffentlichen Rechts, Bd. 3, S. 80 ff.; D. Willoweit, Deutsche Verfassunsggeschichte, § 37.

## III. Der Zusammenbruch des Weimarer Verfassungsstaats

807 Der Kollaps des Weimarer Verfassungssystems nach einer nur kurzen Lebensdauer der Weimarer Republik und ihrer Verfassung gehört zu den politisch schwerwiegendsten und rechtsgeschichtlich bedeutsamsten Vorgängen in der Geschichte des 20. Jahrhunderts, zeigte sich doch, dass sich ein Rechtssystem als unfähig erwiesen hatte, seinen eigenen Untergang zu verhindern.[16]. Keineswwegs darf daraus der Schluss gezogen werden, die Weimarer Reichsverfassung sei eine schlechte Verfassung gewesen. Sie war, wie *C. Gusy* bemerkt, eine gute Verfassung in schlechter Zeit.[17]

15 C. Gusy, Weimar, S. 370.
16 D. Willoweit, ZNR 1990, 186 f.
17 ZNR 2010, 224.

Es waren zwei Dokumente, die der Weimarer Zeit (1919–1933) ein besonderes Gepräge gegeben haben: Die *Weimarer Reichsverfassung* (WRV), die der inneren Struktur des Reiches einen neuen Charakter verlieh, und der *Friedensvertrag von Versailles,* der in der innenpolitischen Auseinandersetzung eine verhängnisvolle Rolle spielen und nicht unerheblich zur Zerstörung des Rechtsstaats beitragen sollte.

Der Versailler Vertrag bildete zwar den völkerrechtlichen Endpunkt des 808
Ersten Weltkrieges, verhinderte aber die erhoffte Verständigung mit den Kriegsgegnern auf der Ebene der Selbstbestimmung und der Gleichberechtigung. Der Vertrag war ein Diktat, das Deutschland vom neu geschaffenen Völkerbund ausschloss und es zu erheblichen Gebietsverlusten zwang; außerdem erlegte er dem besiegten Deutschland Reparationen auf, die in dieser Höhe nicht zu leisten waren.[18]

Der „Schandvertrag von Versailles", wie er in Deutschland von vielen genannt wurde, verhinderte nicht nur eine Aussöhnung zwischen den Kriegsgegnern und damit stabile politische Verhältnisse in Mitteleuropa, er führte in Deutschland auch zu erbitterten innenpolitischen Auseinandersetzungen über die sogenannte Erfüllungspolitik der Regierung, eine außenpolitische Strategie, die den Versuch unternahm, im Wege der Erfüllung des Vertrages die Unerfüllbarkeit der aus ihm erwachsenden Forderungen nachzuweisen. Außerdem förderte der Vertrag einen deutschen Revanchismus, über dessen Ursächlichkeit für das Entstehen und Erstarken des NS-Regimes gestritten wird. Jedenfalls führten die innenpolitischen Auseinandersetzungen verbunden mit gravierenden wirtschaftlichen Problemen und deren Folgen dazu, dass große Teile der Bevölkerung die parlamentarische Demokratie ablehnten und sich antidemokratischen Strömungen anschlossen.

Es wird die These vertreten, die deutsche Intelligenz und das Bür- 809
gertum seien stärker als die Menschen in den westlichen Demokratien der Verführungskraft von antidemokratischen, antiindividualistischen und irrationalen Ideologien ausgeliefert gewesen.[19] Unter *antidemokratischem Denken* ist in diesem Zusammenhang ein Denken zu verstehen, das auf die *Ablösung der Weimarer Republik* durch andere politische Gestaltungsformen gerichtet war. Indem dieses antidemokratische Denken den bestehenden Staat geistig unterhöhlte und für einen anderen wie auch immer gearteten Staat eintrat, bewirkte es

18 M. Stolleis Bd. 3, S. 86 f.
19 K. D. Bracher, Die deutsche Diktatur, S. 28.

„eine Art geistige Auszehrung der Demokratie" und vereitelte den Konsensus der Staatsbürger, auf dem die demokratische Verfassung eines Gemeinwesens beruhen muss, wenn es funktionieren soll.[20]

810 Die *Opposition*, wie sie sich in der Weimarer Republik äußerte, war keine Opposition im Sinne einer funktionierenden Demokratie. Die eigentliche Opposition in der Weimarer Republik richtete sich weitgehend in Gestalt einer Widerstandshaltung gegen die Republik und gegen die Demokratie als solche. Das, was diese Opposition einte, war die Zielrichtung: die Weimarer Republik selbst war der Feind und nicht etwa Gegenstand staatsbürgerlicher Verantwortung.[21]

Viele derjenigen, die in der Republik eine bekämpfenswerte Institution sahen, schlossen sich letztlich der nationalsozialistischen Massenbewegung an, weil sie auf diese Art und Weise ihr Ziel zu erreichen glaubten. Manche dieser Leute, die keineswegs voll mit dem Gedankengut des Nationalsozialismus sympathisierten, sahen in der Partei Hitlers, der NSDAP (= Nationalsozialistische Deutsche Arbeiterpartei), eine politische Kraft, die die brüchige Demokratie der zwanziger und dreißiger Jahre zum Einsturz bringen konnte.

811 Die auf antidemokratisches Denken gestützte Polemik richtete sich vor allem gegen den Parlamentarismus und das Parteiensystem, bzw. das, was man darunter verstand. Vielfach wurde die Meinung vertreten, dass das parlamentarische System für das 20. Jahrhundert nicht mehr die geeignete Regierungsform darstelle.[22] Dabei tat sich besonders der Staatsrechtslehrer *Carl Schmitt* (1888–1985) hervor, der in scharfsinniger Weise und sehr wirkungsvoll die verfassungspolitische Situation analysierte und zu dem Ergebnis gelangte, dass der moderne Parlamentarismus seine geistige Grundlage verloren habe. *Carl Schmitt* forderte eine „totale Demokratie", in der es liberale Prinzipien nicht mehr geben sollte. Auf diese Art und Weise wurde zunächst suggeriert, dass Demokratie und Diktatur nun nicht mehr als ein Gegensatz, sondern als durchaus miteinander vereinbar angesehen wurden.[23]

Teil des politischen Kampfes, den die Nationalsozialisten in der Weimarer Zeit führten, waren Kritik und Angriffe an der und auf die Justiz. In den frühen Jahren richteten sie sich vor allem auf das Verhältnis von Juden und Justiz.

20 K. Sontheimer, in: Der Weg in die Diktatur, S. 53.
21 K. Sontheimer, in: Der Weg in die Diktatur, S. 53 ff.
22 K. D. Bracher, Die Auflösung, S. 34 ff.
23 K. D. Bracher, Die Auflösung, S. 34 ff.

Ein Hauptpunkt war stets die angebliche Linkslastigkeit der Rechtsprechung.[24]

**Schrifttum:** K. D. Bracher, Die deutsche Diktatur. Entstehung, Struktur, Folgen des Nationalsozialismus, 7. Aufl. 1993; derselbe, Stufen der Machtergreifung, in: Bracher/Schulz/Sauer (Hrsg.), Die nationalsozialistische Machtergreifung. Studien zur Errichtung des totalitären Herrschaftssystems in Deutschland 1933/34, Bd. I, 1974; M. Crohn, Die deutsche Justiz im Urteil der Nationalsozialisten 1920–1933, 1991; C. Gusy, Die Weimarer Reichsverfassung und ihre Wirkung auf das Grundgesetz, ZNR 2010, 208 ff.; K. Sontheimer, Antidemokratisches Denken in der Weimarer Republik, in: Der Weg in die Diktatur 1918–1933, 1962; H.-U. Wehler, Deutsche Gesellschaftsgeschichte, Bd. 4, 2003, S. 542 ff.; D. Willoweit, Ist eine Verfassungsgeschichte der Weimarer Republik als Rechtsgeschichte möglich? ZNR 1990, 186 ff.; H. A. Winkler, Weimar 1918–1933. Die Geschichte der ersten deutschen Demokratie, 1998.

## § 22. Die Entwicklung der Rechtsgebiete und der Rechtspflege

### I. Das Privatrecht

**1. Überblick.** Mit der Entscheidung über die Anberaumung allge- 812
meiner Wahlen zur verfassunggebenden Nationalversammlung war die Möglichkeit zur Schaffung eines demokratischen Rechtsstaats und die Gelegenheit für die Weiterentwicklung der bestehenden Privatrechtsordnung geschaffen worden. Die politische Revolution von 1918/19 wurde nicht zu einer wirtschaftlichen. Sie hielt vielmehr an der Privatrechtsordnung fest, letztlich auch deshalb, weil die katastrophale wirtschaftliche Lage nach dem Kriege keine gute Ausgangsposition für eine groß angelegte Sozialisierung gebildet hätte.

**2. Die Aufwertungsrechtsprechung.** Insbesondere die *Inflation* 813
brachte für die Privatrechtsordnung Konfliktlagen, die der Gesetzgeber des BGB nicht vorhergesehen hatte. Die Richter sahen sich nun mit der Frage konfrontiert, welchen Wert im Güterverkehrsrecht die Inflationswährung im Verhältnis zur Vorkriegswährung und zur nachinflationären Rentenmark haben sollte. Die Inflation mit der ungeheuren Entwertung des Geldes veränderte den Leistungsinhalt von bereits geschlossenen Verträgen, weil sie ein zum Teil dramatisches Missverhältnis von Preis und Gegenleistung bewirkte. Das BGB ent-

24 M. Crohn, S. 283 ff.

hält keine Regelung über den „gerechten Preis“, und allein mit § 242 BGB war dem Problem nicht beizukommen. Das Reichsgericht[25] gewährte unter der Voraussetzung, dass es sich um eine ganz außerordentliche grundstürzende Veränderung der beim Vertragsschluss vorausgesetzten Verhältnisse handelte, zunächst ein Rücktrittsrecht.

814 Damit war allerdings das Problem, wie mit den vor Eintritt der Inflation entstandenen hypothekarisch gesicherten Darlehensschulden zu verfahren sei, nicht gelöst. Das Reichsgericht rang sich schließlich zu der Ansicht durch, dass bei ganz außergewöhnlicher Entwertung auch bei sog. Vertragsschulden mit Hilfe des Gesichtspunkts von Treu und Glauben (§ 242 BGB) unbillige Ergebnisse vermieden werden müssten, und sprach sich deshalb – auch weil die Gesetzgebung in dieser Frage versagt hatte –, für eine *Aufwertung* hypothekarisch gesicherter Darlehensforderungen mit Rücksicht auf die starke Entwertung des deutschen Papiergeldes aus.[26] Diese Entscheidung aus dem Jahre 1923 bildete die Grundlage für die später herrschende Ansicht von der Zulässigkeit und Notwendigkeit der Aufwertung aller durch Inflation betroffenen Geldschulden.

Die Aufwertungsrechtsprechung des Reichsgerichts verdient besondere Aufmerksamkeit, weil sie Aufschluss über das Verhältnis Richter und Gesetz gibt. Sie bedeutet die Lösung vom Gesetzespositivismus, die noch das Richterleitbild des 19. Jahrhunderts geprägt hatte (zu den Einzelheiten siehe unten Rdnr. 837 ff.).

815 **3. Das Wirtschaftsrecht.** Für die Aktiengesellschaft war das Auseinanderdriften von Norm und Wirklichkeit schon für die Zeit vor dem ersten Weltkrieg zu beobachten; mit der Inflation nahm dieser Vorgang drastische Formen an. In dem nun einsetzenden Kampf um die Aktiengesellschaft und die Gestaltung des *Aktienrechts* stand die Kompetenz des Privatrechts insgesamt auf dem Spiel, weil die zunehmende Größe und Verflechtung der Aktiengesellschaften ihr volkswirtschaftliches und soziales Gewicht sowie ihre überindividuelle Verantwortung außerordentlich gesteigert hatten. Damit wuchs die Überzeugung von der Legitimation zu Eingriffen in die privatrechtliche Struktur des Aktienwesens.[27]

Die Bestrebungen, das Aktienrecht zu reformieren, gingen vom Schrifttum aus, setzten sich auf den Juristentagen fort und erreichten schließlich die Reichsorgane. Auf der Grenze zwischen Aktienrechtsreform und Sozialpoli-

25 Z. B. RGZ 108, 380.
26 RGZ 107, 78 ff.
27 K. W. Nörr, Zwischen den Mühlsteinen, S. 107 ff.

tik stand die Frage nach der Beteiligung der Arbeitnehmer an Leitung und Kapital der Aktiengesellschaft.

Die wachsende Zahl der Konzernbildungen in der Weimarer Zeit 816
brachte ein neues Rechtsgebiet hervor, das *Konzernrecht.*

In der Weimarer Zeit bildeten sich Begriff und Inhalt des *Wirtschaftrechts* heraus. Zu diesem Thema waren zuvor die unterschiedlichsten Vorstellungen vertreten worden. Die nun herrschende Meinung befürwortete einen Bestand des Wirtschaftsrechts mit festem Norminhalt, der sich an die Gewerbeordnung und das Handelsrecht anlehnte. Das Wirtschaftsrecht sollte als eigene Disziplin neben das bürgerliche Rechts gestellt werden. Das Arbeitsrecht sollte ausgeklammert und die privatrechtliche Ausrichtung des Wirtschaftsrechts betont werden.[28]

**Schrifttum:** K. W. Nörr, Zwischen den Mühlsteinen. Eine Privatrechtsgeschichte der Weimarer Republik, 1988; H. Sandmann, Die Entwicklung von Begriff und Inhalt des Wirtschaftsrechts durch die Rechtswissenschaft in der Weimarer Republik, 2000.

## II. Sozialstaat und neues Arbeitsrecht

**1. Die Stärkung der Rechte der Arbeitnehmer.** Nach 1918 nah- 817
men die Arbeitnehmer an der ihnen lange Zeit vorenthaltenen politischen Macht teil. Sie hatten damit die Möglichkeit, sich wirkungsvoller für die Durchsetzung sozialpolitischer Reformen einzusetzen, welche die sozialistischen Parteien und die Gewerkschaften seit vielen Jahren gefordert hatten, die sich bis dahin aber nur zu einem geringen Teil hatten durchsetzen lassen. Die Weimarer Reichsverfassung enthielt in Art. 157 ff. neben dem Auftrag, ein einheitliches Arbeitsrecht zu schaffen, auch eine institutionelle Garantie des *Betriebsverfassungsrechts.* Art. 161 WRV verhieß die Schaffung eines umfassenden Versicherungswesens unter maßgebender Mitwirkung der Versicherten „zur Erhaltung der Gesundheit und Arbeitsfähigkeit, zum Schutz der Mutterschaft und zur Vorsorge gegen die wirtschaftlichen Folgen von Alter, Schwäche und Wechselfällen des Lebens“.

Von großer Bedeutung für das kollektive Arbeitsrecht waren die 818
Art. 159 und 165 WRV. Mit Art. 159 WRV wurde erstmals das Grundrecht der individuellen Freiheit zum Zusammenschluss (Verei-

28 H. Sandmann, S. 173 ff.

nigungsfreiheit) verfassungsmäßig verankert. Art. 165 WRV erkannte die Tarifverträge ausdrücklich an.

In dem Aufruf der Volksbeauftragten „An das Deutsche Volk“ vom 12. November 1918 war bereits ein Grundsatzprogramm für die Gesetzgebung bis zum Inkrafttreten der Reichsverfassung enthalten, das deutlich die Handschrift der SPD verrät. Auf der Grundlage dieses Aufrufes wurden u. a. folgende gesetzliche Maßnahmen ergriffen: Verordnungen über die Erwerbs(Arbeitslosen)fürsorge (1918), betreffend die Krankenversicherung (1918) und die Regelung der Arbeitszeit (1918), sowie schließlich die Tarifvertragsordnung (1918). Letztere begründete die unmittelbare und unabdingbare Wirkung des Tarifvertrages gegenüber den Einzelarbeitsverträgen.

819 Einen Schritt in Richtung der geforderten Wirtschaftsdemokratie bedeutete das *Betriebsrätegesetz* vom 4.2.1920, das „zur Wahrnehmung der gemeinsamen wirtschaftlichen Interessen der Arbeitnehmer (Arbeiter und Angestellten) dem Arbeitgeber gegenüber und zur Unterstützung des Arbeitgebers in der Erfüllung der Betriebszwecke“ allen Unternehmen mit mindestens 20 Beschäftigten die Einrichtung von Betriebsräten vorschrieb. Den Betriebsräten wurde ein Mitwirkungsrecht bei der Kündigung von Arbeitnehmern eingeräumt. Das Betriebsrätegesetz beendete in normativer Hinsicht endgültig die Etappe der revolutionären Betriebsrätebewegung.[29] 1923 wurde eine neue *Arbeitszeitordnung* erlassen, die den Tarifparteien allerdings das Recht einräumte, durch Vereinbarung von der gesetzlichen Leitregelung abzuweichen.

820 Ein weiteres herausragendes Gesetz war das *Gesetz über Arbeitsvermittlung und Arbeitslosenversicherung* vom 16.7.1927, durch das die „Reichsanstalt für Arbeitsvermittlung und Arbeitslosenversicherung“ als Körperschaft des öffentlichen Rechts mit einem eigenen Unterbau geschaffen wurde; zugleich wurde eine einheitliche, umfassende Zwangsversicherung verordnet. Mit den Beiträgen der Versicherten und deren Arbeitgeber, aber auch mit öffentlichen Mitteln sollten die Leistungen der Anstalt finanziert werden.

821 **2. Arbeitsrecht und Arbeitsgerichtsbarkeit.** Nach dem Ersten Weltkrieg war offenbar geworden, dass das liberale Leitbild des BGB vom freien Spiel der Kräfte überholt war. Die Realität, dass es in der Gesellschaft mehr Schwache als Starke gab, ließ sich nicht mehr verdrängen, zumal infolge der Katastrophen in den auf 1914 folgenden Jahren aus vielen ehemals Starken ebenfalls Schwache geworden waren. Die richtige Konsequenz, die daraus gezogen wurde, war die, dass nun das Recht verstärkt auch für die Schwachen sorgen musste.

29 G. Bender, in: Mohnhaupt (Hrsg.), S. 191, 208.

Deshalb wurde in der Weimarer Reichsverfassung in Art. 157 Abs. 2 festgelegt: „Das Reich schafft ein einheitliches Arbeitsrecht". Schon kurz vor dem Ersten Weltkrieg hatte es Bestrebungen gegeben, das Arbeitsrecht zu vereinheitlichen, die nach dem Kriege wieder aufgenommen wurden. Den Bemühungen, ein deutsches Arbeitsgesetzbuch zu schaffen, war indes kein Erfolg beschieden.[30]

Was das *Arbeitskampfrecht* angeht, so blieb der Gesetzgeber untä- 822
tig, und die Rechtsprechung konnte sich nicht entschließen, aus der Entfaltung des kollektiven Arbeitsrechts auch für den Arbeitskampf weitergehende Folgerungen zu ziehen.[31]

Dem Bedürfnis, Streitigkeiten aus Arbeitsverhältnissen von der in erster Linie auf bürgerlich-rechtliche Streitigkeiten ausgerichteten Zivilgerichtsbarkeit einer den Sozialverhältnissen des Arbeitslebens zugewandten Sondergerichtsbarkeit zuzuweisen, wurde mit dem *Arbeitsgerichtsgesetz* vom 23.12.1926 Rechnung getragen. Damit wurde eine *Arbeitsgerichtsbarkeit* geschaffen, die eine arbeitsrechtliche Rechtsprechung durch einen Instanzenzug von den Arbeitsgerichten über die Landesarbeitsgerichte bis zum Reichsarbeitsgericht eröffnete.

Mit der Errichtung des *Reichsarbeitsgerichts* im Jahre 1927 war für 823
den Bereich des Arbeitsrechts die Rechtsprechung an die Stelle der Legislative als Faktor der Rechtsfortbildung getreten; der Gesetzgeber griff im Wesentlichen nur noch aus krisenpolitischen Gründen ein.[32]

Die Arbeitsverfassung der Weimarer Republik hat über 1933 hinaus Bedeutung erlangt, weil das Arbeitsrecht der Bundesrepublik Deutschland die grundlegenden Entscheidungen der Weimarer Republik übernommen und weitergeführt hat. Das gilt sowohl für die individuelle Arbeitsverbands-(Koalitions-)freiheit und die rechtliche Regelung des Tarifvertrages, als auch für die Betriebsräte, für die umfassende Arbeitsgerichtsbarkeit sowie für die staatliche Arbeitsvermittlung und die Arbeitslosenversicherung[33]

**Schrifttum:** M. Becker, Arbeitsvertrag und Arbeitsverhältnis während der Weimarer Republik und in der Zeit des Nationalsozialismus, 2005; G. Bender, Vom Hilfsdienstgesetz zum Betriebsrätegesetz. Zur rechtlichen Regulierung des industriellen Verhandlungssystems zwischen Reform und Revolution

30 T. Bohle, mit Nachw.
31 K. W. Nörr, Zwischen den Mühlsteinen, S. 199 ff.
32 K. W. Nörr, Zwischen den Mühlsteinen, S. 219.
33 T. Ramm, in: In memoriam Sir Otto Kahn-Freund, S. 225 ff.

(1916–1920), in: Mohnhaupt (Hrsg.), Revolution, Reform, Restauration. Ius Commune Heft 37, 1988, S. 191 ff.; T. Bohle, Einheitliches Arbeitsrecht in der Weimarer Republik. Bemühungen um ein deutsches Arbeitsgesetzbuch, 1990; J. Englberger, Tarifautonomie im Deutschen Reich. Entwicklung des Tarifvertragswesens in Deutschland von 1870/71 bis 1945, 1995; K. W. Nörr, Zwischen den Mühlsteinen. Eine Privatrechtsgeschichte der Weimarer Republik, 1988; T. Ramm, Die Arbeitsverfassung der Weimarer Republik, in: In memoriam Sir Otto Kahn-Freund, 1980, S. 225 ff.

## III. Das öffentliche Recht

824 **1. Das Staatsrecht.** Die Staatsrechtslehre beschäftigte sich zu Zeiten der Weimarer Republik hauptsächlich mit der neu geschaffenen Reichsverfassung, die im Vergleich mit der Verfassung des Kaiserreiches viel Neues enthielt, u. a. einen Grundrechtskatalog, der an die Paulskirchentradition anknüpfte. Zunächst standen Fragen nach der Gültigkeit der im revolutionären Umbruch entstandenen Verfassung im Vordergrund. Sowohl die Staatsrechtslehre als auch die Rechtsprechung akzeptierten fast ausnahmslos die neue Verfassung als im rechtstechnischen Sinne wirksam zustandegekommen. Damit wurde die „rechtsschöpferische Kraft" der Revolution anerkannt.[34]

Angesichts des spannungsreichen Verhältnisses zwischen dem Reich und mehreren Ländern und den damit verbundenen Konflikten beschäftigte das Problem „*Einheit des Staates*" die Staatsrechtslehre in besonderem Maße. Das Problem Einheit des Staates hatte jedoch auch noch eine andere Seite. Viele staatstheoretische Abhandlungen beschäftigten sich mit der Bedrohung der „inneren Einheit" von Staat und Gesellschaft, weil man meinte herausgefunden zu haben, dass sich die aus der Sicherheit der Vorkriegsverhältnisse kommende Gesellschaft als zerissen empfand und auf der Suche nach Einheit in einem zu ihr passenden Staat sei.[35]

825 Ein weiteres viel diskutiertes Thema bildeten *Parlamentarismus* und *Parteienstaat*. Dabei lag der Schwerpunkt der kritischen Auseinandersetzung beim Parteienstaat. Die Weimarer Reichsverfassung enthält keine ausdrückliche Bestimmung über Status und Aufgaben der Parteien. In Art 130 WRV findet sich lediglich der lapidare – eher abwertende – Satz „Die Beamten sind Diener der Gesamtheit, nicht einer Partei." Diejenigen Auffassungen, welche die Parteien und ihre Rolle im demokratischen Parlamentarismus ablehnten oder

34 M. Stolleis, Bd. 3, S. 91.
35 M. Stolleis, Bd. 3, S. 101 ff.

gar verächtlich machten, überwogen, was schließlich dem Ansehen des Parlamentarismus abträglich war.

Ein neues Betätigungsfeld für die Staatsrechtslehre boten die *Grundrechte.* Bedeutsam wurde die Entwicklung einer Lehre zur Sicherung der Grundrechte. Deren Grundgedanke war es, dass der Gesetzgeber den Kernkomplex des jeweiligen Grundrechts nicht zerstören oder bis zur Bedeutungslosigkeit aushöhlen dürfe (Lehre von der institutionellen Garantie). Das sollte dazu führen, dass diejenigen Grundrechte, die reichsverfassungskräftig garantiert waren, für den einfachen Gesetzgeber eine unüberwindbare Sperre bildeten.[36] 826

**2. Das Verwaltungsrecht.** In der Weimarer Zeit setzte sich die im 19. Jahrhundert begonnene Entwicklung des Verwaltungsrechts (siehe oben Rdnr, 640ff.) fort. Zunächst war das Bild der Verwaltungsrechtswissenschaft wegen der in erster Linie der Krisenbewältigung dienenden Gesetzgebung uneinheitlich. Die Bedeutung des Faches wuchs jedoch.[37] 827

Das Verwaltungsrecht der Weimarer Zeit wird durch wichtige dogmatische Fortentwicklungen charakterisiert. Beispielhaft sei die Lehre vom Ermessesn und von den unbestimmten Rechtsbegriffen genannt. Schon vor 1918 hatte man die Frage erörtert. wie weit die Ermessenskontrolle durch die Verwaltungsgrichte gehen sollte.[38] Eine weitere dogmatische Fortentwicklung war der öffentlichrechtliche Vertrag. Die Verwaltung brauchte dringend auch andere Handlungsformen als den hoheitlichen Befehl.[39]

Im Übrigen ist das Verwaltungsrecht der Weimarer Zeit durch die Ausbildung neuer Gebiete gekennzeichnet. Diese Entwicklung führte zu einer neuen Systematik, nämlich zur Bildung eines *Besonderen Verwaltungsrechts*. Zu nennen sind u. a. das Sozialrecht, das Kommunalrecht, das Steuerrecht und das Wirtschaftsverwaltungsrecht.

Ein weiterer wichtiger Schritt zum Rechtsstaat war die eröffnete Möglichkeit, Verwaltungshandeln durch Verwaltungsgerichte nachprüfen zu lassen. Die immer häufiger in Anspruch genommenen Verwaltungsgerichte trugen nicht unerheblich zu Weiterentwicklung des Verwaltungsrechts bei. Viele der von ihnen erarbeiteten Grundsätze haben später Eingang in die Gesetzgebung gefunden. 828

36 H. Dreier, HGR I, § 4 Rdnr. 35 u. 40.
37 M. Stolleis, Bd. 3, S. 205.
38 M. Stolleis, Bd. 3, S. 213.
39 M. Stolleis, Bd. 3, S. 211.

Art. 107 WRV machte den *Ausbau der Verwaltungsgerichtsbarkeit* zur Verpflichtung. Schon im 19. Jahrhundert hatte die Mehrzahl der deutschen Länder die Verwaltungsgerichtsbarkeit zu einem selbstständigen Zweig ihres Justizwesens gemacht. In den Jahren 1920 bis 1930 wurden fünf aufeinander folgende Entwürfe für die Entwicklung einer *Reichsverwaltungsgerichtsbarkeit* erarbeitet, von denen nicht einer verwirklicht wurde. Weil ein Reichsverwaltungsgericht nicht errichtet wurde, blieb die allgemeine Verwaltungsgerichtsbarkeit in der vollen Autonomie der Landesjustizgewalt.

## IV. Das Strafrecht

829 Das im Rahmen der Reichsjustizgesetze geschaffene *Reichsstrafgesetzbuch* blieb in der Weimarer Zeit im Wesentlichen unverändert. Die anlässlich des *Kapp-Putsches* verübten Mordanschläge auf republikanische Politiker führten zur sog. *Republikschutzgesetzgebung*, die vor allem eine Verschärfung des Versammlungs-, Vereins- und Presserechts zum Gegenstand hatte, aber auch im Strafgesetzbuch Niederschlag fand.

Nachdem die Weimarer Reichsverfassung in Art 116 den Grundsatz *nullum crimen sine lege* in den Grundrechtsteil aufgenommen und das Strafmaß (*nulla poena)* ausgenommen hatte, kam dem § 2 RStGB besondere Bedeutung zu, weil er die nulla-poena-Formel beinhaltete.[40]

Die in Folge der Inflation erheblich gewachsene Wirtschaftskriminalität zwang zu einer Wirtschaftskontrollgesetzgebung mit einem dazu gehörenden *Nebenstrafrecht*.

Die *Jugendgerichtsbewegung* führte zur Schaffung *eines Jugendstrafrechts*, welches durch den Erziehungsgedanken und strafrechtlich durch den Besserungsgedanken charakterisiert wird. Das *Jugendgerichtsgesetz* von 1923 schuf die Möglichkeit eines „Rechtsfolgensonderstrafrechts".[41]

## V. Die Rechtspflege

830 **1. Die Hauptprinzipien der Gerichtsbarkeit.** Nach Art. 103 WRV lag die Justizhoheit bei den Ländern; nur in der obersten Instanz blieb sie dem Reich in der ordentlichen Gerichtsbarkeit durch das

---

40 § 2 RStGB lautet: „Eine Handlung kann nur dann mit Strafe belegt werden, wenn diese Strafe gesetzlich bestimmt war, bevor die Handlung begangen wurde."

41 T. Vormbaum, Moderne Strafrechtsgeschichte, S. 164 ff.

Reichsgericht erhalten. Die Weimarer Reichsverfassung enthielt eine „institutionelle Garantie der Hauptprinzipien der Gerichtsbarkeit“[42] in Gestalt von Einzelgewährleistungen, so u. a. durch die Sicherung der sachlichen und persönlichen Unabhängigkeit der Richter (Art. 102 WRV), das Verbot von Ausnahmegerichten (Art. 105 S. 1 WRV), das Verbot der Entziehung des gesetzlichen Richters (Art. 105 S. 2 WRV) und das Verbot rückwirkender Strafgesetze (Art. 116 WRV).

Durch die sog. *Emminger-Reformen* – so benannt nach dem dama- 831
ligen Reichsjustizminister *Erich Emminger (1880 bis 1951)* – wurden wesentliche Teile der Rechtspflege reformiert. Auf der Grundlage des Ermächtigungsgesetzes vom 8. Dezember 1923 wurden die Verordnung über Gerichtsverfassung und Strafrechtspflege vom 4.1.1924 und die Verordnung über das Verfahren in bürgerlichen Rechtsstreitigkeiten vom 13.2.1924 erlassen.

Im *Zivilprozess* wurde der Parteibetrieb zugunsten einer größeren 832
Prozessführungsmacht des Richters abgebaut. Mit der Abschaffung der Parteiherrschaft über die Fristen wurde gleichzeitig das Versäumnisverfahren erleichtert, die Entscheidung nach Lage der Akten eingeführt und die Konzentrierung der Verhandlung auf nur eine mündliche Verhandlung angestrebt.

In der *Strafrechtspflege* wurde u. a. das *Schwurgericht* in seiner alten Form aus der Zeit des Liberalismus beseitigt und unter Beibehaltung der Bezeichnung „Schwurgericht“ in ein kollegiales großes Schöffengericht, besetzt mit 3 Berufsrichtern und 6 Geschworenen (Laien), umgewandelt.[43]

Schon vor diesen Reformen waren durch Gesetze vom 25.4. und 11.7.1922 Frauen zum Schöffen- und Geschworenenamt sowie auch zum Richteramt (Berufsrichter) zugelassen worden.

**2. Die Verfassungsgerichtsbarkeit in der Weimarer Republik.** 833
Die Reichsverfassung (WRV) vom 11. August 1919 sah in Art. 108 die Errichtung eines *Staatsgerichtshofes für das Deutsche Reich* durch ein Reichsgesetz vor. Am 21. Juli 1921 nahm der Staatsgerichtshof für das Deutsche Reich, der organisatorisch beim Reichsgericht in Leipzig eingerichtet worden war, seine Tätigkeit auf. Die Weimarer Reichsverfassung löste sich damit insofern von der verfassungsrechtlichen Tradition des Kaiserreiches von 1871, als sie die Entscheidung

42 So E. R. Huber, Bd. 6, S. 529.
43 T. Vormbaum, Lex Emminger, S. 109ff.

von Verfassungsstreitigkeiten nicht der politischen Autorität des Bundesrates, sondern der Entscheidung eines unabhängigen Gerichtes, des Staatsgerichtshofes, übertrug.

Nach Art. 19 WRV erstreckte sich die Verfassungsgerichtsbarkeit auf Verfassungsstreitigkeiten innerhalb eines Landes, in dem kein Gericht zu ihrer Erledigung bestand, sowie über Streitigkeiten nicht privatrechtlicher Art zwischen verschiedenen Ländern oder zwischen dem Reich und einem Lande. Der *Staatsgerichtshof* war auch für Anklagen gegen den Reichspräsidenten, den Reichskanzler und die Reichsminister zuständig (Art. 59 WRV). Es fehlte allerdings an einer Zuständigkeit für Streitigkeiten zwischen Reichsorganen.

834 Art. 13 Abs. 2 WRV eröffnete auch die Möglichkeit einer *abstrakten Normenkontrolle* über die Vereinbarkeit aller landesrechtlichen Vorschriften mit dem Reichsrecht. Die Zuständigkeit dafür lag allerdings bei den obersten Gerichtshöfen des Reiches, also dem Reichsgericht, dem Reichsfinanzhof und dem Reichsschiedsgericht. Das Reichsgericht[44] eröffnete 1925 im Wege der Rechtsfortbildung den Gerichten die Möglichkeit, die Verfassungsmäßigkeit von Gesetzen inzidenter zu prüfen.

Die meisten Länder der Weimarer Republik errichteten eigene Staatsgerichtshöfe. Nur wenige Landesverfassungen (Oldenburg und Schaumburg-Lippe) enthielten ein Verbot des materiellen richterlichen Prüfungsrechts. Ausdrücklich vorgesehen war es nur in Bayern; für die anderen Länder war die Kompetenz zur Prüfung der Landesverfassungsmäßigkeit der jeweiligen Landesgesetze nicht geregelt. Also stand für sie der Anerkennung des richterlichen Prüfungsrechts nichts im Wege. Außer Bayern gab es in der Weimarer Republik kein Land, in dem eine echte Verfassungsbeschwerde möglich war.[45]

Für die Weimarer Zeit kann also ohne weiteres von einer Verfassungsgerichtsbarkeit gesprochen werden, die wesentlich stärker ausgeprägt war als im Reich von 1871, aber wesentlich schwächer als die Verfassungsgerichtsbarkeit, die später in der Bundesrepublik Deutschland eingerichtet wurde.

835 **3. Richter und Gesetz. a) Die Reaktion auf die politischen Umwälzungen.** Nach 1918 stellte sich die Frage, welcher Erfolg den Bestrebungen derjenigen beschieden war, die sich um eine klare politische und soziale Ortsbestimmung der Justiz im Rahmen der Demokratie bemühten. Viele Richter sahen in der Novemberrevolu-

44 RGZ 111, 320ff.
45 R.Hoke, in: Landesverfassungsgerichtsbarkeit, S. 101f.

tion einen glatten Rechtsbruch, ja Hochverrat. Manche von ihnen vertraten auch die Auffassung, dass die Herrschaft des Parlaments und der Parteien nichts Gutes sei und dem Volk und dem Staat schade.[46]

Von besonderer Bedeutung war die Reaktion des höchsten Gerichts im Staat, des Reichsgerichts, auf die Umwälzungen, die als Folge des Ersten Weltkrieges auftraten. Das Reichsgericht akzeptierte die republikanisch-demokratische Komponente der Revolution ohne Vorbehalt. Die Rechtmäßigkeit der neuen revolutionär begründeten Staatsgewalt wurde einschließlich der Befugnis zur Gesetzgebung anerkannt. Während die republikanisch-demokratische Komponente, die besonders im Strafrecht eine Rolle spielte, akzeptiert wurde, ergaben sich Schwierigkeiten mit der sozialen Komponente der Revolution, die sich vor allem im Privatrecht auswirkte. So zeigt z. B. die Eigentumsrechtsprechung des Reichsgerichts dessen Entschlossenheit, diese Komponente unter Kontrolle zu halten.[47]

**b) Die Rechtsprechung.** Die Rechtsprechung zur Inflations- und Aufwertungsproblematik gibt ein wenig Aufschluss über das Verhältnis zwischen Richter und Gesetz in der Weimarer Zeit. Bis zum Ende des Ersten Weltkrieges hatte ein positivistisches Richterleitbild vorgeherrscht, wenngleich es nicht an Gegenstimmen gefehlt hatte, die sich gegen die Bindung des Richters an das Gesetz ausgesprochen hatten. Am Anfang des 20. Jahrhunderts verstärkte sich unter dem Einfluss der Freirechtsschule die Neigung, den Gesetzesgehorsam des Richters zu verneinen.[48] Die juristische Bewältigung der Inflation verlieh dem Problem der Gesetzesbindung des Richters immense praktische Bedeutung. Während etliche Juristen in der Tradition des Gesetzespositivismus verharrten, beriefen sich andere auf die Bindung des Richters an das Naturrecht, an das allgemeine Rechtsgefühl oder an die herrschende Volksanschauung.[49] 836

Bei denjenigen Juristen, die die Aufwertungsrechtsprechung des Reichsgerichts befürworteten, finden sich verschiedene Argumente. Einige – unter ihnen der bedeutende Zivil- und Prozessrechtler *Paul Oertmann (1865 bis 1938)* – meinten, die Aufwertung durch den Richter entspreche dem geltenden Recht; gestützt auf § 242 BGB forderten sie die Aufwertung, damit die sozialen Verhältnisse der Vor- 837

46 R. Angermund, S. 31 ff. mit Nachw.
47 D. Grimm, NJW 1997, 2725.
48 R. Hempel, S. 45.
49 R. Hempel, S. 77.

kriegszeit jedenfalls teilweise wiederhergestellt würden. Bei anderen, wie z.B. bei *James Goldschmidt* (1874 bis 1940), finden sich verschwommene Anklänge an naturrechtliche Vorstellungen. Nach ihrer Auffassung forderte die neue Autorität des Richters die Aufwertung und damit die Wiederherstellung bestimmter sozialer Verhältnisse.

Man hat in den Entscheidungen des Reichsgerichts einen Sieg der Billigkeit über den Buchstaben des Gesetzes gesehen.[50] Eine Bekräftigung erfuhr diese Entscheidung durch die Erklärung des Richtervereins beim Reichsgericht, in welcher die in diesem Verein zusammengeschlossenen Richter dem Parlament die Aufkündigung des Gehorsams für den Fall androhten, dass der Reichstag durch ein Gesetz das Verbot der Aufwertung beschließen sollte. Damit hatten zum ersten Mal die höchsten deutschen Richter dem Gesetz öffentlich den Gehorsam aufgesagt. Das führte dazu, dass ein neues Leitbild des Richters entstand, nach dem die Richter unter der unklaren Bezeichnung „Richterrecht" für sich quasi gesetzgeberische Macht beanspruchten. Das Zerrbild vom „Subsumtionsautomaten" schien verabschiedet zu sein.[51]

**838** Die Aufwertungsrechtsprechung macht jedenfalls deutlich, dass eine *Abkehr vom Gesetz* trotz der Tradition des 19. Jahrhunderts für die Juristen nicht undenkbar war. Deshalb ist die Frage, weshalb die Juristen nach 1933 – im Großen und Ganzen – widerspruchslos nationalsozialistische Gesetze anwandten, *nicht* einfach mit dem Hinweis auf den Gesetzespositivismus zu beantworten.[52]

**Schrifttum:** R. Angermund, Deutsche Richterschaft 1919–1945, 1996; D. Grimm, Das Reichsgericht in Wendezeiten, NJW 1997, 2719ff.; H. Hattenhauer, Geschichte des Beamtentums, 1980; R. Hempel, Richterleitbilder in der Weimarer Republik. Rechtshistorische Reihe Bd. 4, 1978; R. Hoke, Verfassungsgerichtsbarkeit in den deutschen Ländern in der Tradition der deutschen Staatsgerichtsbarkeit, in: Landesverfassungsgerichtsbarkeit. Teilband I. Geschichte, Organisation, Rechtsvergleichung. Studien und Materialien zur Verfassungsgerichtsbarkeit, Bd. 25; T. Vormbaum, Die Lex Emminger vom 4. Januar 1924. Vorgeschichte, Inhalt und Auswirkungen. Ein Beitrag zur deutschen Strafrechtsgeschichte des 20. Jahrhunderts. Schriften zur Rechtsgeschichte Heft 43, 1988;

50 H. Hattenhauer, Geschichte des Beamtentums, S. 358.
51 H. Hattenhauer, Geschichte des Beamtentums, S. 358f.
52 R. Hempel, S. 124 u. S. 131.

# 8. Kapitel. Recht und Justiz unter der Herrschaft des Nationalsozialismus (1933 bis 1945)

## § 23. Die nationalsozialistische Machtergreifung

### I. Überblick

Mit der Machtübertragung auf Hitler endete nicht nur die erste deutsche Republik. Deutschland hörte auf, das zu sein, was es schon lange vor 1918 gewesen war: ein Rechts- und Verfassungsstaat.[1] Die seit dem 18. Jahrhundert andauernde Entwicklung zum Rechtsstaat wurde abrupt unterbrochen. In 12 Jahren nationalsozialistischer Gewaltherrschaft, dem dunkelsten Kapitel der deutschen Rechtsgeschichte, wurde alles das beiseite geschoben und missachtet, was an wesentlichen Elementen des Rechtsstaates gewachsen war. Erst in den auf das Kriegsende im Mai 1945 folgenden Jahren wurde die rechtsstaatliche Tradition in Deutschland wiederentdeckt. Unter dem starken Einfluss der westlichen Demokratien konnte in Deutschland nun noch ein ganz neues rechtsstaatliches Bewußtsein entstehen. **839**

Nach Ansicht von *H. U. Wehler*[2] lag seit dem ausgehenden 19. Jahrhundert eine Fusion von zwei so mächtigen Ideen-Konglomeraten wie dem Nationalismus und dem Sozialismus in der Luft. Unter dem Dach eines sozialistischen Nationalismus konnte sich ein riesiges Potenzial an sozialen und politischen Bewegungskräften zusammenballen. Das war der Nährboden, auf dem das antidemokratische Denken, das auf die Ablösung der Weimarer Republik durch andere politische Gestaltungsformen gerichtet war, wachsen konnte (siehe oben Rdnrs. 811 ff.). Ein solches Gedankengut verhinderte den Konsens der Staatsbürger im Hinblick auf eine demokratische Verfassung und ermöglichte die nationalsozialistische Machtergreifung. **840**

**Schrifttum:** H. A. Winkler, Weimar 1918–1933. Die Geschichte der ersten deutschen Demokratie, 1998.

---

1 H. A. Winkler, Weimar, S. 595.
2 Deutsche Gesellschaftsgeschichte Bd. 4, S. 542.

## II. Die Folgen der Reichstagswahlen 1933. Hitler wird Reichskanzler

841 Die Nationalsozialisten bezeichneten den 30. Januar 1933 als „Tag der Machtergreifung", weil an diesem Tage Reichspräsident von *Hindenburg* eine Koalitionsregierung des „Nationalen Zusammenschlusses" mit *Adolf Hitler* als Reichskanzler vereidigt hatte. Hitler hatte schon vor der Vereidigung die Forderung nach der Auflösung des Reichstages und nach Neuwahlen erhoben. Am 1. Februar 1933 wurden der Reichstag aufgelöst und Neuwahlen für den 5. März 1933 angesetzt.

Am 27. Februar 1933 brannte das Reichstagsgebäude. Ob und gegebenenfalls welche Nationalsozialisten den Brand gelegt haben, ist umstritten. Jedenfalls konnten diese den Reichstagsbrand schnell politisch ausnutzen, um die Kommunisten auszuschalten und sozialdemokratische Presseorgane zu verbieten.

842 Schon am 28. Februar 1933 erging, gestützt auf Art. 48 WRV, die „Verordnung des Reichspräsidenten zum Schutz von Volk und Staat", mit der wichtige Grundrechte außer Kraft gesetzt wurden. Damit setzte der Abbau rechtsstaatlicher Grundlagen ein, der bis zum Ende des NS-Regimes im Jahre 1945 andauerte. Viele politische Gegner wurden in „Schutzhaft" genommen; die ersten Konzentrationslager (KZ) entstanden. Die anberaumte Reichstagswahl kann nicht mehr als freie Wahl bezeichnet werden.

Nach den Reichstagswahlen vom 5. März 1933 waren die 647 Mandate im Wesentlichen wie folgt verteilt: NSDAP 288, Kampffront Schwarz-weiß-rot 52, Zentrum 73, Bayerische Volkspartei 19, 120 für die SPD und für die KPD 81; die übrigen Stimmen waren zersplittert. NSDAP und Kampffront Schwarz-weiß-rot verfügten über 340 Sitze. Hitler erreichte die Stellung als Reichskanzler legal. Er wurde formal korrekt auf die Weimarer Reichsverfassung vereidigt, mit deren Zerstörung er sofort begann.

## III. Die Ausnutzung des Ermächtigungsgesetzes

843 Im Zuge der eigentlichen *Machtergreifung der Nationalsozialisten*, bei der das Schlagwort von der *nationalen Revolution* benutzt wurde, spielte das *Ermächtigungsgesetz* vom 24. März 1933 eine wesentliche Rolle. Dieses Gesetz wurde vom Reichstag gegen den Widerstand allein der Linksparteien beschlossen. Von den 538 anwesenden Reichstagsabgeordneten stimmten 444 mit Ja und 94 mit Nein.

Das Ermächtigungsgesetz überließ der *Reichsregierung* die volle Gesetzgebungsmacht. So wurde ein permanenter Ausnahmezustand hergestellt. Die einschränkenden Bestimmungen des Ermächtigungsgesetzes, auf Grund derer die bürgerlichen Parteien dem Gesetz glaubten zustimmen zu können, wurden in der Zeit nach Erlass des Gesetzes vielfach verletzt oder überhaupt nicht beachtet. Man kann davon sprechen, dass sich der Reichstag mit dem Ermächtigungsgesetz selbst entmachtet und alle seine Befugnisse auf den Reichskanzler (Adolf Hitler) übertragen hat. Das Gesetz trägt den Namen „Gesetz zur Behebung der Not von Volk und Reich". Es gab den Nationalsozialisten die Chance, das von ihnen befürwortete Führerprinzip im Reich in Verfassungsrecht umzusetzen und damit den „Führer" zum obersten Gesetzgeber und Regenten zugleich zu machen.

Hitler hatte, in der Absicht die Weimarer Demokratie zu vernichten, alle Möglichkeiten, die ihm die Weimarer Verfassung bot, ausgeschöpft und damit eine „Legalitätstaktik" verfolgt, die er sich und seiner Partei verordnet hatte. Damit war er weit erfolgreicher als mit dem Bekenntnis zur Gewalt, dem er sich zehn Jahre zuvor verschrieben hatte.[3] **844**

Die zeitgenössische juristische Literatur war einhellig der Ansicht, dass das Ermächtigungsgesetz die Weimarer Reichsverfassung in wesentlichen Punkten verändert hat.[4] Dem vorhandenen Gesetzgeber Reichstag wurde ein weiterer, nämlich die Reichsregierung hinzugefügt. Indem auch diese nun Gesetze erlassen konnte, war der Grundsatz der Gewaltenteilung verletzt.

Mit der Außerkraftsetzung der Grundrechte und dem Erlass des Ermächtigungsgesetzes waren Kernstücke aus der Weimarer Verfassung herausgebrochen. Die Analyse des Staasrechtslehrers *Carl Schmitt* „Die Weimarer Verfassung gilt nicht mehr" war leider zutreffend. Es war eine „Diktatur mit jederzeit revozierbaren Strukturen" entstanden.[5]

Welcher Stellenwert dem Ermächtigungsgesetz im Rahmen der nationalsozialistischen Machtergreifung zuzumessen ist, hat *Carl Schmitt* schon 1934 in seinem Aufsatz „Ein Jahr nationalsozialistischer Verfassungsstaat"[6] eindrucksvoll dargestellt. In diesem Aufsatz heißt es u. a.: „Es ist daher durchaus nicht **845**

---

3 H. A. Winkler, Weimar, S. 594.
4 E. Wadle, JuS 1983, S. 173.
5 M. Stolleis, Bd. 3, S. 316.
6 C. Schmitt, DR 1934, S. 27 ff.

nur von theoretischem Wert, wenn man von Anfang an betont, dass die Weimarer Verfassung nicht mehr gilt. Alle wesentlichen Begriffe dieser Verfassung, nicht nur ihre Weltanschauung, sondern auch ihre Institutionen und ihre Organisationen, ihre Begriffe von Wahl, von Volk, von Volksvertretung, von Regierung haben heute einen anderen verfassungsrechtlichen Sinn." Carl Schmitt führte weiter aus, das Ermächtigungsgesetz sei „der erste Schritt auf dem neuen Verfassungsboden" gewesen; durch die Wahl am 5. März 1933 habe das deutsche Volk „Adolf Hitler als politischen Führer anerkannt"[7]

846 Nach dem Ermächtigungsgesetz konnte Hitler frei walten und schalten. U. a. wurden am 2. Mai 1933 die Gewerkschaften in die sog. Arbeitsfront eingegliedert; die Reste ihrer Machtstellung, die die Gewerkschaften im Staate innegehabt hatten, waren damit beseitigt. Gleichzeitig wurden auch die Unternehmerverbände gleichgeschaltet, nicht zuletzt, um dem bisherigen pluralistischen Parteiensystem seine „ökonomischen Stützpunkte zu rauben"[8] Ein weiterer wesentlicher Schritt zum totalitären Staat war das Gesetz gegen die Neubildung von Parteien vom 14. Juli 1933. Es ließ als einzige politische Partei in Deutschland die Nationalsozialistische Deutsche Arbeiterpartei zu. Jeder Versuch, eine neue Partei zu bilden, wurde unter Strafe gestellt.

Noch weiter ging das *Gesetz zur Sicherung der Einheit von Partei und Staat* vom 1. Dezember 1933, in dem es u. a. heißt:

„1. Nach dem Sieg der nationalsozialistischen Revolution ist die Nationalsozialistische Deutsche Arbeiterpartei die Trägerin des deutschen Staatsgedankens und mit dem Staat unlöslich verbunden.

2. Sie ist eine Körperschaft des öffentlichen Rechts. Ihre Satzung bestimmt der Führer."

**Schrifttum:** K. D. Bracher, Stufen der Machtergreifung, in: Bracher/Schulz/Sauer (Hrsg.), Die nationalsozialistische Machtergreifung. Studien zur Errichtung des totalitären Herrschaftssystems in Deutschland 1933/34, Bd. I, 1974; C. Schmitt, Ein Jahr nationalsozialistischer Verfassungsstaat, DR 1934, S. 27 ff.; E. Wadle, Das Ermächtigungsgesetz, JuS 1983, S. 170 ff.

## § 24. Rechtsfeindlichkeit und Führerkult

### I. „Recht ist, was dem Volke nützt"

847 Nachdem Hitler neben der „Elastizität der Urteilsfindung zum Zwecke der Erhaltung der Gesellschaft" auch gefordert hatte, das In-

7 C. Schmitt, DR 1934, S. 28.
8 C. Schmitt, DR 1934, S. 29.

dividuum könne nicht „Mittelpunkt der gesetzlichen Sorge sein“, sondern nur das Volk, wurde das *Zurückdrängen des Individuums* zu einem typischen Merkmal der nationalsozialistischen Weltanschauung; der Schutz des Individuums durch die Rechtsordnung wurde als Produkt eines auszumerzenden „freien Rechts im Sinne des Liberalismus“ verketzert.[9] Stattdessen forderte der spätere Reichsjustizminister *Hans Frank*: „Unser Recht soll der Allgemeinheit dienen und nicht dem Individuum, es soll aber sein ein Herrenrecht und nicht ein Sklavenrecht“.[10] Diese Grundeinstellung führte zu der schrecklichen Formel „Recht ist, was dem Volke nützt“, die in zynischer Weise den politischen Nutzen dem Recht gleichsetzt. Sie löste Regierung und Staat von Recht und Moral.[11]

Wenn von artfremden Einflüssen auf das deutsche Recht und von 848
seiner Verfremdung die Rede war, so waren damit zunächst die Einflüsse und Prägungen durch das römische Recht gemeint. Schon im Parteiprogramm der NSDAP vom 25.2.1920 (Punkt 19) heißt es: „Wir fordern Ersatz für das der materialistischen Weltordnung dienende römische Recht durch ein deutsches Gemeinrecht“.[12]

**Schrifttum:** K. D. Bracher, Die deutsche Diktatur. Entstehung, Struktur, Folgen des Nationalsozialismus, 7. Aufl. 1993; H. Coing, Epochen der Rechtsgeschichte in Deutschland, 3. Aufl. 1976; H. Frank, Lebensrecht, nicht Formalrecht, DR 1934, S. 231 ff.; P. Landau, Römisches Recht und deutsches Gemeinrecht. Zur rechtspolitischen Zielsetzung im nationalsozialistischen Parteiprogramm, in: Stolleis/Simon (Hrsg.), Rechtsgeschichte im Nationalsozialismus. Beiträge zur Geschichte einer Disziplin, 1989, S. 11 ff.

## II. Rechtsfeindlichkeit und Pervertierung des Rechts

**1. Die Rechtsfeindlichkeit.** Die für einen Rechtsstaat charakteristi- 849
schen Garantien wurden schnell abgebaut. Hitler gestand die Gleichheit vor dem Gesetz nur denjenigen zu, die deutschen Blutes waren und sich dem unterordneten, was er unter *nationalen Interessen* verstand. Die Funktion des Rechts war seiner Ansicht nach letztlich die Vernichtung des Feindes.[13] Dem Recht kam ausschließlich dienende Funktion im Sinne eines Kampfinstrumentes zur Durchsetzung der nationalsozialistischen Wirklichkeit zu.[14]

9 K. D. Bracher, Die deutsche Diktatur, S. 394.
10 DR 1934, S. 232.
11 H. Coing, Epochen, S. 117.
12 P. Landau, in: Stolleis/Simon, S. 11 ff.
13 K. D. Bracher, Die deutsche Diktatur, S. 394.
14 B. Rüthers, Die unbegrenzte Auslegung, S. 101.

850 Die *Rechtsfeindlichkeit* des Nationalsozialismus war nicht zuletzt begründet in seiner *Totalität* im Sinne eines uneingeschränkten Herrschaftsanspruches über alle Lebensbereiche. Als dafür charakteristisch können u. a. angesehen werden: Die radikale Rassenideologie im Sinne der arisch-nordischen Vorherrschaft, der darauf zurückzuführende hemmungslose Judenhass und „die Vergötzung des biologischen Auslesekampfes mit der Absage an alle humanen Gesichtspunkte, verbunden mit dem schrankenlos vertretenen Führerprinzip",[15] sowie der Satz „Du bist nichts – Dein Volk ist alles!", der nicht zu Unrecht als die Quintessenz der nationalsozialistischen Sozial- und Rechtsdoktrin bezeichnet worden ist.[16]

Dass die nicht nur theoretische, sondern auch praktizierte Rechtsfeindlichkeit zu einer Pervertierung des Rechts führte, war eine unausweisliche Folge. Recht wurde u. a. zur Chiffre für die Ausrottung beliebiger, weltanschaulich definierter, als Gegner erkannter Gruppen, zu denen u. a. die Juden und der innenpolitische Widerstand gehörten.

851 **2. Neue Rechtsquellen. Der Führer als Gesetzgeber.** In seiner Stellung als Reichskanzler hatte Hitler weder nach der Weimarer Reichsverfassung noch aufgrund des Ermächtigungsgesetzes eine selbständige Rechtsetzungsbefugnis. Nachdem auch die Befugnisse des Reichspräsidenten im August 1934 auf ihn übergegangen waren, hätte er als Staatsoberhaupt eine Rechtsetzungsbefugnis für den Erlass lediglich für Notverordnungen aus Art. 48 WRV herleiten können. Davon machte Hitler allerdings keinen Gebrauch. In den ersten Jahren der NS-Herrschaft bediente er sich für Rechtsetzungsakte des Weges über Regierungs- oder Reichstagsgesetze. Ab Oktober 1936 nahm Hitler eindeutig ein selbständiges Verordnungsrecht ohne gesetzliche Ermächtigung für sich in Anspruch.[17] Nicht unerhebliche Teile der staatsrechtlichen Literatur unterstützten dieses Vorgehen und gingen von einer „totalen" Rechtsetzungsbefugnis Hitlers aus. Als Begründung verwiesen manche Autoren darauf, dass sich diese Rechtsetzungsbefugnis aus dem „Wesen der Führung" ergebe.[18]

852 Nach Auffassung des Staatsrechtslehrers *E. R. Huber*[19] wurde das Gesetz, das nicht mehr von einem parteienstaatlichen Parlament, sondern vom Führer

15 B. Rüthers, Die unbegrenzte Auslegung, S. 102.
16 H. Hattenhauer, Rdnr. 634.
17 B. Mertens, S. 15ff.
18 B. Mertens, S. 17f. mit Nachw.
19 E. R. Huber, DR 1939, 275f.

des Volkes und Reiches beschlossen wurde, in seinem Wesen neu und anders. „Das Gesetz ist Entfaltung der völkischen Lebensordnung gemäß dem Plan und durch den Entscheid des Führers." Aus der „Einheit der Führergewalt" wurde nicht nur die unbeschränkte Rechtsetzungsbefugnis Hitlers abgeleitet; die Rechtssetzungsakte des Führers wurden zugleich auch als gleichrangig mit Reichstags- und Regierungsgesetzen angesehen.[20] In der Staatsrechtsliteratur, soweit sie diese Bezeichnung noch verdient, finden sich Sätze wie „der Wille des Führers ist Gesetz"[21] oder der „Befehl des Führers ist der gesetzte Volkswille".[22]

So wurde aufgrund eines veränderten Gesetzgebungsverständnisses der verbindlich geäußerte Führerwille zu einer wichtigen neuen Rechtsquelle. Dies sollte nach Plänen des Reichsinnenministeriums auch in einem „Gesetz über die Reichsgesetzgebung" positivrechtlich geregelt werden. In diesem Gesetz sollte die allein entscheidende Stellung Hitlers bei der Reichsgesetzgebung und die bloß beratende Funktion des Kabinetts ausdrücklich festgeschrieben werden; der Reichstag als Gesetzgeber sollte nicht einmal erwähnt werden.[23]

Die Führergesetzgebung war nicht die einzige neue Rechtsquelle. 853
Es wurde auch eine neue Lehre von den Rechtsquellen entwickelt, um den Geltungsanspruch der überkommenen Gesetze zu relativieren.[24] Der „Geist des Nationalsozialismus" wurde nun zur obersten ungeschriebenen Norm, zur übergesetzlichen Rechtsquelle. Was als nationalsozialistischer Geist anzusehen war, sollte nach *Carl Schmitt*[25] anhand des nationalsozialistischen Parteiprogramms zu ermitteln und in den Entscheidungsgründen der Urteile anzuwenden und darzulegen sein. Das Parteiprogramm der NSDAP wurde so „für das Rechtsdenken und die Rechtswirklichkeit des Dritten Reiches" als gültig erklärt, und zwar „nicht als formelles Gesetz, sondern kraft des schöpferischen Willens des Führers".[26] Somit wurde das Parteiprogramm der NSDAP zum verbindlichen Auslegungsmaßstab.

**3. Die Unterstützung durch Professoren des Rechts.** Eine we- 854
sentliche Rolle bei der beginnenden Pervertierung des Rechts spielten viele Hochschullehrer an den juristischen Fakultäten. Sie übernahmen eine bedeutende Anleitungsfunktion bei der rassisch ausgerich-

20 B. Mertens, S. 17ff. mit Nachw.
21 R. Höhn, DR 1934, S. 433.
22 J. Heckel, S. 325.
23 B. Mertens, S. 18f. mit Nachw.
24 B. Rüthers, NJW 1988, 2825, 2832; derselbe, Entartetes Recht, S. 97f.
25 JW 1934, 717.
26 H. Frank vor dem Deutschen Juristentag 1936, DR 1936, S. 215.

teten Rechtserneuerung nach 1933.[27] Ihr Einfluss auf die Gesetzgebung und die rechtsfortbildende, oft gesetzesfremde Rechtsprechung jener Jahre darf nicht unterschätzt werden. Folgenschwer waren vor allem die von vielen Autoren empfohlenen und dann schließlich auch praktizierten Mittel zur Umdeutung des Rechts, die angesichts der Tatsache, dass die Gesetzesordnung der Weimarer Republik fortbestand, aus der Sicht der zur Macht gelangten Nationalsozialisten notwendig war.

In vielen Bereichen des Rechts kamen überzeugte oder opportunistische Autoren dem NS-Gesetzgeber zuvor und gaben den Gerichten Handlungsanleitungen und Faustregeln an die Hand, „wie sie neuen nationalsozialistischen Wein in die alten Schläuche der überkommenen Rechtsordnung gießen" konnten. Eine Flut von Beiträgen namhafter Juristen galt der Ausrichtung der gesamten Rechtsordnung auf die Weltanschauung des Nationalsozialismus. Dabei wurde die Proklamation einer neuen Rechtsidee zum „Vehikel der Umdeutung des Rechts".[28]

855 Eine besondere Rolle bei der Umgestaltung des Privatrechts im nationalsozialistischen Sinne spielte die später in der Literatur so genannte *„Kieler Schule"*, die sich aus Hochschullehrern der Kieler juristischen Fakultät zusammensetzte An dieser Fakultät war es nach 1933 gelungen, eine weltanschaulich gut aufeinander und auf die gemeinsame Aufgabe abgestimmte Gruppe von Hochschullehrern zu versammeln, die in der Literatur später als „Kieler Gruppe" oder „Kieler Schule" bezeichnet wurden. Zu ihnen gehörten u. a. *K. A. Eckhardt, E. R. Huber, W. Siebert, K. Michaelis, F. Schaffstein, F. Wieacker* und *K. Larenz*. Die geistige Richtung der Kieler Schule entwickelte sich auf der Grundlage der Anschauungen von *C. Schmitt* (vgl. oben Rdnr. 854); man wollte auf den meisten Rechtsgebieten, die Rechtswissenschaft im nationalsozialistischen Sinne durchdringen und versuchte, das „neue Recht" und damit auch das bisherige Bürgerliche Recht auf einer völlig neuen Grundlage mit einer neuen Methode zu errichten.[29]

Die von *K. Larenz* verfolgte Zielsetzung bestand in dem Austausch der durch das BGB konstituierten Privatrechtsordnung durch ein auf nationalsozialistischer Programmatik aufbauendes neu entwickeltes System. Dieses war vor allem auf die Abkehr von der Freiheit des Individuums als grundlegendem

27 B. Rüthers, NJW 1988, 2825, 2831; derselbe, Entartetes Recht, S. 41 ff.
28 B. Rüthers, NJW 1988, 2825, 2831.
29 R. Frassek, S. 29.

Element des Privatrechts zugunsten einer auf kollektive Gemeinschaftsinteressen zurückgeführten Systematisierung gerichtet; deren Verwirklichung und Umsetzung sollte explizit Sache der nationalsozialistischen Staatsführung sein.[30]

Zu den namhaften Juristen, die den nationalsozialistischen Machthabern bei der Pervertierung der deutschen Rechtsordnung besonders wirkungsvolle Hilfe leisteten, gehörte der Staatsrechtler *Carl Schmitt*. Die Feinde seiner Rechtslehre sah C. Schmitt in dem „Typus des deutschen Juristen", der infolge der Rezeption des römischen Rechts „bis in jedes Atom seiner Existenz hinein geändert und umgebogen worden" ist, und in jüdischem Gedankentum, welches das normativistische Denken im 19. Jahrhundert bereits gefördert habe.[31] C. Schmitt hat sein Wirken in den Jahren nach der sog. Machtergreifung durchaus als eine *praktische Mithilfe* beim Ausbau des nationalsozialistischen Führerstaates begriffen Das zeigt insbesondere seine Rechtfertigung der auf Geheiß Hitlers begangenen Mordaktion im Zusammenhang mit dem sog. *Röhmputsch*. Hitler nahm einen nur behaupteten, in Wirklichkeit aber nicht bevorstehenden Putsch der SA unter Leitung des SA-Führers *Röhm* zum Anlass, um sich bei dieser Gelegenheit einer ganzen Reihe ihm missliebiger Personen zu entledigen, indem er sie – ohne Gerichtsverfahren – ermorden ließ. Am 30. Juni 1934 begann eine drei Tage dauernde Mordaktion, der neben Röhm eine Reihe weiterer hoher SA-Führer zum Opfer fielen. Die Zahl der Mordopfer wird inzwischen aber auf 150 bis 200 geschätzt.[32] An die Spitze derjenigen Juristen, die sich nach der Mordaktion sofort bereit fanden, das brutale Geschehen zu rechtfertigen, setzte sich C. Schmitt mit seiner Schrift „Der Führer schützt das Recht. Zur Reichstagsrede Adolf Hitlers vom 13. Juli 1934".[33] Darin heißt es u. a.: 856

„Der Führer schützt das Recht vor dem schlimmsten Missbrauch, wenn er im Augenblick der Gefahr kraft seines Führertums als oberster Gerichtsherr unmittelbar Recht schafft .... Der wahre Führer ist immer auch Richter. Aus dem Führertum fließt das Richtertum .... In Wahrheit war die Tat des Führers echte Gerichtsbarkeit. Sie untersteht nicht der Justiz, sondern war selbst höchste Justiz ...."

**Schrifttum:** K. D. Bracher, Die deutsche Diktatur. Entstehung, Struktur, Folgen des Nationalsozialismus, 7. Aufl. 1993; H. Coing, Epochen der Rechtsgeschichte in Deutschland, 3. Aufl. 1976; H. Frank, DR 1936, S. 215; K. Frassek, Von der „völkischen Lebensordnung" zum Recht. Die Umsetzung weltanschaulicher Programmatik in den schuldrechtlichen Schriften von Karl Larenz (1903–1993), 1996; J. Heckel, Wehrverfassung und Wehrrecht im Großdeutschen Reich, 1939; R. Höhn, Das Gesetz als Akt des Führers, DR 1934, S. 433 ff.; E. R. Huber, Der Führer als Gesetzgeber, DR 1939, S. 275 ff.;

30 R. Frassek, S. 182.
31 DR 1934, S. 225 f.
32 K. D. Bracher, Die deutsche Diktatur, S. 262.
33 Deutsche Juristen-Zeitung 1934, S. 945 ff.; erschienen auch in: Carl Schmitt, Positionen und Begriffe, 1940, S. 199 ff.

K. Larenz, Deutsche Rechtserneuerung und Rechtsphilosophie, 1934; B. Mertens, Rechtsetzung im Nationalsozialismus, 2009; B. Rüthers, Die unbegrenzte Auslegung. Zum Wandel der Privatrechtsordnung im Nationalsozialismus, 4. Aufl. 1991; derselbe, Recht und Nationalsozialismus, NJW 1988, 2825 ff.; derselbe, Entartetes Recht. Rechtslehren und Kronjuristen im Dritten Reich, 1994; C. Schmitt, Nationalsozialistisches Rechtsdenken, DR 1934, S. 225 ff.; derselbe, Nationalsozialismus und Rechtsstaat, JW 1934, S. 713 ff.; derselbe, Der Führer schützt das Recht. Zur Reichstagsrede Adolf Hitlers vom 13. Juli 1934, Deutsche Juristen-Zeitung 1934, S. 945 ff.; F. Wittreck, Nationalsozialistische Rechtslehre und Naturrecht – Affinität und Aversion, 2008.

## III. Rasse und Recht

857 Ein weiteres Merkmal der nationalsozialistischen Rechtsauffassung war der Rassenwahn, der sich vor allem im Hass und in der Bekämpfung alles Jüdischen äußerte und sehr schnell zur Außerkraftsetzung rechtsstaatlicher Standards, wie z. B. des Gleichheitsgrundsatzes, führte. Charakteristisch war die Aussage, im Rassegedanken sei „die ganze nationalsozialistische Rechtslehre verankert“.[34]

858 Die Rassedoktrin, die sich vor allem gegen die Juden richtete, fand auch in einschneidenden Gesetzen ihren Niederschlag. Als Beispiel dafür seien die sog. *Nürnberger Gesetze* und deren Umsetzung in die Praxis genannt. In dem vom Reichstag beschlossenen „Gesetz zum Schutze des deutschen Blutes und der deutschen Ehre vom 15. September 1935“ wurden Eheschließungen zwischen Juden und Staatsangehörigen deutschen oder artverwandten Blutes verboten. Dennoch geschlossene Ehen sollten nichtig sein. Außerehelicher Verkehr zwischen Juden und Staatsangehörigen deutschen oder artverwandten Blutes war untersagt. Juden durften weibliche Staatsangehörige deutschen oder artverwandten Blutes unter 45 Jahren nicht in ihrem Haushalt beschäftigen. Wer den Verboten zuwiderhandelte, sollte mit Zuchthaus oder Gefängnis bestraft werden.

In einem Kommentar (*Stuckart/Globke*) zu den Rassegesetzen, die einen wesentlichen Teil deutscher Rechtstradition vernichteten, heißt es u. a.:
„Den Lehren von der Gleichheit aller Menschen und von der grundsätzlich unbeschränkten Freiheit des einzelnen gegenüber dem Staate setzt der Nationalsozialismus hier die harten, aber notwendigen Erkenntnisse von der naturgesetzlichen Ungleichheit und Verschiedenartigkeit der Menschen entgegen. Aus der Verschiedenartigkeit der Rassen, Völker und Menschen folgen zwangsläufig Unterscheidungen in den Rechten und Pflichten der Einzelnen.“

34 H. Nicolai, DR 1934, S. 76.

Gegen die nun außerhalb der Rechtsordnung stehenden Juden wurden Gewalttaten begangen, die nicht verfolgt wurden. Die meisten deutschen Juden, die im Lande geblieben waren, und auch die in den von den Deutschen besetzten Gebieten wurden in Konzentrationslager gebracht, wo die meisten von ihnen zu Tode kamen. 859

Eine Fortsetzung der Judenverfolgung bildete u. a. die „Verordnung zur Ausschaltung der Juden aus dem deutschen Wirtschaftsleben" vom 12.11.1938 mit den dazu ergangenen Durchführungsverordnungen. Damit wurde der Zweck verfolgt, „den jüdischen Einfluss auf die deutsche Wirtschaft völlig zu brechen und damit die Judenfrage auf wirtschaftlichem Gebiet endgültig zu lösen".[35] Der im Reichsjustizministerium tätige Jurist *W. Hefermehl*[36] sprach von der „Gesamtentjudung der deutschen Wirtschaft". Eine weitere von vielen Maßnahmen, die nun in immer dichterer zeitlichen Reihenfolge zur Judenverfolgung erlassen wurden, war das „Gesetz über Mietverhältnisse mit Juden" vom 30.4.1939[37], durch welches jüdischen Mietern gegenüber arischen Vermietern der gesetzliche Mieterschutz endgültig entzogen wurde.[38]

Der nationalsozialistische Rassenwahn führte schließlich zur Tötung von ca. 6 Millionen Juden, die zu einem großen Teil in den Vernichtungslagern des Dritten Reiches umkamen. Die systematische Vernichtung der deutschen und europäischen Juden wurde als „Endlösung" bezeichnet.

**Schrifttum:** C. Essner, Die „Nürnberger Gesetze" oder die Verwaltung des Rassenwahns 1933–1945, 2002; W. Hefermehl, Die Entjudung der deutschen Wirtschaft, DJ 1938, S. 1981; H. Nicolai, Grundsätzliches über das Verhältnis von Rasse und Recht, DR 1934, S. 74 ff.; B. Rüthers, Recht und Nationalsozialismus, NJW 1988, 2825 ff.; Stuckart-Globke, Reichsbürgergesetz, Blutschutzgesetz, Ehegesundheitsgesetz, Kommentar zur deutschen Rassegesetzgebung, 1936; J. Walk (Hrsg.), Das Sonderrecht für die Juden im NS-Staat. Eine Sammlung der gesetzlichen Maßnahmen und Richtlinien, 1981.

## IV. Die Verfassungswirklichkeit: Führerkult und Führerstaat

**1. Der Führerkult.** Die Gewaltenteilung wurde wegen der „Einheit der Ideengrundlage" und der „Einheit des Führerprinzips" als mit der nationalsozialistischen Staatsauffassung nicht vereinbar ange- 860

35 W. Hefermehl, Deutsche Justiz 1938, S. 1981.
36 A. a. O.
37 RGBl I, 864.
38 B.Rüthers, NJW 1988, 2825, 2829 f.

sehen.[39] Reichsjustizminister *H. Frank* verkündete 1936 in seiner Rede, die er auf dem Deutschen Juristentag hielt: „Es gibt heute nur eine einzige Macht in Deutschland. Das ist die Macht des Führers".[40] Vom Führer als Gesetzgeber war bereits die Rede (siehe oben Rdnr. 852 ff.). Dies alles führte zu dem, was man als *Führerkult* bezeichnen kann.

Die Fortexistenz des Reichstages nach 1933 widerspricht nur auf den ersten Blick dem „Führerstaat". Der Reichstag wurde zu einem „Akklamationsorgan" degradiert. Hitler wünschte eine Volksvertretung, um seinen seltenen Regierungserklärungen einen besonders feierlichen und würdigen Rahmen zu verleihen und um seinen Ausführungen durch die einstimmige Akklamation gegenüber dem In- und Ausland stärkeres Gewicht zu geben.

861 **2. Die Auswirkungen auf die Verfassung und die Entwicklung des öffentlichen Rechts.** Die Außerkraftsetzung der Grundrechte und der Erlass des Ermächtigungsgesetzes sowie der Umbau des Staates zum Führerstaat hatten für das Verfassungsrecht und damit für das gesamte öffentliche Recht einschneidende Konsequenzen.

Die Staatsrechtslehre stritt zwar anfangs darüber, ob und in welcher Form die Grundrechte in der neuen Rechtsordnung noch gelten könnten; maßgeblich war aber die von *O. Koellreutter*[41] vorgegebene Richtung, es sei selbstverständlich, dass es liberale Grundrechte „im deutschen Führerstaat nicht mehr geben" könne. Derselbe Autor[42] vertrat auch die Ansicht, dass im Übrigen die Artikel der Weimarer Reichsverfassung „aus den Grundwerten des Nationalsozialismus daraufhin geprüft werden (müssten), welcher politische Sinn ihnen im deutschen Führerstaat noch zukommt". Mit der Erklärung von *E. R. Huber* „Freiheitsrechte, Institutsgarantien und institutionelle Garantien fallen in der völkischen Verfassung dahin", die von der herrschenden Lehre akzeptiert wurde, war die Weimarer Grundrechtsordnung endgültig zerschlagen, die Weimarer Reichsverfassung beseitigt.[43] Die Konsequenz daraus zog *R. Höhn*[44] mit dem Satz „Die Grundlagen, auf denen das subjektive öffentliche Recht ruhte,

39 M. Fauser, AöR, Bd. 65, 1935, S. 142.
40 DR 1936, S. 214.
41 Verfassungsrecht, S. 83.
42 Verfassungsrecht, S. 84.
43 E. R. Huber, AöR Bd. 23 N. F., S. 1 ff; derselbe, Verfassungsrecht, S. 363; dazu W. Pauly, HGR I § 14 Rdnr. 14 ff., 19.
44 Das subjektive öffentliche Recht, S. 57.

sind zusammengebrochen." An die Stelle des subjektiven öffentlichen Rechts war nun die *Volksgemeinschaft* getreten. Die Verfassung wurde als die Lebensordnung der Volksgemeinschaft begriffen.

Im Staatsrecht wurden „Volk" und „Gemeinschaft" in den Vordergrund gerückt. An die Stelle der subjektiven Rechte trat die „volksgenössische Rechtsstellung", ein Terminus, der von *E. R. Huber* entwickelt worden war. Volksgenössische Rechtsstellung bezeichnete die „Gliedstellung des Volksgenossen in der Gemeinschaft" als seine Stellung im Recht, wobei unter Recht kein abstraktes Normensystem, sondern die „lebendige Ordnung der Gemeinschaft" verstanden wurde.[45] *E. R. Huber* konnte sich auf Vorarbeiten von *K. Larenz*[46] stützen, der den Begriff der Rechtsfähigkeit im Sinne einer „Fähigkeit zu bestimmten Gliedstellungen innerhalb der Volksgemeinschaft" umdefiniert hatte. Daraus wurde ein gefährlicher Schluss gezogen: Wer außerhalb der Rechtsgemeinschaft steht, steht auch nicht im Recht, ist kein Rechtsgenosse. Unter Abwendung vom Gleichheitsgedanken setzte *K. Larenz*[47] die Regel: Rechtsgenosse ist nur, wer Volksgenosse ist; Volksgenosse ist, wer deutschen Blutes ist. 862

Das Führerprinzip prägte die Verfassungswirklichkeit. Führung galt als innovativer Kernbegriff dessen, was man als Staatsrecht ansah.[48] Der Führer sollte das wahre Wissen und Wollen der Gemeinschaft artikulieren und handelnd zum Ausdruck bringen. Die Funktion des Führerprinzips wurde in einer formellen Bindung an die nationalsozialistische Ideologie gesehen, wie sie durch den Führer exekutiert werden sollte. Führerbefehle waren deshalb gegenüber anderen Rechtsquellen vorrangig.[49] 863

Nachdem sich die Verfassungsfrage sozusagen erledigt hatte, verlor die Staatsrechtslehre ihre Funktion. Es erfolgte in der Lehre des öffentlichen Rechts eine Hinwendung zum *Verwaltungsrecht.* Die Pflege des Verwaltungsrechts hätte für das öffentliche Recht einen respektablen Ausweg eröffnet, wenn auf diese Weise der „Staat wenigstens in den unteren Etagen rechtsstaatlich zu zügeln" gewesen wäre.[50] In der Praxis wurde diese Chance allerdings wegen der dauernden Eingriffe von Parteistellen in die reguläre Verwaltung stark gemindert.

45 E. R. Huber, ZgS Bd. 96, S. 438, 445 f.; dazu W. Pauly, HGR I § 14 Rdnr. 21.
46 Rechtsperson, S. 243.
47 Rechtsperson, S. 241.
48 C. Schmitt, Staat, S. 36.
49 O. Lepsius, ZNR 2004, 102, 106 mit Nachw.
50 M. Stolleis, Bd. 3, S. 351.

**Schrifttum:** M. Fauser, Das Gesetz im Führerstaat, AöR 65, 1965, S. 129 ff.; R. Höhn, Das subjektive öffentliche Recht und der neue Staat, in: Deutsche Rechtswissenschaft, Bd. 1, 1936, S. 49 ff.; E. R. Huber, Die Rechtsstellung des Volksgenossen, ZgS Bd. 96, 1936, S. 438 ff.; derselbe, Verfassungsrecht des Großdeutschen Reiches, 1939; derselbe, Der Bedeutungswandel der Grundrechte, AÖR Bd. 23 N. F., 1933, S. 1 ff.; O. Koellreutter, Deutsches Verfassungsrecht, 1935; K. Larenz, Rechtsperson und subjektives Recht. Zur Wandlung der Rechtsgrundbegriffe, in: derselbe (Hrsg.), Grundfragen der neuen Rechtswissenschaft, 1935, S. 225 ff.; O. Lepsius, Gab es ein Staatsrecht des Nationalsozialismus?, ZNR 2004, 102 ff.; W. Pauly, Grundrechtstheorien in der Zeit des Nationalsozialismus und Faschismus, in: HGR I § 14; C. Schmitt, Staat, Bewegung, Volk, 1933.

## § 25. Strafrecht und Privatrecht in der Zeit zwischen 1933 und 1945

### I. Das Strafrecht

864 Nach der Machtergreifung sollte auch das Straf- und Strafverfahrensrecht im Sinne der nationalsozialistischen Rechtsauffassung umgestaltet werden. Die Vorgaben lieferte die *Strafrechtswissenschaft*. Den liberalen Gedanken, die im Strafrecht bislang verankert waren, wurde ein autoritäres Strafrechtsdenken entgegengesetzt. Danach war die Volksgemeinschaft ein Organismus gleichartiger und gleichrassiger Wesen; wenn darin Kriminalität auftrat, war das ein Zeichen dafür, dass die entsprechenden Mitglieder der Volksgemeinschaft aus der Art geschlagen waren. Das sollte zur Folge haben, dass die gefährlichen Elemente ausgemerzt werden mussten. Das Strafrecht reagierte also nicht auf Taten, sondern auf Täter.[51] Die Ablehnung des Tatstrafrechts führte schließlich zu der Forderung, das Strafrecht dürfe sich nicht von den im Gesetz formulierten Straftatbeständen abhängig machen; es müsse vielmehr „die offenkundige substantielle Gerechtigkeit der Sache" erkannt und verwirklicht werden. Mit anderen Worten, das Strafrecht solle zur Wirklichkeit der Lebensverhältnisse vorstoßen, wie sie sich in den konkreten Ordnungen des Gemeinschaftslebens manifestiere.[52]

865 Zweck dieser Ausführungen war es, die Anwender des Rechts von der Bindung an das Gesetz zu befreien, damit kein „volksschädi-

51 T. Vormbaum, Moderne Strafrechtsgeschichte, S. 186.
52 C. Schmitt, JW 1934, 714 ff.

ches“ Verhalten straflos bleiben konnte.[53] Das angestrebte Ziel wurde schon 1935 erreicht; die strenge Bindung des Strafrichters an das Strafgesetz und damit das *Analogieverbot* wurden aufgehoben. Eine Reihe von weiteren Maßnahmen macht die Entfernung von rechtsstaatlichen Grundsätzen deutlich. So ist z. B. das *Rückwirkungsverbot* zwischen 1933 und 1945 in allen strafrechtlichen Bereichen ständig mißachtet worden.[54]

Nach Beginn des zweiten Weltkriegs kam es zu einer besonders brutalen 866 *Kriegsstrafgesetzgebung*, die sich in einer Reihe von Strafrechtsverordnungen niederschlug. Unter Strafe gestellt wurden u. a. Wehrkraftzersetzung mit einer unbestimmten Tatbestandsfassung und das Abhören von Feindsendern, sowie das Verbreiten von Nachrichten ausländischer Sender. Das bereits erwähnte „Gesetz zum Schutze des deutschen Blutes und der deutschen Ehre vom 15. September 1935“ *(Blutschutzgesetz)* verbot u. a. den außerehelichen Verkehr zwischen Juden und Staatsangehörigen deutschen oder artverwandten Blutes. Wer den Verboten zuwiderhandelte, sollte mit Zuchthaus oder Gefängnis bestraft werden. Ein typisches Normengebilde des NS-Strafrechts war die Verordnung gegen Volksschädlinge, die eine Mischung aus eigenen Straftatbeständen und allgemeinen Strafverschärfungsregeln enthielt. Darin wurde deutlich, dass die Lehre vom Tätertyp zum Prinzip eines Strafgesetzes geworden war.[55]

Die immer weitere Entfernung von rechtsstaatlichen Grundsätzen 867 im Strafrecht und im Strafverfahrensrecht wurde begünstigt durch die Einrichtung von *Sondergerichten.* Die Erweiterung der Zuständigkeit der Sondergerichte wurde schon 1938 von *Roland Freisler* – Staatssekretär im Reichsjustizministerium und später Präsident des Volksgerichtshofes – als eine „neue Waffe“, die Gericht und Staatsanwalt nun gegeben sei und die im Kampf mit dem Verbrechen „schneidig wirken“ müsse, bezeichnet. In seinem Aufsatz mit dem Titel „Blitzartig muss die Strafe den Verbrecher treffen!“ führte Freisler u. a. aus: Zur Strafrechtspflege gehöre „schlagartiges Zupacken und wenn nötig, Vernichten des Verbrechers“.[56]

**Schrifttum:** R. Freisler, „Blitzartig muss die Strafe den Verbrecher treffen!“, DJ 1938, 1859 ff.; W. Naucke, Die Aufhebung des strafrechtlichen Analogieverbots 1935, in: Jur. Zeitgesch., Abt. 1: Allg. Reihe Bd. 4, 2000, S. 301 ff.; derselbe, Die Missachtung des strafrechtlichen Rückwirkungsverbots 1933-1945, in: Jur. Zeitgesch., Abt. 1: Allg. Reihe Bd. 4, 2000, S. 337 ff.; C. Schmitt,

53 T. Vormbaum, Moderne Strafrechtsgeschichte, S. 187.
54 W. Naucke, in: Jur. Zeitgesch., Abt. 1: Allg. Reihe Bd. 4, 2000, S. 301 ff.
55 T. Vormbaum, Moderne Strafrechtsgeschichte, S. 206.
56 R. Freisler, DJ 1938, 1859 ff.

Nationalsozialismus und Rechtsstaat, JW 1934, 714 ff.; T. Vormbaum, Moderne Strafrechtsgeschichte, S. 184 ff.

## II. Das Privatrecht

868 **1. Die Auswirkungen der nationalsozialistischen Weltanschauung auf das Privatrecht.** Während der gesamten Dauer des Dritten Reiches blieb das Bürgerliche Gesetzbuch in Kraft. Es wurde nur in einigen Teilbereichen verändert. Zu den geänderten Gebieten gehört z. B. das *Eherecht*.

Das Ehegesetz von 1938 erfüllte zwar auch berechtigte Reformwünsche aus der Vergangenheit, realisierte gleichzeitig aber die Hoffnung nationalsozialistischer Ideologen. So wurde – schon lange eine Forderung der Juristen – das Zerrüttungsprinzip in das Ehescheidungsrecht eingeführt. Das bedeutete: Eine Ehe konnte geschieden werden, wenn sie unheilbar zerrüttet war. Die Nationalsozialisten betrieben mit der Einführung des Zerrüttungsprinzips allerdings eine gefährliche Eherechtspolitik, denn die Antwort auf die Frage, wann eine Ehe zerrüttet sei, konnte aus der Sicht der nationalsozialistischen Ideologie auch heißen: Eine Ehe ist zerrüttet, wenn der soziale Nutzwert einer Ehe für Volk und Staat keine Rolle mehr spielt. Die Interessen der Ehepartner selbst wurden gering geachtet.[57] Hier zeigte sich die direkte Einwirkung des politischen Systems auf das Privatrecht.

869 Das Inkraftbleiben des BGB konnte für die sich von den liberalen und individualistischen Traditionen immer mehr entfernende Theorie und Praxis der nationalsozialistischen Zeit eine ernsthafte Hürde darstellen; allerdings wusste man auch diese zu nehmen. Das Rüstzeug dazu holte man sich aus dem BGB selbst, ohne den Gesetzeswortlaut zu ändern. Nach der herrschenden nationalsozialistischen Rechtslehre (siehe dazu oben Rdnr. 854) hatten die Richter das alte Gesetz (das BGB) in neuem Geiste auszulegen. Diesem Umdeutungsverlangen kam der hohe Abstraktionsgrad des BGB entgegen. Eine wesentliche Hilfe boten hier vor allem die Generalklauseln des BGB, wie sie z. B. in §§ 242 und 138 enthalten sind.

870 *C. Schmitt* gab richtungweisende Anstöße und äußerte zu diesem Problem u. a.: Sobald Begriffe wie „Treu und Glauben", „gute Sitte" usw. nicht auf die individualistisch bürgerliche Verkehrsgesellschaft, sondern auf das Interesse des Volksganzen bezogen würden, ändere sich das gesamte Recht, ohne dass ein einziges „positives" Gesetz ge-

57 H. Hattenhauer, Rdnr. 659.

ändert zu werden brauche.[58] Er machte auch deutlich, wie eine solche Auslegung auszusehen hatte:

„Alle unbestimmten Begriffe, alle sog. Generalklauseln sind unbedingt und vorbehaltlos im nationalsozialistischen Sinne anzuwenden, … alle diese Formeln … sind ausnahmslos aus nationalsozialistischem Geiste an der Hand der Sätze des nationalsozialistischen Parteiprogramms in den Entscheidungsgründen der Urteile anzuwenden und darzulegen".[59]

Noch deutlicher wurden die „Leitsätze über Stellung und Aufgaben des Richters", die im Auftrage des Reichsministers H. Frank ausgearbeitet worden waren[60]: 871

„Grundlage der Auslegung aller Rechtsquellen ist die nationalsozialistische Weltanschauung, wie sie insbesondere im Parteiprogramm und in den Äußerungen des Führers ihren Ausdruck findet."

In den Grundregeln des Entwurfes zu einem neuen Volksgesetzbuch heißt es zur Auslegung:[61]

„Der Richter spricht Recht nach freier Überzeugung und nach der von der nationalsozialistischen Weltanschauung getragenen Rechtsauslegung … Die Grundregeln stehen im Dienst des Parteiprogramms, sie sind ihm als Hilfsmittel auf einem Sondergebiet völkischen Daseins … unterstellt."

Mit anderen Worten: Man muss, wenn man das Recht, d. h. seine Anwendung ändern will, den Gesetzestext selbst nicht verändern, wenn genügend Generalklauseln vorhanden sind, die sich mit den Grundsätzen der neuen Weltanschauung ausfüllen lassen und mit deren Hilfe man auch Gesetzesstellen, die einer für wünschenswert erachteten Rechtspraxis entgegenstehen, korrigieren kann.

Der „*Geist des Nationalsozialismus*" wurde von der herrschenden Lehre, die maßgeblich von Autoren der *Kieler Schule* (sie oben Rdnr. 856f.) beeinflusst wurde, als oberste – ungeschriebene – Norm, als übergesetzliche Rechtsquelle verstanden. „Die vorrangige Rechtsquelle", der Geist des Nationalsozialismus, diente dazu, ihr entgegengesetzte oder neutrale Wertungen der überkommenen Gesetze umzuwerten.[62] 872

Die praktischen Konsequenzen jener Lehre zeigten sich in der Rechtspraxis der Enteignungen und Beschlagnahmen und ganz be- 873

58 JW 1934, S. 717.
59 JW 1934, S. 717.
60 G. Dahm, K. A. Eckhardt/R. Höhn/P. Ritterbusch/W. Siebert, in: Deutsche Rechtswissenschaft I, 1936, S. 123.
61 J. W. Hedemann/H. Lehmann/W. Siebert, S. 13 ff.
62 B. Rüthers, Die unbegrenzte Auslegung, S. 176; M. Stolleis, Gemeinwohlformeln, S. 100 ff.

sonders krass in der Konfiskation der Vermögen jüdischer Bürger. Ohne dass der Text des BGB wesentlich verändert worden war, hatte sich der von *F. Schlegelberger* (Staatssekretär im Reichsjustizministerium) geforderte „Abschied vom BGB“ durch die Auslegung und Anwendung der Generalklauseln des BGB im nationalsozialistischen Sinne zu einem erheblichen Teil vollzogen. Besonders deutlich wird das in Theorie und Praxis zu § 138 Abs. 1 BGB.[63]

Diesen Tendenzen verschloss sich auch das Reichsgericht als oberstes Gericht in Zivilsachen nicht. Manche Entscheidungen des Reichsgerichts wurden zum Ausdruck der „politisch-weltanschaulichen Umwertung des Rechts im nationalsozialistischen Sinne“. So hat das Reichsgericht dem nationalsozialistischen Rechtsdenken nicht nur dort, wo es durch Akte des Gesetzgebers dazu gezwungen gewesen sein konnte, sondern in noch größerem Maße in Gestalt von Uminterpretationen normativ-unbestimmter Rechtsbegriffe und gesetzlicher Generalklauseln – im oben bezeichneten Sinne – ohne erkennbaren Widerstand zum Durchbruch verholfen.[64]

874 **2. Das „Volksgesetzbuch“.** In einem in Heidelberg gehaltenen Vortrag forderte der Staatssekretär im Reichsjustizministerium, *Franz Schlegelberger*, den „Abschied vom BGB“. Daraufhin begann die *Akademie für Deutsches Recht*, die 1933 gegründete wissenschaftliche Zentralstelle für die Umgestaltung und Fortbildung des Rechts im Sinne der nationalsozialistischen Weltanschauung, mit den Vorarbeiten für ein neues „Volksgesetzbuch“. Wie dieses *Volksgesetzbuch* gestaltet werden sollte, umriss *H. Frank* wie folgt:

> „Dieses Volksgesetzbuch soll das universale Gesetzgebungswerk für das volksgenössische Gemeinschaftsleben überhaupt werden. Es soll an die Stelle des längst unzulänglich gewordenen bürgerlichen Gesetzbuches treten. Großdeutschland wird ein solches Gesetzbuch brauchen, in dem die nationalsozialistische Weltanschauung mit Dauerwirkung für das volksgenössische Leben zum Ausdruck kommt. Im Mittelpunkt dieses Volksgesetzbuches steht der Volksgenosse und sein Recht bzw. seine volksgenössischen Rechtspflichten“.[65]

875 *J. W. Hedemann*, der Leiter des Projekts Volksgesetzbuch, wies darauf hin, dass mit dem vom Schlegelberger formulierten „Abschied vom BGB“ mehr gemeint sei, als zunächst angenommen. Es sei nicht

63 J. Wanner, S. 94 ff.
64 G. Pfeiffer, DRiZ 1979, S. 330; B. Rüthers, Die unbegrenzte Auslegung, S. 216 ff.
65 H. Frank, DR 1940, S. 31.

eine Überarbeitung des BGB gemeint; vielmehr solle das BGB überhaupt als Kodifikation verschwinden.[66]

Durch den 1939 begonnenen Krieg gerieten die Arbeiten am Volksgesetzbuch ins Stocken und wurden 1943 schließlich eingestellt. Auf diese Art und Weise blieb das BGB während der gesamten Zeit der nationalsozialistischen Herrschaft in Geltung. Der Entwurf des ersten Buches für ein Volksgesetzbuch ist zutreffend als gedrucktes Denkmal „eines verkommenen Privatrechtsdenkens und als Lehrstück nationalsozialistischer Rechtstheorie" gekennzeichnet worden.[67]

**Schrifttum:** G. Dahm/K. A. Eckhardt/R. Höhn/P. Ritterbusch/W. Siebert, Leitsätze über Stellung und Aufgaben des Richters, in: Deutsche Rechtswissenschaft I, 1936; H. Hattenhauer, Das NS-Volksgesetzbuch, in: FS Gmür, S. 255 ff.; J. W. Hedemann, Arbeit am Volksgesetzbuch, DR 1941, S. 240 ff.; J. Hedemann/H. Lehmann/W. Siebert, Volksgesetzbuch, Entwurf und Erläuterungen, 1942; G. Pfeiffer, Das Reichsgericht und seine Rechtsprechung, DRiZ 1979, S. 325 ff.; B. Rüthers, Die unbegrenzte Auslegung. Zum Wandel der Privatrechtsordnung im Nationalsozialismus, 4. Aufl. 1991; C. Schmitt, Nationalsozialismus und Rechtsstaat, JW 1934, S. 713 ff.; F. Schlegelberger, Abschied vom BGB, 1937; J. Wanner, Die Sittenwidrigkeit der Rechtsgeschäfte im totalitären Staate. Eine rechtshistorische Untersuchung zur Auslegung und Anwendung des § 138 Abs. 1 BGB im Nationalsozialismus und in der DDR, 1996.

## § 26. Die deutsche Justiz und der Nationalsozialismus

### I. Die Einflussnahme der Nationalsozialisten auf die Justiz

Nach 1933 wurden die Posten der Justizminister in den Ländern 876
mit überzeugten und zum Teil fanatischen Nationalsozialisten besetzt. Auf diese Art und Weise erlangten die Nationalsozialisten die Herrschaft über die Personalpolitik in der Justiz. Mit rigorosen Mitteln versuchten die Nationalsozialisten von Anfang an, die Voraussetzungen dafür zu schaffen, dass ihre Vorstellungen in der Justiz durchgesetzt wurden. Dazu zählen vor allem die „Säuberungen" der Gerichte durch Terrorgruppen der SA. Seit dem 11. März 1933 drangen solche Terrorgruppen in fast alle deutschen Gerichtsgebäude ein, um die sofortige Dienstentlassung jüdischer und politisch missliebi-

66 DR 1941, S. 241.
67 H. Hattenhauer, Rdnr. 659; derselbe, Das NS-Volksgesetzbuch, in: FS Gmür, S. 255 ff.

ger Richter und Staatsanwälte zu erzwingen. Sie nötigten auch jüdische Rechtsanwälte zur Aufgabe ihrer Tätigkeit.[68] Schon in der ersten Hälfte des Jahres 1933 wurde eine Reihe von Rechtsanwälten, die politische Gegner der Nationalsozialisten und jüdischer Abstammung waren, ermordet. Andere wurden in Konzentrationslager verschleppt und misshandelt.[69]

**877** In der Zeit zwischen 1935 und 1939 wurde das Zusammenspiel von Staat und Partei im Hinblick auf die nationalsozialistische Beeinflussung und Durchdringung des Richterstandes verstärkt. Die darauf folgende Zeit bis Anfang 1941 ist u. a. charakterisiert durch

- eine außerordentliche Verschärfung und Härte der Strafgesetze, insbesondere in Gestalt von Kriegsgesetzen;
- die gesetzlose Herrschaft von Geheimer Staatspolizei (Gestapo) und SS, die vielfach auf Kosten und anstelle der Justiz weiter ausgedehnt wurde;
- die immer brutaleren Eingriffe der Gestapo und der SS in die Zuständigkeit der Gerichte, hier insbesondere der Strafgerichte;
- die ständigen schweren Eingriffe von Seiten der NSDAP in laufende Gerichtsverfahren;
- dies alles begleitet von schweren Einschüchterungen der Richter.[70]

**878** Die *Lenkung der Justiz* im Sinne einer unmittelbaren Einflussnahme auf die richterlichen Entscheidungen, die bis 1942 im Großen und Ganzen nur auf Umwegen geübt worden waren, setzte ab 1942 in großem Stile ein. Dies geschah vor allem durch die Benutzung sog. *Richterbriefe,* d. h. Geheimnachrichten des Reichsjustizministeriums an die Richter, in denen deren Urteile kritisiert und gleichzeitig Richtlinien für die von ihnen erwartete Rechtsprechung gegeben wurden.

Ein weiteres Mittel der Steuerung und Lenkung der Justiz waren die Vorschau und die Nachschau. Die Vorschau bestand darin, dass die Richter in denjenigen Verfahren, die in irgendeiner Weise den politischen Bereich berühren konnten, was man fast stets bejahen konnte, vor der Verhandlung Besprechungen mit ihren Dienstvorgesetzten abhielten, in denen sie sich darüber auszusprechen hatten welches Urteil sie voraussichtlich fällen würden. Nach Erlass des Ur-

68 D. Kolbe, S. 222.
69 H. Göppinger, S. 23.
70 H. Weinkauff, S. 134.

teils hatten die Richter sich in gleichem Kreise wegen des tatsächlich ergangenen Urteils zu rechtfertigen (= Nachschau).[71]

Mit Kriegsbeginn wurde der Druck des nationalsozialistischen Machtapparates auf die deutsche Justiz noch verstärkt. Die Gestapo ging nun in verschärftem Maße dazu über, Personen ohne Gerichtsverfahren zu exekutieren oder in Konzentrationslager „zu überstellen".[72] 879

Eine Besonderheit bildet der Beschluss des „Großdeutschen Reichstags" vom 26. April 1942, mit dem Hitler sich das von ihm in Anspruch genommene Recht bestätigen ließ, ohne Bindung an bestehende Rechtsvorschriften „in seiner Eigenschaft als Führer der Nation" Richter zu entlassen. Diese Maßnahme wird als „Generalangriff gegen die Justiz" gewertet.[73]

**Schrifttum:** H. Göppinger, Der Nationalsozialismus und die jüdischen Juristen, 1963; G. Gribbohm, Die dem Richter gebührende Sühne – Zur rechtlichen Stellung des Richters im Dritten Reich nach dem Reichstagsbeschluss vom 26. April 1942, JoJZG 2008, 1 ff.; D. Kolbe, Reichsgerichtspräsident Dr. Erwin Bumke, Studien zum Niedergang des Reichsgerichts und der deutschen Rechtspflege. Studien und Quellen zur Geschichte des deutschen Verfassungsrechts. Reihe A: Studien. Bd. 4, 1975; G. Pfeiffer, Das Reichsgericht und seine Rechtsprechung, DRiZ 1979, S. 325 ff.; H. Weinkauff, Die deutsche Justiz und der Nationalsozialismus. Ein Überblick, in: Die deutsche Justiz und der Nationalsozialismus, Bd. I, 1968, S. 19 ff.

## II. Die Rechtsprechung im national-sozialistischen Sinne

**1. Die Zivilgerichtsbarkeit.** Dass *im Rassegedanken* ein wesentlicher Teil der „nationalsozialistischen Rechtslehre verankert" war[74], wurde in der Rechtsprechung deutscher Gerichte, auch bei den Zivilgerichten, in vielen Fällen schon bald nach der nationalsozialistischen Machtergreifung im Februar 1933 erkennbar. 880

Der Rassenwahn wirkte sich auch auf dem Gebiete des *privaten Vertragsrechts* aus. Rassische Gesichtspunkte konnten nun dazu führen, die Bindungswirkungen von abgeschlossenen Verträgen zu verneinen. So sollte z. B. ein „Parteigenosse" (= Mitglied der NSDAP), der mit einem Juden einen Kaufvertrag abgeschlossen hatte, ohne die

71 H. Weinkauff, S. 70.
72 G. Pfeiffer, DRiZ 1979, S. 325 ff.; D. Kolbe, S. 280 ff.
73 G. Gribbohm, JoJZG 2008, 1, 5 f.
74 H. Nicolai, DR 1934, S. 76; O. Koellreuther, DR 1934, S. 77, 78.

jüdische Rassezugehörigkeit des Verkäufers zu kennen, aus diesem Kaufvertrag nicht verpflichtet sein.[75]

Auch das Reichsgericht[76] berücksichtigte den Rassegedanken im Privatrecht, z. B. als es nach Überprüfung von Ruhegehaltsvereinbarungen mit jüdischen Angestellten entschied:

881 „Das verstärkte Hervortreten des Rassegedankens kann jedoch ein Grund dafür sein, auch frühere Ruhegehaltsvereinbarungen mit jüdischen Angestellten dahin zu überprüfen, ob und wieweit sie noch mit nationalsozialistischem Volks- und Rechtsempfinden vereinbar sind. Unangemessen hohe Bezüge sind herabzusetzen oder u. U. die Vereinbarungen aufzulösen."

Allerdings muss darauf hingewiesen werden, dass die Rechtsprechung des Reichsgerichts in Zivilsachen, die nach 1939 32 Bände seiner Entscheidungssammlung umfasst, eine Vielzahl von Urteilen enthält, die auch nach heutiger kritischer Ansicht bestehen können und die Beispiele „hohen richterlichen Könnens und gerechte Entscheidung sind".[77]

Im Bereich des Erbrechts setzte sich in der Rechtsprechung z. B. die Ansicht durch, ein *Jude* könne „auf dem Wege des rechtsgeschäftlichen Erwerbs eines Erbanteils an einem Nachlass, zu dem ein *deutsches Grundstück* gehört, keinen Anteil an diesem Grundstück im Rahmen einer Erbengemeinschaft erwerben".[78] In seiner Urteilsbegründung nimmt das Berliner Kammergericht auf eine Verordnung vom 3. Dezember 1938 Bezug, „die aus staatspolitischen Gründen die völlige Entjudung des deutschen Grundbesitzes durchführen will, jegliche Erweiterung der Herrschaftsrechte eines Juden über deutschen Boden durch Rechtsgeschäft durch die Bestimmungen des § 7 Abs. 1 unmöglich" machen will.

882 Im Hinblick auf die Praxis der Zivilgerichtsbarkeit ist statistisch das Überwiegen von „Normal-Fällen" festzustellen. Der sehr hohe Prozentsatz an sogenannten normalen Rechtsstreitigkeiten resultiert allerdings aus Ehescheidungen, Vermögens- und Verkehrssachen. Deshalb können die im nationalsozialistischen Geist gefällten Entscheidungen, von denen oben einige geschildert sind, nicht als reine Ausrutscher betrachtet werden. Wenn man die Funktion der Ziviljustiz auch in der Verteidigung bürgerlicher Freiheiten gegen ideologisch motivierte Übergriffe des Staates sieht, ergibt sich ein anderes Bild. Soziale und politische Konflikte, insbesondere solche mit rassistischem Hintergrund, wurden wohl kaum noch vor den Gerichten

75 AG Remscheid, Urt. v. 20.1.1937, zitiert nach H.-D. Köhler, DR 1939, S. 35.
76 II. Zivilsenat, Urt. v. 24.4.1940 – II 1/40, DR 1940, S. 1314.
77 G. Pfeiffer, DRiZ 1979, S. 330.
78 KG, DJ 1940, S. 36.

ausgetragen. Insbesondere diejenigen Personen, die durch die Staatsorgane oder die Partei (NSDAP) verfolgt wurden, wagten nicht mehr, sich mit Hilfe der Ziviljustiz zur Wehr zu setzen. So blieb die Integrität der Ziviljustiz nur scheinbar unangetastet.[79]

Die *Arbeitsgerichte* spielten im Dritten Reich keine sehr bedeutende Rolle. Die sozialpolitisch wesentlichen Streitigkeiten des kollektiven Arbeitsrechts, welche die Bedeutung der Arbeitsgerichtsbarkeit in der Weimarer Zeit begründet hatten, waren durch die Aufhebung des kollektiven Arbeitsrechts und die Verlagerung entsprechender Entscheidungsbefugnisse auf die Staatsverwaltung obsolet geworden. Was das Gesamtbild angeht, so fallen die Arbeitsgerichte als willfährige Diener des NS-Regimes, häufig auch als Propagandisten und gelegentlich auch als Vorreiter nationalsozialistischer Zielsetzungen und Ideologien auf. 883

**Schrifttum:** O. Koellreuther, Die politische und rechtliche Bedeutung des Rassebegriffs, DR 1934, S. 77 ff.; J. Meinck; Justiz und Justizfunktion im Dritten Reich, ZNR 1981, S. 28 ff.; H. Nicolai, Grundsätzliches über Rasse und Recht, DR 1934; S. 74 ff; G. Pfeiffer, Das Reichsgericht und seine Rechtsprechung, DRiZ 1979, S. 325 ff.; R. Schröder, Das Zivilrecht und dessen Funktion im Dritten Reich, Jur. Zeitgesch., Kleine Reihe Bd. 1, 2001, S. 53 ff.; derselbe, Der zivilrechtliche Alltag des Volksgenossen, in: Diestelkamp/Stolleis, Justizalltag im Dritten Reich, 1988, S. 39 ff.

**2. Die Strafgerichtsbarkeit.** Die Rechtsprechung der Strafgerichte ist in erster Linie an denjenigen Entscheidungen zu messen, die eine Anwendung der Regeln zum Gegenstand hatten, mit Hilfe derer die Nationalsozialisten versuchten, das durchzusetzen, was sie den „nationalsozialistischen Geist" nannten. Hier stand das, was als „Rasserecht" bezeichnet wurde, im Vordergrund, vor allem das sogenannte Blutschutzgesetz („Gesetz zum Schutze des deutschen Blutes und der deutschen Ehre" vom 15. September 1935; siehe dazu oben Rdnr. 858 ff.). Bedeutung und Auswirkungen dieses Gesetzes spiegeln sich nicht zuletzt in der Rechtsprechung des *Reichsgerichts* wieder. Dieses hatte sich vielfach mit dem Blutschutzgesetz zu befassen. 884

Allein in der amtlichen Entscheidungssammlung finden sich dazu 33 Urteile.[80] Bei der Auslegung dieses Gesetzes führte das Reichsgericht[81] u. a. aus, es sei „Recht und Pflicht der Rechtsprechung, aus der Gesamtheit der gesetzlichen Bestimmungen zu entnehmen, welche Lösung dem Willen des Gesetz-

79 R. Schröder, in: Diestelkamp/Stolleis, S. 39, 61 f.
80 G. Werle, NJW 1995, 1267, 1268 mit Nachw.
81 RGSt 72, 91, 93 f.

gebers und dem gesunden Volksempfinden entspricht". So sollte das Blutschutzgesetz „als eines der Grundgesetze des nationalsozialistischen Staates ... die Reinheit des deutschen Blutes als Voraussetzung für den Fortbestand des deutschen Volkes für alle Zukunft sichern"; deshalb müssten auch Umgehungshandlungen bestraft werden. Aus diesem angeblichen Strafbedürfnis heraus bejahte das Reichsgericht[82] schließlich die Erstreckung des Blutschutzgesetzes auf Auslandstaaten.

Die Anwendung des Blutschutzgesetzes durch das Reichsgericht dokumentiert dessen Bestreben, den Willen der nationalsozialistischen Führung nach besten Kräften umzusetzen.[83]

885 Ein bedeutendes Strafgericht war auch das *Reichskriegsgericht,* das oberste Militärgericht in der NS-Zeit. Es war nicht nur für Wehrmachtsangehörige zuständig, sondern gegebenenfalls auch für Zivilpersonen. Es urteilte vor allem bei angeklagtem Hoch- und Landesverrat, sowie bei Wehrkraftzersetzung und Kriegsdienstverweigerung. Das Gericht tat sich durch die extensive Auslegung schwerster Straftatbestände und drakonische Strafzumessungen hervor; es verhängte eine hohe Zahl von Todesurteilen.[84]

Die Strafjustiz des Dritten Reiches diente dem NS-Herrschaftssystem und trug in größerem Maße zu dessen Aufrechterhaltung bei, als es zwangsläufig aus ihrer Rolle als staatliche Gewalt folgte.[85]

**Schrifttum:** G. Gribbohm, Das Reichskriegsgericht. Die Institution und ihre rechtliche Bewertung, in. Jur. Zeitgesch., Abt. 1 Allg. Reihe Bd. 14, 2004; derselbe, Nationalsozialismus und Strafrechtspraxis – Versuch einer Bilanz, NJW 1988, 1842 ff.; W. Naucke, Die Aufhebung des strafrechtlichen Analogieverbots 1935, in: Jur. Zeitgesch., Abt. 1: Allg. Reihe Bd. 4, 2000, S. 301 ff.; derselbe, Die Missachtung des strafrechtlichen Rückwirkungsverbots 1933- 1945, in: Jur. Zeitgesch., Abt. 1: Allg. Reihe Bd. 4, 2000, S. 337 ff.; G. Werle, „Das Gesetz ist Wille und Plan des Führers" – Reichsgericht und Blutschutzgesetz, NJW 1995, 1267 ff.

886 **3. Die Sondergerichte.** Die Sondergerichte sollten ein Instrument zur Ausschaltung der linken, insbesondere der kommunistischen Opposition sein. Eingerichtet wurden sie bereits im März 1933,[86] und zwar je eines für jeden Oberlandesgerichtsbezirk. Ihre eigentliche Tätigkeit entfalteten die Sondergerichte erst im Zweiten Weltkrieg, nachdem schon vor Kriegsbeginn im Jahre 1938 ihre Zustän-

82 RGSt 72, 91, 96)
83 G. Werle, NJW 1995, 1269.
84 G. Gribbohm, Reichskriegsgericht.
85 G. Gribbohm, NJW 1988, 2842, 2849.
86 VO der Reichsregierung vom 23. März 1933, RGBl. 1933 I, S. 136.

digkeit erweitert worden war. Die Staatsanwaltschaft konnte nun grundsätzlich jede Tat vor einem Sondergericht anklagen, wenn sie es wegen der Schwere der Tat oder wegen der darüber in der Öffentlichkeit hervorgerufenen Erregung für notwendig erachtete. Ein weiterer Grund für die Wahlfreiheit der Anklagebehörde war noch die Gefährdung der öffentlichen Sicherheit und Ordnung. Außerdem wurde die Zuständigkeit der Sondergerichte noch dadurch erweitert, dass ihnen die Ahndung von Straftaten nach dem neu erlassenen Kriegsstrafrecht übertragen wurde. Damit wurden die Sondergerichte zum Instrument der Disziplinierung der Zivilbevölkerung unter Kriegsbedingungen in politischer, wirtschaftlicher und ordnungspolitischer Hinsicht.[87]

Von dieser Art Sondergerichtsbarkeit zu unterscheiden sind die Eigengerichtsbarkeiten, wie sie sich z. B. für die SS und die Polizei entwickelt haben. So wurde z. B. für die SS ein an anderen Wertvorstellungen ausgerichtetes Sonderstrafrecht entwickelt.[88]

**Schrifttum:** W. H. Stein, Die Rechtsprechung der Sondergerichte im Zweiten Weltkrieg. Das Sondergericht Koblenz und die anderen Sondergerichte auf dem Gebiete des heutigen Rheinland-Pfalz, in: F. J. Düwell/Th. Vormbaum (Hrsg.), Themen juristischer Zeitgeschichte (1). Schwerpunktthema: Recht und Nationalsozialismus, 1998, S. 76 ff.; B. Vieregge, Die Gerichtsbarkeit einer „Elite". Nationalsozialistische Rechtsprechung am Beispiel der SS- und Polizei-Gerichtsbarkeit, in: Jur. Zeitgesch., Abt. 1: Allg. Reihe Bd. 10, 2002.

**4. Der Volksgerichtshof.** In besonders starkem Maße hat der 1934 geschaffene und 1936 in ein Dauerorgan umgewandelte *Volksgerichtshof* die nationalsozialistische Auffassung von Recht mit allen ihren tragischen Folgen für Einzelschicksale öffentlich gemacht. Seine Aufgabe bestand darin, die von Grund auf veränderten Vorschriften des politischen Strafrechts in nationalsozialistischem Sinne anzuwenden.[89] Sowohl was die Härte seiner Urteile als auch die Behandlung der Angeklagten anbetraf, entsprach der Volksgerichtshof den Vorstellungen, die die Nationalsozialisten von einer politischen Justiz hatten. **887**

Der Volksgerichtshof hat sich mit einer Vielzahl von Verfahrensgegenständen beschäftigt. Die Tathandlungen reichen von der Verteilung von Flugblättern und der Bildung von Widerstandsgruppen und anderen Organisationen, über die Mitarbeit bei ausländischen

87 H. W. Stein, in: Düwell/Vormbaum, S. 76 ff.
88 B. Vieregge, S. 62 ff, 145 ff.
89 W. Wagner, S. 11; G. Gribbohm, JuS 1969, S. 56.

Nachrichtendiensten bis zur Äußerung von Zweifeln am „Endsieg". Man kann die unterschiedlichen Verfahrensgruppen in etwa wie folgt zusammenfassen: Spionageverfahren, Oppositionsverfahren, Heimatfrontverfahren, Annexions- und sonstige Verfahren.[90]

888 Die Praxis des Volksgerichtshofes ist durchaus auch durch ein beträchtliches Maß an juristischer Formalität und Rationalität gekennzeichnet. Das schließt nicht aus, dass in einzelnen Fällen die juristischen Formalitäten völlig außer Acht gelassen worden sind und die getroffenen Entscheidungen sich durch völlige Willkür auszeichneten.[91]

In vielen Fällen wurden Menschen zum Opfer des Volksgerichtshofes, die zuvor niemals gegen ein Gesetz verstoßen und dazu auch gar keine Veranlassung gehabt hatten, die vielmehr loyale und gutwillige Staatsbürger waren. Dies geschah nicht zuletzt deswegen, weil der *Hochverratsbegriff* in einer bis dahin unbekannten Weise ausgedehnt wurde. So wurde es schon als Vorbereitung des Hochverrats angesehen, wenn die Anzeige „defaitistischer" Äußerungen unterlassen wurde, hochpolitische Fragen überhaupt mit Nichtparteigenossen besprochen und Dinge erörtert wurden, die nach Ansicht des Volksgerichtshofes allein Hitler zu entscheiden hatte.[92]

889 Der Volksgerichtshof war eine Schöpfung des nationalsozialistischen Systems und trat als dessen Exponent im Bereich der Justiz auf. Er diente dem Regime bis zum äußersten Grade des Missbrauchs und der Beugung des Rechts. Von ihm wurde die Lösung von Aufgaben erwartet, die man von der übrigen Justiz nur in begrenztem Umfange oder gar nicht erwarten durfte. Der Volksgerichtshof hat von Anfang an rücksichtslos die Todesstrafe angewandt.

Einrichtung und Praxis des Volksgerichtshofes waren der Ausdruck krassester Perversion des Rechts in der nationalsozialistischen Zeit. Der Deutsche Bundestag hat deshalb den Volksgerichtshof als Terrorinstrument qualifiziert. Zu Recht wird dieser Institution die Qualität eines Gerichts abgesprochen, weil viele Urteile sich durch ihre unverhältnismäßig hohen Strafen oder ihre politischen Ausführungen sowie durch die bedingungslose Identifikation mit den Zielen der Machthaber selbst disqualifizieren.[93]

890 Besonders berüchtigt sind die Verfahren, die der Volksgerichtshof gegen die Widerstandskämpfer durchführte, die mit dem Attentat auf Hitler vom 20. Juli

90 H. Schlüter, S. 103 ff.
91 K. Marxen, in: Jur. Zeitgesch. Bd. 2, S. 27 ff.
92 W. Wagner, S. 790.
93 H. Schlüter, S. 230 ff.

1944 in Zusammenhang gebracht wurden. In diesen Verfahren machte sich der Volksgerichtshof unter seinem Vorsitzenden *Freisler* zum Werkzeug der Rache Hitlers. Die Grausamkeit und die unmenschliche Härte, die hier zutage traten, waren der Ausdruck für die Ausübung brutaler Rache, die Hitler an denjenigen nahm, die nicht seines Geistes waren.

**Schrifttum:** G. Gribbohm, Der Volksgerichtshof, JuS 1969, S. 55 ff.; K. Marxen, Der Volksgerichtshof in zeitgeschichtlicher Perspektive, in: Juristische Zeitgeschichte Bd. 2, 1994, S. 23 ff.; H. Schlüter, Die Urteilspraxis des nationalsozialistischen Volksgerichtshofs, 1995; W. Wagner, Der Volksgerichtshof im nationalsozialistischen Staat, in: Die deutsche Justiz und der Nationalsozialismus, Bd. III, 1974.

## III. Die Justiz als Handlangerin des Systems?

**1. Die Richter.** Die Tatsache, dass nationalsozialistisches Gedan- **891**
kengut in einem starken Maße in die Entscheidungspraxis der Gerichte einfließen konnte, wirft die Frage auf, welchen Geistes die Richter waren, die vor und nach 1933 in der deutschen Justiz tätig waren. Es besteht weitgehend Einigkeit darüber, dass die deutschen Richter nach ihrer gesellschaftlichen Eingliederung und nach ihrer eigenen überkommenen Haltung zu den Grundfragen des Rechts nicht stark genug gerüstet waren, um dem nationalsozialistischen Einbruch in das Recht zu begegnen.[94] Das gilt jedenfalls für diejenigen Richter, die bereits in der Weimarer Zeit in der Justiz tätig waren und die, zwar in rechtsstaatlichem Denken und in Gesetzestreue erzogen, sich bemühten, sachlich, unparteiisch und pflichttreu zu arbeiten, ihre Funktion aber vielfach darauf beschränkt sahen, das staatlich gesetzte Recht im Einzelfall rechtstechnisch richtig anzuwenden. Dazu wird die These vertreten, die deutschen Richter der Weimarer Zeit hätten „nicht den Kern eines in sich gefestigten und allseits anerkannten Rechtsstandes" gebildet; auf einen Widerstand grundsätzlicher Art gegen die nationalsozialistische Rechtsetzung und Rechtshandhabung seien die deutschen Juristen einschließlich der Richter kraft ihrer Organisation keineswegs vorbereitet gewesen.[95] Die zeitgeschichtliche Forschung hat den Nachweis zu führen versucht, dass der Nationalsozialismus von der Passivität der überwiegend wohl unpolitischen Richterschaft in der Weimarer Republik profitiert habe.[96]

94 H. Weinkauff, S. 37; R. Wassermann, S. 35.
95 H. Weinkauff, S. 37.
96 R. Wassermann, S. 35.

892 Der Rechtsphilosoph und frühere Justizminister der Weimarer Republik *Gustav Radbruch* (1878–1949) hat das Verhalten der deutschen Juristen im Dritten Reich mit dem *Gesetzespositivismus*, der bedingungslosen Anwendung der vom staatlichen Gesetzgeber erlassenen Gesetze durch die Rechtsanwender, zu erklären versucht.[97] Radbruch[98] meint, der Nationalsozialismus habe auch die Juristen „mittels zweier Grundsätze" an sich zu fesseln gewusst: „Befehl ist Befehl" und „Gesetz ist Gesetz". Während der Grundsatz „Befehl ist Befehl" nie uneingeschränkt gegolten habe, habe der Grundsatz „Gesetz ist Gesetz" keine Einschränkung gekannt, weil er „Ausdruck des positivistischen Rechtsdenkens" gewesen sei, „das durch viele Jahrzehnte fast unwidersprochen die deutschen Juristen beherrscht" habe; gesetzliches Unrecht sei deshalb ebenso wie übergesetzliches Recht ein Widerspruch in sich gewesen.

893 Die so genannte „*Radbruch-These*" kann inzwischen als widerlegt gelten. Manche Autoren[99] sind der Auffassung, nicht der Positivismus sei die Ursache und das Medium für die widerstandslose Einreihung der Juristen in das System des Dritten Reiches gewesen; verantwortlich dafür sei vielmehr „das mit einer bestimmten gesellschaftlichen und politischen, vordemokratischen Machtkonstellation verknüpfte anti-demokratische Weltbild" des Juristenstandes „und das mit dem Ideal eines starken hoheitlichen Staates verknüpfte Selbstbildnis des unpolitischen Juristen". Im Übrigen dachte die Mehrheit der Juristen weder vor noch nach 1933 gesetzespositivistisch.[100] Die Berufung auf den Rechtspositivismus ist als Erklärung allein auch schon deswegen ungeeignet, weil viele Gesetze der nationalsozialistischen Zeit, auf die die Rechtsprechung sich stützte, nicht konkret gefasst waren, sondern, wie viele vor 1933 erlassene Gesetze auch, Generalklauseln enthielten, die ausgelegt werden mussten, also Handlungsspielraum gewährten.[101] Für die Auslegung der Generalklauseln hatte z. B. *Carl Schmitt* schon frühzeitig Handlungsanweisungen geliefert (vgl. dazu oben Rdnr. 854), die mit Gesetzespositivismus nun wahrlich nichts gemein haben; denn sowohl diejenigen, welche die Grundsätze des Nationalsozialismus für die Rechtsprechung zum Maßstab erklärten

97 G. Radbruch, Süddeutsche Juristenzeitung 1946, S. 105 ff. u. in: Rechtsphilosophie, Anhang, S. 347 ff.;
98 In: Anhang zur Rechtsphilosophie, S. 347.
99 Z. B. M. Walther, in: Dreier/Sellert, S. 323.
100 P. Landau, ZNR 1994, 373, 388 mit Nachw.
101 J. Vortmann, ZRP 1990, 193, 198.

als auch diejenigen, die solche Handlungsanweisungen befolgten, können wohl kaum in den Verdacht geraten, dem Gesetzespositivismus verpflichtet gewesen zu sein.

Darüber hinaus ist anzumerken, die Rechtsprechung zur Inflations- und Aufwertungsproblematik (siehe oben Rdnr. 837f.) zeigt, dass nicht alle Richter in der Tradition des Gesetzespositivismus verharrten. Der Richterverein beim Reichsgericht erklärte gar, er kündige dem Parlament (Reichstag) den Gehorsam für den Fall auf, dass dieser durch ein Gesetz das Verbot der Aufwertung beschließen sollte.

**2. Der Beitrag der Justiz zum NS-Unrecht.** Wenn von dem Wirken der Juristen in der Zeit der nationalsozialistischen Herrschaft die Rede ist, steht meist die Justiz im Vordergrund der Betrachtungen. Dabei wird häufig verkannt, dass vielfach vor allem Rechtswissenschaftler, die Professoren in den Rechtsfakultäten, der Praxis die Anleitung dafür geliefert haben, wie verfahren werden konnte und sollte, um das nationalsozialistische Gedankengut in die Praxis umzusetzen. Hier spielten insbesondere die Anleitungen für die Auslegung von Gesetzen und die neue Rechtsquellenlehre (vgl. oben Rdnr. 854) eine nicht zu unterschätzende Rolle. Besonders negativ fiel ins Gewicht, dass Wissenschaft und Gerichte den Primat des Rassismus akzeptierten.[102] 894

Was nun die Justiz angeht, so soll und darf nicht übersehen werden, dass dieser Justiz die Unabhängigkeit in einer entwürdigenden Weise genommen worden war und sie ständig unter politischem Druck gehalten wurde. Dennoch hat die Justiz – vor allem die Strafjustiz – einen unrühmlichen Beitrag zum finstersten Kapitel der deutschen Rechtsgeschichte geliefert. Die Justiz hat ab 1933 entscheidend zur Ausgrenzung, Diskriminierung und Entrechtung der Juden beigetragen. Nicht nur die Gesetzgebung, sondern auch die Justiz hat den Rassenwahn „in juristisch handhabbarere Formen überführt" und an der Schaffung eines sozialpsychologischen Klimas mitgewirkt, das den Holocaust schließlich ermöglicht hat.[103] 895

Der Nationalsozialismus führte insgesamt zu einer Entrechtlichung der Gesetzesinhalte, der Rechtsformen und zu einer Vernichtung der Weimarer Verfassungsordnung. Der Unrechtscharakter des sogenannten nationalsozialistischen Rechts wird nicht erst in den Ergebnissen deutlich, zu denen die Anwendung führte, sondern schon 896

102 R. Schröder, in: Jur. Zeitgesch., Kleine Reihe Bd. 1, S. 100.
103 G. Werle, NJW 1995, 1269.

durch die Art seiner Entwicklung und seines Vorgehens. Der Nationalsozialismus war von Anfang an auf die Überwindung der traditionellen Kategorien des Verfassungsrechts gerichtet.[104]

**Schrifttum:** P. Landau, Die deutschen Juristen und der nationalsozialistische Deutsche Juristentag in Leipzig 1933, ZNR 1994, 373 ff; O. Lepsius, Gab es ein Staatsrecht des Nationalsozialismus?, ZNR 2004, 102 ff.; G. Radbruch, Gesetzliches Unrecht und übergesetzliches Recht, Süddeutsche Juristenzeitung 1946, S. 105 ff. und in: Rechtsphilosophie, 5. Aufl 1956, Anhang, S. 347 ff.; R. Schröder, Das Zivilrecht und dessen Funktion im Dritten Reich, Jur. Zeitgesch., Kleine Reihe Bd. 1, 2001, S. 53 ff.; J. Vortmann, Juristischer Widerstand gegen den Nationalsozialismus, ZRP 1990, 193 ff.; M. Walther, Hat der juristische Positivismus die deutschen Juristen im „Dritten Reich" wehrlos gemacht?, in: Dreier/Sellert (Hrsg.), Recht und Justiz im „Dritten Reich", 1989, S. 323 ff.; R. Wassermann, Justiz im sozialen Rechtsstaat, 1974; H. Weinkauff, Die deutsche Justiz und der Nationalsozialismus. Ein Überblick, in: Die deutsche Justiz und der Nationalsozialismus, Bd. I, 1968; G. Werle, „Das Gesetz ist Wille und Plan des Führers" – Reichsgericht und Blutschutzgesetz, NJW 1995, 1267 ff.

104 O. Lepsius ZNR 2004, 102, 108.

# Fünfter Abschnitt. Die Spaltung Deutschlands und das erneute Streben nach Rechtseinheit

## 9. Kapitel. Die Herrschaft der Besatzungsmächte und die Anfänge einer neuen Selbständigkeit

### § 27. Verwaltung und Rechtspflege im Nachkriegsdeutschland

#### I. Maßnahmen der Alliierten nach der Kapitulation

**1. Überblick.** Nach dem völligen militärischen und politischen Zusammenbruch und der Kapitulation des deutschen Reiches unterzeichneten am 5. Juni 1945 die vier Oberbefehlshaber der Besatzungsmächte (Frankreich, Großbritannien, die UdSSR und die USA) in Berlin-Karlshorst im Namen ihrer Regierungen eine Deklaration über die Ausübung der obersten Gewalt (Supreme Authority) in Deutschland. Damit war die nationalstaatliche Integrität Deutschlands beseitigt. Gleichzeitig waren die Chancen für die Entwicklung zu einer freien und offenen demokratisch bestimmten Gesellschaft jedenfalls im Westen Deutschlands günstiger als im 19. und im beginnenden 20. Jahrhundert. 897

Zu einem förmlichen Abschluss eines Friedensvertrages kam es nicht. Aufgrund eines Abkommens, das *Roosevelt, Churchill und Stalin* für die Hauptsiegermächte im Februar 1945 in Jalta abgeschlossen hatten und das am 5. Juni 1945 durch ein Abkommen der Oberbefehlshaber der Besatzungstruppen der USA, Großbritanniens, Frankreichs und der Sowjetunion ergänzt wurde, wurde Deutschland in vier Besatzungszonen und die vier entsprechenden Sektoren Groß-Berlins eingeteilt. Die Gebiete östlich von Oder und Neiße wurden teils der Sowjetunion und großenteils mittelbar Polen zugewiesen. 898

**2. Der Alliierte Kontrollrat.** Mit der Besetzung Deutschlands durch die alliierten Truppen hatte im Jahre 1945 zunächst jede deutsche Verwaltungstätigkeit aus eigenem Recht geendet. Die oberste Staatsgewalt in Deutschland lag bei den Alliierten. Diese vermochten 899 es allerdings nicht, für eine gemeinschaftliche Ausübung der Staatsgewalt einen wirkungsvollen Apparat zu schaffen.[1]

In der Zeit zwischen dem 17. Juli und dem 2. August 1945 fand ein Treffen zwischen dem politischen Führer der UdSSR, *Stalin*, dem amerikanischen Präsidenten *Truman* und dem britischen Premierminister *Churchill* in Potsdam statt, bei dem über das weitere Schicksal Deutschlands entschieden werden sollte. Einigkeit bestand darüber, dass das besiegte Deutschland nicht, wie das während des Krieges einmal vorgesehen war, zerstückelt, sondern als Einheit bewahrt werden sollte. Die Einteilung Restdeutschlands in vier Besatzungszonen zuzüglich der gemeinsam zu verwaltenden Reichshauptstadt Berlin schien dem nicht zu widersprechen, weil der Alliierte Kontrollrat in Berlin ein einheitliches Handeln im Hinblick auf Deutschland als Ganzes gewährleisten sollte.[2]

900 Am 30. Juli 1945 konstituierte sich der *Alliierte Kontrollrat für Deutschland* in Berlin. Er erließ in der Folgezeit eine Reihe bedeutsamer Gesetze. Dazu zählt das Kontrollratsgesetz Nr. 1 vom 20. September 1945 über die Aufhebung grundlegender nationalsozialistischer Gesetze. Die Liste der aufgehobenen Gesetze beginnt mit dem Ermächtigungsgesetz und umfasst die Rassegesetze und andere von nationalsozialistischem Geist geprägte Gesetze. Man kann im Hinblick auf diese Maßnahmen auch von einer „Entnazifizierung des Rechts" durch gezielte Gesetzgebungs-, Verordnungs- und auch Einzelmaßnahmen sprechen.[3]

Mit dem Gesetz Nr. 46 vom 25. Februar 1947 löste der Alliierte Kontrollrat den Staat Preußen, seine Zentralregierung und alle nachgeordneten Behörden auf. Als Grund dafür wurde angeführt, Preußen sei seit jeher Träger des Militarismus und der Reaktion in Deutschland gewesen. Die Alliierten sahen also im Nationalsozialismus die Manifestation des Preußentums, eine Sicht der Geschichte, die Vieles, vor allem die große rechtsstaatliche Tradition Preußens, außer Acht lässt.

901 Die von den Alliierten angestrebte Rechtsbereinigung blieb aber letztlich unvollständig. Faktisch blieb die Aufgabe der Bereinigung der deutschen Rechtsordnung den Deutschen selbst überlassen. Da diese jedoch eine Auseinandersetzung mit der nationalsozialistischen

1 B. Diestelkamp, JuS 1981, S. 409.
2 B. Diestelkamp, JuS 1980, S. 790.; M. Stolleis, HdbStR, § 5c IV.
3 J. Rückert, ZRG Germ. Abt. 125, 2008, S. 259.

Vergangenheit zunächst vermieden, kann man von einem „Scheitern der Entnazifizierung des deutschen Rechts" sprechen.[4]

In der darauf folgenden Zeit verhinderte Frankreich durch sein Veto den Beginn einer positiven Arbeit des Kontrollrats im Hinblick auf den Aufbau einer deutschen Zentralverwaltung. Durch diese Haltung wurde die Tätigkeit des einzigen einheitlichen Organs für ganz Deutschland ineffizient, bis der Kontrollrat in den Sog des sich verschärfenden kalten Krieges geriet und die Russen am 20. März 1948 die Vertagung des Kontrollrates auf unbestimmte Zeit erklärten. Bis zu diesem Zeitpunkt war jedoch bereits in allen vier Besatzungszonen die Rekonstruktion deutscher Staatlichkeit auf Länderebene abgeschlossen worden. Der sowjetische Militärgouverneur *Schukow* hatte schon am 9.6.1945 die Bildung von Ländern in der sowjetisch besetzten Zone angeordnet. Die westlichen Besatzungsmächte hatten dagegen zunächst stärker mit dem Aufbau einer gemeindlichen Selbstverwaltung begonnen.

Auf der *Potsdamer Konferenz* war eine einheitliche Deutschland- 902
politik nicht zustande gekommen. Der Alliierte Kontrollrat konnte in der Zeit danach die ihm zugedachte Klammerfunktion für Gesamtdeutschland von Anfang an auch wegen der französischen Obstruktionspolitik gegen die Einrichtung deutscher Zentralverwaltungsämter nicht wahrnehmen; er geriet zunehmend in den Sog des weltpolitischen Konfliktes zwischen den USA und der UdSSR. Im Juli 1946 richteten die Amerikaner ein Angebot an die drei anderen Alliierten, ihre Zonen mit der amerikanischen wirtschaftlich zu vereinigen. Dieses Angebot wurde nur von Großbritannien angenommen. Die französische Regierung zeigte wenig Neigung, eine deutsche staatliche oder administrative Neustrukturierung zu fördern.[5]

**Schrifttum:** B. Diestelkamp, Rechts- und verfassungsgeschichtliche Probleme zur Frühgeschichte der Bundesrepublik Deutschland, JuS 1980, 401 ff., 481 ff., 790 ff. u. JuS 1981, 96 ff., 409 ff., 488 ff.; Diestelkamp/Jung, Die Justiz in den Westzonen und der frühen Bundesrepublik, Beilage zur Wochenzeitung Das Parlament, B 13–14/89, 19 ff.; M. Etzel, Die Aufhebung von nationalsozialistischen Gesetzen durch den Alliierten Kontrollrat 1945–1949, 1992; J. Rückert, Abrechnen, aber wie? – Die Rechtliche Transformation europäischer Diktaturen nach 1945, ZRG Germ Abt. 125, 2008, S. 256 ff.; M. Stolleis, Besatzungsherrschaft und Wiederaufbau deutscher Staatlichkeit 1945–1949, in: HdbStR, § 5.

---

4 M. Etzel, S. 204.
5 B. Diestelkamp, JuS 1980, 791 f.

## II. Die Reorganisation der staatlichen Verwaltung und der Justiz in Deutschland

903 **1. Die unterschiedlichen Auffassungen der Westmächte und der UDSSR.** Die Besatzungsverwaltungen und die Reorganisation des deutschen Verwaltungsapparates funktionierten und verliefen in den vier Zonen unterschiedlich.

Die Sowjets richteten eine zentralisierte Militärverwaltung in ihrem Hauptquartier in Karlshorst mit einem entsprechenden Unterbau auf der Ebene der Länder und Kreise ein. Im Gegensatz zu den drei Westalliierten verfügten sie über genaue Pläne zur Umgestaltung ihrer Zone und ließen darüber hinaus die sog. *Gruppe Ulbricht* wirken, die aus einer Reihe von während des Krieges in der Sowjetunion gut geschulten Deutschen bestand, die einen zuverlässigen kommunistischen Kader für den Aufbau Deutschlands nach russischen Vorstellungen bildeten.

904 Der Auffassung der Amerikaner und Briten entsprach es, den deutschen Staatsapparat für die Zukunft zu dezentralisieren. Franzosen und Amerikaner begannen ab Herbst 1945, lokale Selbstverwaltungen auf der Grundlage der deutschen Tradition zu demokratisieren, indem sie mit nur wenigen Abänderungen an die Kommunalverfassungssysteme der Zeit vor 1933 anknüpften. Die Briten versuchten in ihrer Zone nach englischem Muster eine Kommunalverwaltung als einen rein unpolitischen Verwaltungsstab, getrennt von der politischen Führung, in Gestalt von gewählten Selbstverwaltungsgremien zu errichten, was einen Bruch mit der deutschen Tradition der Kommunalverfassung bedeutete.[6]

905 Schon am 9. Juli 1945 schufen die Russen in ihrer Besatzungszone fünf Länder mit Ministerpräsidenten an der Spitze, denen seit Oktober 1945 auch das Gesetzgebungsrecht gewährt wurde. Die Russen errichteten 11 deutsche Zentralverwaltungen für ihre gesamte Zone. Seit dem Herbst 1945 setzten die Briten Zentralämter für ihre Zone ein, die zunächst aber mehr Exekutivorgane für ihre Militärverwaltung als eigenständige deutsche Behörden waren. Die Amerikaner schufen in ihrer Zone am 19. September 1945 die drei Länder Bayern, Hessen und Württemberg-Baden. In der französischen Besatzungszone blieb es zunächst bei provisorischen Verwaltungseinrichtungen der ersten Phase; die Länderbildung zog sich vom August 1946 bis zum September 1947 hin.

---

6 B. Diestelkamp, JuS 1981, S. 410f.

**2. Die Rechtspflege.** Nachdem durch die Proklamation Nr. 1 des Oberbefehlshabers der Alliierten Streitkräfte, General *Eisenhower*, die deutschen Gerichte geschlossen worden waren, trat der Stillstand der Rechtspflege ein, ein Tatbestand, dessen Rechtsfolgen für einen schwebenden Zivilprozess in § 245 ZPO geregelt sind. Die Militärregierungen richteten als Strafjustiz zunächst eigene Besatzungsgerichte ein; doch schon bald wurde in den Besatzungszonen die deutsche Rechtspflege wieder zugelassen. Im Herbst 1945 begann die Rekonstruktion der deutschen Gerichtsbarkeit unter der Aufsicht der Besatzungsmächte.[7] 906

Mit dem Kontrollratsgesetz Nr. 3 (vom 20.10.1945) legten die Alliierten die Grundsätze für die Umgestaltung der Rechtspflege fest. Dazu gehörten die Gleichheit vor dem Gesetz, das Verbot der Analogie für das Strafrecht und die Öffentlichkeit des Gerichtsverfahrens. Mit dem Kontrollratsgesetz Nr. 4 (vom 30.10.1945) wurde die Neugestaltung des Gerichtswesens angeordnet. Gleichzeitig wurde verfügt, dass alle ehemaligen Mitglieder der NSDAP, die sich aktiv für deren Ziele eingesetzt hatten, aus den Ämtern der Richter und Staatsanwälte entfernt werden sollten.[8] Mit diesen Maßnahmen wurde der erste Schritt zur Wiederherstellung rechtsstaatlicher Verhältnisse in Deutschland getan.

Der Alliierte Kontrollrat in Berlin legte dem Gerichtsaufbau das Gerichtsverfassungsgesetz in der Fassung vom 22. März 1924 zugrunde. Im Frühjahr 1946 waren die ordentlichen Gerichte – in der bekannten Dreistufigkeit mit Amtsgericht, Landgericht und Oberlandesgericht – wieder halbwegs funktionsfähig. 907

Allerdings verlief der Wiederaufbau der Justiz in den Besatzungszonen unterschiedlich. Zunächst fehlte ein Gericht, das die Aufgabe des nicht mehr existenten Reichsgerichts hätte wahrnehmen können, nämlich die Rechtseinheit zu wahren. Als es in der Britischen Zone zu Divergenzen in der Rechtsprechung kam, errichteten die Briten für ihre Zone den „Deutschen Obersten Gerichtshof für die Britische Zone" (OGH) als eine ausdrücklich als „vorläufig" bezeichnete Revisionsinstanz zur Wahrung der Einheit der Rechtsprechung in der britischen Zone. Der OGH amtierte von Mai 1948 bis September 1950 in Köln. Seine vielbeachtete Rechtsprechung wird bis heute zitiert.[9] 908

7 Diestelkamp/Jung, S. 19.
8 P. Caeser, NJW 1995, 1247.
9 R. Zimmermann, ZNR 1981, 158ff.

Der OGH war in nicht unerheblichem Maße mit der Bewältigung des während der Herrschaft des Nationalsozialismus begangenen Unrechts beschäftigt. Im Kern ging es um die Verfolgung der Verbrechen gegen die Menschlichkeit. Die von den Alliierten dazu geschaffenen Sonderstrafrechtsnormen waren sowohl in ihrer Tatbestandserfassung als auch in ihrem Sanktionsrahmen außerordentlich weit gefasst.[10]

909 Neben der ordentlichen Gerichtsbarkeit entstanden auch die Spezialgerichtsbarkeiten neu: 1946 die *Arbeitsgerichtsbarkeit*, später die *Verwaltungsgerichtsbarkeit* auf der Grundlage des Generalklausel-Modells. Gerade die Einrichtung einer Verwaltungsgerichtsbarkeit mit absoluter richterlicher Unabhängigkeit und der Möglichkeit, dass die Bürger alle belastenden Verwaltungsakte anfechten konnten, bedeutete eine weitreichende Entscheidung für die Durchsetzung rechtsstaatlichen Denkens im westlichen Teil Deutschlands.[11]

Anders als in den westlichen Zonen verlief die Entwicklung in der sowjetisch besetzten Zone. Dies machte sich weniger im organisatorischen Aufbau der Justiz bemerkbar; eine gezielte Personalpolitik in den Gerichten führte zu einer Durchdringung der Gerichtsbarkeit im Sinne der im April 1946 gegründeten SED. Eine vom Westen abweichende Entwicklung der Justiz war damit unausweichlich.

910 **3. Die Verwaltung.** Veranlasst durch den Mitte 1946 nicht mehr zu übersehenden internationalen Klimawechsel und die wachsende Einsicht, dass Deutschland auf Dauer nicht „in vier luftdichten Kammern" zu verwalten sei (so der US-Außenminister *Byrnes*), ergriffen die Amerikaner die Initiative, die Zonen koordiniert zu verwalten und auf diese Weise auch die Lebensbedingungen der Bevölkerung zu verbessern. Auf dieses Koordinationsangebot gingen nur die Briten ein. Im September 1946 wurde der Zusammenschluss der amerikanischen und der britischen Zone zur *Bizone* beschlossen und mit Wirkung vom 1. Januar 1947 vollzogen. Damit wurde ein Ansatz zur Überwindung der verwaltungsmäßigen Aufsplitterung geschaffen. Schon zu diesem Zeitpunkt wurde sichtbar, wie stark sich strukturell die beiden Besatzungszonen auseinander entwickelt hatten. Am 29. Mai 1947 unterzeichneten der amerikanische und der britische Militärgouverneur ein Abkommen über die Umbildung der Bizone, das den ersten Schritt zur politischen Vereinigung darstellte. Es wurde nun eine mehrgliedrige Organisationsstruktur geschaffen: Ge-

10 G. Pauli, in: Jur. Zeitgesch. Bd. 5, S. 101 ff.
11 Diestelkamp/Jung, S. 20.

setzgebungsorgan war ein von den Länderparlamenten beschickter *Wirtschaftsrat* mit Sitz in Frankfurt am Main; dieser wurde ergänzt um einen *Exekutivrat*, in den die acht Länderregierungen Vertreter entsandten.

Schon Anfang des Jahres 1946 war es zu einer Reihe von Kontak- **911**
ten und Treffen der Verwaltungsspitzen vor allem der amerikanischen und der britischen Zonen gekommen. Nachdem sich politische Parteien gebildet und diese vergeblich gesamtdeutsche Aktivitäten zu entfalten versucht hatten, bot sich den Ministerpräsidenten der Länder noch eine Chance für eine gesamtdeutsche Rolle. Nach dem Scheitern der Moskauer Außenministerkonferenz lud der bayerische Ministerpräsident *Ehard* am 7. Mai 1947 die Länderchefs aller vier Besatzungszonen nach München zu gesamtdeutschen Gesprächen ein. Zum ersten Mal trafen Vertreter aller vier Besatzungszonen zusammen. Die westdeutschen Ministerpräsidenten lehnten einen Vorschlag ihrer Kollegen aus der sowjetischen Zone ab, das Problem der „Bildung einer deutschen Zentralverwaltung durch Verständigung der demokratischen Parteien und Gewerkschaften zur Schaffung eines deutschen Einheitsstaates" in den Mittelpunkt der Erörterungen zu stellen und zum Hauptpunkt der Tagesordnung zu machen. Nach der Ablehnung dieses Vorschlages verließen die Ministerpräsidenten aus der sowjetisch besetzten Zone die Konferenz und reisten ab. Es ist umstritten, woran dieser letzte gesamtdeutsche Versuch, die Probleme Deutschlands vor dem Auseinanderfallen in zwei Teilstaaten gemeinsam zu diskutieren, schließlich gescheitert ist.[12]

**4. Die Rechtswissenschaft.** Wie oben (Rdnr. 855ff.) dargestellt, **912**
war die Rechtswissenschaft schwer belastet. Ein „geistiger Neubau" war in Angriff zu nehmen. Das bedeutete: Abbau der nationalsozialistischen Rechtswissenschaft und Aufbau bzw. Wiederherstellung einer liberalen und demokratischen Rechtswissenschaft in Forschung und Lehre; dazu gehörten auch Änderungen im Verständnis von Hochschule und im Studienangebot. Bei diesem schwierigen Prozess wirkten die Besatzungsmächte nicht unerheblich mit, in den verschiedenen Besatzungszonen allerdings ganz unterschiedlich. Die Amerikaner griffen direkt ein, die Briten mehr indirekt; die Franzosen verhielten sich liberal.[13]

---

12 B. Diestelkamp, JuS 1980, S. 794ff.
13 J. Rückert, NJW 1995, 1254ff.

913 Einige Universitäten erstellten eigene Listen von belasteten Professoren und präsentierten Regeln zur Amtsenthebung oder Suspendierung, so z.B. Münster, Heidelberg, Hamburg, Köln, Frankfurt a. M. und Rostock. Neben belasteten Rektoren und Kuratoren wurden nur wenige Professoren der Rechtswissenschaft entlassen. Zu diesen zählten u.a. C. Schmitt, K. Larenz, W. Siebert, E. R. Huber, K. A. Eckhardt und H. Lange (vgl. zu diesen oben Rdnr. 856f.), von denen etliche aber Anfang der 50er Jahre an die Universitäten zurückkehrten. J. Rückert.[14] spricht in diesem Zusammenhang von den „unbewältigten Abbauten und Aufbauten“ in einer Phase der anfänglichen relativen Autonomie.

**Schrifttum:** P. Caesar, Wiederaufbau der Gerichtsbarkeit nach 1945, NJW 1945, 1246ff.; B. Diestelkamp, Rechts- und verfassungsgeschichtliche Probleme zur Frühgeschichte der Bundesrepublik Deutschland, JuS 1980, S. 401ff., 481ff., 790ff. u. JuS 1981, S. 96ff., 409ff., 488ff.; Diestelkamp/Jung, Die Justiz in den Westzonen und der frühen Bundesrepublik, Beilage zur Wochenzeitung Das Parlament, B 13–14/89, 19ff.; G. Pauli, Ein hohes Gericht – Der oberste Gerichtshof für die Britische Zone und seine Rechtsprechung zu Straftaten im Dritten Reich, in: Juristische Zeitgeschichte Bd. 4, 1996, S. 95ff.; J. Rückert, Abbau und Aufbau der Rechtswissenschaft nach 1945, NJW 1995, 1251ff.; R. Zimmermann, Der oberste Gerichtshof für die Britische Zone (1948–1950) und die Fortbildung des Bürgerlichen Rechts, ZNR 1981, 158ff.

## § 28. Drei Besatzungszonen werden ein Staat. Die Enstehung der Bundesrepublik Deutschland

### I. Die Ausbildung von Ländern in den Besatzungszonen

914 **1. Die Westzonen.** Die Amerikaner strebten in ihrer Zone, zu der die Länder Bayern, Hessen, Württemberg-Baden und Bremen gehörten, danach, möglichst rasch eine durch Wahlen legitimierte deutsche Selbstverwaltung von unten nach oben aufzubauen. Dabei sollten möglichst schnell viele Zuständigkeiten in deutsche Hände gegeben und aus den Ländern ein Bundesstaat mit provisorischer Regierung geschaffen werden. Den Abschluss der Entwicklung sollte eine unter Kontrolle der Alliierten ausgearbeitete demokratische Verfassung bilden. Nach 1945 wurde in der amerikanischen Zone der „Länderrat“ als eine deutsche Kammer für die neu gebildeten Länder geschaffen. Dabei handelte es sich im Wesentlichen um ein Koordinierungsgremium mit Harmonisierungsaufgaben, dem die Ministerpräsidenten der Länder angehörten.[15]

---

14 NJW 1995, 1255.
15 M. Stolleis, HdbStR, § 5 E II 1.

Zur *britischen Zone* gehörten die neu errichteten Länder, die überwiegend ehemals preußische Gebiete gewesen waren, nämlich Niedersachsen, Schleswig-Holstein, Hamburg und Nordrhein-Westfalen, das als das größte Land entstand, weil eine Teilung in Westfalen und Rheinland Schwierigkeiten aufgeworfen hätte, die mit der Zuordnung des Ruhrgebiets entstanden wären. Die britische Militärregierung versuchte zunächst, die Verwaltung auf der Orts- und Kreisebene, dann auf der Regierungsbezirks- und Länder- bzw. Provinzebene zu beleben. Nach dem Konzept der Briten wurde zunächst ein zentralistischer Überbau geschaffen, wie z. B. die Zonenzentralämter (Beispiel: das Zentraljusizamt in Hamburg). Die britische Militärregierung bildete zur Verbesserung der Information und zu ihrer Beratung einen *Zonenbeirat* (Zonal Advisory Council), der mit dem Länderrat der amerikanischen Zone vergleichbar war.[16] 915

Die *französische Besatzungszone* war geographisch uneinheitlich angelegt. Zu ihr gehörten Teile der ehemals südlichen Rheinprovinz sowie Teile von Nassau, Rheinhessen, die Pfalz, Südwürttemberg-Hohenzollern und Südbaden sowie das Saargebiet. Letzteres – ab 1947 „Saarland" – wurde im Juli 1945 zu einer eigenen Verwaltungseinheit und später zu einem wirtschaftlich an Frankreich gebundenen, politisch von Frankreich beaufsichtigten „Kleinstaat ohne Demokratie".[17] Anders als die USA und Großbritannien wollte Frankreich ein dezentralisiertes und geschwächtes Deutschland. Es widersetzte sich deshalb der Herstellung deutscher Zentralverwaltungen und Zusammenschlüssen auf Zonenebene. 1946 entstand aus dem Zusammenschluss von Hessen-Pfalz und Rheinland-Hessen-Nassau das Land Rheinland-Pfalz. Auch Württemberg-Hohenzollern und Südbaden wurden zu Ländern. In allen drei Ländern wurden 1947 Landtagswahlen durchgeführt und Landesverfassungen erarbeitet. 916

Anfang 1948 wurden ernsthafte Bemühungen unternommen, um die Verwaltung der *Bizone* zu reformieren. Dem *Wirtschaftsrat* wurden mehr Kompetenzen zugestanden. Der *Exekutivrat* wurde durch eine zweite Kammer, den *„Länderrat"* ersetzt. Das Kabinett, nun *„Verwaltungsrat"*, wurde um das Ressort Arbeit und Soziales erweitert und von einem „Oberdirektor", der den Status eines Ministerpräsidenten ohne Richtlinienkompetenz innehatte, geleitet. Dieser Verwaltungsrat hatte praktisch die Stellung eines dem Wirtschaftsrat 917

16 M. Stolleis, HdbStR, § 5 E II 2.
17 M. Stolleis, HdbStR, § 5 Rdnr. 94.

parlamentarisch verantwortlichen Kabinetts. Bemerkenswert war, dass nun die dritte Gewalt in Gestalt eines deutschen Obergerichts für das Vereinigte Wirtschaftsgebiet mit Sitz in Köln (*OGH* von 1948 bis 1950) (vgl. dazu oben Rdnr. 919) deutlicher in Erscheinung trat. Außerdem wurden die „Bank Deutscher Länder" und ein Rechnungshof errichtet.

918 Die Reform zur Verbesserung der Bizonenverwaltung lief auf die Errichtung eines vollständigen Staatswesens hinaus. Zutreffend wird die Bizone als die Keimzelle der Bundesrepublik Deutschland angesehen. Dies ist gerechtfertigt, weil die Bundesrepublik eine Schöpfung der Länder ist, die sich trotz der heftigen Einschnitte in den mit 1933 beginnenden Jahren und trotz des Kriegsausganges im Jahre 1945 „als die eigentlich vitalen Träger staatlicher, administrativer und kultureller Tradition" erwiesen hatten.[18] So zeigt auch die Entwicklung nach dem Zweiten Weltkrieg, dass die föderalistischen Elemente, die bereits den Beginn der geschichtlichen Entwicklung in Deutschland kennzeichnen, ihre prägende Wirkung behalten hatten. Die These, dass die Bildung und Behauptung von Territorialstaaten eines der herausragenden Ereignisse der deutschen Geschichte gewesen ist, hatte damit ihre Bestätigung gefunden.

1949 wurde die Bizone um die französische Zone zur *Trizone* erweitert.

919 **2. Die sowjetische Zone und Berlin.** In der sowjetisch besetzten Zone (SBZ) existierten zunächst fünf Länder – Mecklenburg-Vorpommern, Brandenburg, Sachsen-Anhalt, Thüringen und Sachsen –, die 1952 nach dem Willen der Besatzungsmacht aufgelöst und durch 14 Verwaltungsbezirke ersetzt wurden, um einheitsstaatliche Verhältnisse zu schaffen.

Die Sowjetunion begann 1945 sofort mit der Umgestaltung aller gesellschaftlichen und politischen Verhältnisse. Sie bediente sich dazu der Kader deutscher Kommunisten (Gruppe Ulbricht), die für diesen Zweck in Moskau vorbereitet worden waren und mit den sowjetischen Truppen in deren Zone einrückten. Weil diese über den engsten Kontakt mit der Besatzungsmacht verfügten, hatten sie den maßgeblichen Einfluss beim Aufbau lokaler und zentraler Verwaltungen.

920 Die während des Einmarsches sowjetischer Truppen geschaffenen Militärverwaltungen wurden Mitte 1945 zur sowjetischen Militäradministration in Deutschland (SMAD) vereinigt und in vier Bereiche

18 M. Stolleis, HdbStR, § 5 F.

mit zahlreichen Abteilungen untergliedert. Für die Entwicklung in der sowjetisch besetzten Zone ist der von Anfang an starke Zug zum Zentralismus typisch, der diesen Teil Deutschlands deutlich von den anderen Gebieten, insbesondere von der Bizone unterschied. Verstärkt wurde die zentralistische Tendenz, die von vornherein durch die SED, die SMAD und die Zentralverwaltungen bestimmt worden war, durch die Gründung der *Deutschen Wirtschaftskommission.* Diese wurde zum zentralen wirtschaftspolitischen Steuerungsinstrument der SED, zu einer Art Regierung der sowjetischen Besatzungszone, die die weitere Entwicklung in diesem Teil Deutschlands mit der Besatzungsmacht bestimmte.[19]

Einen Sonderstatus erhielt das ehemalige Groß-Berlin in den Grenzen von 1920. Es gehörte nicht zu den Besatzungszonen, wurde aber in vier Sektoren unterteilt, die von der dem Kontrollrat unterstellten Allierten Kommandantur als eine Art Regierungsorgan verwaltet wurde. Nach dem Zerfall der Gemeinsamkeiten beendete die Allierte Kommandantur ihre Arbeit, die Währungseinheit wurde aufgelöst; Stadtverordnetenversammlung und Magistrat wurden aus Ostberlin vertrieben. Auf sowjetischen Antrag stellt der Kontrollrat im März 1948 seine Tätigkeit auf unbestimmte Zeit ein. 921

**Schrifttum:** M. Stolleis, Besatzungsherrschaft und Wiederaufbau deutscher Staatlichkeit 1945–1949, in: HdbStR, § 5.

## II. Die Verfassungsentwicklung in den Westzonen bis zum Zusammentreten des Parlamentarischen Rates

**1. Überblick.** Schon vor dem Ende des Zweiten Weltkrieges hatten sowohl in Widerstandskreisen als auch in der Emigration Verfassungsdiskussionen begonnen, die nach 1945 intensiviert wurden. Neue Verfassungsschöpfungen waren notwendig geworden, weil die alten Verfassungen der Länder und vor allem die des Reiches nach 1933 so systematisch ausgehöhlt worden waren, dass sie nicht mehr als wirksam angesehen werden konnten.[20] 922

Nach dem Zusammenbruch des Deutschen Reiches war das deutsche Volk staatsrechtlich zunächst handlungsunfähig geworden. Unabhängig von der Beantwortung der Frage, ob das Deutsche Reich 1945 als Staat untergegangen war oder fortbestand, befand sich die

19 M. Stolleis, HdbStR, § 5 E II 4 mit Nachw.
20 B. Diestelkamp, ZNR 1989, 168 f.; R. Grawert, HdbStR, § 4 Rdnr. 14.

Staatsgewalt in der Hand der Siegermächte. Bevor diese damit beginnen konnten, eine neue demokratische Verfassungsordnung in Deutschland zu schaffen, musste darüber entschieden werden, in welcher Form Deutschland als Staat wiedererstehen sollte. Nachdem die Besatzungsmächte sich zunächst entschlossen hatten, Deutschland nicht zu zerteilen, sondern, um die Einheit Deutschlands zu wahren, in Besatzungszonen aufzuteilen, war der Weg vorgezeichnet. Zuerst mussten in den Ländern Verfassungen geschaffen werden.

923 Wenn die über die Verfassungsgebung zu schaffende neue demokratische Ordnung nicht als ein Diktat der Siegermächte diskreditiert sein sollte, mussten die Siegermächte diejenigen deutschen politischen Kräfte beteiligen, die durch die schrittweise von den Besatzungsmächten zugelassenen nichtnationalsozialistischen Parteien – wie z. B. CDU und SPD – repräsentiert wurden. In dem allmählich entstandenen Kräftefeld aus Besatzungsmächten als Träger der deutschen Souveränität und den Vertretern des deutschen Volkes konnten Verfassungen nur im Wege von *Verfassungsvereinbarungen* erzielt werden. Die Arbeit an den deutschen Verfassungen der Nachkriegszeit vollzog sich stets nach dem Handlungsmodell der Verfassungsvereinbarung zwischen den Besatzungsmächten als den Inhabern der deutschen Staatsgewalt und den die Verfassung beratenden Versammlungen als den Vertretern des nicht souveränen Volkes. Dabei ging die Initiative zum Beginn dieser Arbeiten von den jeweiligen Besatzungsmächten aus. In diesem Zusammenhang ist die Frage, wie der Einfluss der Besatzungsmächte auf Form und Inhalt der neuen Verfassungen zu gewichten ist, schwer zu beantworten.[21]

924 Bei der Schaffung der neuen Verfassungen fällt auf, dass namhafte Staatsrechtler und Politikwissenschaftler als „Verfassungsväter" eine überragende Rolle spielten. Zu denjenigen, die bei der Verfassungsarbeit durch Entwürfe oder intensive Teilnahme an Beratungen besonders hervorgetreten sind, gehören u. a. *Carlo Schmid* in Stuttgart, *Hermann v. Mangoldt* in Kiel, *Hans Nawiasky* in München, *Walter Jellinek* und *Ludwig Bergsträßer* in Wiesbaden. Bemerkenswert ist, dass auch die Besatzungsmächte sich außer durch ihre eigenen Fachleute durch deutsche Professoren informell beraten ließen.[22]

925 **2. Die vorläufigen Organisationsgesetze.** In der Zeit zwischen der Ausbildung von Ländern und einer Verfassungsgebung in denselben lagen in der amerikanischen und britischen Zone etliche Jahre, in

21 Dazu B. Diestelkamp, in: Rechtsgeschichte, S. 652; derselbe, ZNR 1989, 168, 172 f.
22 B. Diestelkamp, ZNR 1989, 168, 179 f. mit Nachw.

denen diese Länder organisiert und regiert werden mussten, ohne dass eine Verfassung zugrundelag. Die Landesregierungen arbeiteten in dieser Zeit nach den Militärregierungsverordnungen, welche die Länder begründet hatten, vor allem aber nach von den Besatzungsmächten genehmigten *Gesetzen über die vorläufige Staatsgewalt,* die nur solange in Kraft blieben, bis sie durch Verfassungen abgelöst wurden.

Die Besatzungsmächte hielten diese Organisationsgesetze immerhin für so wichtig, dass sie einigen deutschen Vorschlägen die Genehmigung verweigerten, so u. a. die Amerikaner im Hinblick auf das Gesetz über die vorläufige Staatsgewalt in Bayern (1945) und die Briten im Hinblick auf ein entsprechendes Gesetz für Nordrhein-Westfalen.[23]

**3. Überregionale Probleme der Verfassungsgebung.** Auf deutscher Seite wirkten beim Prozess der Verfassungsgebung die wiederbelebten und neugegründeten Parteien maßgeblich mit. In allen Westzonen spielten die beiden großen Parteien CDU und SPD die dominierende Rolle. In Süddeutschland stellten die Liberalen, in Nordrhein-Westfalen das Zentrum beachtenswerte Kräfte dar. 926

In allen Ländern, in denen mit den Verfassungsarbeiten begonnen wurde, stellte die Gestaltung der künftigen Wirtschaftsverfassung ein zentrales Problem dar. Vor allem wurde über die *Sozialisierung* der „Schlüsselindustrien" und über die *Bodenreform* gestritten.

Die Sozialdemokraten, aber auch Teile der christlichen Sozialisten sahen in 927
der wirtschaftlichen Machtkonzentration in Privathand und im Fortbestand der alten Feudalelite die Gründe für das Entstehen des Faschismus in den zwanziger und dreißiger Jahren und wollten diese ihrer Meinung nach fortbestehenden Gefahren für die künftig entstehende Staats- und Gesellschaftsordnung durch Sozialisierung und Bodenreform beseitigt wissen. Während die SPD aus der Besorgnis heraus, die Amerikaner würden die gesamte Verfassung ablehnen, in Bayern von ihren Sozialisierungsplänen Abstand nahm, gelang es ihr, in Hessen und Württemberg-Baden entsprechende Artikel in der Verfassung zu verankern. In die hessische Verfassung wurde nicht nur die programmatische Forderung nach Sozialisierung aufgenommen; die Verfassung ermöglichte auch die Überführung der Grundstoffindustrie in Gemeineigentum.

Obwohl in Schleswig-Holstein die Sozialisierung wegen der Wirtschafts- 928
struktur des Landes kein drängendes Problem darstellte, beschloss der Landtag mit der SPD-Mehrheit ein Sozialisierungsgesetz für die Schlüsselindustrien. Die Bodenreform schien wegen des beachtlichen Großgrundbesitzes in

23 B. Diestelkamp, ZNR 1989, 168, 171 f. mit Nachw.

diesem Lande eine lohnende Aufgabe zu sein. Beides, sowohl Bodenreform wie auch Sozialisierung, konnten schließlich doch nicht durchgesetzt werden.

In Nordrhein-Westfalen veränderten sich die Mehrheitsverhältnisse im Laufe des lang andauernden Verfassungsgebungsprozesses zugunsten der CDU, so dass Sozialisierungstendenzen sich nicht durchsetzen konnten.

Die christlichen Politiker sahen die Gründe für das Entstehen des NS-Regimes anders als die Sozialdemokraten vor allem in einem Werteverfall der neuen Zeit. Sie wollten deshalb die neue Staats- und Gesellschaftsordnung betont wertorientiert rekonstruieren und maßen dabei einem christlich-konfessionellen Schulwesen (u. a. Konfessionsschulen statt Gemeinschaftsschulen) und dem Schutz von Ehe und Familie eine besondere Bedeutung zu. Besonders rigoros setzten sie ihre Vorstellungen über Ehe, Familie, Schule und Kirche in Rheinland-Pfalz durch. Auch in Nordrhein-Westfalen konnten CDU und Zentrum ihre Vorstellungen in der Schulfrage weitgehend verwirklichen.[24]

929 **4. Das Zustandekommen von Verfassungen.** Die Briten arbeiteten politisch auf einen gemäßigten Zentralismus in Deutschland hin. Deshalb drängten sie die deutschen Politiker nicht, in ihren Ländern feste Verfassungsordnungen zu schaffen. So entstand lediglich in dem Stadtstaat Hamburg vor Inkrafttreten des Grundgesetzes eine Verfassung. Die Länder Schleswig-Holstein (1949), Nordrhein-Westfalen (1950) und Niedersachsen (1951) erhielten erst später Verfassungen.

Anders verlief die Entwicklung in der amerikanischen und französischen Besatzungszone. Amerikaner und Franzosen wollten erreichen, dass die Länder mit ihren Verfassungen als „nicht mehr zu übergehende Strukturelemente eines zukünftigen Gesamtstaates" gefestigt wurden.[25] Nachdem zuvor schon Kommunalwahlen (Gemeindeparlamente, Kreistage und Parlamente in den Großstädten) stattgefunden hatten, wurden die zuvor gebildeten Vorparlamente durch Wahlen in demokratisch legitimierte Landtage umgewandelt. Die Verfassungen in Württemberg-Baden, Hessen und Bayern wurden nach der Genehmigung durch die amerikanische Militärregierung 1946 durch *Volksabstimmung* in Kraft gesetzt. 1947 traten nach Volksabstimmungen die Verfassungen für Baden und Rheinland-Pfalz in Kraft.

930 Die in der Zeit vor dem Zusammentreten des Parlamentarischen Rates geschaffenen westzonalen Landesverfassungen enthalten zum Teil sehr weitreichende Grundrechtskataloge. Sie waren offenkundig darauf angelegt, die erwartete gesamtstaatliche Verfassung vorzupri-

24 B. Diestelkamp, ZNR 1989, 168, 173 ff.
25 B. Diestelkamp, in: Rechtsgeschichte, S. 667 f.

gen. Mit dem Inkrafttreten des Grundgesetzes zeigte sich schnell, dass die *Landesgrundrechte* gegenüber den im Grundgesetz verankerten Grundrechten nahezu gänzlich in den Hintergrund traten.[26]

**Schrifttum:** B. Diestelkamp, Verfassungsentwicklungen in den Besatzungszonen, in: H. Mohnhaupt (Hrsg.), Rechtsgeschichte in den beiden deutschen Staaten, 1991, S. 650 ff.; derselbe, Verfassungsgebung in den Westzonen nach 1945 – Länderverfassungen und Grundgesetz, ZNR 1989, 168–183; E. Klein, Von der Spaltung zur Einigung Europas, in: HGR I § 5; F. Pfetsch, Ursprünge der Zweiten Republik. Prozesse der Verfassunggebung in den Westzonen und in der Bundesrepublik Deutschland, 1990; R. Grawert, Die nationalsozialistische Herrschaft, in: HdbStR § 4 Rdnr. 14.; M. Stolleis, Besatzungsherrschaft und Wiederaufbau deutscher Staatlichkeit 1945–1949, in: HdbStR, § 5.

## III. Die Staatsgründung

**1. Die Theorie vom Fortbestand des Deutschen Reiches als Staat** 931
**nach 1945.** Bei der Schaffung einer Verfassung und der Gründung der Bundesrepublik Deutschland im Westen Deutschlands musste eine Antwort auf die Frage gefunden werden, ob das Deutsche Reich als Staat und Völkerrechtssubjekt mit dem Ende des Krieges im Mai 1945 untergegangen war. Hätte man diese Frage bejaht, wäre für das deutsche Volk eine neue staatliche Form erst wieder zu schaffen gewesen. War die Frage hingegen zu verneinen, wäre der deutsche Staat zwar handlungsunfähig gewesen, aber rechtsfähig geblieben; die Siegermächte hätten 1945 die Hoheitsgewalt in Deutschland lediglich treuhänderisch für den handlungsunfähig gewordenen deutschen Staat übernommen. Die Entscheidung für die eine oder andere der beiden Rechtsauffassungen führt zu deutlich unterschiedlichen rechtlichen und politischen Konsequenzen. Dabei ging es u. a. darum, wer befugt war, den Staat im westlichen Teil Deutschlands zu gründen.[27]

Im Zuge des Wiederaufbaus einer eigenen Staatlichkeit setzte sich 932
im Westen die Auffassung durch, die vom Fortbestand des deutschen Gesamtstaates ausging. Begründet wurde diese Auffassung – auch als *Kontinuitätsthese* bekannt – vor allem damit, dass die Kapitulation vom 7./8. Mai 1945 rein militärischen Charakter hatte und dass die Alliierten die Staatsgewalt des Deutschen Reiches nur vorübergehend wahrgenommen hatten.[28]

26 B. Diestelkamp, in: Rechtsgeschichte, S. 667 f.
27 B. Diestelkamp, ZNR 1985, 131, 183 ff. u. 201; M. Stolleis, HdbStR, § 5 D.
28 B. Diestelkamp, ZNR 1985, 131, 185; M. Stolleis, HdbStR, § 5 D.

Die Kontinuitätsthese machten sich auch der *Verfassungskonvent von Herrenchiemsee (1948)* und der *Parlamentarische Rat (1948/49)* zu Eigen, die das Grundgesetz vorbereiteten und schufen. Das Festhalten an der Kontinuität des neuen Bundesstaates (der Bundesrepublik Deutschland) im Verhältnis zum Deutschen Reich der Jahre vor 1945, führte zu einer Betonung des *provisorischen Charakters* der Verfassung. Dies zeigt sich u. a. bei den konkreten Problembereichen des Staatsangehörigkeitsrechts (Art. 16, 116 GG) und des räumlichen Geltungsbereiches des Grundgesetzes, dem Art. 23 GG, der schließlich die Herstellung der Einheit Deutschlands durch Beitritt verfassungsrechtlich ermöglicht hat.

933 Das Bundesverfassungsgericht hat sich u. a. in seinem Urteil zum Grundlagenvertrag mit der DDR[29] der sogenannten *Identitätstheorie* angeschlossen. Danach ist das Deutsche Reich als Staats- und Völkerrechtssubjekt nicht untergegangen; das Reich bestand in Gestalt der Bundesrepublik Deutschland fort. Letztere übte die gesamtdeutsche Gewalt allerdings zunächst nur auf einem räumlich beschränkten Gebiet, der sogenannten alten Bundesrepublik, aus. Damit wurde der gesamtdeutsche Anspruch aufrechterhalten.

934 **2. Die Frankfurter Dokumente.** In der ersten Hälfte des Jahres 1948 wurden in London zwischen den Außenministern der USA, Großbritanniens, Frankreichs und der Benelux-Staaten die Rahmenbedingungen für die geplante politische Ordnung eines die drei Westzonen umfassenden westdeutschen Staates sowie auch die vorgesehene Verfahrensweise für die Bildung desselben beschlossen. Danach ermächtigten die Militärgouverneure die deutschen Länderchefs, das Verfahren zur Staatsgründung unter den in den sog. *Frankfurter Dokumenten* vorgegebenen Bedingungen in Gang zu setzen.

Das den Länderchefs überreichte Dokument Nr. 1 sah vor, dass bis spätestens zum 1. September 1948 eine verfassunggebende Versammlung einzuberufen sei, deren Abgeordnete aus den Länderparlamenten entsprechend deren relativer Größe zu entsenden waren. Das Dokument schrieb außerdem vor, dass die Verfassung föderalistisch und demokratisch und durch „Garantien der individuellen Rechte und Freiheiten“ zugleich liberal sein musste; die Rechte der Bundesländer sollten geschützt und eine angemessene Zentralinstanz geschaffen werden. Ein indirekt durch die Landtage gewählter *Parlamentari-*

29 BVerfGE 6, 306 ff.

*scher Rat* sollte spätestens am 1.9.1948 seine Arbeit, eine Verfassung zu schaffen, aufnehmen.

Das Dokument Nr. 3 enthielt die Richtlinien für ein noch zu schaffendes Besatzungsstatut, das die Kompetenzabgrenzung zwischen den Besatzungsmächten und der zukünftigen deutschen Regierung bestimmen sollte.

Die Frankfurter Dokumente lassen klar erkennen, dass die Besat- 935
zungsmächte sich nach wie vor als Inhaber der obersten Gewalt in Deutschland betrachteten und auch beabsichtigten, die Durchsetzung der von ihnen vorgegebenen Leitlinien für die zu schaffende Verfassung sicherzustellen und andernfalls die Ausübung ihrer vollen Machtbefugnisse wieder zu übernehmen.[30]

Die Dokumente weckten auf deutscher Seite wenig Begeisterung, fürchtete man doch, mit der Schaffung einer Verfassung für einen westdeutschen Teilstaat durch einen deutschen Verfassungsgeber die Verantwortung für eine dauerhafte Teilung Deutschlands zu übernehmen.[31]

**3. Der Herrenchiemseer Verfassungskonvent.** Die deutschen 936
Länderchefs akzeptierten die Ermächtigung, sorgten aber dafür, dass eine von den Besatzungsmächten zunächst vorgesehene Volksabstimmung über die zu schaffende Verfassung, die „Grundgesetz" heißen sollte, nicht stattfand.

Benötigt wurde zunächst ein Verfassungsentwurf. Um einen solchen zu erarbeiten, beriefen die Ministerpräsidenten zur Vorbereitung eines Entwurfs für das Grundgesetz einen „Ausschuss von Sachverständigen für Verfassungsfragen", der in der Zeit vom 10. bis 23. August 1948 in Herrenchiemsee tagte. Jedes Land entsandte in diesen Ausschuss einen Vertreter. Dieser Verfassungskonvent erarbeitete eine Vorlage für den *Parlamentarischen Rat*, die schon einen weitgehenden Verfassungstext enthielt.

Der *Herrenchiemseer Verfassungskonvent* war bestrebt, die „Konstruktionsfehler" der Weimarer Reichsverfassung zu vermeiden.[32] Der von ihm erarbeitete Entwurf hielt sich an die Anweisung der Alliierten, „eine Regierungsform des föderalistischen Typs" zu schaffen. Der Konvent trat u. a. nachhaltig für die Bestellung des Bundesverfassungsgerichts als Hüter der Verfassung ein, um den Bundespräsi-

30 R. Mußgnug, HdbStR I, § 6 A II 3 f.; M.F. Feldkamp, S 18 ff.
31 J. Ziekow, JuS 1999, 419.
32 R. Mußgnug, HdbStR I, § 6 B I 3.

denten von der mit einer solchen Funktion verbundenen Verantwortung zu entlasten.

937 Der vom Herrenchiemseer Konvent vorgelegte Entwurf wurde für den Parlamentarischen Rat richtungweisend. Dafür sorgten vor allem einige Mitglieder des Konvents, die gleichzeitig dem Parlamentarischen Rat angehörten, wie z. B. *Carlo Schmid* und *Adolf Süsterhenn*. Die beiden großen Parteien CDU und SPD reagierten keineswegs nur positiv auf die Arbeit des Konvents, dessen Bedeutung sie herunterzuspielen bedacht waren. In der SPD wurde vor allem die „extrem föderalistische Einstellung" des Großteils der Konventsteilnehmer kritisiert.[33] Dass das Grundgesetz schließlich zu einer wesentlich ausgereifteren Verfassung geriet, als die Weimarer Verfassung es war, ist nicht zuletzt dem im Herrenchiemseer Konvent versammelten verfassungsrechtlichen Sachverstand zu danken, der in dem dem Parlamentarischen Rat vorgelegten Entwurf seinen Niederschlag gefunden hat.[34]

938 **4. Der Parlamentarische Rat.** Am 1. September 1948 trat in Bonn der Parlamentarische Rat zusammen, der aus 65 Mitgliedern bestand, die von den Länderparlamenten (ein Mitglied auf je 750 000 Einwohner) gewählt worden waren. 5 Abgeordnete aus Westberlin kamen mit lediglich beratender Stimme hinzu.

Neben *Konrad Adenauer*, dem späteren ersten Bundeskanzler der neuen Republik, gehörten dem Parlamentarischen Rat noch viele Persönlichkeiten an, die in der folgenden Zeit politische Verantwortung übernehmen sollten. Zu ihnen gehören vor allem *Theodor Heuss* (der spätere erste Bundespräsident), die führenden SPD-Politiker *Erich Ollenhauer* und *Carlo Schmid*, *Thomas Dehler* (FDP, später Justizminister) und *Ernst Reuter* (SPD, späterer regierender Bürgermeister in Berlin/West).

Zum ersten Präsidenten des Parlamentarischen Rates wurde der spätere erste Bundeskanzler *Konrad Adenauer* gewählt. Der Parlamentarische Rat bildete eine Reihe von Fachausschüssen, wie z. B. solche für Grundsatzfragen, Organisation des Bundes sowie Rechtspflege und Finanzfragen. Deren Arbeitsergebnisse wurden im Plenum und im Hauptausschuss beraten.

939 Der Parlamentarische Rat traf die grundlegenden Verfassungsentscheidungen, vor allem im Hinblick auf die Grundrechte, Demokratie, Rechtsstaat, Sozialstaatsprinzip und Wirtschaftordnung, Föderalismus und Verfassungsgerichtsbarkeit (zu den Einzelheiten siehe unten Rdnr. 986 ff.).

33 U. Wengst, S. 57 ff.
34 R. Mußgnug, HdbStR, § 6 B I 3.

Die Alliierten überwachten die Arbeit des Parlamentarischen Rates. Nicht selten griffen sie ein, um vor allem ihren Hauptforderungen Nachdruck zu verleihen. Dazu zählten die Ausarbeitung einer demokratischen Verfassung, welche die Rechte der beteiligten Länder schützt, die Schaffung einer angemessenen Zentralinstanz und Garantien der individuellen Rechte und Freiheiten.

Der Entwurf eines Grundgesetzes wurde Anfang 1949 den drei 940
Militärgouverneuren übermittelt, die dazu in einem Memorandum Stellung nahmen. Sie rügten die ihrer Meinung nach unzureichende Berücksichtigung föderalistischer Strukturen, wie sie die Alliierten vorgeschrieben hatten. Nach nur marginalen Änderungen durch den Parlamentarischen Rat wiesen die Militärgouverneure den Entwurf erneut zurück. Erst nach deutlichen inhaltlichen Korrekturen der deutschen Seite kam es zu einer Einigung mit den Besatzungsmächten.[35]

**5. Das Inkrafttreten des Grundgesetzes.** Am 8. Mai 1949 nahm 941
der Parlamentarische Rat das Grundgesetz mit 53 gegen 12 Stimmen an. Die Besatzungsmächte genehmigten das Grundgesetz am 12. Mai 1949, allerdings unter einem Vorbehalt, der sich vor allem auf den besonderen Status von Westberlin bezog. Auf diesen Vorbehalt ist es zurückzuführen, dass die Abgeordneten, die aus Westberlin in den Deutschen Bundestag entsandt werden, nicht vom Volk, sondern vom Berliner Abgeordnetenhaus gewählt wurden und im Bundestag kein Stimmrecht hatten. Das Grundgesetz wurde anschließend den 11 westdeutschen Landtagen zur Billigung vorgelegt. Lediglich der Bayerische Landtag versagte dem Grundgesetz seine Zustimmung, stellte gleichwohl aber fest, dass Bayern Bestandteil der Bundesrepublik sei. Am 23. Mai 1949 wurde das Grundgesetz im neuen Bundesgesetzblatt als Nr. 1 verkündet. Es trat am 24. Mai 1949 in Kraft.

Erst nachdem sich im September 1949 in der Bundesrepublik Deutschland die Verfassungsorgane konstituiert hatten, wurde am 7. Oktober 1949 in der von den Sowjets beherrschten Ostzone die Verfassung der DDR in Kraft gesetzt (dazu unten Rdnr. 1045). Mit diesem offiziellen Akt der Staatsgründung wurde die Spaltung Deutschlands besiegelt.

In den ehemaligen drei Westzonen wurden am 14. August 1949 942
freie und geheime Wahlen zum ersten Deutschen Bundestag abgehalten, der in Bonn am 7. September 1949 zu seiner konstituierenden

35 J. Ziekow, JuS 1999, 422 mit Nachw.

Sitzung zusammentrat. Der Parlamentarische Rat hatte sich mit knapper Mehrheit für Bonn statt Frankfurt am Main als Hauptstadt entschieden.

Für den in den Westzonen in Gang gekommenen Prozess einer deutschen Staatsbildung war die *Währungsreform* ein bedeutender Einschnitt. Sie sollte mit einer Reform des Geldwesens die Voraussetzungen für einen wirtschaftlichen Aufschwung über eine Konsolidierung der Währung schaffen. Die Substanz der Währungsreform wurde von den Alliierten bestimmt. Am 21. Juni 1948 trat die Deutsche Mark als Zahlungsmittel in Kraft. Die Währungsreform bedeutete eine radikale Deflation, die die großen zirkulierenden Geldmassen wegschnitt. Die Bankguthaben wurden auf 6,5 %; ihres Wertes, die Verbindlichkeiten auf 10 %; reduziert. Jeder einzelne deutsche Bürger erhielt zunächst zur Überbrückung von Anfangsschwierigkeiten einen Betrag von DM 40,– bzw. 60,–. Löhne, Gehälter, Mieten, Renten etc. sollten in der neuen Währung im Verhältnis 1 : 1 bezahlt werden.

943 **6. Die europäische und atlantische Einbindung der Bundesrepublik Deutschland.** Während die SBZ/DDR von vornherein fest in den von der Sowjetunion beherrschten Ostblock eingebunden war, betrieb die Bundesrepublik mit einer von Bundeskanzler Adenauer geführten Bundesregierung seit ihrer Entstehung eine Politik, welche die Integration in die westlichen Demokratien bewirken sollte. Zugleich strebte die Bundesrepublik nach voller Souveränität, ohne den Anspruch auf die Wiedervereinigung Deutschlands aufzugeben.

In Verfolgung dieser Politik ratifizierte der Bundestag 1952 den Vertrag über die Gründung der Europäischen Gemeinschaft für Kohle und Stahl (Montanunion), mit dem ein supranationales Sonderrecht für die Schwerindustrie und die Voraussetzungen für die Grundzüge einer im Wesentlichen marktwirtschaftlich orientierten Wirtschaftsordnung geschaffen wurde. 1954 beschlossen die Westmächte, die Bundesrepublik Deutschland in die NATO aufzunehmen. Gleichzeitig erlangte die Bundesrepublik Deutschland den Status eines souveränen Staates über ihre inneren und äußeren Angelegenheiten. Allerdings behielten sich die drei Mächte ihre Rechte und Verantwortlichkeiten in Bezug auf Deutschland als Ganzes einschließlich einer friedensvertraglichen Regelung vor.

944 Die weitere Einbindung der Bundesrepublik in die westliche Staatengemeinschaft erfolgte mit dem Auf- und Ausbau der Europäischen Gemeinschaft. Neben die Montanunion traten 1957 die Europäische Wirtschaftsgemeinschaft (EWG) mit der Schaffung eines „Gemeinsamen Marktes“ und die „Europäische Atomgemeinschaft“.

Beide wurden am 25. März 1957 durch die Unterzeichnung der „*Römischen Verträge*" geschaffen, die am 1. Januar 1958 in Kraft traten. Unterzeichnerstaaten waren die Benelux-Staaten, Frankreich, Italien und die Bundesrepublik Deutschland.

Die drei genannten Gemeinschaften bildeten eine Einheit. Die Gemeinschaften erwarben eigene Hoheitsrechte, die an die Stelle der staatlichen Hoheitsrechte traten; ein Teil der Souveränität der Mitgliedstaaten ging auf die Gemeinschaft über.

Mit dem Vertrag von Maastricht vom Februar 1992 wurde nach 945 der Wiedervereinigung Deutschlands der qualitative Sprung zur *Europäischen Union* verwirklicht. Nachdem die Ratifizierung eines Vertrages über eine Verfassung für Europa in einigen Mitgliedstaaten gescheitert war, wurde der *Vertrag von Lissabon* geschlossen, der am 1. Dezember 2009 in Kraft getreten ist. Danach ist *die Europäische Union* eine rechtsfähige Integrationsgemeinschaft eigener Art. Sie ist Trägerin der ihr von den Mitgliedstaaten übertragenen Zuständigkeiten und übt in diesen Bereichen eine eigene Hoheitsgewalt aus.

**Schrifttum:** B. Diestelkamp, Rechtsgeschichte als Zeitgeschichte. Historische Betrachtungen zur Entstehung und Durchsetzung der Theorie vom Fortbestand des Deutschen Reiches als Staat nach 1945, ZNR 1985, 181 ff.; M. F. Feldkamp, Der Parlamentarische Rat 1948–1949, 1998; R. Mußgnug, Zustandekommen des Grundgesetzes und Entstehen der Bundesrepublik Deutschland, HdbStR I § 6; M. Stolleis, Besatzungsherrschaft und Wiederaufbau deutscher Staatlichkeit 1945–1949, in: HdbStR, § 5; U. Wengst, Staatsaufbau und Regierungspraxis 1948–1953. Zur Geschichte der Verfassungsorgane der Bundesrepublik Deutschland, 1984; H. Wilms, Ausländische Einwirkungen auf die Entstehung des Grundgesetzes – Dokumente –, Bd. I, 1999; J. Ziekow, Einheit in Freiheit – 50 Jahre Grundgesetz für die Bundesrepublik Deutschland, JuS 1999, 417 ff.

## 10. Kapitel. Das Bemühen um Gerechtigkeit: Nürnberger Prozesse und Entnazifizierung

Die schrecklichen Folgen der nationalsozialistischen Herrschaft 946 und des durch diese verursachten Zweiten Weltkrieges mussten zwangsläufig zu einer nachträglichen Auseinandersetzung mit dem Nationalsozialismus führen. Wenn der Aufbau eines demokratischen Rechtsstaates gelingen sollte, durfte das begangene Unrecht nicht ungesühnt bleiben. Unter dem Druck der Alliierten bemühte man sich in den *Nürnberger Prozessen* und in den vielen *Entnazifizierungsverfahren* um Gerechtigkeit.

Gerechtigkeitslücken taten sich aber auch noch an anderen Stellen auf:

1. Es musste geklärt werden, ob und wie die Verluste und Leiden der Opfer der nationalsozialistischen Politik, insbesondere der Juden, wiedergutgemacht werden konnten. Dabei ging es nicht nur um die Rückerstattung geraubter Vermögen – in diesem Zusammenhang spricht man auch von einer „Entnazifizierung der Vermögen"[1] –,sondern auch um Entschädigungen für fatale Eingriffe in Gesundheit, Freiheit und Beruf. Dies führte zu einer Politik und Gesetzgebung der *Wiedergutmachung*.
2. Die Folgen von Vertreibung und Flucht, des Bombenkrieges und der Teilung Deutschlands führten in der Bevölkerung zu einer ungleichen Verteilung der Lasten, die es zu tragen galt. Um einen in etwa gerechten Ausgleich zu schaffen, wurde eine gesetzliche Regelung über den *Lastenausgleich* (Lastenausgleichsgesetz) geschaffen. Dabei entstanden eine Reihe schwieriger Probleme. So mussten z. B. entschädigungsbedürftige Schadenstatbestände gebildet werden. Außerdem war zu entscheiden, ob Naturalausgleich oder Geldausgleich zu leisten war und ob die Ausgleichsabgabe aus der Substanz oder dem Ertrag des noch vorhandenen Vermögens erbracht werden sollte. Der Kern der Lastenausgleichsregelung liegt darin, dass der Lastenausgleich durch die Erhebung von Ausgleichsabgaben und durch Gewährung von Ausgleichsleistungen erfolgte. Als Ausgleichsabgaben wurden u. a. die Vermögensabgabe und die Hypothekengewinnabgabe von solchen Bürgern verlangt, die durch Kriegs- und Nachkriegsschäden in ihrer Vermögenssubstanz nicht oder weniger als andere betroffen waren.

947 Sowohl die Entschädigungsbemühungen als auch der Lastenausgleich schufen eine große Zahl juristischer Probleme, welche die Gerichte viele Jahre beschäftigten.

Von den vielen Problemfeldern, die mit dem Bemühen, sich mit der Vergangenheit auseinanderzusetzen und Gerechtigkeit walten zu lassen, verbunden sind, seien hier nur zwei herausgegriffen, nämlich die *Nürnberger Prozesse* und die *Entnazifizierung*.

1 J. Rückert, ZRG Germ Abt. 125, 2008, S. 256ff.

# § 29. Die Nürnberger Prozesse

## I. Überblick

Als ein internationaler Prozess ist nur das Verfahren gegen die Hauptkriegsverbrecher vor dem „*Internationalen Militärgerichtshof*" („Internationales Militärtribunal") durchgeführt worden, das in Nürnberg am 20. November 1945 begann und mit der Urteilsverkündung am 30. September und 1. Oktober 1946 endete. An diesen Hauptkriegsverbrecherprozess schlossen sich die sog. *Nachfolgeprozesse* an, die jeweils von den einzelnen Siegermächten durchgeführt wurden. Insgesamt waren es zwölf Folgeprozesse, die sich gegen Personen richteten, die bestimmte Berufe ausgeübt oder Organisationen angehört hatten, die an nach Ansicht der Ankläger strafbaren Taten beteiligt waren. 948

So fanden u. a. Prozesse gegen Mediziner, Industrielle, Militärs. Einsatzgruppen der SS und auch gegen Juristen statt. In dem sog. Juristenprozess ging es auch um das Anprangern des juristischen Herrschaftsapparates als eine der Säulen des nationalsozialistischen Systems.[2]

**Schrifttum:** K. Kastner, Der Nürnberger Prozeß. Das Internationale Militärtribunal 1945–1946, JA 1995, 802 ff.; derselbe; „Der Dolch des Mörders war unter der Robe des Juristen verborgen". Der Nürnberger Juristenprozess des Jahres 1947, JoJZG 2007, 81 ff.; J. Rückert, Abrechnen, aber wie? – Die rechtliche Transformation europäischer Diktaturen nach 1945, ZRG Germ Abt. 125, 2008, S. 256 ff.

## II. Die Rechtsgrundlagen des Hauptkriegsverbrecherverfahrens

Im Anschluss an die *Potsdamer Konferenz* (siehe oben Rdnr. 913) einigten sich die Alliierten im Londoner Viermächteabkommen am 8. August 1945 über die Verfolgung von Kriegsverbrechen. Das von ihnen beschlossene Statut für den Internationalen Gerichtshof legt in 30 Artikeln im Wesentlichen vier Straftatbestände fest: „Kriegsverbrechen", „Verbrechen gegen die Menschlichkeit", „Verbrechen gegen den Frieden" und „Verschwörung gegen den Frieden". 949

Unter Kriegsverbrechen wurden solche Taten verstanden, die während des Krieges an Angehörigen gegnerischer Völker begangen wurden, wie z. B. Tötung oder Misshandlung von Kriegsgefangenen, Hinrichtung von Geiseln,

2 K. Kastner, JoJZG 2007, 81 ff.

Misshandlung der Zivilbevölkerung, Verschleppung zur Zwangsarbeit, Beschießung nicht verteidigter Orte.

950 Mit der Charta des Internationalen Militärtribunals (Art. 6c) wurden *Verbrechen gegen die Menschlichkeit* zum ersten Mal zu einem eigenständigen Tatbestand. Allerdings wurde eine Bestrafung an die Voraussetzung geknüpft, dass die Taten in Verbindung mit anderen Verbrechen begangen worden waren. Darunter fielen insbesondere die Judenverfolgung und -vernichtung sowie die Zerstörung sog. „unwerten Lebens“. Unter *Verbrechen gegen den Frieden* fielen das Planen, die Vorbereitung, die Einleitung oder Durchführung von Angriffskriegen, die zugleich auch Kriege unter Verletzung internationaler Verträge, Vereinbarungen und Zusicherungen waren.

Die Idee, dass die Prinzipien der Menschlichkeit auch in Kriegen beachtet werden sollten, wurde schon seit dem 16. Jahrhundert erörtert. Beiträge dazu finden sich u. a. in den Schriften von *Hugo Grotius* und *Jean-Jacques Rousseau.* Die Überzeugung, dass entsprechende Regeln in kodifizierter Form auf internationaler Ebene festgehalten werden sollten, setzte sich allerdings erst in der zweiten Hälfte des 19. Jahrhunderts durch. In den Haager Landkriegsordnungen von 1899 und 1907 wurden die von Völkerrechtlern grundsätzlich als Teil des Völkergewohnheitsrecht betrachteten Prinzipien der Menschlichkeit zwar völkerrechtlich festgeschrieben, aber nicht weiter konkretisiert. Grundlagen für die strafrechtlichen Verfolgungen von Verstößen gegen die Prinzipien der Menschlichkeit waren lediglich die gesetzlichen Regelungen der einzelnen Staaten, wenn sie denn solche enthielten.[3]

951 Während Verbrechen gegen die Menschlichkeit und Kriegsverbrechen, wie z. B. Ermordung, Ausrottung, Versklavung und Verschleppung der Zivilbevölkerung und Verletzungen des Kriegsrechts und der Kriegsbräuche, schon auf Grund der in allen zivilisierten Staaten geltenden Strafgesetze rechtlich geahndet werden konnten, war die Rechtsgrundlage für die Verfolgung von „Verbrechen gegen den Frieden“ und „Verschwörung gegen den Frieden“ umstritten. Abgesehen davon, dass es schwierig war, den Begriff des Angreifers juristisch eindeutig zu definieren, ist gegen den Nürnberger Hauptkriegsverbrecherprozess immer wieder eingewandt worden, dass zum Teil Recht angewandt worden ist, das erst nach Vollendung der Tat geschaffen worden war. Die Einhaltung des Grundsatzes „nullum crimen, nulla poena sine lege“ wurde in Frage gestellt. Auf der anderen Seite darf bei der Erörterung dieses Einwandes nicht vernachlässigt

3 D. M. Segesser, JJZG, Bd. 8, 2006/2007, S. 75ff.

werden, dass der *Internationale Gerichtshof* keinen Angeklagten nur nach rückwirkendem Recht verurteilt hat; es waren von den für schuldig Befundenen stets solche Taten begangen worden, die in allen Kulturstaaten zur Tatzeit nach geltendem Recht mit schweren Strafen bedroht waren. Der Gerichtshof selbst war der Auffassung, dass dem Londoner Statut keine rückwirkende Bedeutung zukomme, weil darin nur all das kodifiziert worden sei, was zuvor schon Bestandteil des Völkerrechts gewesen war.[4]

**Schrifttum:** K. Kastner, Der Nürnberger Prozeß. Das Internationale Militärtribunal 1945–1946, JA 1995, 802 ff.; D. M. Segesser, Die historischen Wurzeln des Begriffs „Verbrechen gegen die Menschlichkeit, in: Th. Vormbaum (Hrsg.), Jahrbuch der Juristischen Zeitgeschichte (JJZG), Band 8, 2006/2007, S. 75 ff.

## III. Die Angeklagten

Das Verfahren des Gerichtshofes wurde weitgehend von der angel- 952
sächsischen Praxis bestimmt.

Zu den Angeklagten gehörten u. a. *Hermann Göring*, der ehemalige Leiter der Kanzlei der NSDAP *Martin Bormann*, der ehemalige Außenminister *von Ribbentrop*, der ehemalige Generalgouverneur von Polen *Hans Frank*, der ehemalige Leiter des Reichssicherheitshauptamtes *Ernst Kaltenbrunner* und die Generale *Wilhelm Keitel* und *Alfred Jodl* sowie der ehemalige Reichsminister für die besetzten Ostgebiete *Alfred Rosenberg*.

Die Anklage, die dem Internationalen Militärgerichtshof vorlag, richtete sich auch gegen folgende Organisationen: die Reichsregierung, die Korps der Politischen Leiter der NSDAP, die SS einschließlich Sicherheitsdienst (SD), die geheime Staatspolizei (Gestapo), die SA sowie gegen den Generalstab und das Oberkommando der Deutschen Wehrmacht. Die Mitglieder dieser Organisationen wurden wie die angeklagten Einzelpersonen beschuldigt, „Verbrechen gegen den Frieden, das Kriegsrecht und die Menschlichkeit“ begangen und sich dafür zu einer „Verschwörung“ verbunden zu haben.

Im Laufe des Verfahrens verlangte das Gericht, die Anklage müsse 953
den kriminellen Charakter jeder einzelnen Organisation genauer darstellen und im Hinblick auf die einzelnen Mitglieder derselben zwischen freiwilliger und Zwangsmitgliedschaft unterscheiden. In der

4 K. Kastner, JA 1995, 807.

Hauptverhandlung wurde immer wieder der Gesichtspunkt als wesentlich herausgestellt, dass jedem Mitglied einer verbrecherischen Organisation die Kenntnis der verbrecherischen Ziele derselben nachgewiesen werden müsse.[5]

**Schrifttum:** H. Boberach, Das Nürnberger Urteil gegen verbrecherische Organisationen und die Spruchgerichtsbarkeit der Britischen Zone, ZNR 1990, 40 ff.

## IV. Das Urteil

954 Die o. g. Angeklagten Göring, Bormann, von Ribbentrop, Frank, Kaltenbrunner, Keitel, Jodl, Rosenberg und viele andere wurden zum Tode durch den Strang verurteilt.

Im Hinblick auf die den Organisationen zur Last gelegten Taten betont das am 30. September 1946 verkündete Urteil, dass strafrechtliche Schuld eine persönliche sei und Massenbestrafungen zu vermeiden seien; deshalb setze die Verurteilung einzelner Personen, d. h. der Mitglieder der für verbrecherisch erklärten Organisationen, voraus, dass ihnen nachgewiesen werden könnte, von den verbrecherischen Zwecken oder Handlungen der Organisationen Kenntnis gehabt zu haben.[6]

955 Das Urteil sprach die SA, das Reichskabinett und den Generalstab frei. Der Freispruch der SA wurde damit begründet, dass sie seit 1934, als von einer Verschwörung gegen den Frieden noch nicht hätte die Rede sein können, „auf den Stand einer unbedeutenden Nazi-Anhängergruppe zurückgegangen“ war, deren Mitglieder mit wenigen Ausnahmen nicht an verbrecherischen Handlungen teilgenommen oder auch nur davon gewusst hätten. Die SS wurde hingegen für verbrecherisch erklärt, weil ihre Zwecke u. a. „in der Verfolgung und Ausrottung der Juden, Brutalitäten und Tötungen in den Konzentrationslagern, Übergriffen bei der Verwaltung besetzter Gebiete, der Durchführung des Zwangsarbeiterprogramms und Misshandlung und Ermordung von Kriegsgefangenen“ bestanden hätten (so das Urteil).

956 Mit der Einsetzung des Internationalen Militärgerichtshofes wurde in mehrfacher Hinsicht Neuland beschritten. Zum ersten Mal wurden – dem Anspruch nach anerkannte – völkerrechtlich definierte Verbrechenstatbestände individuell strafrechtlich von einem international zusammengesetzten Gericht verhandelt und von diesem verurteilt. Dabei wurde der internationalen Strafverfolgung Vorrang vor völker-

5 H. Boberach, ZNR 1990, 40, 41 ff.
6 H. Boberach, ZNR 1990, 40, 45.

rechtlichen oder innerstaatlichen Immunitäten oder widersprechendem innerstaatlichem Recht eingeräumt.[7] Mit den Straftatbeständen des Verbrechens gegen den Frieden, der Verschwörung und Planung desselben und den Verbrechen gegen die Menschlichkeit wurde neues Recht geschaffen.

Das Statut des Gerichtshofes, in dem die zu verfolgenden Straftat- 957
bestände, aber auch das Verfahren festgelegt wurden, war zeitlich beschränkt. Eine grundlegende Änderung des allgemeinen Völkerrechts konnte es folglich nicht bewirken. Deshalb kann das Statut lediglich als eine „Momentaufnahme geltenden Völkerstrafrechts" angesehen werden.[8] Es dauerte noch bis zum Ende des 20. Jahrhunderts, ehe der Tatbestand des Verbrechens gegen die Menschlichkeit in den Statuten der Strafgerichtshöfe für die Ahndung von Verbrechen im ehemaligen Jugoslawien und in Ruanda sowie in den Statuten des *Internationalen Strafgerichthofs* völkervertragsrechtlich fixiert wurde.

**Schrifttum:** H. Ahlbrecht, Geschichte der völkerrechtlichen Strafgerichtsbarkeit im 20. Jahrhundert, in: Jur. Zeitgesch., Abt. 1: Allg. Reihe Bd. 5, 1999; H. Boberach, Das Nürnberger Urteil gegen verbrecherische Organisationen und die Spruchgerichtsbarkeit der Britischen Zone, ZNR 1990, 40 ff.

## V. Die Nachfolgeprozesse

An den Hauptkriegsverbrecherprozess schlosse sich noch eine 958
Reihe weiterer Verfahren an (sog. Nachfolgeprozesse). Die Rechtsgrundlage diese Prozesse war das Kontrollratsgesetz Nr. 10 vom 20. Dezember 1946 betreffend die „Bestrafung von Personen, die sich Kriegsverbrechen, Verbrechen gegen den Frieden oder gegen die Menschlichkeit schuldig gemacht haben". Allein in Nürnberg wurden noch zwölf weitere Kriegsverbrecherprozesse vor amerikanischen Militärgerichten durchgeführt.

In manchen dieser Prozesse waren Gruppen von Männern ange- 959
klagt, die in einer vergleichbaren beruflichen Stellung tätig gewesen waren; man spricht deshalb auch vom „Ärzte-Prozess", „Juristen-Prozess" etc. Auch in der britischen und französischen Zone wurden Kriegsverbrecherprozesse durchgeführt. Die Sowjetunion machte von der ihr dazu erteilten Ermächtigung keinen Gebrauch, lieferte jedoch Deutsche als Kriegsverbrecher in andere Länder, wie z. B. Belgien, Norwegen und Polen aus.

7 H. Ahlbrecht, S. 94.
8 H. Ahlbrecht, S. 95 f.

In den zahlreichen Prozessen vor Militärgerichten in den drei Westzonen einschließlich des Nürnberger Internationalen Militärgerichts wurden insgesamt über 5000 Angeklagte verurteilt, davon über 800 mit dem Tode bestraft. Auch deutsche Gerichte ahndeten in der Nachkriegszeit zahlreiche Straftaten, die in der nationalsozialistischen Zeit begangen worden waren.

960 Allerdings hatten die Besatzungsmächte die Zuständigkeit deutscher Gerichte zunächst auf solche Delikte beschränkt, die Deutsche an Deutschen oder an Staatenlosen begangen hatten. Erst durch den sog. Überleitungsvertrag aus dem Jahre 1955 fielen in der Bundesrepublik formell die letzten Schranken für die Verfolgung der übrigen Straftaten durch deutsche Justizbehörden. 1958 wurde in Ludwigsburg eine „Zentrale Stelle der Landesjustizverwaltungen zur Aufklärung nationalsozialistischer Verbrechen" eingerichtet. Zeitraubende Nachforschungen, aber auch Nachlässigkeiten in der Verfolgung von Straftaten führten dazu, dass der deutsche Bundestag am 26. Juni 1969 beschloss, die Verjährungsfrist für Mord auf 30 Jahre zu verlängern; als Endtermin für die Einleitung von Verfahren gegen NS-Verbrecher wurde das Jahr 1980 festgesetzt.

Bis zum 1. Januar 1986 sollen in den Ländern der Bundesrepublik (West) 90 921 Verfahren durchgeführt worden sein. 6479 Verurteilungen stehen 83 140 Verfahrensbeendigungen anderer Art – Freispruch, Einstellung, Tod des Beschuldigten, Nichteröffnung der Hauptverhandlung – gegenüber.[9]

**Schrifttum:** H. Boberach, Das Nürnberger Urteil gegen verbrecherische Organisationen und die Spruchgerichtsbarkeit der Britischen Zone, ZNR 1990, 40 ff.; O. Kimminich, Deutsche Verfassungsgeschichte, 2. Aufl. 1987.

## § 30. Die Entnazifizierung

### I. Die Vorgaben der Alliierten für die Entnazifizierungsmaßnahmen

961 Man kann den Prozess, der Entnazifizierung genannt wird, durchaus als Abrechnung verstehen, der, damit alle wesentlichen Aspekte einer Gesellschaft und ihrer Rechtskultur erfasst wurden, auf drei Ebenen stattfand. Es ging um die Entnazifizierung des Rechts, der Personen und des Vermögens.[10] Hier soll nur von der Entnazifizierung der Personen die Rede sein.

9 Zahlen nach O. Kimminich, Deutsche Verfassungsgeschichte, S. 608.
10 J. Rückert, ZRG Germ Abt. 125, 2008, S. 256 ff.

Die Nürnberger Prozesse und die nachfolgenden Gerichtsverfahren erfassten zahlenmäßig einen relativ begrenzten Personenkreis. Sehr umfangreich war im Vergleich dazu allerdings der Kreis der Personen, die durch die Entnazifizierungsverfahren betroffen wurden.

Es gehörte zu den gemeinsamen Grundüberzeugungen der Kriegs- 962
alliierten, dass Bürokratie und Justiz in Deutschland eine Stütze der nationalsozialistischen Machthaber gewesen seien und deshalb gesäubert werden müssten. Die Entnazifizierung, an der vor allem den Amerikanern gelegen war, sollte Bestrafung und Säuberung zugleich sein.[11] Dies warf unter Anwendung rechtsstaatlicher Maßstäbe aus heutiger Sicht eine ganze Reihe juristischer Probleme auf, die aber damals wohl kaum gesehen worden sind.

Die Entnazifizierungsmaßnahmen lagen zunächst allein in der Hand der Alliierten. Diese führten sofort nach der Besetzung Deutschlands umfangreiche Verhaftungsaktionen durch, mit denen sie die Funktionäre der NSDAP ausschalten wollten.

Gemäß ihrer Vorstellung von Faschismus und entsprechend ihrer Absichten 963
zur Neugestaltung Deutschlands sahen die Russen die Hauptaufgabe der Entnazifizierung darin, das öffentliche Leben von Junkertum, Militarismus und Bürokratie zu befreien. Zur Erreichung dieses Zieles war es ihnen wichtig, die alte bürgerliche Führungselite aus den öffentlichen Funktionen zu entfernen.

Im Gegensatz zu den Russen und Franzosen, die nicht zuletzt durch einen – allerdings unterschiedlich motivierten – Realismus davon abgehalten wurden, die personelle Säuberung des deutschen Verwaltungsapparates im Zuge der Entnazifizierung auf jeden kleinen Parteigenossen auszudehnen, waren die Amerikaner zu Differenzierungen dieser Art nicht in der Lage, weil sie das Problem moralisierend angingen und „damit den Faschismus individualisierten".[12] Sie verfuhren nach rein formalen Kriterien, die sie zudem planlos immer weiter ausdehnten.

**Schrifttum:** B. Diestelkamp, Rechts- und verfassungsgeschichtliche Probleme zur Frühgeschichte der Bundesrepublik Deutschland, JuS 1980, S. 401 ff. u. 481 ff.; J. Lange, Entnazifizierung in Nordrhein-Westfalen. Richtlinien, Anweisungen, Organisation. Veröffentlichungen der staatlichen Archive des Landes Nordrhein-Westfalen. Reihe C: Quellen und Forschungen, 1976; L. Niethammer, Die Mitläuferfabrik. Die Entnazifizierung am Beispiel Bayerns, 1982; J. Rückert, Abrechnen, aber wie? – Die rechtliche Transformation europäischer Diktaturen nach 1945, ZRG Germ Abt. 125, 2008, S. 256 ff.

11 B. Diestelkamp, JuS 1981, S. 489.
12 B. Diestelkamp, JuS 1981, S. 490. L. Niethammer, S. 61 ff.

## II. Die Durchführung der Entnazifizierungsmaßnahmen

964 **1. Im Westen Deutschlands.** Die praktische Ausführung der „Entnazifizierung" bedeutete, dass jeder volljährige Deutsche einem sorgfältigen Prüfungsverfahren unterzogen wurde. Mit der Durchführung der Entnazifizierung betrauten die Besatzungsmächte aus Deutschen gebildete Organe, „Spruchkammern", deren Mitglieder volle richterliche Unabhängigkeit genossen. Jeder volljährige Deutsche musste einen Fragebogen ausfüllen, mit dem die Spruchkammern in den Stand versetzt werden sollten, die politische Vergangenheit jedes Einzelnen zu durchleuchten.

Nach dem Ergebnis dieser Prüfung stuften die Spruchkammern die Betroffenen in eine von fünf Gruppen ein: 1. „Politisch schwer Belastete" (= „Aktivisten, Militaristen, Nutznießer"), 2. politisch Belastete, 3. Minderbelastete, 4. Mitläufer und 5. Entlastete. Personen, die in die ersten beiden Gruppen eingestuft wurden, sollten für die Zukunft von allen öffentlichen Ämtern ausgeschlossen sein. Im Übrigen konnten die Spruchkammern eine Reihe von anderen „Sühnemaßnahmen" verhängen, die von Vermögensentzug bis zu Lagerhaft bis zu 10 Jahren reichten.

965 Das von den Spruchkammern durchgeführte justizähnliche Verfahren war öffentlich und spielte sich nach den Regeln des Prozessrechts ab. Gegen die Entscheidung der Spruchkammer war das Rechtsmittel der Berufung zulässig.

Nach der Gründung der Bundesrepublik Deutschland im Jahre 1949 ging die Durchführung der Entnazifizierung in den Westzonen in die alleinige deutsche Verantwortung über.

Für das Gebiet der Bundesrepublik Deutschland wurden insgesamt über 3,6 Millionen Fälle bearbeitet. In die Gruppe 1 (Hauptschuldige) wurden 1667, in die Gruppe 2 (Belastete) 23 060, in die Gruppe 3 (Minderbelastete) 150 425, in die Gruppe 4 (Mitläufer) 1 500 874 und in die Gruppe 5 (Entlastete) 1 213 873 Personen eingestuft.

966 **2. In der sowjetisch besetzten Zone.** Wie in den Westzonen wurde auch in der sowjetisch besetzten Zone eine Entnazifizierung durchgeführt. Diese wurde von der KPD-Führung jedoch von Anfang an als ein Instrument zur strukturellen Umwälzung der Gesellschaft begriffen. Das bedeutet, dass die Entfernung ehemaliger NSDAP-Mitglieder aus allen wichtigen Stellungen nicht nur der Abrechnung mit dem Nationalsozialismus diente; sie sollte vielmehr zugleich den

kommunistischen Führungsanspruch im Zuge der „antifaschistisch-demokratischen Umwälzung" durchsetzen.[13]

Besondere Beachtung finden in Zusammenhang mit der Verfolgung der unter nationalsozialistischer Herrschaft begangenen Verbrechen bis heute die sog. *Waldheimer Prozesse*. Als die Sowjetunion Anfang 1950 ihre Internierungslager Bautzen, Buchenwald und Sachsenhausen auflöste, wurden über dreitausend „Kriegs- und Naziverbrecher", die sich seit 1945/46 in diesen Lagern befanden, dem Ministerium des Innern „zur Untersuchung ihrer verbrecherischen Tätigkeit und Aburteilung durch das Gericht der Deutschen Demokratischen Republik" überstellt. Von Anfang an war das erwünschte Ziel der Waldheimer Prozesse die Verhängung hoher Strafen. Um das zu erreichen, wurden umfangreiche Vorkehrungen getroffen, die zur fast vollständigen Aushöhlung elementarer rechtsstaatlicher Grundsätze und zur Missachtung aller wesentlichen prozessualen Rechte der Angeklagten führten. Vor Beginn und während der Waldheimer Prozesse nahm das Zentralsekretariat der SED massiv Einfluss auf Ablauf und Ausgang des Verfahrens. Alle wichtigen Entscheidungen wurden vom Zentralsekretariat der SED getroffen.[14] Von diesem wurden auch die Staatsanwälte und Richter ausgesucht, die das Verfahren durchführen sollten.[15] So urteilten politisch zuverlässige Volksrichter in vielen Fällen auch völlig unschuldige Angeklagte in einem Schnellverfahren ab.

**Schrifttum:** C. Bogner, Die Strafverfahren gegen „Waldheim-Richter" wegen Justizunrecht seit 1990 – eine Bilanz. In: N. Haase/B. Pampel (Hrsg.), Die Waldheimer „Prozesse" – fünfzig Jahre danach. Jur. Zeitgesch., Abt. 2: Forum Juristische Zeitgeschichte, Bd. 11, 2001, S. 58ff.; C. Vollnhals, Entnazifizierung. Politische Säuberung und Rehabilitierung in den vier Besatzungszonen 1945 bis 1949, 1991; F. Werkentin, Die Waldheimer „Prozesse" ein Experimentierfeld für die künftige Scheinjustiz unter Kontrolle der SED? In: N. Haase/B. Pampel (Hrsg.), Die Waldheimer „Prozesse" – fünfzig Jahre danach. Jur. Zeitgesch., Abt. 2: Forum Juristische Zeitgeschichte, Bd. 11, 2001, S. 6ff.

## III. Der Umgang der Justiz mit der eigenen Vergangenheit im Westen Deutschlands

**1. Die Entnazifizierung der Richter.** Wenn auch die Richter und Staatanwälte im Dritten Reich ihre Tätigkeit zu einem hohen Anteil „normalen Fälle" widmeten, d. h. solchen Fällen, wie sie heutzutage anfallen und auch zur damaligen Zeit ordnungsgemäß erledigt wurden, so darf dies nicht darüber hinwegtäuschen, dass ein nicht exakt zu bestimmender Anteil der von der Justiz gefällten Entscheidungen nach Gegenstand, Verfahrensweise und Ergebnis von der Ideologie 967

13 C. Vollnhals, S. 43.
14 C. Bogner, in: N. Haase/B. Pampel (Hrsg.), S. 62 u. 64.
15 F. Werkentin, in: N. Haase/B. Pampel (Hrsg.), S. 11.

des Nationalsozialismus und seinem zum Teil in Gesetzestexte gegossenen Unrecht beeinflusst worden sind. Die in diese Kategorie einzuordnenden Fälle waren keine bloßen Ausnahmen. Es ist vielmehr davon auszugehen, dass für alle Gerichtssparten in allen Instanzen unerträglich viele solcher Fälle zu verzeichnen sind.

968 Deshalb standen, als in der zweiten Jahreshälfte 1945 die Gerichte die Arbeit wiederaufnehmen, kaum nur wenig belastete Richter zur Verfügung. Diejenigen Richter, die Mitglieder der NSDAP oder einer anderen nazistischen Organisation gewesen waren, wurden entlassen und dem Entnazifizierungsverfahren unterworfen. Dabei stellte sich heraus, dass die Mehrzahl der Richter sich offenbar in ihrem Verhältnis zum Nationalsozialismus lediglich als Vollstreckungsbeamte des Staates, nicht aber als Angehörige eines politisch autonomen Standes empfunden hatte. Was Anpassungsfähigkeit und Opportunismus angeht, so unterschieden sich die Richter nicht von den anderen im öffentlichen Dienst tätig gewesenen Personen. Auch war das Eingeständnis der Mitverantwortung oder gar das Bekenntnis persönlicher und kollektiver Schuld für das, was in den Jahren 1933 bis 1945 geschehen war, in den Reihen der Richter und Staatsanwälte eher selten.[16]

969 **2. Die strafrechtliche Verfolgung von Richtern und das „Richterprivileg".** Was die strafrechtliche Verfolgung von Justizangehörigen wegen während der Nazizeit begangener Taten angeht, so ist festzuhalten, dass kein Richter des Volksgerichtshofes oder eines Sondergerichts in der Zeit nach 1945 von der deutschen Justiz der Westzonen oder der Bundesrepublik Deutschland wegen seiner Mitwirkung an „justiziellen Verbrechen" rechtskräftig verurteilt worden ist. Eine Erklärung für dieses Ergebnis wird in der „dogmatischen Verformung des Tatbestandes der Rechtsbeugung" zum sogenannten „Richterprivileg" gesehen.

Nach § 336 StGB kann nur derjenige wegen Rechtsbeugung bestraft werden, der sich „vorsätzlich zugunsten oder zum Nachteil einer Partei einer Beugung des Rechts schuldig macht". Zum sogenannten „Richterprivileg" konnte der § 336 StGB allerdings nur dadurch werden, dass sich die Rechtsprechung der Nachkriegszeit auf den Standpunkt stellte, der Tatbestand der Rechtsbeugung könne nur mit direktem Vorsatz (dolus directus) verwirklicht werden. Direkt vor-

16 W. Benz, in: Diestelkamp/Stolleis, S. 112 ff.; H. E. Niermann, in: Jur. Zeitgesch. Bd. 5, S. 62.

sätzlich handelt nur derjenige, der eine Straftat begehen will, obwohl er genau weiß, dass er damit eine Strafnorm verletzt. Außerdem vertrat der BGH[17] die Auffassung, zur Sicherung der Unabhängigkeit der Richter könne richterliche Tätigkeit zu einer Bestrafung wegen anderer Delikte, wie z. B. wegen Mordes, nur dann führen, wenn sich der Richter einer Rechtsbeugung schuldig gemacht hatte. Mit anderen Worten: Wenn ein Richter wegen Rechtsbeugung nicht bestraft werden kann, ist eine Bestrafung wegen Mordes ausgeschlossen.[18]

Für den Tatkomplex Todesurteile der NS-Justiz ergaben sich daraus schwerwiegende Konsequenzen. In einschlägigen Urteilen findet sich häufig die folgende Argumentation: Da für Mord und Totschlag bedingter Vorsatz ausreiche, gehe das Gericht davon aus, dass der Angeklagte (der NS-Richter) die Rechtswidrigkeit des Todesurteils billigend in Kauf genommen habe, da aber dem Angeklagten der direkte Vorsatz der Rechtsbeugung nicht nachzuweisen sei, komme eine Verurteilung wegen Rechtsbeugung und deshalb auch wegen Mordes oder Totschlags nicht in Betracht. 970

Anders als der BGH vertrat der Oberste Gerichtshof für die Britische Zone (OGH) mit Nachdruck die Auffassung, § 336 StGB habe *keine* Sperrwirkung bezüglich anderer Tatbestände des StGB; erst recht sei eine Bestrafung wegen Verbrechens gegen die Menschlichkeit *nicht* ausgeschlossen. Der OGH[19] begründete seine gegen das sogenannte Richterprivileg gewandte Rechtsprechung u. a. mit der Feststellung, es gebe keinen Grund, dem Richter die Prüfungspflicht, ob sein Verhalten mit den Grundsätzen der Menschlichkeit im Einklang stehe, dann abzunehmen, wenn er einem Staate diene, der wie der nationalsozialistische Staat „durch Anwendung von Gewalt- und Willkürmethoden zu erkennen gibt, dass er die Grundsätze der Menschlichkeit nicht als verbindlich ansieht". Damit bemühte sich der OGH, die historische Gesamtsituation in seiner Bewertung der Taten zu berücksichtigen und Unmenschlichkeit und Terror in der Justiz während der NS-Zeit zu brandmarken.[20] 971

Das Umfunktionieren des Tatbestandes der Rechtsbeugung zum „Richterprivileg" durch den BGH hat die Frage nach dem warum ausgelöst. Als Erklärungsmuster werden z. B. angeboten:

Nazirichter konnten und wollten Nazirichter nicht bestrafen und

„Eine Krähe hackt der anderen kein Auge aus".

Beide Erklärungsversuche erweisen sich jedoch bei näherer Betrachtung als zu grobschlächtig und deshalb untauglich. Eine seriöse 972

17 BGHSt 10, 294.
18 G. Gribbohm, NJW 1988, 2842, 2847f. mit Nachw.
19 OGH St 2, 269, 273.
20 G. Pauli, in: Jur. Zeitgesch. Bd. 5, S. 119f.

Erklärung muss tiefer ansetzen, etwa bei der Frage, welche Versäumnisse einer Gesellschaft insgesamt anzulasten sind, die solche Entwicklungen ohne nennenswerten Protest hingenommen und offenbar auch für richtig gehalten hat.[21] Erklärungen, die dazu angestellt werden, verdeutlichen die Peinlichkeit des Umgangs mit der Nazijustiz im Westteil Deutschlands.

Eine Selbstreinigung ist den Juristen nicht gelungen. Das hat ihnen über die Generation der Täter hinaus den Vorwurf des korporativen Konformismus eingetragen. Außerdem blieb das Verhältnis zur Justiz selbst dann noch belastet, als seit Mitte der siebziger Jahre alle Richter aus dem Dienst ausgeschieden waren, die unter dem Nationalsozialismus Recht gesprochen hatten.[22]

**Schrifttum:** W. Benz, Die Entnazifizierung der Richter, in: Diestelkamp/Stolleis (Hrsg.), Justizalltag im Dritten Reich, 1988, S. 112 ff.; B. Diestelkamp Die Justiz nach 1945 und ihr Umgang mit der eigenen Vergangenheit, in Diestelkamp/Stolleis (Hrsg.), Justizalltag im Dritten Reich, 1988, S. 131 ff.; G. Gribbohm, Nationalsozialismus und Strafrechtspraxis – Versuch einer Bilanz, NJW 1988, 2842 ff.; H.-E. Niermann, Zwischen Amnestie und Anpassung. Die Mechanismen der personellen Entwicklung bei den Richtern und Staatsanwälten des OLG-Bezirks Hamm 1945–50, in: Juristische Zeitgeschichte Bd. 5, 1996, S. 61 ff.; G. Pauli, Ein hohes Gericht – Der oberste Gerichtshof für die Britische Zone und seine Rechtsprechung zu Straftaten im Dritten Reich, in: Juristische Zeitgeschichte Bd. 5, 1996, S. 95 ff.

## IV. Die Bewertung der Entnazifizierung

973 Die Maßnahmen der Entnazifizierungsbehörden galten nicht in erster Linie als Strafe. Die Entnazifizierungsverfahren liefen parallel neben der eigentlichen strafrechtlichen Ahndung. Es gab jedoch mannigfache Überschneidungen, zumal die Sanktionen der Entnazifizierung, wie etwa Geldstrafen, Berufsverbote und Konfiskationen, so gewichtig sein konnten, dass sie durchaus als Strafen empfunden wurden.[23]

974 In den westlichen Zonen war die Entnazifizierung als Versuch einer personellen Säuberung von Verwaltung, Erziehungswesen und Wirtschaft schließlich ein Fehlschlag; mit Ausnahme der strafrechtlich Verurteilten kehrten fast alle Personen, die aus ihren Ämtern entfernt worden waren, in ihre Aufgabengebiete zurück, zumal es auch

21 B. Diestelkamp, in: Diestelkamp/Stolleis, S. 140 ff. u. S. 149.
22 H.-E. Niermann, in: Jur. Zeitsch. Bd. 5, S. 93 f.
23 B. Diestelkamp, ZNR 1999, 419.

nur relativ wenige Nicht-Nationalsozialisten gegeben haben soll, die über die notwendigen Fachkenntnisse verfügten, um die aus dem Dienst Entfernten ersetzen zu können.[24]

Während in den Westzonen die Rehabilitierungspraxis dazu führte, 975
dass ehemalige NSDAP-Mitglieder in die öffentliche Verwaltung in großer Zahl zurückkehrten und damit personell die Kontinuität des öffentlichen Dienstes gewahrt wurde, fand in der SBZ eine tiefgreifende politische und soziale Umstrukturierung statt. Auf allen Verwaltungsebenen wurden gezielt KPD- und SPD-Mitglieder gegenüber Mitbewerbern aus bürgerlichen Parteien und Parteilosen bevorzugt. Das führte dazu, dass an die Stelle der alten Bildungs- und Besitzeliten Funktionsträger traten, die überwiegend aus bislang sozial unterprivilegierten Schichten stammten.[25] Deshalb kann man die Entnazifizierung in der SBZ durchaus so werten, dass sie als Instrument zur Durchsetzung einer klassenkämpferischen Politik genutzt wurde.

Während im Westen Deutschlands zunächst eine z. T. peinlich verhaltene, nach 1968 dann aber doch über weite Strecken heftige Diskussion über die NS-Zeit und diejenigen Personen, die dem Regime gedient hatten, einsetzte, fand eine solche Diskussion in der DDR nicht statt.

**Schrifttum:** B. Diestelkamp, Die strafrechtliche Ahndung von NS-Unrecht, ZNR 1999, 417 ff.; J. Lange, Entnazifizierung in Nordrhein-Westfalen. Richtlinien, Anweisungen, Organisation. Veröffentlichungen der staatlichen Archive des Landes Nordrhein-Westfalen. Reihe C: Quellen und Forschungen, 1976; C. Vollnhals, Entnazifizierung. Politische Säuberung und Rehabilitierung in den vier Besatzungszonen 1945 bis 1949, 1991.

---

24 J. Lange, S. 13.
25 C. Vollnhals, S. 53.

# 11. Kapitel. Die Verwirklichung des Rechtsstaats im Westen

## § 31. Demokratie, Rechtsstaat und Sozialstaatsprinzip. Das Grundgesetz und seine Auswirkungen

### I. Die Entstehung des Grundgesetzes

976 Die Entstehungsgeschichte des Grundgesetzes (siehe oben Rdnr. 943 ff.) läßt erkennen, dass die Mehrzahl der Mitglieder des parlamentarischen Rates trotz nicht unerheblicher weltanschaulicher Meinungsunterschiede in den Grundsatzfragen der zu beratenden Verfassung einig war.[1] Diese Einigkeit bezog sich vor allem auf die Errichtung einer demokratischen Ordnung auf bundesstaatlicher Grundlage mit starken rechtsstaatlichen Gewährleistungen.

Das Grundgesetz wurde zu einer von deutschen Erfahrungen geprägten Verfassung, die mit denjenigen anderer Staaten nicht vergleichbar ist. Die Ablehnung des nationalsozialistischen, aber auch des kommunistischen Totalitarismus sind zu prägenden Elementen geworden. Von diesem Ansatz her misstraute die Mehrheit der Mitglieder des Parlamentarischen Rates einer uneingeschränkten Volksherrschaft. Aufgrund der Erfahrungen mit den agitatorischen und demagogischen Praktiken der extremistischen Parteien in der Weimarer Republik und in der NS-Zeit war man bestrebt, soweit wie möglich auf plebiszitäre Elemente im Grundgesetz zu verzichten.[2]

977 Die Erfahrungen mit dem Terror und den Unrechtstaten des NS-Regimes bewogen den Parlamentarischen Rat dazu, den westdeutschen Staat als materiellen Rechtsstaat zu konstituieren und einen umfangreichen Grundrechtskatalog aufzunehmen; die Grundrechte sollten nicht nur Deklarationen, Deklamationen oder Direktiven sein, sondern unmittelbar geltendes Recht.[3]

978 Nach dem Selbstverständnis des Parlamentarischen Rates waren die *kulturpolitischen Entscheidungen*, die es zu treffen galt, von grundlegender Bedeutung. Dazu zählten der Schutz von Ehe und Fa-

1 K. Kröger, NJW 1989, 1320.
2 H.-J. Wiegand, S. 232 ff.
3 K. Kröger, NJW 1989, 1321.

milie, die Gewährleistung des Elternrechts, der Religionsunterricht in den öffentlichen Schulen und die Privatschule.

Ungeachtet seines provisorischen Charakters, der durch die Präambel und Art. 146 GG geprägt wurde, war das Grundgesetz vom 23. Mai 1949 von Anfang an eine vollwertige Verfassung und kein transitorisches Organisationsstatut. Vor allem in den Grundrechten und den Strukturprinzipien der Demokratie, des sozialen Rechtsstaates und des Bundesstaates enthält das Grundgesetz auf Dauer angelegte materielle Elemente.[4]

**Schrifttum:** K. Kröger, Die Entstehung des Grundgesetzes, NJW 1989, 1318 ff.; derselbe, Einführung in die Verfassungsgeschichte der Bundesrepublik Deutschland, 1993; M. Sachs, Die Entstehungsgeschichte des Grundgesetzes, Jura 1984, 519 ff.; H.-J. Wiegand, Direktdemokratische Elemente in der deutschen Verfassungsgeschichte, in. Jur. Zeitgesch., Abt. 1 Allg. Reihe Bd. 20, 2006.

## II. Die Grundrechte

„Grundrecht" und „Rechtsstaat" sind deutsche Begriffe, die nicht 979
durch eine Übersetzung Eingang in die deutsche Terminologie gefunden haben, sondern von Deutschland aus in den internationalen Sprachgebrauch transferiert und zu Zentralbegriffen des gegenwärtigen Verfassungsdenkens geworden sind. Der Terminus Grundrecht ist jüngeren Datums; er kam wohl mit der Revolution und der Entstehung der Reichsverfassung von 1848/49 in Übung.[5]

Die im Grundgesetz verankerten Grundrechte haben ihre historischen Wurzeln nicht nur in der Virginia Bill of Rights von 1776 und der französischen Déclaration des droits de l'homme et du citoyen von 1789 (vgl. zu beiden oben Rdnr. 928 ff.), wie dies nach 1945 häufig gesehen wurde. In Deutschland vollzog sich eine eigene Grundrechtsentwicklung, die allerdings ohne die amerikanischen und französischen Einflüsse anders verlaufen sein könnte. Nachdem schon die Bundesakte von 1815 einen Katalog von Rechten der Untertanen enthalten hatte (vgl. dazu oben Rdnr. 563 f.), wurden auch in die frühkonstitutionellen Verfassungen (vgl. dazu oben Rdnr. 615) und in die im Zuge der „Zweiten deutschen Verfassungswelle 1830–1833" (vgl. dazu oben Rdnr. 618) entstandenen Verfassungen Zusicherungen von Rechten für die Bürger aufgenommen, die dem Bürger eine Rechtsposition garantierten, auf die er sich berufen konnte. Deshalb

4 K. Kröger, Einführung, § 4.
5 D. Merten, HGR II § 35 Rdnr. 3.

ist es gerechtfertigt, in diesem Zusammenhang bereits von Grundrechten zu sprechen und damit vom Beginn einer deutschen Grundrechtstradition. Diese setzte sich im Grundrechtskatalog der Reichsverfassung von 1848/49 fort (vgl. dazu oben Rdnr. 653 ff.) In der Verfassung des Deutschen Reiches von 1871 fehlt ein solcher. Erst die Weimarer Reichsverfassung knüpft mit ihrem eindrucksvollen Grundrechtskatalog an die Paulskirchentradition und die ihr vorausgehende Entwicklung an (vgl. dazu oben Rdnr. 803 ff.). Die Weimarer Reichsverfassung hat die Grundrechte mit dem Charakter als Individualrechte übernommen, wie sie im liberalen Staat des 19. Jahrhunderts entwickelt worden waren, allerdings mit dem Versuch, diese Rechte den veränderten Anforderungen der neuen Zeit anzupassen.

980 Sowohl der Herrenchiemseer Konvent als auch der Parlamentarische Rat erwogen zunächst, ein Grundgesetz ohne Grundrechtsartikel zu schaffen. Auf Initiative von *Carlo Schmid* und *Adolf Süsterhenn* traf der Parlamentarische Rat schließlich doch die Entscheidung, einen Grundrechtsteil in die Verfassung aufzunehmen, der „das Grundgesetz regiert" und in ihm zentrale Positionen besetzt.[6] Die Aufnahme von „Garantien der individuellen Freiheitsrechte" war im Übrigen auch durch die Vorgaben der Alliierten in den Frankfurter Dokumenten (dazu siehe oben Rdnr. 946) vorgegeben. Carlo Schmid stellte die Weichen für eine von der Weimarer Reichsverfassung abweichende Grundrechtskonzeption, indem er forderte, es müssten Grundrechte geschaffen werden, die „nicht bloß Deklamationen, Deklarationen und Direktiven sind, nicht nur Anforderungen an die Länderverfassung, nicht nur eine Garantie der Ländergrundrechte, sondern unmittelbar geltendes Bundesrecht, auf Grund dessen jeder einzelne Deutsche, jeder Bewohner unseres Landes vor den Gerichten soll Klage erheben können".[7] Wohl nicht zuletzt als Reaktion auf die NS-Zeit wurden die Grundrechte – am Anfang des Verfassungstextes platziert – durchweg zu unmittelbar verbindlichen Rechtsnormen erhoben, welche die Staatsgewalt unabhängig von ihrer Umsetzung durch den Gesetzgeber begrenzen und verpflichten. Dieser im Vergleich zur Weimarer Reichsverfassung vollzogene Wandel in der Funktion der Grundrechte schloss eine rechtliche Strukturierung der Wirtschafts- und Gesellschaftsordnung durch kooperative Grundrechte aus, wogegen sich die SPD wandte. Carlo Schmid sprach sich auch gegen die Verankerung sogenannter „sozialer Grundrechte" aus, weil diese „nur abstrakt und in Wunschform von uns Heutigen an jene, die auf uns folgen werden, oder als Inhalt eines Sollens formuliert werden" könnten; der konkrete Inhalt müsste ohnehin „von Fall zu Fall vom Gesetzgeber festgestellt werden".[8]

---

6 R. Mußgnug, HdbStR, § 6 Rdnr. 55 f.
7 Zitiert nach R. Mußgnug, HdbStR, § 6 Rdnr. 56.
8 Carlo Schmid, Erinnerungen, S. 374.

Der Verfassunggeber hat die Grundrechte in einen Rang erhoben, der ihnen einen Doppelcharakter verliehen hat. Die Grundrechte sind zunächst subjektive Abwehrrechte des Einzelnen gegen den Staat; darüber hinaus sind sie aber auch objektive Rechte, d. h. unabhängig von individuellen Reklamationen staatlich zu berücksichtigende Elemente der Rechtsordnung. Dieser objektive Gehalt der Grundrechte hat in der Geschichte der Bundesrepublik Deutschland durchaus unterschiedliche Deutungen und Akzentuierungen und damit eine Entwicklung erfahren.[9] Den objektiven Aspekt der Grundrechte hat das Bundesverfassungsgericht insbesondere in seiner älteren Rechtsprechung stark betont und von einer objektiven Wertordnung der Grundrechte, ja von einem grundgesetzlichen „Wertsystem" gesprochen.[10] 981

Damit sollte eine „Ausstrahlungswirkung" der Grundrechte auf die gesamte Rechtsordnung unter Einbeziehung des Zivilrechts begründet werden.[11] Die damit entstandene Lehre von der „Drittwirkung der Grundrechte im Privatrecht" war wegen der Gefahr, die Privatautonomie zu weit einzuschränken, zunächst umstritten. Sowohl der Bundesgerichtshof als auch das Bundesverfassungsgericht haben von Anfang an lediglich eine mittelbare Drittwirkung der Grundrechte praktiziert. So haben sie z. B. das Allgemeine Persönlichkeitsrecht zwar aus Art. 1 Abs. 1 und Art. 2 Abs. 1 GG abgeleitet, Ansprüche wegen Verletzung desselben jedoch ausschließlich auf zivilrechtliche Anspruchsgrundlagen, wie z. B. § 823 Abs. 1 BGB hergeleitet.[12] 982

**Schrifttum:** H. Hofmann, Die Grundrechte 1789–1949–1989, JuS 1989, 3177 ff.; F. Hufen, Entstehung und Entwicklung der Grundrechte, NJW 1999, 1504 ff.; D. Merten, Begriff und Abgrenzung der Grundrechte, in: HGR II § 35; R. Mußgnug, Zustandekommen des Grundgesetzes und Entstehen der Bundesrepublik Deutschland, HdbStR I § 6; H.-J. Papier, Drittwirkung, in: HGR II § 55; B. Pieroth, Geschichte der Grundrechte, Jura 1984, 568 ff.; Carlo Schmid, Erinnerungen, 1980.

## III. Demokratie, Rechtsstaat, Sozialstaatsprinzip und Wirtschaftsordnung

Die unter dem Begriff *Rechtsstaat* zusammengefassten Ordnungselemente, vor allem also die Grundrechte, der Gewaltenteilungsgrundsatz, das Gesetzmäßigkeitsprinzip und die Garantie des gerichtlichen Rechtsschutzes, haben seit 1949 durch Gesetzgebung 983

9 H. Hofmann, NJW 1989, 3185.
10 BVerfGE 7, 198.
11 H. Hofmann, NJW 1989, 3185.
12 H.-J. Papier, HGR II § 55.

und Rechtsprechung eine weitgehende Ausdifferenzierung und Konkretisierung erfahren. Dies gilt insbesondere für die unter individualrechtlichen Aspekten entwickelten Grundsätze der Verhältnismäßigkeit, der Rechtssicherheit, der Systemgerechtigkeit und des Vertrauensschutzes.[13]

Das *Sozialstaatsprinzip* steht neben den anderen tragenden Verfassungsgrundsätzen wie Republik, Demokratie, Bundesstaat und Rechtsstaat und wird auch durch die sogenannte „Ewigkeitsgarantie" des Art 79 Abs. 3 GG geschützt. Mit dem Sozialstaatsprinzip wird das Ziel verfolgt, soziale Ungleichheit abzubauen, Chancengleichheit insbesondere im Bildungsbereich herzustellen, die sozial und wirtschaftlich Schwächeren zu schützen und die existenziellen Voraussetzungen für den Gebrauch der rechtsstaatlichen Freiheiten zu schaffen.[14]

**984** Auf eine grundrechtliche Regulierung des Arbeits- und Wirtschaftslebens hat der Parlamentarische Rat gänzlich verzichtet. Allerdings waren die Weichen für die Marktwirtschaft bereits gestellt. Das Grundgesetz lässt deshalb die Frage nach der Wirtschaftsordnung bewusst offen, um der freien Auseinandersetzung und Gestaltung Raum zu lassen.[15] Es ist dem Gesetzgeber überlassen, die ihm jeweils sachgemäß erscheinende Wirtschaftspolitik zu verfolgen. Die Wirtschaft sollte in eine „geordnete Freiheit" geführt werden.[16]

**Schrifttum:** H. Hofmann, Die Entwicklung des Grundgesetzes nach 1949, HdbStR, § 7; K. W. Nörr, Als die Würfel für die Marktwirtschaft fielen, in: FS Kroeschell, S. 885 ff.; T. Raiser, Das Unternehmen in der verfassungsrechtlichen Ordnung der Bundesrepublik nach dem Mitbestimmungsurteil des Bundesverfassungsgerichts, JZ 1979, 489 ff.

## IV. Die Machtfülle der dritten Gewalt. Das Bundesverfassungsgericht

**985** Als am 7. September 1951 das Bundesverfassungsgericht seine Tätigkeit aufnahm, war damit ein Gericht etabliert, das in einer sowohl historischen wie auch rechtsvergleichenden Sicht über eine einzigartige Fülle von Kompetenzen verfügt.

13 H. Hofmann, HdbStR, § 7 Rdnr. 54.
14 H. Hofmann, HdbStR, § 7 Rdnr. 59.
15 BVerfGE 50, 290, 336 ff.; T. Raiser, JZ 1979, 489.
16 K. W. Nörr, in: FS Kroeschell, S. 902 ff.

Wenn man in einer historischen Betrachtung unter den Begriff Verfassungsgerichtsbarkeit alle diejenigen Verfahren fasst, in denen Fragen der Verfassung zur gerichtlichen Entscheidung gestanden haben,[17] so wird man in Deutschland erste Ansätze in der königlichen Hofgerichtsbarkeit sehen müssen. Das Reichshofgericht (seit 1235) und das 1415 geschaffene Kammergericht (vgl. zu beiden oben Rdnr. 140) setzten die Linie fort. Reichskammergericht und Reichshofrat (vgl. zu beiden oben Rdnr. 495 ff. u. 498 ff.) wurden als „Instanzen für politische Konflikte" in Anspruch genommen.[18] Darunter waren nicht wenige Auseinandersetzungen, in denen es inhaltlich, ohne Berücksichtigung des dabei zu beobachtenden Verfahrens, um Fragen der Verfassung ging. Diese Tradition wurde mit dem Ende des alten Reiches im Jahre 1806 unterbrochen. In manchen Einzelstaaten des Deutschen Bundes sind verfassungsgerichtliche Institutionen in den Verfassungen – und zwar in den seit 1830 entstandenen – zu finden.

Die Paulskirchenverfassung von 1849 sah eine Verfassungsgerichtsbarkeit vor. Preußen hatte während des gesamten 19. Jahrhundert keinen Staatsgerichtshof. Die Reichsverfassung von 1871 sah keine echte Verfassungsgerichtsbarkeit vor. Erst mit der Einrichtung eines *Staatsgerichtshofes für das Deutsche Reich* im Jahre 1919 wurde für die Weimarer Zeit eine Verfassungsgerichtsbarkeit etabliert (vgl. dazu oben Rdnr. 834 ff.). Eine verfassungsgerichtliche Kontrolle der Reichsgesetze auf ihre Vereinbarkeit mit der Reichsverfassung hin kannte die Weimarer Verfassung allerdings nicht, ebenso wenig den Organstreit zwischen den Verfassungsorganen und die Verfassungsbeschwerde.[19] Der Gedanke einer auf Fragen des Verfassungslebens spezialisierten Gerichtsbarkeit ist erst mit dem Grundgesetz von 1949 realisiert und mit dem Bundesverfassungsgericht – von vielen auch als „Hüter der Verfassung" bezeichnet – institutionalisiert worden.[20] 986

Die weitgespannten Zuständigkeiten des Bundesverfassungsgerichts und seine methodische Großzügigkeit bei der Interpretation der Verfassung und in der Festlegung der Reichweite seiner Rechtsprechung haben zur Folge gehabt, dass das Gericht immer stärker in das politische Tagesgeschehen hineingezogen worden ist. Sehr viele wichtige innen- und außenpolitische Entscheidungen, die von der Bundesregierung und der Mehrheit des Deutschen Bundestages zu fällen waren, sind von der jeweiligen Opposition dem Bundesverfas- 987

17 G. Robbers, JuS 1990, 257.
18 F. Ranieri, Recht und Gesellschaft im Zeitalter der Rezeption.
19 Schlaich/Korioth, Rdnr. 2; Robbers, JuS 1990, 262 f.
20 G. Robbers, JuS 1990, 258 ff.

sungsgericht zur Überprüfung auf ihre Verfassungsmäßigkeit vorgelegt worden. Diese Entwicklung hat dem Gericht eine Schlüsselrolle im Hinblick auf Mitentscheidungen in politischen Machtfragen zugewiesen.

**Schrifttum:** G. Robbers, Die historische Entwicklung der Verfassungsgerichtsbarkeit, JuS 1990, 257 ff.; F. Ranieri, Recht und Gesellschaft im Zeitalter der Rezeption. QFHG, Bd. 17, 1985; Schlaich/Korioth, Das Bundesverfassungsgericht, 7. Aufl. 2007.

## V. Der Gleichheitssatz und die Gleichberechtigung von Mann und Frau

988 Bei der Schaffung des BGB hatten die sozialdemokratischen Abgeordneten des Reichstages sich u. a. mit ihrer Forderung nach rechtlicher Gleichstellung der Frau in Ehe, Familie und Wirtschaftsleben nicht durchsetzen können (vgl. dazu oben Rdnr. 756). Wie die anderen großen europäischen Kodifikationen hatte auch das BGB einen überkommenen patriarchalischen Charakter und diesen auch über 1945 hinaus bewahrt. Die Gleichberechtigung der Geschlechter wurde mit Inkrafttreten des Grundgesetzes durch Art. 3 Abs. 2 GG zum unmittelbar geltenden objektiven Recht erhoben. Diese Norm spezialisiert den allgemeinen Gleichheitssatz im Sinne einer strikten Gleichbehandlung der Geschlechter; er verbietet ungleiche Rechtsregeln, die allein an den Unterschied von Mann und Frau anknüpfen.[21]

989 Die Verankerung des Gleichberechtigungsgrundsatzes in der Verfassung war auch 1948/49 keine Selbstverständlichkeit. In einem Rückblick kann man sagen, dass sich die Debatte um die Gleichberechtigung, die in der Weimarer Nationalversammlung 1919 ausgefochten worden war, 30 Jahre später mit teilweise denselben Argumenten wiederholt hat.[22] Nur dieses Mal setzten sich die Befürworter der Gleichberechtigung durch.

Die Umsetzung des Gleichberechtigungsgrundsatzes hat zueiner grundlegenden Umstrukturierung der Gesellschafts- und Rechtsordnung geführt. Wie ernst der Verfassungsgeber den Gleichberechtigungsgrundsatz genommen hat, lässt sich Art. 117 Abs. 1 GG entnehmen. Danach sollte das Art. 3 Abs. 2 GG entgegenstehende Recht „bis zu seiner Anpassung an diese Bestimmung des Grundge-

21 BVerfGE 43, 225.
22 B. Böttger, JJZG 4 (2002/03), S. 55 ff.

setzes in Kraft“ bleiben, „jedoch nicht länger als bis zum 31. März 1953“.

Da der Gesetzgeber seinem klaren Gesetzgebungsauftrag bis zu dem vorge- 990
gebenen Zeitpunkt nicht nachgekommen war, mussten die Gerichte nach dem 31. März 1953 das Familienrecht des BGB unter Berücksichtigung des Art. 3 Abs. 2 GG anwenden. Erst 1957 wurde das sogenannte Gleichberechtigungsgesetz geschaffen, mit dem der Versuch unternommen wurde, das Familienrecht im BGB an Art. 3 GG anzupassen. Dieser Versuch gelang nur teilweise, etwa mit einer tiefgreifenden Umgestaltung des ehelichen Güterrechts. Andere Regelungen wie z. B. die den Stichentscheid des Vaters (§ 1628 BGB a. F.) betreffenden wurden später vom Bundesverfassungsgericht für nichtig erklärt.[23]

**Schrifttum:** B. Böttger, Der Kampf um den Gleichberechtigungsgrundsatz im Parlamentarischen Rat, JJZG Bd. 4, 2002/2003, S. 55 ff.

## VI. Das öffentliche Recht und der Ausbau der Verwaltungsgerichtsbarkeit

Die Unterscheidung zwischen Privatrecht einerseits und öffent- 991
lichem Recht andererseits begann sich in Europa erst am Anfang des 17. Jahrhunderts herauszubilden. Anfänge einer Verwaltungsgerichtsbarkeit entwickelten sich bereits im Laufe des 18. Jahrhunderts. Nach einer Weiterentwicklung im 19. Jahrhundert kam es erst in der Weimarer Republik zum Ausbau einer Verwaltungsgerichtsbarkeit als einem selbstständigen Zweig des Justizwesens im Reich (vgl. oben Rdnr. 829).

Nach dem Zweiten Weltkrieg wurde die *Verfassungsgerichtsbarkeit* stark ausgebaut. Neben dem Bundesverfassungsgericht existieren in den Bundesländern auch *Länderverfassungsgerichte* (oder Staatsgerichtshöfe), die vor allem für diejenigen Fälle zuständig sind, in denen die Vereinbarkeit von Landesrecht mit der Verfassung des Bundeslandes zu überprüfen ist.

Die Alliierten hatten die Wiedererrichtung der *Verwaltungsgerichte* 992
in allen Besatzungszonen und in Berlin bereits 1946 angeordnet (Art. I des Gesetzes Nr. 36 des Kontrollrates vom 10.10.1946). In der Folgezeit wurde die Verwaltungsgerichtsbarkeit in den drei Westzonen und in Westberlin als eine typisch rechtsstaatliche Institution in starkem Maße auf- und ausgebaut. Manche Länderverfassungen verliehen der Verwaltungsgerichtsbarkeit eine institutionelle Garantie, u. a. in Bayern, Nordrhein-Westfalen und Niedersachsen.

23 BVerfGE 10, 59.

993 Typisch für den Ausbau des *Verwaltungsrechtsschutzes* ist die Generalklausel (wie z. B. § 40 VwGO), deren Zweck darin besteht festzulegen, dass jede verwaltungsrechtliche Streitigkeit vor ein Verwaltungsgericht gebracht werden kann. Sie soll sicherstellen, dass es hoheitliche Maßnahmen der Verwaltung, die nicht gerichtlich angegriffen und überprüft werden können (sogenannte gerichtsfreie Hoheitsakte), nicht gibt. Das Grundgesetz hat diese in den Westzonen schon bestehende Rechtslage übernommen und durch die Rechtsschutzgarantie des Art. 19 Abs. 4 GG noch erweitert. Außerdem hat es die Verwaltungsgerichtsbarkeit als vollwertigen Zweig der Rechtspflege anerkannt und die Einrichtung des *Bundesverwaltungsgerichts* als obersten Gerichtshof für öffentlich-rechtliche Streitigkeiten nicht verfassungsrechtlicher Art vorgesehen, der schließlich 1952 errichtet wurde. 1960 wurde die Verwaltungsgerichtsordnung (VwGO) geschaffen, die 1976 durch das Verwaltungsverfahrensgesetz (VwVfG) ergänzt wurde. Damit wurde ein nicht unerheblicher Teil dessen, was Verwaltungsrechtswissenschaft und Rechtsprechung entwickelt hatten, in Gesetzesform gegossen.

994 Während das *Allgemeine Verwaltungsrecht* die geschriebenen und ungeschriebenen Regeln, Begriffe und Grundsätze umfasst, die für alle Bereiche des Verwaltungsrechts gelten, war das Besondere Verwaltungsrecht stets in einer Unzahl von einzelnen Gesetzen geregelt. Nach Inkrafttreten des Grundgesetzes sind immer mehr Bereiche des *Besonderen Verwaltungsrechts* ausgebaut worden. Dazu zählen u. a. das Wirtschaftsverwaltungsrecht, das Baurecht, das Schul- und Hochschulrecht, aber auch das Finanz- und Steuerrecht. Für den Bereich des *Steuerrechts* ist ein eigener Zweig der Rechtspflege mit dem *Bundesfinanzhof* als oberstem Gerichtshof des Bundes errichtet worden.

995 Als eine neue Disziplin entstand z. B. das *Umweltrecht*, das sich aus einer Vielzahl von Einzelrechtsgebieten entwickelte.

Verfolgt man die Ausbildung des Umweltrechts anhand der Gesetzgebung, so geht z. B. betreffend das Immissionsschutzrecht eine Linie zurück auf die Genehmigungspflicht für Gewerbebetriebe und Fabriken nach dem ALR, auf die Einführung der Gewerbefreiheit und die preußische Gewerbeordnung von 1845; die Entwicklung führte schließlich zu einem modernen Bundesimmissionsschutzgesetz aus dem Jahre 1974.[24] Im Laufe der Zeit rückten der Schutz von Luft, Wasser und Boden einschließlich Landschaftsentwicklung, der

24 H. Hof, in: FS Kleinheyer, S. 228 f.

Schutz vor Umweltbelastungen durch Lärm, Schadstoffe und Abfälle sowie der Schutz von Fauna und Flora immer mehr in den Vordergrund. Einen vorläufigen Abschluss bildet die Einführung eines *Umwelthaftungsgesetzes* (1990) mit einer verschuldensunabhängigen *Anlagenhaftung* bei Umwelteinwirkungen.

Man kann davon sprechen, dass sich im Verwaltungsrecht, in dem der Schwerpunkt lange Zeit mehr bei der *Eingriffsverwaltung* – als typisches Beispiel sei das Polizeirecht genannt – gelegen hatte, eine Verlagerung der Schwerpunkte in Richtung *Daseinsvorsorge und Leistungsverwaltung* vollzogen hat.

**Schrifttum:** H. Hof, Zugänge zur Geschichte des deutschen Umweltrechts, in: FS für Kleinheyer, S. 227 ff.;

## VII. Das Privatrecht in der neuen Wirtschaftsordnung

**1. Überblick.** Getragen von dem Wunsch, auch nur jeden Anflug 996
von Ideologie zu vermeiden, hatte die große Mehrzahl der deutschen Zivilrechtslehrer über mehrere Generationen hinweg die Idee von der Eigenständigkeit des Privatrechts und dessen unpolitischem Charakter verfochten. Spätestens die Perversion des Rechts in der Zeit des Nationalsozialismus (vgl. dazu oben Rdnr. 850 ff.) dürfte die Vorstellung, dass das Zivilrecht eine dem Bereich des Politischen ferne Idylle rechtsdogmatischer Begriffs- und Denkarbeit sei, zerstört haben.[25] Inzwischen hat sich die Erkenntnis durchgesetzt, dass die Privatrechtsordnung eines Staates eines der Mittel ist, mit denen die Gesellschaftsordnung gestaltet, das Staatswesen in seinem Kern geprägt wird. Auch das Verhältnis von Verfassung und Privatrechtsordnung ist nach 1945 anders definiert worden. Das Grundgesetz bestimmt in weitem Umfang auch die Privatrechtsordnung. Das zeigen u. a. die Garantie des Privateigentums und des Erbrechts (Art. 14 GG) sowie die Garantie der Privatautonomie (Art. 2 Abs. 1 GG). Nach herrschender Ansicht wirken die Grundrechte mittelbar auch in das Privatrecht hinein, wie z. B. über die Generalklauseln. So ist bei der Auslegung von Generalklauseln, wie sie z. B. in §§ 138 Abs. 1 und 242 BGB enthalten sind, die *Werteordnung des Grundgesetzes*, die in den Grundrechtsartikeln ihren Ausdruck gefunden hat, maßgebend.[26]

25 J. Limbach, JuS 1985, S. 10.
26 BVerfGE 7, 190; 89, 214; BGHZ 70, 313, 324.

997 Das neue Verständnis von Privatrecht und die politischen und gesellschaftlichen Veränderungen nach 1945 führten nicht nur zu der Schaffung einer Vielzahl neuer Gesetze, sondern auch zu einer tiefgreifenden Veränderung bereits bestehender Gesetze, wie z. B. des BGB. Der Gesetzgeber, aber auch die Rechtsprechung führten z. B. verstärkt soziale Komponenten in das Vertragsrecht ein, etwa beim Mieter- und Verbraucherschutz.

998 **2. Die Europäisierung des Privatrechts.** Seit der Französischen Revolution galt das Privatrecht als tief national verwurzelt, ja als ein Kernbestandteil des nationalen Kulturerbes. Im 19. Jahrhundert und auch noch weit in das 20. Jahrhundert hinein war es deshalb einhellige Ansicht, dass das nationale Recht von nationalen Wertentscheidungen geprägt wird, die fest verwurzelte nationale Grundsätze zum Ausdruck bringen. Das hat sich mit der Gründung der Europäischen Gemeinschaft/Union und ihrem Ziel der Harmonisierung des Rechts in wesentlichen Teilen entscheidend geändert. Die Europäische Union versteht sich nicht nur als Wirtschafts-, sondern auch als *Rechtsgemeinschaft*.

999 Wichtige Zielbeschreibungen zur Rechtsvereinheitlichung sind bereits im *primären* Gemeinschaftsrecht, den konstituierenden Verträgen festgeschrieben, nämlich:

- die Herstellung eines gemeinsamen Marktes bzw. Binnenmarktes
- und die grundlegenden Gewährleistungen, insbesondere in Gestalt der Grundfreiheiten (Art. 114 AEU-Vertrag) und der Diskriminierungsverbote (insbesondere Art. 18 AEU-Vertrag).

Hinzu tritt das von den Gemeinschaftsorganen erlassene *Sekundärrecht*, gehört es doch zu den Aufgaben der Europäischen Gemeinschaft, auf die Rechtsangleichung der innerstaatlichen Rechtsvorschriften hinzuwirken, soweit dies für das Funktionieren des Binnenmarktes und die Gewährleistung eines hohen Verbraucherschutzniveaus erforderlich ist.

1000 Dies alles hat in den letzten 30 Jahren zu einem immer intensiver werdenden Prozess der Rechtsangleichung innerhalb der Gemeinschaft/Union in ausgewählten Bereichen geführt. Von diesem Prozess sind, neben dem Steuerrecht, vor allem das Zivilrecht sowie das Wettbewerbsrecht und das Recht des gewerblichen Rechtsschutzes betroffen. Dabei muss zum Zwecke der Erreichung der Gemeinschaftsziele, wie z. B. freier Waren- und Dienstleistungsverkehr, das nationale Recht bisweilen zurücktreten.

Im Privatrecht ist ein Kernstück der Rechtsangleichung der Verbraucherschutz auf hohem Niveau. Weitere Bereiche, in denen das Harmonisierungsziel verfolgt wird, sind das Handels- und Gesellschaftsrecht und das Wettbewerbsrecht. Man spricht bereits von einem „Europäischen Privatrecht" oder einer „Europäisierung des Privatrechts". Diese Begriffe kennzeichnen allerdings keine geschlossene Materie mit staatsrechtlichem Geltungsbereich. Gemeint ist damit vielmehr das Gemeinschaftsprivatrecht der Richtlinien und Verordnungen, das Einheitsprivatrecht der internationalen Abkommen und die von Wissenschaftlergruppen erarbeiteten allgemeinen Rechtsgrundsätze.[27] 1001

Die Europäisierung des Privatrechts erfolgt nicht nur durch primäres und sekundäres Gemeinschaftsrecht und die Umsetzung des letzteren in nationales Recht. Eine bedeutsame Rolle im Rechtsangleichungsprozess auf europäischer Ebene spielt auch der *Europäische Gerichtshof*. Durch die Auslegung und Fortbildung des gemeinschaftsrechtlichen Normenbestandes nehmen die von den Gemeinschaftsorganen erlassenen Rechtsakte oftmals erst durch die Rechtsprechungstätigkeit des *Europäischen Gerichtshofs* konkrete, die einzelnen Privatrechtsordnungen unmittelbar berührende Gestalt an. 1002

Als Beispiel seien die vielen vom EUGH entschiedenen Fälle zur Niederlassungsfreiheit genannt. Dabei geht es u. a. um die Nichtdiskriminierung von Gesellschaften aus anderen Mitgliedsstaaten der EG und die Herstellung der rechtlichen Möglichkeiten für grenzüberschreitende Tätigkeiten durch Agenturen, Zweigniederlassungen und Tochtergesellschaften.

**3. Das Bürgerliche Recht. a) Allgemeine Grundsätze und Schuldrecht.** Das Bürgerliche Recht ist in den letzten Jahrzehnten in zunehmendem Maße durch die vielfältigen und in ihrer Gesamtheit nur mit Mühe zu überblickenden Aktivitäten der Europäischen Union beeinflusst worden. Die Verstärkung des Verbraucherschutzes ist in den letzten Jahren eines der Hauptziele der EU im Bereich der Harmonisierungsbemühungen gewesen. So ist nicht zuletzt aufgrund der europäischen Vorgaben ein verstärkter Schutz des Verbrauchers auch im BGB verankert worden. 1003

Nach der Umsetzung verschiedener EG-Richtlinien wird der Verbraucher in Deutschland gegenüber dem Unternehmer durch eine Reihe von besonderen Vorschriften geschützt. Diesem Zweck dienen z. B.

27 J. Basedow, AcP 200 (2000), 511 ff.

- die Vorschriften über die Verbraucherverträge (§§ 355 ff.), wie z. B. über den Fernabsatzvertrag und den Verbraucherdarlehensvertrag, und
- die Regeln über den Verbrauchsgüterkauf (§§ 474 ff.).

Die EG hat darüber hinaus mit einer Reihe von Richtlinien versucht, den Schutz des schwächeren oder vermeintlich schwächeren Vertragspartners über die eben geschilderten Verbraucherverträge hinaus zu verstärken. Dazu zählen vor allem die Vorschriften über
- die Allgemeinen Geschäftsbedingungen,
- die Produkthaftung
- und den sog. E-Commerce.

1004 Insbesondere die Umsetzung der Richtlinien über die Vorschriften über die Verbraucherverträge (§§ 355 ff.), den Verbrauchsgüterkauf (§§ 474 ff.) und den sog. E-Commerce machten so gravierende Änderungen des BGB notwendig, dass der deutsche Gesetzgeber die Gelegenheit wahrgenommen hat, um eine lange geforderte Reform des Schuldrechts des BGB in Angriff zu nehmen. Kern dieses am 1. Januar 2002 in Kraft getretenen Reformwerkes sind Neuregelungen des Rechts der Leistungsstörungen und der Sach- und Rechtsmängelhaftung. Darüber hinaus wurden allgemeine Regelungen über die positive Vertragsverletzung und die culpa in contrahendo (Verschulden bei Vertragsschluss), sowie über die Störung der Geschäftsgrundlage kodifiziert. Im Zuge dieser Reform wurde schließlich auch noch das Verjährungsrecht neu geregelt.

1005 Zu einer weiteren nicht unerheblichen Einschränkung der Vertragsfreiheit führt das am 18. August 2006 in Kraft getretene *Allgemeine Gleichbehandlungsgesetz (AGG),* mit dem Deutschland die Antidiskriminierungsrichtlinien der EG umgesetzt hat. Das Gesetz hat weit reichende Auswirkungen für das Arbeitsrecht das Sozialrecht, aber auch für das allgemeine Zivilrecht.

Durch alle diese Neuregelungen ist die Vertragsfreiheit insbesondere durch eine intensive Verbraucherschutzpolitik stark eingeschränkt worden. Damit hat das deutsche BGB seinen ehemals liberalen Charakter in nicht unerheblichem Maße verloren. Aber auch die dogmatischen Grundlagen des BGB sind betroffen.

Konnte sich ein Partner ehemals bei Vorliegen der entsprechenden Voraussetzungen nur durch Anfechtung, Rücktritt oder Kündigung einseitig vom Vertrage lösen, so kann er dies nun bei Verbraucherverträgen sehr leicht durch Widerruf. Der Widerruf von Willenserklärungen ist ein Instrument, welches das BGB mit der Wirkung, sich einseitig vom Vertrage lösen zu können, nicht kannte. Deshalb war die dogmatische Einordnung nicht ganz einfach.

Wie die weitere Entwicklung sein wird, ist schwer einzuschätzen. 1006
Eine Gruppe von Rechtswissenschaftlern unter dem Vorsitz des Dänen Ole Lando (Lando-Kommisssion) hat im Auftrage der Europäischen Kommission eine Liste von allgemeinen Vertragsgrundsätzen erarbeitet. Im Gespräch ist immer wieder ein *Europäisches Zivilgesetzbuch*. Der EU fehlt gegenwärtig die Kompetenz zum Erlass eines solchen Gesetzbuches der traditionellen und umfassenden Art. Sie könnte allerdings wegen des Marktbezuges das gesamte Obligationenrecht einschließlich so wichtiger Annexmaterien, wie z. B. das Recht der Stellvertretung und der Verjährung, kodifizieren.

Angesichts der dargestellten Entwicklungen sind Standort und Rolle der nationalen Zivilrechtskodifikationen – wie in Europa BGB und Code civil – in einem umfassend gedachten europäischen Privatrecht neu zu definieren.

**b) Das Familienrecht.** Tiefgreifende Veränderungen erfolgten im 1007
Familienrecht über die weitgehende Verwirklichung des Gleichberechtigungsgrundsatzes hinaus. Mit Wirkung zum 1. Januar 1975 wurde das Volljährigkeitsalter von der Vollendung des 21. Lebensjahres auf die Vollendung des 18. Lebensjahres herabgesetzt.

Eine einschneidende Veränderung brachte auch das Gesetz über die rechtliche Stellung der nichtehelichen Kinder mit sich, das am 1. Juli 1970 in Kraft getreten ist. Es wurde in Erfüllung des Verfassungsauftrages aus Art. 6 Abs. 5 GG geschaffen, um den nichtehelichen Kindern die gleichen Bedingungen für ihre seelische und geistige Entwicklung in der Gesellschaft zu gewähren wie den ehelichen Kindern.

Wichtige Veränderungen wurden auch im Eherecht vollzogen. Das 1008
ehemals auch im BGB verankerte Leitbild der Hausfrauenehe wurde aufgegeben und die Arbeitsteilung in der Ehe der Vereinbarung durch die Eheleute überlassen. Auch das Recht des Ehe- und Familiennamens wurde geändert. Kernstück der am 1. Juli 1977 in Kraft getretenen Neuregelungen über das Familienrecht sind die Veränderungen, die die Voraussetzungen für die Ehescheidung betreffen. Es erfolgte eine Abkehr vom Verschuldensprinzip und ein Übergang zum Zerrüttungsprinzip. Alleiniger Scheidungsgrund ist nun das – objektive – „Scheitern" der Ehe, das den bis dahin maßgebenden Begriff der „unheilbaren Zerrüttung" ablöste. Neu geregelt wurde auch

der Ehegattenunterhalt nach der Scheidung. Außerdem stellt die Einführung des Versorgungsausgleichs als die wichtigste Neuerung im neuen Scheidungsfolgenrecht zugleich eine bedeutende sozialpolitische Neuregelung dar.

1009 **4. Das Handels- und Wirtschaftsrecht.** In den ersten vier Jahrzehnten nach dem Kriegsende ist in der Bundesrepublik Deutschland ein *Wirtschaftsrecht* entstanden, das sich von den vorangegangenen Epochen deutlich unterscheidet und als außerordentlich leistungsfähig gilt. Für den Gesetzgeber, aber auch für den einzelnen Bürger existieren klare Rahmenbedingungen und weite Gestaltungsräume. Insbesondere der Rechtswissenschaft ist es gelungen, über die Versuche der Weimarer Zeit hinaus das Wirtschaftsrecht in das gesamte Rechtssystem zu integrieren; dabei musste allerdings die Grenze zwischen Privatrecht und öffentlichem Recht überwunden werden.[28]

Auch und gerade für die Entwicklung des Handels- und Wirtschaftsrechts spielt die Rechtsangleichung in der EU eine bedeutende Rolle.

So ist z. B. auf Grund einer entsprechenden EG-Richtlinie mit dem sogenannten „Bilanzrichtliniengesetz" 1985 das dritte Buch des HGB (§§ 238 bis 339) neu gefasst worden. Damit ist erreicht, dass ein nicht unerheblicher Teilbereich des Gesellschaftsrechts, nämlich das gesamte Bilanzrecht, an das Recht der Europäischen Gemeinschaft/Union angeglichen worden ist.

1010 Während das Handelsrecht eine vergleichsweise ruhige Entwicklung nahm, erfuhr das *Gesellschaftsrecht* eine heftige und deutliche Umgestaltung. Das Gesellschaftsrecht wird heute als ein Kernbereich des Unternehmensrechts angesehen, des Teils der Privatrechtsordnung also, der durch einzelwirtschaftliche, sozialpolitische und gesamtwirtschaftliche Aspekte geprägt wird. In den siebziger Jahren und auch noch zu Beginn der achtziger Jahre haben die Forderung nach Einführung der paritätischen Mitbestimmung in den Großunternehmen und die Bestrebungen, diese Forderung durchzusetzen, sowie die Bemühungen, dies zu verhindern, wie kaum eine andere Frage die gesellschaftspolitische Diskussion in der Bundesrepublik Deutschland beherrscht. Neben die betriebliche und wirtschaftliche Mitbestimmung nach dem Betriebsverfassungsgesetz und die Montanmitbestimmung trat mit dem Mitbestimmungsgesetz vom 4. Mai 1976 die Beteiligung der Arbeitnehmer an unternehmerischen Ent-

28 F. Rittner, ZNR 1991, 173, 184 f.

scheidungen in fast allen Kapitalgesellschaften mit mehr als 2000 Arbeitnehmern.

Das Aktienrecht wurde 1965 umfassend reformiert und dabei das 1011
Konzernrecht – allerdings ohne ein GmbH-Konzernrecht – kodifiziert. Das GmbH-Recht wurde mit Wirkung vom 1. Januar 1981 ergänzt und reformiert. Sowohl bei der Reform des Aktien- als auch des GmbH-Rechts stand die Verbesserung des Schutzes von Gläubigern und Gesellschaftern im Vordergrund.

Im Bereich der Harmonisierung und Koordinierung der nationalen Rechte in der EU sind die teils bereits erlassenen, teils erst vorgeschlagenen europäischen Rechtsakte auf dem Gebiet des Gesellschaftsrechts, zumeist Richtlinien, zahlreich und betreffen viele Bereiche. Sie reichen von der Gründung der Gesellschaft bis zu ihrer Liquidation. Bei den vom europäischen Gesellschaftsrecht erfassten Gesellschaftstypen stand zunächst die Aktiengesellschaft im Vordergrund. Viele Richtlinien und Richtlinienvorschläge betreffen aber auch andere Gesellschaftsformen, wie z. B. die GmbH. Inzwischen hat das Europäische Gesellschaftsrecht die deutsche Unternehmensverfassung in vielfacher Hinsicht geprägt.

Was supranationalen Gesellschaftsformen angeht, so besteht seit 1989 die 1012
Möglichkeit, dass Unternehmen aus jedenfalls zwei Mitgliedstaaten der EU sich zu einer Europäischen wirtschaftlichen Interessengemeinschaft (EWIV) zusammenschließen. Dabei handelt es sich um eine Personenhandelsgesellschaft, auf die in Deutschland überwiegend das Recht der OHG anzuwenden ist. Mit der Verordnung des Rates über das Statut der Europäischen Gesellschaft (SE-VO) aus dem Jahre 2002 ist mit der Europäischen Aktiengesellschaft – Societas Europaea (= SE) – die erste supranationale Rechtsform für eine gemeinschaftsrechtliche Kapitalgesellschaft geschaffen worden. Die SE ist eine Gesellschaft mit eigener Rechtspersönlichkeit und beschränkter Haftung, die im Wesentlichen auf Großunternehmen zugeschnitten ist. Mit dieser Rechtsform soll den europaweit tätigen Unternehmen die Möglichkeit gegeben werden, in der Zukunft mit nur einer Gesellschaft an Stelle einer komplizierten Konzernstruktur zu operieren.

Das moderne deutsche Recht gegen Wettbewerbsbeschränkungen (Kartellrecht) ist nach 1945 im Wesentlichen aus völlig neuen Wurzeln entstanden, nämlich dem Besatzungsrecht der westlichen Siegermächte und den „Ordnungsgedanken" der einflussreichen Gruppen der „Ordo-Liberalen", die insbesondere über den Wirtschaftsminister der Regierung Adenauer, Ludwig Erhard, nachhaltigen Einfluss auf die Wirtschaftsordnung in der Bundesrepublik gewinnen konnten.

**Schrifttum:** J. Basedow, Das BGB im künftigen europäischen Privatrecht, AcP 200 (2000), 445 ff.; J. Limbach, Das Rechtsverständnis in der Vertragslehre, JuS 1985, 10 ff.; F. Rittner, Neueste Privatrechtsgeschichte und Wirtschaftsrechtsgeschichte, ZNR 1991, 173 ff..

## VIII. Das Arbeits- und Sozialrecht

1013 **1. Das Arbeitsrecht.** Nach 1945 gediehen das Arbeits- und das Sozialrecht zu wichtigen Bestandteilen einer neuen Rechts- und Gesellschaftsordnung. Für beide Rechtsbereiche wurden eigenständige Gerichtsbarkeiten – Arbeitsgerichtsbarkeit und Sozialgerichtsbarkeit – jeweils mit einem obersten Bundesgericht als letzter Instanz und einem speziellen Verfahrensrecht ausgebaut.

Das Arbeitsrecht der Bundesrepublik Deutschland knüpft an die grundlegenden Entscheidungen der Weimarer Republik an (vgl. dazu oben Rdnr. 818 ff.) und entwickelte sie weiter. Im kollektiven Arbeitsrecht wurden die 1933 unterbrochenen Entwicklungslinien wieder aufgenommen. Neben der Anpassung und Weiterentwicklung der Arbeitsrechtsgesetze aus der Weimarer Zeit galt es nach 1949, neuen wirtschaftlichen, sozialen und technischen Anforderungen zu genügen und neue Ideen gesetzlich zu verankern. Die wichtigsten gesetzlichen Eckpfeiler und Grundlagen des zwischen 1949 und 1960 neu geschaffenen Arbeitsrechts sind in vier Gesetzen verankert: dem Tarifvertragsgesetz von 1949, dem Kündigungsschutzgesetz von 1951, dem Betriebsverfassungsgesetz von 1952 und dem Arbeitsgerichtsgesetz von 1953. Die sozialpolitischen Entscheidungen der Gesetzgebung in dieser Phase werden unterschiedlich beurteilt. Auch wenn das neue Arbeitsrecht keine revolutionären inhaltlichen Umwälzungen gebracht hat, so kann es doch nicht als restaurativ bezeichnet werden. Geprägt von den sozialen und technischen Notwendigkeiten der Zeit und basierend auf der Gesellschafts- und Sozialpolitik, die von der Mehrheit im Bundestag und im Bundesrat getragen wurde, hat die Gesetzgebung immerhin die Basis für die Fortentwicklung des Arbeitsrechts der nachfolgenden Zeit geschaffen.[29]

1014 Eine geschlossene gesetzliche Regelung über den *Arbeitskampf* ist nicht entstanden. Das diesen Bereich betreffende Recht ist weitgehend durch Rechtswissenschaft und Rechtsprechung entwickelt worden. Als Rechtsgrundlage für den Arbeitskampf existiert lediglich Art. 9 Abs. 3 S. 3 GG, aus dem sich allenfalls eine instrumentelle verfassungsrechtliche Garantie des Arbeitskampfes – Streik und Aussperrung – herleiten.

1015 **2. Das Sozialrecht.** Die Wurzeln des heutigen *Sozialrechts* als dem Rechtssystem staatlicher Sozialleistungen, das darauf abzielt, tatsäch-

---

29 T. Ramm, JZ 1998, 477 ff.

liche oder als typisch anerkannte Bedarfssituationen Einzelner unmittelbar abzusichern, sind weitgehend schon auf das 19. Jahrhundert zurückzuführen. Grundlegende Sozialversicherungsgesetze wurden bereits in der Zeit zwischen 1881 und 1890 erlassen. 1911 trat die Reichsversicherungsordnung (RVO) in Kraft. In der Weimarer Zeit erfolgte ein weiterer Ausbau des Sozialrechts (vgl. dazu oben Rdnr. 818 ff.).

Nach dem Ende des Zweiten Weltkrieges stand im Vordergrund der sozialpolitischen Gesetzgebung zunächst die Entschädigung für die von dem NS-Regime, dem Krieg und seinen Folgen Betroffenen. Die weitere Entwicklung ist geprägt durch eine ständige Ausdehnung des versicherten bzw. anspruchsberechtigten Personenkreises und eine Verbesserung der Leistungen in allen Bereichen des Sozialrechts. Als Beispiele seien lediglich die Einführung der Arbeitslosenhilfe (1956), die Neugestaltung der Arbeitsvermittlung und Arbeitslosenversicherung (1957) und die umfassende Neuregelung des Sozialhilferechts durch das Bundessozialhilfegesetz (1961) genannt.

Das umfangreichste gesetzgeberische Vorhaben auf dem Gebiete 1016
des Sozialrechts war die Schaffung des *Sozialgesetzbuches*. Damit sollte der Zweck erreicht werden, das bislang in zahlreichen Einzelgesetzen unübersichtlich geregelte Sozialrecht zu vereinfachen, um das Rechtsverständnis des Bürgers und damit sein Vertrauen in den sozialen Rechtsstaat zu fördern, die Rechtsanwendung durch Verwaltung und Rechtsprechung zu erleichtern und Rechtssicherheit zu gewährleisten.

**Schrifttum:** Th. Ramm, Deutschlands Arbeitsverfassung nach 1945, JZ 1993, 473 ff.; O. Wlotzke, Die erste Phase der Bundesgesetzgebung im Arbeitsrecht – Ein Rückblick, AuR 1985, S. 330 ff.

## IX. Strafrecht und Strafprozessrecht

Nach dem Ende der NS-Zeit war eine schnelle humanitäre Reak- 1017
tion einer rechtsstaatlichen Ordnung auf das geschehene Unrecht unerlässlich. Mit der Rückkehr zu rechtsstaatlichen Strafverfahren, aber ohne in einen Zusammenhang mit einer Reform gestellt werden zu können, erfolgte 1949 die Abschaffung der Todesstrafe durch Art. 102 GG.

Seit 1952 setzte das Bundesjustizministerium einen Reformprozess in Gang, der zu einer Gesamtreform des Strafrechts führen sollte. Dem 1962 von der Großen Strafrechtskommission vorgelegten *Gesamtentwurf eines neuen Strafgesetzbuches* stellten deutsche und schweizerische Strafrechtslehrer 1966 einen *Alternativentwurf* entgegen, der stärker als der erstgenannte die Resozialisierung als Strafzweck zu verwirklichen suchte und dem es um bewusste Restriktion des Strafrechts auf sozialschädliches Verhalten ging. Wegen der Einbeziehung beider Entwürfe in die parlamentarischen Beratungen gingen aus beiden Entwürfen Strafrechtsreformgesetze hervor, in denen sich gewandelte und stark gemilderte Vorstellungen von sittlichem Verhalten und von der Notwendigkeit, ein solches durch strafrechtliche Normen erzwingen zu müssen, niederschlugen. Mit dem 1. Strafrechtsänderungsgesetz (1969) wurde das Sanktionsrecht resozialisierungsfreundlicher ausgestaltet. An die Stelle von Zuchthaus und Gefängnis trat eine einheitliche Freiheitsstrafe; die Möglichkeiten für eine Strafaussetzung zur Bewährung wurden wesentlich erweitert. Die Strafbarkeit von Ehebruch und sogenannter einfacher Homosexualität wurde abgeschafft. Den Kern der Reformbestrebungen bildet das 2. Strafrechtsänderungsgesetz, das mit seinem Inkrafttreten am 1. Januar 1975 eine Neufassung des Allgemeinen Teils des Strafrechts brachte.

**1018** Schon vor 1969 hatte der Gesetzgeber sich mit dem Erlass des Ordnungswidrigkeitengesetzes von 1968 (OWiG) auf einer eher generellen Basis um eine Entkriminalisierung bemüht. Das gilt insbesondere für die Herabstufung bestimmter Bagatelldelikte – z. B. aus dem Bereich des Verkehrsstrafrechts – zu *Ordnungswidrigkeiten*. Im Anschluss an die demonstrationsreichen Unruhejahre 1968ff. wurden die Normen zum Schutze des Gemeinschaftsfriedens verschärft. Die Entwicklung ließ den Erlass eines Gesetzes zur Bekämpfung der Wirtschaftskriminalität (1976) und die Einstellung von Umwelttatbeständen in das StGB (1980) überfällig erscheinen. Viel Konfliktstoff schuf die 1976 eingeführte Auflockerung des Schwangerschaftsabbruchverbots, die nach wie vor heftig umstritten ist.

Reformiert wurden auch das Strafprozessrecht und das Gerichtsverfassungsgesetz. Die sogenannte „Kleine Strafprozessrechtsreform" (1964) brachte u. a. eine Neufassung der Vorschriften über die Untersuchungshaft mit dem Ziel ihrer Beschränkung. Mit der sogenannten „Großen Strafrechtsreform" (1974) wurde u. a. der Staatsanwaltschaft die Befugnis erteilt, mit Zustimmung des zuständigen Richters von der Verfolgung geringfügiger Verbrechen abzusehen.

Mit dem Ziel, die innere Sicherheit mit Hilfe strafrechtlicher Maßnahmen stabilisieren zu wollen, wurden in der zweiten Hälfte der achtziger Jahre eine Reihe von z. T. heftig umstrittenen Gesetzen erlassen. Dazu zählen das Gesetz zur Änderung des Demonstrationsstrafrechts (1985), das Antiterrorgesetz (1986) und die Einführung einer Kronzeugenregelung bei terroristischen Gewalttaten (1989).[30]

30 H. Jung, JuS 1989, S. 1023ff.

**Schrifttum:** A. v. Brünneck, Strafgesetzgebung der fünfziger und sechziger Jahre, in: Juristische Zeitgeschichte Bd. 7, 1998, S. 47 ff.; H. Jung, Artikelgesetz zur inneren Sicherheit, JuS 1989, 1023 ff.; G. Pauli, Über die Rechtsprechung des Bundesgerichtshofes in Staatsschutzsachen gegen Kommunisten im System der politischen Justiz, in: Juristische Zeitgeschichte Bd. 7, 1998, S. 97 ff.

# 12. Kapitel. Das Recht unter der Herrschaft des Sozialismus

## § 32. Die Entstehung der DDR und ihre Herrschaftsstrukturen

### I. Die Ausbildung von Herrschaftsstrukturen unter der sowjetischen Besatzungsmacht

In den mittel- und mittelosteuropäischen „volksdemokratischen“ 1019
Gesellschaften, zu denen auch die sowjetische Besatzungszone in Deutschland gehörte, vollzog sich nach 1945 ein komplexer Transformationsprozess, der in einem Spannungsfeld zwischen den weitgehend westeuropäisch geprägten Traditionen ihrer Herrschaftseliten einerseits und den vom sowjetischen Vorbild geleiteten Vorstellung der kommunistischen Bewegung andererseits stattfand. Im Zuge dieses Prozesses wurden die überkommenen nationalen Rechtsordnungen zum Gegenstand tiefgreifender Wandlungen.[1]

Die Reorganisation staatlicher Verwaltung in der sowjetisch besetzten Zone war ein von der sowjetischen Militäradministration in Deutschland (SMAD) gesteuerter Prozesses der kommunistischen Machtübernahme, dem ein mit landespezifischen Abweichungen für ganz Osteuropa entworfenes Konzept des „volksdemokratischen Übergangs vom Kapitalismus zum Sozialismus“ zugrunde lag.[2]

Das Ziel, die Machtübernahme durch die Kommunisten zu erreichen und 1020
zu festigen, wurde zunächst durch eine Blockbildung der Parteien und der relevanten Massenorganisationen verfolgt. Bereits im Juli 1945 wurden alle politischen Parteien – u. a. vor allem KPD, SPD, CDU und LDPD – und die wichtigen Massenorganisationen zu einem Block zusammengeschlossen. Ein wichtiger Schritt auf dem Wege zur absoluten Machtübernahme durch die Kommunisten war die am 21. und 22 April 1946 durchgeführte Zwangsverei-

1 H.-A. Schönfeldt, in: Normdurchsetzung Bd. 1, S. 13 ff.
2 G, Brunner, HdbStR, § 10 A I.

nigung von KPD und SPD zur Sozialistischen Einheitspartei Deutschlands (SED). Diese – ab 1950 so bezeichnete – „Partei neuen Typs" wurde nach verschiedenen personellen Säuberungen und organisatorischen Umgestaltungen zu einem kommunistischen Herrschaftsinstrument nach sowjetischem Vorbild, das alle Funktionen im Staate übernahm.[3]

1021 Für die in der sowjetisch besetzten Zone gebildeten Länder wurden auf der Basis von Entwürfen, die von der SED vorgelegt worden waren, Verfassungen geschaffen, die nur geringfügig voneinander abwichen. Gleichzeitig wurden gleich lautende „Demokratische Kreisordnungen" in Kraft gesetzt, nachdem zuvor von der SMAD schon „Demokratische Gemeindeordnungen" für die gesamte Zone eingeführt worden waren. Die Verfassungen für die fünf Länder lehnten sich zwar an die Weimarer Reichsverfassung an, ein entscheidender neuer Akzent lag nun allerdings auf der Machtstellung des Parlaments. Auf die parlamentarischen Gremien hatte die SED mit dem von ihr beherrschten „Antifaschistisch-demokratischen Block" von vornherein Zugriff.

Die Schaffung von Ländern und Gemeinden mit der Einführung von Verfassungen und Gemeindeordnungen in den Westzonen einerseits und der sowjetisch besetzten Zone andererseits unterscheiden sich durch Parteiensystem und parlamentarische Praxis in vielen Punkten entscheidend. Das von westlichem Denken grundlegend unterschiedene Verfassungsverständnis von SED und sowjetischer Besatzungsmacht lässt einen Vergleich mit Staaten, die als freiheitliche Demokratien mit Rechts- und Sozialstaatsgarantien verfasst sind, nicht zu. Während in den Westzonen, der späteren Bundesrepublik Deutschland, freie und geheime Wahlen stattfanden, gab es auf dem Gebiet der SBZ, der späteren DDR, solche Wahlen nie. Hier bediente sich die herrschende SED stets des Instruments der Einheitslisten, um die Wahlergebnisse und die Zusammensetzung der sogenannten parlamentarischen Gremien manipulieren zu können.

Die Selbstständigkeit der Länder der sowjetisch besetzten Zone wurde seit 1947 auch auf dem Gebiet der Rechtsetzung immer stärker durch die Bestrebungen von SMAD und SED-Führung zur Zentralisierung der sowjetisch besetzten Zone nach sowjetischem Vorbild eingeschränkt.[4]

1022 Vor und nach der Gründung der DDR kam es zu umfangreichen Konfiskationen im Bereich der Wirtschaft. Sie erstreckten sich auf wesentliche Teile der Schwerindustrie, auf Bergwerke, Banken, Versi-

3 G. Brunner, HdbStR, § 10 A I.
4 H.-A. Schönfeldt, in: Normdurchsetzung Bd. 1, S. 54 f.

cherungen und Energieunternehmen, aber auch auf Apotheken und Lichtspieltheater. Dabei war die Regierung der DDR bestrebt, die Überführung der Produktionsmittel in Volkseigentum unter dem Mantel einer Scheinlegalität vorzunehmen.[5]

**Schrifttum:** G. Brunner, Das Staatsrecht der Deutschen Demokratischen Republik, in: HdbStR, § 10; H.-A. Schönfeldt, Zur Entwicklung von Recht und Rechtswissenschaft in der Deutschen Demokratischen Republik, in: H. Mohnhaupt/H.-A. Schönfeldt (Hrsg.), Normdurchsetzung in Nachkriegsgesellschaften (1944–1989). Einführung in die Rechtsentwicklung mit Quellendokumentation. Band 1: Sowjetische Besatzungszone in Deutschland – Deutsche Demokratische Republik (1945–1960), 1997; J. Wasmuth, Waren die Akte der „Demokratischen Bodenreform" gegenüber „Junkern", Feudalherren" und „Großgrundbesitzern" tatsächlich keine politische Verfolgung? ZOV 2007, 17 ff.; J. Wasmuth/St. von Raumer, Zum Strafcharakter der Verfolgung Industrieller und Gewerbetreibender als Kriegs- und Naziverbrecher in Ost-Berlin, ZOV 2006, 103 ff.

## II. Die Staatsgründung

Die politische Entwicklung führte nach 1948 schließlich zur Bildung des „Eisernen Vorhangs", zur Blockbildung und zum sogenannten Kalten Krieg. Diese Situation nutzte die östliche Besatzungsmacht 1949, um auf dem Gebiet ihrer Zone einen eigenen Staat zu errichten. **1023**

Zeitlich parallel zur verfassungspolitischen Diskussion in den Westzonen wurde in der östlichen Zone die *Volkskongressbewegung* organisiert, in der die politischen Kräfte der SBZ 1947 zusammengeschlossen wurden. Der „Deutsche Volkskongress" wählte einen aus 400 Mitgliedern bestehenden *„Deutschen Volksrat"*. Am 15. und 16. Mai 1949 fanden die Wahlen zum dritten Deutschen Volkskongress statt, der am 30. Mai 1949 den zweiten Deutschen Volksrat bildete; dieser trat am 7. Oktober 1949 als *„Provisorische Volkskammer der Deutschen Demokratischen Republik"* zusammen.

Die Wahlen zum dritten Deutschen Volkskongress waren so gestaltet, dass die Wähler auf einem Stimmzettel ein Kreuz in einem mit einem großen „Ja" oder in einem mit einem kleinen „Nein" gekennzeichneten Kreis machen konnten. Mit dieser Stimmabgabe wurde eine Einheitsliste, auf der Mitglieder der Blockparteien (SED, CDU, LDP etc.) oder gesellschaftlicher Organisationen (FDGB, FDJ etc.) namentlich aufgeführt waren, akzeptiert oder abgelehnt.

---

5 J. Wasmuth, in: RVI, B 100, Einf. VermG, Rdnr. 141 ff.

1024 Der Volksrat hatte schon im Oktober 1948 mit den Beratungen über einen Verfassungsentwurf begonnen, den er am 19. März 1949 als „*Verfassung der Deutschen Demokratischen Republik*" verabschiedete. Der neu gewählte (dritte) Volkskongress bestätigte diese Verfassung am 30. Mai 1949. Nachdem die Provisorische Volkskammer zusammengetreten war und am 7. Oktober 1949 alle zur Schaffung von Staatsorganen notwendigen Gesetze verabschiedet und eine Provisorische Regierung bestellt hatte, übertrug die SMAD dieser die von ihr bis dahin ausgeübten Verwaltungsfunktionen.

**Schrifttum:** C. Kleßmann, Die doppelte Staatsgründung. Deutsche Geschichte 1945–1955, 5. Aufl. 1991.

## III. Die Herrschaftsstrukturen des SED-Regimes

1025 Bei der Gründung der DDR war die kommunistisch-totalitäre Einheitsparteidiktatur bereits voll etabliert. Dass den Verfassungsbestimmungen, die verabschiedet worden waren, von Anfang an nur geringe Bedeutung zuzumessen war, ergab sich aus den Grundthesen der marxistisch-leninistischen Verfassungslehre, nach denen der „geschichtliche Wert einer Verfassung" allein danach zu beurteilen ist, „inwieweit sie den gesellschaftlichen Fortschritt fördert oder hemmt"; seit der „Konstituierung des Proletariats zur Klasse" sei jede Verfassung daran zu messen, „ob und in welchem Grad sie dazu dient, die historische Mission der Arbeiterklasse zu verwirklichen".[6]

Die Verfassung wurde als „Verfassung der siegreichen Arbeiterklasse" angesehen, die wie die gesamte sozialistische Rechtsordnung dazu diene, Verhältnisse entstehen zu lassen, „unter denen sich die Befreiung der Werktätigen vollziehen kann".[7]

Die Realisierung und Festigung des unbedingten politischen Primats der SED bestimmte die Entwicklung in der DDR. Das nun immer stärker stalinistisch geprägte SED-System schuf die dafür notwendigen einschneidenden organisatorischen und ideologischen Voraussetzungen. Massenorganisationen, wie der FDGB (= Freier Deutscher Gewerkschaftsbund mit etwa 4,7 Millionen Mitgliedern im Jahre 1950) und die FDJ (1950 etwa 1,5 Millionen Mitglieder) wurden ihrer Selbstständigkeit beraubt und durch innerorganisatorischen und äußeren Druck gleichgeschaltet und konsequent „als Transmissionsriemen und Hilfsorgane der Staatspartei funktionalisiert".[8]

6 Staatsrecht der DDR, S. 35.
7 Staatsrecht der DDR, S. 35 f.
8 C. Kleßmann, S. 267.

Der „revolutionäre“ Gestaltungswille der politischen Entscheidungsträger – SMAD und Führungsgremien der KPD/SED – wurde nicht zuletzt über die Rechtssetzung, die Verwaltungspraxis und über die Rechtsprechung in die Gesellschaft hineingetragen. Darüber hinaus wandte das System rechtspolitische, rechtspropagandistische und rechtserzieherische Mittel an, die geeignet waren, ein neues Wertegefüge in das im Umbruch befindliche Gesellschaftssystem zu implementieren.[9] 1026

Die von *Walter Ulbricht* geführte SED hatte nach dem Prinzip des „demokratischen Zentralismus“ die führende Rolle im Staat übernommen und errichtete ein Meinungsmonopol auf der Grundlage des Marxismus-Leninismus. Die Ausbildung neuer politischer und sozialer Strukturen wurde gegen den Widerstand der Mehrheit der Bevölkerung und häufig mit Gewalt durchgesetzt. Dabei spielte das berüchtigte Ministerium für Staatssicherheit (MfS) eine bedeutende Rolle.

Schon bis 1950 hatte sich die SED ein Instrumentarium zur Machtsicherung 1027
und zur Ausschaltung und präventiven Unterdrückung von Opposition geschaffen. Dazu zählten Terror und Willkürjustiz. Art. 6 der Verfassung („Boykotthetze“) und das „Gesetz zum Schutze des Friedens“ von 1950 boten eine formale Handhabe für drakonische Urteile wegen vergleichsweise geringfügiger Vergehen.

Nach der Klärung der politischen Machtfrage waren nicht mehr die traditionellen Wert- und Interessenmaßstäbe des Rechts der bürgerlichen Gesellschaft, sondern der politische Gestaltungswille der kommunistischen Hegemonialpartei maßgeblich für die Doppelstruktur von Partei- und Gesetzesnormen.[10]

Mit der Auflösung der fünf Länder (Mecklenburg-Vorpommern, 1028
Brandenburg, Sachsen-Anhalt, Thüringen und Sachen) im Jahre 1952 wurde der Zentralismus auch administrativ vorangetrieben; die Reste von Föderalismus und Ländertradition wurden beseitigt.

Am 25. März 1954 erkläre die UdSSR unter Betonung ihrer Vorbehaltsrechte die DDR für souverän. In dem „Vertrag über die Beziehungen zwischen der Deutschen Demokratischen Republik und der UdSSR“ vom 20. September 1955 wurde die Souveränität der DDR bestätigt und gleichzeitig betont, dass die DDR nunmehr „frei in der Entscheidung über Fragen ihrer Innenpolitik und Außenpolitik einschließlich der Beziehungen zur Bundesrepublik Deutschland“ sei. Die DDR war schon zuvor (am 14. Mai 1955) in die multilaterale Militärorganisation des Ostblocks, die Warschauer Pakt-

9 H.-A. Schönfeldt, in: Normdurchsetzung Bd. 1, S. 14.
10 H.-A. Schönfeldt, in: Normdurchsetzung Bd. 1, S. 15.

Organisation, aufgenommen worden. Damit war die DDR fest in den Ostblock integriert. Eine Wiedervereinigung beider Teile Deutschlands schien damit unwahrscheinlich geworden zu sein.

**Schrifttum:** G. Brunner, Das Staatsrecht der Deutschen Demokratischen Republik, in: HdbStR, § 10; C. Kleßmann, Die doppelte Staatsgründung. Deutsche Geschichte 1945–1955, 5. Aufl. 1991; H.-A. Schönfeldt, Zur Entwicklung von Recht und Rechtswissenschaft in der Deutschen Demokratischen Republik, in: H. Mohnhaupt/H.-A. Schönfeldt (Hrsg.), Normdurchsetzung in Nachkriegsgesellschaften (1944–1989). Einführung in die Rechtsentwicklung mit Quellendokumentation. Band 1: Sowjetische Besatzungszone in Deutschland – Deutsche Demokratische Republik (1945–1960), 1997; Staatsrecht der DDR. Lehrbuch. Hrsg.: Akademie für Staats- und Rechtswissenschaft der DDR, Potsdam-Babelsberg, 1978; Staats- und Rechtsgeschichte der DDR. Grundriß. Hrsg.: Bereich Staats- und Rechtsgeschichte der Sektion Rechtswissenschaft der Humboldt-Universität zu Berlin, 1983.

## IV. Das Nebeneinander von Bundesrepublik und DDR

1029 Seit dem Bau der Mauer gingen nunmehr die Bundesrepublik Deutschland und die DDR hinsichtlich der Existenz eines deutschen Gesamtstaates von verschiedenen Voraussetzungen aus. Die DDR vertrat hartnäckig die „Zweistaatentheorie“ und damit die Auffassung, dass auf dem Gebiet des ehemaligen Deutschen Reiches zwei neue Staaten entstanden seien. Demgegenüber hielten die Repräsentanten und Organe der Bundesrepublik Deutschland, vor allem und richtungweisend das Bundesverfassungsgericht[11], an der „Identitätstheorie“ (vgl. dazu oben Rdnr. 943 ff.) fest, nach der die Bundesrepublik Deutschland identisch ist mit dem Völkerrechtssubjekt „Deutsches Reich“.

1030 Um ihr Verhältnis zur DDR auf eine gesicherte rechtliche Basis zu stellen, schloss die Bundesrepublik Deutschland mit der DDR am 21. September 1972 den Vertrag über die Grundlagen der Beziehungen zwischen der Bundesrepublik Deutschland und der DDR ab, der auch als „*Grundlagenvertrag*“ bezeichnet wird.

Gekennzeichnet ist dieser Vertrag durch den Versuch, kaum miteinander zu vereinbarende Ausgangspositionen der Vertragspartner in Kompromissformeln einmünden zu lassen. So wird einerseits die Gleichberechtigung beider Partner betont und der Grundsatz bekräftigt, dass „die Hoheitsgewalt jedes der beiden Staaten sich auf sein Staatsgebiet beschränkt“; auch erklären beide Partner, dass sie „die Unabhängigkeit und Selbstständigkeit jedes der beiden

11 U. a. BVerfGE 6, 306 ff.

Staaten in seinen inneren und äußeren Angelegenheiten" respektieren. Andererseits finden die unterschiedlichen Auffassungen zur nationalen Frage und zur Staatsangehörigkeitsfrage ihren Niederschlag im Vertrag. Der *Grundlagenvertrag* enthielt nicht nur rein innerstaatliche oder staatsrechtliche Regelungen, sondern auch völkerrechtliche Elemente. Er ließ die deutsche Frage letztlich offen.

Das *Bundesverfassungsgericht* hat in seiner Entscheidung zum 1031
Grundlagenvertrag[12] am Fortbestehen des Deutschen Reiches festgehalten. Nach seiner Auffassung wurde mit der Errichtung der Bundesrepublik Deutschland nicht ein neuer westdeutscher Staat gegründet, sondern lediglich ein Teil Deutschlands neu organisiert. Die Bundesrepublik Deutschland war also nicht Rechtsnachfolger des Deutschen Reiches, sondern als Staat identisch mit dem Staat „Deutsches Reich", in Bezug auf seine räumliche Ausdehnung allerdings „teilidentisch", so dass insoweit die Identität keine Ausschließlichkeit beanspruchte. Die Bundesrepublik umfasste also, was ihr Staatsvolk und ihr Staatsgebiet anlangte, nicht das ganze Deutschland, unbeschadet dessen, dass sie ein einheitliches Staatsvolk des Völkerrechtssubjekts „Deutschland" (Deutsches Reich), zu dem ihr eigenes Staatsgebiet als ebenfalls nicht abtrennbarer Teil gehörte, anerkannte. Sie beschränkte staatsrechtlich ihre Hoheitsgewalt auf den „Geltungsbereich des Grundgesetzes", fühlte sich aber auch verantwortlich für das ganze Deutschland (vgl. Präambel des Grundgesetzes).[13]

1987 ging das Bundesverfassungsgericht[14] noch über seine bishe- 1032
rige Rechtsprechung hinaus und leitete aus dem „Wahrungsgebot" der Präambel zum Grundgesetz die „verfassungsrechtliche Pflicht" ab, „die Identität des deutschen Staatsvolkes zu erhalten … Die im Wiedervereinigungsgebot des Grundgesetzes enthaltene Wahrungspflicht gebietet es auch, die Einheit des deutschen Volkes als des Trägers des völkerrechtlichen Selbstbestimmungsrechts nach Möglichkeit zukunftsgerichtet auf Dauer zu bewahren".

Dass das Festhalten am Wiedervereinigungsgebot die Wiedervereinigung der beiden Teile Deutschland nicht unwesentlich erleichtert hat, dürfte kaum mehr umstritten sein.

12 BVerfGE 36, 1ff.
13 BVerfGE 3, 288, 319f.; 6, 309 338, 363.
14 BVerfGE 36, 1, 17f.

## § 33. Die Rechtsordnung der DDR

### I. Der Rechtsbegriff in der sozialistischen Gesellschaft

1033 In der sowjetischen Rechtswissenschaft wurde Recht als „das System allgemeinverbindlicher, vom Staat garantierter Normen“ definiert, das den „Willen der herrschenden Klasse des gegebenen Staates, und nach dem Sieg des Sozialismus den des ganzen Volkes zum Ausdruck“ bringt.[15] Diese der maßgeblichen Ideologie, nämlich dem Marxismus-Leninismus als „wissenschaftliche Weltanschauung der Arbeiterklasse“, entsprechende Definition und Aufgabenstellung von Recht wurde nach 1945 zunächst in der SBZ und nach deren Gründung in der DDR übernommen. Danach war die „Entstehung des sozialistischen Rechts, seine Entwicklungslinie sowie seine klassenmäßige und gesellschaftliche Funktion“ nur im Zusammenhang mit dem „gewaltigen revolutionären Umwälzungsprozess“ zu verstehen, der sich in der DDR „unter der Führung der Arbeiterklasse und ihrer marxistisch-leninistischen Partei“ vollzog.[16] Der Klassencharakter von Recht kommt auch in der einem „Rechtshandbuch für den Bürger“ der DDR von 1986 vorangestellten Definition zum Ausdruck:

„Recht ist der in allgemeinverbindlichen Normen zum Gesetz erhobene Wille der herrschenden Klasse, dessen Inhalt letztlich von deren materiellen Lebensbedingungen bestimmt wird; die Einhaltung dieser Normen wird vom Staat, notfalls unter Anwendung von Zwang, gewährleistet.“[17]

Der so definierte Rechtsbegriff bestimmte den Stellenwert des Rechts im politischen System des Sozialismus, der als Prinzip der „sozialistischen Gesetzlichkeit“ bezeichnet wird. Dieses Prinzip der sozialistischen Gesetzlichkeit weist nur auf den ersten Blick gewisse Berührungspunkte mit dem herkömmlichen Grundsatz der Rechtsstaatlichkeit auf. Die Frage, ob das Rechtsstaatsprinzip im Sozialismus eine Daseinsberechtigung habe, ist nur in den 60er Jahren in der DDR diskutiert und im Ergebnis verneint worden.[18]

15 G. Geilke, S. 145 ff.
16 S. Petzold, S. 11.
17 Rechtshandbuch, S. 27.
18 G. Brunner, HdbStR, § 10 Rdnr. 30.

Das Recht ist nach marxistisch-leninistischer Auffassung auch ein *Mittel der staatlichen Führung*. Als solchem kommen ihm drei Hauptfunktionen zu: 1034

- Solange die Gesellschaft noch in Klassen gespalten ist, hat das Recht Unterdrückungsfunktion gegenüber allen Feinden der herrschenden Klasse.
- In seiner wirtschaftlich-organisatorischen Funktion dient das Recht den wirtschaftspolitischen Zielen der staatlichen Führung und wirkt damit fördernd auf die Änderung und Festigung der ökonomischen Basis ein.
- Schließlich kommt dem sozialistischen Recht eine kulturell-erzieherische Funktion zu, indem es der verstärkt sozialistischen Bewusstseinsbildung der Bürger mit dem Ziel dient, die klassenlose Gesellschaft zu erreichen.[19]

Daraus ergibt sich zwingend das Prinzip der Parteilichkeit des Rechts.

**Schrifttum:** G. Brunner, Das Staatsrecht der Deutschen Demokratischen Republik, in: HdbStR, § 10; G. Geilke, Einführung in das Sowjetrecht, 1966; S. Petzold, Grundzüge der sozialistischen Gesetzgebung in der Deutschen Demokratischen Republik, 1962; H. Pfarr, Auslegungstheorie und Auslegungspraxis im Zivil- und Arbeitsrecht der DDR, Schriften zur Rechtstheorie Heft 30, 1972.

## II. Verfassung und Staatsrecht

Im Verfassungsrecht setzte man zunächst auf Kontinuität. Ange- 1035
lehnt an das Vorbild der Weimarer Reichsverfassung enthielt die erste Verfassung der DDR aus dem Jahre 1949 eine Reihe demokratischer Grundsätze.[20] In erster Linie sollte sie allerdings der Errichtung der Diktatur des Proletariats dienen. So entstand von vornherein eine zwiespältige verfassungsrechtliche Situation.[21]

Die DDR-Verfassung von 1949 zeigt äußerlich durchaus ein parlamentarisch-demokratisches Gepräge mit föderativen Zügen und rechtsstaatlichen Garantien; sie enthielt aber auch das Instrumentarium, das de facto bereits errichtete Herrschaftsmonopol der SED zu verfestigen. Dies wurde u. a. dadurch ermöglicht, dass die klassische Dreiteilung der Gewalten durch eine Überordnung der gesetz-

19 H. Pfarr, Auslegungstheorie, S. 27.
20 M. Stolleis, Sozialistische Gesetzlichkeit, S. 22 f.; H. Amos, S. 130 ff.
21 K. W. Fricke, S. 165 f.

gebenden Gewalt über die ausführende und die richterliche Gewalt ersetzt wurde.

Die marxistisch-leninistische Staatslehre der DDR lehnte entweder jede Kontinuität mit der traditionellen Staatslehre ab oder warf ihr eine „unausgereifte" Entwicklung vor.[22] Die erste Verfassung der DDR diente weder als Grundlage für einen freien wissenschaftlichen Austausch, noch war sie Gegenstand von Lehrveranstaltungen an den Hochschulen. Die Herausgabe eines Kommentars zur Verfassung, wurde von der SED als unzweckmäßig abgelehnt.[23]

1036 Die Verfassung von 1949 wurde durch die „sozialistische" Verfassung von 1968/74 ersetzt, da die „gegenwärtige Verfassung der DDR offenbar nicht mehr den Verhältnissen der sozialistischen Ordnung und dem gegenwärtigen Stand der historischen Entwicklung entspricht" (so Walter Ulbricht). Die Verfassung von 1968 kam dem allgemeinen osteuropäischen Zeitgeist insofern entgegen, als in ihr das Bestreben sichtbar wurde, die gesamte politische und gesellschaftliche Ordnung auszugestalten und sich nicht auf die rein staatliche Organisation zu beschränken. Das politische Führungsmonopol der SED wurde verankert.

1037 Die Verfassung der DDR von 1968/74 enthält in ihrem 1. Abschnitt Aussagen zum politischen System, zur Wirtschaftsordnung, im 2. Abschnitt Vorschriften über „Bürger und Gemeinschaften in der sozialistischen Gesellschaft" – dort ist auch von Grundrechten und Grundpflichten der Bürger die Rede –, im 3. Abschnitt Regelungen über „Aufbau und System der staatlichen Leitung" und im 4. Abschnitt solche über „Sozialistische Gesetzlichkeit und Rechtspflege".

Die Verwendung von Begriffen wie z. B. „Demokratie", „Grundrechte" und „Rechtspflege" darf nicht darüber hinwegtäuschen, dass diese im Staatsdenken und in der Verfassungswirklichkeit der DDR eine völlig andere Bedeutung hatten als in den westlichen Demokratien. Das hängt vor allem mit dem für westliches Denken eigenartigen Nebeneinander von Partei und Staat zusammen, bei dem der Partei, der SED, die führende Rolle zukam.

1038 Das grundlegende Organisationsprinzip für das politische System der DDR war der auf Lenin zurückgehende „demokratische Zentralismus". Diese Formel stand für die reale Diktatur der Partei; sie unterstrich die führende Rolle der SED und die Unterordnung des Staa-

22 S. Mampel, S. 14.
23 M. Stolleis, Sozialistische Gesetzlichkeit, S. 22 f.

tes unter eben diese Partei.[24] Deshalb war auch das Prinzip der Gewaltenteilung ein lediglich formales. Die vom Volk gewählte Volkskammer und die von dieser abhängigen Verfassungsorgane, wie z. B. der Staatsrat, der Ministerrat und das oberste Gericht, wurden de facto von der Parteiführung geleitet. Die *Gesetzgebung* wurde von den von der SED gelenkten Staatsorganen wahrgenommen.

Die Grundrechte waren in der Verfassungswirklichkeit der DDR ihrer herkömmlichen, in ihrer europäischen Entstehungsgeschichte verwurzelten Funktion entkleidet. Ihre Funktion war radikal verändert, weil es *keine Verfassungsgerichtsbarkeit* gab und die Bürger sich deshalb nicht wirksam auf Verfassungsprinzipien oder Grundrechte berufen konnten.

Parteitagsbeschlüsse waren nicht nur für Mitglieder der SED, son- **1039** dern ebenso für alle Staatsorgane und -funktionäre unmittelbar verbindlich; ihr Vorrang gegenüber den vom Staat gesetzten Normen war gesetzlich vorgeschrieben. Die Durchsetzung des Parteiwillens wurde auch durch die Personalkompetenz der Partei – über Kaderpolitik und Nomenklatursysteme – sichergestellt. So bestand zwischen Partei und Staat auf allen Ebenen eine personelle Verschmelzung; alle wichtigen Positionen waren mit SED-Mitgliedern besetzt, die der Parteidisziplin unterworfen waren. Alle Tätigkeiten der Staatsorgane und gesellschaftlichen Organisationen wurden schließlich vom hauptamtlichen Parteiapparat geleitet und kontrolliert.[25]

Die *Verfassungswirklichkeit* in der DDR wurde also durch die un- **1040** beschränkte und nicht wirksam kontrollierbare Diktatur der SED geprägt, die allein die gesamte Politik bestimmte. Der Staat war ausschließlich zu einem Instrument der SED geworden, mit dem diese ihre Politik durchsetzte. Opposition gegen die Parteiführung wurde weder innerhalb noch außerhalb der SED geduldet.

Dass es ein aus der Verfassung im freien Diskurs ableitbares *Staatsrecht* jenseits der von der Partei (SED) vorgegebenen Linie nicht geben konnte, verwundert unter diesen Umständen nicht. Da eine politikunabhängige, d. h. von der SED unabhängige, Staatsrechtslehre nicht existierte, war das aktuelle Staatsrecht stets mit den gerade geltenden Richtlinien der SED gleichzusetzen.[26]

24 M. Stolleis, Sozialistische Gesetzlichkeit, S. 35.
25 G. Brunner, HdbStR, § 10 Rdnr. 22 f.
26 M. Stolleis, Sozialistische Gesetzlichkeit, S. 138.

**Schrifttum:** H. Amos, Die Entstehung der Verfassung in der Sowjetischen Besatzungszone/DDR 1946–1949, 2006; G. Brunner, Das Staatsrecht der Deutschen Demokratischen Republik, in: HdbStR, § 10; K. W. Fricke, Politik und Justiz in der DDR. Zur Geschichte der politischen Verfolgung 1945–1989. Bericht und Dokumentation, 1979; S. Mampel, Herrschaftssystem und Verfassungsstruktur in Mitteldeutschland. Die formelle und materielle Rechtsverfassung der „DDR“, 1968; M. Stolleis, Sozialistische Gesetzlichkeit. Staats- und Verwaltungswissenschaft in der DDR, 2009.

### III. Der Verwaltungsrechtsschutz

1041 Die *Babelsberger Konferenz,* die 1958 unter Teilnahme von *Walter Ulbricht* an der Deutschen Akademie für Staats- und Rechtswissenschaften stattgefunden hat, legte u. a. als Leitlinie fest, dass die Trennung zwischen Saatsrecht und Verwaltungsrecht ein bürgerliches Prinzip sei, das beseitigt werden müsse. Unter dem Begriff *Recht der staatlichen Leitung* wurde das Verwaltungsrecht dem Staatsrecht untergeordnet und verschwand als eigene Disziplin. Das Polizeirecht wurde nun als „Staatliche Leitungstätigkeit zur Gewährleistung von Ordnung und Sicherheit“ bezeichnet.[27]

1042 Nach der Verfassung der DDR von 1949 war ein begrenzter Verwaltungsrechtsschutz vorgesehen. Die Befugnis der Verwaltungsgerichte war allerdings auf die Feststellung der Rechtswidrigkeit des Verwaltungshandelns beschränkt. Eine Normenkontrolle konnte nur die *Volkskammer* vornehmen.

1952 wurden die Verwaltungsgerichte überhaupt abgeschafft. Das bedeutete, dass die Möglichkeiten des Einzelnen, das, was in der Bundesrepublik als subjektiv-öffentliches Recht verstanden wurde und wird, gegenüber dem Staat und seiner Verwaltung durchzusetzen und Eingriffe in dasselbe abzuwehren, in der DDR sehr dürftig ausgestaltet war. Im Wesentlichen waren die Bürger der DDR auf Eingaben und Beschwerden beschränkt. Das nach Art. 103 der DDR-Verfassung gewährleistete und im Eingabengesetz von 1975 ausgestaltete Eingabenrecht war seinem Wesen nach dem Petitionsrecht ähnlich; aus ihm ergab sich kein förmlicher Rechtsbehelf.[28]

1043 Der einzige förmliche Rechtsbehelf war die *Beschwerde*, die nach dem Enumerationsprinzip allerdings nur in den gesetzlich besonders vorgesehenen Fällen zulässig war. Diese Fälle waren recht zahlreich, wie z. B. im Bereich der Sozialversicherung und im Patentwesen.

---

27 M. Stolleis, Sozialistische Gesetzlichkeit, S. 145 f.
28 G. Brunner, HdbStR, § 10 Rdnr. 87 f.

Einen gerichtlichen Verwaltungsrechtsschutz gab es also nicht, wenn auch grundsätzlich nach der ZPO der DDR eine Anfechtungsklage in gesetzlich besonders vorgesehenen Fällen zulässig war; allerdings hatte der Gesetzgeber solche Fälle so gut wie nicht geregelt.[29]

1988 wurde mit dem Gesetz über die Zuständigkeit und das Verfahren der Gerichte zur Nachprüfung von Verwaltungsentscheidungen ein gewisser Verwaltungsrechtsschutz wieder zugelassen.

**Schrifttum:** G. Brunner, Das Staatsrecht der Deutschen Demokratischen Republik, in: HdbStR, § 10; J. Hoeck, Verwaltung, Verwaltungsrecht und Verwaltungsrechtsschutz in der Deutschen Demokratischen Republik, 2003; M. Stolleis, Sozialistische Gesetzlichkeit. Staats- und Verwaltungswissenschaft in der DDR, 2009.

## IV. Das Privatrecht

**1. Überblick.** Nach der in den sozialistischen Staaten entwickelten Rechtstheorie war der sozialistische Staat die Diktatur des Proletariats, die sich ihr „sozialistisches Recht, welches der Willensausdruck der Arbeiterklasse ist", schuf. Im Rahmen einer solchen sozialistischen Rechtsordnung hatte auch das Zivilrecht einen von der Verfassung bestimmten und von der kommunistischen Rechtstheorie geprägten Charakter.[30] Nicht nur die Verschiedenheit der Wirtschaftssysteme, sondern mehr noch das andere Grundverständnis von der Stellung des Bürgers im Staat bzw. das Verhältnis zwischen Staat und Gesellschaft wies dem Privatrecht in den sozialistischen Staaten eine geringere Rolle zu als in den demokratischen Staaten des Westens.[31] 1044

Wesentliche Unterschiede in den Privatrechtsordnungen der ehemaligen sozialistischen Staaten des Ostblocks und den Staaten des Westens wurden u. a. bei der Stellung des Privateigentums und der Privatautonomie in der gesamten Rechtsordnung offenbar.

In den sozialistischen Rechtsordnungen wurde aus den verfassungsrechtlichen Grundrechten und Freiheiten *keine Privatautonomie* abgeleitet. Dem Einzelnen wurde dafür ein Recht auf Mitgestaltung der sozialistischen Gesellschaftsordnung zugestanden. Dieses Recht war seiner Funktion und Struktur nach allerdings eher ein Gegenstück zur Privatautonomie, weil es Befugnis *und* Pflicht zur 1045

29 G. Brunner, HdbStR, § 10 Rdnr. 90 ff.
30 T. Reich, S. 253.
31 W. Zöllner, JuS 1988, 329.

Beteiligung an gesellschaftlichen Entscheidungsprozessen zugleich darstellte. Diese Beteiligung war ausgerichtet an den postulierten kollektiven Interessen, die die führende kommunistische Partei definierte.[32]

1046 Die Verfassungen der sozialistischen Staaten enthielten eingehende Grundsatzbestimmungen über Stellung und Funktion des Eigentums im sozialistischen Gesellschaftssystem. In diesem System gibt es verschiedene Formen des Eigentums. Dieses ist in der kommunistischen Gesellschaft nicht wie das Eigentum im Kapitalismus ein einheitliches. Es werden verschiedene Formen des Eigentums unterschieden. Dabei nimmt das Staatseigentum (auch Volkseigentum genannt) eine herausragende Stellung ein. Es ist dazu bestimmt, der Gesellschaft als Gesamtheit, aber auch dem Einzelnen zu dienen.[33]

1047 **2. Das bürgerliche Recht.** Nach 75jähriger Geltungsdauer wurde das BGB durch das am 1.1.1976 in Kraft getretene Zivilgesetzbuch der DDR (ZGB) vom 19.6.1975 abgelöst. Diese sozialistische Kodifikation knüpfte teilweise an die Zivilrechtsentwicklung in Deutschland an. Mit dem Inkrafttreten des ZGB am 1. Januar 1976 zerbrach die deutsche Rechtseinheit auch auf dem Gebiete des Privatrechts, dem Bereich, in dem sie die längste Zeit – jedenfalls teilweise – erhalten geblieben war.[34] Schon lange vor Inkrafttreten des ZGB hatte sich aus dem Kernbereich des bürgerlichen Rechts ein weitgehend kodifiziertes Vertragsrecht der volkseigenen Wirtschaft (Vertragsgesetz vom 11. Dezember 1957) herausgebildet.

1048 Dem ZGB lag ein grundsätzlich anderes Verständnis von Rechtskonflikten zugrunde als dem BGB. Während das BGB eine Lösung im Verhältnis Bürger zu Bürger anstrebt, war das ZGB um Herstellung von Harmonie im Sinne eines als legitim verstandenen Gemeinschaftsinteresses bemüht.[35] Deshalb normierte § 2 ZGB das Gebot, „sozialistische Gemeinschaftsbeziehungen" zu fördern. Daraus wurde eine Vielzahl konkretisierter Rechtspflichten zur Vermeidung von Konflikten oder jedenfalls deren außergerichtlicher Beilegung abgeleitet.[36] Das Zivilrecht hatte gemäß § 2 ZGB die Aufgabe, den Interessenausgleich zu vermitteln, indem es „die Übereinstimmung der individuellen und kollektiven Interessen mit den gesellschaftlichen Erfordernissen" sicherte.

32 V. Petev, S. 134.
33 V. Petev, S. 78 ff. u. S. 85 ff.
34 G. Brunner, Einführung in das Recht der DDR, S. 173.
35 J. P. Schaefer, ZNR 2009, 240, 271.
36 H. Roggemann, NJW 1976, 394 f.

Das ZGB schränkte das Zivilrecht auf „Bürgerbeziehungen“ im Rahmen einer „sozialistischen Warenwirtschaft“ ein. Das bedeutete eine Ausgliederung des Rechts der sozialistischen Wirtschaft aus dem Zivilrecht und führte zwangsläufig zu einer vom Zivilrecht getrennten besonderen Wirtschaftsgesetzgebung. 1049

Nach der Funktion, die dem Zivilrecht im sozialistischen System zukam, war das ZGB als „Teil der einheitlichen sozialistischen Rechtsordnung“ in das Verfassungssystem der DDR einbezogen. Es wurde als „Leitungsinstrument des sozialistischen Staates“ verstanden. Das Verfassungsprinzip der „Leitung und Planung der Volkswirtschaft“ wurde im ZGB deutlich erkennbar verankert.

Das zeigten u. a.:

- An die Stelle der im herkömmlichen Sinne verstandenen Privatautonomie trat die „sozialistische Vertragsfreiheit“ (§ 8 ZGB), die auf einer engen Verzahnung des eigenständigen Handelns der Bürger und der Betriebe „mit der Gesamtheit der staatlichen Leitungsmaßnahmen“ beruhen sollte.
- Die staatlichen Pläne und planausführenden Entscheidungen bildeten „die Grundlage für die Tätigkeit der Betriebe und die Versorgung der Bürger“ (§ 5 ZGB). Damit war ein Leistungsvorbehalt eingebaut, der durch die volkswirtschaftlichen Möglichkeiten bestimmt wurde.[37]

Im ZGB ist eine Vielzahl unterschiedlich formulierter Generalklauseln und Wertbegriffe enthalten. So unterscheidet das ZGB z. B. zwischen „gesamtgesellschaftlichen Interessen“, „Gruppeninteressen“ und „Individualinteressen“. Die Grenze der zulässigen Rechtsausübung wurde durch die „Grundsätze der sozialistischen Moral“ bestimmt (§ 15 Abs. 2 ZGB). Die Generalklausel des § 138 Abs. 1 BGB wurde mit Einführung des ZGB durch eine neue Generalklausel ersetzt. § 68 Abs. 1 Nr. 1 ZGB lautet: 1050

„Ein Vertrag ist nichtig, wenn

2. er mit den Grundsätzen der sozialistischen Moral unvereinbar ist.“

Der Begriff der „guten Sitten“ wurde also von dem der „sozialistischen Moral“ abgelöst. Damit war es möglich, die bisherige Rechtsprechung zu § 138 Abs. 1 BGB zu übernehmen. Schon vor 1975, also zur Zeit der Geltung des BGB, hatten Rechtsprechung und Literatur in der DDR den Begriff der guten Sitten im Sinne dessen, was unter sozialistischer Moral verstanden wurde, ausgelegt.[38]

37 A. Deyerling, S. 125.
38 J. Wanner, S. 258 ff.

1051 Im *Familienrecht* wurde ein an proletarischen Lebens- und Eigentumsverhältnissen orientierter Familientypus angestrebt, in dem die formal gleichberechtigten Partner grundsätzlich beide berufstätig sein sollten. Dahinter stand der politische Wille, diejenigen sozialen und juristischen Barrieren aus der patriarchalisch strukturierten bürgerlichen Gesellschaft zu überwinden, die der Erschließung des vollen volkswirtschaftlich nutzbaren Leistungspotentials der weiblichen Bevölkerung entgegenstanden. Die weitgehend durchgeführte Gleichstellung der Frau war ein tiefer und bedeutender Einschnitt in die bisherigen Familienstrukturen in Deutschland.[39]

1052 **3. Das Arbeitsrecht.** Das Arbeitsrecht, das in der Weimarer Republik entstanden war, hatte der NS-Staat weitgehend abgeschafft und durch Regeln ersetzt, die nach 1945 überwiegend beseitigt wurden. 1950 verabschiedete die Volkskammer das „Gesetz der Arbeit zur Förderung und Pflege der Arbeitskräfte, zur Steigerung der Arbeitsproduktivität und zur weiteren Verbesserung der materiellen und kulturellen Lage der Arbeiter und Angestellten". Damit wurden wichtige Bereiche, die bis dahin Gegenstand tarifvertraglicher Vereinbarungen gewesen waren, wie z. B. Lohn, Arbeitszeit und Urlaub, künftig auf dem Verordnungswege geregelt. Ausgeprägte Mitwirkungsrechte der Arbeitnehmer sollten die wirtschaftliche Gewalt der privaten Eigentümer aushöhlen.[40]

In der nun einsetzenden Entwicklung wurde das staatliche Eigentum an den Produktionsmitteln zur ökonomischen Basis für das Arbeitsrecht der DDR. Die politische Entscheidung für diese Eigentumsverhältnisse bildete die Grundlage für die rechtliche Gestaltung der Arbeitsverhältnisse. Nicht selten wurde der Inhalt der geschaffenen Rechtsnormen durch staatlichen Einfluss auf die Rechtsanwendung verfälscht; dies geschah weniger über die Beeinflussung der Gerichte als durch unmittelbare Einwirkung auf die Betriebe.[41].

1053 Die DDR-Verfassung kannte ein „Recht auf Arbeit" (Art. 24 der Verfassung von 1974), dem allerdings auch eine Pflicht zur Arbeit gegenüberstand.

Das Arbeitsrecht der DDR wurde später durch das etwa 300 Paragraphen umfassende Arbeitsgesetzbuch vom 16.6.1977 geregelt. Ein kollektives Arbeitsrecht existierte praktisch nicht, weil es keine Tarif-

39 H.-A. Schönfeldt, in: Normdurchsetzung Bd. 1, S. 126 ff.
40 H.-A. Schönfeldt, in: Normdurchsetzung Bd. 1, S. 136 ff.
41 A. Langanke, in: Drobnig/Ramm, S. 19.

vertragspartner gab. Ein Arbeitskampfrecht wurde negiert, weil es nicht in das System passte. Unternehmensmitbestimmung und Betriebsverfassungsrecht konnte es wegen der im Vergleich zu den Verhältnissen im Westen völlig anderen Unternehmensstruktur nicht geben. Von einer betrieblichen Mitwirkung konnte allenfalls insoweit die Rede sein, als Belegschaftsmitgliedern oder ihrer gewerkschaftlichen Vertretung (Betriebsgewerkschaftsleitung) ein gewisses Informations- und Konsultationsrecht zustand.[42]

Typisch für das Arbeitsrecht der DDR war die Bedeutungslosigkeit des Einzelarbeitsvertrages als Regelungsinstrument. Kündigungen durch die Arbeitgeberseite kamen praktisch kaum vor, es sei denn, es handelte sich um Arbeitnehmer, die politisch missliebig waren.

**Schrifttum:** G. Brunner, Einführung in das Recht der DDR, 1975; A. Deyerling, Vertragslehre im Dritten Reich und in der DDR während der Geltung des BGB, 1996; A. Langanke, Das Arbeitsrecht in der DDR in der Retrospektive, in: U. Drobnig/Th. Ramm (Hrsg.), Arbeits- und Sozialrecht im vereinigten Deutschland gestern, heute und morgen, 1996, S. 13 ff.; U. Lohmann, das Arbeitsrecht der DDR. Analysen und Texte, 1987; derselbe, Gerichtsverfassung und Rechtsschutz in der DDR. Studien zur Sozialwissenschaft Band 62, 1986, S. 20 ff.; V. Petev, Sozialistisches Zivilrecht, 1975; T. Reich, Die Entwicklung der Rechtsanwaltschaft in der DDR, in: R. Schröder (Hrsg.), Zivilrechtskultur der DDR, Bd. 1, 1999, S. 315 ff.; H. Roggemann, Das Zivilgesetzbuch der DDR von 1975, NJW 1976, 393 ff.; J. P. Schaefer, Der Kampf ums Bürgerliche Gesetzbbuch, ZNR 2009, 240 ff.; H.-A. Schönfeldt, Zur Entwicklung von Recht und Rechtswissenschaft in der Deutschen Demokratischen Republik, in: H. Mohnhaupt/H.-A. Schönfeldt (Hrsg.), Normdurchsetzung in Nachkriegsgesellschaften (1944–1989). Einführung in die Rechtsentwicklung mit Quellendokumentation. Band 1: Sowjetische Besatzungszone in Deutschland – Deutsche Demokratische Republik (1945–1960), 1997; J. Wanner, Die Sittenwidrigkeit der Rechtsgeschäfte im totalitären Staate. Eine rechtshistorische Untersuchung zur Auslegung und Anwendung des § 138 Abs. 1 BGB im Nationalsozialismus und in der DDR, 1996; W. Zöllner, Die politische Rolle des Privatrechts, JuS 1988, 329 ff.

## V. Das Strafrecht und das Strafprozessrecht

**1. Das Strafrecht.** Außerhalb des politischen Bereichs zeigt die 1054
Entwicklung des Strafrechts in der DDR etliche Anteile von Normalität im Sinne einer Modernität, mit der sich dieses Strafrecht in die Kontinuität der Strafrechtsentwicklung des 20. Jahrhunderts ein-

42 U. Lohmann, Arbeitsrecht, S. 23 ff.

fügt.[43] Zunächst galt auch in der SBZ/DDR das Reichsstrafgesetzbuch von 1871 fort. 1957 wurde ein Gesetz zur Ergänzung des Strafgesetzbuches erlassen, welches ebenso wie das neue Strafgesetzbuch von 1968 ein umfangreiches politisches Strafrecht in Kraft setzte, welches die Strafjustiz der DDR maßgeblich prägen sollte.

1055 Das politische Strafrecht der SBZ/DDR stützte sich auf eine *Strafrechtswissenschaft,* die den Marxismus-Leninismus zur theoretischen Grundlage hatte.[44] Diese Strafrechtswissenschaft hatte sich von der überkommenen deutschen Dogmatik gelöst und dieselbe durch das sowjetische System ersetzt; d. h. sie wurde in den 50er Jahre von der Klassenkampftheorie bestimmt. Angelehnt an die sowjetische Rechtstheorie wurden in der Strafrechtslehre der DDR Verbrechen und Strafrecht als gesellschaftliche Erscheinungen aufgefasst, die ihren Ursprung in der Spaltung der Gesellschaft in Klassen haben.[45] Im Übrigen hatte auch das Strafrecht dem Aufbau des Sozialismus zu dienen; es war in den Dienst der „Befreiung der Menschen von der Umklammerung, den Fesseln der bürgerlichen Denk- und Lebensgewohnheiten", die die fortschrittliche Entwicklung hemmten, zu stellen.[46] Die Bestimmungen des Wirtschaftsstrafrechts wurden im Sinne eines „Klassenrechts" immer aggressiver gegen Gewerbetreibende und private Unternehmer eingesetzt.[47]

1056 Nachdem sich die Staats- und Parteiführung der DDR nach 1956 von der repressiven stalinistischen Strafpolitik verabschiedet hatte, wurde auch die Klassenkampftheorie im Strafrecht verworfen.[48]

Als die Abwanderungs- und Fluchtbewegung in den Westen nicht zu stoppen war, wurde mit § 21 des Strafrechtsergänzungsgesetzes den Tatbestand der Verleitung zum Verlassen der Republik in das Strafrecht eingeführt. Außerdem wurde 1957 der Tatbestand der „Republikflucht" in das Passgesetz aufgenommen.

1968 wurde das Strafrecht der DDR umfassend reformiert, ohne dass sich dadurch die Rechtsprechung in politischen Strafsachen erwähnenswert änderte. Das am 1.7.1968 in Kraft getretene Strafgesetzbuch lässt keinen Zweifel darüber, welche Ziele es vorrangig zu erreichen galt; in der Präambel heißt es dazu: „1. nach außen der Kampf

43 T. Vormbaum, Moderne Strafrechtsgeschichte, S. 259 ff.
44 H. Weber, Neue Justiz 1989, 406 ff.
45 Legon, in: Rechtsvergleichende Untersuchungen zur gesamten Strafrechtswissenschaft, NF Heft 23, 1960, S. 52 ff.
46 I. Sagel-Grande, Die Entwicklung der Sanktionen, S. 23 ff.
47 H.-A. Schönfeldt, in: Normdurchsetzung Bd. 1, S. 148 ff.
48 C. Mahlmann, S. 149.

gegen Anschläge auf den Frieden durch westdeutsche Imperialisten und ihre Verbündeten, 2. nach innen die Beseitigung und Verhütung von Straftaten, die auf Grund des Fortwirkens kapitalistischer Verfallserscheinungen von früher noch bestehen."

Neben den Delikten, die in fast allen Strafgesetzbüchern unter Strafe gestellt sind, war dem politischen Strafrecht eine besondere Aufmerksamkeit gewidmet. Eingehend geregelt waren „Verbrechen gegen die Souveränität der Deutschen Demokratischen Republik, den Frieden, die Menschlichkeit und die Menschenrechte". Bei den wichtigsten Staatsverbrechen – u. a. Hochverrat, Spionage, staatsfeindliche Verbindungen, Terror, Sabotage, staatsfeindliche Hetze, staatsfeindliche Gruppenbildung – fällt auf, dass die bis dahin übliche Formulierung „staatsgefährdend" durch „staatsfeindlich" ersetzt wurde. Nicht zuletzt dadurch wurde jene Ideologisierung und Politisierung deutlich, die den Strafzweck im Strafrecht der DDR repressiv „auf die Erziehung zum neuen sozialistischen Menschen und die Eliminierung des nicht erziehbaren Systemsgegners" einengte.[49] 1057

1975 und 1977 wurde das Strafgesetzbuch noch einmal neu gefasst, um, „den Vorschlägen vieler Werktätigen" entsprechend, „Angriffe gegen die Arbeiter – und – Bauern-Macht, das sozialistische Eigentum und auf Leben und Gesundheit der Bürger" noch konsequenter ahnden zu können.[50]

**2. Das Strafprozessrecht.** Auch das Strafverfahren wurde vom „Prinzip der sozialistischen Gesetzlichkeit" bestimmt. Das bedeutete vor allem die Ablehnung einer unparteilichen Gesetzesauslegung. Ein Richter konnte nur dann im Einklang mit dem Prinzip der sozialistischen Gesetzlichkeit urteilen, wenn er seine Entscheidungen auf Beschlüsse der Partei stützen konnte, die er allerdings für das konkrete zur Entscheidung anstehende Strafverfahren zu aktualisieren hatte.[51] 1058

Das im Vergleich zu westlichen Demokratien völlig andere Grundrechtsverständnis in der DDR fand seinen Niederschlag auch in den Verfahrensgrundsätzen beim Strafprozess. Deshalb blieb die Rolle des Strafverfahrensrechts an den Sicherheitsinteressen eines autoritären Staates orientiert. Das Strafverfahren war im Wesentlichen auf die Funktion eines Instruments zur Anwendung des Strafrechts beschränkt. Das ergibt sich schon aus § 1 Abs. 1 StPO von 1968, der be-

49 K. W. Fricke, S. 555.
50 So die Staats- und Rechtsgeschichte der DDR, S. 246.
51 I. Bechthold, Rechtsvergleichende Untersuchungen zur gesamten Strafrechtswissenschaft, NF Heft 37, 1967, S. 58ff.

stimmte, dass das Strafverfahren der gerechten Anwendung des Strafrechts zu dienen habe. So wurde das Strafprozessrecht letztlich als spezifische Form staatlicher Leitung zur Durchsetzung des Strafrechts begriffen Dieser dienenden Rolle des Strafverfahrensrechts entsprechend haben sich die Juristen der DDR einer wissenschaftlichen Durchdringung der sozialen Wirklichkeit dieses Rechtsgebiets nur punktuell zugewandt.[52]

1059 Ende 1974 wurde die Strafprozessordnung mit dem Ziel der Vereinfachung und Beschleunigung des Verfahrens einer Reform unterzogen. Danach gliederte sich das Verfahren in drei Stadien: Ermittlungsverfahren, gerichtliches Verfahren und Verwirklichung der Maßnahmen der strafrechtlichen Verantwortlichkeit.

Im Vergleich zum Strafverfahren in der Bundesrepublik standen den Beschuldigten und Angeklagten in der DDR weitaus weniger Rechte zu. Stark eingeschränkt waren auch die Arbeitsmöglichkeiten der Verteidigung.

**Schrifttum:** I. Bechthold, Die Prozeßprinzipien im Strafverfahren der DDR. Rechtsvergleichende Untersuchungen zur gesamten Strafrechtswissenschaft. NF Heft 37, 1967, S. 58 ff.; K. W. Fricke, Politik und Justiz in der DDR. Zur Geschichte der politischen Verfolgung 1945–1989. Bericht und Dokumentation, 1979; Legon, Der Verbrechensbegriff in der Strafrechtswissenschaft der DDR. Rechtsvergleichende Untersuchungen zur gesamten Strafrechtswissenschaft. NF Heft 23, 1960, S. 52 ff.; C. Mahlmann, Die Strafrechtswissenschaft in der DDR. Klassenkampftheorie und Verbrechenslehre, 2002; K. H. Röhmer, Recht und soziale Wirklichkeit im Strafverfahren der DDR, KI 1990, S. 178 ff.; I. Sagel-Grande, Die Entwicklung der Sanktionen ohne Freiheitsentzug im Strafrecht der DDR. Strafrechtliche Abhandlungen. NF Heft 11, 1972; Staats- und Rechtsgeschichte der DDR, 1983; H. Weber, Zur Entwicklung der sozialistischen Strafrechtstheorie in der DDR, Neue Justiz 1989, 406;

## VI. Aufgabe und Praxis der Gerichte

1060 Die Gerichtsorganisation in der DDR war eine dreistufige. In erster Instanz waren die Kreisgerichte, besetzt mit einem Berufsrichter und zwei Laienrichtern, und in zweiter Instanz die Bezirksgerichte, besetzt mit drei Berufsrichtern, zuständig. Eine *Leitungsfunktion* kam dem Obersten Gericht zu, das gemäß Art. 2 Abs. 2 der Verfassung von 1974 die Rechtsprechung der Gerichte auf der Grundlage der Verfassung, der Gesetze und der anderen Rechtsvorschriften der

52 K. H. Röhmer, KI 1990, 178 ff.

DDR leitete und „eine einheitliche Rechtsanwendung durch alle Gerichte“ gewährleisten sollte. Das Oberste Gericht war „der Volkskammer und zwischen ihren Tagungen dem Staatsrat verantwortlich“ (Art. 93 Abs. 3 DDR-Verfassung).

Nach dem Einheitsprinzip waren diese Gerichte grundsätzlich für alle Angelegenheiten zuständig, es sei denn, sie fielen unter die Zuständigkeiten der *Militärgerichte* (Militärstrafsachen) oder der *gesellschaftlichen Gerichte.* Diese bildeten einen gesellschaftlichen Unterbau für die staatliche Gerichtsbarkeit.

Als *gesellschaftliche Gerichte* fungierten in allen größeren staatlichen Betrieben, Behörden und Einrichtungen sowie gesellschaftlichen Organisationen *Konfliktkommissionen* und außerdem *Schiedskommissionen* in den Städten, Gemeinden und Produktionsgenossenschaften. Diese reinen Laiengremien (bestehend aus mindestens vier Mitgliedern) waren in erster Instanz für die gesamte Arbeitsrechtsprechung zuständig und in straf- und zivilrechtlichen Angelegenheiten für Bagatellsachen.[53] 1061

Nach Art. 96 Abs. 1 der DDR-Verfassung waren alle Richter, auch die in den gesellschaftlichen Gerichten tätigen, „in ihrer Rechtsprechung unabhängig“ und nur an die Verfassung, die Gesetze und Rechtsvorschriften der DDR gebunden. Eine wirkliche Unabhängigkeit der Richter existierte allerdings schon deshalb nicht, weil dem Richterstatus die Elemente der Unabsetzbarkeit und der Unversetzbarkeit fehlten, denn für den Aufbau und die Steuerung der Rechtspflege in der SBZ und später in der DDR war das rein instrumentelle Rechts- und Justizverständnis der SED maßgeblich. Diese verfolgte eine konsequente Kaderpolitik und versuchten über den Austausch des Justizpersonals die inhaltliche Revolutionierung zu erreichen.[54] Ausgehend von der marxistisch-leninistischen Rechtsauffassung lehnte die SED die liberalen Grundprinzipien wie Gewaltenteilung und Unabhängigkeit der Justiz ab. Es wurden politisch zuverlässige Volksrichter eingesetzt, welche die Politisierung der Justiz garantierten. An die Stelle der Unabhängigkeit der Justiz trat ein verfeinertes *System der Steuerung und Lenkung der Justiz.*[55]

Bei der Auswahl der Richter spielten die fachlichen Voraussetzungen nicht 1062
die entscheidende Rolle; die Richter mussten den „kadermäßigen Voraussetzungen“ entsprechen.[56] Die Waldheimer Prozesse (siehe zu diesen oben

53 G. Brunner, HdbStR, § 10 Rdnr. 70.
54 H. Amos, S. 199 ff.
55 J. Eckert, ZNR 2000, 223 u. 225.
56 B. Hoefs, in: Zivilrechtskultur der DDR, Bd. 1, 1999, S. 177 f.

Rdnr. 976) als ein von der Spitze der SED inszeniertes, gesteuertes und überwachtes Verfahren wurden zum Grundmodell für die Steuerung der politischen Strafjustiz.

Der Begriff der Rechtsprechung war in der DDR ein anderer als der in den demokratischen Staaten des Westens. Auch wenn die Gerichte der DDR *nur rechtsanwendend* tätig werden sollten, so gehörte es doch auch in der DDR zu den Aufgaben der Richter, Lücken im Gesetz festzustellen und auszufüllen sowie den Inhalt unbestimmter wertbezogener und damit ausfüllungsbedürftiger Begriffe zu bestimmen.[57] Die Gerichte der DDR handelten, auch bei ihrer rechtsbildenden Tätigkeit, nach dem Grundsatz des demokratischen Zentralismus als einem Element der sozialistischen Gesetzlichkeit (vgl. dazu oben Rdnr. 1036).[58] Das setzte in der Gerichtsorganisation eine besondere Hierarchie voraus. Nach der sozialistischen Gesetzlichkeit hatten die unteren Gerichte die Gesetze strikt einzuhalten; das Oberste Gericht wandte das Recht parteilich an und „leitete" damit die unteren Instanzen (Art. 92 Abs. 2 DDR-Verfassung). Bei der Kontrolle, Aufsicht und Anleitung der Gerichte spielte die Partei (SED) die ihrem Selbstverständnis als „führende Kraft" entsprechende Rolle, die durchaus als verfassungsmäßig etablierte Führungsrolle begriffen wurde.[59]

1063 In diesem System wurden *Rechtsanwälte* als „Organe der Rechtspflege" angesehen, deren Aufgabe darin bestand, die sozialistische Gesetzlichkeit zu verwirklichen. Nur in diesem Rahmen sollten sie die „objektiven persönlichen Interessen" ihrer Mandanten wahrnehmen. Das bedeutete für die Praxis, dass die individuelle Interessenvertretung stets durch die „gesellschaftlichen Interessen" in ihrer jeweiligen Interpretation begrenzt war.[60] Damit wurde auch die Funktion der Rechtsanwaltschaft in der DDR auf die marxistisch-leninistische Doktrin zurückgeführt. Danach gab es in der kommunistischen Gesellschaft keinen Widerstreit zwischen Individual- und Gemeininteresse; es herrscht die Identität dieser Interessen. Deshalb wurde auch die These vertreten, die Anwälte seien eine überkommene Einrichtung der bürgerlich-kapitalistischen Gesellschaft, die früher oder später verschwinden werde.[61]

57 H. Pfarr, Auslegungstheorie, S. 151.
58 U. Lohmann, Gerichtsverfassung, S. 20ff.
59 U. Lohmann, Gerichtsverfassung, S. 52ff.
60 G. Brunner, Einführung, S. 67.
61 T. Reich, in: Zivilrechtskultur der DDR, Bd. 1, 1999, S. 360f.

**Schrifttum:** H. Amos, Justizverwaltung in der SBZ/DDR. Arbeiten zur Geschichte des Rechts in der DDR, 1996; G. Brunner, Das Staatsrecht der Deutschen Demokratischen Republik, in: HdbStR, § 10; derselbe, Einführung in das Recht der DDR, 1975; J. Eckert, Recht und Rechtsgeschichte der SBZ/DDR, ZNR 2000, 218 ff.; B. Hoefs, Kaderpolitik des Ministeriums der Justiz 1945–60, in: R. Schröder (Hrsg.), Zivilrechtskultur der DDR, Bd. 1, 1999, S. 145 ff.; U. Lohmann, Gerichtsverfassung und Rechtsschutz in der DDR. Studien zur Sozialwissenschaft Band 62, 1986, S. 20 ff.; H. Pfarr, Auslegungstheorie und Auslegungspraxis im Zivil- und Arbeitsrecht der DDR, Schriften zur Rechtstheorie Heft 30, 1972; T. Reich, Die Entwicklung der Rechtsanwaltschaft in der DDR, in: R. Schröder (Hrsg.), Zivilrechtskultur der DDR, Bd. 1, 1999, S. 315 ff.

## VII. Die Rechtswissenschaft

Nach 1945 kam es in der Rechtswissenschaft in der SBZ und später 1064
in der DDR zu radikalen Veränderungen, weil der beabsichtigte gesellschaftliche Umbruch die Anpassung einer infolge der Entwicklung in der nationalsozialistischen Zeit deformierten bürgerlichen Eigentums- und Rechtsordnung an ein „realsozialistisches Gesellschaftssystem" stalinistischer, später poststalinistischer Prägung voraussetzte. Die marxistischen Juristen, die nun die Richtung angaben, entwickelten ein wissenschaftspolitisches Selbstverständnis, das die bis dahin gängige Identifikation des Begriffes der Rechtswissenschaft mit dem der Dogmatik ausschloss; die Abkehr von den traditionellen juristischen Methoden wurde geradezu als Voraussetzung für die Entstehung einer eigenständigen „sozialistischen Staats- und Rechtswissenschaft" angesehen.[62]

In der Rechtswissenschaft wurde der Rechtsbegriff der sozialisti- 1065
schen Gesellschaft (vgl. oben Rdnr. 1043 f.) oktroyiert, nach dem Recht vor allem ein Mittel staatlicher Führung ist. Unter dem Einfluss der sowjetischen Staats- und Rechtslehre setzte sich ein dynamischinstrumentales Rechtsdenken durch, dessen Hauptzweck die Verwirklichung des Willens der Partei(-führung) war. Dieses Rechtsdenken koppelte sich von den entscheidenden Elementen des aufgeklärten juristischen Denkens, wie z. B. der Respektierung von subjektiven Rechten des Bürgers gegenüber dem Staat und der Anerkennung des Rechtes als eines Maßstabes für politisches Handeln, ab.[63]

62 H.-A. Schönfeldt, in: Normdurchsetzung Bd. 1, S. 190 ff.
63 H.-A. Schönfeldt, in: Normdurchsetzung Bd. 1, S. 190.

Eine der schnell eintretenden Folgen war, dass die klassische Einteilung in privates und öffentliches Recht unter den Bedingungen einer zentral geplanten und bilanzierten Wirtschaftsverfassung mit einer dominierenden wirtschaftsleitenden Funktion der Führungsapparate nicht mehr aufrechterhalten werden konnte. Es entstanden nun völlig neue Rechtsgebiete wie z. B. das LPG-Recht.

1066 Nach der Wiedereröffnung der juristischen Fakultäten lehrten und forschten zunächst noch viele „bürgerliche“ Rechtswissenschaftler, die allerdings nach Ansicht der SED für die Ausbildung neuer Justiz- und Verwaltungsjuristen ungeeignet waren.[64] Deshalb wurde schnell eine Reform des juristischen Studiums an den Universitäten und eine Erneuerung des Personals angestrebt. Ab Wintersemester 1949 traten an die Stelle der traditionellen Vorlesungen verstärkt gesellschaftspolitische und volkswirtschaftliche Veranstaltungen. Die Orientierung an der sowjetischen Rechtslehre nahm rasch zu. Ab Wintersemester 1951 wurde auch an den juristischen Fakultäten das marxistisch-leninistische Grundlagenstudium eingeführt.

Schnell schlug sich die Einflussnahme der SED-Führung auf die Rechtswissenschaft im Schrifttum nieder. Die Rechtswissenschaft sollte nun als Instrument zur politischen Auseinandersetzung mit dem ideologischen Gegner im kalten Krieg und, zur Mitwirkung an der Kodifizierung neuartiger Gesetze in der DDR und zur Schaffung theoretischer Grundlagen für die Auslegung und Anwendung neuer Rechtsvorschriften eingesetzt werden.[65]

1067 Nachdem schon zuvor der Einfluss der SED-Staatsführung auf die Rechtswissenschaft verstärkt und ein Prioritätenwechsel von der Rechtswissenschaft zur DDR-Staatswissenschaft erfolgt war,[66] bildete die *Babelsberger Konferenz* Anfang April 1958 ein für die Rechtswissenschaft einschneidendes Ereignis. Auf dieser Parteikonferenz an der Akademie für Staat und Recht, an der fünfhundert Vertreter aus Wissenschaft, Verwaltung und Justiz teilnahmen, machte Parteichef *Ulbricht* die Rechtswissenschaft für angebliche Fehlentwicklungen in der DDR verantwortlich. Danach war ein rational geführter rechtswissenschaftlicher Dialog auch unter den marxistischen Wissenschaftlern auf der Grundlage der ihnen vorgegebenen Richtung praktisch nicht mehr möglich. Die Deformation des wissenschaftlichen Charakters der Staats- und Rechtswissenschaft der DDR hatte sich wesentlich verstärkt. U. a. wurden in Folge der Babelsberger

64 B. Diestelkamp, ZNR 1996, 86 ff.
65 H.-A. Schönfeldt, in: Normdurchsetzung Bd. 1, S. 255 ff.
66 H.-A. Schönfeldt, in: Normdurchsetzung Bd. 1, S. 247 ff.

Konferenz das Verwaltungsrecht und die Rechtsgeschichte als selbstständige Wissenschaftszweige abgeschafft.[67] Um die Kontrolle der Rechtswissenschaft an den Universitäten zu verstärken, wurde im August 1958 ein „Wissenschaftlicher Beirat für Rechtswissenschaft" beim Staatssekretariat für Hoch- und Fachschulwesen gegründet, der diese Aufgabe alsbald wahrnahm.

Die Studienpläne für das juristische Studium wurden den neuen Vorgaben angepasst und, nachdem sie von der politischen Führung genehmigt worden waren, in die Praxis umgesetzt. Damit war die Rechtswissenschaft der DDR in Forschung und Lehre endgültig in die politisch abhängige Rolle gedrängt worden.

**Schrifttum:** B. Diestelkamp, Zur Rolle der Rechtswissenschaft in der sowjetisch besetzten Zone Deutschlands und der frühen Deutschen Demokratischen Republik, ZNR 1996, 86ff.; H.-A. Schönfeldt, Zur Entwicklung von Recht und Rechtswissenschaft in der Deutschen Demokratischen Republik, in: H. Mohnhaupt/H.-A. Schönfeldt (Hrsg.), Normdurchsetzung in Nachkriegsgesellschaften (1944–1989). Einführung in die Rechtsentwicklung mit Quellendokumentation. Band 1: Sowjetische Besatzungszone in Deutschland – Deutsche Demokratische Republik (1945–1960), 1997.

## IX. War die DDR ein Unrechtsstaat?

Als sich in der Zeit nach 1945 die Gesellschaftsordnungen in den **1068**
beiden Teilen Deutschlands immer mehr auseinanderlebten, löste sich auch die ehemalige Rechtseinheit allmählich auf und zerfiel schließlich. Letztlich gab es zwischen den beiden Rechtsordnungen kaum mehr Gemeinsamkeiten, allenfalls Berührungspunkte. Es existierte keine einheitliche Auffassung von Wesen und Funktion des Rechts. In der DDR galt das für die sozialistischen Staaten typische Prinzip der Parteilichkeit des Rechts. Die für Demokratien unverzichtbare Gewaltenteilung wurde in der DDR bewusst negiert. In der Realität nahm die Partei (die SED) die führende Rolle ein; der Staat hatte sich eben dieser Partei unterzuordnen. Das Prinzip des „demokratischen Zentralismus" garantierte, dass die von der Partei getroffenen Entscheidungen durch den staatlichen und gesellschaftlichen Apparat umgesetzt wurden. Zu diesem System passte es, dass es einen Verwaltungsrechtsschutz nicht gab. Auch das bürgerliche Recht und das Arbeitsrecht wurden als „Leitungsinstrumente des sozialistischen Staates" verstanden. Privatautonomie und Privateigen-

67 H.-A. Schönfeldt, in: Normdurchsetzung Bd. 1, S. 282f.

tum waren nicht garantiert. Das Strafrecht (StGB und Nebengesetze) wurde als Instrument der „justiziellen Sicherung" des Systems und seiner Errungenschaften verstanden. Der Anwaltschaft, in einem Rechtsstaat als demokratische Gegenmacht verstanden, kam kaum eine Bedeutung zu. Ihr wurde überall dort der Boden unter den Füßen weggezogen, wo die Einhaltung der Gesetze gegenüber der politischen Machterhaltung zurücktreten musste. Die Anwaltschaft verkam zum „rechtsstaatlichen Feigenblatt".[68]

1069 Die Frage, ob die DDR ein Rechtsstaat war, ist damit schon beantwortet. Ob die DDR deshalb ein „Unrechtsstaat" war, wird – z. T. heftig und polemisch – diskutiert. Dabei werden die Begriffe „Unrechtsstaat" und „Rechtsstaat" häufig als politische Kampfbegriffe verwandt.[69] Oft wird auch ein Vergleich mit dem NS-Staat angestellt.

Hervorgehoben werden muss, dass in der DDR das Recht weder im formellen noch im materiellen Sinne staatliches Handeln kontrollierte. Gewaltenteilung existierte schon nach den DDR-Verfassungen kaum. Recht bildete lediglich eines der Mittel, mit denen sich die SED – und als deren Werkzeug der Staat – durchsetzen konnte.[70]

1070 Bemüht man sich um eine Definition des Unrechtsstaates, so dürfte vor allem darauf abzustellen sein, dass es in solchen Staaten daran fehlt, dass die Verwirklichung des Rechts angestrebt wird. Außerdem sind in solchen Staaten die Gesetze „Wachs in den Händen der alles beherrschenden Partei und die Worte der Gesetze nur Fassade".[71] All dies trifft auf die DDR zu. Besonders schwer wiegt die Tatsache, dass die Strafjustiz der DDR von Anfang an alle Attribute aufwies, die für die Justiz eines totalitären Staates charakteristisch sind. In diesem Bereich ist die Justiz der DDR durchaus mit der des NS-Staates vergleichbar, so dass man jedenfalls partiell von einer Perversion des Rechts sprechen kann.

1071 Im Übrigen ist der häufig bemühte Vergleich zwischen dem NS-System und der DDR wenig fruchtbar. Festzuhalten sind allerdings wesentliche Unterschiede zwischen den beiden Unrechtsstaaten: Das SED-Regime war weniger unmenschlich und von weniger – wenn auch deutlichen – Widersprüchen zur rechtsstaatlichen Ordnung der Gegenwart gekennzeichnet als das NS-Regime.[72]

---

68 T. Reich, in: Zivilrechtskultur der DDR, Bd. 1, 1999, S. 365.
69 H. Sendler, ZRP 1993, 1 ff.
70 R. Schröder, in: FS Gitter, S. 875.
71 H. Sendler, ZRP 1993, 4.
72 H.-J. Papier/J. Möller, NJW 1999, 3297.

**Schrifttum:** U. Eisenhardt, War die DDR ein Unrechtsstaat? Journal für Juristische Zeitgeschichte 2009, S. 45 ff.; H.-J. Papier/J. Möller, Die Rechtsstaatliche Bewältigung von Regime-Unrecht nach 1945 und nach 1989, NJW 1999, 3289 ff.; T. Reich, Die Entwicklung der Rechtsanwaltschaft in der DDR, in: R. Schröder (Hrsg.), Zivilrechtskultur der DDR, Bd. 1, 1999, S. 315 ff.; H. Sendler, Die DDR ein Unrechtsstaat – ja oder nein?, ZRP 15 [1993], 1 ff.

# 13. Kapitel. Die Wiedergewinnung der Rechtseinheit

## § 34. Wiedervereinigung und neue Rechtsvereinheitlichung

### I. Der Weg zur Wiedervereinigung

Nach den Ereignissen des Jahres 1989 fanden am 18. März 1990 in 1072
der DDR Wahlen zur Volkskammer statt. Im Anschluss daran wurde die erste legitime Regierung der DDR unter Ministerpräsident *Lothar de Maizière* gebildet. Diese beschloss, den Beitritt der DDR zum Grundgesetz gemäß Art. 23 GG zu vollziehen. Daraufhin wurde am 1. Juli 1990 ein Vertrag über die Schaffung einer Währungs-, Wirtschafts- und Sozialunion zwischen den beiden Staaten in Deutschland abgeschlossen, damit „mit der Herstellung der staatlichen Einheit die Entwicklung föderativer Strukturen in der Deutschen Demokratischen Republik einhergeht". In diesem Vertrage verpflichtete sich die DDR u. a., entgegenstehende Vorschriften ihrer Verfassung über die Grundlagen ihrer bisherigen sozialistischen Gesellschafts- und Staatsordnung nicht mehr anzuwenden.[1]

Am 3. Juli 1990 einigten sich die Regierungsparteien der DDR da- 1073
rauf, die ersten gesamtdeutschen Wahlen am 2. Dezember 1990 stattfinden zu lassen. Am 22. Juli 1990 beschloss die Volkskammer die Wiederherstellung der alten Länder in Mitteldeutschland mit einigen geringfügigen Grenzänderungen. Mit Wirkung vom 14. Oktober 1990 sollten die fünf Länder Mecklenburg-Vorpommern, Brandenburg, Sachsen-Anhalt, Sachsen und Thüringen wiederhergestellt sein.

Am 23. August 1990 beschloss die Volkskammer der DDR, den Beitritt zur Bundesrepublik Deutschland mit Wirkung vom 3. Oktober 1990 zu vollziehen. Wenige Tage später, am 31. August 1990, unterzeichneten beide Regierungen den „Vertrag zwischen der Bundes-

1 B. Schmidt-Bleibtreu, DtZ 1990, 138 ff.

republik Deutschland und der Deutschen Demokratischen Republik über die Herstellung der Einheit Deutschlands – Einigungsvertrag".

**Schrifttum:** D. Rauschning, Die Wiedervereinigung vor dem Hintergrund der Rechtslage Deutschlands, JuS 1991, 977ff.; B. Schmidt-Bleibtreu, Der Vertrag über die Schaffung einer Währungs-, Wirtschafts- und Sozialunion zwischen der Bundesrepublik Deutschland und der Deutschen Demokratischen Republik, DtZ 1990, 138ff.

## II. Die Schwierigkeiten der Rechtsvereinheitlichung

1074 **1. Überblick.** Das Problem, die Rechtsordnung zu vereinheitlichen, stellte sich in Deutschland nicht zum ersten Mal innerhalb eines Zeitraumes von nur 120 Jahren. Nach der Schaffung des Deutschen Reiches im Jahre 1871 musste die Rechtseinheit in Deutschland schon einmal verwirklicht werden (vgl. dazu oben Rdnr. 741ff.). Allerdings lassen sich die Umstände und Voraussetzungen, auf Grund derer die Rechtseinheit in den auf 1871 folgenden Jahren verwirklicht worden war, nicht mit denjenigen vergleichen, die in der Zeit ab 1990 die Ausgangslage für die Wiederherstellung der Rechtseinheit im wiedervereinigten Deutschland bestimmten. 1871 waren sowohl die sozialen und ökonomischen Verhältnisse als auch das geltende Recht in den verschiedenen Teilen Deutschlands (ehemals Staaten des Deutschen Bundes) in etwa gleich, wenn man einmal davon absieht, dass es, was Wohlstand und Bildung der Bevölkerung angeht, strukturell und regional Unterschiede gab, die auch in der Zeit danach nicht beseitigt werden konnten. Hingegen waren nicht nur die Rechtsordnungen in der ehemaligen DDR einerseits und in der Bundesrepublik Deutschland andererseits kaum miteinander vergleichbar; auch die sozialen und ökonomischen Strukturen in beiden Teilen Deutschlands waren durch krasse Unterschiede geprägt.

1075 **2. Einigungsvertrag und Verfassung.** Die Vereinheitlichung des Rechts in Deutschland vollzog sich nach dem *Einigungsvertrag* vom 31. August 1990 nebst Zustimmungsgesetz.

Die Souveränität verlor die DDR erst mit dem mit Wirkung zum 3. Oktober 1990 erklärten Beitritt gemäß Art. 23 GG. In Art. 23 GG heißt es: „Dieses Grundgesetz gilt zunächst im Gebiete der Länder Baden …" (es folgt eine Aufzählung der westlichen Bundesländer). Satz 2 lautet: „In anderen Teilen Deutschlands ist es (= das Grundgesetz) nach deren Beitritt in Kraft zu setzen." Von dieser Möglichkeit des Beitritts nach Art. 23 GG machte die DDR nun Gebrauch, nachdem zuvor fünf Länder – die DDR war ein Zentralstaat ohne föderalistische Strukturen – geschaffen worden waren, die nun die fünf neuen Länder der Bundesrepublik werden konnten.

Der Einigungsvertrag diente dem Zweck, die Verhältnisse in der 1076
DDR, insbesondere die Rechtsordnung, mit denjenigen in der Bundesrepublik Deutschland zu harmonisieren. Der Beitritt stellte zwar die staatliche Einheit her, erzeugte aber noch keine Rechtseinheit.

Gemäß Art. 3 Einigungsvertrag trat das GG mit dem Wirksamwerden des Beitritts am 3. Oktober 1990 in den neuen Bundesländern und Berlin-Ost in Kraft und zwar mit einigen nun Gesamtdeutschland betreffenden „beitrittsbedingten Änderungen des Grundgesetzes“ (vgl. Art. 4 EV).[2]

Mit dem Wirksamwerden des Beitritts sind in den neuen Bundesländern auch die Verträge über die Europäische Gemeinschaft (jetzt Union) mit einigen Übergangsregelungen in Kraft getreten.

**3. Die Umstrukturierung der Wirtschaft.** Die Vereinheitlichung 1077
der Rechtsordnung in Deutschland setzte die Um- und Neustrukturierung der bis dahin staatseigenen Wirtschaft voraus, die von Berlin-Ost aus zentral geplant und geleitet worden war. Ein schwer zu lösendes Problem war die – auch unter Juristen heiß umstrittene – „Rückübertragung“ von enteigneten Vermögen an die betroffenen Personen oder deren Erben.

Man spricht in diesem Zusammenhang vom *Recht der offenen Vermögensfragen*. Den Kernpunkt dieser Gesetzgebung bildet das Vermögensgesetz, das die materiellrechtlichen Vorschriften enthält, mit denen die seit dem 30. Januar 1933 bis zum 8. Mai 1945 unter der Herrschaft des NS-Regimes und später seit dem 7. Oktober 1949 bis zum 2. Oktober 1990 von der DDR auf dem Gebiet der DDR geschaffenen und für rechtswidrig gehaltenen vermögensrechtlichen Zustände bewältigt werden sollen. Um die Rechtslage wesentlich zu erleichtern, ist in Anlage 3 zum Einigungsvertrag festgelegt, dass Enteignungen, die auf besatzungshoheitlicher Grundlage in den Jahren 1945 bis 1949 erfolgt sind, nicht mehr rückgängig gemacht werden können. Das Vermögensgesetz bemüht sich, in Anlehnung an den Einigungsvertrag die Interessenkonflikte zwischen den Rückgabeinteressen der vermögensrechtlich Geschädigten und den Bestandsschutzinteressen der redlichen Erwerber zu harmonisieren.[3]

**Schrifttum:** K. Stern, Der verfassungsändernde Charakter des Einigungsvertrages, DtZ 1990, 289 ff; J. Wasmuth, Das Regelungswerk des Einigungsvertrages, DtZ 1990, 294 ff.; derselbe, in: Clemm u. a. (Hrsg.), Rechtshandbuch Vermögen und Investitionen in der ehemaligen DDR (RVI), 28. EL,

2 K. Stern, DtZ 1990, 289, 290 ff.
3 J. Wasmuth, in: RVI, B 100, Einf. VermG, Rdnr. 465 ff. und 651 ff.

1999, B 100, Einf. VermG; R. Weimar, Zum Wirkungsbereich der Treuhandanstalt gegenüber ihren Gesellschaften, DtZ 1991, 105 ff.

## III. Die Rechtspflege in den neuen Ländern

1078 **1. Die Neuorganisation der Justiz.** Nach dem Einigungsvertrag gehörten Verwaltung und Justiz auf dem Gebiete der ehemaligen DDR nun, soweit das Grundgesetz nicht etwas anderes vorsieht, zu den Zuständigkeiten der 5 neuen Bundesländer, die aufgrund eines noch von der DDR-Volkskammer erlassenen Gesetzes entstanden waren. Gemäß Art. 13 EV wurde das System der Rechtspflege der Bundesrepublik weitgehend auf das Gebiet der neuen Bundesländer übergeleitet; nur vereinzelt galt noch altes DDR-Recht zeitweise fort.

Gerade die Errichtung einer rechtsstaatlichen Rechtspflege gehörte nach einer Phase sozialistischer Gesetzlichkeit und Parteilichkeit zu den wichtigsten Elementen der anzustrebenden Rechtseinheit.[4]

1079 Die Übernahme des Rechtspflegerechts der Bundesrepublik stieß allerdings auf Schwierigkeiten vielfältiger Art. Es fehlten die personellen und sachlichen Ressourcen. Es mangelte an Richtern oder anderen Juristen, die entsprechende Aufgaben übernehmen konnten. Darüber hinaus fehlten Rechtspfleger.

Die wichtigsten Übergangsregelungen waren die folgenden:

- Der bisherige organisatorische Aufbau der ordentlichen Gerichtsbarkeit im Osten – mit Kreisgerichten und Bezirksgerichten – blieb für eine Übergangszeit erhalten. Das bedeutete, dass es, abweichend von der Gliederung der Gerichtsbarkeit im Westen, in den neuen Bundesländern als Gerichte der Länder zunächst keine Amts-, Land- und Oberlandesgerichte gab. Vorübergehend traten an die Stelle der Amtsgerichte die Kreisgerichte; die bisherigen Bezirksgerichte nahmen die Aufgaben von Landgerichten und Oberlandesgerichten wahr.
- Auf die Einrichtung besonderer Fachgerichtsbarkeiten wurde zunächst verzichtet, mit Ausnahme der Verwaltungsgerichtsbarkeit. Finanz- und Sozialgerichtsbarkeit wurden durch die Kreis- und Bezirksgerichte ausgeübt.[5]
- Die Kreis- und Bezirksgerichte als Gerichte der Länder übernahmen auch die Arbeitsgerichtsbarkeit.
- Das die Richter und Staatsanwälte betreffende Recht in den neuen Bundesländern wurde angepasst, berücksichtigte allerdings die dazu bisher vom DDR-Gesetzgeber geschaffenen Regelungen.

4 K. Kinkel, NJW 1991, 340, 342.
5 J. Meyer-Ladewig, DtZ 1991, 121 ff.

Der Einigungsvertrag übertrug das System der *Verwaltungsgerichtsbarkeit* so, wie es im Westen Deutschlands über einen Zeitraum von über 40 Jahren ausgebildet worden war, in die neuen fünf Länder. Damit wurde für die in der DDR lebenden Bürger ein Instrument geschaffen, das sie bisher nicht gekannt hatten.

**2. Die Übernahme von Richtern der ehemaligen DDR.** Grund- 1080
sätzlich sollten die Richter, die in der bisherigen DDR als Richter tätig gewesen waren, übernommen werden. Die fortgeltenden Richterverhältnisse waren nun automatisch Richterverhältnisse im Sinne des deutschen Richtergesetzes.[6] Schwierigkeiten ergaben sich dabei allerdings aus verschiedenen Gründen. Zum Ersten war die *Ausbildung* der Richter im Osten eine ganz andere als die im Westen. Darüber hinaus waren viele Richter durch ihre frühere Tätigkeit in ihren Ämtern mehr oder weniger stark belastet.

Diesem Umstand trug eine Regelung im Einigungsvertrag Rechnung, nach der die Ernennung oder Berufung eines Richters der ehemaligen DDR zurückzunehmen ist, wenn nachträglich Tatsachen bekannt werden, die seine Berufung nicht gerechtfertigt hätten. Damit sollte erreicht werden, dass ein Richter in den neuen Ländern auch dann aus dem Amt entlassen werden konnte, wenn der Richterwahlausschuss bei der Überprüfung insbesondere der persönlichen Eignung eines Richters wichtige Umstände nicht entdeckt hatte, welche die Ablehnung seiner Berufung gerechtfertigt hätten. Über die Entlassung der Richter wurde im Übrigen nach den nun einschlägigen Vorschriften des deutschen Richtergesetzes entschieden. Hier hat eine Überprüfung in größerem Stile stattgefunden.

**Schrifttum:** K. Kinkel, Deutsche Rechtseinheit – eine Standortbestimmung, NJW 1991, 340ff.; J. Meyer-Ladewig, Aufbau der Sozialgerichtsbarkeit in der DDR, DtZ 1991, 121ff.; J. Schmidt-Räntsch, Richterrecht in den neuen Ländern, DtZ 1991, 33ff.

## § 35. Probleme der Rechtsangleichung

### I. Das bürgerliche Recht

Art. 8 des Einigungsvertrages sieht vor, dass, von einigen Überlei- 1081
tungs- und Übergangsvorschriften abgesehen, das gesamte Recht der

6 J. Schmidt-Räntsch, DtZ 1991, 33, 35ff.

Bundesrepublik Deutschland nun auch in den östlichen Bundesländern eingeführt wurde. Zu den wichtigsten Bereichen des materiellen Rechts gehört das im Wesentlichen im BGB geregelte bürgerliche Recht, das, abgesehen von einigen Ausnahmen, an die Stelle des im ZGB enthaltenen Zivilrechts der ehemaligen DDR getreten ist.

Bei der Wiedereinführung des bürgerlichen Rechts ergaben sich Schwierigkeiten u. a. dadurch, dass der Eigentumsbegriff in der DDR sich nicht unerheblich von dem in den nicht sozialistischen Industriestaaten unterschied. Mit dem Inkrafttreten des Einigungsvertrages wurde in den neuen Bundesländern nun der Eigentumsbegriff, der dem Grundgesetz und dem BGB zugrunde liegt, eingeführt. Für die Abwicklung des Volkseigentums wurden besondere Regelungen notwendig.

1082 Mit dem Treuhandgesetz (Gesetz der Privatisierung und Reorganisation des volkseigenen Vermögens vom 17.6.1990) wurden wichtige Regelungen für die volkseigenen Grundstücke erlassen, die sich in der Rechtsträgerschaft von volkseigenen Kombinaten, Betrieben und Einrichtungen befanden. Diese Wirtschaftseinheiten wurden in Kapitalgesellschaften umgewandelt, auf die dann auch das Eigentum an Grund und Boden überging. Diese Unternehmen wurden von der Treuhandanstalt in Berlin an Interessenten aus dem In- und Ausland veräußert.

Die Treuhandanstalt hatte auch die Möglichkeit, bisher volkseigene landwirtschaftlich genutzte Grundstücke an Genossenschaften, Genossenschaftsmitglieder und andere Bürger zu veräußern. Die zum Verkauf oder zur Verpachtung stehenden Flächen waren auszuschreiben. Eine Veräußerung durfte allerdings nur erfolgen, wenn der Status der Grundstücke als Volkseigentum zweifelsfrei feststand.

## II. Das Arbeitsrecht

1083 Nach Inkrafttreten des Einigungsvertrages galt in Gesamtdeutschland grundsätzlich ein einheitliches Arbeitsrecht. Allerdings sieht der Einigungsvertrag auch bedeutsame Ausnahmen vor. Wenn von dem Arbeitsrecht der Bundesrepublik Deutschland die Rede ist, so ist damit ein Rechtsgebiet gemeint, das auf dem Grundgesetz, einfachem Bundesrecht, EU-Recht, Gewohnheits- und Richterrecht basiert.[7] Eine ganze Reihe von Vorschriften des alten DDR-Arbeitsrechtes, niedergelegt in einem Arbeitsgesetzbuch (vgl. dazu oben Rdnr. 1062 f.), galt fort. Auf dem Gebiet des Arbeitsrechts war es also so, dass über einen längeren Zeitraum hinweg einerseits das bun-

7 Pfeiffer/Birkenfeld/Pfeiffer, DtZ 1990, 325 ff.

desdeutsche Arbeitsrecht anzuwenden war; daneben galten aber nicht unerhebliche Teile des alten DDR-Arbeitsrechts fort.

**Schrifttum:** Pfeiffer/Birkenfeld/Pfeiffer, Arbeitsrecht nach dem Einigungsvertrag, DtZ 1990, 325 ff.

## III. Übernahme fremden Rechts?

Ein schwerwiegendes Problem, das die fast totale Einführung bun- 1084 desdeutschen Rechts auf dem Gebiet der ehemaligen DDR mit sich brachte, ist die Frage danach, welche Folgen ein „übergestülptes Recht" für die Rechts- und Bewusstseinslage der davon Betroffenen geschaffen hat. Dabei scheint es weniger um rechtliche Schwierigkeiten zu gehen als vielmehr um Probleme der mentalen Akzeptanz.[8]

Zu berücksichtigen ist zunächst, dass Recht im System der DDR eine ganz andere Funktion hatte als in den westlichen Demokratien. Recht wurde vor allem als ein Herrschaftsinstrument der SED zur staatlichen Leitung begriffen (vgl. dazu oben Rdnr. 1044.). Die 1990 eingeführte Rechtsordnung ging von einem ganz anderen Verständnis von Recht aus.

Schwierigkeiten bereiteten darüber hinaus u. a. mangelnde Ver- 1085 ständlichkeit und Übersichtlichkeit der nun gesamtdeutschen Gesetze. Vergleicht man das ZGB mit dem BGB, so ist das erstgenannte verständlicher, weil übersichtlicher. Allerdings muss auch berücksichtigt werden, dass das ZGB seine Schlankheit sowohl dem Weglassen als auch dem Auslagern von Regelungen verdankt.[9] Dem steht das bundesdeutsche und heute gesamtdeutsche Recht mit seiner erdrückenden Regelungsdichte und seinem gesetzgeberischen Perfektionismus gegenüber.

Ob die Menschen im Gebiet der ehemaligen DDR den Eindruck hatten, es würde ihnen eine fremde Rechtsordnung übergestülpt, dürfte schwer zu beantworten sein. Eine gewisse Abwehrhaltung könnte auch damit zu erklären sein, dass die Einführung bundesdeutschen Rechts als die notwendige Grundlage für eine totale Umgestaltung der Wirtschafts- und Lebensverhältnisse begriffen worden ist.[10]

Auch nach der Wiedervereinigung und der geschaffenen Rechts- 1086 vereinheitlichung werden positive Seiten des DDR-Rechts nicht übersehen. So werden z. B. die *Einfachheit* und die *Übersichtlichkeit*

8 O. Jauernig, NJW 1997, 2705 ff.
9 O. Jauernig, NJW 1997, 2708.
10 O. Jauernig,, NJW 1997, 2709 f.

von Teilen des DDR-Rechts durchaus als Vorzug gewertet. Es wird auch die Auffassung vertreten, dass dieses „Simplizitätsvorbild der DDR", die rechtspolitisch günstige Chance geboten haben könnte, die westdeutsche Rechtsbereinigung mit dem Ziel einer Vereinfachung übermäßig komplizierter Regelungen zu verbinden und voranzutreiben.[11]

**Schrifttum:** G. Brunner, Was bleibt übrig vom DDR-Recht nach der Wiedervereinigung?, JuS 1991, 353 ff.; O. Jauernig, „Übergestülptes Recht?" Zur Rechts- und Bewußtseinslage nach dem Einigungsvertrag, NJW 1997, 2705 ff.

### IV. Die Aufarbeitung des sogenannten DDR-Unrechts

1087 Der Zusammenbruch der DDR und die darauf folgende Wiedervereinigung hat die Frage nach der strafrechtlichen Aufarbeitung des in der DDR geschehenen Unrechts aufgeworfen. Dieser Komplex reicht von der Frage nach der Zulässigkeit von Strafverfahren gegen ehemalige Politiker der DDR und Spione, über das Problem der rechtlichen Aufarbeitung der Stasi-Unterlagen, die mit dem Stasi-Unterlagengesetz auf eine gesicherte Basis gestellt worden ist, und die Bestrafung von sogenannten Mauerschützen bis zur Frage, ob DDR-Richter wegen Rechtsbeugung bestraft werden können. Im Sommer 1990 forderte die letzte Volkskammer der DDR den gesamtdeutschen Gesetzgeber auf, die strafrechtliche Verfolgung des SED-Unrechts sicherzustellen. Der Vorwurf der „Siegerjustiz" gegen die Strafverfolgung durch die Bundesrepublik ist deshalb haltlos.[12]

1088 Zu den Rechtsbeugungsverfahren ist häufig die Befürchtung geäußert worden, die Verfolgung des in der DDR begangenen Unrechts könnte genauso ungenügend verlaufen wie die Ahndung der NS-Justizverbrechen (vgl. dazu oben Rdnr. 958 ff.). In diesem Zusammenhang ist auch die „Radbruchformel" (vgl. oben Rdnr. 979 ff.) wieder ins Gespräch gekommen.[13] Der BGH schränkt den Begriff „Beugung des Rechts" unter Anwendung des § 244 DDR-StGB als gegenüber § 336 StGB mildere Norm wie folgt ein:[14]

„… nur der Rechtsbruch als elementarer Verstoß gegen die Rechtspflege soll unter Strafe gestellt werden. Rechtsbeugung begeht daher

11 G. Brunner, JuS 1991, 362.
12 F.-C. Schroeder, NJW 2000, 3017.
13 P. Raisch, in: FS Bemmann, S. 87 ff.
14 BGHSt 40, 283.

nur der Amtsträger, der sich bewusst in schwerwiegender Weise von Recht und Gesetz entfernt."

Der BGH[15] meint, eine nicht haltbare richterliche Entscheidung müsse sich „offensichtlich als Willkürakt" darstellen, weil sie entweder von einer gängigen Rechtspraxis „in extremem Maße abweicht" oder in „krassem Widerspruch zum Verhältnismäßigkeitsprinzip steht". 1089

Der BGH hat immer wieder darauf hingewiesen, dass im Hinblick auf Art. 103 Abs. 2 GG das Recht der DDR nicht an den Maßstäben des Grundgesetzes orientiert werden dürfe; maßgeblich für die Beurteilung, ob ein unerträglicher Willkürakt vorliege, sollen vielmehr die zur Tatzeit in der DDR herrschenden Wertvorstellungen sein.[16] Das führt dazu, dass geprüft werden muss, ob der frühere DDR-Richter eine DDR-Norm auf der Grundlage des sozialistischen Normverständnisses richtig angewandt hat.[17] Trotz vieler kritischer Äußerungen[18] ist dem BGH doch auch attestiert worden, dass er mit seiner Methode der Aufarbeitung von DDR-Unrecht auf dem richtigen Wege sei.[19]

Letztlich hat nur ein sehr kleiner Teil des DDR-Unrechts zu einer Verurteilung geführt. In einer großen Zahl von Fällen bestanden Ermittlungs- und Beweisschwierigkeiten. Aber auch rechtlich wurden die Grenzen der Verfolgbarkeit von der Rechtsprechung eng gezogen.[20] 1090

Nach dem Ende der DDR bestand für die Opfer des Regimes, insbesondere für die strafrechtlich Verfolgten, das Bedürfnis nach *strafrechtlicher Rehabilitierung*. Eine solche sollte die Wiedergutmachung des Unrechts gewährleisten, das politisch Verfolgte im Einzelfall durch die Strafjustiz der früheren SBZ und der späteren DDR erlitten hatten. Schon die Volkskammer der DDR verabschiedete im September 1990 ein Rehabilitierungsgesetz, das im November 1992 durch das Erste Gesetz zur Bereinigung des SED-Unrechts abgelöst wurde. Diesen Gesetzen sollte die Aufgabe zukommen, den Rechtsfrieden im vereinten Deutschland zwischen den Opfern und den Tätern der SED-Unrechtsherrschaft wiederherzustellen. Viele Menschen, darunter Schriftsteller und Bürgerrechtler, sowie in den Waldheimer Prozessen (siehe dazu oben Rdnr.976) Verurteilte, wurden in Anwendung dieser Gesetze rehabilitiert.

15 BGHSt 40, 41.
16 BGH NJW 1995, 3224 ff. u. NJW 1996, 857.
17 P. Raisch, in: FS Bemmann, S. 91.
18 G. Spendel, JZ 1995, 375 ff.
19 P. Raisch, in: FS Bemmann, S. 100.
20 F.-C. Schroeder, NJW 2000, 3022.

**Schrifttum:** M. Heinatz, Zehn Jahre strafrechtliche Rehabilitierung in Deutschland, NJW 2000, 3022 ff.; O. Jauernig, „Übergestülptes Recht?" Zur Rechts- und Bewußtseinslage nach dem Einigungsvertrag, NJW 1997, 2705 ff.; P. Raisch, Überlegungen zur Gerechtigkeit eines Rechtssystems am Beispiel der Rechtsordnung der ehemaligen DDR, in: FS Bemmann, S. 86 ff.; F.-C. Schroeder, Zehn Jahre strafrechtliche Aufarbeitung des DDR-Unrechts, NJW 2000, 3017 ff.; G. Spendel, Rechtsbeugung und Justiz insbesondere unter dem SED-Regime, JZ 1995, 345 ff.; J. Wasmuth, Keine Sternstunde des Rechtsstaats. Zwei Jahrzehnte Aufarbeitung von SED-Unrecht, JZ 2010, 1133 ff.

# Personenverzeichnis

Die Zahlen verweisen auf die Randnummern des Buches
Die Jahreszahlen geben die Lebenszeit, bei Regenten und Päpsten die Amtszeit an

# Sachverzeichnis